ASSET BASED LENDING

アセット・ベースト・レンディングの理論と実務

トゥルーバ グループ
ホールディングス株式会社［編］

社団法人 金融財政事情研究会

まえがき

　平成17年1月、日本で初めて本格的にABL(アセット・ベースト・レンディング、Asset Based Lending)を取り上げた書籍『アセット・ベースト・レンディング入門』(金融財政事情研究会)を執筆させていただく機会を得てから3年が経過した。この間、動産及び債権の譲渡の対抗要件に関する民法の特例等に関する法律の施行、経済産業省によるABL推進事業の実施、金融庁の金融検査マニュアル改訂により示された動産・債権の一般担保化、そして平成19年6月にはABL協会が創設され、日本のABLを取り巻く環境は大きく変化した。そして、この3年の間にABLは日本の金融機関に広く認識されるようになり、ABLといえば企業の保有する動産や債権を活用した貸出手法であるという認識が定着した。ABLの入門書として同書が発刊された時は、ABLという言葉自体馴染みがなく、横文字でむずかしい貸出手法という印象をもたれていたことが遠い昔のことのようである。同書では、ABLを「企業が日々営む事業活動に着目した貸出手法」として、その基本的な手法を紹介し、日本の企業金融においても原点回帰、すなわちバック・トゥー・ベーシック(Back to Basics)の貸出手法となりうることを期待するとした。そして今日、ABLが不動産担保や個人保証に依拠した伝統的な貸出手法を補完する新しくも原点回帰の貸出手法として活用されるようになったことは大変喜ばしいことである。

　その一方で、日本においてABLはようやく揺籃期から成長期へ移行しつつある貸出手法であるがゆえに、ABLという言葉が先行して、ややもするとABLの本質が理解されないで実施されている事例も散見される。あらためていうまでもないが、ABLは動産や債権を単に担保取得するだけの貸出手法であってはならない。金融機関がABLに取り組む際は、企業の保有する重要な事業収益資産である動産や債権の動きをしっかり把握できることが前提となるので、金融機関は伝統的な貸出手法とは異なる工夫をしなければ

ならない。すなわち、動産や債権の担保価値を見極め、それを確実に貸出に反映させる新たな枠組みをつくるということである。具体的には、動産や債権は企業の事業活動とともに日々変動するので、金融機関はそれらを適切に評価し、タイムリーにモニタリングすることが必要になる。また、残念ながら借手の企業が破綻した場合は、担保権を行使して担保の価値を実現するために換価処分あるいは回収を確実に行わなければならない。このような枠組みをつくることで、はじめて金融機関は動産や債権の担保価値を貸出に反映させることができるのである。すなわち、ABLの本質は動産や債権といった企業の保有資産の価値を活用することで、当該企業に対する貸出に信用補完機能を付加することにある。ABLが日本の企業金融に一石を投ずる貸出手法として金融機関によって活用が進んでいる一方で、この本質がきちんと理解されることを願わずにはいられない。

かかる状況をふまえ、本書では、はじめに理論編として、企業金融における「アセット」(Asset、資産)活用の意義について問い直し、それをもとにABLの仕組みについて解説する。そして、入門書の発刊から3年が経過する間に積み上がったABLの実務をふまえ、ABLに係る法律や会計・税務について整理する。

次に、実務編として、これまで取り上げられた具体的な案件事例をふまえて、ABLの具体的な手法や取組み上の留意点などを整理する。入門書ではABL先進国である米国の手法の紹介が中心であったが、本書ではこれまで蓄積されてきた日本のABLの実務知識やノウハウを体系化する。また、ABLの取組みに不可欠な担保の評価手法について解説する。

さらに、本書は単にABLの実務書にとどまらず、ABLの次なる展開、すなわち、企業の保有する「アセット」を活用したさまざまなファイナンス手法として、ABLを包含するより広い概念である「アセット・ベースト・ファイナンス」(Asset Based Finance。以下、ABF)を定義し、その手法と将来の展望について解説する。

ABLと同様、ABFは企業の保有する「アセット」の価値を見極め、その

価値を前向きに活用していくファイナンス手法である。ABLは金融機関のなかでも主に銀行を中心に取組みが進んでいる貸出手法であるが、ABFは銀行に限らず、リース会社、ノンバンク、ファクタリング会社、さらには金融事業を行う事業会社など、金融に係るさまざまな業種・業態で取組みが可能なファイナンス手法である。また、ABFで活用される「アセット」には機械設備や事業そのものも含まれるため、ABL同様あるいはそれ以上に企業が行う日々の事業活動やそれに係る「アセット」の中身を理解し、活用することが求められる。すなわち、ABFはABL以上に企業の事業活動や商流と密接不可分であり、「金融」（ファイナンス、Finance）サイドからの視点だけでなく、「商売」（コマース、Commerce）からの視点がきわめて重要ということである。したがって、このABFは「商売」と深い関係のあるファイナンス手法であることから、「コマーシャル・ファイナンス」（Commercial Finance）すなわち「商業金融」といわれることもある。その名のとおり、このファイナンスは、企業の行う「商売」のための「金融」であり、その「商売」から生み出される「アセット」の価値をファイナンスの受け手となる企業の信用補完に活用する手法である。つまり、このファイナンス手法では、「金融」の視点から「商売」をみるのではなく、「商売」から発想した「金融」という視点で考えることが重要なのである。

　企業が行う「商売」を理解すること、そしてそれに必要な「金融」とは何かを考えていくプロセスこそが、本書の後段で紹介するABFの手法である。それは、まさにABLと同様、原点回帰のファイナンス手法といえる。まずは「商売」ありきの発想に立つことで、「金融」がいままで以上にさまざまな「商売」すなわちビジネスの場面で活用される可能性があることを示唆するものである。

　本書により、これから展開が期待される企業の「アセット」を活用するファイナンスの方向性を示すことができ、その結果、日本の企業金融の流れに一石を投ずることができれば幸いである。

　本書は、ABL入門書の執筆者に加え、今後のABFの展開に大きな期待

を寄せる同志が集まって執筆した。ABLが揺籃期から成長期へ移行する過程にある貸出手法であるなかで、日本の企業金融の先を見据えたABFの必要性に関してもご理解をいただき、本書の執筆の機会をいただいた社団法人金融財政事情研究会の谷川治生氏（現在、「週刊金融財政事情」編集部編集長）、また発刊までご尽力くださった出版部の平野正樹氏に、この場を借りて心より御礼を申し上げたい。

平成20年5月

執筆者を代表して

小野　隆一

◆ 本書の構成 ◆

　本書は、日本の企業金融における新たな潮流となりつつあるABL、さらには次なる展開としてのABFについて3部構成で解説する。第1編は「ABLの理論」、第2編で「ABLの実務」としてABLを、そして第3編で「ABLの展開」としてABFを取り上げる。

　まず、第1編「ABLの理論」では、はじめに第1章で、企業金融において企業が保有する「アセット」（資産）を活用する意義を問い直し、新たな意義を見出す。不動産バブル崩壊を経て、日本の企業金融は「アセット」活用に関してターニングポイントを迎えている。企業の保有する優良な「アセット」を活用するために金融機関はどのような視点が求められているのかを示したい。第2章では、そのような企業金融における「アセット」活用の新たな意義をふまえ、ABFにおけるABLの位置づけを整理し、そのうえでABLの定義と仕組み、さらにはABLの本来的な手法と実務運用について考察を加える。第3章は、「ABLの法律」として、ABLの主要な担保である売掛金・在庫の譲渡担保の取扱いを中心に解説する。売掛金などの債権、在庫などの動産に係る譲渡担保をめぐる法律関係を理解することは、ABLの次なる展開としてのABFにおいて、さまざまなファイナンス手法に取り組む際のベースとなる。最後に第4章では、「ABLの会計・税務」として、主にABLに係る会計・税務の論点を整理する。銀行の資産査定や新BIS自己資本比率規制における「アセット」のとらえ方についても論及する。

　第2編「ABLの実務」では、まず第5章「ABLの手法」でABLの実務について解説する。平成17年1月の『アセット・ベースト・レンディング入門』発刊時には、日本でABL案件の取組事例はほとんどなく、実務的な裏付をもった解説が十分にできる状況になかった。したがって、主にABL先進国である米国で行われている手法を中心に紹介したが、本書では、この3年間に日本で積み上げられてきた実践的な知識やノウハウを集約し、日本の

実情をふまえたABLの実務について詳しく解説する。続く第6章「ABLの担保評価」では、ABLの手法のなかで実際に活用される「アセット」の価値の見極め方、すなわち担保の評価手法について解説する。「アセット」として、最も活用の多い売掛債権と在庫などの動産とを中心に取り上げる。

そして、第3編「ABLの展開」では、ABLからABFへと展開する。はじめに第7章「ABF」で、ABFの類型、ABFと流動化などその他のファイナンス手法との相違点などについて解説する。そして、本書では、活用する「アセット」の種類やファイナンスの手法により、ABFの主要な3形態について説明する。すなわち、「売掛金買取り型」としてのファクタリング（Factoring）、「設備活用型」としてのエクイップメント・ファイナンス（Equipment Financing）、そして「大型設備・事業活用型」としてのストラクチャード・ファイナンス（Structured Financing）の三つである。ABFの類型からすれば、第2編で取り上げるABLは「売掛金・在庫活用型」といえる。

具体的な内容としては、第8章で、「売掛金買取り型」であるファクタリングについて説明する。ファクタリングは「一括ファクタリング」という日本で独自開発された手法がよく利用されるが、多種多様な売掛金の価値を見極め、そのリスクをとるファクタリングはいまだ展開されていない。したがって、本章では今後のファクタリングの展開の方向性もふまえて解説する。第9章では、「設備活用型」であるエクイップメント・ファイナンスについて説明する。日本で最も活用されているファイナンス・リースの手法は多くの書籍が取り上げているので、本書では概要のみにとどめ、機械など設備という「アセット」の価値に着目した設備ファイナンスの手法やファイナンス・リースの会計基準変更後の展開について解説する。また、販売促進のためのツールとして活用の余地が大きいベンダー・ファイナンス（販売金融）も取り上げる。そして、第10章では、「大型設備・事業活用型」であるストラクチャード・ファイナンスを取り上げる。ここでは、大型設備を活用したストラクチャード・オペレーティング・リースなどの先進的な設備ファイナ

ンスの手法だけでなく、もう一歩先の企業金融の展開を見据えて、企業の「アセット」ではなく、それも包含する「事業」の価値を活用したファイナンス手法も論及する。なお、第8章以後で取り上げるABFの各種手法は、ABLに比べると日本で十分に実例が積み上がったものばかりではない。今後の展開を見据えてあるべき姿を示した部分もあるのでご容赦いただきたい。

　最後に、あとがきで日本におけるABLの展望と課題、さらにABLからABFへの展開のシナリオについて述べたい。

　以上が本章の構成と主な内容である。本書は企業の保有するさまざまな「アセット」に着目し、それをファイナンスに活用している（あるいは、これから活用しようとお考えの）方が手にされることを想定し、手にされた方に一番関心の高いテーマからお読みいただいてもご理解いただけるような構成にしている。たとえば、売掛金の評価手法の基本を理解したうえでファクタリングを手がけてみたい方であれば、第2編「ABLの担保評価」の第2章と第3編「ABLの展開」の第2章をお読みいただくといった具合である。もちろん、第1編から順にお読みいただければ、ABLならびにABFの全容がご理解いただけると思う。

　巻末には、ABLに携わる事業者が「共通認識に立てるインフラ」として活用し得る実務指針として、平成20年5月、経済産業省が公表した「ABLガイドライン」を掲載したので参考にしていただきたい。

◆ 編者紹介 ◆

TRUVA トゥルーバ グループ ホールディングス株式会社

金融機関がABLを効率的に導入・推進していくために必要となる各種サービス（アセット・ベースト・アドバイザリー・サービス；Asset Based Advisory Services, 略称「ABAS」商標登録ずみ）を提供。ABLに関する高いノウハウと豊富な経験をベースにABLの導入に関するコンサルティング、ABLの案件組成サポート、動産の評価・モニタリング・処分までABLに関する一貫したサービスを提供するわが国で唯一のABL総合コンサルティング会社。

【連絡先】
トゥルーバグループホールディングス株式会社
〒150-0012　東京都渋谷区広尾1丁目1番39号恵比寿プライムスクエア6階
Tel：03（5774）7100　Fax：03（5774）7101

〈執筆代表〉
小野　隆一（おの・りゅういち）
トゥルーバグループホールディングス株式会社代表取締役社長、子会社3社を含むグループ代表。1987年、慶應義塾大学経済学部卒業。同年、第一勧業銀行（現みずほフィナンシャルグループ）入行。国内営業店・本部勤務を経て、1994年、米国大手ファイナンス会社CITグループへ出向。1999年、GEキャピタル・コマーシャルファイナンスへ入社。2000年、GEキャピタルが福銀リースの株式の95％を取得、代表取締役COOに就任。同社のインテグレーションならびに福岡銀行との戦略的提携の推進に従事。2001年よりGEキャピタルリーシング九州本部長を兼務。2003年4月、トゥルーバグループホールディングス株式会社を設立、代表取締役社長。2006年3月まで経済産業省ABL研究会委員。2007年6月、ABL協会理事。日米両国でABLを経験、ABLに関する豊富な実務経験とノウハウをもつ。日本におけるABLの第一人者としてABLの普及に努めている。著書に『アセット・ベースト・レンディング入門』（共著、金融財政事情研究会）、『債権・動産担保実務』（共著、金融財政事情研究会）、『中小企業のための動産・債権担保による資金調達Q&A』（共著、ぎょうせい）、『動産担保事例集』（共著、銀行研修社）、『戦略リーダーシップ』（共著、東洋経済新報社）がある。

〈執筆者（五十音順）〉
飯田　岳（いいだ・がく）（筆担当：1編3章6節）
2000年、早稲田大学法学部卒業。2002年、弁護士登録（第一東京弁護士会所属）、阿部・井窪・片山法律事務所入所。2007年6月、ABL協会特別会員。主な著書・論文に『書式　告訴・告発の実務（第3版）』（共著、民事法研究会）、『金融商品取引法Q&A』（共著、銀行研修社）、「動産譲渡担保をめぐる法的論点の概観」（共著、銀行実務2007年3月号）ほかがある。

植竹　勝（うえたけ・まさる）（執筆担当：1編3章1～5節、7～8節）
1991年、明治大学法学部卒業。1994年、弁護士登録、阿部・井窪・片山法律事務所入所。2000年、同事務所パートナー。2007年6月、ABL協会特別会員。一般的な民事、刑事の訴訟事件のほか、金融機関（銀行、ノンバンク）へのリーガルサポートを行っている。また、倒産処理事件においては、債権者代理人のほか、スポンサー代理人、債務者代理人、破産管財人、更生管財人代理などの立場からも関与し、多くの経験を有する。著書・論文に『アセット・ベースト・レンディング入門』（共著、金融財政事情研究会）、「動産譲渡担保をめぐる法的論点の概観」（共著、銀行実務2007年3月号）、『新・裁判実務体系28　新版破産法』（共著、青林書院）、『実務　企業統治・コンプライアンス講義〔改訂増補版〕』（共著、民事法研究会）、『金融商品取引法Q&A』（執筆陣に参加、銀行研修社）がある。

江口　英樹（えぐち・ひでき）（執筆担当：2編6章2節）
1984年、南山大学法学部卒業。同年、福銀リース（現在、福岡銀行5％出資子会社）入社。審査部・企画部を経て、2000年、福銀リースがGEキャピタルの子会社（GEキャピタルリーシングが95%出資）となると同時にシックスシグマ活動専従のブラックベルトとして勤務。2003年、GEキャピタルリーシングへ転籍。2004年、トゥルーバグループホールディングス株式会社に入社。取締役。ABLに関係する動産評価、モニタリング、処分業務等を企画開発するとともに、豊富な実践経験を有する。QVA（Quality Value Added：経営管理およびリーダーシップ開発手法）事業の責任者。著書に『債権・動産担保実務』（共著、金融財政事情研究会）がある。

川上　恭司（かわかみ・きょうじ）（執筆担当：2編6章1節、3編8章）
1983年、大阪市立大学法学部卒業。同年、第一勧業銀行（現みずほフィナンシャルグループ）入行。営業店、本部を経て、1994年、米国大手ファイナンス会社CITグループへ出向。2001年、GEキャピタルリーシング入社。2003年、日本振興銀行設立の創業メンバーとして設立準備会社に入社。2004年、トゥルーバグループホールディングス株式会社に入社。取締役。動産評価業務の推進責任者を務め

るとともに、米国におけるABL実務経験を活かし海外案件の組成にも従事している。著書に『債権・動産担保実務』（共著、金融財政事情研究会）、『アセット・ベースト・レンディング入門』（共著、金融財政事情研究会）がある。

北見　和生（きたみ・かずお）（執筆担当：1編4章3節）
1992年、中央大学経済学部卒業。1994年、日本大学大学院経済学研究科修了。同年、渡部秀一税理士事務所入社。1999年、税理士登録。2004年4月、北見和生税理士事務所開設。2005年、トゥルーバグループホールディングス株式会社上席執行役員。2007年3月より取締役。

小林　祥浩（こばやし・よしひろ）（執筆担当：2編5章）
1989年、慶応義塾大学経済学部卒業。同年、第一勧業銀行（現みずほフィナンシャルグループ）入行。国内営業店・営業部を経て、1999年、米国大手ファイナンス会社CITグループへ出向。2005年、みずほ銀行コーポレートファイナンス部（資産証券化チーム）参事役。同行のアセット・ベースト・レンディング業務の企画・推進・管理業務を担当。

柴田　尚郎（しばた・ひさお）（執筆担当：3編10章）
1985年、慶應義塾大学経済学部卒業。同年、第一勧業銀行（現みずほフィナンシャルグループ）入行。国内営業店、日本勧業角丸証券（現みずほインベスターズ証券）出向、証券部を経て、1992年、米国大手ファイナンス会社CITグループへ出向。設備・航空機リースを担当。1999年、ニューヨーク支店米州営業部。2001年、みずほ証券ストラクチャードファイナンスグループ財務商品開発部。2004年、同財務商品開発部長。2006年、同財務商品開発部長、兼企業財務ソリューション部長。2007年4月よりみずほ証券グローバル投資銀行部門インベストメントバンキングプロダクツグループ統括部長。事業法人向け設備・買収等ファイナンス部門を担当。著書に『アセット・ベースト・レンディング入門』（共著、金融財政事情研究会）がある。

長谷川　彰男（はせがわ・あきお）（執筆担当：3編9章）
1992年、明治大学法学部卒業。同年、第一勧業銀行（現みずほフィナンシャルグループ）入行。国内営業店勤務を経て、1997年、トレーニーとして米国大手ファイナンス会社CITグループ（ファクタリング部門およびリーシング部門）へ出向。1998年、同行国際金融部。国内シンジケーション・マーケットの創設に従事。2000年、NTTドコモ国際ビジネス部へ出向。海外M&Aおよびアライアンス・プロジェクトに参画。2002年よりみずほ証券およびみずほ銀行にてM&Aアドバイザリー業務に従事。2006年、明治大学大学院グローバル・ビジネス研究科卒業、

経営管理修士（MBA）取得。修士論文のテーマは「戦略的M&A企業価値創造プロセス論」。2007年、トゥルーバグループホールディングス株式会社に入社。経営企画室ヴァイスプレジデント。

宮﨑　源征（みやざき・もとゆき）（執筆担当：1編4章3節）
1981年、早稲田大学政治経済学部卒業。同年、第一勧業銀行（現みずほフィナンシャルグループ）入行。営業店・主計部門を経て、1994年、米国大手ファイナンス会社CITグループ出向、コーポレート・アカウンティング部門に所属。2001年、公認会計士登録。同年、中央青山監査法人（みすず監査法人に名称変更後2007年7月清算）入所後、2007年7月、監査法人トーマツに移籍。パートナー。公認会計士（日本）、CPA（米国）。日本公認会計士協会銀行業専門部会委員、ABL協会監事、同「ガイドライン等検討委員会」管理分科会委員長。著書に『中小企業のための動産・債権担保による資金調達Q&A』（共著、ぎょうせい）、『アセット・ベースト・レンディング入門』（共著、金融財政事情研究会）、『リース取引の会計・税務』（共著、税務研究会出版局）がある。

主要目次

第 1 編　ABL の理論

第 1 章　企業金融における「アセット」活用の意義……………………1
- 第 1 節　企業金融における「アセット」の活用……………………4
- 第 2 節　「アセット」の価値を生かす新たなファイナンス手法………10
- 第 3 節　新たな「アセット」活用の意義を見出す ABL ……………13
- 第 4 節　ABL の次なる展開 ……………17

第 2 章　ABL の仕組み ……………19
- 第 1 節　ABF における ABL の位置づけ ……………20
- 第 2 節　ABL の定義と仕組み ……………28
- 第 3 節　ABL の本来的手法と実務運用 ……………35

第 3 章　ABL の法律 ……………39
- 第 1 節　はじめに……………40
- 第 2 節　ABL で譲渡担保制度が利用される理由 ……………41
- 第 3 節　譲渡担保制度……………43
- 第 4 節　集合動産譲渡担保をめぐる法律関係……………77
- 第 5 節　集合債権譲渡担保をめぐる法律関係 ……………90
- 第 6 節　動産・債権譲渡登記制度……………110
- 第 7 節　清算、再建のための諸手続における譲渡担保権の処遇………160
- 第 8 節　譲渡担保権設定契約等の作成上の留意事項……………207

第 4 章　ABL の会計・税務 ……………223
- 第 1 節　ABL に係る会計……………224
- 第 2 節　銀行の資産査定における ABL の取扱い ……………261
- 第 3 節　ABL に係る税務……………287

第2編　ABLの実務

第5章　ABLの手法 …… 309
- 第1節　ABLの定義・主要な形態 …… 310
- 第2節　基本ストラクチャー …… 314
- 第3節　案件組成プロセス …… 319
- 第4節　対象資産の特性とアドバンスレートの決定方法 …… 327
- 第5節　担保評価 …… 351
- 第6節　担保取得 …… 359
- 第7節　管理 …… 371
- 第8節　案件における信用補完機能 …… 377
- 第9節　債務不履行時、経営危機・破綻時の担保処分の考え方 …… 385
- 第10節　金融機関の推進体制 …… 396
- 第11節　案件事例研究―ABC産業株式会社の場合 …… 403
- 第12節　シンジケーション …… 408
- 第13節　「DIPファイナンス」への展開 …… 416
- 第14節　今後の課題と展望 …… 422

第6章　ABLの担保評価 …… 431
- 第1節　債権の評価 …… 432
- 第2節　動産の評価 …… 451

第3編　ABLの展開

第7章　ABF …… 481
- 第1節　はじめに …… 482
- 第2節　ABFとは何か …… 483
- 第3節　ABFの類型 …… 490

第8章　売掛金買取り型（ファクタリング） …… 495

第1節	定義・主要な形態	496
第2節	米国ファクタリング業界からの示唆	500
第3節	米国型ファクタリングの実務	514
第4節	基本ストラクチャー	527
第5節	他の金融手法との関係	545
第6節	新たな展開	551

第9章　設備活用型（エクイップメント・ファイナンス）　555

第1節	定義・主要な形態	556
第2節	設備の価値の活用	559
第3節	設備ファイナンスにおける信用補完機能の確保	562
第4節	リース	567
第5節	ベンダー・ファイナンス	573

第10章　大型設備・事業活用型（ストラクチャード・ファイナンスの応用）　579

第1節	はじめに	580
第2節	大型設備ファイナンスの特徴	581
第3節	コーポレート・ファイナンスにおける企業と事業	582
第4節	ストラクチャード・ファイナンスの考え方	588
第5節	ストラクチャード・ファイナンスの応用1―大型設備―	597
第6節	ストラクチャード・ファイナンスの応用2―事業―	604
第7節	ストラクチャード・ファイナンスの行き着く先	613

【資料】ABLガイドライン　615
あとがき　631

目　次

第1編　ABLの理論

第1章　企業金融における「アセット」活用の意義

第1節　企業金融における「アセット」の活用……………………… 4
　1　信用供与のよりどころ……………………………………………… 4
　　(1)　担保活用の基本原則…………………………………………… 5
　　(2)　過度の担保依存への反省……………………………………… 5
　　(3)　流動化………………………………………………………… 6
　2　「アセット」の活用………………………………………………… 7
　　(1)　活用の限界……………………………………………………… 7
　　(2)　「アセット」活用の新たな意義……………………………… 9
第2節　「アセット」の価値を生かす新たなファイナンス手法………10
　1　企業の信用力と「アセット」の価値とのバランスを考える手法……10
　2　企業の信用力と「アセット」の価値とのバランス………………11
第3節　新たな「アセット」活用の意義を見出すABL ………………13
　1　ABLの広がり……………………………………………………13
　2　借手からみたABL………………………………………………14
　3　ABLの定着化に向けて…………………………………………15
第4節　ABLの次なる展開……………………………………………17
　1　ABLという新たなステージ……………………………………17
　2　そしてABFへ……………………………………………………18

第2章　ABLの仕組み

第1節　ABFにおけるABLの位置づけ …………………20
 1　ABFの定義 ……………………………………………20
 2　ABLとの関係 …………………………………………21
 3　ABFの特徴 ……………………………………………22
 4　コーポレート・ファイナンス、アセット・ファイナンスとの違い……24
第2節　ABLの定義と仕組み ………………………………28
 1　ABLの定義 ……………………………………………28
 2　ABLの基本的な仕組み ………………………………30
  (1)　従来の運転資金貸出………………………………30
  (2)　ABLによる運転資金貸出 ………………………31
  (3)　ABLにおける貸出可能額の算出 ………………32
  (4)　ABLの基本的な仕組み …………………………33
第3節　ABLの本来的手法と実務運用 ……………………35

第3章　ABLの法律

第1節　はじめに………………………………………………40
第2節　ABLで譲渡担保制度が利用される理由 …………41
第3節　譲渡担保制度…………………………………………43
 1　譲渡担保制度の意義…………………………………43
  BOX　譲渡担保制度の位置づけ………………………44
  　　　担保物権の効力、性質…………………………45
 2　譲渡担保の法律構成をめぐる議論…………………45
  (1)　所有権的構成と担保権的構成……………………46
  (2)　集合動産譲渡担保の法律構成……………………47
  (3)　債権譲渡担保の法律構成…………………………48

BOX　債権譲渡……………………………………………………51
　3　譲渡担保権の設定・効力・実行・処分・消滅………………………54
　(1)　譲渡担保権の設定、第三者対抗要件の具備………………………54
　(2)　譲渡担保権の効力……………………………………………………55

第4節　集合動産譲渡担保をめぐる法律関係…………………………77
　1　譲渡担保権の設定および第三者対抗要件の具備……………………77
　2　効　力……………………………………………………………………80
　(1)　設定当事者間における効力…………………………………………80
　(2)　譲渡担保権者と第三者との関係……………………………………83
　3　実　行……………………………………………………………………88
　4　譲渡担保権の処分………………………………………………………89
　5　譲渡担保権の消滅………………………………………………………89

第5節　集合債権譲渡担保をめぐる法律関係…………………………90
　1　債権譲渡（譲渡担保権の設定）および第三者対抗要件の具備……90
　2　効　力……………………………………………………………………92
　(1)　設定当事者間における効力…………………………………………92
　(2)　譲渡担保権者と第三者との関係……………………………………95
　　　BOX　民法304条ただし書の趣旨……………………………… 104
　(3)　実　行……………………………………………………………… 105
　(4)　譲渡担保権の処分………………………………………………… 108
　(5)　譲渡担保権の消滅………………………………………………… 109

第6節　動産・債権譲渡登記制度……………………………………… 110
　1　制度の概要……………………………………………………………… 110
　　　BOX　不動産・動産・債権の第三者対抗要件……………… 110
　2　動産譲渡登記………………………………………………………… 116
　(1)　登記を行うことができる主体、動産、取引……………………… 116
　(2)　登記される内容……………………………………………………… 120
　(3)　動産譲渡登記の効力………………………………………………… 121

　　　　BOX　即時取得……………………………………………… 126
　　(4)　譲渡人以外の者の占有下にある動産についての動産譲渡登記… 127
　　(5)　登記の存続期間………………………………………………… 129
　3　債権譲渡登記……………………………………………………… 129
　　(1)　登記を行うことができる主体、債権、取引………………… 129
　　(2)　登記される内容………………………………………………… 132
　　(3)　登記の効力……………………………………………………… 133
　　(4)　登記の存続期間………………………………………………… 135
　4　登記手続…………………………………………………………… 136
　　(1)　登記申請の方法………………………………………………… 136
　　(2)　証明書申請の方法……………………………………………… 138
　　(3)　先行登記の調査方法…………………………………………… 140
　　(4)　延長登記、抹消登記…………………………………………… 142
第7節　清算、再建のための諸手続における譲渡担保権の処遇………… 160
　1　各手続の概要と譲渡担保権の処遇……………………………… 160
　　(1)　破産手続………………………………………………………… 160
　　(2)　民事再生手続…………………………………………………… 162
　　(3)　会社更生手続…………………………………………………… 164
　　(4)　特別清算手続…………………………………………………… 167
　　(5)　私的整理………………………………………………………… 170
　2　法的整理手続開始後の事業継続と集合動産譲渡担保、集合債権
　　譲渡担保の処遇……………………………………………………… 172
　　(1)　集合動産譲渡担保の場合……………………………………… 173
　　(2)　集合債権譲渡担保の場合……………………………………… 176
　3　譲渡担保と法的整理手続における担保権実行の中止命令…… 182
　　(1)　各法的整理手続上の担保権実行の中止命令………………… 182
　　(2)　非典型担保への類推適用の可否と問題点…………………… 184
　4　譲渡担保と担保権消滅請求制度………………………………… 186

(1)　担保権消滅請求の意義・制度概要……………………………186
　(2)　非典型担保への類推適用の可否と問題点……………………188
　5　譲渡担保と否認…………………………………………………………190
　(1)　譲渡担保権の設定と否認………………………………………191
　(2)　集合動産譲渡担保と否認………………………………………192
　(3)　集合債権譲渡担保と否認………………………………………194
　6　「DIPファイナンス」と集合動産譲渡担保、集合債権譲渡担保 …196
　(1)　「DIPファイナンス」の意義 …………………………………197
　(2)　「DIPファイナンス」の役割 …………………………………197
　(3)　「DIPファイナンス」に基づく債権の取扱い ………………199
　　BOX　米国の「DIPファイナンス」……………………………203
　(4)　「DIPファイナンス」と集合動産譲渡担保、集合債権譲渡担
　　　保……………………………………………………………………204
第8節　譲渡担保権設定契約等の作成上の留意事項……………………207
　1　総　論……………………………………………………………………207
　(1)　譲渡担保権設定契約書…………………………………………208
　(2)　極度貸出契約書…………………………………………………208
　(3)　付帯覚書・特約書等……………………………………………209
　2　譲渡担保権設定契約書…………………………………………………209
　(1)　被担保債権の特定………………………………………………211
　(2)　譲渡担保権の設定………………………………………………211
　(3)　極度貸出契約書…………………………………………………219

第4章　ABLの会計・税務

第1節　ABLに係る会計 ……………………………………………………224
　1　資産を担保とした金融機関からの借入れの会計……………………224
　(1)　借入金の会計処理………………………………………………225

目　次　19

(2) 担保資産に関する開示…………………………………… 228
　　　　BOX ファクタリングの会計………………………………… 229
　　　　　　　リース取引の会計処理………………………………… 234
　　　　　　　資産流動化の会計……………………………………… 246
　　　　　　　資産の消滅の会計……………………………………… 249
　　　　　　　連結の範囲……………………………………………… 255
　　　　　　　特別目的会社に関する開示…………………………… 258
第2節　銀行の資産査定におけるABLの取扱い ……………………… 261
　1　資産査定の目的………………………………………………… 261
　2　資産査定の方法………………………………………………… 262
　　(1) 信用格付………………………………………………………… 263
　　(2) 債務者区分……………………………………………………… 263
　　(3) 債権の分類基準………………………………………………… 265
　3　担保および保証等による調整………………………………… 268
　4　貸倒償却・貸倒引当金の引当方法…………………………… 269
　　(1) 貸倒引当金の引当方法の基本的な考え方…………………… 269
　　(2) プロジェクト・ファイナンス債権の引当方法……………… 270
　　(3) 資産等の流動化に係る債権の引当方法……………………… 270
　5　資産の流動化の取扱い………………………………………… 270
　6　プロジェクト・ファイナンスの取扱い……………………… 271
　7　ABLの自己査定上の取扱い ………………………………… 273
　8　BIS規制上の取扱い ………………………………………… 276
　　(1) 自己資本比率規制の概略……………………………………… 276
　　(2) 新BIS規制上のABLの取扱い……………………………… 279
　　　　BOX 新BIS規制上のリース取引の取扱い ………………… 281
　　　　　　　新BIS規制における証券化取引の取扱い …………… 283
第3節　ABLに係る税務 ………………………………………………… 287
　1　動産譲渡担保の課税関係……………………………………… 287

（1）	動産譲渡担保設定時における課税関係………………………	287
（2）	動産譲渡担保設定中における課税関係………………………	289
（3）	動産譲渡担保権の実行における課税関係……………………	289
（4）	集合動産譲渡担保に係る課税関係……………………………	292

 2 ABLにおける今後の税務的課題 ………………………………… 293

  BOX ファクタリング取引における課税関係……………… 294
     リース取引における課税関係……………………… 295

第2編　ABLの実務

第5章　ABLの手法

第1節　ABLの定義・主要な形態 ……………………………………… 310
第2節　基本ストラクチャー……………………………………………… 314
 1 基本的に売掛金（債権）、在庫（動産）を一体として担保に徴求する … 314
 2 必要な外部コンサルティング会社等の支援を仰ぎながら、売掛金（債権）、在庫（動産）の担保価値を精査し、適切なアドバンスレートの水準を決定する………………………………………… 315
 3 リボルビングライン（貸越極度）を設定し、担保対象資産の残高に応じて貸出金額の上限が変動する仕組みを設定する……… 316
 4 担保対象資産の内容を常時モニタリングする………………… 317
 5 必要な外部コンサルティング会社等の支援を仰ぎながら、担保対象資産のフィールドイグザミネーション（実査）を行う ………… 318
第3節　案件組成プロセス………………………………………………… 319
 1 対象先の選定…………………………………………………… 319
  （1） 一定水準以下の信用格付のミドルリスク先であること………… 320
  （2） 担保対象資産の規模が一定水準以上であること……………… 320
  （3） ABLで対応できる対象業種であること ……………………… 320

- 2 セールス……………………………………………………… 321
  - (1) 売掛金・在庫等を担保として徴求することの可否……… 321
  - (2) 要資事情、所要金額の聴取………………………………… 321
  - (3) 経常的なモニタリングに耐えうる先かどうかの確認…… 322
- 3 資料の徴求・案件協議………………………………………… 322
  - (1) 必要資料……………………………………………………… 322
  - (2) 大まかな貸出条件、アドバンスレート、貸出基準額の設定…… 323
  - (3) 貸出提案に係る事前協議…………………………………… 323
- 4 具体的な貸出条件の提示……………………………………… 324
  - (1) 担保権の設定方法について詳しく説明する……………… 324
  - (2) リボルビングライン（貸越極度）の運営方法について詳しく説明する……………………………………………………… 324
  - (3) その他コベナンツ条件等について説明する……………… 324
- 5 フィールドイグザミネーション（実査）・動産担保評価 …… 325
- 6 最終条件の決定、調印・貸出の実行………………………… 325
- 7 モニタリング、再評価………………………………………… 326

第4節 対象資産の特性とアドバンスレートの決定方法……… 327
- 1 売掛金…………………………………………………………… 327
  - (1) 特　徴………………………………………………………… 327
  - (2) アドバンスレートの決定方法……………………………… 328
- 2 在　庫…………………………………………………………… 335
  - (1) 特　徴………………………………………………………… 335
  - (2) アドバンスレートの決定方法……………………………… 339
- 3 ケーススタディ：貸出基準額(ボローイング・ベース)の計算 …… 344
  - (1) 担保適格な売掛金、売掛金のアドバンスレート………… 347
  - (2) 担保適格な在庫、在庫のアドバンスレート……………… 349
  - (3) 売掛金、在庫の貸出基準額の合算………………………… 349

第5節 担保評価……………………………………………………… 351

1　担保データの信頼性……………………………………… 351
　　(1) フィールドイグザミネーション（実査）……………… 351
　　(2) 監査法人による売掛金・在庫に係る精査レポートの作成依頼… 354
　　(3) 監査法人等の独自サービスについて………………… 354
　　2　在庫の評価……………………………………………… 354
　　(1) 評価手段・方法………………………………………… 355
　　(2) 在庫担保の評価方法、評価価格の種類……………… 357
第6節　担保取得……………………………………………… 359
　1　債　　権………………………………………………… 359
　　(1) 債権譲渡担保権の設定………………………………… 360
　　(2) 対抗要件の具備方法…………………………………… 360
　　(3) 債権譲渡登記の特徴…………………………………… 361
　　(4) 代金回収口座の指定…………………………………… 362
　2　動　　産………………………………………………… 363
　　(1) 動産譲渡担保権の設定………………………………… 363
　　(2) 第三者対抗要件の具備方法…………………………… 366
　　(3) 損害保険への質権設定………………………………… 368
　3　普通預金担保…………………………………………… 369
第7節　管　　理……………………………………………… 371
　1　定例（月次）資料提出………………………………… 371
　2　貸出基準額算定シートの作成………………………… 372
　3　コベナンツ管理………………………………………… 373
　　(1) 財務制限条項…………………………………………… 373
　　(2) 報告・承諾事項………………………………………… 374
　　(3) コベナンツ管理にかかわる留意点…………………… 375
第8節　案件における信用補完機能………………………… 377
　1　伝統的な貸出管理手法………………………………… 378
　　(1) 資金使途の判定（経常運転資金付表）……………… 378

（2）約定返済付貸出での対応……………………………………………380
　2　ABLの貸出管理・信用補完機能 …………………………………………381
　　（1）資金使途の判定（貸出基準額の算定方法）………………………381
　　（2）約定返済付貸出の代替手段としてのABL ………………………382
　　（3）担保資産の価値実現による貸倒れ金額の極小化…………………383
第9節　債務不履行時、経営危機・破綻時の担保処分の考え方……………385
　1　債務不履行、経営危機・破綻時の借手の状態…………………………385
　　（1）借手の状況を正確に把握する………………………………………385
　　（2）担保対象資産の保管状況の確認……………………………………386
　　（3）自らの担保権を侵害する他の権利付着状況の確認………………387
　2　借手の債務不履行、経営危機・破綻時の状態に応じた担保処分
　　シナリオ……………………………………………………………………387
　　（1）再建型法的手続（会社更生手続、民事再生手続）………………388
　　（2）清算型法的手続（破産手続、特別清算）…………………………389
　　（3）私的整理……………………………………………………………390
　　（4）経営危機・破綻状態にあるものの、各種手続を講じない場合 …390
　3　担保処分実務にかかわる留意点…………………………………………393
　　（1）在庫等の動産………………………………………………………393
　　（2）売掛債権……………………………………………………………394
第10節　金融機関の推進体制……………………………………………………396
　1　ABL業務の位置づけ………………………………………………………396
　　（1）ABLの定義・目的 …………………………………………………396
　　（2）対象となるマーケットの分析………………………………………397
　　（3）他のファイナンス商品との違い……………………………………397
　2　自社で利用できる経営資源の分析………………………………………398
　3　利用可能な外部サービスの調査…………………………………………398
　4　収益計画……………………………………………………………………399
　5　管理体制……………………………………………………………………399

(1)	組　織	399
(2)	審査体制	401

第11節　案件事例研究— ABC 産業株式会社の場合 …………………… 403
　1　ポイント …………………………………………………………… 403
　2　企業概要・要資事情 ……………………………………………… 403
　3　伝統的商業銀行 IJK 銀行の対応 ………………………………… 404
　4　ABL レンダー FGH 銀行の対応 ………………………………… 404
　5　ABC 産業株式会社が破産した場合の回収金額 ………………… 406
　　(1)　IJK 銀行の回収金額 ………………………………………… 406
　　(2)　FGH 銀行の回収金額 ………………………………………… 407
第12節　シンジケーション ……………………………………………… 408
　1　ファイナンスの形式 ……………………………………………… 409
　　(1)　リボルビングライン方式 …………………………………… 409
　　(2)　タームローン方式 …………………………………………… 410
　2　担保権の設定方法 ………………………………………………… 413
　　(1)　譲渡担保権の設定方法 ……………………………………… 413
　　(2)　所有権的構成に基づく場合 ………………………………… 413
　　(3)　担保的構成に基づく場合 …………………………………… 414
　　(4)　最近の判例の動向 …………………………………………… 415
第13節　「DIP ファイナンス」への展開 ………………………………… 416
　1　「DIP ファイナンス」とは ……………………………………… 416
　2　ABL を利用した DIP ファイナンスの展開 …………………… 418
　　(1)　迅速な対応 …………………………………………………… 419
　　(2)　共益債権性の確認 …………………………………………… 419
　　(3)　提出資料、情報についての検証 …………………………… 419
　　(4)　担保として取得する動産、債権についての評価基準 …… 420
　　(5)　適切な誓約事項、遵守事項 ………………………………… 420
　3　ABL を利用した DIP ファイナンスの課題 …………………… 420

第14節　今後の課題と展望……………………………………………… 422
　1　課　題………………………………………………………………… 422
　　(1)　売掛債権の譲渡禁止特約の問題…………………………………… 422
　　(2)　執行法の問題………………………………………………………… 423
　　(3)　債権・動産譲渡担保制度の課題…………………………………… 425
　　(4)　後順位の債権・動産担保権を認める議論………………………… 426
　　(5)　債権・動産担保の貸出資産査定上の配慮………………………… 427
　2　展　望………………………………………………………………… 428

第6章　ABLの担保評価

第1節　債権の評価………………………………………………………… 432
　1　債権担保と評価……………………………………………………… 432
　　(1)　担保評価の観点からみた債権の特徴……………………………… 433
　　(2)　債権担保評価の基本手法…………………………………………… 435
　　(3)　債権担保評価上の留意点…………………………………………… 437
　2　売掛債権担保と評価………………………………………………… 439
　　(1)　担保評価の観点からみた売掛債権の特徴………………………… 439
　　(2)　売掛債権担保評価の基本手法……………………………………… 440
　　(3)　評価上の留意点──売掛債権の存在確認………………………… 446
　　(4)　モニタリング………………………………………………………… 447
第2節　動産の評価………………………………………………………… 451
　1　集合動産（営業用在庫品）の評価 ………………………………… 452
　　(1)　集合動産担保と評価………………………………………………… 452
　　(2)　集合動産担保評価の基本手法……………………………………… 454
　　(3)　評価実務のポイント………………………………………………… 458
　　(4)　評価上の留意点……………………………………………………… 460
　　(5)　モニタリング………………………………………………………… 466

2　個別動産（機械設備）の評価 …………………………………… 471
　（1）　個別動産担保と評価……………………………………………… 471
　（2）　個別動産担保評価の基本手法…………………………………… 472
　（3）　評価実務のポイント……………………………………………… 473
　（4）　評価上の留意点…………………………………………………… 475
　（5）　モニタリング……………………………………………………… 477

第3編　ABLの展開

第7章　ABF

第1節　はじめに………………………………………………………… 482
第2節　ABFとは何か…………………………………………………… 483
　1　企業価値経営と「アセット」……………………………………… 483
　2　ABFに必要な機能 ………………………………………………… 485
　3　ABFで活用される「アセット」と形態 ………………………… 486
　（1）　売掛金を活用する形態…………………………………………… 487
　（2）　在庫を活用する形態……………………………………………… 488
　（3）　売掛金と在庫とを一括して活用する形態……………………… 488
　（4）　機械などの設備を活用する形態………………………………… 488
　4　「アセット」の価値への依存度 …………………………………… 489
第3節　ABFの類型……………………………………………………… 490
　1　四つの類型…………………………………………………………… 490
　2　資産流動化手法との関連…………………………………………… 492

第8章　売掛金買取り型（ファクタリング）

第1節　定義・主要な形態……………………………………………… 496

	1　ファクタリングの定義	496
	2　日本におけるファクタリングの現状	497
	(1)　普及が遅れた伝統的ファクタリング	497
	(2)　拡大するファクタリング市場	498

第2節　米国ファクタリング業界からの示唆　500
- 1　ファクタリングの歴史　500
- 2　ファクタリングの機能とクライアントの利用メリット　502
  - (1)　貸倒れリスクの引受け　502
  - (2)　売掛金の回収代行　502
  - (3)　売掛金の記帳処理代行　503
  - (4)　売掛金見合いの前渡し（アドバンス）　503
- 3　ファクタリングの形態　504
  - (1)　クライアントに対するリコースの有無　504
  - (2)　カスタマーに対する譲渡通知の有無　505
  - (3)　アドバンスの有無　506
  - (4)　支払日による分類　506
- 4　米国ファクタリング業界の現状　507
  - (1)　CFA の調査報告に基づく考察　507
  - (2)　大手ファクターによる市場のとらえ方　510
  - (3)　まとめ　512

第3節　米国型ファクタリングの実務　514
- 1　案件組成プロセス　514
  - (1)　クライアント審査　514
  - (2)　徴求書類　517
  - (3)　フィールドイグザミネーション　517
- 2　売掛金買取りにおける審査　518
- 3　売掛金買取りの実務フロー　518
- 4　金融機能～アドバンス～　520

5　管理・回収……………………………………………………………… 521
　　(1)　売掛金の存在確認…………………………………………………… 521
　　(2)　売掛金管理の具体的手法…………………………………………… 522
　　(3)　売掛金の回収方法…………………………………………………… 523
　6　取組みにおけるリスクマネジメント………………………………… 524
　7　ファクターの推進体制………………………………………………… 524
　　(1)　営業部門……………………………………………………………… 524
　　(2)　クライアント審査部門……………………………………………… 525
　　(3)　カスタマー審査部門およびコレクション部門…………………… 525
　　(4)　監査部門……………………………………………………………… 526
　　(5)　経理部門……………………………………………………………… 526
　　(6)　システム部門………………………………………………………… 526
第4節　基本ストラクチャー…………………………………………………… 527
　1　日本でファクターが提供する主要サービス………………………… 527
　　(1)　買取りファクタリング……………………………………………… 527
　　(2)　売掛金回収保証……………………………………………………… 529
　　(3)　回収代行サービス…………………………………………………… 530
　　(4)　一括ファクタリング………………………………………………… 531
　　(5)　国際ファクタリング………………………………………………… 536
　2　日本におけるファクタリング機能の活用ニーズ…………………… 542
　　(1)　買取りファクタリング……………………………………………… 542
　　(2)　売掛金回収保証……………………………………………………… 542
　　(3)　回収代行サービス…………………………………………………… 543
　　(4)　一括ファクタリング………………………………………………… 543
　　(5)　国際ファクタリング………………………………………………… 543
第5節　他の金融手法との関係………………………………………………… 545
　1　銀行貸出との関係……………………………………………………… 545
　　(1)　手形割引との比較…………………………………………………… 545

(2) 売掛金担保貸出との比較………………………………………… 546
　2　証券化との関係……………………………………………………… 546
　　　(1) 取引スキーム…………………………………………………… 547
　　　(2) ダイリューションリスクへの対応…………………………… 547
　　　(3) 利用者の規模…………………………………………………… 548
　　　(4) 商　品…………………………………………………………… 548
　3　取引信用保険との関係……………………………………………… 548
　　　(1) 保険事故との関連……………………………………………… 549
　　　(2) 保険会社の提供する機能……………………………………… 550
　　　(3) メリット………………………………………………………… 550
　　　(4) ファクタリング関連サービスとの比較……………………… 550
第6節　新たな展開……………………………………………………………… 551
　1　電子記録債権とファクタリング…………………………………… 551
　2　新しいプレーヤーの動き…………………………………………… 552
　3　ファクタリングの発展に向けた課題……………………………… 553

第9章　設備活用型（エクイップメント・ファイナンス）

第1節　定義・主要な形態……………………………………………………… 556
　1　所有または担保取得を通じた換価手段の確保…………………… 557
　2　設備の換価価値を勘案した信用供与……………………………… 557
第2節　設備の価値の活用……………………………………………………… 559
　1　設備ファイナンスにおける設備の価値と所有権………………… 559
　2　設備の価値の活用機会……………………………………………… 560
　　　(1) 与信補完機能としての活用…………………………………… 560
　　　(2) 売買処分による収益機会の創出……………………………… 561
第3節　設備ファイナンスにおける信用補完機能の確保…………………… 562

1　設備ファイナンス特有の分析事項………………………………562
　　2　設備の担保適格要件……………………………………………564
　　3　設備投資残高と価値の乖離……………………………………565
　　4　モニタリングとポートフォリオ管理…………………………566
第4節　リース………………………………………………………………567
　　1　リース取引会計基準ならびに減価償却制度改正の影響……568
　　2　リース取引にみる設備ファイナンスの方向性………………569
　　3　オペレーティング・リースへの展開…………………………571
第5節　ベンダー・ファイナンス…………………………………………573
　　1　ベンダー・ファイナンスの資金提供主体……………………574
　　　(1)　販売金融会社（キャプティブ・レッサー）………………574
　　　(2)　第三者レッサー（サード・パーティー・レッサー）……574
　　2　ベンダー・ファイナンス・プログラムにおけるファイナンス
　　　　提供の形態　………………………………………………………575
　　　(1)　「直接的」なファイナンスの提供…………………………575
　　　(2)　「間接的」なファイナンスの提供…………………………576
　　3　ベンダー・ファイナンスの信用補完機能の確保……………577
　　4　ベンダー・ファイナンスにみる設備ファイナンスの方向性………578

第10章　大型設備・事業活用型
（ストラクチャード・ファイナンスの応用）

第1節　はじめに……………………………………………………………580
第2節　大型設備ファイナンスの特徴……………………………………581
第3節　コーポレート・ファイナンスにおける企業と事業……………582
　　1　企業と事業部門のキャッシュフロー…………………………582
　　2　企業と事業部門のオペレーション〜株式会社の機関と経営者〜…583
第4節　ストラクチャード・ファイナンスの考え方……………………588

1　ストラクチャード・ファイナンスにおける値付け……………588
　　2　ストラクチャード・ファイナンスにおける値付けの背景…………588
　　3　ストラクチャード・ファイナンスの発達………………………591
　　4　ストラクチャード・ファイナンスの原型〜金融資産〜…………592
　　5　金融資産を対象としたストラクチャード・ファイナンスに関する補足…………………………………………………………595
第5節　ストラクチャード・ファイナンスの応用1―大型設備―………597
　　1　オペレーティング・リースとコーポレート・ファイナンス………597
　　2　ストラクチャード・オペレーティング・リース………………599
　　3　タックス・リース………………………………………………602
第6節　ストラクチャード・ファイナンスの応用2―事業―……………604
　　1　プロジェクト・ファイナンス…………………………………604
　　2　事業流動化（WBS・特定事業ファイナンス）………………608
第7節　ストラクチャード・ファイナンスの行き着く先…………………613

【資料】ABL ガイドライン　……………………………………………615
あとがき……………………………………………………………………631

第 1 編

ABLの理論

第 1 章

企業金融における「アセット」活用の意義

第1節 企業金融における「アセット」の活用

　ABLの理論の解説にあたり、そもそも企業金融において「アセット」（Asset）すなわち「企業の保有する資産」を活用することにどのような意義を見出すかを問い直すことからはじめることにしよう。

1　信用供与のよりどころ

　企業金融において金融機関が信用供与のよりどころにするのは、企業の信用力である。そして、その企業の信用力を支えるのは、まずもって財務内容の健全性である。企業の財務内容は財務データに基づいて定量的に分析される。ここでは、自己資本の充実度やキャッシュフローの安定性が重要な確認事項となる。さらに、保有する資産、事業から生み出される収益、取り扱う製品・サービスの競争力や優位性、経営者や従業員の質など定性的な分析を加えて、企業の総合的な信用力が判断される。

　金融機関は、企業に与信を行うに足る信用力があると判断すれば、その企業に対して無担保で信用供与を行う。銀行が行う「信用貸し」はその典型例である。しかし、企業の信用力が十分でないと判断すれば、企業の保有するさまざまな「アセット」を担保として活用したり、代表者の個人保証をとったりすることで信用補完を行うことになる。この担保や保証は金融機関からみると、将来、返済不能や損失発生といった不測の事態に備えて返済や損失補填の原資をあらかじめ確保する手段である。

(1) 担保活用の基本原則

そして、担保のなかでも、日本で最も一般的に活用される「アセット」は不動産である。金融機関は企業の総合的な信用力を判断する際に、当然ながらその企業の保有する不動産の価値も織り込んでいる。そのうえで、金融機関が不動産を担保として取得する理由は、将来の不確実性に備え、債権者として返済原資を優先的に確保しておきたいからである。別の言い方をすれば、担保として活用される不動産は貸出の期限に換価されて返済に充当することが想定されているわけではなく、あくまで非常時の返済や損失補填の原資を確保するためのものである。

このように、不動産をはじめ企業の保有する「アセット」を担保として活用することは、金融機関からみると債権回収の確実性を上げるための有効な手段である。しかしながら、金融機関にとって担保はあくまで不測の事態に備えるものであって、担保そのものを返済のよりどころにするものではない。つまり、企業のそもそもの信用力に裏付けられた返済能力を軽視し、担保主義に陥ることはあってはならないということである。いうまでもなく、担保に過度に依存した状況で担保資産の価値が下落すれば、最悪の場合、回収不能といった事態を発生させる可能性を免れない。

(2) 過度の担保依存への反省

1980年代後半から、このような企業金融における担保活用の基本原則に反し、企業の信用力を十分に見極めず、不動産担保に過度に依存して貸出が行われた。そして、不動産バブル崩壊により不動産価格が急落、その結果、担保価値が大幅に下落したため、担保からの回収額は大幅に減少し、金融機関は多大な損失を被った。これは、企業金融において企業の保有する「アセット」を担保として活用するそもそもの目的を忘れてしまった当然の帰結であるといえるであろう。

そして、この不動産バブル崩壊は、金融機関に対して過度の担保主義に対

する反省を促す契機となった。金融機関は担保価値のみに依存するのではなく、あくまで担保とする「アセット」を当該企業の信用補完のために活用して信用供与をするという原点回帰の対応が求められるようになったのである。

　すなわち、企業の保有する価値のある「アセット」により、その企業の信用力を補完することに、企業金融における本来の「アセット」活用の意義を見出すということである。

(3) 流動化

　このように担保として活用される「アセット」はあくまで企業の一構成要素としてその活用の意義が見出されるのに対し、企業金融における「アセット」の活用には、別の意義も見出すことができる。それは、価値のある「アセット」を企業から切り離し、その「アセット」を活用するというアプローチにより、企業の一構成要素としてではなく切り離された「アセット」の価値そのものに活用の意義を見出すことである。したがって、このアプローチでは、「アセット」は企業の信用力とは無関係な存在になる。

　企業の保有する「アセット」にこのような意義を見出すのが、伝統的な貸出とは異なる企業金融のもう一つの潮流である「流動化」の手法である。たとえば、売掛金の流動化では、売掛金がSPC（特別目的会社）などへ売却されることで企業から切り離される。そして、企業は売却した売掛金の価値に相応する代金を受け取ることで、実質的には貸出を受けるのと同様の効果を得る。つまり、「流動化」の手法では、企業が保有する「アセット」を切り離すことで、「アセット」そのものの価値を活用することに意義を見出すのである。そして、ここで切り離された「アセット」は基本的に企業の信用力とは関係なくその価値が判断される。一般の個人の場合でいえば、ちょうど「質屋金融」と同じである。質屋は貸出を行うときにモノ（＝アセット）を持ち込んだヒト（＝貸出を受ける個人）の信用力はみない。あくまでそのモノの価値のみをみて貸出を行う。

2 「アセット」の活用

　このように、企業金融における「アセット」の活用には大きく二つの意義を見出すことができる。まず、企業の保有する価値のある「アセット」を企業から切り離すことなく担保等で活用することで「アセット」を企業の信用力の補完に役立てることに意義を見出し、そして、企業から価値のある「アセット」を実際に切り離すことで「アセット」の価値そのものの活用を図ることに意義を見出す。これを企業の財務諸表で表せば図表1-1のようになる。すなわち、「アセット」を担保として活用するが、あくまで「アセット」は企業の一部であるという見方で企業の総合的な信用力を判断する視点、そして「アセット」を企業とは切り離して企業の信用力から独立したものとしてその価値を判断する視点である。

(1) 活用の限界

　しかし、ここで考えなければならないのは、一つめの意義のように「アセット」を担保として活用するとしても、それはあくまで企業の一部として、

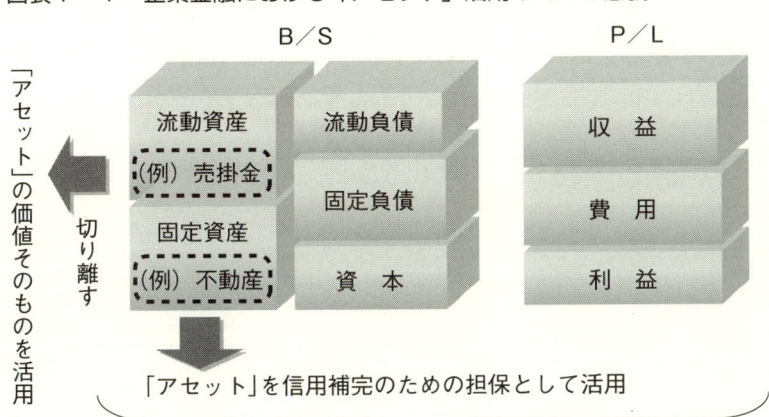

図表1-1　企業金融における「アセット」活用の二つの意義

B/S		P/L
流動資産 (例)売掛金	流動負債	収　益
	固定負債	費　用
固定資産 (例)不動産	資　本	利　益

←「アセット」の価値そのものを活用（切り離す）

↓「アセット」を信用補完のための担保として活用

「アセット」はあくまで企業の一部という見方で企業全体の信用力をみる

最終的に企業の総合的な信用力が判断されるので、企業金融の現場では往々にして次のような状況が発生する。すなわち、企業の信用力と「アセット」の価値とにギャップ（乖離）が生ずる場合があるということである。たとえば、信用力はやや劣るが価値のある「アセット」を保有している企業があり、金融機関がその「アセット」を担保に取得して貸出を行うケースである。担保とする「アセット」はその企業の信用力を補完する手段といっても、担保である以上、あくまで不測の事態に備えるものであるため、企業の総合的な信用力そのものには影響がない。つまり、「アセット」の価値を活用するといっても、担保による返済を前提とした貸出ではないので、与信判断では企業全体の信用力が前提となるということである。このような状況では、「アセット」の価値が企業の信用力に適切に反映されないことが起こりうる。

　より具体的な例をあげれば、なんらかの事情により一時的に業績が低迷している企業があったとする。そして、この企業が業績低迷の影響で財務内容が一時的に悪化していたとすれば、たとえ価値のある売掛金や在庫、すなわち優良な「アセット」を保有していたとしても、定量的な財務分析のみに頼れば企業全体の信用力は低いと判断されてしまうであろう。また、次のようなベンチャー企業のケースも考えられる。すなわち、業歴が浅く、財務バランスも安定しているとはいいがたいベンチャー企業が大手優良企業に対して安定的かつ継続的なサービスを提供していた場合、当該顧客企業への売掛金は優良な「アセット」であるにもかかわらず、ベンチャー企業の信用力自体にはほとんどプラスの効果をもたらさないようなケースである。

　さらに、上の例のような企業が金融機関に対して会計基準に従った財務データをきちんと提出したとしても、財務データ自体は過去の実績値であって、「アセット」の内容や価値がタイムリーに反映されたものではない。また、「アセット」の健全性や換価可能性を分析しようとしても、不動産や上場株式など一部の「アセット」を除いて、通常は「アセット」に関する情報の入手には限界があるため、「アセット」の価値を的確に判断することはむずかしい。このような状況を図示すると図表1-2のようになる。

図表1-2　企業金融における「アセット」活用の問題点

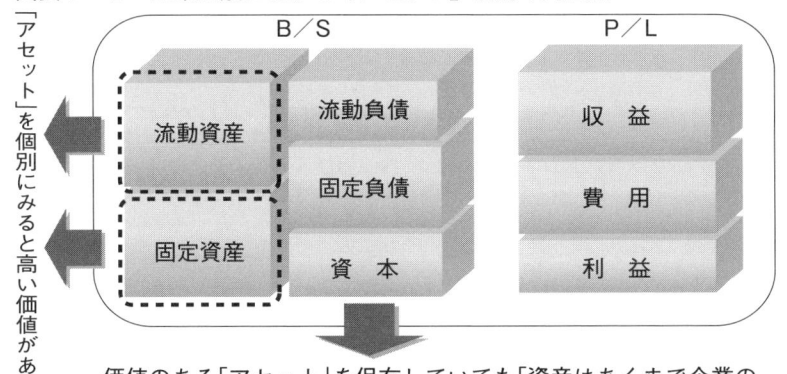

「アセット」を個別にみると高い価値がある

B/S：流動資産、固定資産（点線囲み）／流動負債、固定負債、資本
P/L：収益、費用、利益

価値のある「アセット」を保有していても「資産はあくまで企業の一部」という見方で企業全体の信用力を判断すると「アセット」の本来の価値が反映されない

(2)　「アセット」活用の新たな意義

そこで、この問題を解決するには、企業金融でさらにもう一つの「アセット」活用の意義を見出すことを考える必要がある。

その意義とは、企業が保有する「アセット」を単にその企業の一部ととらえるのではなく、あたかも流動化のように企業から切り離したようにみなすことでその価値を見極め、それを適切に企業の総合的な信用力に反映させていくというものである。すなわち、企業の保有する活用可能な「アセット」を引き続きその企業の一部としながらも、その「アセット」の信用力を見極めて適切に企業の総合的な信用力に反映させていく工夫をすることに意義を見出すということである。そのような工夫を行うことで、企業の信用力と「アセット」の価値とのギャップ（乖離）を埋めることが可能になる。たとえば、先ほどの企業の例でいえば、一時的に業績が悪化した企業であっても、売掛金や在庫の価値をふまえた貸出を行ったり、ベンチャー企業のケースでは売掛金の一定残高まで貸出を行ったりするという方法により、「アセット」の価値が適切に企業の信用力に反映される新たな与信供与が可能になるということである。

第2節 「アセット」の価値を生かす新たなファイナンス手法

1　企業の信用力と「アセット」の価値とのバランスを考える手法

　前節のとおり、企業の保有する価値のある「アセット」に対して第三の活用意義を見出すことで、新たなファイナンス手法の展開が可能になる。その手法は、図表1－3のように企業の信用力に依拠したファイナンスと企業の保有する「アセット」の価値に依拠したファイナンスの両方の特徴を併せ持つ。つまり、この新たなファイナンス手法では、信用供与を行う際、基本的に企業の信用力に依拠しながらも「アセット」の価値を見極め、それを積極的に活用することで、これまで行われてきた企業金融の手法ではカバーできなかった企業の信用力と「アセット」の価値とのギャップ（乖離）を埋めることが可能になるのである。そして、これから本書で取り上げるABL、さらにはその次なる展開としてのABFは、まさにこのような特徴をもつファ

図表1－3　「アセット」の価値を生かす新たなファイナンスの領域

企業の信用力に依拠したファイナンス　　両方の特徴を併せ持つファイナンス　　「アセット」の価値に依拠したファイナンス

イナンス手法であるといえる。つまり、ABLやABFは、金融機関が企業の保有する「アセット」の価値を見極めて、企業の総合的な信用力に適切に反映させていく工夫がされたファイナンス手法なのである。

2　企業の信用力と「アセット」の価値とのバランス

ABLやABFがそのような特徴をもつ手法であるとはいえ、個々のファイナンス案件では、当然ながら「アセット」の価値への依存レベルはまちまちであり、また一つの案件で厳密に「ここまでが企業の信用力に依拠する金額で、ここからは「アセット」の価値に依拠する金額」といった判定を行うことは現実的には不可能である。すなわち、このような特徴をもつファイナンス案件を図示すれば図表1－4となり、図表のなかではB・C間のどこかに位置づけられるとはいえるが、厳密にB・C間のどこにポジショニングされるかを示すことはできない。つまり、案件単位で「アセット」の価値への依存度を計量化することは不可能ということである。

しかしながら、案件に取り組む際、企業の信用力と「アセット」の価値とのバランスを考えておくことは重要である。図表1－4においては、Aに近づくほど企業の信用力への依存度は高くなり、逆にDに近づくほど「アセッ

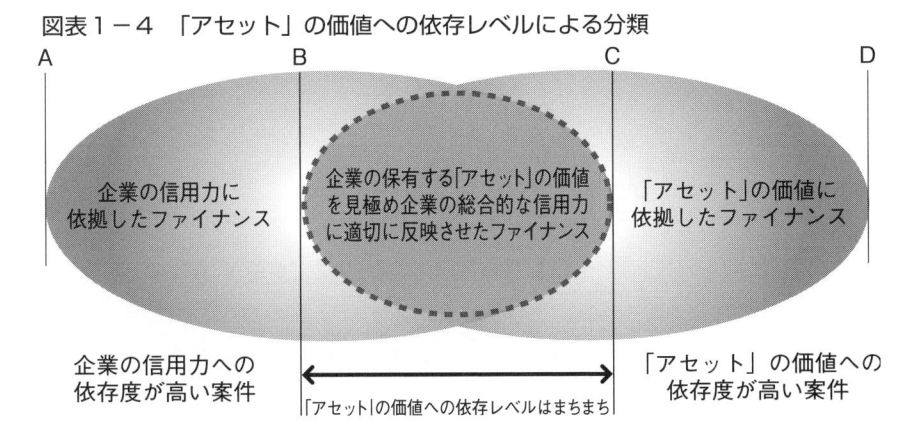

図表1－4　「アセット」の価値への依存レベルによる分類

第1章　企業金融における「アセット」活用の意義　11

ト」の価値への依存度が高くなる。実際の案件では、優良な上場企業でもない限りAのような案件はなく、企業の信用力に基本的に依拠するといっても、通常はA・B間の案件となる。このような案件では基本的に「アセット」の価値に依拠することはないが、「添え担保」として企業の「アセット」を活用することはある。一方、Dのような案件は、先の質屋金融のような事例以外にはなく、通常はC・D間の案件ということになり、この領域には「アセット」を企業から切り離して流動化する際にリコースの条件をつけるなどといった形態が含まれる。

　これらに対して、B・C間の案件では企業の信用力と「アセット」の価値とのバランスを考えて行われる。また、同じB・C間にある案件であっても、企業の信用力に依拠する割合と「アセット」の価値に依拠する割合とが異なれば、当然ながらB・C間のポジションが異なる。たとえば、Cに近づくほど企業の信用力はあまり考慮されず、ほぼ「アセット」の価値に依拠して行われる案件となる。つまり、「アセット」の価値におおむね依拠するが若干の信用力は認める案件である。実際に個々の案件での計量化はむずかしいが、たとえば、「企業の信用力：アセットの価値」が「10：90」といったケースである。逆に、わずかではあるが「アセット」の価値を考慮するものの、基本的に企業の信用力に依拠して行う案件はB寄りになる。この場合は、たとえば、「企業の信用力：アセットの価値」が「90：10」といったケースである。先ほどのA・B間の案件は、仮に添え担保として「アセット」を活用しても「企業の信用力：アセットの価値」は常に「100：0」ということになる。

　このように、企業の保有する「アセット」をその企業の一部としておきながらも、その「アセット」の価値を見極めて適切に企業の総合的な信用力に反映させていくというB・C間の案件が、まさに企業金融における「アセット」活用の新たな意義を認めたファイナンス手法によるものである。それはまさに、企業の信用力と「アセット」の価値との・ギ・ャ・ッ・プ（乖離）を解消することを可能にする手法といえる。

第3節 新たな「アセット」活用の意義を見出すABL

1　ABLの広がり

　企業金融における「アセット」活用の意義は前節までに説明したとおりであるが、ファイナンスの現場ではこれまで実にさまざまな企業の「アセット」が活用されてきた。間接金融の比率が高い日本では、企業金融の主な担い手は銀行であり、その銀行が行う貸出では、預金、国債などの信用度の高い有価証券、決済が確実に見込まれる商業手形など、担保管理が容易でかつ換価性の高いものが優良な担保として活用されてきた。それに続き、換価性は劣るが、不動産や財団等も好ましい担保とされてきた。また、限定的ではあるが、在庫や機械設備などの動産、売掛債権や入居保証金の返還請求権といった債権、あるいはゴルフ会員権なども活用されてきた。

　このように、銀行が行う貸出に活用される担保だけみても、その活用頻度はともかく、実にさまざまな「アセット」が活用されてきたといえる。ただし、その活用レベルは、図表1－4でいえば、あくまで「添え担保」として活用されるA・B間の案件もあれば、「アセット」の価値を積極的に認めるB・C間の案件もある。つまり、企業の信用力と「アセット」の価値とのバランスを考えながら、「アセット」の価値の活用を図ってきたということである。

　一方で、そのようなバランスを考慮せず、不動産という「アセット」の価値に過度に依存して貸出を行ってしまった結果、先の不良債権問題は引き起

こされた。不動産バブル期の金融機関は、企業の信用力と不動産の価値とのバランスをとることを忘れ、右肩上がりに価格が上昇していく不動産に過度に依存して貸出を積み上げていった。そして、不動産バブル崩壊により「アセット」の価値が急激かつ大幅に低下した途端に企業の信用力（あるいは支払能力）を上回る貸出が残ってしまい、それが不良債権になった。つまり、先ほどの図表1－4で考えれば、不動産という「アセット」を担保とした貸出とはいえ、本来企業の信用力を見極めることに軸足があるべきB周辺の案件であっても、それをあたかもC付近の案件のように不動産という「アセット」の価値に相当程度依存して貸出が行われたということである。したがって、C付近の案件のようにみなして「アセット」を活用したがゆえに「アセット」の価値低下のリスクにさらされ、結果として返済原資が不足してしまったのである。このような失敗を招いた不動産担保に過度に依存した貸出を「アセット」活用の意義からとらえ直してみることは重要である。

　そして、この反省をふまえ、不動産担保依存型の貸出慣行から脱却し、新たな貸出手法を開発することが要請され、企業が保有する「アセット」のなかでも限定的な活用にとどまっていた動産や債権が注目されるようになったのである。平成17年10月には動産や債権の担保活用を促すべく「動産・債権譲渡登記制度」が創設され、それらを担保として活用する貸出手法であるABLが脚光を浴びることになった。金融庁や経済産業省もABL推進の後押しをした結果、銀行における取組みが始まり、ABLの活用は急速に進んでいる。

2　借手からみたABL

　一方、ABLの利用者である企業が保有する「アセット」の構成をみると、動産や債権の金額は図表1－5のように、中小企業の保有する売掛債権は64兆円（全体の16.5％）、在庫は41兆円（全体の10.6％）にものぼる。両者の合計額105兆円は土地の84兆円を上回る水準にあり、金額的にみても、中小企

図表1-5　企業の「アセット」の構成

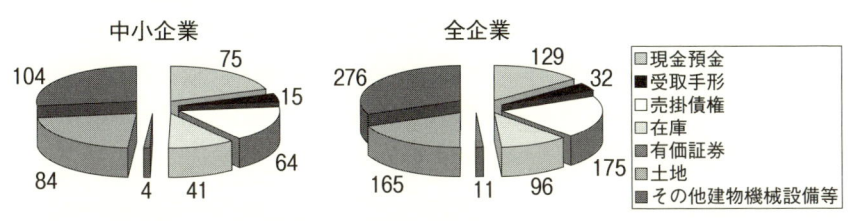

中小企業：104、84、75、4、15、41、64（凡例順）
全企業：276、165、129、11、32、96、175

凡例：
- 現金預金
- 受取手形
- 売掛債権
- 在庫
- 有価証券
- 土地
- その他建物機械設備等

（出所）2003年度「法人企業統計」をもとに作成。

業にとって動産・債権を担保として活用する余地は大きいといえる。

　ただ、中小企業にとって売掛債権や在庫の担保活用の余地が大きいといっても、ABLのようなファイナンス手法を導入すれば、不動産などの伝統的に活用されてきた担保に加えてそれらがすぐさま活用可能な「アセット」になるというわけではない。なぜなら、図表1-4でいえば、金融機関がA・B間の貸出スタンスをとる以上、仮に企業が在庫などの「アセット」を担保に差し入れても追加的な信用供与を受けられる余地は少ないからである。

　図表1-5に示すとおり、中小企業の全資産の約27％を占める売掛債権と在庫とを企業の信用力を補完する重要な「アセット」として活用するには、金融機関が図表1-4中のB・C間の案件に取り組んでいくという明確なスタンスが不可欠である。すなわち、金融機関が「アセット」の価値を見極め、その価値を活用することで、企業の信用力を補完して貸出できるようにならない限り、真の意味で売掛債権や在庫が活用されたとはいえない。中小企業からみれば、売掛債権や在庫の絶対額が土地よりも多いとはいえ、それを担保に提供してもその資産価値に見合った信用供与を受けられなければ、金融機関の保全強化に協力したにすぎないということになる。

3　ABLの定着化に向けて

　したがって、企業の保有する「アセット」の相当な割合を占める在庫などの動産や売掛債権などの債権が有効に活用されるには、金融機関がそのよう

な「アセット」の価値を見極め、それを活用して信用供与を行えるような体制づくりが必要となる。そのような金融機関の取組みによりはじめて動産や債権を担保とするABLが企業の「アセット」を有効に活用するツールとなりうる。

　金融機関はABLの取組みに必要な体制整備を早急に進め、企業の保有する優良な「アセット」の活用に新たな意義を見出すことが求められている。そして現状、信用力だけでは資金調達のむずかしい創業間もないベンチャー企業や事業の再生・再編に取り組んでいる企業であっても、優良かつ価値のある「アセット」を保有していればABLによる調達が可能になることが期待されている。すなわちABLの導入は、企業の信用力と「アセット」の価値とにギャップ（乖離）が生じているこのような企業にとって新たな資金調達の道が拓かれることになるのである。

第4節

ABLの次なる展開

1 ABLという新たなステージ

　日本の企業金融は不動産バブル崩壊後の混乱から脱却し、その反省をふまえて歴史的な転換点を迎えている。ABLに象徴される新しいファイナンス手法への取組みは、企業金融における「アセット」活用の意義を問い直し、その意義をふまえた新たな展開を促すことになった。そして、ABLの導入を通じて、金融機関と借手である企業との双方に「アセット」活用の意義がしっかりと理解されれば、日本の企業金融は新たなステージを迎えることになる。

　その一方で、企業を取り巻く金融環境も大きく変化している。今日、金融仲介機能の担い手は銀行だけでなく、ノンバンク、ファンド、ベンチャーキャピタル、機関投資家など実に多様なプレーヤーが登場し、かつてのように銀行を中心とした間接金融の構図が崩れつつある。そして、金融仲介機能の新たな担い手はさまざまな金融手法をもって企業に資金を提供する。その一つが先にも述べた流動化である。流動化は、企業の保有する優良な「アセット」である売掛金などの金融資産を企業から切り離して、その資産価値をよりどころにして企業に資金提供をする手法である。また、ストラクチャード・ファイナンスやホール・ビジネス・セキュリタイゼーション（WBS）といった手法も、企業そのものの信用力に依拠するのではなく、企業の保有する「アセット」の価値あるいは特定の事業の価値に着目し、それをうまく企

業リスクから切り離して行われる手法である。このように、企業が保有する価値のあるさまざまな「アセット」や事業を分解し、それをうまく企業から切り離してファイナンスを行うこれらの手法は、企業が保有する「アセット」とそれをコントロールする経営者という従来の枠組みを取り払う一つのムーブメントともいえる。

2　そしてABFへ

　したがって、企業が保有する価値のある「アセット」をあたかもその企業から切り離したようにみなして与信判断に反映させるABLのような手法が着目されるようになったのは、ある意味では必然的な流れであるといえる。そして、企業の「アセット」を活用する手法はABLにとどまらず、本書で説明するさまざまなタイプのファイナンス手法へ展開していくはずである。したがって、本書でABLの次なる展開としてABFを取り上げるのは、いまABLが脚光を浴びているからではなく、ファイナンスの現場で起こりつつある大きな流れをとらえてみたときに、ABFが日本の企業金融において重要な金融手法となりうると考えるからである。

　これまでのところ、ABLは銀行主導で広がりをみせているが、本書で紹介するABFのノウハウや各種手法は、銀行はもちろんのこと、リース会社、ノンバンク、さらには金融機能を有する事業会社まで幅広く活用が可能である。日本の企業金融において、ABFがABLに続く新たな潮流となることが期待される。

第 2 章

ABL の仕組み

第1節 ABFにおけるABLの位置づけ

　企業の保有する優良な「アセット」である動産や債権の価値を見極め、それをファイナンスに活用するのがABLであり、そしてABLの次なる展開として期待されるのがABFである。このABFはABLを包含するより大きな概念といえる。
　ABLの定義や基本的な仕組みを解説するにあたり、ABLがABFにおいてどのように位置づけられるかを確認することから始める。

1　ABFの定義

　ABF、すなわち「アセット・ベースト・ファイナンス」（Asset Based Finance）を直訳すれば「資産（アセット）をもとにした（ベースト）金融（ファイナンス）」ということになる。しかし、どんな資産（アセット）であっても、それをもとにしてなんらかの信用供与を行えばABFになるということではない。
　ABFで対象とする「アセット」は企業が保有する資産であり、企業の代表者などの個人が保有する資産は基本的に対象としない。企業のバランスシートでいえば、その左サイドに表示される資産を活用するということである。よって、原則として個人を含めた当該企業以外の第三者が保有する資産は含まれない。
　そして、企業が現に保有する「アセット」のうち価値のあるものを見極

め、それをあたかも当該企業から切り離したようにみなして「アセット」の価値を活用することで、その企業の信用リスクを補完して信用供与を行う。これがABFの基本的な手法であり、本編第1章で説明した企業金融における「アセット」活用の新たな意義を具現化する手法なのである。

そこで、本書ではこのABFを次のように定義する。

> 企業の保有するアセット（資産）の価値によりその企業の信用リスクを補完して行う信用供与

2　ABLとの関係

ABL（アセット・ベースト・レンディング、Asset Based Lending）も直訳すれば「資産（アセット）をもとにした（ベースト）貸出（レンディング）」ということになるが、より実務に即していえば、企業の保有する「アセット」のうち売掛金や在庫などの流動性の高い事業収益資産に着目し、その価値を見極めて信用補完に活用する貸出手法である。つまり、ABLも売掛金や在庫などの「アセット」の価値により企業の信用力を補完して行う信用供与であるので、ABFの一形態といえる。

このようなABFとABLとの関係について、『アセット・ベースト・レンディング入門』（トゥルーバグループホールディングス株式会社編）では、次のように説明している[1]。

> ……アセット・ベースト・ファイナンスも「資産」を活用したファイナンス手法という点においてはアセット・ベースト・レンディングと同じであるため、実務上、両者を明確に区別することは難しい。ただし、概ねアセット・ベースト・ファイナンスといえばリースやファ

1　トゥルーバグループホールディングス株式会社編『アセット・ベースト・レンディング入門』12～13頁。

図表2−1　ABFにおけるABLの位置づけ

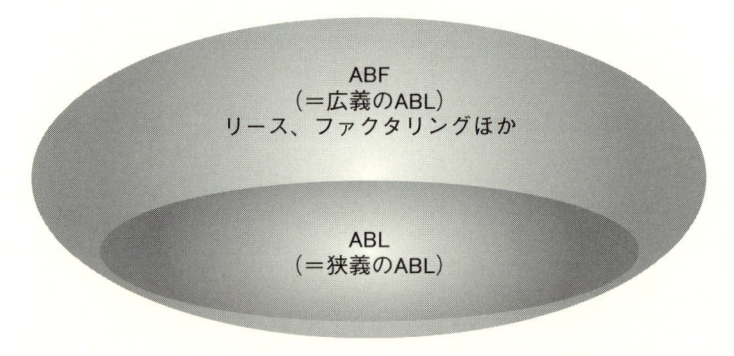

ABF
（＝広義のABL）
リース、ファクタリングほか

ABL
（＝狭義のABL）

クタリングも含めた広義の捉え方であり、これに対してアセット・ベースト・レンディングは、売掛金や在庫など企業の保有する流動性の高い資産を担保にした貸出のみを対象とする狭義の捉え方とされることが多い。

つまり、……アセット・ベースト・ファイナンスは、「広義のアセット・ベースト・レンディング」とイコールであり、「狭義のアセット・ベースト・レンディング」はその一部であると考えた方が整理しやすい。

すなわち、ABFを広義のABLとすると、図表2−1のようにABL（＝狭義のABL）はそれに包含される概念ということである。

3　ABFの特徴

さらに、ABFは企業の保有する「アセット」に新たな活用意義を認めて企業の信用力を補完する手法であるがゆえに、図表2−2のように企業の信用力に依拠したファイナンスと企業の保有する「アセット」の価値に依拠したファイナンスの両方の特徴を併せ持つといえる。

そして、図表2−2の左側「企業の信用力に依拠したファイナンス」を、「コーポレート・ファイナンス」（Corporate Finance）、すなわち一義的には

図表2-2　ABFの特徴

企業の信用力に依拠したファイナンス　両方の特徴を併せ持つ ABF　「アセット」の価値に依拠したファイナンス

図表2-3　コーポレート・ファイナンスやアセット・ファイナンスとの関係

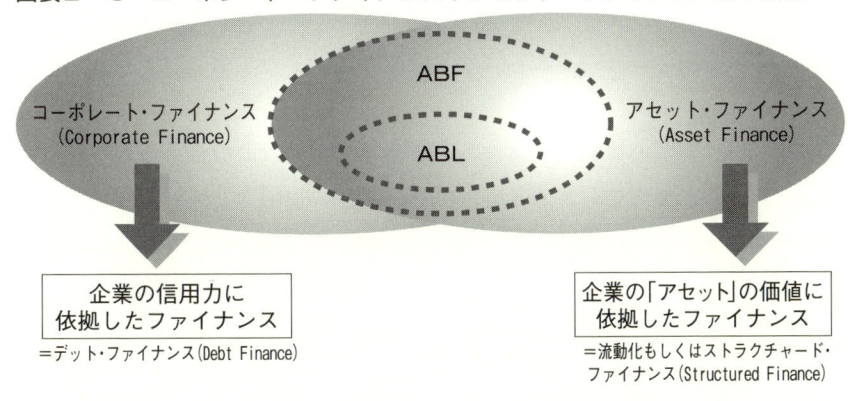

コーポレート・ファイナンス（Corporate Finance）　ABF　ABL　アセット・ファイナンス（Asset Finance）

企業の信用力に依拠したファイナンス
＝デット・ファイナンス(Debt Finance)

企業の「アセット」の価値に依拠したファイナンス
＝流動化もしくはストラクチャード・ファイナンス(Structured Finance)

「アセット」（あるいは担保）の裏付によらず、企業の信用力に依拠するファイナンスと置き換え、また、図表2-2の右側「「アセット」の価値に依拠したファイナンス」を「アセット・ファイナンス」（Asset Finance）、すなわち企業の信用力から「アセット」の信用力を分離（流動化）して行うファイナンスと置き換えると、ABFは図表2-3のようになる。

つまり、ABFは、コーポレート・ファイナンスとアセット・ファイナンスの二つの特徴を併せ持った中間的な位置づけのファイナンスといえ、ABLはそのなかに含まれる[2]。

そして、ABFは、コーポレート・ファイナンスとアセット・ファイナン

---

[2] トゥルーバグループホールディングス株式会社編『アセット・ベースト・レンディング入門』1～2頁を参考。

図表2-4　ABFの本質

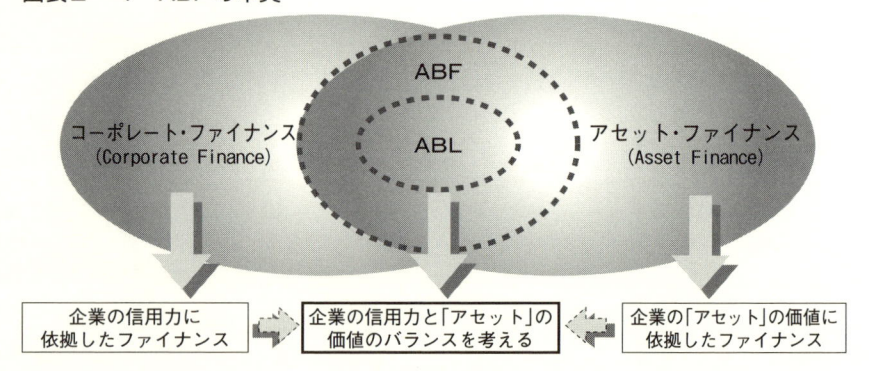

```
　　　　　　　　　　　ABF
コーポレート・ファイナンス　　ABL　　　アセット・ファイナンス
(Corporate Finance)　　　　　　　　　　(Asset Finance)
```

| 企業の信用力に依拠したファイナンス | ⇔ | 企業の信用力と「アセット」の価値のバランスを考える | ⇔ | 企業の「アセット」の価値に依拠したファイナンス |

スの二つの特徴を併せ持った中間的な位置づけのファイナンスであるがゆえに、この手法の本質は、まさに図表2-4に示すように企業の信用力と保有する「アセット」の価値のバランスを考えることにほかならない。

　しかし、バランスを考えるといっても、企業の信用力と「アセット」の価値とが均等ということではない。ABFにおいて、企業の信用力にウェイトが置かれるか、「アセット」の価値にウェイトが置かれるかは、当然ながら案件によって異なるので注意が必要である。

4　コーポレート・ファイナンス、アセット・ファイナンスとの違い

　第3編「ABLの展開」の導入として、図表2-4にあるABF、コーポレート・ファイナンス、アセット・ファイナンスの特徴と仕組みについてもう少し説明を加えておこう。

　先述のとおり、ABFは企業の保有する「アセット」をその企業から切り離したと想定して換価価値を判定し、その価値を裏付にしてファイナンスを行う手法であるのに対して、コーポレート・ファイナンスあるいは銀行による貸出などの伝統的なデット・ファイナンスでは、企業の「アセット」を切り離して評価することはなく、あくまでその企業の信用力の構成要素の一部

図表2-5　コーポレート・ファイナンスの仕組み

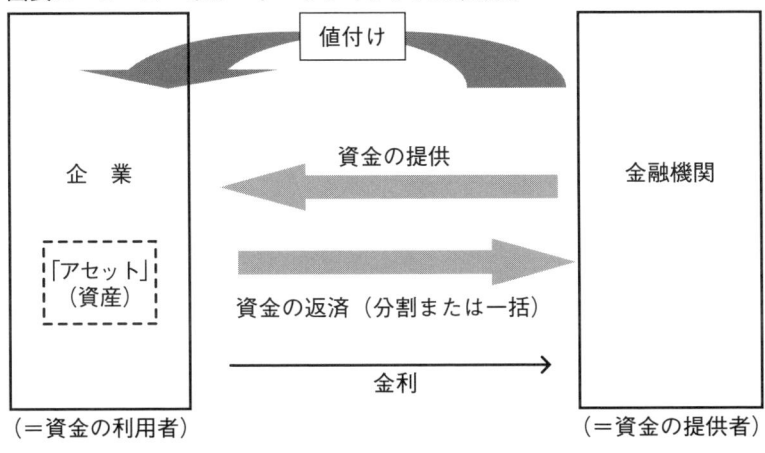

（企業＝資金の利用者）←値付け／資金の提供／資金の返済（分割または一括）／金利→（金融機関＝資金の提供者）

図表2-6　ABFの仕組み

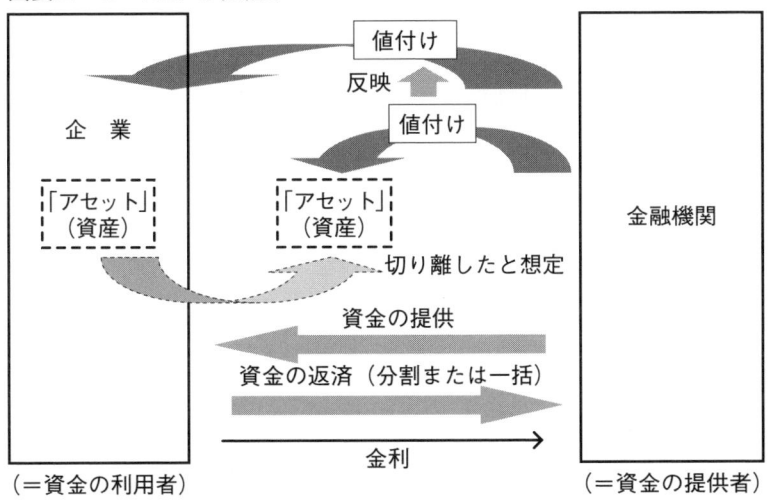

（企業＝資金の利用者）「アセット」（資産）を切り離したと想定し、値付け→反映→値付け／資金の提供／資金の返済（分割または一括）／金利→（金融機関＝資金の提供者）

として判断する。したがって、コーポレート・ファイナンスの仕組みは、簡単にいえば図表2-5のように、金融機関が借手となる企業の保有する「アセット」も含めて企業全体の値付けを行い、それに基づいて資金を提供し、借手となる企業はその資金を利用するための費用として金利を払うというものである。

これに対して、ABFの仕組みを同様に示すとすれば、図表2－6のように企業から「アセット」を切り離したと想定して値付けを行い、その価値を企業全体の値付けに反映させて資金を提供する仕組みである。

　すなわち、ABFの仕組みでは、はじめに資金の提供者たる金融機関が資金の利用者たる企業の保有する「アセット」の値付けを行うことになる。そして、その「アセット」の値付けを反映して企業の値付け、すなわち企業の信用力の判定を行う。したがって、「アセット」の値付けを反映させる仕組みとして、資金の提供時における「アセット」の評価、提供後にアセットの価値が変動していないかを確認するモニタリングが重要になる。そして、当該企業の事業が継続されている限りにおいて「アセット」がその企業に残ったまま資金化され、資金の返済に充当される。しかし、経営の行き詰まりなど実際にその企業から切り離さなければならない事態が発生したときは、「アセット」を売却、すなわち換価処分や回収することになる。したがって、そのような事態に備えた準備をしておくことが不可欠となる。

　さらに、アセット・ファイナンスがABFとどのような違いがあるかは図

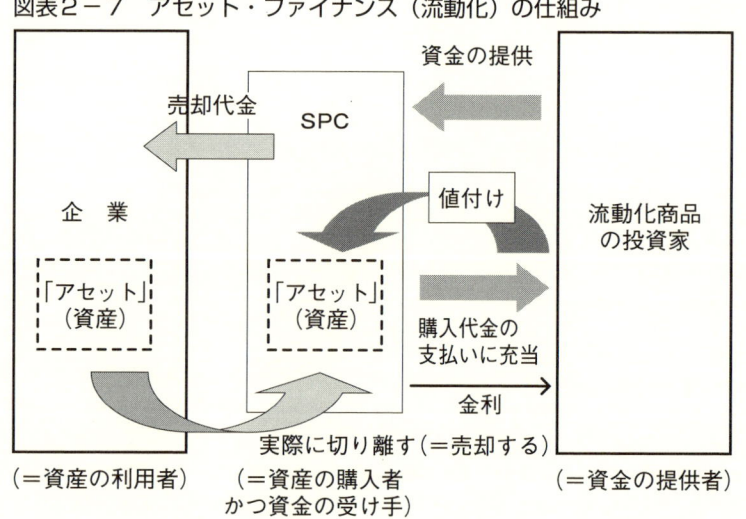

図表2－7　アセット・ファイナンス（流動化）の仕組み

（企業）
（＝資産の利用者）

SPC
（＝資産の購入者
かつ資金の受け手）

流動化商品
の投資家
（＝資金の提供者）

売却代金／資金の提供／値付け／購入代金の支払いに充当／金利／実際に切り離す（＝売却する）

表2－7をみれば明らかである。つまり、流動化などのアセット・ファイナンスの仕組みは、企業が保有する「アセット」をSPCなどへ売却することにより実際に切り離してしまう点でABFとは大きく異なるものである。

第2節

ABLの定義と仕組み

　前節で説明したABFにおけるABLの位置づけとコーポレート・ファイナンスやアセット・ファイナンスなど他のファイナンス手法との違いをふまえて、本節ではABLを定義し、その基本的な仕組みについて説明する。

　なお、ABLの実務手法についての詳細は第2編「ABLの実務」で説明する。

1　ABLの定義

　これまで説明したとおり、ABLは企業の保有する「アセット」の価値を見極め、それを信用補完に活用して行う貸出手法であり、ABFの一形態である。

　このようなABFの一形態としての貸出手法であるABLを、『アセット・ベースト・レンディング入門』(トゥルーバグループホールディングス株式会社編)では、次のように定義している[3]。

> ……従来型の不動産担保や有価証券を担保とした貸出と区分するため、アセット・ベースト・レンディングを……狭義のアセット・ベースト・レンディングの意味で用い……、「売掛金や在庫など企業の保有する流動性の高い資産を担保にした貸出」と定義することにする。

---

[3]　トゥルーバグループホールディングス株式会社編『アセット・ベースト・レンディング入門』13頁。

つまり、広義のABL、すなわちABFとの対比において、ABLは企業の「アセット」のなかでも流動資産に着目して貸出を行うという意味で狭義のABLとして定義している。

本書では、前節において、ABFを「企業の保有するアセット（資産）の価値によりその企業の信用リスクを補完して行う信用供与」と定義したが、それにそってABLを定義すると次のようになる。

> 企業の保有する売掛金や在庫などの流動性の高い事業収益資産の価値によりその企業の信用リスクを補完して行う貸出

そして、ABLに対して先進的な金融機関はこのようなABLの定義をふまえ、さまざまなABLの仕組みに取り組んでいる。

たとえば、ある大手銀行ではABLを「売掛金や在庫・動産等の事業収益資産を担保として徴求し、担保資産の内容を精査・常時モニタリングしつつ、担保資産の一定割合を上限に貸出を行う手法」として取り組んでいる。また、ある地方銀行では、ABLを「管理システム評価、在庫評価・処分業務を行う外部専門会社と提携し、従来困難であった在庫等の適正な評価を行うことにより企業の保有する営業資産を担保とした融資手法」として取り組んでいる。政府系金融機関では、ABLを「在庫が販売され売掛金となり、売掛金が回収され流動預金となる事業のライフサイクルに着目し、在庫・売掛金・流動預金を一体として担保取得するとともに一定の極度融資枠を設定するスキーム」として取り組んでいるケースもある。

またABLの推進を積極的に後押ししている経済産業省は、ABLの仕組みを「企業の事業そのものに着目し、事業に基づくさまざまな資産の価値を見極めて行う貸出」としている[4]。

---

4 野村総合研究所「動産・債権等の活用による資金調達手段〜ABL（Asset Based Lending）〜テキスト一般編」、同「動産・債権等の活用による資金調達手段〜ABL（Asset Based Lending）〜テキスト金融実務編」（経済産業省）を参考。

このように、金融機関はABLを売掛金などの債権、在庫などの動産を担保にした貸出をベースにした手法ととらえながらも、それぞれ独自の仕組みを構築し、取り組んでいるといえる。しかし、ABLをどのような仕組みとするとしても、企業の保有する価値のある「アセット」を活用することで企業の信用力を補完するというABLの本質は、レベルの差はあるにしても、忘れてはならない。

2　ABLの基本的な仕組み

(1)　従来の運転資金貸出

ABLの仕組みとは、一言でいえばABLの定義を実際に機能させる方法である。

ABLは先述の定義のとおり、「企業の保有する売掛金や在庫などの流動性の高い事業収益資産の価値により、その企業の信用リスクを補完して行う貸出」であり、主に企業の運転資金の調達に対応する仕組みである。一方、日本の企業金融の現場で、企業に対する運転資金の貸出はこれまで主に図表2

図表2－8　通常の運転資金貸出の手法
◆決算期の簿価をベースに所要運転資金を算出した例

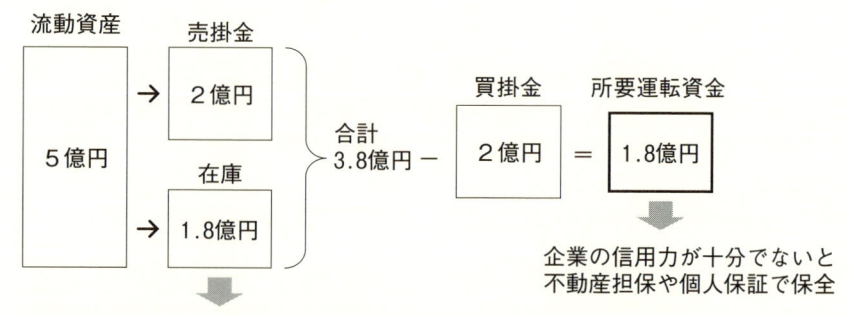

流動資産 5億円 → 売掛金 2億円／在庫 1.8億円
合計 3.8億円 － 買掛金 2億円 ＝ 所要運転資金 1.8億円

⇒ 企業の信用力が十分でないと不動産担保や個人保証で保全

所要運転資金の算定のプロセスのなかで中身の検証はされない

−8のような手法で行われてきた。すなわち、金融機関が企業へ運転資金を貸し出す場合、当該企業の決算期のバランスシートにある売掛金、在庫、買掛金などの残高をベースに所要運転資金額を計算して貸出を行う手法である。そして、金融機関は当該企業の信用力が十分であれば無担保での信用供与を行うが、信用力が足りないと判断すれば不動産担保や代表者の個人保証などを取得して対応する。すなわち、不動産担保や個人保証で当該企業の信用力を補完しながら運転資金を貸し出すことになる。

さらにいうと、図表2−8のプロセスのなかで、金融機関は所要運転資金の算出のベースとなる売掛金2億円、在庫1.8億円の内訳などの詳細な検証を行うことはない。すなわち、当該企業が不動産担保や個人保証によって信用補完が必要な状況であっても、それらの担保・保証が取得できれば、当該企業の重要な事業収益資産である売掛金や在庫の中身の詳細な検証は省略されてしまう。

(2) ABLによる運転資金貸出

このような通常の運転資金貸出の手法と比べて、ABLの手法は次の点で大きく異なる。すなわち、ABLも主に企業の運転資金のニーズに対応する

図表2−9　ABLによる運転資金の貸出
◆ある時点の売掛金と在庫の残高とをベースにABLにより貸出可能な金額を算出した例

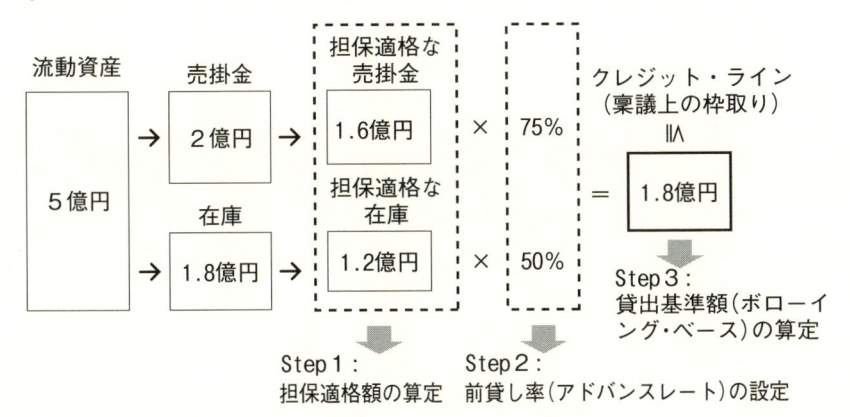

流動資産		売掛金		担保適格な売掛金			クレジット・ライン（稟議上の枠取り）
5億円	→	2億円	→	1.6億円	×	75%	∧||
		在庫		担保適格な在庫			= 1.8億円
	→	1.8億円	→	1.2億円	×	50%	

Step1：担保適格額の算定　　Step2：前貸し率（アドバンスレート）の設定　　Step3：貸出基準額（ボローイング・ベース）の算定

ものであるが、図表2－9にあるとおり、売掛金や在庫の活用の視点が大きく異なる。ABLの手法においては、担保として適格な売掛金、在庫の内容を見極め、以下の三つのステップにより貸出可能な運転資金額を算出することになる。

(3) ABLにおける貸出可能額の算出

ABLでは図表2－9にある三つのステップにより貸出可能な金額が算出される。

三つのステップとは、①売掛金・在庫の担保適格額の算定［Step 1］、②前貸し率（アドバンスレート、Advance Rate）の設定［Step 2］、③貸出基準額（ボローイング・ベース、Borrowing Base）の算定［Step 3］である。貸出可能な金額の計算式は「①担保適格額×②前貸し率＝③貸出基準額」である。この三つのステップをふむことにより、金融機関は貸出基準額を算定し、その範囲内で貸出を行う。

実務の流れとして、まずABLの借手となる企業のある時点（決算期に限らない）の売掛金、在庫の残高と内容を精査し、そのなかで貸出の担保として適格でないもの、すなわち担保不適格な売掛金・在庫を見極め、それを当初残高から差し引く。図表2－9の例では、売掛金2億円のうち0.4億円が、在庫1.8億円のうち0.6億円が担保として不適格と判定されたということである。次に、売掛金の回収可能性、在庫の換価性などをふまえて、売掛金・在庫に対して、それぞれ異なる前貸し率と呼ばれる担保掛け目を設定する。例では、売掛金には75％、在庫には50％の前貸し率を設定している。売掛金と在庫との前貸し率が異なるのはその回収可能性、換価性が通常異なることによる。売掛金は値引きや返品などにより回収額が減少する可能性はあるが、通常の商売では多くても2、3割の減額にとどまるはずである。一方、在庫は、種類や内容にもよるが、実際に換価処分する際はディスカウントが必要になることが多いため、売掛金よりも前貸し率を低く設定するのが通例である。

そして、売掛金・在庫それぞれの担保適格額に異なる前貸し率を掛けた金額を合算して貸出基準額を算定する。例では、担保適格な売掛金から1.2億円、担保適格な在庫から0.6億円、合計で1.8億円が貸出基準額となる。

また、金融機関はこのように算定した貸出基準額と借手となる企業の総合的な信用力を審査して、稟議決裁上の枠取り、すなわちクレジット・ライン（Credit Line）の設定を行う。このクレジット・ラインの金額は貸出の上限額の変動を考慮して通常大きめに設定される[5]。

このように、ABLは図表2-9のようなプロセスによって「企業の保有する売掛金や在庫などの流動性の高い事業収益資産の価値によりその企業の信用リスクを補完して行う貸出」を実際に機能させることができるのである。

(4) ABLの基本的な仕組み

次に、借手の企業との関係を含めたABLの基本的な仕組みは図表2-10のようになる。

ABLに取り組む金融機関は借手となる企業の売掛金や在庫に関する情報

図表2-10　ABLの基本的な仕組み

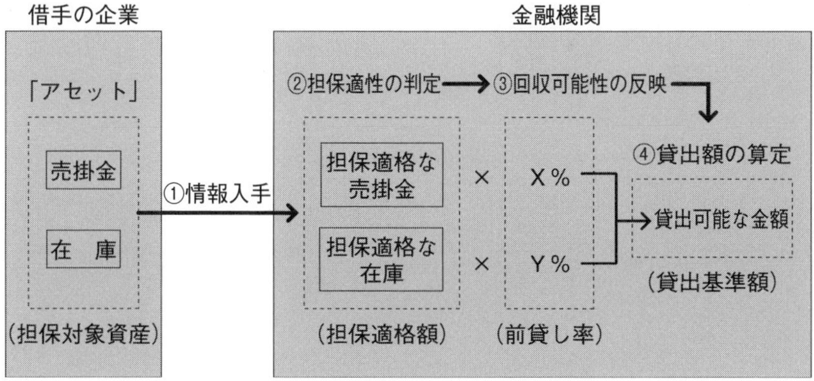

5　トゥルーバグループホールディングス株式会社編『アセット・ベースト・レンディング入門』23頁の「3．貸出の上限額の決定方法」の説明を参考に記載した。また、図表2-9の事例は同頁［図表4］を参考に作成した。

を入手し（同図表中の①）、その内容を分析し、担保適性を見極める（同図表中の②）。売掛金や在庫は変動するので、金融機関はそれにあわせて担保適格な金額をタイムリーに把握できる体制をつくっておく必要がある。そして、担保の回収可能性あるいは換価性をふまえて適切な担保掛け目を設定し（同図表中の③）、貸出可能な金額を算定する（同図表中の④）。この金額がクレジット・ラインの範囲に収まるようにする。

この①〜④の一連のプロセスにより売掛金や在庫の担保価値を貸出に反映させていくことが可能になる。また、ABLは同図表中の①〜④のプロセスを定期的に繰り返し行うことで、担保の内容を適切かつタイムリーに把握して貸出額に反映させていくことができる。これがABLの基本的な仕組みである。

このようなABLの仕組みを構築することで金融機関は売掛金や在庫の情報を借手企業からタイムリーに入手することが可能になり、その情報をもとに担保として適格とされる金額を把握し、常時適正なレベルの貸出を行うことができる。これがABLのエッセンスである。

そして、この仕組みは企業金融において「アセット」を活用する意義を反映させたものにほかならない。つまり、活用する「アセット」の担保価値を把握する体制を構築することで、その価値を企業の信用力の補完に役立てることが可能になるのである。

第3節 ABLの本来的手法と実務運用

　前節のとおり、ABLは金融機関が企業の保有する売掛金や在庫の担保適性を見極め、貸出基準額を算定し、その範囲内で貸出を行う仕組みである。ABLの先進国である米国でも、ABLといえば、通常このような仕組みによる貸出のことをいう。

　一方、日本では、第1章で説明したとおり、企業の保有する資産のなかでも伝統的に不動産担保や個人保証が活用されてきたことから、売掛金や在庫の担保活用は一般的ではなかった。したがって、金融機関も売掛金や在庫に関する担保活用のノウハウや経験が必ずしも十分でないため、前節で示したようなABLの基本的な仕組みを理解できても、すぐに取扱いができない場合も多い。すなわち、ABLの「本来的手法」をすぐに実践する段階にない金融機関もあるということである。

　実際、貸出の現場では、引き続き不動産や預金などの従来型担保を貸出の引当てにしつつも、追加的な担保として売掛金や在庫を担保取得することで、貸出の増額や保全の強化に活用していく動きも多くみられる。そして、このような対応をもってABLとしている金融機関も多い。つまり、ABLの「本来的手法」のように、売掛金や在庫の担保適性を把握し、貸出基準額を算定して貸出をするのではなく、売掛金や在庫はあくまで追加的な担保として貸出に活用するという対応である。

　「本来的手法」としてのABLがあくまで基本をなすものだが、売掛金や在庫を追加的な担保として貸出に活用する手法を排除する必要はない。「本

来的手法」を導入する前の「実務運用」として意義のある取組みといえる。

ただし、その場合においてもアセットの価値を活用して企業の信用力の補完に活用するというABLの本質を忘れてはならない。すなわち、仮に「本来的手法」にあるような貸出基準額によらず、売掛金や在庫を追加的に担保活用する貸出であっても、①企業の保有する売掛金や在庫など流動性の高い事業収益資産を活用し、②それらの「アセット」の価値により企業の信用力を補完し、③変動する「アセット」の残高と価値をタイムリーに把握するというABLの手法のエッセンスを忘れてはならないということである。別の言い方をすれば、売掛金や在庫を担保として取得しても、その価値により企業の信用力の補完に活用せず、単なる「添え担保」とするなら、それはABLのエッセンスを取り入れた手法とはいえない。程度の差はあるにしても、売掛金や在庫の価値により企業の信用力を補完する機能（以下、信用補完機能）を内在していることがABLの本質をふまえた貸出といえよう。

そこで、「添え担保」型の貸出とABLとの違いを明確にするため、「アセット」の価値による信用補完のレベルと取り組む案件の規模の相関関係のな

図表2－11　ABLと「添え担保」型の貸出との違い

案件の規模	「アセット」の価値による信用補完機能 なし ←→ あり	
大きい	A 「添え担保」型（大口）	C 貸出基準額（ボローイング・ベース）活用型
小さい	B 「添え担保」型（小口）	D 貸出基準額（ボローイング・ベース）非活用型

かでこれらの貸出の位置づけを示すと図表 2 -11のようになる。案件の規模は信用補完機能を備えるために負担できるコストと大きな関係がある。「アセット」の残高と価値とをタイムリーに把握するために「アセット」の管理（あるいはコントロール）を強めれば強めるほど、当然ながら大きなコストがかかることになるからである。

図表 2 -11では、「アセット」の価値を裏付にして信用補完機能を備えた右サイドに含まれる貸出がABLである。通常、貸出基準額を算定するABL（同図表中の領域C）は適切な「アセット」のコントロールが必要になり、相応のコストがかかるため、案件規模は大きいものが対象になる。貸出金額を算定しないABLであれば案件規模が小さくても対応が可能であるが（同図表中の領域D）、信用補完機能は内在していることが要件である。

一方、同図表の左側は「アセット」の価値が信用補完に活用されていない「添え担保」型の貸出である。借手の企業の信用力が相応にある大企業や一部の中堅企業などでは、「アセット」のコントロールをさほど行わず、あくまで「添え担保」として取得している場合（同図表中の領域A）がある。この場合、対象が大企業・中堅企業となるため、案件規模は大きくなる傾向にある。そして、同図表中の領域Bであるが、この領域は案件規模が小さいため、信用補完機能を備えるためのコストをあまり負担できない「添え担保」型の貸出である。

ここで注意をしなければならないのは、同図表中の領域Bは信用補完機能が備わっていない「添え担保」型の貸出であるにもかかわらず、「アセット」の価値により信用補完がされている同図表中の領域Dの貸出のように対応されている場合があるということである。売掛金や在庫を「添え担保」として取得すること自体は妨げられるものではなく、貸出の保全上有効であることもある。しかし、企業の不足する信用力を補完するために担保取得された「アセット」ではない。

金融機関は貸出における「アセット」活用の意義をふまえ、このようなABLの「本来的手法」と「実務運用」との違いを理解して取り組んでいく

必要がある。そして、ABLの「本来的手法」が日本のABLマーケットで新たな企業金融の手法として定着することが望まれる。

第 3 章

ABLの法律

第1節 はじめに

　前章で説明したとおり、ABLは、「売掛金や在庫などの企業が保有する流動性の高い資産を担保にした貸出」である。

　ABLでは個別の売掛金などの債権、個別の在庫商品や機械設備などの動産について個々の独立した個別資産として担保対象とすることもあるが（個別債権譲渡担保、個別動産譲渡担保）、多くの場合、企業が日常的な事業活動を営むことで時々刻々と内容（構成要素）が変動（流動）する債権群あるいは動産群を包括的（イメージとしては一定の「枠」）な担保対象とした貸出取引がなされる。

　こうした貸出取引（ABL）の担保設定は譲渡担保制度を利用することによってなされることが多い。後述するとおり譲渡担保制度は民法にはなんらの定めがなく[1]、判例の積み重ねによって法律関係の整理や規範定立がなされてきたという経緯があり、いまだ法律論として未解明、未解決の点も多く残されている。

　本章では、譲渡担保制度、動産・債権譲渡登記制度、債務者が経営危機・破綻状況にある場合の譲渡担保権の処遇、譲渡担保権設定契約書等の作成上の留意点などを概説しながら、ABLとの関係で重要と思われる問題等を整理する。

---

[1] 譲渡担保権は民法に定めがないため、「物権は、この法律その他の法律に定めるもののほか、創設することができない」（民法175条）とする「物権法定主義」に抵触するのではないかという問題があるが、「慣習法上の物権」として認められると考えられている。

第2節

ABLで譲渡担保制度が利用される理由

　ABLで「譲渡担保」制度が利用される理由は、譲渡担保権の対象とすることができる資産は多種多様であり[2]、また設定者（債務者または物上保証人）が譲渡担保権設定後も対象資産を占有・利用することが可能であるという点にある。

　すなわち、ABLは設定者（債務者または物上保証人）が有する債権や動産を担保対象資産とすることから、不動産（あるいは地上権、永小作権）にしか認められていない抵当権（民法369条）を利用することはできない[3]。また、ABLは、債務不履行等がない限り、債務者が担保対象資産の占有・利用を継続しながら通常の事業活動を行うことを前提としていることから、担保権設定時に債権者に対象資産を引き渡さなければ効力を生じず、かつ、設定後に質権設定者が対象資産を占有することが禁じられている質権（民法344条、345条[4]）にもなじみにくい。

　このように民法で担保権として規定されている抵当権や質権では、債務者

2　譲渡担保制度によって担保対象となりうる資産は、債権、動産のほか不動産はもちろん、特許権や著作権などの知的財産権、株式など財産的価値があり、譲渡できるものであれば幅広く認められる。ただし、対抗要件具備の方法などは対象資産の種類によって異なることに注意を要する。

3　農業用動産抵当、自動車抵当、建設機械抵当、航空機抵当、船舶抵当などの動産抵当についての特別法（船舶抵当については商法）、工場抵当法、鉱業抵当法などの財団抵当に係る特別法によって「動産」であっても抵当権の対象とできる場合もあるが、これらの特別法による抵当制度は手続が煩雑であり、相当程度のコストもかかることなどから、あまり利用されていない。

が担保対象資産の占有・利用を継続しながら通常の事業活動を行うことが困難になる。そのため、ABLでは担保対象資産の占有、利用を引き続き設定者が行うことができる譲渡担保制度が用いられることが多いのである[5]。

---

[4] 質権設定者による代理占有を禁止する民法345条に関し、質権が有効に成立した後、質権者が質権設定者に質物を任意返還した場合の効力は、質権消滅説と対抗力喪失説とに分かれている(大判大5.12.25(民録22輯2509頁)は、質権自体が消滅するものではないとしている)。なお、動産の場合は継続して占有することが第三者対抗要件である(民法352条)。

[5] 質権は、平成15年の民法改正(担保物権及び民事執行制度の改善のための民法等の一部を改正する法律。平成16年4月1日施行)によって、それまで指名債権を目的とする質権の効力発生要件とされていた証書の交付が不要とされた(指図債権を目的とする質権の場合は証書の交付が効力発生要件とされることは変わらない)。これにより、指名債権を目的とする質権と債権譲渡担保は、成立、第三者対抗要件(債権譲渡の方式による)、実行(第三債務者からの直接取立て)の各局面においてほとんど相違点がなくなっている。

第3節 譲渡担保制度

1 譲渡担保制度の意義

譲渡担保制度とは、債権を担保する目的で財産権を設定者（債務者または物上保証人）から債権者に移転し、債務が弁済されると財産権は設定者に戻されるが、債務の弁済がなされないときは債権者が私的実行の方法により当該財産権から優先的に弁済を受けることができるという民法に定めのない物的担保制度である[6]。

一般的に担保物権は優先弁済的効力、留置的効力、収益的効力を有しており、また附従性、随伴性、不可分性、物上代位性といった性質を有しているとされる（もっとも、すべての担保物権がこれらの効力、性質をすべて兼ね備えているわけではない）。譲渡担保権がどのような効力、性質を有するものであるかを具体的に検討、理解する必要がある。

---

[6] 従来、債権担保を目的として、買戻特約付売買契約（民法579条～585条）の形式によって消費貸借に基づく債権債務関係を残さない形態のものを「売渡担保」として、「譲渡担保」とは異なるものとして取り扱うべきとの議論がなされていた。ところが、最判平18.2.7（民集60巻2号480頁）は、目的不動産の占有の移転を伴わない買戻特約付売買契約の法的性質は「譲渡担保」である旨を判示した。これにより「売渡担保」という概念は「譲渡担保」に吸収され、独自の存在意義を失ったと解することができる（道垣内弘人『担保物権法［第3版］』297頁参照）。なお、「買戻特約」は対象資産が不動産の場合に限定されているが（民法579条）、対象資産に限定がない「再売買の予約」（民法556条）が債権担保の目的で利用される場合も、その実質は「買戻特約」と同様の機能を果たすことになるから、その場合でも「譲渡担保」の一類型としてとらえることになるものと考えられる。

> **BOX** 譲渡担保制度の位置づけ

担保制度はいくつかの観点から類型化されることがあるが、譲渡担保制度（ないし譲渡担保権）は次のとおり位置づけられる。

a 譲渡担保制度は物的担保制度である

「物的担保」とは債務者または第三者（物上保証人）が有する特定の財産を引当てとして当該財産の換価等によって債権回収を図るための方法、手段であり、民法その他の実定法に「担保物権」として定められている質権、抵当権、先取特権、留置権などのほか、譲渡担保や所有権留保などが含まれる。これに対し「人的担保」とは同一債権のために複数の者に債務を負担させることで複数の者の一般財産を債務の引当てとして債権回収を図るための方法、手段であり、保証や連帯債務などがこれに当たる。

b 譲渡担保制度は非典型担保制度である

民法が定める物的担保を「典型担保」といい、留置権、先取特権、質権、抵当権がこれに当たる。これに対し、「非典型担保」とは民法に定められる物的担保以外の担保であり、譲渡担保のほか、所有権留保、仮登記担保などがこれに当たる。

なお、広い意味では実質的に担保機能を有する相殺予約、代理受領、振込指定なども「非典型担保」の類型に含めることもできるが、これらは「物権」としての効力は有しておらず、譲渡担保権などと同等の扱いを受けるものではない。

c 譲渡担保権は約定担保物権である

当事者の合意に基づいて設定される担保物権を「約定担保物権」といい、譲渡担保権のほか、質権、抵当権などがこれに当たる。これに対し、当事者の合意に基づかず、一定の要件が満たされる場合に法律上、当然に成立が認められる担保物権を「法定担保物権」といい、留置権、先取特権がこれに当たる。

BOX　担保物権の効力、性質

a　担保物権の効力
① 優先弁済的効力：担保物権の対象資産の換価代金から他の債権者に優先して弁済・配当を受けることができるという効力である。
② 留置的効力：担保物権の対象資産を債権者が占有し、債権の弁済があるまでは当該対象資産の返還を拒絶できるという効力である。
③ 収益弁済的効力：担保物権の対象資産から生ずる果実を自己の債権の弁済に充てることができるという効力である。

b　担保物権の性質
① 附従性……担保物権の発生には被担保債権の存在を必要とし、また、被担保債権が消滅すれば担保物権も消滅するという性質である。
② 随伴性……被担保債権が譲渡されれば、担保物権もこれに伴って移転するという性質である。
③ 不可分性……被担保債権について全額の弁済がなされるまでは、対象資産の全部についてその権利を行使することができるという性質である。
④ 物上代位性……対象資産の価値代替物（売買代金債権や売却代金、保険金支払請求権や保険金、損害賠償請求権や補償金等）あるいは対象資産から生み出される収益（賃料等）に対しても、担保権者が優先権を主張できるという性質である。

2　譲渡担保の法律構成をめぐる議論

「譲渡担保」制度では、「債権を担保するため」という経済的目的のもとで

「財産権そのものが移転される」という法形式（手段）がとられることから、目的と手段との間にギャップが生ずることになる。そのため、「譲渡担保」制度をどのように法律的に理解すべきか、あるいは債権者が取得する権利をどのようなものとして理解すべきかについてさまざまな見解がある。また、ABLでは、企業が日常的な事業活動を営むことによって時々刻々と内容（構成要素）が変動（流動）する動産群や債権群を譲渡担保の対象とするが、この場合の法律構成にも議論がある。

譲渡担保制度は目的と手段にギャップがあることから、あらゆる局面での関係当事者の権利義務関係の規律を明確に把握することはむずかしく、また、判例の積み重ねにより関係当事者間の適切な利害調整の規範が示されてきたという経緯があることから、譲渡担保制度に係る法律構成を整理し、理解することは、ある程度の予測可能性を確保することに有用である。もっとも、個別具体的な問題解決を図る局面では、必ずしも特定の法律構成から機械的に結論が導かれるとは限らず、利害関係者間に著しいアンバランスや不測の不利益が生ずることはないかという観点からの利益衡量がなされることにも留意する必要がある。

(1) 所有権的構成と担保権的構成

譲渡担保制度では「債権を担保するため」という経済的目的のもとで「財産権そのものが移転される」という法形式（手段）がとられることから、この目的と手段とのギャップのゆえに、譲渡担保権をどのような権利として理解するかという点について見解が対立している。

一つの立場は、「財産権が移転される」という法形式を重視して、債権者は対象資産の完全な所有権を取得するが（半面、譲渡担保権設定者は完全に所有権を失う）、譲渡担保権設定者との関係でその所有権を行使できるのは担保目的に限るという債権的な拘束を受けるとする考え方である（所有権的構成）。

もう一つの立場は、担保であるという実質を重視して、債権者が取得する

権利は完全な所有権ではなく担保権にすぎず、譲渡担保権設定者にも対象資産についてのなんらかの権利が帰属しているとする考え方である（担保権的構成[7]）。

こうした譲渡担保権の法律構成をめぐる見解の対立に関して、判例は基本的には所有権的構成に立ちながらも、具体的事案の解決にあたっては実質的に担保であることを十分にふまえた判断を行っているとされている[8]。

(2) 集合動産譲渡担保の法律構成

ABLでは、企業が日常的な事業活動を営むことで時々刻々と内容（構成要素）が変動（流動）する在庫商品などの複数の動産を包括的な「集合体」[9]ととらえて譲渡担保の対象資産とすることが多いが、この場合の法律構成をいかに理解するかは見解が分かれる[10]。

判例[11]、通説は、構成要素である個々の動産とは独立して権利の客体となりうる「集合物」という概念[12]を用いて、「集合物」そのものに対して譲渡担保権が設定されているとする見解（集合物論[13]）に立っている[14]。

これに対し、複数の動産が1個の契約で一括して譲渡担保の対象とされる

---

7 「担保権的構成」をとる立場も、譲渡担保権を端的に抵当権として構成する見解（抵当権説）、設定者には設定者留保権（＝所有権−担保権）が残るとする見解（設定者留保権説）などに分かれている。
8 たとえば、譲渡担保権設定者について会社更生手続が開始された事案で譲渡担保権者を更生担保権者に準じて扱うとし（最判昭41.4.28民集20巻4号900頁）、また、不動産の譲渡担保権設定者が不法占有者に対して明渡請求を求めた事案で譲渡担保における所有権移転の効果は「債権担保の目的を達するのに必要な範囲内においてのみ認められる」として譲渡担保権設定者に明渡請求権を認めている（最判昭57.9.28判例時報1062号81頁）。さらには、後順位譲渡担保権の成立を認める最判平18.7.20（民集60巻6号2499頁）も譲渡担保が実質的に担保であることをふまえた判断であるといえよう（なお、本件は集合動産を対象資産とする事案である）。
9 「集合体」としては、構成要素が変動することが予定されていない「集合体」ということもありうるが、その場合には「個別動産」に準じて扱えば足りる（福地俊雄『新版注釈民法(9)物権(4)』886頁参照。
10 柚木馨＝高木多喜男編『新版注釈民法(9)物権(4)』887〜892頁〔福地俊雄〕参照。
11 最判昭62.11.10（民集41巻8号1559頁）は、構成部分の変動する集合動産であっても、その種類、所在場所および量的範囲を指定するなどの方法で目的物の範囲が特定される場合は、一個の集合物として譲渡担保の目的とすることができるとしている。

場合でも、個々の動産ごとに複数の譲渡担保権が成立して、それが累積されているにすぎないと考える見解（分析論）や、「集合物」という概念で限定された「価値枠」内に存する動産によってとらえられる限度での価値を担保的に支配するものと考える見解（価値枠説[15]）がある。

(3) 債権譲渡担保の法律構成

譲渡担保の対象資産が債権である場合は法形式として民法上の「債権譲渡」が用いられることとなる。

債権譲渡担保は、「債権譲渡（担保権設定）契約」締結時にすでに発生している債権（既発生債権）であっても、契約締結時には未発生の将来発生する債権（将来債権[16]）であっても対象資産とすることが可能である[17]。また、個別債権を個別譲渡担保の対象資産とすることはもちろん（個別債権譲渡担

12　物権が成立する対象（客体）として、個々の独立した動産が存在するにもかかわらず、それとは異なる対象（客体）である「集合物」を観念することは「一物一権主義」（一つの物権の客体は1個の独立した物でなければならず、また、一つの物に対しては同一内容の物権は一つしか成立しない）に反するのではないかとも考えられるが、判例、通説は一つの「集合物」という物権の客体となりうる物を観念することは「一物一権主義」に反するものではないとしている。
13　「集合物論」に立つとしても、譲渡担保権の効力は、「集合体」に及ぶとともに個々の構成要素にも当然に及ぶとする見解（二重帰属肯定説）、「集合体」にしか及ばないとする見解（二重帰属否定説）がある。なお、「集合物」という譲渡担保権の対象資産となる概念を用いたとしても、その構成要素となる個々の個別動産が独立の権利の客体（対象資産）とはなりえないということではない。
14　集合動産譲渡担保の場合も、所有権的構成か担保権的構成かという法律構成をめぐる見解の対立がある。なお、後順位譲渡担保権の成立を認めた前出最判平18.7.20は、集合動産譲渡担保の場合における事案である。
15　「価値枠説」とは、物理的な資産そのものが譲渡担保権の対象資産となるのではなく、一定の「価値枠」を担保的に支配しており、その枠内に搬入される動産には優先的支配が認められるが、その支配は確定的なものではなく、搬出された個別動産はその支配から脱し、実行時に「価値枠」内に存在する動産に対して確定的な支配（優先弁済を受けうる）が及ぶという考え方である（伊藤進「集合動産譲渡担保理論の再検討」ジュリスト699号92頁）。
16　従前、将来債権は発生が不確定であることから譲渡可能性が認められるかが議論され、最判昭53.12.15（判例時報916号25頁）では、発生の確実性が譲渡契約の有効性の判断要素とされるかのような表現が用いられていたが、最判平11.1.29（民集53巻1号151頁）は、発生の可能性は譲渡契約の有効性には影響しない旨を判断した。

保)、複数の個別債権（既発生債権であっても、将来債権であっても、あるいは双方が含まれていてもかまわない）を包括して対象資産とすることができる（集合債権譲渡担保）。

取引実務では、企業が日常的な事業活動を営むことで時々刻々と発生、消滅を繰り返す売掛債権などの複数の債権（既発生債権および将来債権）を包括的に譲渡担保の対象資産とする「債権譲渡担保権設定契約」が締結されることが多い[18]。そのような集合債権譲渡担保（本契約型）の法律構成について、最判平13.11.22[19]は、「債権譲渡」によって債権の帰属は確定的に移転し、担保目的に係る制約は取立権等に関する当事者間の内部的な合意の問題として位置づけるという枠組み（不動産、動産における所有権的構成に対応する考え方）でとらえている[20]。こうしたとらえ方からすると、債権を譲渡担保の対象資産とする場合、対象資産である債権の譲受人は単に対象資産である債権の「債権者」であるにすぎず、不動産や動産が譲渡担保の対象資産とされる場合と同様の意味で「物権（譲渡担保権）を有する地位」（物権的地位）に立つというわけではないということになる[21]。

なお、集合債権譲渡担保は個別の債権ごとになされた（担保目的での）債

---

[17] 将来債権を譲渡（担保）の対象資産とする場合は「将来債権譲渡担保」と表現されることが多い。
[18] 「債権譲渡（担保権設定）契約」において、契約締結時に将来債権を含めて一定の債権群を譲渡するという契約類型を「本契約型」、一定の事由が生じた時点で当然に債権譲渡の効果が発生するという契約類型を「停止条件型」、当初の契約を債権譲渡予約としておき、被担保債権について期限の利益喪失事由が生ずるなど一定の場合に、譲受人（譲渡担保権者）の一方的意思表示で予約を完結して、そのときに債権譲渡を成立させる契約類型を「予約型」という。また、「債権譲渡担保権設定契約」の内容によっては譲渡人（譲渡担保権設定者）に取立権等が留保されず、既発生債権に加えて将来債権が累積的に譲渡担保の対象資産とされる形態もある。本章で論ずる「債権譲渡（担保）」は本契約型で、一定の事由が生ずるまでの間、譲渡人（譲渡担保権設定者）に取立権等が留保される形態を念頭に置いたものである。
[19] 同判例（民集55巻6号1056頁）は、「既に生じ、又は将来生ずべき債権は、甲（筆者注：譲渡人）から乙（筆者注：譲受人）に確定的に譲渡されており、ただ、甲、乙間において、乙に帰属した債権の一部について、甲に取立権限を付与し、取り立てた金銭の乙への引渡しを要しないとの合意が付加されているものと解すべきである」としている。
[20] 法曹会編『最高裁判所判例解説民事篇平成16年度』518頁〔宮坂昌利〕参照。

権譲渡が累積したものであり、動産の場合の「集合物論」に相応する「集合債権論」は不要とするのが多数説であると思われる[22]。

「集合債権論」を不要とする立場は、動産譲渡担保で集合物論をとるメリットは対抗要件具備の時期を最初に担保を設定した時点に固定できることにあるが、集合債権譲渡担保では未発生の将来債権も現時点で対抗要件を具備することが認められるから、あえて集合物論類似の考え方によって全体として1個の集合債権を観念する必要はない[23]、「債権の帰属と移転という面では、集合債権譲渡担保というものの、その内実は、個々の債権を対象とする譲渡担保の集合である。集合債権譲渡担保では、集合動産譲渡担保と違い、個々の債権（単一物に対応する）の価値とは別個独立した価値を「集合債権」（集合物に対応する）に見出して、この「集合債権」の価値を担保として把握するという点に意義があるわけではない」[24]といったことを理由とする。

他方、「集合債権論」を肯定する立場から「いわゆる集合物論を前提として、目的物、すなわち設定者が取得する債権について一定の金額の枠を設けて譲渡担保権を設定し、かつ、譲渡担保権者が設定者に対して債権の取立権を付与することを通じて、価値枠の範囲で目的物たる債権が入れ替わるもの

---

21 なお、「担保のためにする債権譲渡では、譲渡人のところでの設定者留保権に相当する（準）物権的地位を観念するのが困難」であるとの指摘もあるが（潮見佳男『プラクティス民法 債権総論［第3版］』452頁）、後述するとおり債権譲渡担保における債務者について法的整理手続が開始された局面では、不動産や動産を対象資産とする譲渡担保の場合と同様に債権譲渡担保も担保権（別除権、更生担保権）として処遇されるというのが通説である。

22 判例が「集合債権論」に依拠しているか否かは必ずしも定かではないが、「集合債権譲渡（担保）」という表現が用いられているとしても、「将来債権譲渡」に関する法理に則した判断をしているにすぎないと解するのが多数説であると思われる。なお、前出最判平13. 11. 22は、「発生原因となる取引の種類、発生期間等で特定される甲の丙に対する既に生じ、又は将来生ずべき債権を一括して乙に譲渡することとし、乙が丙に対し担保権実行として取立ての通知をするまでは、譲渡債権の取立てを甲に許諾し、甲が取り立てた金銭について乙への引渡しを要しないこととした甲、乙間の債権譲渡契約は、いわゆる集合債権を対象とした譲渡担保契約といわれるものの一つと解される」（傍点は筆者による）としている。

23 道垣内弘人『担保物権法［第3版］』346頁。
24 潮見佳男「将来債権譲渡担保と国税債権の優劣」（NBL856号11頁参照）。

とする。このような集合債権譲渡担保においては、いったん譲渡担保の効力が及ぶ債権であっても、設定者に取立権限が認められることによって担保権の効力から離脱し、それにかわって、新たに設定者が取得する債権に担保権の効力が及ぶ。担保目的物の価値を維持するという担保権者の利益は、新たに債務者が取得する債権について担保権の効力が及ぶことによって保護される」とし、集合動産譲渡担保および集合債権譲渡担保では既存の対象資産の離脱と新規の対象資産の流入という「補償関係」が本質的部分であるとする考え方[25]や、「集合債権」の新旧債権の入れ替わりは一種の担保変換プロセスとして把握できるとする考え方[26]も主張されており、今後の議論が注目される。

> ### BOX　債権譲渡
>
> #### a　意義、性質
> 　「債権譲渡」とは、債権の同一性を保ちつつ、譲渡人（旧債権者）から譲受人（新債権者）に移転する旨の譲渡人と譲受人との間の契約である。「債権譲渡」がなされたときは、譲渡債権を被担保債権とする担保物権も原則として債権とともに移転する[27]（担保物権の随伴性）。

---

[25] 伊藤眞「集合債権譲渡担保と民事再生手続上の中止命令」谷口安平先生古稀祝賀『現代民事司法の諸相』439頁。なお、伊藤眞「倒産処理手続と担保権—集合債権譲渡担保を中心として」NBL872号60頁参照。
[26] 河野玄逸「民事再生手続と実体担保制度」伊藤進先生古稀記念論文集『担保制度の現代的展開』390頁以下。ほかに堀龍兒「集合債権論」同書254頁以下。なお、加藤雅信＝加藤新太郎＝池田真朗「鼎談　民法学の新潮流と民事実務〔第4回〕　債権譲渡，債権担保の新動向を語る」（判例タイムズ1185号4頁以下）では、価値枠的な考え方を前提として「集合債権論」を肯定する見解（加藤雅信発言）と「集合債権論」は不要であるとする見解（池田真朗発言）の議論が展開されている。
[27] ただし、移転した担保物権を第三者に対抗するためには、対象資産の種類に応じて所定の第三者対抗要件を具備する必要がある。

b 債権の自由譲渡性と制限

債権は、性質上譲渡ができないものを除き、原則として自由に譲渡ができる（民法466条1項）。

性質上、譲渡が許されないもの（民法466条1項ただし書）とは、債権者が変わることで給付内容が異質のものになってしまうような場合である。たとえば、自分の肖像を描かせることを内容とする債権などがあげられる[28]。

また、法律上、譲渡が禁止されているものがある。恩給受給権（恩給法11条1項）、扶養請求権（民法881条）、災害補償請求権（労働基準法83条2項）、社会保険給付請求権（健康保険法61条等）などである。

さらに、当事者間の特約によって譲渡が無効となる場合がある。すなわち、民法466条1項で認める自由譲渡性は「当事者が反対の意思を表示した場合には、適用」されない（同条2項）。譲渡禁止特約は、善意の第三者には対抗できないとされるが、最判昭48.7.19[29]は、重大な過失は悪意と同様に取り扱うべきであるとし、悪意または、重過失がある場合は債権を取得することはできないとしている。なお、譲渡禁止特約は譲渡される債権の債務者の利益を保護するためになされるものであるから、譲渡禁止特約があることを知りながら債権を譲り受けた者に対して債務者が承諾を与えたときは、債権譲渡は譲渡時にさかのぼって有効となる（最判昭52.3.17[30]）。ただし、その場合でも、民法116条の法意に照らし、第三者の権利を害することはできないとされている（最判平9.6.5[31]）。

---

[28] AがBに対して「自分（この場合にはA）の肖像を描くことを請求する債権」を有している場合に、Aがその債権をCに譲渡してしまうと、「自分（C）の肖像を描くことを請求する債権」となり、Bが債権者に対して行う給付の内容は、「Aの肖像を描くこと」から、「Cの肖像を描くこと」に変質してしまう。

[29] 民集27巻7号823頁。

[30] 民集31巻2号308頁。

c 抗弁事由の対抗と切断

　債権譲渡では「譲渡人が譲渡の通知をしたにとどまるときは、債務者は、その通知を受けるまでに譲渡人に対して生じた事由をもって譲受人に対抗することができる」（民法468条2項）とされている。「譲渡人に対して生じた事由」としては、債権が不成立であること、債権に取消原因があること、解除や弁済、相殺などにより債務の全部または一部が消滅したこと、同時履行の抗弁を有していることなどがあげられる。

　もっとも、「債務者が異議をとどめないで前条（筆者注：467条）の承諾をしたときは、譲渡人に対抗することができた事由があっても、これをもって譲受人に対抗することはできない」とされている（異議なき承諾。同条1項）。「異議なき承諾」は、抗弁の切断によって譲受人の利益を保護し、取引の安全を図るためのものであると考えられるから、譲渡人に対抗しうる事由があることについて悪意の譲受人に対して「異議なき承諾」がなされた場合でも、債務者は抗弁事由を対抗することができる（最判昭52.4.8[32]）。

　なお、「譲渡人に対抗することができた事由」について、未完成の仕事部分に係る請負代金債権が譲渡され、債務者が異議をとどめない承諾をした場合でも、譲受人において当該債権が未完成の仕事部分に係るものであることを知っていたときは、債務者は、譲渡後に生じた請負人の債務不履行を理由とする請負契約の解除をもって譲受人に対抗することができるとされている（最判昭42.10.27[33]）。すなわち、承諾時に抗弁事由そのものが生じていなかったとしても、債権譲渡時にその基礎となる原因（上記の場合には、譲渡債権が双務契約から生じた債権であり、反対給付義務が発生していること）が

31　民集51巻5号2053頁。
32　金融法務事情826号34頁。
33　民集21巻8号2161頁。

あれば、「譲渡人に対抗することができた事由」となる。また、相殺について、譲渡債権の債務者（第三債務者）が債権譲渡の通知を受ける前に譲渡人に対して反対債権を有していた場合は、譲渡債権（受働債権）と譲渡人に対して有する反対債権（自働債権）の弁済期の前後を問わず、両債権が相殺適状に達しさえすれば譲渡債権の債務者は相殺することができると解されている（無制限説。最判昭50.12.8[34]）。

d　債権譲渡における対抗要件

本章第6節1BOX（不動産・動産・債権の第三者対抗要件）を参照されたい。

3　譲渡担保権の設定・効力・実行・処分・消滅

譲渡担保制度に関して判例、学説によって定立されてきた規律、規範の多くは、不動産や個別動産を対象資産とする場合のものである。そこで、ABLで多用される集合動産譲渡担保、集合債権譲渡担保に関する説明の前提として、主に不動産、個別動産を対象資産とする譲渡担保について、譲渡担保権の設定、効力、実行、処分、消滅の各局面における権利義務関係等を整理する。

(1)　譲渡担保権の設定、第三者対抗要件の具備

譲渡担保権は当事者間、すなわち債権者と譲渡担保権設定者（債務者また

---

[34]　民集29巻11号1864頁。もっとも、同判例は事例判例にすぎず、判例法理として一般化することはできないとの指摘がなされており、学説上も制限説と無制限説の対立が続いている（内田貴『民法Ⅲ［第3版］債権総論・担保物権』263頁、潮見佳男『プラクティス民法　債権総論［第3版］』468頁）。なお、最判昭45.6.24（民集24巻6号587頁）は、譲渡債権に対する差押えがなされた場合の第三債務者からの相殺について「第三債務者は、その債権が差押後に取得されたものでないかぎり、自働債権および受働債権の弁済期の前後を問わず、相殺適状に達しさえすれば、差押後においても、これを自働債権として相殺をなしうる」としている。

は物上保証人）との間で「譲渡担保権設定契約[35]」を締結することで設定される。この「譲渡担保権設定契約」によって債権者と譲渡担保権設定者との間では有効に譲渡担保権が成立するが[36]、債権者、すなわち譲渡担保権者がこれを第三者[37]に対抗（主張）するためには第三者対抗要件を具備しなければならず、これが備えられていないときは優先弁済を受けることができない[38]。

(2) 譲渡担保権の効力[39]

譲渡担保権の効力は、設定当事者間における問題（対内的効力）と第三者との関係における問題（対外的効力）とに分けて考えるのが一般的である。

a 設定当事者間における効力

(a) 弁済期到来（期限の利益喪失）前

譲渡担保権の設定当事者間では、設定契約により被担保債権の弁済期徒過などの一定の事由が生じない（期限の利益を喪失しない）限り、対象資産の利

---

[35] 「譲渡担保権設定契約」の実務上の留意点について本章第8節参照。
[36] 「譲渡担保権の設定」は（準）物権変動であり、原則として当事者の意思表示のみで効力が発生し（民法176条、466条）、特別な形式が整う必要はない。なお、当事者間で一定の形式（たとえば「引渡し」）を備えることを物権変動の効力発生要件とすることは妨げられない。もっとも、譲渡担保権が設定される資産の種類によって、法律上、「株券の交付」（株式）、「特許原簿への登録」（特許権）などのように一定の形式が備わることが効力発生要件とされている（貨物引換証、預証券及び質入証券、倉荷証券または船荷証券などが作成されている動産の物権変動について「証券の交付」を効力発生要件と解すべきか否かという点に見解の対立がある）。
[37] 一般に「第三者」とは、当事者およびその包括承継人（相続人、吸収合併がなされた場合の存続会社など）以外の者を指し、単なる悪意者は含まれるが、背信的悪意者（対抗要件の欠缺を主張する正当な利益を有しない者）は含まれないと解するのが判例、通説である。
[38] 第三者対抗要件について本章第6節参照。
[39] 譲渡担保権は、対象資産に付加して一体となった付合物、従物（従たる権利）にも効力が及ぶ（民法370条類推適用）とするのが通説である。また、被担保債権は、将来の債権、条件付債権または不特定の債権でもよく、元本、利息、遅延損害金の全額について優先権を有する（抵当権についての民法375条は類推適用されない）とするのが通説である。

用、管理は設定者が行う旨が定められるのが通常である。

　すなわち、譲渡担保権設定者（債務者または物上保証人）は譲渡担保権設定後も対象資産を引き続き利用する権限が認められ、かつ譲渡担保権者のために対象資産を管理する義務（善管注意義務）を負担する[40]。他方、譲渡担保権者は対象資産に対して担保目的以上の権利行使をしてはならない義務を負担する。

　なお、対象資産に対する保険契約に関し、最判平 5.2.26[41]は、譲渡担保権者と譲渡担保権設定者とはいずれも譲渡担保の目的不動産について被保険利益を有しており、それぞれが別個に譲渡担保の目的不動産について損害保険契約を締結し、その保険金額の合計額が保険価額を超過している場合は、特段の約定のない限り、商法632条（同時重複保険に関する条文）の趣旨にかんがみ、各損害保険契約の保険金額の割合によって各保険者の負担額を決定すべきとしている。

(b)　弁済期到来（期限の利益喪失）後
ア　譲渡担保権者の地位

　譲渡担保権者は、被担保債権の弁済期徒過などの一定の事由が生じた（期限の利益を喪失した）ときは、譲渡担保権を実行して優先弁済を受けることができる[42]（優先弁済権[43]）。譲渡担保権者が優先弁済権を実現する方法として、帰属清算型と処分清算型とがある[44]。帰属清算型は、対象資産を評価したうえでその所有権を自己に帰属させることによって、いわば代物弁済的に債権を回収する方法であり、処分清算型は、対象資産を売却し、その売却代

---

[40]　譲渡担保権設定者が設定契約によって認められる権限を越えて、対象資産を処分したり、毀滅したりしたような場合は、譲渡担保権設定者は譲渡担保権者に対して、債務不履行および所有権侵害、もしくは担保権侵害の不法行為に基づく損害賠償責任を負担する。また、譲渡担保権者は物権的請求権として妨害排除、妨害予防を求めたり、増担保（追加担保、代担保）を求めたりすることができると考えられる。

[41]　民集47巻2号1653頁。

[42]　ただし、会社更生手続が開始された後は、更生担保権として手続外での権利行使は制限され、また、担保権実行の中止命令がされるなど、各種法的整理手続によって譲渡担保の実行が制限されることがある（詳細について本章7節参照）。

金から債権を回収する方法であり、いずれの方法によるかは譲渡担保権設定契約の定めによる[45]。

　帰属清算型、処分清算型のいずれの方法による場合でも、対象資産の価額（評価額、もしくは処分価額）が被担保債権額を上回るときは、譲渡担保権者は差額を清算すべき義務（清算義務[46]）を負うものと解されている。なお、譲渡担保権の実行時に譲渡担保権者は譲渡担保権設定者に対して対象資産の引渡しを求めることができるが、この対象資産の引渡しと清算金の支払いとは同時履行の関係に立つ[47]。

　弁済期徒過などによって期限の利益を喪失したときに、譲渡担保権を実行するか否かは譲渡担保権者の任意であり、譲渡担保権を実行せずに債務者に対して被担保債権の弁済を請求することもできる。

イ　譲渡担保権設定者の地位

　(ア)　受戻権

　譲渡担保権設定者は、弁済期を徒過した後であっても譲渡担保権が実行さ

---

[43]　先取特権、質権、抵当権などの優先弁済的効力が認められる担保物権には物上代位が認められるが（民法304条、350条、372条）、譲渡担保権にこれが認められるかは争いがある。物上代位が優先弁済的効力を有する担保物権に認められるものであることからすれば、譲渡担保権の法律構成について、所有権的構成を徹底する立場からは物上代位を否定し（ただし、譲渡担保権者は譲渡担保権設定者に対して、所有権侵害の不法行為に基づく代償的損害賠償請求をなしうると考えられる）、担保権的構成の立場からは肯定することになろう。最決平11.5.17は、事例判断として、個別動産譲渡担保権に基づく売買代金に対する物上代位を肯定しており（民集53巻5号863頁）、譲渡担保権による物上代位の肯否を一般的に論ずるのではなく、対象資産の種類や価値代替物の種類（売買代金、賃料、損害保険料など）ごとに考察する必要があるとされている（山野目章夫「譲渡担保権に基づく物上代位」星野英一ほか編『民法判例百選Ⅰ　総則・物権［第五版新法対応補正版］』202頁参照）。

[44]　これらの方法は一般的には対象資産が不動産、動産の場合について論じられているものである。対象資産が債権である場合は、譲渡担保権者が優先弁済を実現する方法は第三債務者からの直接取立てという方法になる。

[45]　設定契約で譲渡担保権者が任意の方法を選択できる旨を定めておくのが一般的である。

[46]　譲渡担保権者の「清算義務」を譲渡担保権設定者からみれば、後述する「清算金支払請求権」である。

[47]　譲渡担保権設定契約で、清算金支払い前に対象資産の引渡しを受けることができる旨の特約条項を定めることも可能であると考えられている。

れるまでの間は、被担保債権の全額を弁済することで対象資産の所有権を回復する（取り戻す）ことができる（最判昭47.11.24[48]）。譲渡担保権設定者に認められるこのような地位（権利）は一般的に「受戻権」と呼ばれ、判例でも「受戻権」という表現が使われている[49]。

譲渡担保権設定者に認められる「受戻権」がいつまで行使できるかは、判例によって一定のルールが示されている[50]。

まず、債務者が弁済期に債務の弁済をしない場合、譲渡担保権者は、処分清算型であると帰属清算型であるとを問わず、対象資産を処分する権能を取得するから、譲渡担保権者がこの権能に基づいて対象資産を第三者（背信的悪意者であるか否かを問わない）に譲渡したときは、当該第三者は確定的に対象資産の所有権を取得し、債務者は残債務を弁済して対象資産を受け戻すことはできないとされる（最判平6.2.22[51]）。また、被担保債権の弁済期後に譲渡担保権者の債権者が対象資産を差し押え、その旨の登記がされたときは、譲渡担保権設定者は、差押登記後に債務の全額を弁済しても、第三者異議の訴え[52]によって強制執行の不許を求めることができないとされる（最判平18.10.20[53]）。さらに、帰属清算型では、譲渡担保権者によって対象資産が第三者に譲渡される前でも、清算金があるときはその支払、提供がなされ

---

48 金融法務事情673号24頁。
49 譲渡担保制度は、被担保債権が弁済されれば対象資産の財産権は設定者に戻されることが予定されているものであるから、結局、いつまで弁済することができるかという問題にすぎない。なお、判例は「受戻権」について「債務者によるいわゆる受戻の請求は、債務の弁済により債務者の回復した所有権に基づく物権的返還請求権ないし契約に基づく債権的返還請求権……の行使として行われるものというべきであるから、……一個の形成権たる受戻権であるとの法律構成をする余地はな」いとして、消滅時効（民法167条2項）の適用を否定している（最判昭57.1.22民集36巻1号92頁）。
50 いずれも不動産を対象資産とする譲渡担保の事案である。
51 民集48巻2号414頁。
52 「第三者異議の訴え」とは「強制執行の目的物について所有権その他目的物の譲渡又は引渡しを妨げる権利を有する第三者は、債権者に対し、その強制執行の不許を求める」ために認められる民事執行法上の訴訟類型である（同法38条）。なお、第三者異議の訴えが提起されても執行手続は当然には停止されないため、あらかじめ執行の停止または執行処分の取消処分の申立てを行い（同法38条4項、36条1項）、その裁判の正本を執行機関に提出する必要がある（同法39条1項6号、7号）。

たとき、清算金がないときはその旨の通知があったときは、譲渡担保権設定者は債務を弁済することで対象資産を受け戻すことはできないとされる（最判昭62.2.12[54]）。

なお、譲渡担保権設定者による被担保債権の弁済と譲渡担保権者による対象資産の返還とは弁済が返還に対して先履行の関係にあり、同時履行の関係に立つものではない（最判平6.9.8[55]）。

(イ) 清算金支払請求権

譲渡担保権設定者は、譲渡担保権者が譲渡担保権の実行として対象資産を自己に帰属させ、または換価処分する場合は、その価額から被担保債権額を控除した残額の支払いを請求する権利（清算金支払請求権）を有することになる。なお、譲渡担保権設定者が有する清算金支払請求権と前述の「受戻権」は発生原因を異にする別個の権利であり、譲渡担保権設定者が「受戻権」を放棄したとしても、それによって譲渡担保権設定者が清算金支払請求権を取得することはない（最判平8.11.22[56]）。

譲渡担保権が実行される場合、清算金があるにもかかわらずその支払いもしくは提供がないままに譲渡担保権者から対象資産の引渡しを求められたときは、譲渡担保権設定者は清算金支払請求権を有するから、清算金支払いとの引替給付を求めることができる（最判昭46.3.25[57]）。

また、譲渡担保権者から対象資産を譲り受けた者から譲渡担保権設定者に対して対象資産の引渡しが求められた場合は、清算金支払請求権を被担保

53　民集60巻8号3098頁。同判決は、①弁済期後は譲渡担保権者は対象資産を処分する権能を取得し、譲渡担保権設定者は対象資産が処分換価されることを受忍すべき立場にある、②譲渡担保権者の債権者による対象資産の強制競売による換価は譲渡担保権者による換価処分と同視できる、③弁済期前に譲渡担保権者の債権者が対象資産を差し押えた場合は譲渡担保権設定者は債務の全額を弁済して対象資産を受け戻すことができ、そのときは第三者異議の訴えにより強制執行の不許を求めることができるとの判断を示した。
54　民集41巻1号67頁。
55　判例時報1511号71頁。
56　民集50巻10号2702頁。
57　民集25巻2号208頁。

権とする留置権を主張して、清算金の支払いがなされるまで対象資産の引渡しを拒むことができる（最判平9.4.11[58]）。

なお、譲渡担保権者のみならず「譲渡担保権者から被担保債権の弁済期後に譲渡担保権の目的物を譲り受けた第三者」も、「譲渡担保権設定者が譲渡担保権者に対して有する清算金支払請求権につき、消滅時効を援用することができる」（最判平11.2.26[59]）とされており、譲渡担保権設定者は清算金支払請求権について消滅時効が援用されたときは、対象資産の引渡しに応じなければならない。

b 譲渡担保権者と第三者との関係

譲渡担保権者と第三者との関係では、譲渡担保権の対象資産に対して譲渡担保権設定者の他の債権者が有する権利との競合が生ずるような場面で、譲渡担保権者との優劣判断基準等が問題になる。

(a) 譲渡担保権設定者から譲渡担保権の対象資産の（真正）譲渡を受けた者との関係

譲渡担保権設定者が譲渡担保権が設定された対象資産を第三者に譲渡した場合の当該第三者と譲渡担保権者との優劣は、対抗要件具備の先後によって決せられる[60]。

不動産や登記・登録が必要とされる動産が対象資産である場合の譲渡担保権設定の対抗要件は所有権の移転登記（登録）であるから、これが具備されているにもかかわらず対抗関係に立つ譲受人が現れることは考えにくい。これに対し、動産が対象資産である場合の譲渡担保権設定の対抗要件は「引渡し」であり、外部からは占有状態に変化がみられない「占有改定」も「引渡し」の方法として認められているから、譲渡担保権設定者が名実ともに所有者で

---

58 裁判集民事183号241頁。
59 判例時報1671号67頁。
60 譲渡担保権設定者が第三者に譲渡した対象資産について、譲渡担保権の設定がなされた場合も同様である。

あることを前提として譲り受ける第三者が現れることも十分に想定される。

この場合、所有権的構成を貫けば、譲渡担保権者と譲受人との関係は二重譲渡の関係として処理されることになり、先行する譲渡担保権について対抗要件が具備されていれば、後に対象資産を譲り受けた者は所有権を対抗できない。他方、担保権的構成に立ち、譲渡担保権者が先に対抗要件を具備している場合は、劣後する譲受人は譲渡担保権が付着した所有権を取得することになる。なお、対象資産が動産である場合は、対抗要件具備の先後で劣後する者について、即時取得[61]が成立する余地がある。

(b) **同一対象資産に対する譲渡担保権と他の担保権等との関係**

同一の対象資産に譲渡担保権と他の担保物権等が競合する場合の法律関係は以下のとおりと考えられる。

ア　同一対象資産に重複する譲渡担保権が設定された場合

譲渡担保権設定者が同一対象資産に重複して譲渡担保権を設定した場合も対抗要件具備の先後によって優劣が決せられ、また、対象資産が動産である場合は対抗要件具備の先後で劣後する者について即時取得が成立する余地がある。

この場合、所有権的構成を貫けば、(a)の場合と同様に単なる二重譲渡がなされた場合の対抗問題として処理され、対象資産が動産である場合に即時取得の成否が問題になるにすぎず、「劣後する譲渡担保権」という観念を容れる余地はないことになるが、前出最判平18.7.20は「重複して譲渡担保を設定すること自体は許される」として、同一対象資産についての譲渡担保権の重複設定を肯定し、「劣後する譲渡担保権」の成立を認める判断を示した。

イ　譲渡担保権と抵当権、質権

対象資産が不動産や特別法により抵当権の設定が認められている動産である場合は、同一対象資産について譲渡担保権の設定と抵当権の設定とが競合する場合が考えられるが、その場合は対抗要件具備の先後によって優劣が決

61　即時取得について本書126頁参照。

せられる。

また、譲渡担保権の設定と質権の設定が競合する場合も同様と考えられる。

ウ　譲渡担保権と工場抵当、工場財団抵当

「工場抵当」は、工場の所有者が財団を組成しないで工場に属する土地または建物に抵当権を設定した場合に、抵当権の効力は、これらの不動産と付加して一体をなす物（民法370条参照）だけでなく、抵当権設定の前後を問わず、それに備え付けた機械・器具その他工場の用に供する物にも及ぶ[62]というものである（工場抵当法2条）。工場供用物について「工場抵当」によって抵当権が及んでいることを第三者に対抗するためには、その供用物を記載した目録[63]（「3条目録」といわれている）を提出し、土地や建物の登記簿の一部としての取扱いを受ける手続が必要である（同法3条）。したがって、譲渡担保権の対象資産が工場供用物に含まれている場合は、譲渡担保権設定の対抗要件具備時期と3条目録の登記時期との先後によって優劣が決せられる。なお、工場抵当法5条2項は民法192条の適用を妨げない旨を定めているから、理論的[64]には工場供用物について即時取得が成立する余地はある。

「工場財団」とは、抵当権の目的とするため[65]に、①工場に属する土地および工作物、②機械、器具、電柱、電線、配置諸管、軌条その他の附属物、

---

[62] 抵当権の効力は、工場供用物が第三取得者に引き渡された後でも及ぶとされており（工場抵当法5条1項）、第三取得者が即時取得により保護されない場合には、抵当権に基づく物権的請求権によって、第三取得者に対し、現状回復することを請求することができる（最判昭57.3.12民集36巻3号349頁）。

[63] 目録の記載方法は具体的であることを要し（最判平6.7.14民集48巻5号1126頁）、「建物内にある機械器具一切」という表示では対抗力がないとされている（最判昭32.12.27民集11巻14号2524頁）。

[64] 3条目録によって抵当権の効力が及んでいることが公示されているので、実際に即時取得が成立する可能性は低いと思われる。

[65] 「工場財団」のように、企業を構成している土地、建物などの不動産や機械などの動産、特許権などを統一的な財産（「財団」）とみなして、これに対する抵当権を設定する制度を「財団抵当」といい、特別法によって認められている。財団抵当には、工場財団抵当のほか、鉄道財団抵当、鉱業財団抵当、軌道財団抵当、運河財団抵当、漁業財団抵当、港湾運送事業財団抵当、道路交通事業抵当、観光施設財団抵当がある。

③地上権、④賃貸人の承諾あるときは物の賃借権、⑤工業所有権、⑥ダム使用権、⑦登録された自動車・小型船舶の全部または一部によって組成され、一個の不動産とみなされる（工場抵当法8条1項、11条、14条1項）。「工場財団」は、財団を組成すべきものを財団目録に記載して、工場財団登記簿に所有権保存登記がされることによって成立し（同法9条）[66]、1個の不動産として抵当権が設定され、抵当権設定についても登記によって対抗要件が具備される（同法14条2項、36条）。

「工場財団」と譲渡担保権の関係は、①譲渡担保権が設定された動産が「工場財団」に取り込まれる局面、②すでに「工場財団」に属する動産について譲渡担保権を設定する局面という2局面に分けて理解する必要がある。

譲渡担保権が設定された動産が「工場財団」に取り込まれる局面については、「工場財団」を構成する物のなかに他人の権利または執行の目的となっている物が含まれてしまうと財団の統一性が損なわれてしまうことから、そのような事態を避けるための手続が定められている。具体的には、財団所有権保存登記申請があるときは、登記官は「工場財団」に属すべき動産について権利を有する者等は一定期間内（1カ月以上3カ月以下）に権利を申し出る旨を官報により公告し（工場抵当法24条）、その期間内に権利の申出がないときはその権利は存在しないものとみなされる（同法25条）[67]。したがって、すでに譲渡担保権の設定がなされている動産が「工場財団」に含まれる物として公告された場合は、権利申出期間内にその旨を申し出なければ譲渡担保権は消滅することとなる。

すでに「工場財団」に属する動産に譲渡担保権を設定する局面について

---

[66] 工場財団の所有権保存登記はその登記がなされた後、6カ月以内に抵当権の設定登記がなされないときは効力を失う（工場抵当法10条）。
[67] 権利申出制度は登記登録のしてある動産には適用されないが（工場抵当法26条ノ2）、動産譲渡登記は現在の権利帰属を明らかにするものではなく、過去の譲渡の事実を公示するものにすぎないから、動産譲渡登記がなされていたとしても適用除外にはならないと解されている（植垣勝裕＝小川秀樹編著『一問一答動産・債権譲渡特例法［三訂版］』40頁参照）。

は、「工場財団」を組成する個々の物を個別に譲渡、処分することは禁止されるから（工場抵当法13条2項）、抵当権者の同意を得て、対象資産を「工場財団」から分離しなければならない（同法15条1項）[68]。なお、「工場財団」に属する動産を取得した第三者には即時取得の成立する余地がある。

エ　動産譲渡担保権と動産売買先取特権

　動産売買先取特権とは、動産の売買がなされたときに、その売買によって生じた債権を有する者が、当該売買の対象となった動産について有する法定担保物権である（民法311条5号、321条）。動産売買先取特権の対象となる動産について買主が譲渡担保権を設定した場合の優劣をどのように判断すべきかについて、譲渡担保権の法律構成をいかにとらえるかとの議論ともあいまって見解が分かれている。

　判例（最判昭62.11.10[69]）は、譲渡担保権の設定は民法333条[70]に規定された「第三取得者」に対する「引渡し」に該当するから、それによって動産売買先取特権の追求効は消滅するとして、譲渡担保権が優先する旨を判示している。

　なお、動産譲渡担保権に基づく物上代位[71]と動産売買先取特権に基づく物

---

[68]　「工場財団」に属するものに変更が生じたときは、財団目録の変更を要する（工場抵当法39条）。

[69]　民集41巻8号1559頁。同判例は集合動産譲渡担保の事案であり、「動産売買の先取特権の存在する動産が右譲渡担保権の目的である集合物の構成部分となった場合においては、債権者は、右動産についても引渡を受けたものとして譲渡担保権を主張することができ、当該先取特権者が右先取特権に基づいて動産競売の申立をしたときは、特段の事情のない限り、民法333条所定の第三者に該当するものとして、訴えをもって、右動産競売の不許を求めることができる」としている。なお、同判例は「集合物論」を前提に、個別動産に対する譲渡担保権と個別動産に対する先取特権という対立ではなく、集合動産に対する譲渡担保権と集合動産の構成要素である個別動産の先取特権との対立として判断しており、同判例についての最高裁調査官解説でも「集合物は、個々の動産を包括する上位概念であり、個別動産とレベルを異にするわけではあるが、それ自体が一個の物権の対象として認知された以上、同じレベルのものとして、いわば、それも一個の動産として観念するほかなく、当該個別動産に先取特権が存在し、それに譲渡担保が設定されたものとして考えることになるのであり、これを前提として、競合関係の有無、競合するとした場合の優劣如何を決しなければならないのではなかろうか」とされている（法曹会編『最高裁判所判例解説民事篇昭和62年度』708頁（注53）〔田中壯太〕参照）。

[70]　民法333条は「先取特権は、債務者がその目的である動産をその第三取得者に引き渡した後は、その動産について行使することができない」と規定している。

上代位とが競合した場合も、上記判例を前提とすると、動産譲渡担保権に基づく物上代位が優先するものと考えられる。

オ　譲渡担保権と留置権

　留置権は、被担保債権が弁済期にあるときは留置権の対象となる物を被担保債権について弁済がなされるまで留置することができるという、民法、商法または会社法の定めによって認められている法定担保物権である（民法295条、商法521条など）[72]。留置権に優先弁済権は認められていないが、被担保債権が完済されるまで目的物を留置することができるため、事実上優先弁済を受けるのと同様の効力を有している。

　民法上の留置権（民事留置権）は、①他人の物の占有者であること、②その物に関して生じた債権を有していること（被担保債権と物との牽連性）、③その債権が弁済期にあること、④物の占有が不法行為によって始まったものではないことを成立要件とする。ここで「他人の物」とは、占有者以外の者に属するということであって被担保債権の債務者の所有物であることを要しないと解されており、また、留置権の成立後、目的物の所有権が第三者に譲渡された場合でも、留置権の効力は失われない。

　商法または会社法上の留置権（広義の商事留置権[73]）のうち商人間の留置権（狭義の商事留置権）は、①当事者双方が商人であること、②当事者双方のために商行為たる行為によって債権が生じたこと、③その債権が弁済期にあること、④目的物がその債務者所有の物または有価証券であること、⑤そ

71　前出最判平11.5.17が事例判断として個別動産譲渡担保権に基づく売買代金に対する物上代位を肯定していることは前述のとおりであるが、集合動産譲渡担保の場合は、流動性、すなわち譲渡担保権設定者による処分権限が保たれている状態では物上代位は認められないと考えられている。

72　民法上の留置権は破産手続では効力を失う（破産法66条3項）。これに対し、商法または会社法上の留置権は、破産手続では特別の先取特権とみなされ（破産法66条1項）、別除権として扱われる（民事再生手続でも別除権として扱われ、会社更生手続では更生担保権として扱われる）。

73　商人間の留置権（商法521条）、代理商の留置権（同法31条、会社法20条）、問屋営業の留置権（同法557条、31条）、運送取扱営業の留置権（同法562条）、運送営業の留置権（同法589条、562条）などがある。

の債務者との間の商行為によってその目的物が債権者の占有に帰したものであることを成立要件とする。なお「債務者所有の物」とは商人間の留置権の成立要件であって存続要件ではないから、債権者の占有取得時に債務者の所有に属していれば足り、商人間の留置権が成立した後に債務者から第三者へ当該目的物の所有権が譲渡されたとしても、消滅することはないとされている（東京地判昭53.12.21[74]）。

上記のとおり商人間の留置権は「債務者の所有する物」に成立するとされるから、譲渡担保の法律構成について所有権的構成を徹底すれば、（留置権の）被担保債権の弁済期前に譲渡担保権について対抗要件が具備された場合、商人間の留置権は成立しないと考えることができる。このように考えられるとすると、譲渡担保の対象資産が「集合物」であるときは後に「集合物」に流入した個別動産にも当初の占有改定による対抗要件具備の効力が及ぶとするのが判例であるから、判例の考え方に基づけば「集合物」に係る対抗要件具備時期が（留置権の）被担保債権の弁済期前であれば、商人間の留置権が成立する余地はないという結論が論理的であろう。他方、担保権的構成に立てば、譲渡担保の対象資産である「集合物」の所有権は譲渡担保権が実行されるまでは債務者に帰属しており、実行によって譲渡担保権者に所有権が帰属すると考えられるから、実行時よりも後に（留置権の）被担保債権の弁済期が到来する場合、商人間の留置権は成立しないと考えることができるものと思われる[75]。

なお、民事留置権は特約で排除することができると解されており、また、（狭義の）商事留置権も特約による排除が認められている（商法521条ただし

---

[74] 判例時報934号103頁。
[75] 譲渡担保権と留置権との競合が問題となる局面として、譲渡担保権の対象資産が倉庫業者等に寄託されている場合など、対象資産が占有代理人の現実の管理下にあり、その占有代理人が留置権を主張するようなケースが想定される。留置権の成立要件が満たされる場合は、譲渡担保権者と留置権者との協議が行われ、譲渡担保権者は留置権者から対象資産の引渡しを受けるために、留置権の被担保債権を第三者弁済するか、留置権者との間で対象資産の換価代金の配分等を合意したうえで引渡しを受けるといった方法がとられることが多いであろう。

書）から、譲渡担保権者は、譲渡担保権設定時に対象資産の占有代理人から留置権の放棄あるいは不行使特約を取得しておくことで紛争を予防することも可能である。

カ 譲渡担保権と所有権留保

　所有権留保とは、代金の全部または一部が後払いとされる売買契約で、対象資産は売主から買主に引き渡されるが、代金債権を担保するために、対象資産の所有権は代金が全額支払われるまで売主に留保される制度である。所有権留保の法的構成は、従来、対象資産の所有権移転が売買代金の完済という停止条件にかからしめられた売買であると理解されてきた。このような理解からは、所有権留保の対象となっている資産の所有権の帰属は代金完済までは売主であるから、買主は当該資産について譲渡担保権を設定する権限を有しておらず、譲渡担保権の設定はなしえず、即時取得が成立する場合を除いて所有権留保売主と譲渡担保権者は対抗関係に立たないことになる[76]。

　もっとも、所有権留保が代金債権を担保するための制度であることを重視し、その法的構成を、代金債権を被担保債権とする一種の非典型担保であり、売主は「留保所有権」という担保権[77]を有するにすぎず、買主には「留保所有権」という負担が付いた所有権が帰属しているととらえることも可能である。かかる考え方からすれば、留保所有権の対象資産に対して買主が譲渡担保権を設定することも可能であり、その場合は所有権留保付売買の売主を第一順位の担保権者、譲渡担保権者を第二順位の担保権者と考える余地もあろう[78]。

---

[76] ただし、代金完済により買主が所有権を取得した時点で譲渡担保権が成立すると考える余地はある。

[77] 法形式と「担保目的」という経済実態との乖離があるという点で譲渡担保制度と類似するが、譲渡担保が被担保債権と譲渡担保権とは別個の契約関係から生ずるのに対し、所有権留保は売買契約という一個の契約関係から被担保債権と「留保所有権」という担保権が生ずる点に違いがあるとされる（打田畯一・庄菊博補訂「所有権留保」遠藤浩＝鎌田薫編『別冊法学セミナー　基本法コンメンタール物権 ［第五版　新条文対照補訂版］』354頁以下参照）。

キ　譲渡担保権とファイナンス・リース[79]

　ファイナンス・リース（フルペイアウト方式[80]）とは、一般的には、ユーザーが選定した資産（リース対象物件）を、リース業者が、ユーザーにかわって販売業者から購入したうえで、ユーザーが利用できるリース期間を設定して引き渡し[81]、リース業者はリース対象物件の購入代金、金利、手数料等をリース期間内にユーザーから支払われるリース料で回収するという取引形態である。

　ファイナンス・リースにおけるリース業者とユーザーとの関係[82]は、リース業者はリース対象物件の所有権が自己に帰属していることを前提としてユーザーによる一定期間（リース期間）の利用を認め、ユーザーはその期間内は一定額のリース料を支払うこととされていることから、「賃貸借」類似の関係にあるという側面と、リース業者はリース対象物件の購入代金のほか、金利、手数料等が含まれるリース料の支払いを受けることで投下資本の全額を回収することができ、また、リース対象物件に係る危険負担、瑕疵担保責

---

[78] ただし、前出最判平18.7.20において、後順位担保権者による私的実行はできない旨の判示がなされていることに留意する必要がある。また、買主が売主に無断で所有権留保の対象資産（自動車）を担保に供し、引き渡した行為について不法行為責任を認めた裁判例（東京高判平13.10.23判例時報1763号199頁）や、刑法上も横領罪の成立を認めた判例（最決昭55.7.15判例時報972号129頁）があることにも留意する必要がある。

[79] 「リース取引」には関係当事者（販売業者、リース業者、ユーザー）のニーズにあわせたさまざまな契約形態があり、それぞれの契約形態に応じて当事者間の権利義務関係も異なるため、一括して論ずることはできない。なお、「リース取引」は、会計上、大きく「ファイナンス・リース」と「オペレーティング・リース」とに分類され、異なった会計処理が要求される（会計処理の詳細については本書234頁以下〈BOX〉リース取引の会計処理参照）。

[80] 「フルペイアウト方式」とは、リース期間が満了した時点におけるリース対象物件の残存価値をゼロと見積もったうえで、リース料が算定される方式をいう。これに対し、リース契約締結時点でリース期間満了時のリース物件の残存価値（中古品としての売却価格など）が見込まれる場合に、これを考慮したうえでリース料が算定される方式を「ノン・フルペイアウト方式」という。

[81] リース物件の現実の引渡しは販売業者から直接ユーザーになされ、ユーザーはリース会社に対して「借受証」あるいは「物件受領証」を交付するのが通常である。

[82] リース契約ではリース対象物件の所有権はリース業者に帰属するとされ、ユーザーに対してリース期間中における中途解約が禁止されるほか、リース料等の支払義務、リース対象物件の修繕・保守義務、リース契約終了時におけるリース対象物件の返還義務、規定損害金の支払義務などが課せられるのが一般的である。

任などを負わないとされていることから、実質的にはリース業者のユーザーに対する金融上の便宜の供与であるという側面とがある[83]。

このようなファイナンス・リースの法律構成、当事者間の権利義務関係をどのように整理、理解すべきかはさまざまな見解が展開されているが[84]、リース対象物件の所有権の帰属に関する通説的見解は、法形式上、リース業者と販売業者との間で「売買契約」が締結[85]されていることなどからリース業者に帰属しているとする。

したがって、リース対象物件の所有権の帰属に係る通説的見解からは、ユーザーは占有、利用しているリース対象物件についての所有権を有していないことになり、ユーザーはこれに譲渡担保権を設定することはできず、即時取得が成立する場合を除いてリース業者と譲渡担保権者は対抗関係に立たないことになる[86]。

---

[83] 最判平7.4.14は、リース対象物件の引渡しを受けたユーザーについて会社更生手続が開始されたときの未払リース料について「実質はユーザーに対して金融上の便宜を付与するものであるから、右リース契約においては、リース料債務は契約の成立と同時にその全額について発生し、リース料の支払が毎月一定額によることと約定されていても、それはユーザーに対して期限の利益を与えるものにすぎず、各月のリース物件の使用と各月のリース料の支払とは対価関係に立つものではない」として、未払リース料債権全額が、（双方未履行の双務契約について履行選択した場合の共益債権となるものではなく）更生債権となる旨を判示した（民集49巻4号1063頁）。この判例では、未払リース料債権が一般更生債権となるか、更生担保権となるかについて直接の判断はしていないが、実務では更生担保権として扱うことが定着している。もっとも、担保権の対象について、ユーザーのリース対象物件に対する使用収益権であるとする見解、ユーザーが有するリース対象物件の実質的所有権とする見解などがある（佐々木宗啓「更生手続とリース契約」西岡清一郎ほか編『会社更生の実務（上）』239頁）。なお、民事再生手続上の未払リース料の扱いについて、東京地方裁判所の実務運用では、個別事案ごとの事情をふまえて共益債権または別除権として処理されている（小河原寧「リース契約」西謙二＝中山孝雄編『破産・民事再生の実務［新版］（下）』146頁）。

[84] 主なものだけでも、特殊な賃貸借契約説、融資契約説、無名契約説、物権的利用権設定契約説、物的担保権設定契約説、三当事者契約説などがあり、それぞれの説のなかでも、さらにさまざまな見解に分かれている（梶村太市「リース契約の法的性質」梶村太市ほか編『リース契約法』27頁以下参照）。

[85] ファイナンス・リースでは、法形式上、リース対象物件に関して、販売業者とリース業者との間で「売買契約」が、リース業者とユーザーとの間で「リース契約」がそれぞれ締結される。

ク　譲渡担保権と委託販売、消化仕入れ

　委託販売とは、一般的には、委託者が受託者に対して物の販売業務を委託し、受託者による販売実績に応じて、委託者から受託者に対して一定の手数料が支払われる取引形態である。また、消化仕入れとは、一般的には、小売業者がエンドユーザーに対して商品を販売した時点で納入業者から小売業者に対する当該商品の売買契約が成立するという取引形態である。これらの取引形態では、物（商品）について販売受託者、あるいは小売業者による占有がなされていても、その所有権は委託業者、あるいは納入業者に帰属していることがほとんどであるから、販売受託者、小売業者がその占有する物（商品）に対して譲渡担保権を設定することはできない。なお、譲渡担保権が設定された場合に即時取得が成立する余地はある。

(c)　一般債権者による差押え

　譲渡担保権が設定されている動産に対して譲渡担保権設定者の一般債権者が差押えをした場合、譲渡担保権者は第三者異議の訴えを提起できるとするのが判例（最判昭56.12.17[87]）である。この点、譲渡担保権の法的構成に関して「担保権的構成」の立場を貫けば、譲渡担保権者が第三者異議の訴えを行うことは認められないとも考えられるが、「担保権的構成」の立場からも、手続法上の制約や民事執行法の解釈によって譲渡担保権者に第三者異議の訴えを認める見解が多いと思われる[88]。

(d)　国税徴収法との関係

　譲渡担保権者は、以下の要件が満たされる場合は第二次納税義務者とみな

---

[86]　ただし、前述のとおり会社更生手続という局面における理解ではあるが、（フルペイアウト方式の）ファイナンス・リースにおけるリース業者の立場が担保付債権者であると位置づけられるとすると、ユーザーが有する使用収益権あるいは実質的所有権に対して譲渡担保権を設定することも考えられないわけではない。その場合には、譲渡担保権はリース業者が有する担保権に劣後するものとなろう。

[87]　民集35巻9号1328頁。

[88]　その他に譲渡担保権者には配当要求を認めれば足りるとする見解や第三者異議の訴えを提起することは認めるが、一部認容として優先弁済のみを認めるとする見解などがある（森田修『債権回収法講義』143頁参照）。

され、物的納税責任を負うものとされている（国税徴収法24条1項、3項、6項）。すなわち、①納税者が国税を滞納していること、②納税者が譲渡した財産でその譲渡により担保の目的となっている財産があること、③納税者の財産につき滞納処分を執行してもなお徴収すべき国税に不足すると認められること、④国税の法定納期限が譲渡担保の譲渡の権利の移転前であることの4要件である。

したがって、譲渡担保権の設定（権利移転）および第三者対抗要件の具備が法定納期限よりも以前になされていれば、譲渡担保権者は物的納税責任を負わない。

(e) 第三者による対象資産の不当な搬出、毀損行為など

譲渡担保権者は、第三者による対象資産の不当搬出、毀損行為に対して当該第三者に対する物権的請求権としての妨害排除、妨害予防請求を行うことができる。

なお、譲渡担保権者に認められる物権的請求権に関して、通常、譲渡担保権が実行されるまでは対象資産の現実の占有は譲渡担保権設定者にあり、その利用が認められ、譲渡担保権者は対象資産の交換価値を把握しているにすぎないから、第三者による対象資産に対する侵害行為があったとしても、直接、対象資産を譲渡担保権者へ引き渡すことを求めることはできないのではないかと考えることもできる[89]。この点、最判平17.3.10[90]は、抵当権に関する事案ではあるが、「抵当権設定登記後に抵当不動産の所有者から占有権原の設定を受けてこれを占有する者についても、その占有権原の設定に抵当権の実行としての競売手続を妨害する目的が認められ、その占有により抵当不動産の交換価値の実現が妨げられて抵当権者の優先弁済請求権の行使が困難となるような状態があるときは、抵当権者は、当該占有者に対し、抵当権

---

[89] 譲渡担保権の法律構成について所有権の構成を徹底すれば譲渡担保権設定者の物権的請求権は認められないとも考えられるが、判例は「正当な権原なく目的物件を占有する者」に対する譲渡担保権設定者の返還請求を認めている（最判昭57.9.28判例時報1062号81頁）。

[90] 民集59巻2号356頁。

に基づく妨害排除請求として、上記状態の排除を求めることができる」とし、さらに、「抵当権に基づく妨害排除請求権の行使に当たり、抵当不動産の所有権において抵当権に対する侵害が生じないように抵当不動産を適切に維持管理することが期待できない場合には、抵当権者は、占有者（筆者注：抵当不動産の所有者から占有権原の設定を受けて現実に占有している者＝抵当権侵害を行っている第三者）に対し、直接自己への抵当不動産の明渡しを求めることができる」旨を判示した。譲渡担保権が抵当権と同様に非占有型の交換価値を把握する担保物権であることからすれば、上記の判例法理は譲渡担保権にも妥当するものと考えられる。

c 譲渡担保権の実行

債務者が約定に従って債務の返済を完了すれば譲渡担保権は当然に消滅するが、債務者による返済が滞った場合は、譲渡担保権を実行して、対象資産から債権の回収を図ることが必要になる。

譲渡担保権について民事執行法に基づく強制執行（強制換価）手続は予定されておらず、「私的実行」という方法によって対象資産の換価、回収を図ることになる。

「私的実行」は通常、実行通知、対象資産の引渡し（占有の確保）、対象資産の処分・換価というプロセスを経て行われる。譲渡担保権者は「私的実行」によって対象資産について債権担保目的という制約を受けない所有権（権利）を取得し（帰属清算型の場合）、または第三者に処分する権利を取得する（処分清算型の場合）ことになる。

(a) 実行通知

譲渡担保権者は、譲渡担保権設定者に対する「実行通知」によって対象資産に対する利用、管理権限が消滅したことを通知するとともに、対象資産を引き渡すよう求める。

(b) 引渡しの実現（占有の確保）

譲渡担保権者が「実行通知」によって対象資産の引渡しを求め、譲渡担保

権設定者がこれに応じて任意に対象資産を引き渡せば問題はない[91]。しかし、譲渡担保権設定者が任意の引渡しに応じない場合は、譲渡担保権者は法的手続によって引渡しを実現しなければならない[92]。

法的手続による対象資産の引渡しの実現は、民事保全法に基づく保全処分（占有移転禁止仮処分[93]、処分禁止仮処分[94]、引渡断行仮処分[95]など）、本訴（引渡請求訴訟）、強制執行（引渡請求訴訟の判決に基づく動産執行）という一般的な民事手続によって行われる[96]。

なお、対象資産が時間の経過によって著しくその価値が減少するおそれがあるときは、保全処分の段階で執行官による緊急換価がなされることがある（民事保全法52条1項、49条3項）。この場合、以後の本訴および強制執行によって譲渡担保権者は対象資産と同一性が保持される「売得金」によって満足

---

[91] 理論的には、「実行通知」によって譲渡担保権者は対象資産を自由に換価、処分できることになるから、現実に引渡しを受けることは論理必然的に必要となるものではないが、実際には現実に引渡しを受けた後でなければ、第三者への処分は困難な場合が多いと思われる。

[92] 私人が法的手続によらず自己の権利を実現することは禁じられており（自力救済の禁止）、これに反した行動をとった場合は刑事責任、民事責任（不法行為）を問われることになる。もっとも、事態が急迫した場面で、法的手続による救済を待つ時間的余裕がなく、かつ、事後的な被害の回復が困難な場合は、例外的に違法性が阻却されることがある。判例でも「債務者が倒産し、かつ代表者が行方不明になっている等の事情下においては、自力執行は、代表者に代わる管理者が置かれている等の特段の事情がない限り、不法行為に基づく損害賠償責任を発生させるとまではいえない」としたものがある（最判昭53.6.23判例時報897号59頁）。

[93] 占有移転禁止仮処分は後にされる引渡請求訴訟（本案訴訟）の勝訴判決の執行を保全するためにされるものであり、債務者（対象資産の直接占有者）に対して占有移転禁止、執行官への引渡しを命ずるとともに、執行官に対して対象資産の保管が命じられる（「執行官保管」としたうえで、債務者に対象資産の使用を許す場合や債権者に対象資産の使用を許す場合もある）。

[94] 処分禁止仮処分は、債務者に対して対象資産の譲渡、担保権設定などのいっさいの処分を禁止するものである。占有移転禁止仮処分と併用されることも多い。

[95] 引渡断行仮処分は、債務者の占有を解かせたうえで、債権者に直接、対象資産を引き渡すことを命ずるものであり、暫定的に本案訴訟での勝訴判決を執行したのと同様の状態になる。ただし、後日、本案訴訟で債権者が敗訴した場合は不当利得、損害賠償を負担することになる。

[96] こうした一般的な民事手続のほかに、端的に動産譲渡担保権に基づいて「民事執行手続による動産競売」の利用の可否が議論されているが、多くは否定的である。

を受けることになる[97]。

(c) 換価・処分

譲渡担保権者による対象資産の換価・処分方法として帰属清算型と処分清算型があること、譲渡担保権者には「清算義務」が課せられ、譲渡担保権者には「受戻権」「清算金支払請求権」が認められることは前述のとおりである。

対象資産の換価・処分の場面においては、清算金が生ずるか否かによって関係当事者の権利義務関係は大きな影響を受けることになる[98]。

ア 客観的に清算金が生ずる場合

帰属清算型の場合は、譲渡担保権者が対象資産を適正に評価したうえで譲渡担保権設定者に対して清算金を支払い、もしくは提供したときに、被担保債権が消滅し、譲渡担保権者は譲渡担保権設定者に対して対象資産の引渡しを求めることになる。

処分清算型の場合、譲渡担保権者は対象資産を適正価額で第三者に処分することができ、処分がなされることによって被担保債権は消滅し、清算金の支払関係が残ることになる。

イ 客観的に清算金が生じない場合

対象資産の価額が被担保債権の金額を下回り、客観的に清算金が生じない場合、帰属清算型のときは譲渡担保権者が「実行通知」にその旨を記載して譲渡担保権設定者に通知することで、また、処分清算型のときは譲渡担保権者が対象資産を第三者へ処分することで、被担保債権は対象資産の価額の範囲で消滅する[99]。

d 譲渡担保権の処分

譲渡担保権者が被担保債権を譲渡した場合、これに伴って譲渡担保権も随

---

[97] 岩崎邦生「仮処分の目的物の緊急換価」東京地裁保全研究会編著『民事保全の実務〔新版増補〕(下)』249頁。
[98] 譲渡担保権者が対象資産を適正に評価し、もしくは適正価格で売却しなければならないことは当然である。
[99] 対象資産の価額を超える部分は無担保債権となる。

伴性により被担保債権の譲受人に移転する[100]。

　また、譲渡担保権について担保権的構成によれば、「転譲渡担保」「譲渡担保権の譲渡」「譲渡担保権の放棄」「譲渡担保権の順位の譲渡」「譲渡担保権の順位の放棄」「譲渡担保権の順位の変更」といった譲渡担保権に関する処分行為も、質権や抵当権（根抵当権）に関する規律を類推適用することにより認められると考えられる[101,102]。ただし、動産が譲渡担保権の対象資産となっている場合は、公示制度が不十分であり、利害関係人を正確に把握することが困難であるなどの問題が残ることは否めない。

e　譲渡担保権の消滅

　譲渡担保権は、対象資産の滅失、放棄、混同といった物権に共通する消滅原因が生じたときは消滅すると解されるほか、被担保債権の消滅（附従性）、譲渡担保権の実行によって消滅する[103]。

　なお、弁済等によって被担保債権が消滅した場合の権利関係について、判例（最判昭62.11.12[104]）は「不動産が譲渡担保の目的とされ、設定者から譲渡担保権者への所有権移転登記が経由された場合において、被担保債務の弁済等により譲渡担保権が消滅した後に目的不動産が譲渡担保権者から第三者

100　被担保債権が不特定である根譲渡担保権の場合には、根抵当権に関する規律が妥当するものと思われる。
101　法曹会編『最高裁判所判例解説民事篇昭和56年度』824頁〔遠藤賢治〕以下参照。柚木馨＝高木多喜男編『新版注釈民法(9)物権(4)』874、885頁〔福地俊雄〕参照。
102　最判昭56.12.17は、原譲渡担保権が設定者の債務の分割支払いの遅滞があったことから、対象資産を搬出したうえ、これに自己の債務を被担保債権とする譲渡担保権を設定したという事案について、「譲渡担保権者がその目的物件につき自己の債権者のために更に譲渡担保権を設定した後においても、右譲渡担保権者は、自己の有する担保権自体を失うものではなく、自己の債務を弁済してこれを取り戻し、これから自己の債権の満足を得る等担保権の実行について固有の利益を有している」と判示している（民集35巻9号1328頁）。
103　譲渡担保権を抵当権類似の担保物権としてとらえると、抵当権消滅請求（民法379条）、代価弁済（同法378条）、消滅時効（同法396条、397条）を類推適用することの可否が問題になりうる。
104　判例時報1261号71頁。

に譲渡されたときは、右第三者がいわゆる背信的悪意者に当たる場合は格別、そうでない限り、譲渡担保権設定者は、登記がなければ、その所有権を右第三者に対抗することができないものと解する」として、譲渡担保権設定者には所有権が復帰し（講学上「復帰的物権変動」と呼ばれる）、同人と譲渡担保権者からの譲受人との関係は二重譲渡における対抗関係として処理すべきとしている。これに対し、担保権的構成をとる考え方からは、民法94条2項の適用により処理すべきであるとされている[105]。

---

[105] 内田貴『民法Ⅲ［第3版］債権総論・担保物権』538頁、道垣内弘人『担保物権法［第3版］』326頁。

第4節 集合動産譲渡担保をめぐる法律関係

1 譲渡担保権の設定および第三者対抗要件の具備

　企業が日常的な事業活動を営むことで時々刻々と内容（構成要素）が変動（流動）する在庫商品などの複数の動産を包括的に譲渡担保の目的とする場合は、一定の範囲に属する動産を「集合物」として、当該「集合物」そのものを譲渡担保の対象とすることができる。

　集合動産譲渡担保を設定する場合は、対象資産である「集合物」を特定[106]して「譲渡担保権設定契約」を締結し、第三者対抗要件を具備することが必要になる。

　「集合物」の特定について、判例は、種類、所在場所および量的範囲を指定するなどなんらかの方法で目的物の範囲が特定される場合は1個の集合物として譲渡担保の目的となりうるという一般的基準を示している（最判昭54.2.15[107]。前出最判昭62.11.10)[108]。

---

[106] 「特定性」は、設定当事者間における権利義務関係の範囲を確定し、保全処分・本案訴訟・強制執行などの法的手続がどの範囲で認められるのかを明確にすることはもちろん、第三者が不測の不利益をこうむること防ぐためにも必要である（「A倉庫内の在庫商品全部。ただし、第三者の所有物は除く」といった条件が付されたような場合には対象資産が物理的に分別されていたり、識別のための指標が施されていたりしないと、どの範囲のものが対象資産に含まれるかを外部から識別することが困難になり、後日、紛争が生じたときに不特定とされ、譲渡担保権の効力が否定される可能性がある）。

[107] 民集33巻1号51頁。

また、第三者対抗要件の具備に関し、判例は「集合物を目的とする譲渡担保権設定契約が締結され、債務者がその構成部分である動産の占有を取得したときは債権者が占有改定の方法によってその占有権を取得する旨の合意に基づき、債務者が右集合物の構成部分として現に存在する動産の占有を取得した場合には、債権者は、当該集合物を目的とする譲渡担保権につき対抗要件を具備するに至ったものということができ、この対抗要件具備の効力は、その後構成部分が変動したとしても、集合物としての同一性が損なわれない限り、新たにその構成部分となった動産を包含する集合物についても及ぶ」（傍点は筆者による）としている（前出最判昭62.11.10）。なお同判例は、「集合動産」が譲渡担保権の対象資産である場合、契約締結後に流入した個別動産にも、個別の占有改定を必要とせずに、当然に契約締結時における「集合動産」についてされた占有改定の効力がそのまま及ぶ旨を判示したにとどまり、事後に流入した個別動産の権利移転時期[109]、第三者対抗要件具備の時期という問題にまでは論及していないと解されている[110]。もっとも、動産譲渡登記を利用する場合、「登記後に倉庫に搬入された商品についても、登記がされた年月日に対抗要件が具備されたものとして取り扱われます」との説明がなされている[111]。

　なお、集合動産譲渡担保の「集合物論」では、一般的に譲渡担保権設定時点で譲渡担保権設定者の所有物として物理的に存在している複数の有体物（個別動産）を「集合物」として認識し、その構成要素である個々の有体物（個別動産）が入れ替わっても譲渡担保権の効力は失われないと理解されているが、譲渡担保権が設定される「集合物」として認識されるためには設定

---

[108]　動産譲渡登記における特定の仕方について、本書117頁以下を参照。ただし、登記の可否と実体法上、担保権が有効と認められるかは必ずしも一致しない点に留意すべきである。
[109]　吉田光硯「延長型集合債権譲渡担保の可能性について」（判例タイムズ1197号83頁）には、「将来取得財産」の権利移転時期についての問題意識が示されている。
[110]　法曹会編『最高裁判所判例解説民事篇昭和62年度』679頁（田中壯太）参照。
[111]　植垣勝裕＝小川秀樹編著『一問一答動産・債権譲渡特例法［三訂版］』82頁。

時において必ず構成要素である個々の有体物が現実に存在していなければならないかという疑問[112]が、準物権変動であるとされる債権譲渡（担保）との対比の観点から生ずる。すなわち、一般的に物権は目的物を直接に支配することを内容としており、目的物が現存することは物権変動の有効要件であり、上記のような現存しない目的物について物権変動は認められないと解されているのに対し[113]、債権譲渡（担保）について、判例、多数説は、未発生の将来債権に係る債権譲渡も（契約締結時に）有効であり、譲渡契約によって未発生の将来債権は確定的に譲受人に移転するとしていることとの異同をどのように理解するかという問題であり[114]、今後、さらなる検討が必要と思われる。なお、動産譲渡登記について「登記申請時または登記時に現実に動産が保管場所に存在しないことが登記申請の却下事由とはされていません。……動産の所在によって動産を特定する方法による登記申請においては、現実に譲渡の目的物となる動産が存在しない場合にも動産譲渡登記をすることができると考えられます」との説明がされているが[115]、登記が受理されるということと実体法上の効力が認められるかは次元の異なる問題であること

---

[112] この問題は、集合動産譲渡担保の場合に限ったことではなく、不動産や個別動産の場合でも同様であるが、取引実務では集合動産譲渡担保の設定場面で次のようなことを想定することができる。すなわち、譲渡担保権設定契約締結時はA倉庫内にはまったく在庫商品が存在していないが、設定当事者間で譲渡担保権の対象資産を「A倉庫内に現在存在し、将来搬入される在庫商品全部」とした場合である。仮に、譲渡担保権設定契約時点で、A倉庫内にいくらかでも在庫商品が存在していれば、「A倉庫内に存在する在庫商品全部」という「集合物」を対象資産とする譲渡担保権は有効に成立し、以後に増減があっても、同一性が保たれる限り効力は失われない。この場合、後述するとおり譲渡担保権設定者は「通常の営業の範囲」内で構成要素である個々の在庫商品を処分することは認められているから、譲渡担保権設定者の「通常の営業」によって、一時的にA倉庫内の在庫商品がゼロになることもありうるが、譲渡担保権設定者が以後も営業活動を継続することによってA倉庫内の在庫商品は補充されていくから、一時的にまったく在庫商品が存在しない状態があったとしても、「補償関係」が維持される限り、譲渡担保権は消滅しないと考えられる。そうすると、譲渡担保権設定時点において有体物がまったく存在しない場合でも、後に補充されることが予定されているのであれば、当初から「集合動産譲渡担保権」が物権として有効に成立すると理解することはできないかという問題である（「集合動産譲渡担保をめぐって」判例タイムズ805号4頁以下参照）。

[113] 舟橋諄一＝徳本鎮編『新版注釈民法(6)物権(1)』224頁〔山本進一〕参照。

はいうまでもない。

2　効　　力

(1) 設定当事者間における効力

a　弁済期到来（期限の利益喪失）前

　集合動産譲渡担保の場合は、譲渡担保権設定契約で譲渡担保権設定者に「集合体」を構成する個々の要素（個別動産）を「通常の営業の範囲内」[116]で処分（売却）できる権限が付与され、譲渡担保権設定者は処分代金を自らの営業に利用することが認められる。他方、譲渡担保権設定者は、個々の構成要素の処分等により「集合体」の価値が減少する場合はそれと同等の価値を有する構成要素を補充して、「集合体」の価値を維持すべき義務[117]を負担すると理解される。集合動産譲渡担保で譲渡担保権者が捕捉している担保価値は、既存個別動産の流出と新規個別動産の流入のバランス（補償関係[118]）が維持されることによって保護される。
　なお、前出最判平18.7.20は「構成部分の変動する集合動産を目的とする

---

[114] 債権は所有権その他物権の対象とはならないが、「債権譲渡」を「債権に対する支配権（有体物に対する所有権に対応する権利）」の移転ととらえると、「債権譲渡」では現に存在（発生）していない「将来債権」に係る支配権が移転することを認めていることになる。なお、潮見佳男「将来債権譲渡担保と国税債権の優劣」（NBL856号11頁参照）は、「債権の譲渡の場合には、債務者から給付利益を受けることができるという観念的な地位の移転が目的とされているものである以上、いかにこの譲渡契約が準物権行為と呼ばれるものであるとはいえ、有体性の観点からの制約を受けず、したがって、その地位の現実化を意味する譲渡債権の具体的な発生（将来債権の現在化ということもできよう）を待つまでもなく、債権譲渡の合意時にすでに、譲渡対象となった債権が具体的な価値をもつ客体として把握され、未発生のものであっても譲受人に移転しているものとみることができる」とする。
[115] 植垣勝裕＝小川秀樹編著『一問一答動産・債権譲渡特例法［三訂版］』82頁。
[116] 「通常の営業の範囲」といえるか否かの判断は客観的要素によってなされるか、主観的要素によってなされるか、それとも両方の要素を加味してなされるかは必ずしも明らかではなく、今後の事例の集積が期待される。

譲渡担保においては、集合物の内容が譲渡担保設定者の営業活動を通じて当然に変動することが予定されているのであるから、譲渡担保設定者には、その通常の営業の範囲内で、譲渡担保の目的を構成する動産を処分する権限が付与されて」いるとしている。

b 弁済期到来（期限の利益喪失）後

譲渡担保権者は、債務者が被担保債権の弁済期を徒過するなどの一定の事由が生じた（期限の利益を喪失した）ときは、譲渡担保権を実行して優先弁済を受けることができる。

譲渡担保権者が優先弁済権を確保するためには、譲渡担保権設定者に認められていた「通常の営業の範囲内」での処分（売却）権限が消滅する必要がある。譲渡担保権設定者に認められていた「通常の営業の範囲内」での処分（売却）権限が消滅するということは、それまで維持されてきた「補償関係」が機能しなくなることを意味しており、これにより譲渡担保権の対象資産である「集合体」は流動性を失うものと考えられる（固定化[119]）。なお、譲渡担保権設定者は「固定化」が生じた後でも「固定化」時点の担保価値を維持すべき義務が課せられており、対象資産を勝手に持ち出したり、処分したり

---

[117] 「集合体の価値を維持すべき義務（構成要素である個別動産を処分したときは同等の価値を有するものを補充すべき義務）」は「譲渡担保権設定契約」で譲渡担保権設定者の「遵守事項」として定められ、契約上の義務として当事者を拘束する（債権的効力）。また、通常の営業の範囲を超えて個々の構成要素を処分したり、補充をしないことは譲渡担保の目的である「集合体」に対する侵害であるといえるから、譲渡担保権者は譲渡担保権設定者に対して、物権的請求権として「集合体の価値を維持すべき」ことを求めることができると考えられる（柚木馨＝高木多喜男編『新版注釈民法(9)物権(4)』900頁〔福地俊雄〕、道垣内弘人『担保物権法〔第3版〕』336頁参照）。なお、東京地判平6.3.28は、養豚場に存する豚を対象資産とする「集合動産譲渡担保」の場合に、譲渡担保権設定者が種豚を補充せず、「集合体」の構成要素となっている豚（種豚および肉豚）を順次淘汰毀滅、売却出荷した行為が集合動産譲渡担保権を侵害し、不法行為を構成するとしている（判例時報1503号95頁）。
[118] 伊藤眞「集合債権譲渡担保と民事再生手続上の中止命令」谷口安平先生古稀祝賀『現代民事司法の諸相』439頁）参照。なお、伊藤眞「倒産処理手続と担保権―集合債権譲渡担保を中心として」NBL872号60頁参照。

して担保価値を毀損したような場合は、債務不履行ないし不法行為による損害賠償の問題が生ずる[120]。

譲渡担保権者は、譲渡担保権を実行するか否か、実行するとしていつの時点で実行するかを任意に判断できるから、原則として、譲渡担保権者が「実行通知」を発し、「私的実行」に着手する意思を明確にした時点で「固定化」が生ずると解すべきであろう。もっとも、譲渡担保権設定契約で弁済期到来、法的整理手続申立て等の一定の事由を「当然固定化事由[121]」と定めている場合は、当該事由の発生により譲渡担保権を実行するための準備段階として「固定化」を生じさせるというのが当事者の意思であるから、その時点で「固定化」が生ずると解すべきである[122]。なお、譲渡担保権設定契約で、特段の「当然固定化事由」を定めておらず、また「私的実行」にも着手していない場合に、法的整理手続申立て（あるいは保全命令もしくは開始決定）が

---

[119] 「固定化」が生ずると、「集合物」に対する譲渡担保権は、「固定化」時点において「集合物」を構成する個々の動産に対する複数の譲渡担保権に転化し、それまで譲渡担保権設定者に認められていた「集合物」の構成要素となっている個々の対象資産に対する処分権限等は失われると解されている。「固定化」が生じた後は、個々の動産が「集合物」から離脱しても譲渡担保権の効力は失われないとされるが、他方、対象資産を場所の範囲によって特定していた場合に、当該場所に新たに搬入された動産に譲渡担保権の効力は及ばないとされる。「固定化」が生ずることによって、以後、譲渡担保権者の利益は少なくとも「固定化」時に存在する対象資産の交換価値によって保護され、万一、弁済を受けるまでに債務者（譲渡担保権設定者）側の事情により対象資産が散逸するなどしたとしても、譲渡担保権者の負担とされるべきではない。

[120] 「固定化」以後は個別動産譲渡担保として扱われるから、譲渡担保権に基づく物上代位が認められ、これによって価値代償物を捕捉できるような場合は、譲渡担保権者には「損害」が生じないと考えることもできる。

[121] 「集合体」の構成要素である個別動産に対する差押えなど、債務者（譲渡担保権設定者）の信用状態が悪化し、補償関係が機能しなくなり、あるいはそのおそれがあると合理的に判断できる場合を想定して、被担保債権についての期限の利益喪失事由を定めるとともに、一定の「当然固定化事由」を定めることになろう。

[122] 法的整理手続開始申立て等の与信事故発生時点で、権利行使対象資産を保管場所に現存する個別動産に自動固定化し、かつ所有権を譲渡担保権者に確定的に帰属させるスキームよりも、譲渡担保権者が権利行使対象資産の確定、強制的な市場換価、換価代金からの優先弁済等のオプションを有するというスキームのほうが金融機関の債権回収手法として親和性があるとの指摘もなされている（河野玄逸「民事再生手続と実体担保制度」伊藤進先生古稀記念論文集『担保制度の現代的展開』390頁以下）。

なされたことで当然に「固定化」が生ずるかという点は、これを認めるとする考え方が多数説であると思われるが、「補償関係」が機能することが合理的に期待できるような局面においてまで、当事者の意思にかかわらず、当然に「固定化」が生ずると解さなければならない理由はないのではないかと考える。

「固定化」後のその他の設定当事者間の関係は個別動産に対する譲渡担保として理解されるから、原則として前述したとおりである（第3節3 (2) a (b)参照）。ただし、「集合体」を構成する動産がきわめて多数であるなど、全体を一括して換価・処分することが現実に困難であり、換価・処分を複数回に分けて行わざるをえない場合の清算義務、受戻権などの規律について別途検討する必要があるのではないかと思われる。

(2) 譲渡担保権者と第三者との関係

a 「通常の営業の範囲内」の処分の相手方との関係

前述のとおり集合動産譲渡担保では、譲渡担保権設定者は「通常の営業の範囲内」で集合体を構成する個々の動産を処分することが可能である。この点について前出最判平18.7.20は「この権限内でされた処分の相手方は、当該動産について、譲渡担保の拘束を受けることなく確定的に所有権を取得することができる」が、「他方、対抗要件を備えた集合動産譲渡担保の設定者がその目的物である動産につき通常の営業の範囲を超える売却処分をした場合、当該処分は上記権限に基づかないものである以上、譲渡担保契約に定められた保管場所から搬出されるなどして当該譲渡担保の目的である集合物から離脱したと認められる場合でない限り、当該処分の相手方は目的物の所有権を承継することはできない」としている[123]。

---

[123] 実務的には「通常の営業の範囲」を超える処分がなされ、「譲渡担保契約に定められた保管場所から搬出されるなどして当該譲渡担保の目的である集合物から離脱したと認められる場合」には、当該処分の相手方は目的物の所有権を承継取得する可能性があることを示唆している点に注意を要する。

b 同一対象資産に対する重複する譲渡担保権の設定

前述のとおり最判平18.7.20は、「重複して譲渡担保を設定すること自体は許される」として、同一対象資産に係る譲渡担保権の重複設定を肯定し、「劣後する譲渡担保権」の成立を認める判断を示した。もっとも、同判例は「劣後する譲渡担保に独自の私的実行の権限を認めた場合、配当の手続が整備されている民事執行法上の執行手続が行われる場合と異なり、先行する譲渡担保権者には優先権を行使する機会が与えらず、その譲渡担保は有名無実のものとなりかねない」として、劣後する譲渡担保権では私的実行ができない旨を述べている。

同判例に対しては否定的な立場からの批判も出されており[124]、実務的な観点からも、動産譲渡登記制度を利用したとしても、対象資産の同一性の認定の困難性（後述するとおり動産登記制度は物的編成主義を採用していない）、複数の動産譲渡登記の間に占有改定による譲渡担保権が設定された場合に譲渡登記のみでは順位を確定できないという不安定性、法的整理手続あるいは私的整理手続で後順位担保権の取扱いをいかにすべきかわからないという不明確性などが指摘されている[125]。さらに、同判例によれば後順位の譲渡担保権者は私的実行ができないということであるが、先順位譲渡担保権者による私的実行が行われた際に後順位譲渡担保権者の地位を制度的に保障できるか[126]、抵当権と同様に複数の同順位譲渡担保権を設定することは認められるか[127]、これが認められるとして同順位の譲渡担保権者は各個別に私的実行をなしうるか、集合債権譲渡担保の場合における重複する譲渡担保権設定

---

[124] 道垣内弘人「集合動産譲渡担保論の新段階」金融・商事判例1248号1頁。
[125] 坂井・三村法律事務所編『Q＆A動産・債権譲渡特例法解説』164頁。
[126] 先順位譲渡担保権が実行された場合の後順位譲渡担保権の法的地位をどのように解すべきかについて、清算金に対する優先権を認める、あるいは先順位譲渡担保権が弁済等により消滅した場合の順位上昇の利益を認めるといったことが考えられるが、必ずしも明らかではない。
[127] 「同順位譲渡担保権」を設定する旨の合意が担保権に関する協定（ないしは契約）によって関係当事者を債権的に拘束することは問題ないであろうが、物権的効力を有するものとして可能かという点が公示方法との関係で問題となろう。

の可否[128]など検討を要する問題は多い。

　今後、これらの問題、課題について研究が深まり、ABL の場面において、重複する譲渡担保権の設定について積極的に検討されることが望まれる。実務的には、対象資産がすでに設定された譲渡担保権によって調達された資金額を上回る十分な価値を有している場合に余剰価値部分を利用したさらなる資金調達に利用することの可能性、また、譲渡担保権を設定したシンジケートローンを組成する際に参加金融機関に同順位の別個独立した「譲渡担保権」を設定することの可能性[129]や法的整理手続申立て前に譲渡担保権が設定された対象資産を担保とする DIP ファイナンスの可能性などを探ることになるものと思われる。

c　集合動産譲渡担保権と「集合体」を構成する個別動産に対する他の担保物権等との関係

　集合動産譲渡担保権と「集合体」を構成する個別動産に対する他の担保物権等とが競合する場合の法律関係は、基本的に前述した内容が当てはまるであろう（本章3節3(2)b(b)参照）。もっとも、集合動産譲渡担保における法律

---

[128] 債権譲渡担保は民法上の「債権譲渡」の方式によって規律されることから、譲渡担保権の対象資産が債権である場合は単に債権の二重譲渡がなされた場合として処理され、「担保権として」優先、劣後の関係に立つという規律は導きにくいであろう。

[129] シンジケートローンを組成する場合に譲渡担保権の重複設定が認められないとすると、一つの「譲渡担保権」を参加金融機関が「準共有」するという法律構成をとらざるをえない。なお、シンジケートローンでは、担保権の一元的管理や被担保債権の譲渡に伴う担保権移転コストの節約などのニーズがあり、平成18年に改正された信託法が「特定の者との間で、当該特定の者に対し……担保権の設定その他の財産の処分をする旨……の契約（以下「信託契約」という。）を締結する方法」（同法3条1号）として、従来有効性について議論のあった「セキュリティ・トラスト」を正面から認めたことから、その利用可能性、問題点等が議論されている（山田誠一「セキュリティ・トラストの実体法上の問題」および青山善充「セキュリティ・トラストの民事手続上の問題——担保権と債権との分離に関して——」金融法務研究会報告書(14)「担保法制を巡る諸問題」35頁以下、藤原彰吾「セキュリティ・トラスト活用に向けての法的課題（上）（下）」金融法務事情1795号30頁以下、1796号42頁以下）。かかる議論は不動産（抵当権、根抵当権）を想定したものであるが、今後、動産や債権に対する担保権についても「セキュリティ・トラスト」の利用可能性、問題点を検討することは有益であろう。

構成をどのように理解するかで、「集合体」に対する譲渡担保権と個別動産に対する他の担保物権等との対立、競合として理解するか、「集合体」を構成する個別動産に対する譲渡担保権と個別動産に対する他の担保物権との対立、競合として理解するかという違いがあると思われる[130]。

d 一般債権者による差押え

　集合動産譲渡担保が設定されている場合に、譲渡担保権設定者の一般債権者が「集合体」を構成する個別動産に対して差押えをした場合について、論理的には、譲渡担保権の効力が「集合体」そのものに対して及んでいると同時に構成要素である個々の動産に対しても及んでいると考えるか（二重帰属肯定説）、あるいは譲渡担保権の効力は「集合体」そのものにしか及んでいないと考えるか（二重帰属否定説）によって異なる結論が導かれるであろう。すなわち、前者の考え方では「個別動産」の場合と同様に第三者異議の訴え[131]が認められるが、後者であれば第三者異議の訴えは認められず、譲渡担保権設定者に対して差押えにより「集合体」の価値が減少したぶんの補充を求めることができるにとどまるものと思われる。なお、「集合体」の構成要素に対して差押えがなされてもそれによって直ちに「補償関係」が機能しなくなるわけではないが、譲渡担保権設定者が減少分の補充をしないなど「補償関係」が機能しないおそれがある場合は、譲渡担保権者は譲渡担保権を実行して担保価値を実現することになろう（構成要素に対する差押えを被担保債権についての期限の利益喪失事由、「当然固定化事由」として定めておくことも可能である）。

130　「集合物論」か「分析論」か、あるいは「集合物論」をとるとしても、二重帰属性を肯定するか否定するかによって、異なる考え方がありうるであろう。
131　担保権的構成の立場からも、手続上の制約などによって「第三者異議の訴え」を認めることになろう。

e 国税徴収法との関係

　譲渡担保権者は、一定の要件が満たされる場合に第二次納税義務者とみなされ、物的納税責任を負うものとされていることは前述したが、構成要素が時々刻々と変動する「集合動産」の場合、「集合体」に係る譲渡担保権の設定は法定納期限よりも前になされているが、法定納期限よりも後に「集合体」の構成要素に流入してきた個々の動産について物的納税責任が生ずるか否かという点が問題になる。

　この点に関して、国税徴収法基本通達第24条関係30は、「集合物が譲渡担保財産である場合において、その担保権設定後の集合物に財産を加えたときにおける法第24条第6項の規定の適用に当たっては、その加えられた財産が集合物として同一性がある限り、当初の譲渡担保設定のための譲渡の時期をもって、その譲渡担保財産となった時として取り扱う」としており、原則として「集合動産」が対象資産である場合は「集合体」に対する譲渡担保権設定時期と法定納期限の先後関係によって決せられることとなる。ただし、同通達には「譲渡担保設定後その集合物に新たに財産が加えられたため、その譲渡担保財産の価額が、当初の譲渡担保財産の価額を超える場合には、その超えている部分に相当する財産については、譲渡担保を新たに設定したものとして取り扱う」との注書がある点に留意する必要がある。

　なお、譲渡担保権設定者が滞納処分を受けたとしてもそれによって直ちに「補償関係」が機能しなくなるわけではないが、一般的に滞納処分は被処分者の信用状態が悪化していることの徴表であるから、そのような場合譲渡担保権者は譲渡担保権を実行して担保価値を実現することになろう（譲渡担保権者に対する滞納処分を被担保債権についての期限の利益喪失事由、「当然固定化事由」として定めておくことも可能である）。

f 第三者による不当な搬出、毀損行為など

　第三者が譲渡担保権の対象資産である「集合体」の個々の構成要素を不当に搬出したり、毀損したりした場合に、譲渡担保権者が当該第三者に対して

物権的請求権として妨害排除、妨害予防請求を行うことができるか否かは、論理的には譲渡担保権の二重帰属性を認めるか否かによって結論が異なるものと思われる。

二重帰属肯定説からは、まさに譲渡担保権の対象資産に対する不当な侵害であるから、譲渡担保権者には当該第三者に対する物権的請求権が認められることになろう。他方、二重帰属否定説からは、「集合体」の構成要素である個々の個別動産に対して物権的支配は及んでいないから、当該第三者に対する物権的請求権は認められず、譲渡担保権設定者に対して、第三者による侵害行為によって「集合体」の価値が減少したぶんの補充を求めることができるにとどまることになろう。

なお、「集合体」全体が第三者によって毀損され、もはや譲渡担保権設定者による「集合体」の補充が不可能となった場合[132]は、直接当該第三者に対する不法行為に基づく損害賠償請求か、あるいは譲渡担保権設定者が当該第三者に対して取得する損害賠償請求等に対する物上代位が認められるであろう。

3 実　　行

集合動産譲渡担保権の実行も、実行通知、対象資産の引渡し（占有の確保）、対象資産の処分・換価というプロセスを経て、「私的実行」として行われるのが一般的である。

集合動産譲渡担保の場合は「実行通知」を行うことで「集合体」の流動性が失われ、譲渡担保権は「実行通知」時点の構成要素である個々の動産に対

---

[132] 「集合体」全体が毀損し、補充が不可能となった場合には、「補償関係」の存立基盤がなくなり、流動性はその時点で失われ、「固定化」が生ずるととらえることができよう。なお、被担保債権について弁済期未到来である場合、譲渡担保権者に「損害」が発生しているかという問題があるが、通常は、担保対象資産の滅失は、期限の利益喪失事由とされており、担保対象資産の滅失により回収不能となった額を「損害」として理解することができると考えられる。

する譲渡担保権が集積したものに転化すると解されている（固定化）。したがって、「実行通知」を行った以後のプロセスは不動産、個別動産の場合と同様と考えることになる[133]。ただし、前述のとおり、「集合体」全体を一括して換価・処分することが現実的に困難である場合の清算義務、受戻権などの規律は別途検討する必要があるのではないかと思われる。

4　譲渡担保権の処分

集合動産譲渡担保でも、譲渡担保権者による被担保債権が譲渡された場合の随伴性、譲渡担保権に関する処分行為（「転譲渡担保」「譲渡担保権の譲渡」「譲渡担保権の放棄」「譲渡担保権の順位の譲渡」「譲渡担保権の順位の放棄」「譲渡担保権の順位の変更」）の際に質権や抵当権（根抵当権）に関する規律の類推適用をすることは、不動産や個別動産を譲渡担保権の対象資産とした場合と基本的に同様に考えることができると思われる。

5　譲渡担保権の消滅

集合動産譲渡担保における譲渡担保権の消滅も、不動産や個別動産を譲渡担保権の対象資産とした場合と基本的に同様に考えることができると思われる。なお、動産譲渡登記によって対抗要件を具備している場合には、抹消登記によって、譲渡担保権設定者は復帰的物権変動の対抗要件を具備することができる[134]（動産・債権譲渡特例法10条1項）。

---

[133] 集合動産譲渡担保の「実行手続」は流動性を喪失させる（固定化）と解されているが、流動性を保ったままでの「実行」の可能性を示唆する見解もある（森田修「新しい担保」の考え方と執行手続」ジュリスト1317号205頁）。

[134] 植垣勝裕＝小川秀樹編著『一問一答動産・債権譲渡特例法［三訂版］』46頁。

第5節 集合債権譲渡担保をめぐる法律関係

1 債権譲渡（譲渡担保権の設定）および第三者対抗要件の具備

　企業が日常的な事業活動を営むことによって発生、消滅が繰り返される売掛債権などの複数の債権（未発生の将来債権を含めて）をまとめて譲渡担保の対象資産とする場合（「集合債権譲渡」）には、対象資産である債権群を特定して[135]、「債権譲渡（担保権設定契約）」を締結し、第三者対抗要件を具備することが必要になる[136]。

　債権群の「特定」について、判例（最判平12.4.21[137]）は、既発生債権および将来債権を一括して譲渡する集合債権譲渡担保契約（予約型）のケースであるが、予約完結時に譲渡の目的となる債権が他の債権から識別ができる程度に特定されていれば足りるとの一般的基準[138]を示している[139]。

　また、第三者対抗要件について、判例（前出最判平11.1.29）は未発生の将

---

[135] 「特定性」は、設定当事者間の権利義務関係の範囲を確定し、保全処分・本案訴訟・強制執行などの法的手続がどの範囲で認められるのかを明確にすることはもちろん、第三者が不測の不利益を被ることを防ぐためにも必要である。

[136] なお、前述したとおり債権を譲渡担保の対象資産とする場合の法律構成について、判例、多数説は「債権譲渡＋取立権等付与特約」ととらえており、また、複数の債権を包括した債権譲渡契約が締結されたとしても、個別債権ごとの債権譲渡が束になっているだけであり、「集合債権」という概念は不要であるとの見解が多数であると思われる点に留意する必要がある。

[137] 民集54巻4号1562頁。

来債権の譲渡時点における包括的な譲渡通知（民法467条2項に基づく通知）による対抗要件具備の有効性を肯定しており（なお、集合債権譲渡担保の場合における第三者対抗要件について、前出最判平13.11.22）、将来債権が具体的に発生した時点であらためて個別通知を発する必要はない。ただし、債務者不特定の将来債権を対象とする場合は特定していない債務者に対して譲渡通知を行うことはできないから、動産・債権譲渡特例法に基づく登記によって第三者対抗要件を具備するか、後日、債務者が特定した時点で個別に譲渡通知を発することになる。

　未発生の「将来債権」が譲渡（担保目的を含む）される場合に「将来債権」が譲受人に移転する時期をいつの時点ととらえるか、また「将来債権」の第三者対抗要件具備の効力発生時期をいつの時点ととらえるかという点は見解が分かれている。

　まず「将来債権」の債権移転の時期について、いまだ現実に発生していない債権も契約時であるとする見解（契約時説）[140]と、将来債権が現実に発生した時点であるとする見解（発生時説）とがある。この点は、譲受人（譲渡担保権者）の立場は契約時説のほうがより保護されると思われるが、いまだ存在（発生）していない債権が移転するという点を理論的にどのように説明しうるか（動産や不動産といった有体物を譲渡（担保目的を含む）の対象とする場合の法理との異同を含めて）など、さらなる議論、研究が必要であろう。

---

[138] 判例が示した一般的基準は「将来債権」譲渡の有効性を広く認めるものであり、また、動産・債権譲渡特例法によって債務者不特定の「将来債権」の譲渡登記も認められることになったが、「将来債権」を無限定かつ包括的に譲渡するような場合は、過度に譲渡人の経営を圧迫するものとして公序良俗違反（民法90条）により効力が否定されることがありうる。

[139] 債権譲渡登記における特定の仕方について本書129頁以下を参照。ただし、登記の可否と実体法上、担保権が有効と認められるかは必ずしも一致しない点に留意すべきである。

[140] なお、後述する最判平19.2.15は契約時説を採用したものであるとの論評も多くなされているが、同判決は国税徴収法の解釈問題としての判断にすぎないとの評釈もなされており、同判決の射程距離をどのようにとらえるべきかは必ずしも明らかではない。

次に「将来債権」に係る第三者対抗要件の効力発生時期について、対抗要件を具備した時点で効力が生ずるとする見解と、現実に債権が発生した時点で効力が生ずるとする見解とがある。この点、判例は、未発生の「将来債権」についても対抗要件を具備した時点において第三者対抗要件の効力が生ずるとする見解を前提としていると解されており[141]、また、債権譲渡登記を利用する場合は「民法467条の規定による確定日付のある証書による通知があったものとみなす」（動産・債権譲渡特例法4条1項）という文言について、「債権譲渡登記がされた時に第三者対抗要件としての確定日付のある証書による通知が到達したものとみなすということを意味しています」との解説がされている[142]。

2　効　　力

(1)　設定当事者間における効力

a　弁済期到来（期限の利益喪失）前

　集合債権譲渡担保の場合は、通常、譲渡人（譲渡担保権設定者）は、契約により付与された取立権に基づき債権を順次、回収して、その回収金を自ら利用することができる半面、事業を継続していく過程で将来債権として「特定」された範囲に含まれる債権群を一定のボリューム（残高）に維持すべき義務を負担することになる。

　「将来債権として特定された範囲に含まれる債権を一定のボリューム（残高）に維持すべき義務」は、通常、「譲渡担保権設定契約」で譲渡人（譲渡担保権設定者）の「遵守事項」として定められ、契約上の義務として当事者を拘束することは問題ないであろう（債権的効力）。ところで、譲渡担保権の

---

[141]　法曹会編『最高裁判所判例解説民事篇平成13年度』701頁〔三村昌子〕、坂井・三村法律事務所編『Q＆A動産・債権譲渡特例法解説』104頁参照。
[142]　植垣勝裕＝小川秀樹編著『一問一答動産・債権譲渡特例法〔三訂版〕』51頁。

対象資産が債権である場合の法律構成について、判例、多数説は、担保権的構成をとらずに民法上の「債権譲渡」（所有権的構成）により債権の帰属は確定的に譲受人に移転し、担保目的による制約は当事者間の内部的合意として位置づける枠組みで理解しており[143]、また、「集合動産」に対応する「集合債権」という概念を不要とするのが多数説であると思われる（本章第3節2(3)参照）。こうした判例、多数説の考え方を前提とすれば、「集合動産」の場合と異なり、「将来債権として特定された範囲に含まれる債権を一定のボリューム（残高）に維持すべき義務」が前述した集合動産譲渡担保の場合と同質的なものとして位置づけられるという結論は導きにくいであろう[144]。しかし、対象資産が動産か債権かによってこのような相違があることが取引実態に照らして合理的であるか疑問であり、集合債権譲渡担保の本質的部分が集合動産譲渡担保と同様に「補償関係」にあるとする「集合債権論」も主張されていることから、今後のさらなる議論が望まれる[145]。

b 弁済期到来（期限の利益喪失）後

譲受人（譲渡担保権者）は、被担保債権の弁済期徒過などの一定の事由が生じた（期限の利益を喪失した）ときは譲渡担保権を実行して優先弁済を受けることができるが、優先弁済権を確保するためには譲渡人（譲渡担保権設定者）に認められていた取立権限、回収金利用権限が消滅する必要がある。

---

[143] もっとも、法的整理手続では担保権的構成がとられ、別除権あるいは更生担保権として処遇されることはすでに述べたとおりである。

[144] なお、債権を譲渡担保の対象資産とする場合は債権質とほぼ同様の経済的機能を有していると思われるところ、最判平18.12.21は、「債権が質権の目的とされた場合において、質権設定者は、質権者に対し、当該債権の担保価値を維持すべき義務を負い、……当該債権の担保価値を害するような行為を行うことは、同義務に違反するものとして許されない」（民集60巻10号3964頁参照）と判示している点が注目される。

[145] 集合動産譲渡担保と同様に、集合債権譲渡担保において譲渡担保権者が捕捉している担保価値は、既存個別債権の流出（譲渡担保権設定者による取立て、回収金の利用）と新規個別債権の流入（事業活動継続による新規個別債権の発生）のバランス（補償関係）が維持されることによって保護されると理解するのが取引実態に合致しているのではないだろうか（伊藤眞「倒産処理手続と担保権—集合債権譲渡担保を中心として」NBL872号60頁参照）。

債権譲渡担保の法律構成を「債権譲渡＋取立権等付与特約」と解する判例、多数説の考え方からすれば、取立権限、回収金利用権限の消滅には、原則として、譲受人（譲渡担保権者）から譲渡人（譲渡担保権設定者）に対する意思表示が必要になろう[146]。また、債権譲渡（担保権設定）契約において弁済期到来、信用不安など一定の事由を「当然消滅（喪失）事由」と定めることも可能であると思われるが、譲渡人（譲渡担保権設定者）の法的整理手続申立てを「当然消滅（喪失）事由」とした場合は、いわゆる「倒産解除特約」として、消滅（喪失）特約自体の有効性が問題になることがある[147,148]。

　なお、未発生の将来債権も譲渡契約によって確定的に債権の帰属が移転していると解するのが判例、多数説であり、また、「集合動産」に対応する

---

[146] 集合債権譲渡担保を担保権的にとらえると、この意思表示は「私的実行」の着手として位置づけられよう。

[147] 最判昭57.3.30は、所有権留保売買において買主に更生手続開始の申立ての原因となるべき事実が生じたことを売買契約解除の事由とする特約があり、売主がこの特約に基づいて解除の意思表示をした事案について、そのような特約は「債権者、株主その他の利害関係人の利害を調整しつつ窮境にある株式会社の事業の維持更生を図ろうとする会社更生手続の趣旨、目的を害するものであるから、その効力を肯認しえないものといわなければならない」として、特約自体が無効であると判断した（民集36巻3号484頁）。この判例法理（「倒産解除特約を無効とする法理」）の射程距離については、再建型手続（会社更生、民事再生）に限らず清算型手続（破産）であっても同法理が適用されるとする見解と、再建型手続の趣旨、目的からの制約であるから清算型手続には及ばないとする見解とが分かれている。

[148] 民事再生手続における「倒産解除特約」の有効性も見解が分かれている。東京高判平19.3.14はファイナンス・リースに関する事案であるが、倒産解除特約に関して「民事再生手続開始の申立てがあったことだけを理由に、リース業者がリース物件を取り戻せることになると、民事再生の目的」を達することは困難になるから、そのような特約は「民事再生法の趣旨、目的を害するもので、これを無効と解するのが相当である」旨を判示し（判例タイムズ1246号337頁）、また、集合債権譲渡担保の取立権限消滅（喪失）に関して、「再生手続開始の申立ての原因事実が発生したことのみを理由とする解除の効力は否定されることになると考えられる」との見解も示されている（松井洋「別除権となる担保権の範囲」西謙二＝中山孝雄編『破産・民事再生の実務［新版］（下）』163頁参照）。これに対し、上記東京高判の原審（東京地裁平16.6.10）は「会社更生手続において担保権の行使が禁止されているのと異なり、民事再生手続においては、担保権が、別除権として、再生手続によらないで行使することができるものとされていること（民事再生法53条1項、2項）にかんがみれば、同手続との関係では、本件特約を無効と解することはできない」としており（判例タイムズ1185号315頁）、同趣旨の見解もある（園尾隆司＝小林秀之編『条解民事再生法［第2版］』227頁〔原強〕）。

「集合債権」という概念を不要とするのが多数説であると思われる。したがって、こうした考え方によれば、集合動産譲渡担保の場合と異なり、「固定化」という概念も不要になり[149]、個別債権の発生時期のいかんを問わず、譲受人（譲渡担保権者）は自ら回収することによって優先弁済を受けることができる[150]。

(2) 譲渡担保権者と第三者との関係

a 多重譲渡がなされた場合

譲渡人（譲渡担保権設定者）が同一の債権を複数の者に（真正譲渡、担保目的を問わず）譲渡した場合は、第三者対抗要件具備の時間の先後によって優劣が決せられる[151]。民法所定の確定日付ある通知または承諾（民法467条2項）の先後関係の判断基準時をどの時点とすべきかについて確定日付説と到達時説とがあるが、判例は到達時説に立っている（最判昭49.3.7[152]）[153]。また、判例は、確定日付ある通知が同時に到達した場合[154]について、各譲受人は互

---

[149] 集合債権譲渡担保でも、「固定化」概念を用いて、法的整理手続申立て（ないし保全処分あるいは開始決定）を「当然固定化事由」とする見解もある。なお、集合債権譲渡担保の本質的部分が集合動産譲渡担保と同様に「補償関係」にあるとする「集合債権論」の考え方からは、譲渡担保権者は、「補償関係」が機能しなくなり、あるいはそのおそれがあるときは、担保価値を保全するために対象となる個別債権を「固定化」させる必要があると考えることができる。もっとも、この考え方に立ったとしても、「補償関係」が機能することが合理的に期待できるような場合であれば、当事者の意思にかかわらず、法的整理手続申立て（ないし保全処分あるいは開始決定）を「当然固定化事由」とする必然性はないと考えることもできるのではないかと思われる。なお、伊藤眞「倒産処理手続と担保権―集合債権譲渡担保を中心として」（NBL872号60頁）参照。

[150] ただし、会社更生手続が開始された場合は更生担保権として扱われ、手続外での行使が制限されることから、譲渡担保権者が第三債務者から回収することによって優先弁済を受けることができなくなる（詳細は本章7節2(2)175頁参照）。

[151] 集合債権譲渡担保の本質的部分が集合動産譲渡担保と同様に「補償関係」にあるとする「集合債権論」の考え方に基づけば、譲渡人（譲渡担保権設定者）によって「集合債権」の構成要素である個別債権について多重譲渡がなされたことで、直ちに「補償関係」が機能しなくなるということにはならないと思われるが、「補償関係」が機能しなくなると判断されるような場合は、譲受人（譲渡担保権者）は譲渡担保権を実行することにより担保価値の保全を図ることになろう。

[152] 民集28巻2号174頁。

いに他の譲受人に対して自己のみが唯一の優先的譲受債権者であると主張することは許されないとし（最判昭53.7.18[155]）、また、各譲受人は債務者に対しそれぞれの譲受債権全額の弁済を請求することができ、債務者は、譲受人に対する弁済その他の債務消滅事由がない限り、単に同順位の譲受人が他に存在することを理由として弁済の責めを免れることはできない（最判昭55.1.11[156]）としている。

なお、債務者が第三者対抗要件で劣後する譲受人に弁済した場合でも、当該弁済は債権の準占有者に対する弁済（民法478条）として有効となりうるが[157]、「優先譲受人の債権譲受行為又は対抗要件に瑕疵があるためその効力を生じないと誤信してもやむをえない事情があるなど劣後譲受人を真の債権者であると信ずるにつき相当な理由があることが必要」とされる（最判昭61.4.11[158]）。

b 同一対象資産に対する重複する譲渡担保権の設定

判例、多数説によれば債権譲渡担保は民法上の「債権譲渡」として規律されることから、単に債権の二重譲渡がなされた場合として処理され、「担保権としての」優先、劣後という関係を認めることはできないであろう。

なお、集合債権譲渡担保について、集合動産譲渡担保と同様の法理によって再構成することによって、前出最判平18.7.20の考え方を及ぼして「担保

---

153 債権譲渡登記がなされたときは、登記時に第三者対抗要件としての確定日付のある証書による通知が到達したものとみなされる（動産・債権譲渡特例法4条1項）。
154 最判平5.3.30（民集47巻4号3334頁）は、滞納処分としての差押通知と確定日付ある譲渡通知との競合事案ではあるが、第三債務者への到達の先後関係が不明であるときは同時に第三債務者への到達がなされたものとして取り扱うべきであるとしたうえで、第三債務者が供託した場合に被差押債権額と譲受債権額との合計額が供託金額を超過するときは、被差押債権額と譲受債権額に応じて供託金額を按分した額の供託金還付請求権をそれぞれ分割取得するとしている。
155 判例時報905号61頁。
156 民集34巻1号42頁。
157 債務者による弁済が有効とされる場合、当該債権の譲受人間では不当利得の問題として処理される。
158 民集40巻3号558頁。

権としての」優劣を論ずることもできるのではないかと思われる。

c 他の担保物権等との競合
 (a) **債権譲渡（担保権）と債権質との関係**
　債権質の設定に係る第三者対抗要件も民法所定の通知または承諾であり[159]、同一債権について譲渡（担保）と債権質とが競合する場合も、上記の多重譲渡の場合における優劣判断基準が妥当する。
 (b) **債権譲渡（担保権）と抵当権に基づく物上代位[160]との関係**
　賃貸不動産に抵当権が設定された後に賃料債権が譲渡された場合の債権譲渡と抵当権に基づく物上代位（民法372条、304条）の優劣について、最判平10.1.30[161]は、債権譲渡は民法304条ただし書の「払渡又は引渡」には含まれず、「抵当権者は、物上代位の目的債権が譲渡され第三者に対する対抗要件が備えられた後においても、自ら目的債権を差し押さえて物上代位権を行使することができる」と判示している[162]。
　上記判例によれば、賃料債権[163]について、債権譲渡（担保権）と抵当権に基づく物上代位との優劣[164]債権譲渡（担保権）の第三者対抗要件具備と抵当権設定登記との先後によって決せられることになる。なお、最判平10.3.

159　債権譲渡登記によって債権質の第三者対抗要件を具備することも認められている（動産・債権譲渡特例法14条）。
160　抵当権者が優先弁済権を実現する方法として、平成15年の民法・民事執行法の改正により「担保不動産収益執行」（民事執行法180条2号）が導入された。この制度は抵当権の実行手続として位置づけられるから、担保不動産収益執行が行われた場合でも、賃料債権の譲渡（担保権）と抵当権に基づく物上代位とが競合したときの優劣判断基準が妥当すると考えられる（道垣内弘人『担保物権法［第3版］』224頁参照）。
161　民集52巻1号1頁。
162　集合債権譲渡担保の本質的部分が集合動産譲渡担保と同様に「補償関係」にあるとする「集合債権論」の考え方に基づけば「集合債権」の構成要素である個別債権に対する物上代位により直ちに「補償関係」が機能しなくなることにはならないと思われるが、「補償関係」が機能しなくなると判断されるような場合は、譲受人（譲渡担保権者）は譲渡担保権を実行することにより担保価値の保全を図ることになろう。
163　最決平12.4.14は、抵当不動産の賃借人（転貸人）が取得する転賃料債権について、「抵当不動産の賃借人を所有者と同視することを相当とする場合」（濫用的な場合）を除いて、物上代位を否定している（民集54巻4号1552頁）。

26[165]は、抵当権に基づく物上代位と一般債権者による差押えとが競合した場合の優劣は、「一般債権者の申立てによる差押命令の第三債務者への送達と抵当権設定登記の先後によって決せられ」る旨を判示している。

(c) 債権譲渡（担保権）と動産売買先取特権に基づく物上代位との関係

債権譲渡（担保権）の対象である債権が動産売買先取特権に基づく物上代位の対象となる場合[166]の優劣について、最判平17.2.22[167]は「抵当権とは異なり公示方法が存在しない動産売買の先取特権」における民法304条1項ただし書の規定の趣旨について「物上代位の目的債権の譲受人等の第三者の利益を保護する趣旨を含むもの」としたうえで、「動産売買の先取特権者は、物上代位の目的債権が譲渡され、第三者に対する対抗要件が備えられた後においては、目的債権を差し押さえて物上代位権を行使することはできない」旨を判示した。

したがって、上記判例によれば、債権譲渡（担保権）について動産売買先取特権に基づく物上代位による差押えよりも前に第三者対抗要件が具備されていれば、債権譲渡（担保権）が優先することとなる。

(d) 債権譲渡（担保権）と動産譲渡担保権に基づく物上代位との関係

動産譲渡担保権に物上代位が認められるかについて争いがあることは前述したとおりであるが、前出最判平11.5.17は、事例判断として[168]、個別動産譲渡担保権に基づく売買代金に対する物上代位を肯定している。

仮に動産譲渡担保権に基づき売買代金に対する物上代位が認められるとした場合の債権譲渡（担保権）との優劣の判断基準は、動産譲渡担保権におけ

---

164 抵当権の効力が賃料債権に及ぶのは「その担保する債権について不履行があったとき」であるから（民法371条）、抵当権の被担保債権が債務不履行となる前は、抵当権に基づく物上代位はなしえない。
165 民集52巻2号483頁。
166 たとえば、A社がB社にX商品を販売し、B社はそのX商品をさらにC社に販売するという取引があるとき、A社はX商品について動産売買先取特権を有しており、これに基づいてB社のC社に対する売買代金債権に対する物上代位が可能であるが、他方、B社はC社に対するX商品の売買代金債権について、D社に債権譲渡（あるいは債権譲渡担保権を設定）している場合などである。
167 民集59巻2号314頁。

る占有改定（もしくは動産譲渡登記）に対する評価および民法304条1項ただし書の趣旨[169]をいかに解するかによって異なるものとなると思われる。すなわち、動産譲渡担保権の占有改定（もしくは動産譲渡登記）が抵当権における登記と同様の公示として評価されれば、第三債務者保護説の考え方に基づき、占有改定（もしくは動産譲渡登記）と債権譲渡（担保権）の対抗要件具備との先後によって優劣が決せられ、占有改定（もしくは動産譲渡登記）が抵当権における登記と同様の公示とは評価できない（抵当権とは異なり公示方法が存在しない）とされれば、優先権保全説の考え方に基づき動産譲渡担保権に基づく物上代位による差押えと債権譲渡（担保権）の先後により優劣が決せられることになるのではないかと思われる[170]。

なお、一般的に、集合動産譲渡担保では流動性が保たれている間は物上代位性は認められず、固定化が生じた後は個別動産譲渡担保と同様に扱われると解されていることは前述したとおりである。

(e) **債権譲渡（担保権）と譲渡人（譲渡担保権設定者）側の事情による債権発生の基礎となる法律関係の変更**

ア　将来の賃料債権の譲渡（担保）と賃貸建物の譲渡

特定の建物に係る賃貸借契約に基づく将来の賃料債権（債務者不特定）という特定方法で、賃料債権の包括的な債権譲渡（担保権の設定）がなされ、譲受人（譲渡担保権者）が第三者対抗要件を具備した後に建物所有者（＝賃料債権の譲渡人＝譲渡担保権設定者）が当該建物を譲渡した場合に、当該建物の譲渡時に締結されている賃貸借契約に基づく将来の賃料債権は賃料債権の譲受人（譲渡担保権者）と賃貸建物の譲受人のいずれに帰属するか、さらに

---

[168] この事案は、個別動産を対象資産とする譲渡担保であり、しかも物上代位の目的である対象動産の売却代金債権と譲渡担保の被担保債権である対象動産の購入資金の貸付債権との間に密接な関係があったことから、本件の「事実関係の下においては」物上代位を肯定したものと評されている（山野目章夫「譲渡担保権に基づく物上代位」星野英一ほか編『民法判例百選Ⅰ　総則・物権［第五版　新法対応補正版］』202頁参照）。

[169] 本節BOX（民法304条ただし書の趣旨）参照。

[170] 山野目章夫「譲渡担保権に基づく物上代位」星野英一ほか編『民法判例百選Ⅰ　総則・物権［第五版新法対応補正版］』202頁参照。

は、当該建物の譲渡後に新所有者が新たな賃貸借契約を締結した場合の賃料債権について将来の賃料債権の譲渡（担保）の効力が及ぶかという点が問題になる。

集合債権譲渡（担保）について、「債権譲渡」によって債権の帰属は確定的に移転しているとする判例、多数説の考え方を徹底すれば、債権譲渡がなされた後の建物の賃貸収益はすべて債権の譲受人に帰属してしまうことになり、当該建物は交換価値をほとんど奪われた状態になるが、このような結論は著しくバランスを欠いているであろう。利害関係者間の利益衡量を十分に行ったうえで、合理性のある基準が示されるべき問題として、今後の議論、判例の動向が注目される[171]。

なお、これらの問題点について直接、判断を示した判例は存しないが[172]、賃料債権に対する差押えの効力が発生した後に建物が譲渡され賃貸人の地位が建物の譲受人に移転したとしても[173]、建物の譲受人は建物の賃料債権を取得したことを差押債権者に対抗することはできないとする判例（最判平10.3.24[174]）がある。同判例は差押えの処分禁止効と建物の任意譲渡との関係について判断したものであり、任意でなされる債権譲渡（担保）の場合は射程外と思われるものの、上記問題との異同を比較検討すべきであろう。

イ　将来の取引債権の譲渡（担保）と事業譲渡

上記アで述べた将来の賃料債権の譲渡の場合と類似するが、特定の事業の

---

[171] 「座談会　動産・債権譲渡担保における公示制度の整備」（ジュリスト1283号6頁以下）において、「賃料債権は、物から直接出てくるのではなくて、賃貸借契約から出てくると考えるのが妥当」であるとし、賃貸人、賃借人両方が変更された場合は債権譲渡の効力は及ばなくなるとの指摘もなされている（鎌田薫発言）。なお鎌田薫ほか「不動産賃料債権の帰属(2)」ジュリスト1346号58頁以下参照。

[172] もっとも、東京地裁執行処平4.4.22（金融法務事情1320号65頁）は、「将来発生する賃料債権の譲渡は、譲渡の対象となった賃料債権を譲渡人が将来取得することを前提としてなされるものである。したがって、賃料債権の譲渡人がその譲渡後に目的物の所有権を失うと、譲渡人はそれ以後の賃料債権を取得できないため、その譲渡は効力を生じないこととなる」としている。

[173] 最判昭39.8.28（民集18巻7号1354頁）は、賃貸不動産が譲渡された場合は、特段の事情のない限り、賃貸人たる地位も新所有者に移転するとしている。

[174] 民集52巻2号399頁。

取引関係に基づく将来の取引債権（債務者不特定）が包括的に債権譲渡（担保権の設定）され、譲受人（譲渡担保権者）が第三者対抗要件を具備した後に当初事業者（＝取引債権の譲渡人＝譲渡担保権設定者）が当該事業を譲渡した場合に、当該事業の譲渡時に締結されている既存の取引先との契約に基づく将来の取引債権は債権の譲受人（譲渡担保権者）と当該事業の譲受人のいずれに帰属するか、さらには、当該事業の譲渡後に新事業者が新たな取引先を開拓した場合における取引債権について将来の取引債権の譲渡（担保）の効力が及ぶかという点も問題になる。

　この点も残された問題として今後の検討、議論が必要であるが、事業譲渡の合意内容、基本契約とそれに基づいて締結される個別契約から生ずる債権とのつながり方、債権譲渡契約における譲渡対象たる債権の内容などの組合せによって多くのパターンが考えられ、一般論的な検討が有益であるか、それとも多様性を前提として類型化した検討が有益であるかも含めた検討が必要であるとの指摘もなされている[175]。

d　一般債権者による差押え

　債権譲渡（担保権）の対象資産である債権に対して譲渡人（譲渡担保権設定者）の一般債権者が差押えをした場合は、譲受人（譲渡担保権者）による第三者対抗要件具備と差押命令送達の時間的先後によって優劣が決されることになる。譲受人（譲渡担保権者）が優先する場合は、第三者異議の訴えにより一般債権者による差押えを排除することが可能になる。

　なお、債権譲渡（担保権）の第三者対抗要件が民法467条2項の通知承諾で具備される場合は、目的債権の債務者（第三債務者）は債権譲渡の事実を認識しており、第三債務者は譲受人に対して支払うことが可能であるから問題ないが、債権譲渡登記で第三者対抗要件が具備されているものの、動産・債権譲渡特例法4条2項に基づく通知または第三債務者の承諾がなさ

---
[175]「座談会　動産・債権譲渡担保における公示制度の整備」（ジュリスト1283号6頁以下）における鎌田薫発言。

れていない場合は、第三債務者は譲受人の存在を認識しておらず、差押命令のみを認識することになり、譲受人に劣後する差押債権者に対して支払ってしまうことが考えられる。その場合は、譲受人と差押債権者との間では前者が優先するのであるから、譲受人は第三債務者から支払いを受けた差押債権者に対して不当利得の返還を求めることが考えられる[176]。

e 国税徴収法との関係

　譲渡担保権者は、一定の要件が満たされる場合に第二次納税義務者とみなされ、物的納税責任を負うものとされていることは前述したとおりであるが、将来債権が譲渡担保の目的とされた場合の国税徴収法との関係について、近時、最高裁の判断が示され、注目を集めた。

　すなわち、国税徴収法24条6項は、「国税の法定納期限等以前に譲渡担保財産となっている」場合に譲渡担保権者の物的納税責任は生じない旨を規定しており、将来債権を含む集合債権譲渡担保について、譲渡担保権設定契約の締結および第三者対抗要件の具備行為は法定納期限よりも前になされている場合に、法定納期限よりも後に発生した債権が「国税の法定納期限等以前に譲渡担保財産となっている」といえるか否かが争点となった事案である。最高裁判所は、「国税徴収法24条6項の解釈においては、国税の法的納期限等以前に将来発生すべき債権を目的として、債権譲渡の効果の発生を留保する特段の付款のない譲渡担保契約が締結され、その債権譲渡につき第三者に対する対抗要件が具備されていた場合には、譲渡担保の目的とされた債権が国税の法定納期限等の到来後に発生したとしても、当該債権は「国税の法定納期限等以前に譲渡担保財産となっている」ものに該当する」旨を判示した

---

[176] 集合債権譲渡担保の本質的部分が集合動産譲渡担保と同様に「補償関係」にあるとする「集合債権論」の考え方からは、「集合債権」の構成要素である個別債権に対する差押えにより直ちに「補償関係」が機能しなくなるということにはならないと思われるが、「補償関係」が機能しなくなると判断されるような場合、譲受人（譲渡担保権者）は、譲渡担保権を実行することにより担保価値の保全を図ることになろう。なお、差押えがなされた後も「補償関係」が機能して担保価値が保持される場合は、劣後する差押債権者との間での不当利得の問題は生じないであろう。

(最判平19.2.15[177])。

この最高裁判決について、将来債権の移転時期を譲渡担保権設定契約が締結された時点とする見解(契約時説)を採用したものであるとする論評も多く出されているが[178]、あくまで国税徴収法の解釈問題としての判断にすぎず、必ずしも将来債権の移転時期という民法上の論点に係る判断を前提にしたものではないとする評釈も出されており、その射程距離は必ずしも明らかではない[179]。

f 第三者による侵害行為

債権譲渡担保について、判例、多数説が担保権的構成をとらずに、民法上の「債権譲渡」によって規律し、担保目的の制約を当事者間の内部的合意として位置づけていることは前述のとおりである。こうした判例、多数説の考え方に基づけば、そもそも譲渡債権の譲受人(譲渡担保権者)は不動産や動産の場合と同様の意味での担保物権としての「譲渡担保権」を有しているとはいえず、第三者が対象債権に対してなんらかの侵害行為を行った場合でも「譲渡担保権」に基づく物権的請求権として妨害排除、妨害予防請求を行う

---

[177] この事案に関する原審(東京高判平16.7.21)は、①将来債権について譲渡契約が締結されたとしても、その契約は、将来債権が発生したときにその権利を取得できるという一種の期待権を譲受人に取得させることを目的としているにすぎないこと、②最判平13.11.22が「既に生じ、又は将来生ずべき債権は、甲から乙に確定的に譲渡されており」と述べているのは、譲渡当事者間においては債権譲渡の意思が確定しているとする趣旨にすぎず、将来債権の移転の効果が生じる時期を譲渡担保契約時とする旨を判示したものではないこと、③譲渡担保権者が把握する担保価値は担保権実行の時点で現実に存在している債権の残高であること、④譲渡担保権者は将来債権が発生するまでに譲渡担保権設定者に国税に関する法定納期限が到来することを十分に予測でき、不測の損害を与えることはないこと、⑤「将来債権」について譲渡担保権が国税に優先するとすれば、私人間の契約によって国税債権の確保ができない財産を無限定に創出することが可能になり、国税徴収確保、国税優先の原則を軽視した結論となることなどを理由として、譲渡担保権者に国税徴収法24条に基づく物的納税責任を肯定していた(金融法務事情1723号43頁参照)。
[178] 代表的なものとして「決着! 将来債権譲渡担保と国税債権の優劣」(NBL854号10頁以下)。
[179] 判例時報1963号57頁参照。

ことはできないと考えられる[180]。なお、債権譲渡によって対象債権の帰属が確定的に譲受人に移転しているという考え方を徹底すれば、譲受人は債権者になるため、第三者による侵害行為を「債権侵害による不法行為」として責任を追及できる場合があるということになろう[181]。

> **BOX** 民法304条ただし書の趣旨
>
> 　近時の判例は、債権譲渡と抵当権、動産売買先取特権に基づく物上代位との関係について、前者の場合は設定登記を基準とし、後者の場合は差押えを基準として、債権譲渡の第三者対抗要件具備時期との先後によって優劣を決するとしている。抵当権に基づくにせよ、先取特権に基づくにせよ、物上代位を行う際、当該物上代位を行う担保物権者は「その払渡し又は引渡しの前に差押えをしなければならない」（民法304条1項ただし書、372条）とされている点では同様であるから、判例は同規定で「払渡し又は引渡し」の前に「差押え」が必要とされている趣旨について、抵当権と動産売買先取特権とは異なるものと理解したうえで、上記のような異なる基準を示したものと理解されている。
>
> 　まず、抵当権の場合は、「主として、抵当権の効力が物上代位の目的となる債権にも及ぶことから、右債権の債務者（以下「第三債務者」という。）は、右債権の債権者である抵当不動産の所有者（以

---

[180] なお、集合債権譲渡担保の本質的部分が集合動産譲渡担保と同様に「補償関係」にあるとする「集合債権論」を前提とすれば、「補償関係」が維持されることをある種の物権的な地位であるととらえ、物権的請求権を行使することも可能と考える余地があると思われる。

[181] 仮に債権譲渡担保について担保権的構成をとった場合でも、「譲渡担保権」とほぼ同様の機能を果たしている権利質権について、そもそも対象資産である債権自体には物権的請求権が認められないのであるから、対象資産である債権について質権を取得した者にそれを認めることは背理であり、第三者による侵害行為は「債権侵害の問題」として処理すれば足りるとされており（道垣内弘人『担保物権法［第3版］』110頁）、譲渡担保の場合も同様の結論になろうか。

下「抵当権設定者」という。）に弁済をしても弁済による目的債権の消滅の効果を抵当権者に対抗できないという不安定な地位に置かれる可能性があるため、差押えを物上代位権行使の要件とし、第三債務者は、差押命令の送達を受ける前には抵当権設定者に弁済をすれば足り、右弁済による目的債権消滅の効果を抵当権者にも対抗することができることにして、二重弁済を強いられる危険から第三債務者を保護するという点にある」としている（前出最判平10.1.30。第三債務者保護説[182]）。

他方、動産売買先取特権の場合は、「民法304条ただし書は、……抵当権とは異なり公示方法が存在しない動産売買の先取特権については、物上代位の目的債権の譲受人等の第三者の利益を保護する趣旨を含むもの」としている（前出最判平17.2.22。優先権保全説）。

なお、上記の考え方のほか、代位物が債務者の一般財産に混入することを避け、物上代位の対象物の特定性を維持するために、担保物権者による「差押え」が要求されるという特定性維持説がある。

(3) 実　　行[183]

集合債権譲渡担保の場合、一般的に譲受人（譲渡担保権者）は、実行通知（譲渡人（譲渡担保権者）に対する取立権等消滅通知）、譲渡対象債権の債務者（第三債務者）に対する通知（債務者対抗要件の具備）、第三債務者からの債権回収というプロセスを経て、譲渡人に対して有する債権（被担保債権）の満

---

[182] もっとも、最判平14.3.12（民集56巻3号555頁）は、抵当権に基づく物上代位の目的債権に対する転付命令の第三債務者への到達までに抵当権者が差押えをしていなければ転付命令が優先するとしており、かかる判断は第三債務者保護説とは整合的ではなく、むしろ優先権保護説に親和性がある旨の指摘がなされている（内田貴『民法Ⅲ［第3版］　債権総論・担保物権』415頁参照）。

[183] 債権譲渡担保の場合は「物権（譲渡担保権）を有する地位」（物権的地位）を観念することができないと考えれば、単に債権の譲受人が譲り受けた債権の債権者として、第三債務者から弁済を受けるということにすぎず、「(私的)実行」という表現は不正確であろう。

足を図ることになる。

a 実行通知（譲渡人（譲渡担保権設定者）に対する取立権付与特約消滅通知）

　譲受人（譲渡担保権者）による「実行通知」[184]によってそれまで譲渡人（譲渡担保権設定者）に付与されていた取立権等は消滅し、以後、第三債務者からの取立ておよび回収金の使用を禁止されることになる。

b 第三債務者に対する通知等（債務者対抗要件の具備）

　債権譲渡登記を行っている場合と債権譲渡登記を行っていない場合とでは通知等の内容が異なる。

　まず、債権譲渡登記を行っている場合は、第三債務者に対して、動産・債権譲渡特例法4条2項に基づく通知[185]を行うか、第三債務者の承諾を得ることによって（第三）債務者対抗要件を具備する必要がある。なお、動産・債権譲渡特例法に基づく通知、承諾は、個別具体的な第三債務者を前提とするから、通知、承諾の時点で第三債務者が特定している債権のみを対象とせざるをえない[186]。

　次に、債権譲渡登記を行っていない場合で、かつ、第三債務者不特定の将来債権を譲渡対象とするために譲渡契約時に民法所定の通知、承諾を行っていない場合は、民法467条2項の定めに従い確定日付ある証書によって通知、または承諾によって（第三）債務者対抗要件および第三者対抗要件を具備する必要がある。この場合も、民法所定の通知、承諾は個別具体的な第三債務

184　この「通知」は債権譲渡（担保）の債務者対抗要件、あるいは第三者対抗要件としての「通知」とは異なるものであり、個別債権を具体的に特定して行う必要はなく、譲渡担保権の対象とされる一定の範囲に含まれる債権群全体について、第三債務者による取立ておよび回収金の使用を禁ずる旨を通知することになる。なお、債権譲渡（担保権設定）契約において取立権の「当然消滅事由」を定めており、当該事由が生じたときはこの「通知」は必須のものではないが、譲渡人（譲渡担保権設定者）に対して以後の取立行為等が禁じられる旨を明確に認識させる意義を有している。
185　この通知は債権の譲渡人、譲受人のいずれからでも発することができる。

者を前提とするから、通知、承諾の時点で第三債務者が特定している債権のみを対象とせざるをえないことは、債務者不特定の債権譲渡登記を行っている場合と同様である。

また、債権譲渡登記を行っていない場合で、かつ、第三債務者が特定している将来債権を譲渡対象とするために契約締結時に民法所定の包括的な通知、承諾により（第三）債務者対抗要件および第三者対抗要件を具備している場合は、第三債務者に対して債権の譲渡人に認められた取立権限、回収金の使用権限が消滅した旨の通知を行う必要がある[187]。

c 譲渡対象債権の債務者（第三債務者）からの回収

譲受人（譲渡担保権者）は、第三債務者に対して、動産・債権譲渡特例法もしくは民法所定の（第三）債務者対抗要件（および第三者対抗要件）を具備することで譲渡対象債権の債務者から当該債権を回収することになるが、第三債務者が任意に支払いに応じない場合は訴訟手続による回収を図らざるをえない。なお、債権譲渡担保は（担保目的で行われる）民法上の「債権譲渡」の枠組みで理解されているから、第三債務者が異議なき承諾をした場合を除き、第三債務者は通知を受けるまでに譲渡人（譲渡担保権設定者）に対して生じた事由（弁済、相殺[188]、債務不履行、同時履行の抗弁等）を主張することが可能である（民法468条1項、2項、動産・債権譲渡特例法4条3項）。

---

[186] 将来債権も、譲渡（担保）契約により確定的に譲受人に移転しているという判例、多数説の考え方を徹底すれば、譲受人（譲渡担保権者）は、実行時以後に発生する債権にも権利者としての地位を有するから、譲渡人が実行時以後も事業を継続し、担保対象として「特定」された債権が発生し続けている状態にある限り、被担保債権の額に満つるまで、つど第三債務者を特定して「私的実行」を繰り返すことができると考えることもできよう。これに対し、集合債権譲渡担保の本質的部分が集合動産譲渡担保と同様に「補償関係」にあるとする「集合債権論」の考え方を前提とすれば、「私的実行」によって「固定化」が生じ、実行時以後に発生する個別債権は担保対象とはならないと考えられる。

[187] このような場合は、譲渡契約時の包括的な譲渡通知に「譲受人に債権を（担保のために）譲渡しました。譲受人からの譲渡担保権実行通知がされたときは担保権者である譲受人に弁済してください。（譲渡担保権実行通知がなされるまでは譲渡人に弁済してください。）」などといった文言が記載されることが多い。

被担保債権額を超える回収がなされた場合は譲渡人（譲渡担保権設定者）に返還することを要すると考えられる[189]。

(4) 譲渡担保権の処分[190]

債権譲渡担保について、「譲渡担保権の処分」という観点ではあまり論じられていないと思われるが、担保権的構成をとらずに、民法上の「債権譲渡」として規律する判例、多数説の考え方に基づけば、担保物権の性質である随伴性は認められず、また、譲渡担保権に関する処分行為（「転譲渡担保」「譲渡担保権の譲渡」「譲渡担保権の放棄」「譲渡担保権の順位の譲渡」「譲渡担保権の順位の放棄」「譲渡担保権の順位の変更」）ということも観念できないという結論に親和性があるように思われる[191]。

しかし、このような結論は、「担保目的」という当事者の意思および取引実態に照らして形式論理にすぎるであろう。債権譲渡担保が債権質とほぼ同様の機能を果たしていることからすれば、債権質、あるいは抵当権に関する規定をできる限り類推適用し、当事者の意思および取引実態に即した結論を導くことが妥当なのではないか。なお、平成19年制定の「電子記録債権法」では、電子記録債権[192]を目的とする質権は民法の抵当権に関する規定を準

---

[188] 将来債権の包括的譲渡と相殺との関係は、債権譲渡登記がされていたとしても、第三債務者は、債権譲渡登記後、通知を受けるまでの間に、譲渡人に対して反対債権を取得した場合には相殺の抗弁を主張できると解されている（通知基準説）。もっとも、相殺の担保的機能を重視し、譲受人の債権譲渡登記と第三債務者の反対債権取得の先後によって優劣を決すべきであるとの見解（登記基準説）もある（植垣勝裕＝小川秀樹編著『一問一答動産・債権譲渡特例法〔三訂版〕』62頁）。

[189] 債権譲渡担保は、担保目的でなされることからすれば当然であろう。もっとも、債権譲渡担保も民法上の「債権譲渡」として規律し、契約により確定的に譲受人（譲渡担保権者）に移転するとしている判例、多数説の立場からは、直ちに不動産や動産の譲渡担保の場合と同様の意味で譲受人（譲渡担保権者）の「清算義務」が導かれるのかは定かではないが、少なくとも不当利得として処理することができるものと考えられる。

[190] 債権譲渡担保の場合「物権（譲渡担保権）を有する地位」（物権的地位）を観念することができないと考えれば、「譲渡担保権の処分」という表現は不正確であろう。

[191] 譲受人（譲渡担保権者）が譲渡（担保権）の対象資産である債権の「債権者として」当該債権を再譲渡することは可能である。

用することとされている（電子記録債権法36条3項）。

(5) 譲渡担保権の消滅[193]

　債権譲渡担保について、担保権的構成をとらずに「債権譲渡」によって譲受人（譲渡担保権者）に確定的に移転しているとする判例、多数説に基づけば、担保物権の性質である附従性は認められないことになろう。もっとも、担保目的でなされる「債権譲渡（担保）」契約には、被担保債権が消滅したときは当該債権譲渡契約は解除される旨の明示または黙示の合意（もしくは当然に譲渡人（譲渡担保権設定者）に「戻り譲渡」される旨の黙示の合意）が含まれており、対象債権の帰属について「復帰的移転」が生ずるものとして処理されることになるものと思われる。この場合、当初の譲渡人（譲渡担保権設定者）が自己への「復帰的移転」を第三債務者および第三者に対抗するためには対抗要件を具備する必要があり[194]、当初の債権譲渡（担保権設定）について債権譲渡登記がなされているときは抹消登記でこれを具備することが可能である（動産・債権譲渡特例法10条1項）[195]。

---

[192] 「電子記録債権」とは発生または譲渡について電子記録債権法の規定による電子記録を要件とする金銭債権であり（電子記録債権法2条1項）、電子記録債権を発生させる原因となった法律関係（原因関係）に基づく金銭債権とは別個独立のものであって、原因関係上の抗弁は人的抗弁とされ、原則として電子記録債権の譲受人には承継されない（同法20条1項本文）。「電子記録債権」を担保目的で譲渡すること、すなわち譲渡担保権を設定することも可能であるが、その場合でも「電子記録債権」の「譲渡」として記録されるから、「担保目的であること」は人的抗弁として扱われるものと思われる。また、「電子記録債権」は金額、第三債務者などを特定して記録されることによって発生するから、金額や第三債務者が不特定の債権（特に将来債権）を対象資産とする集合債権譲渡担保のにおける活用には限界があるであろう。

[193] 債権譲渡担保の場合に「物権（譲渡担保権）を有する地位」（物権的地位）を観念することができないと考えれば、「譲渡担保権の消滅」という表現は不適切であろう。

[194] 債権譲渡担保を担保権的にとらえるとすれば、被担保債権が消滅したときは附従性により譲渡担保権も消滅するととらえることができ、譲渡担保権の消滅後にも債権譲渡登記が抹消されていないような場合は、当該登記上の譲受人（譲渡担保権者）から譲り受けた第三者と当初の譲渡人（譲渡担保権設定者）との関係を対抗関係に立つものではなく、民法94条2項の類推適用によって処理すべきと考えることもできよう。

[195] 植垣勝裕＝小川秀樹編著『一問一答動産・債権譲渡特例法［三訂版］』108頁。

第6節 動産・債権譲渡登記制度

1 制度の概要

　動産・債権譲渡登記制度は、法人が行う動産と金銭債権の譲渡について登記により第三者対抗要件の具備を認める制度であり、「動産及び債権の譲渡の対抗要件に関する民法の特例等に関する法律」（動産・債権譲渡特例法）により、民法の特例として認められている。

　以下では、動産・債権譲渡登記制度について動産と債権とに分けて制度内容を概観する。

> **BOX　不動産・動産・債権の第三者対抗要件**
>
> 　第三者対抗要件とは権利の変動（発生、移転、消滅）を第三者に対抗する（主張する）ための要件のことである。権利の変動は、原則として当事者の意思表示のみで効力が発生するが（民法176条、466条）、当該権利変動を第三者に対抗するためには第三者対抗要件を備える必要がある。
>
> 　第三者対抗要件は、当事者に、権利の変動があったときにはその事実を公示するよう法律が求めることで、取引の安全を図る点に本質がある。このような本質にかんがみれば、第三者対抗要件を具備したといえるためには、権利の変動が外界から認識できる状態にな

図表3-1　不動産の第三者対抗要件

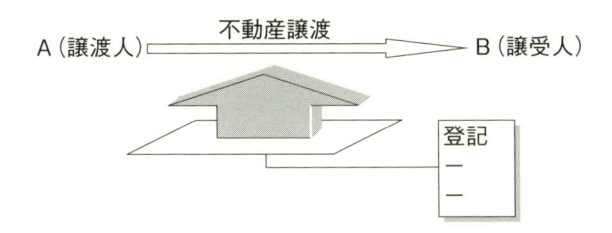

A（譲渡人）　—不動産譲渡→　B（譲受人）
登記

っていることが望ましい（このように権利の変動につき外界から認識しうる公示を要求する原則を「公示の原則」という）。第三者対抗要件は、権利変動の対象となる資産の種類によって異なり、なかには公示の機能を十分に果たさないと指摘されている第三者対抗要件もある。

a　不動産の第三者対抗要件

不動産が対象となる権利変動の第三者対抗要件は「登記」である（民法177条）。不動産は一般的に価値が高い財産とされているため、取引の安全上、外界から権利の変動を明確に認識できる仕組みが必要であり、登記という明確かつ画一的な公示手段が対抗要件とされている（図表3-1参照）。

b　動産の第三者対抗要件

動産が対象となる権利変動の第三者対抗要件は「引渡し」である（民法178条。ただし自動車、船舶、航空機等の動産については、特別法により、引渡しではなく登記・登録が第三者対抗要件とされている）。

民法上「引渡し」には次の四つの形態があるとされている。

① 現実の引渡し（民法182条1項）……文字どおり、物を物理的に引き渡す形態である。たとえば、コンビニエンスストアで客Bが店員Aから商品を物理的に受け取る場合がこれにあたる（図表3-2参照）。

② 簡易の引渡し（民法182条2項）……譲受人が現に物を所持

する場合に、譲渡人と譲受人との間で物を引き渡す旨の合意をする形態である。たとえば、BがAから借りていたテレビを買い取り、そのまま使用を続ける場合がこれにあたる。Bが、買い取ったテレビの使用を続けるにあたり、いったんAにテレビを返却し、それから現実の引き渡しを受けるのは迂遠であることから、A・B間の意思表示という簡易な方法による引渡しが認められている（図表3－3参照）。

③　指図による占有移転（民法184条）……譲渡人が保管者に物を保管させている場合に、譲渡人が保管者に対し「以後その物は譲渡人ではなく譲受人のために保管するように」と命じ、譲受人がそれを承諾する形態である。たとえば、Aが

図表3－2　現実の引渡し

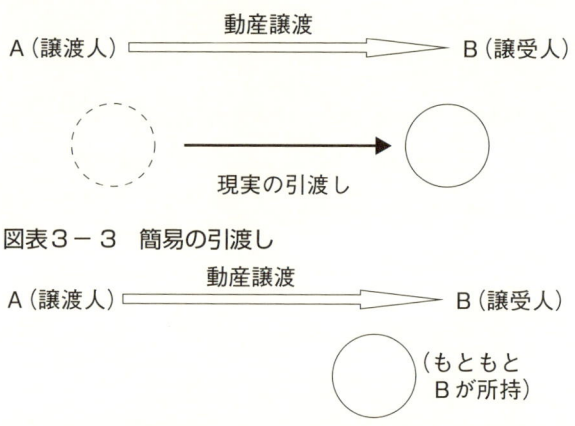

A（譲渡人） ＝＝動産譲渡＝＝＞ B（譲受人）

現実の引渡し

図表3－3　簡易の引渡し

A（譲渡人） ＝＝動産譲渡＝＝＞ B（譲受人）

（もともとBが所持）

簡易の引渡し

図表3－4　指図による占有移転

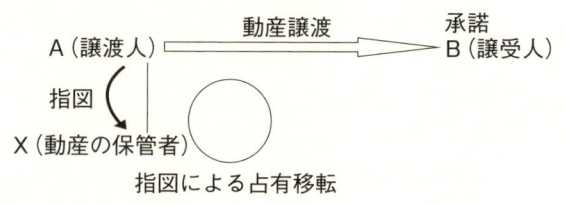

A（譲渡人） ＝＝動産譲渡＝＝＞ 承諾 B（譲受人）

指図↓

X（動産の保管者）

指図による占有移転

Xに保管を依頼していた製品を、X保管のままBに売り渡す場合がこれにあたる。なお、保管者であるXの承諾は不要である（図表3－4参照）。

④ 占有改定（民法183条）……譲渡人が譲受人に対し「以後その者は譲受人のために占有する」との意思を表示する形態である。たとえば、Bが百貨店Aから商品を買い、その場でAがBにその商品を配送すべく預かる（商品はAに置いたままになる）場合がこれにあたる。Bが商品をいったん現実に受け取り、それから再度Aに戻すことを簡略化して、単にA・B間での意思表示があればよいとしたものである（図表3－5参照）。

上記のうち占有改定は、引渡しを受ける者に一度も現実の支配が移転せず、かつ当事者以外の者の関与もないため、公示が不十分な対抗要件具備の方法である。

動産・債権譲渡特例法は、民法上の上記の四つの引渡方法による第三者対抗要件のほかに、民法の特例として、法人が行う動産の譲

図表3－5　占有改定

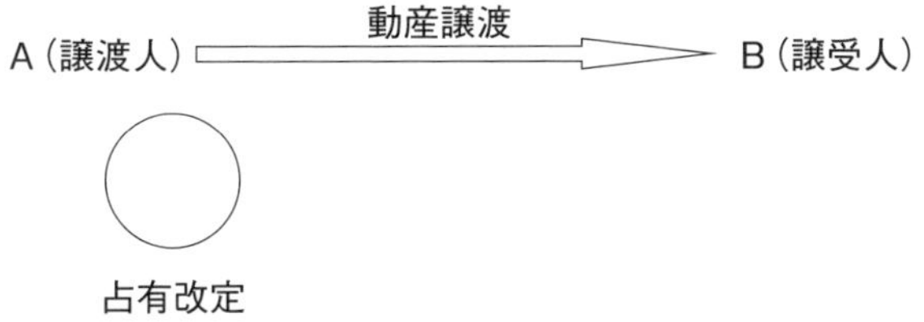

A（譲渡人）　　動産譲渡　　→　B（譲受人）

占有改定

図表3－6　動産の第三者対抗要件

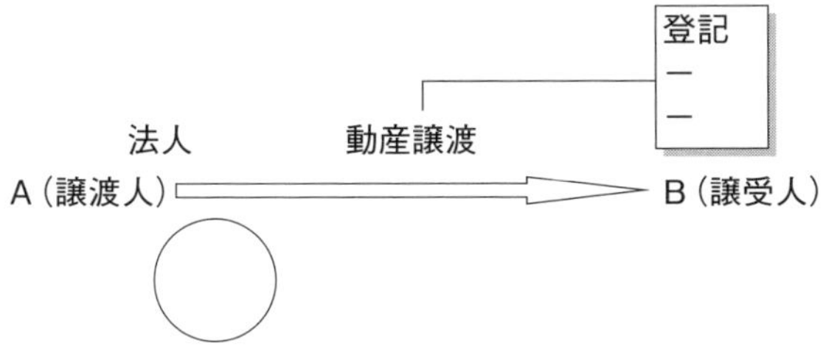

登記

法人　　動産譲渡
A（譲渡人）　　　　　　　→　B（譲受人）

渡について「動産譲渡登記」という方法による第三者対抗要件具備の方法を認めたものである（同法3条1項）（図3－6参照）。

c　債権の第三者対抗要件

債権（指名債権）についての権利変動の第三者対抗要件は、民法上は、①譲渡人の債務者に対する確定日付のある証書による通知、または②債務者の確定日付のある証書による承諾である（同法467条2項）。たとえば債権の譲渡が行われた場合、債権の譲渡人（旧債権者）が債務者に対して譲受人（新債権者）に債権を譲渡する旨の確定日付ある証書による通知を行うことで、譲受人が第三者に対して債権の取得を対抗できるようになる。これは、譲渡された債権の債務者に、債権者がだれであるかの「情報センター」の役割を果たさせ（問合せがあったときは債務者に債権者がだれであるかを回答させ

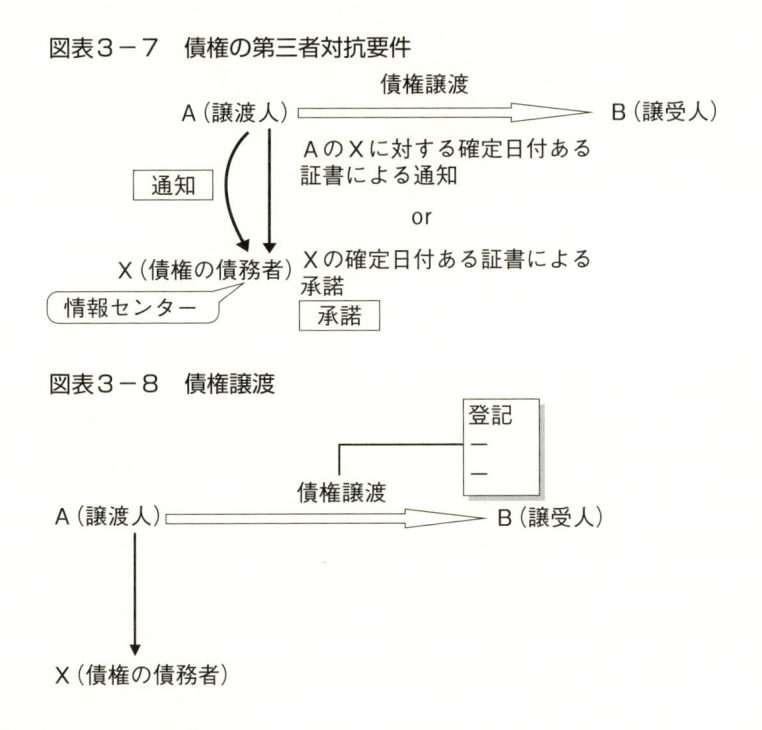

図表3－7　債権の第三者対抗要件

A（譲渡人）──債権譲渡──▶ B（譲受人）

AのXに対する確定日付ある証書による通知

or

Xの確定日付ある証書による承諾

A → X（債権の債務者）：通知
B → X（債権の債務者）：承諾

X（債権の債務者）＝情報センター

図表3－8　債権譲渡

A（譲渡人）──債権譲渡──▶ B（譲受人）　登記

A → X（債権の債務者）

る）、当該債権の債権者がだれであるかの公示を行わせることにより、取引の安全を確保することをねらったものである（図表3－7参照）。

　動産・債権譲渡特例法は、民法上規定された上記の対抗要件具備の方法のほかに、民法の特例として、法人の行う金銭債権の譲渡について「債権譲渡登記」による第三者対抗要件具備の方法を認めたものである（同法4条1項）（図表3－8参照）。

　ところで、債権は物が客体となる動産と異なり債務者という人が存在するため、第三者対抗要件のほかに債務者対抗要件（権利の変動を債務者に対して主張するための要件）を備える必要がある。そう

図表3－9　債務者対抗要件具備の方法

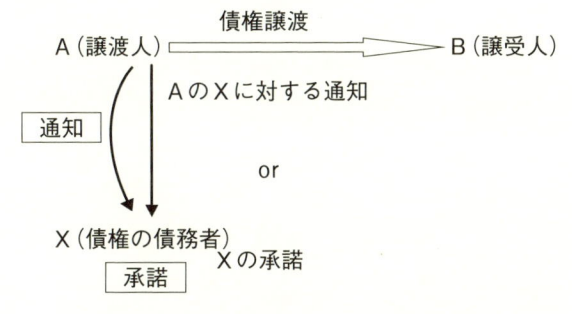

A（譲渡人）――債権譲渡――→B（譲受人)

AのXに対する通知

通知

or

X（債権の債務者）

承諾

Xの承諾

図表3－10　動産・債権譲渡特例法による債務者対抗要件

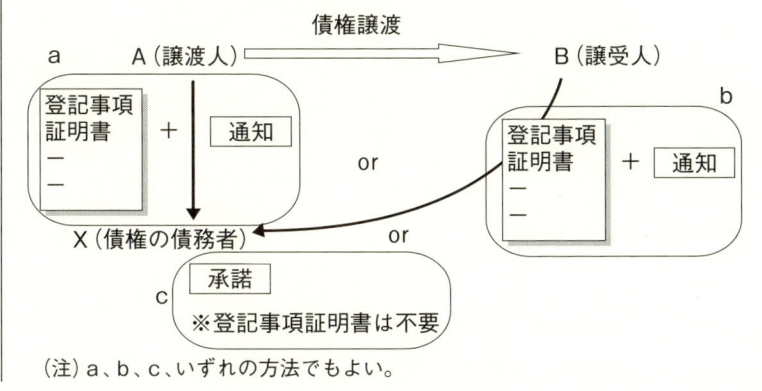

A（譲渡人）――債権譲渡――→B（譲受人）

a　登記事項証明書　＋　通知

b　登記事項証明書　＋　通知

or

X（債権の債務者）

or

c　承諾
※登記事項証明書は不要

（注）a、b、c、いずれの方法でもよい。

第3章　ABLの法律　115

でなければ、債権譲渡の事実を知らない債務者が、譲受人ではなく譲渡人に対して弁済してしまい、債務者を二重弁済の危険にさらすことになるからである。

　この点、民法上の債務者対抗要件具備の方法は、①譲渡人の債務者に対する通知、または②債務者の承諾とされている（同法467条1項。債務者対抗要件は、確定日付ある証書による必要はない。確定日付ある証書によった場合は第三者対抗要件を備えるのと同時に債務者対抗要件を備えたことになる）（図表3－9参照）。

　また、動産・債権譲渡特例法上は、債権譲渡登記が行われた後、譲渡人もしくは譲受人が登記事項証明書（138頁参照）を交付して通知をし、または債務者が承諾したときに、債務者対抗要件を備えたことになるとされている（同法4条2項）（図表3－10参照）。

2　動産譲渡登記

　動産譲渡登記制度は、法人が動産を譲渡した場合で当該動産の譲渡について動産譲渡登記ファイルに譲渡の登記がなされたときは、当該動産について民法178条の「引渡し」があったものとみなす制度である。

(1)　登記を行うことができる主体、動産、取引

a　登記を行うことができる主体

　動産譲渡登記を行うことができるのは、法人がする動産の譲渡である（動産・債権譲渡特例法1条、3条1項）。動産譲渡の譲渡人は法人であることを要するが、譲受人は必ずしも法人であることを要しない。

　動産譲渡登記を譲渡担保目的で行う場合は、譲渡担保権設定者が法人であることを要するが、譲渡担保権者は法人であることを要しないことになる。

　具体的には、動産の譲渡人（譲渡担保権設定者）が、株式会社（特例有限会社を含む）、合同会社、医療法人、学校法人、有限責任中間法人等である場

合は動産譲渡登記が可能であるが、自然人（個人事業主）や民法上の組合、有限責任事業組合（LLP）、投資事業有限責任組合、いわゆる権利能力なき社団である場合は、動産譲渡登記ができない。

b 登記を行うことができる動産

動産譲渡登記は原則としてすべての動産について行うことができ、個別動産のみならず、集合動産についても行うことができる。

ただし、例外として、次の動産に関する譲渡は動産譲渡登記ができない。

① 自動車など、登記・登録制度が存在する動産の譲渡……自動車、船舶、航空機等のように、特別法によって、民法上の「引渡し」（同法178条）ではなく登記・登録が対抗要件となっている動産のうち、すでに当該特別法に基づく登記・登録がなされた動産の譲渡は、動産譲渡登記をすることができない。動産・債権譲渡特例法は動産譲渡登記によって民法178条の「引渡し」があったものとみなす制度であるところ、これらの登記・登録動産は、特別法に基づく登記・登録との先後で対抗要件の優劣が定まり、民法178条の「引渡し」はそもそも対抗要件にはならないからである。ただし、自動車、船舶、航空機等の動産であっても、未登録のもの（いったん登録等がなされたが当該登録等が抹消された場合を含む）は、「引渡し」が対抗要件になるため、動産譲渡登記を行うことが可能である。

② 貨物引換証等が作成されている動産の譲渡……貨物引換証、預証券、質入証券、倉荷証券または船荷証券が作成されている動産の譲渡は、動産譲渡登記の対象とはならない（動産・債権譲渡特例法3条1項）。

登記対象となる動産は、特定されていなければならない。譲渡担保目的で動産譲渡登記を行う場合、担保の対象となる動産が特定を欠いていれば、譲渡担保権が無効となるリスクがあるほか、有効な対抗要件として認められないリスクもある。その結果、譲渡担保権の取得自体が無に帰することにな

る。したがって、対象動産の特定は動産譲渡登記にとってきわめて重要である。

　動産・債権譲渡登記規則上、動産を特定する方法には「動産の特質」によって特定する方法と「動産の所在」によって特定する方法との二つがあり、そのいずれかの方法を選択して登記する。

　(a) **動産の特質によって特定する方法**（同規則8条1項1号）

　動産の特質によって特定する方法とは①「動産の種類」および②「動産の記号、番号その他の同種類の他の物と識別するために必要な特質」（製造番号やシリアルナンバーなど）によって特定する方法である。個別動産を登記する場合に用いられる特定の仕方であり、1個の動産の価値が高い大型機械などを登記する場合はこの特定の方法が向いている。①として「油圧式プレス機」、②として「製造番号SN15478」といった特定が考えられる。

　なお、動産の内容をより明確にするため、登記の「備考」欄に有益事項として自由な記録を行うことが認められており、たとえばこの欄に動産の商品名（「○○社製平成○年式○○（ブランド名）」など）を記録することも考えられる。

　(b) **動産の所在によって特定する方法**（同規則8条1項2号）

　動産の所在によって特定する方法とは①「動産の種類」および②「動産の保管場所の所在地」によって特定する方法である。登記の「備考」欄などに特段の定めを設けない限り、原則として登記された所在地の保管場所にある同種類の動産のすべてが登記の対象になるので[196]、集合動産を登記する場合に用いられる特定の仕方といえる[197]。

　①は、登記実務上、不当な包括担保を抑止する趣旨からある程度の均質性

---

[196] したがって「○個」「○トン」「全体の3分の1」等の数的な制限を有益事項として記録しても、記録事項としては無益的になる（植垣勝裕・小川秀樹編著『一問一答 動産・債権譲渡特例法〔三訂版〕』80頁）。

[197] もちろん、動産の所在によって特定する方法により個別動産の動産譲渡登記を行うことも不可能ではないが、動産の所在によって特定する方法では、動産が登記上の保管場所から搬出された場合に登記による公示の効果が失われるというデメリットがある。

が必要であるとされており、単に「在庫商品一切」とするだけでは登記が受理されない運用になっている。しかし、たとえば「普通棒鋼、異形棒鋼等の在庫商品」というように、在庫商品に例示が加えられ、均質性が確保されている場合は、おおむね登記が受理されているようである。

②は、登記実務上、地番または住居表示番号の記録までが必要とされている。したがって、「東京都中央区内」といった概括的な記録は認められていない。

動産の内容をより明確にするため、登記の「備考」欄に有益事項として自由な記録を行うことが認められている。したがって、備考欄に動産の保管場所の名称（「〇〇倉庫」など）を記録することも考えられる。この点、保管場所が多数筆にわたる場合で有益事項として保管場所の名称が記録されているときは、すべての地番を記録する必要まではなく、保管場所が特定できる程度の筆数の記録があれば保管場所の特定がされているものと解されている[198]。

なお、備考欄の記録は、その内容が曖昧あるいは過度に厳密であったために、かえって対抗力の範囲が狭まってしまったという事態が生じないよう留意する必要がある。たとえば、倉庫内のレイアウト（区画）が変更しうるにもかかわらず、特定の区画のみを保管場所とする旨の備考欄の記録を行ってしまうと、レイアウト変更により在庫商品の位置が移動した後は、当該在庫商品に係る譲渡担保権の対抗力が失われるということになりかねない。

また、備考欄に動産の保管場所の名称を記録した場合、動産譲渡登記後、保管場所の名称が変わった場合の取扱いをいかにすべきかが問題になる。動産譲渡登記は、変更登記が認められていない。したがって、動産譲渡登記そのものの記録を変更することはできない。また、動産譲渡登記を新たに行えば、対抗要件の具備時点も新たな登記の時点まで繰り下がってしまうことになる。そこで、実務的には、保管場所の変更前の名称と変更後の名称を明記

---

[198] 植垣勝裕＝小川秀樹編著『一問一答動産・債権譲渡特例法［三訂版］』78頁。

した書面を関係当事者間で取り交わすことで保管場所の同一性をめぐるトラブルを回避することが考えられる。また、ABL を行う際は、保管場所の名称変更をレンダーの事前承諾事項としておくことも一考と思われる。

c 登記を行うことができる譲渡取引

　動産譲渡登記が可能な譲渡取引は、動産・債権譲渡特例法上、特に制限は設けられていない。したがって、担保目的の譲渡や流動化・証券化目的の譲渡に係る登記が可能なことはもとより、いわゆる通常の譲渡（真正譲渡）に係る登記も可能である[199]。

　これに対し、譲渡に当たらない取引、たとえば動産を目的とする質権設定や所有権留保、リース等は動産譲渡登記の対象にならない。

(2) 登記される内容

　動産譲渡登記により動産譲渡登記ファイルに記録される内容は次のとおりである（動産・債権譲渡特例法7条2項各号）。譲渡担保権の対抗要件を備えるために動産譲渡登記を利用する場合は、登記原因（④）に「譲渡担保」と記録することになる。具体的な特定の仕方（⑤）は118～119頁で述べたとおりである。

　① 譲渡人の商号または名称および本店または主たる事務所（1号）
　② 譲受人の氏名および住所（法人の場合は商号または名称および本店または主たる事務所）（2号）
　③ 譲渡人または譲受人の本店または主たる事務所が外国にあるときは、日本における営業所または事務所（3号）
　④ 動産譲渡登記の登記原因およびその日付（4号）
　⑤ 譲渡に係る動産を特定するために必要な事項で法務省令で定めるも

---

[199] 立法過程では、担保目的の動産譲渡に限るべきであるとの意見も存したが、買戻特約付売買等のように担保目的の動産譲渡か通常の動産譲渡かが判然としない場合もあり、このような場合に、担保目的の動産譲渡ではないことを理由に登記が事後的に無効とされると、登記の安定性が害されるなどの問題が多いとして採用されなかった。

の（5号）

　⑥　動産譲渡登記の存続期間（6号）
　⑦　登記番号（7号）
　⑧　登記の年月日（8号）

(3) 動産譲渡登記の効力

a　民法178条の「引渡し」と同様の効果

　法人が動産を譲渡した場合で、当該動産の譲渡につき動産譲渡登記ファイルに譲渡の登記がされたときは、当該動産について、民法178条の「引渡し」があったものとみなされる（動産・債権譲渡特例法3条1項）。

　同一の動産が複数の譲受人に譲渡（二重譲渡、三重譲渡）された場合の譲受人相互間の優劣は、当該動産についての対抗要件具備の先後によって決せられることになる。民法上の動産の対抗要件の具備方法は「引渡し」であり、これには「現実の引渡し」「簡易の引渡し」「指図による占有移転」「占有改定」の4種類があるとされている（111頁参照）。動産・債権譲渡特例法は、法人の行う動産譲渡についてかかる4種類の対抗要件具備方法のほかに、民法の特例として、「動産譲渡登記」という5番目の対抗要件具備方法を認めたものである。

　したがって、同一の動産が複数の譲受人に譲渡され、動産譲渡登記と民法上の4種類の引渡し（のいずれか）が競合した場合の優劣は、登記がなされた時点と民法上の引渡しがなされた時点の時間的先後によって決せられることになる。後に設定される動産譲渡登記が、先になされた民法上の引渡しに優先するわけではない[200]。なお、動産譲渡登記が競合した場合の優劣は、登記がなされた時の先後によって決せられることはいうまでもない。

　このように、動産譲渡登記のタイミングは、動産に係る物権変動の優劣を

---

[200] 立法過程では、後行する担保目的の譲渡に係る動産譲渡登記を、先行する担保目的の譲渡に係る占有改定に優先させるべきであるとの議論もあった（いわゆる「登記優先ルール」採用の是非）が、結局、登記優先ルールは採用されなかった。

決する基準となるものであるから、他の動産譲渡登記および民法上の4種の引渡しとの先後をより明確にすることができるよう、動産譲渡登記には「登記の年月日」のみならず「登記の時刻」も記録される仕組みになっている（動産・債権譲渡登記規則16条1項4号）。

動産譲渡登記制度が登記により民法178条の「引渡し」があったものとみなす制度であるということは、換言すれば、動産譲渡登記は「動産の譲渡の事実」を公示するものであって、「動産に係る権利の帰属」を公示するものではないということである。この点が「権利の帰属」を直接公示する不動産登記と大きく異なるところである。すなわち、不動産登記は物的編成主義（対象物を基準として登記を編成する主義）を採用しており、個別の不動産ごとに登記が編成され、登記に権利の帰属が明示されるが、動産譲渡登記は物的編成主義を採用しておらず、登記申請のあった順に動産譲渡登記ファイルに記録を行う仕組みであるため、動産譲渡登記があったとしても、それは「譲渡の事実」を公示しているにすぎず、当該登記上の譲受人が真の権利者であることを表すわけではない。したがって、動産譲渡登記上は、AからBへの譲渡登記の後にAからCへの譲渡登記を行うというような、実体法上は相矛盾する登記も可能な仕組みになっている（BとCの優劣は登記の先後で判断することになる）。また、以上のような動産譲渡登記の基本的性格から、動産譲渡登記は変更登記ができず、被担保債権の譲渡などを原因として譲渡担保権者が変更した場合でも、不動産の抵当権者の変更の場合とは異なり、付記登記を行うことができない仕組みになっている。

b　先行する動産売買先取特権、所有権留保、譲渡担保権との優劣

(a)　先行する動産売買先取特権との関係

動産の売主は、売買目的物を買主に売却してその所有権を買主に移転した後でも、いまだ売買代金を受領していないときは、売買代金および利息を被担保債権として、売買目的物上に動産売買先取特権を有している（民法321条。法定担保物権の一種である）。たとえば、AがBに商品を販売し、商品の

所有権をBに移転したが、その代金の支払いを受けていない場合、Aは、代金と利息とを被担保債権とした商品の上に先取特権を有することになり、Bが売買代金を支払わないときは、動産競売手続を行うことで売却した商品の競売代金から他の一般債権者に優先して売買代金の回収を行うことができる。

それでは、動産の売主が買主に目的動産を売却した後に買主がその動産を譲渡担保に供し、譲渡担保権者が動産譲渡登記を備えたとき、先取特権者である動産の売主と譲渡担保権者とはどちらが優先するか。

この点、先取特権は公示のない担保物権であるため、取引の安全を図るべく、買主が売買目的物を「第三取得者に引き渡した後」は行使できないとされており（民法333条）、判例は、譲渡担保権者は「第三取得者」に当たると解している（前出最判昭62.11.10）。また、動産・債権譲渡特例法上、動産譲渡登記がなされたときは民法178条の「引渡し」があったものとみなされるため（同法3条）、登記があれば「引き渡した」といえるものと解される。

したがって、買主が売買目的物を譲渡担保権に供し、譲渡担保権者が動産譲渡登記を備えたときは、特段の事情のない限り、譲渡担保権者が先取特権者である売主に優先し、先取特権者は権利を行使できないことになると解されている[201]（図表3-11参照）。

図表3-11　動産先取特権との関係

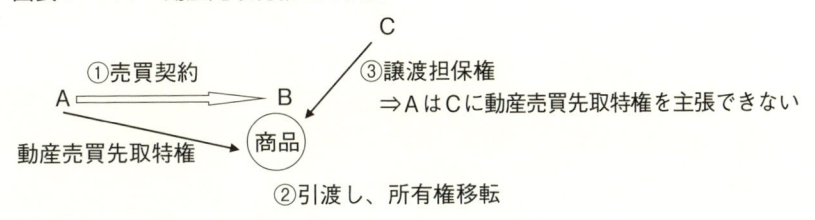

```
           ①売買契約          C
                               ↓ ③譲渡担保権
        A ━━━━━▶ B    ⇒AはCに動産売買先取特権を主張できない
                   ┌──┐
   動産売買先取特権 │商品│
        ◀━━━━━   └──┘
            ②引渡し、所有権移転
```

---

[201] もっとも、民法333条の「引渡し」に動産譲渡登記が含まれるかはいまだ判例が存しない。実務上は、動産譲渡登記のみならず、占有改定による引渡しをも受けておくことの有益性が指摘されている（堀龍兒編『Q＆A債権・動産譲渡担保の実務』380頁〔河野玄逸〕）。

図表3－12　所有権留保との関係

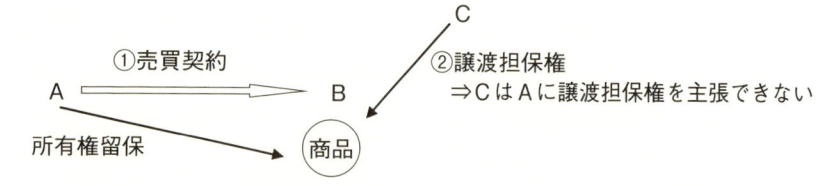

```
			           C
	①売買契約	          ↘
   A ────────▶ B   ②譲渡担保権
			           ⇒CはAに譲渡担保権を主張できない
所有権留保　　↘
             商品
```

(b)　**先行する所有権留保との関係**

　上記のケースとは異なり、動産の売主が売買目的物につき所有権留保を行っていた場合（売買契約で所有権の移転時期を代金支払完了時と定めていた場合など）、動産の買主から動産譲渡担保権の設定を受け動産譲渡登記を行った者は、動産譲渡担保権を動産の売主に対抗できない[202]。

　したがって、譲渡担保権者は、譲渡担保の目的物に設定者以外の者の所有権留保が付されていないかを事前によく確認する必要がある（図表3－12参照）。

(c)　**先行する動産譲渡担保権との関係**

　同一の動産が複数の譲受人に譲渡された場合の譲受人相互間の優劣は対抗要件具備の先後によって決せられることになり、対抗要件具備の形態は民法上の4種類のほかに法人の行う動産の譲渡については動産譲渡登記があることはすでに述べたとおりである。このことは、同一の動産が複数の者に動産譲渡担保に供された場合の譲渡担保権者間の優劣も同じである。

　したがって、たとえばAを譲渡担保権者とする譲渡担保目的の動産譲渡登記に先立ち、同一の動産についてBの譲渡担保権が設定され、その対抗要件が具備されている場合は（この対抗要件は動産譲渡登記であると占有改定その他の民法上の引渡しであるとを問わない）、Aは原則としてBに劣後することになる[203]。

---

[202]　「所有権留保」は非典型担保の一種であるととらえられていることからすれば、所有権留保付売買の売主を第一順位の担保権者、譲渡担保権者を第二順位の担保権者と考える余地もあろう。

(d) 後行者による即時取得の成否

譲渡担保権者が設定者から動産譲渡担保権の設定を受け、その旨の動産譲渡登記が行われた場合、その譲渡担保権者は同一の動産につき後から譲渡担保権を取得した者や所有権を取得した者（真正譲渡を受けた者）に対して自らの譲渡担保権を対抗できるのが原則である。

しかし、動産は不動産と異なり即時取得（126頁参照）が認められている。そこで、同一の担保目的物について、①後から譲渡担保権を取得する者や②後から真正譲渡を受ける者が譲渡担保の目的物を即時取得した場合、先行する登記ある譲渡担保権が覆滅するかが問題になる。

この点、動産・債権譲渡特例法は、動産譲渡登記が後行者による即時取得を排除する効力を有するかについて特段の定めを置いていない。よって、後行者が担保目的物を即時取得するか否かは、その者が即時取得の要件を満たすか否かにより判断されることになる。

まず、①の後から譲渡担保権を取得した者についてみると、通常、譲渡担保権は、目的物の占有を設定者のもとにとどめたまま、占有改定または動産譲渡登記により対抗要件を取得する場合が多い。そして、占有改定や動産譲渡登記を行っただけでは、「占有を始めた」とはいえないから（占有改定につき最判昭35.2.11[204]）、後から譲渡担保権を取得した者は原則として譲渡担保権を即時取得しない。ただし、その者が担保目的物の現実の引渡しを受けた場合、その時点で即時取得の要件（平穏・公然・善意・無過失）を満たしていれば、その者は担保目的物について譲渡担保権を即時取得しうる。

次に、②の後から真正譲渡を受けた者についてみると、その者が占有を開始した時点で譲渡人が処分権限のない者であることについて善意無過失であ

---

[203] この場合、BがAに劣後する第二順位の譲渡担保権を取得するか、それとも、なんらの譲渡担保権も取得できないかは争いがある。譲渡担保権は形式上は所有権の移転を伴うため、「後順位の譲渡担保権」がそもそも観念できないのではないかとの問題意識があるためである。前出最判平18.7.20は、同一の動産に対して重複して譲渡担保を設定すること自体は許されるとしても、後順位の譲渡担保権者による担保目的物の私的実行は許されない旨を判示しており、今後の議論が注目される。

[204] 民集14巻2号168頁。

ったかが問題になるが、善意無過失かどうかは個々の事案ごとに判断されることになる。現時点で、動産譲渡取引を行う際、譲受人の動産譲渡登記を確認すべき義務が一般的に認められることはないと思われるが、金融機関や商社などの日常的な業務で頻繁に動産譲渡登記を利用するような立場にある者が譲受人となる場合は、動産譲渡登記の有無を調査、確認すべき義務が認められやすいと思われる[205]。そのような動産譲渡登記の調査、確認義務が認められるとすれば、先行する動産譲渡登記の有無を調査、確認しなかったことで過失があると認定される可能性が大きくなる。また、取引の目的物も、大型の機械設備など、譲渡担保に供されやすいものになるほど、動産譲渡登記の調査、確認義務があると認められやすく、それを調査しなかったことによる過失は認定されやすいものと思われる。

　なお、倉庫内の在庫商品に譲渡担保を設定するような集合動産譲渡担保の場合、通常の営業の範囲で行われる処分は設定者に処分権限が付与されている場合が多いため、この場合は即時取得の成否を論ずるまでもなく、後から在庫商品を取得する者は在庫商品の所有権を承継取得することになる。

> **BOX** 即時取得
>
> 　動産も、不動産と同様に対抗要件具備の先後によって権利の優劣を決するのが原則である。しかし、動産は不動産と比較して取引が頻繁に行われるのが一般であり、かつ、動産の対抗要件具備の方法には公示が不十分なものも存する。そこで、取引の安全のため、動産の占有者を権利者であると信頼して取引を行った者を保護する必要がある。民法192条は「取引行為によって、平穏に、かつ、公然と動産の占有を始めた者は、善意であり、かつ、過失がないときは、即時にその動産について行使する権利を取得する」と規定して

---

[205] 「座談会　動産・債権譲渡担保における公示制度の整備」ジュリスト1283号25頁参照。

おり、これが即時取得制度と呼ばれているものである。

上記の定めにある「善意」とは、道徳的概念ではなく、占有者が処分権限のない者であることにつき「知らないこと」という意味である（同様に「知っていること」を法律上「悪意」という）。また、「動産について行使する権利」とは取引の性質から認められる権利のことであり、たとえば動産の売買ならば所有権、動産の質権設定ならば質権のことである。

以上より、たとえば、AがBに対して動産を譲渡して占有改定による引渡しを行った後に、同一の動産についてAがCに対して譲渡を行い現実の引渡しを行った場合、先に引渡しを受けたBに所有権が帰属するのが原則であるが、Cが即時取得の要件を満たしているときは、Cに所有権が帰属することになる。

(4) 譲渡人以外の者の占有下にある動産についての動産譲渡登記

動産譲渡登記は、登記の目的となる動産が譲渡人以外の者（占有代理人）によって直接占有されている場合でも行うことができる。たとえば、債務者が自ら在庫商品を保管しているのではなく、倉庫業者に保管を委託している場合でも、その在庫商品について債権者のために譲渡担保権を設定し、その旨の動産譲渡登記を行うことが可能である。この場合、動産譲渡登記は原則として譲渡人と譲受人の共同申請で行うことができ、占有代理人（倉庫業者）の関与や同意は必要とされていないことから、占有代理人が動産の譲渡についての認識をまったくもたずに行うことが可能であり[206]、「指図による占有移転」と比較して、占有代理人に債務者に関する無用な信用不安をもたせない点で優れた面がある。

他方で、動産譲渡登記は動産の「譲渡の事実」を公示するものにすぎず、

---

[206] このような動産譲渡登記の仕方を、慣用的に「サイレント方式」の登記と呼ぶことがある。

動産の権利の帰属を明らかにするものではないから、登記上の譲受人が真の権利者であるとは必ずしも限らない。このため、占有代理人としては、登記上の譲受人から占有代理人に対して引渡し要請があった場合に、これに応じてよいか、対応に困難をきたすことになる。

そこで、占有代理人を保護するため、動産・債権譲渡特例法上、①代理人によって占有されている動産の譲渡について動産譲渡登記がされ、その譲受人として登記されている者が当該代理人に対して当該動産の引渡しを請求した場合、②当該代理人が本人（譲渡人）に対して当該請求につき異議があれば相当の期間内にこれを述べるよう遅滞なく催告し、③本人（譲渡人）がその期間内に異議を述べなかったときは、④当該代理人は、その譲受人として登記されている者に当該動産を引き渡し、それによって本人に損害が生じたときであっても、その賠償の責任を負わないものとされている（同法3条2項）。たとえば、登記上の譲受人が倉庫業者に対して登記された動産の引渡しを請求した場合、倉庫業者は、まず自らの認識する寄託者である登記上の譲渡人に事実を確認し、譲渡人が引渡しに異議を述べなかったときは、倉庫業者は登記上の譲受人に動産を引き渡してよく、後から引き渡したことに対して賠償の責任を負わないということである（図表3－13参照）。

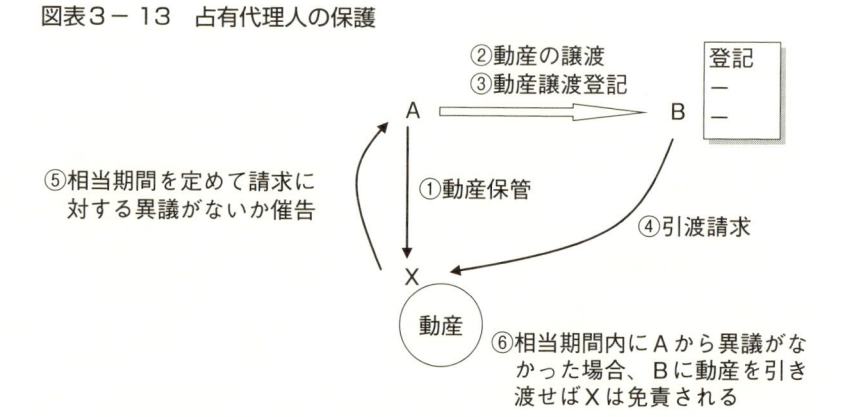

図表3－13　占有代理人の保護

(5) 登記の存続期間

　動産譲渡登記の存続期間は原則として10年間を超えることができない（動産・債権譲渡特例法7条3項本文）。

　ただし、10年を超えて存続期間を定めるべき特別の事由がある場合は存続期間が10年を超える登記も可能とされている（同項ただし書）。たとえば、在庫商品を証券化し、その償還期間が10年を超える場合は、10年を超える動産譲渡登記も許されるものと解される。

3　債権譲渡登記

(1) 登記を行うことができる主体、債権、取引

　債権譲渡登記制度は、法人が金銭債権を譲渡した場合で、当該債権の譲渡について債権譲渡登記ファイルに譲渡の登記がなされたときは、当該債権の債務者以外の第三者について民法467条の確定日付ある証書による通知があったものとみなす制度である。

a　主　体
　債権譲渡登記を行うことができるのは、法人がする債権の譲渡に限られる（動産・債権譲渡特例法1条、4条1項）。この点は動産譲渡登記の場合と同様である。
　したがって、譲渡担保目的で債権譲渡登記を行う場合は、譲渡担保権設定者が法人であることを要するが、譲渡担保権者は法人であることを要しない。

b　債　権
　債権譲渡登記を行うことができる債権は、指名債権であって、金銭の支払

図表3-14　債権に係る登記の可否

	既発生債権	混在型債権	将来債権
債務者特定	○	○	○
債務者不特定	× （既発生債権の債務者は必ず特定している）	× （債務者特定の既発生債権と債務者不特定の将来債権を別個に登記する）	○

いを目的とする債権である。既発生の債権のみならず未発生の将来債権も債権譲渡登記を行うことが可能である。また、平成16年の法改正により、債務者が不特定の将来の金銭債権も債権譲渡登記が可能になった。

具体的には次のような債権の登記が可能である（図表3-14参照）。

① 特定の債務者に対する既発生の金銭債権（債務者特定の既発生債権）

たとえば、X社とY社との間の商品の売買契約に基づいてすでに発生している売掛債権である。

② 特定の債務者との間ですでに発生し、また将来発生する金銭債権（債務者特定の混在型債権）

たとえば、X社とY社との間の継続的な製作物供給契約に基づいてすでに発生し、また将来発生する代金債権や、X社とY社との間の賃貸借契約に基づいてすでに発生し、また将来発生する不動産賃料債権である。

③ 特定の債務者との間で将来発生する金銭債権（債務者特定の将来債権）

上記②の例で、将来発生する債権のみを登記する場合である。

④ 不特定の債務者との間で将来発生する金銭債権（債務者不特定の将来債権）

たとえば、X社の有する一定の在庫商品を売却（売却先を問わない）したことにより生ずる売掛債権である。

登記対象となる債権は、他の債権から識別可能な程度に特定されていなければならない。動産・債権譲渡登記規則上、譲渡債権は次の各要素により特定される（同規則9条）。

① 債務者特定の債権の譲渡の場合
　ⅰ　債権が数個あるときは、一で始まる債権の連続番号（債権通番）
　ⅱ　債務者
　ⅲ　債権が発生した時の債権者の数、氏名および住所（法人の場合は、氏名および住所にかえて商号または名称および本店等）
　ⅳ　貸付債権、売掛債権その他の債権の種別
　ⅴ　債権の発生年月日
　ⅵ　債権の発生の時および譲渡または質権設定の時の債権額（すでに発生した債権のみを譲渡し、または目的として質権を設定する場合に限る）

② 債務者不特定の債権の譲渡の場合
　ⅰ　債権が数個あるときは、一で始まる債権の連続番号（債権通番）
　ⅱ　債権の発生原因
　ⅲ　債権が発生した時の債権者の数、氏名および住所（法人の場合は、氏名および住所にかえて商号または名称および本店等）
　ⅳ　貸付債権、売掛債権その他の債権の種別
　ⅴ　債権の発生年月日

ABLを行う場合の債権譲渡登記は、不特定の取引先に対する在庫商品の売掛債権を譲渡担保目的で債権譲渡する形態が多いであろうと想定される。その場合の譲渡債権の特定のイメージは図表3－15のようなものとなろう。

なお、債権の内容をより明確にするため、登記の「備考」欄に有益事項として自由な記録を行うことが認められている点は動産譲渡登記と同様である。

ABLの場合、譲渡担保権者は譲渡担保権の実行時に担保対象となっている債権の債務者（第三債務者）に対して登記事項証明書を交付し、自己に債

図表3-15　ABLの場合の譲渡債権の特定のイメージ

債権の種別	売掛債権
債権発生年月日	平成19年4月1日から平成24年3月31日まで
債権発生原因	譲渡人と販売先との間の○○、○○、○○、○○等の在庫商品についての売買契約に基づき発生する売掛債権

務の弁済をするよう通知することが予想される。ここで登記されている債権の特定が明確でないと、第三債務者が自己の負担する債務が登記された債務かどうかの判断がつきかね、譲渡担保権者と債権の債務者との間で無用なトラブルが生ずることになりかねない。したがって、債権の特定は、債権譲渡登記が受理されるかという観点のみならず、第三債務者との関係で円滑な債権回収が行えるかという観点からも重要な要素になる。そこで、譲渡担保権者としては、債権の特定の程度について単に登記が受理がされればそれでよいと考えるべきではなく、第三債務者にも債権の帰属が判断しやすいような程度にまで特定することが望ましい。

c　譲渡取引

　債権譲渡登記が可能な譲渡取引の内容、種類等は、動産譲渡登記と同様、動産・債権譲渡特例法上は制限がない。したがって、担保目的の譲渡や流動化・証券化目的の譲渡に係る登記が可能なことはもとより、いわゆる通常の譲渡（真正譲渡）に係る登記も可能である。

(2)　登記される内容

　債権譲渡登記により債権譲渡登記ファイルに記録される内容は次のとおりである（動産・債権譲渡特例法8条2項各号）。譲渡担保権の対抗要件を備えるために債権譲渡登記を利用する場合は登記原因（④）に「譲渡担保」と記録されることになる。具体的な特定のされ方（⑥）は、90頁で述べたとおりである。

① 譲渡人の商号または名称および本店または主たる事務所（1号、7条2項1号）
② 譲受人の氏名および住所（法人の場合は、商号または名称および本店または主たる事務所）（1号、7条2項2号）
③ 譲渡人または譲受人の本店または主たる事務所が外国にあるときは、日本における営業所または事務所（1号、7条2項3号）
④ 債権譲渡登記の登記原因およびその日付（2号）
⑤ 譲渡に係る債権（すでに発生した債権のみを譲渡する場合に限る）の総額（3号）
⑥ 譲渡に係る債権を特定するために必要な事項で法務省令で定めるもの（4号）
⑦ 債権譲渡登記の存続期間（5号）
⑧ 登記番号（1号、7条2項7号）
⑨ 登記の年月日（1号、7条2項8号）

(3) 登記の効力

a 債務者以外の第三者に対する効力

　法人が金銭債権を譲渡した場合で、当該債権の譲渡について債権譲渡登記ファイルに譲渡の登記がされたときは、当該債権の債務者（第三債務者）以外の第三者について民法467条の規定による確定日付のある証書による通知があったものとみなされる。

　債権の第三者対抗要件は、民法上は、①譲渡人の債務者に対する確定日付のある証書による通知、または②債務者の確定日付のある証書による承諾とされている（114頁参照）。動産・債権譲渡特例法は、法人の行う金銭債権について、民法の特例として、債権譲渡登記に確定日付のある証書による通知と同様の効力を認めたものである。

　したがって、同一の債権が複数の譲受人に譲渡され、債権譲渡登記と民法上の第三者対抗要件（確定日付ある通知・承諾）とが競合した場合、その優劣

は登記とそれらの第三者対抗要件具備との時間的先後関係により決せられることになる。後の債権譲渡登記は、先行する民法上の第三者対抗要件に優先するわけではない。すなわち、債権譲渡登記は「債権の譲渡の事実」を公示するものであって「債権についての権利の帰属」を公示するものではない。この点は動産譲渡登記と同様であり、変更登記ができない点も動産譲渡登記と同じである。

　たとえば、A社が取引先に対して将来有する在庫商品の売掛債権をX社に譲渡する（債務者不特定の将来債権譲渡）旨の債権譲渡登記がなされ、その後、A社の取引先の1社であるB社に対する在庫商品の売掛債権がY社に譲渡されてその旨の確定日付ある証書による通知がなされた場合、X社とY社との優劣は債権譲渡登記と確定日付ある証書による通知の到達時との時間的先後によって決せられ、X社がY社に優先するものと解すべきである。

　なお、債権譲渡登記により債権譲渡の第三者対抗要件が認められるためには、そもそも譲渡に係る債権が譲渡可能であることが必要である。したがって、たとえば、債権譲渡禁止特約が付された金銭債権は、債権譲渡登記を行ったからといって債権譲渡の効力が生ずるわけではない[207]。

b　債務者に対する効力

　債権譲渡の譲受人が債権の債務者から債権の回収を行うためには、譲受人が当該債権について債務者対抗要件（債権者であることを債務者に主張するための要件）を有している必要がある。

　債権譲渡登記は譲渡に係る債権の譲渡人と譲受人との共同申請により行われるものであり、譲渡対象債権の債務者の関与・同意は必要とされていない。そのため、債権譲渡登記自体に債務者対抗要件としての効力はなく第三

---

[207] 民法466条2項ただし書では、債権譲渡禁止特約は「善意」の第三者には対抗できない旨を定めているが、将来債権の譲渡がなされた後に譲渡禁止特約が付された場合、譲渡時の譲渡禁止特約の有無について「善意」の概念を入れる余地はなく、そのような場合は民法466条2項ただし書の適用はないと解されている（植垣勝裕＝小川秀樹編著『一問一答動産・債権譲渡特例法〔三訂版〕』53頁）。

者対抗要件としての効力があるだけであり、債権譲渡登記上の譲受人は債権譲渡登記を受けただけでは債務者に対して自己が債権者であることを主張できない。

　債権譲渡登記上の譲受人が、債務者に対して自己が債権者であると主張するためには、登記上の譲渡人または譲受人が債権譲渡登記の登記事項証明書（138頁参照）を債務者に交付して通知をし、または当該債務者が承諾をする必要がある。

　登記事項証明書の交付は、譲受人（債権譲渡担保の場合は譲渡担保権者）が行ってもよい。民法上は、債権の債務者対抗要件は、①譲渡人の債務者に対する通知、または②債務者の承諾とされているため、譲受人が債権譲渡通知を行っても法律上なんらの効力も生じない。債権の譲受人でない者が譲受人を自称して債権回収を行うことを防ぐ趣旨である。しかし、動産・債権譲渡特例法では、登記自体が譲渡人と譲受人との共同申請によって行われるため（136頁参照）、登記上の譲受人による通知により債務者対抗要件を認めても、弊害が生じないと考えられているのである。

(4) 登記の存続期間

　債権譲渡登記の存続期間は、債務者のすべてが特定している債権の譲渡の場合は原則として50年以内、債務者が特定していない債権の譲渡の場合は原則として10年以内である（動産・債権譲渡特例法8条3項）。

　ただし、50年ないし10年を超えて存続期間を定めるべき特別の事由がある場合は、それらの制限期間を超える登記も可能である。たとえば債務者不特定の将来債権を証券化した場合で、その償還期間が10年を超えるときは、かかる特別の事由に当たるものと思われる。

4　登記手続

(1)　登記申請の方法

a　申請先、申請方法

　動産・債権譲渡特例法上、登記の申請は「指定法務局等」に対して行うこととされている（同法5条）。現在では、東京法務局中野出張所に設置された東京法務局民事行政部動産登録課および同部債権登録課が全国で唯一の登記所として登記事務を行っている。

　登記の申請は、原則として譲渡人と譲受人との双方の共同申請によって行うものとされている（共同申請の原則。動産・債権譲渡特例法7条2項、8条2項）。

　登記申請は、出頭による申請のほか、郵送による申請やインターネットを用いたオンラインによる申請が可能である。

　債権譲渡登記・動産譲渡登記の申請に係る登録免許税は、1件につき1万5,000円であるが、租税特別措置法による特別措置として、当分の間は7,500円とされている（ただし、債権譲渡登記の場合で1件の債権の個数が5,000個を超えるときは1万5,000円である）。なお、延長登記は1件につき7,500円（当分の間は租税特別措置法により3,000円）、抹消登記は1件につき1,000円とされている。

b　申請後の手続

　指定法務局等の登記官は、登記申請書を受け取ったときは直ちにその受付をしなければならず、審査の結果、却下事由がないときは、受付の順序に従って登記を行わなければならない。ただし、郵送による申請の場合は、登記申請書の受領日の翌執務日に他の申請に先立って受付を行い、郵送による申請が複数あるときは各申請を同順位の受付とし、同時に登記を行うこととされている（動産・債権譲渡登記令9条、10条）。

出頭による申請とオンラインによる申請の場合は却下事由がなければ即日登記が行われており、郵送による申請の場合は却下事由がなければ登記申請書の受領日の翌執務日に、他の登記に先立って登記が行われている。

　登記は、指定法務局等に磁気ディスクをもって調製する「動産譲渡登記ファイル」ないし「債権譲渡登記ファイル」に登記事項を記録することで行われる（動産・債権譲渡特例法7条、8条）。

　指定法務局等で登記が行われると、指定法務局等から「本店等所在地法務局等」に対して登記事項の概要情報が通知される（動産・債権譲渡特例法12条、動産・債権譲渡登記規則18条）。本店等所在地法務局等とは、譲渡人の本店または主たる事務所（本店または主たる事務所が外国にあるときは、日本における営業所）の所在地を管轄する法務局のことである。

　そして、指定法務局等から概要情報の通知を受けた本店等所在地法務局等は、自局内で磁気ディスクをもって調製する「動産譲渡登記事項概要ファイル」ないし「債権譲渡登記事項概要ファイル」に通知を受けた登記の概要事項を記録する（動産・債権譲渡特例法12条）。なお、本店等所在地法務局等の管轄区域内で譲渡人が商号変更や本店変更を行い、その旨の法人登記がなされたときは、法人登記の変更にあわせて、動産・債権譲渡登記事項概要ファイル上の譲渡人の商号や本店も変更されることとされている（動産・債権譲渡登記規則7条）。

　以上の手続により、指定法務局等に登記事項に関するすべての情報が記録されるとともに、本店等所在地法務局等に登記事項のダイジェスト情報が記録されることになる（図表3－16参照）。

　なお、平成16年改正前の債権譲渡特例法では、債権譲渡の登記事項が譲渡人の法人登記簿に記載される仕組みになっていたが、譲渡人の無用な信用不安を招くなどの批判があり、平成16年改正で、法人登記簿とは別個のものとして上記の動産・債権譲渡登記ファイルや動産・債権譲渡登記事項概要ファイルが調製されることになった。

図表3－16　登記の流れ

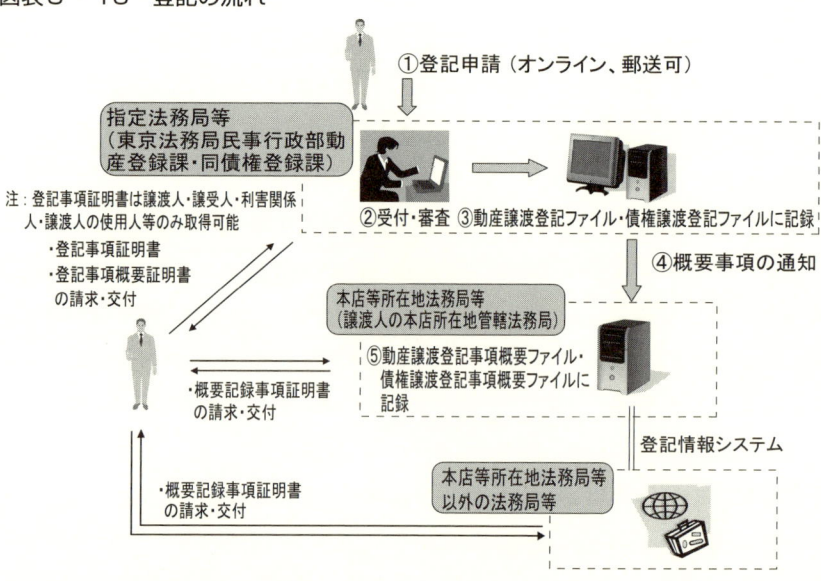

図中テキスト：
- ①登記申請（オンライン、郵送可）
- 指定法務局等（東京法務局民事行政部動産登録課・同債権登録課）
- ②受付・審査　③動産譲渡登記ファイル・債権譲渡登記ファイルに記録
- ④概要事項の通知
- 本店等所在地法務局等（譲渡人の本店所在地管轄法務局）
- ⑤動産譲渡登記事項概要ファイル・債権譲渡登記事項概要ファイルに記録
- 本店等所在地法務局等以外の法務局等
- 登記情報システム
- 注：登記事項証明書は譲渡人・譲受人・利害関係人・譲渡人の使用人等のみ取得可能
- ・登記事項証明書
- ・登記事項概要証明書の請求・交付
- ・概要記録事項証明書の請求・交付
- ・概要記録事項証明書の請求・交付

(2) 証明書申請の方法

　不動産登記の登記簿謄本に当たる動産・債権譲渡登記の「証明書」は、記載される事項の別に応じて、「登記事項証明書」「登記事項概要証明書」「概要記録事項証明書」の３種類がある。それぞれの証明書の記載内容および証明書申請の方法は、以下のとおりである。

a　登記事項証明書

　登記事項証明書は、登記された事項のすべてが記載されたいわばフル・バージョンの証明書である。登記事項証明書の様式は本項末尾に掲載のとおりである。

　登記事項証明書には、譲り渡した動産や債権の内容が記載されているため、この証明書を利害関係のない一般人が取得できることとすると、譲渡人の営業秘密や譲渡に係る債権の債務者のプライバシーが害される危険がある。

そこで動産・債権譲渡特例法は、登記事項証明書の交付申請ができる者を、主に次の者に限っている（同法11条2項、動産・債権譲渡登記令15条）。
　① 譲渡に係る動産・債権の譲渡人または譲受人
　② 当該動産・債権譲渡について利害関係を有する者
　　◇当該動産・債権を取得した者
　　◇当該動産・債権について差押え、仮差押えを行った債権者
　　◇当該動産・債権について質権その他の担保権を取得した者
　　◇当該動産について賃借権その他の使用収益を目的をする権利を取得した者
　　◇当該債権の債務者
　③ 譲渡人の使用人
　登記事項証明書の交付の申請は指定法務局等に対して行う。交付申請をした内容に登記上該当する記録がない場合は、記録がない旨の証明書（「ないこと証明書」）を発行してもらうことも可能である。

b　登記事項概要証明書

　登記事項概要証明書は、登記事項証明書の記載事項のうち譲渡された動産・債権の内容以外の事項が記載されたいわばダイジェスト・バージョンの証明書であり、以下の事項が記載されている（動産・債権譲渡特例法11条1項）。登記事項証明書と異なり、動産・債権の内容を含まないため、だれでも取得することが可能である。
　① 譲渡人の商号または名称、および本店または主たる事務所
　② 譲受人の氏名および住所（譲受人が法人の場合は、商号または名称、および本店または主たる事務所）
　③ 譲渡人または譲受人の本店または主たる事務所が外国にあるときは、日本における営業所または事務所
　④ 登記原因およびその日付
　⑤ 登記の存続期間

⑥　登記番号

⑦　登記の年月日

⑧　譲渡に係る債権の総額（債権譲渡登記の場合で、既発生債権のみを譲渡したとき）

　交付の申請は指定法務局等に対して行う。検索の結果該当する記録がないときに「ないこと証明書」を請求できる点は登記事項証明書と同様である。登記事項概要証明書の様式は本項末尾に掲載のとおりである。

c　概要記録事項証明書

　概要記録事項証明書は、登記事項概要ファイルに記録された事項が記載された証明書であり、以下の事項が記載されている。登記事項概要証明書と同様に動産・債権の内容を含まないため、だれでも取得することが可能である。概要記録事項証明書の様式は本項末尾に掲載のとおりである。

①　動産・債権譲渡登記をした旨

②　譲渡人の商号または名称および本店または主たる事務所

③　譲受人の氏名および住所（法人の場合は、商号または名称および本店または主たる事務所）

④　譲受人の本店または主たる事務所が外国にあるときは、日本の営業所または事務所

⑤　登記番号

⑥　登記の年月日

　登記事項概要証明書と概要記録事項証明書との異同は図表3－17のとおりである。すなわち、両証明書とも、登記事項のダイジェスト情報が記載されている点で共通するが、取り扱いできる法務局、記載情報の内容、譲渡人の商号等の変更への対応などの点で違いがある。

(3)　先行登記の調査方法

　ABLを行う際は、担保対象となる動産・債権について先行する譲渡担保

図表３－17　登記事項概要証明書と概要記録事項証明書

	登記事項概要証明書	概要記録事項証明書
基本的性格	登記事項のダイジェスト情報が記載される（譲渡動産・譲渡債権の内容に関する事項は記載されない）	
交付請求権者	だれでも請求可能	
記録されるファイル	譲渡登記ファイル	登記事項概要ファイル
取り扱いできる法務局	指定法務局等	本店等所在地法務局等（注）
記載内容	登記原因、登記存続期間の記載あり	登記原因、登記存続期間の記載なし
情報の鮮度	登記事項証明書と同じ	指定法務局等から登記の概要情報が本店等所在地法務局等に転送され、その情報が登録されるまでのタイムラグあり
商号変更、本店所在地変更への対応	なし	同一の法務局の管轄区域内で譲渡人の商号変更や本店所在地変更があった場合でも、譲渡人が旧商号下・旧本店所在地下で行った譲渡登記の内容も含めて、すべての譲渡登記の概要が記載された証明書の交付を受けられる

(注)　登記事務がコンピュータ化された法務局同士ならば登記情報システムを通じて他局からも取得可能。

が設定されていないかを調査することが重要である。先行する動産・債権譲渡登記がないかは、次の手順により調査することが考えられる。

① まず、ABLによる貸出を受けようとしている対象者の商号等を検索キーに指定して、概要記録事項証明書の請求を本店等所在地法務局等に対して行う[208]。なお、本店等所在地法務局等の登記事務がコンピュータ化されている場合は、他のコンピュータ化されている全国の

法務局でも概要記録事項証明書を取得することが可能である。
② 対象者を譲渡人とする動産譲渡登記または債権譲渡登記の記録が存在しない場合は、その旨の証明書（「ないこと証明書」）を受けることで、先行する登記が存在しないことを確認することになる。
③ 対象者を譲渡人とする動産譲渡登記または債権譲渡登記の記録が存在する場合は、これから譲渡担保を設定しようとしている対象資産に係る先行登記が含まれていないかをさらに確認するため、対象者に対して登記事項証明書の交付を請求するよう要請し、対象者から登記事項証明書の提供を受ける。これにより、どの動産または債権について、いつ、だれを譲受人とする譲渡登記がなされているかを知ることができる。

もっとも、上記の調査によっても、先行する譲渡担保が動産・債権譲渡登記ではなく占有改定等の方法によってなされている場合は譲渡担保の存在を把握することができない。したがって、上記の登記調査と並行して、対象者に対するヒアリングを行うことも欠かせない。

(4) 延長登記、抹消登記

動産・債権譲渡登記は、延長登記および抹消登記を行うことができる（動産・債権譲渡特例法9条、10条）。

ABLに基づく融資取引を当初の予定よりも延長する場合やABLに基づく融資取引を中途で終了した場合は、これらの登記を行うことになる。

なお、動産・債権譲渡登記は、不動産登記と異なり、変更登記を行うことができない。動産・債権譲渡登記は、権利の帰属を公示するものではなく譲渡の事実を公示するものだからである。

---

208 概要記録事項証明書にかえて登記事項概要証明書の請求をすることでもよいが、登記事項概要証明書は、指定法務局等に交付を請求する必要があるほか、対象者の商号等の変更への対応がされないため、対象者に商号等の変更があった場合、旧商号等のもとで行われた譲渡登記を捕捉できない点に留意する必要がある。

図表3－18　動産譲渡登記の登記事項証明書の例（個別動産の場合）

```
                      登記事項証明書
 【登記の目的】：動産譲渡登記                    概要事項
 【譲渡人】
    【本店等】：東京都新宿区○○町○番○号
    【商号等】：○○物産株式会社
    【会社法人等番号】：○○○○
    【取扱店】：－
    【日本における営業所等】：－
 【譲受人】
    【本店等】：東京都千代田区○○町○番○号
    【商号等】：株式会社○○銀行
    【会社法人等番号】：○○○○
    【取扱店】：○○支店
    【日本における営業所等】：－
 【登記原因及びその日付】：平成19年3月30日譲渡担保
 【登記原因(契約の名称)】：平成19年3月30日付譲渡担保権設定契約
 【登記の存続期間の満了年月日】：平成24年3月29日
 【備考】：－
 【申請区分】：出頭
 【登記番号】：第2007－○○○○号
 【登記年月日時】：平成19年3月30日　15時24分

              （1／2）　　［証明番号］20070000001（1／1）
```

```
                      登記事項証明書
 【動産通番】：0001                              動産個別事項
 【種類】：○○社製エッチング装置
 【保管場所の郵便番号】：○○○－○○○○
 【特質・所在】：製造番号A54286
 【動産区分】：個別動産
 【備考】
     平成19年製造、形式RS-5000
 【登記番号】：－                                一部抹消事項
```

第3章　ABLの法律　143

【登記年月日時】:-
【登記原因及びその日付】:-

【検索の対象となった記録】:平成19年3月31日現在
　上記のとおり動産譲渡登記ファイル(除く閉鎖分)に記録されていることを証明する。
　平成19年4月1日
　　　　　　　　　　　　東京法務局　登記官　　甲野一郎　　　　　印

注1　この証明書は、動産の存否を証明するものではありません。
注2　動産の所在によって特定する場合には、保管場所にある同種類の動産のすべて(備考でさらに特定されている場合には、その動産のすべて)が譲渡の対象であることを示しています。
注3　【特質・所在】の項目には、個別動産の場合は動産の特質が、集合動産の場合は動産の所在が記載されます。

　　　　　　　　　　　　（2／2）　　［証明番号］20070000001（1／1）

図表3-19　動産譲渡登記の登記事項証明書の例（集合動産の場合）

登記事項証明書

【登記の目的】:動産譲渡登記　　　　　　　　　　概要事項
【譲渡人】
　　【本店等】:東京都新宿区○○町○丁目○番○号
　　【商号等】:○○物産株式会社
　　【会社法人等番号】:○○○○
　　【取扱店】:-
　　【日本における営業所等】:-
【譲受人】
　　【本店等】:東京都千代田区○○町○丁目○番○号
　　【商号等】:株式会社○○銀行
　　【会社法人等番号】:○○○○
　　【取扱店】:○○支店
　　【日本における営業所等】:-

【登記原因及びその日付】:平成19年3月30日譲渡担保
【登記原因(契約の名称)】:平成19年3月30日付譲渡担保権設定契約
【登記の存続期間の満了年月日】:平成24年3月29日
【備考】:－
【申請区分】:出頭
【登記番号】:第2007－○○○○号
【登記年月日時】:平成19年3月30日　15時24分

（1／2）　　［証明番号］20070000001（1／1）

登記事項証明書

| 【動産通番】:0001 | 動産個別事項 |

【種類】:マグロ、サケ、サバ、カツオ等の冷凍海産物
【保管場所の郵便番号】:○○○－○○○○
【特質・所在】:神奈川県○○市○○町○丁目○番○号
【動産区分】:集合動産
【備考】
　　保管場所の名称:○○物産株式会社△△第一倉庫

| 【登記番号】:－ | 一部抹消事項 |

【登記年月日時】:－
【登記原因及びその日付】:－

【検索の対象となった記録】:平成19年3月31日現在
　上記のとおり動産譲渡登記ファイル(除く閉鎖分)に記録されていることを証明する。
　平成19年4月1日
　　　　　　　　東京法務局　登記官　　甲野一郎　　　　印

注1　この証明書は、動産の存否を証明するものではありません。
注2　動産の所在によって特定する場合には、保管場所にある同種類の動産のすべて(備考でさらに特定されている場合には、その動産のすべて)が譲渡の対象であることを示しています。
注3　【特質・所在】の項目には、個別動産の場合は動産の特質が、集合動産の場合は動産の所在が記載されます。

（2／2）　　［証明番号］20070000001（1／1）

第3章　ABLの法律

図表3-20　動産譲渡登記の登記事項証明書（一括）の例

```
                    登記事項証明書（一括）
┌─────────────────────────────────────────────────────┬──────────┐
│【登記の目的】：動産譲渡登記                            │          │
│【譲渡人】                                              │ 概要事項 │
│　　【本店等】：東京都新宿区○○町○丁目○番○号       │          │
│　　【商号等】：○○物産株式会社                       │          │
│　　【会社法人等番号】：○○○○                       │          │
│　　【取扱店】：－                                      │          │
│　　【日本における営業所等】：－                       │          │
│【譲受人】                                              │          │
│　　【本店等】：東京都千代田区○○町○丁目○番○号     │          │
│　　【商号等】：株式会社○○銀行                       │          │
│　　【会社法人等番号】：○○○○                       │          │
│　　【取扱店】：○○支店                                │          │
│　　【日本における営業所等】：－                       │          │
│【登記原因及びその日付】：平成19年3月30日譲渡担保      │          │
│【登記原因（契約の名称）】：平成19年3月30日付譲渡担保権設定契約│    │
│【登記の存続期間の満了年月日】：平成24年3月29日        │          │
│【備考】：－                                            │          │
│【申請区分】：出頭                                      │          │
│【登記番号】：第2007－○○○○号                       │          │
│【登記年月日時】：平成19年3月30日　15時24分           │          │
└─────────────────────────────────────────────────────┴──────────┘
                              （1／3）　　［証明番号］20070000001（1／1）
```

```
                    登記事項証明書（一括）
┌─────────────────────────────────────────────────────┬──────────────┐
│【動産通番】：0001                                      │              │
│【種類】：マグロ、サケ、サバ、カツオ等の冷凍海産物     │ 動産個別事項 │
│【保管場所の郵便番号】：○○○－○○○○              │              │
│【特質・所在】：神奈川県○○市○○町○丁目○番○号    │              │
│【動産区分】：集合動産                                  │              │
│【備考】                                                │              │
│　　保管場所の名称：○○物産株式会社△△第一倉庫      │              │
└─────────────────────────────────────────────────────┴──────────────┘
```

一部抹消事項	【登記番号】：－ 　　　　　　　　　　　【登記年月日時】：－ 【登記原因及びその日付】：－	
【動産通番】：0002 【種類】：マグロ、サケ、サバ、カツオ等の冷凍海産物 【保管場所の郵便番号】：○○○－○○○○ 【特質・所在】：千葉県○○市○○町○丁目○番○号 【動産区分】：集合動産 【備考】 　　保管場所の名称：○○物産株式会社△△第二倉庫		動産個別事項
一部抹消事項	【登記番号】：－ 　　　　　　　　　　　【登記年月日時】：－ 【登記原因及びその日付】：－	
【動産通番】：0003 【種類】：マグロ、サケ、サバ、カツオ等の冷凍海産物 【保管場所の郵便番号】：○○○－○○○○ 【特質・所在】：静岡県○○市○○町○丁目○番○号 【動産区分】：集合動産 【備考】 　　保管場所の名称：○○物産株式会社△△第三倉庫		動産個別事項
一部抹消事項	【登記番号】：－ 　　　　　　　　　　　【登記年月日時】：－ 【登記原因及びその日付】：－	
【動産通番】：0004 【種類】：マグロ、サケ、サバ、カツオ等の冷凍海産物 【保管場所の郵便番号】：○○○－○○○○ 【特質・所在】：東京都○○区○○町○丁目○番○号 【動産区分】：集合動産 【備考】 　　保管場所の名称：○○物産株式会社△△第四倉庫		動産個別事項
一部抹消事項	【登記番号】：－ 　　　　　　　　　　　【登記年月日時】：－ 【登記原因及びその日付】：－	

登記事項証明書(一括)	
【動産通番】：0005 【種類】：マグロ、サケ、サバ、カツオ等の冷凍海産物 【保管場所の郵便番号】：○○○－○○○○ 【特質・所在】：愛知県○○市○○町○丁目○番○号 【動産区分】：集合動産 【備考】 　　　保管場所の名称：○○物産株式会社△△第五倉庫	動産個別事項
一部抹消 事項	【登記番号】：－　　　　　　【登記年月日時】：－ 【登記原因及びその日付】：－

【検索の対象となった記録】：平成19年3月31日現在
　上記のとおり動産譲渡登記ファイル(除く閉鎖分)に記録されていることを証明する。
　平成19年4月1日
　　　　　　　　　　　　東京法務局　登記官　　甲野一郎　　　　　印

注1　この証明書は、動産の存否を証明するものではありません。
注2　動産の所在によって特定する場合には、保管場所にある同種類の動産のすべて(備考でさらに特定されている場合には、その動産のすべて)が譲渡の対象であることを示しています。
注3　【特質・所在】の項目には、個別動産の場合は動産の特質が、集合動産の場合は動産の所在が記載されます。

　　　　　　　　　　　　　　　　（3／3）　　［証明番号］20070000001（1／1）

図表3-21　債権譲渡登記の登記事項証明書（債務者特定の既発生債権）の例

登記事項証明書	
【登記の目的】：債権譲渡登記 【譲渡人】 　　【本店等】：東京都新宿区○○町○丁目○番○号 　　【商号等】：○○物産株式会社	概要事項

【会社法人等番号】：〇〇〇〇
　　【取扱店】：－
　　【日本における営業所等】：－
【譲受人】
　　【本店等】：東京都千代田区〇〇町〇丁目〇番〇号
　　【商号等】：株式会社〇〇銀行
　　【会社法人等番号】：〇〇〇〇
　　【取扱店】：〇〇支店
　　【日本における営業所等】：－
【登記原因及びその日付】：平成19年3月30日譲渡担保
【登記原因(契約の名称)】：平成19年3月30日付譲渡担保権設定契約
【債権の総額】：25,000,000円
【被担保債権額】：－
【登記の存続期間の満了年月日】：平成20年3月29日
【備考】：－
【申請区分】：出頭
【登記番号】：第2007－〇〇〇〇号
【登記年月日時】：平成19年3月30日　15時24分

（1／2）　　　［証明書番号］20070000001（1／1）

登記事項証明書

【債権通番】：0001　　【債権の管理番号】：－　　　　債権個別事項
【原債権者】
　　【本店等】：東京都新宿区〇〇町〇丁目〇番〇号
　　【商号等】：〇〇物産株式会社
　　【会社法人等番号】：〇〇〇〇
　　【取扱店】：－
　　【生年月日】：－
【債務者】
　　【本店等】：東京都千代田区〇〇町〇丁目〇番〇号
　　【商号等】：〇〇販売株式会社
　　【会社法人等番号】：〇〇〇〇
　　【取扱店】：－
　　【生年月日】：－

【債権の種類】:売掛債権 【契約年月日】:平成19年2月28日 【債権の発生年月日(始期)】:平成19年2月28日 【債権の発生年月日(終期)】:- 【債権の発生原因】:- 【発生時債権額】:25,000,000円 【譲渡時債権額】:25,000,000円 【弁済期】:- 【外貨建債権の表示】:- 【備考】:-	
【登記番号】:- 【登記年月日時】:- 【登記原因及びその日付】:-	一部抹消事項

【検索の対象となった記録】:平成19年3月31日現在
　上記のとおり動産譲渡登記ファイル(除く閉鎖分)に記録されていることを証明する。
　平成19年4月1日
　　　　　　　　　東京法務局　登記官　甲野一郎　　　　印

(注)　この証明書は、動産の存否を証明するものではありません。

　　　　　　　　　(2／2)　　［証明書番号］20070000001(1／1)

図表3-22　債権譲渡登記の登記事項証明書（一括）の例

登記事項証明書(一括)	
【登記の目的】:債権譲渡登記 【譲渡人】 　【本店等】:東京都新宿区○○町○丁目○番○号 　【商号等】:○○物産株式会社 　【会社法人等番号】:- 　【取扱店】:- 　【日本における営業所等】:-	概要事項

```
【譲受人】
    【本店等】:東京都千代田区○○町○丁目○番○号
    【商号等】:株式会社○○銀行
    【会社法人等番号】:－
    【取扱店】:○○支店
    【日本における営業所等】:－
【登記原因及びその日付】:平成19年3月30日譲渡担保
【登記原因(契約の名称)】:平成19年3月30日付譲渡担保権設定契約
【債権の総額】:51,000,000円
【被担保債権額】:－
【登記の存続期間の満了年月日】:平成20年3月29日
【備考】:－
【申請区分】:出頭
【登記番号】:第2007-○○○○号
【登記年月日時】:平成19年3月30日　15時24分
```

（1／3）　　［証明書番号］20070000001（1／1）

登記事項証明書(一括)

```
【債権通番】:0001　【債権の管理番号】:－　　　　債権個別事項
【原債権者】
    【本店等】:東京都新宿区○○町○丁目○番○号
    【商号等】:○○物産株式会社
    【会社法人等番号】:－
【債務者】
    【本店等】:東京都千代田区○○町○丁目○番○号
    【商号等】:○○商事株式会社
    【会社法人等番号】:－
【債権の種類】:売掛債権
【債権の発生年月日(始期)】:平成19年2月20日【債権の発生年月日(終期)】:－
【発生時債権額】:30,000,000円　　　　【譲渡時債権額】:30,000,000円
一部抹消  【登記番号】:－　　　　　【登記年月日時】:－
事項　　　【登記原因及びその日付】:－
【債権通番】:0002　【債権の管理番号】:－　　　　債権個別事項
【原債権者】
```

　　　　【本店等】：東京都新宿区○○町○丁目○番○号
　　　　【商号等】：○○物産株式会社
　　　　【会社法人等番号】：－
　【債務者】
　　　　【本店等】：東京都足立区○○町○丁目○番○号
　　　　【商号等】：○○産業株式会社
　　　　【会社法人等番号】：－
　【債権の種類】：売掛債権
　【債権の発生年月日（始期）】：平成19年2月15日【債権の発生年月日（終期）】：－
　【発生時債権額】：7,000,000円　　　　　　　【譲渡時債権額】：7,000,000円

一部抹消事項	【登記番号】：－　　　　　　　　　　【登記年月日時】：－ 【登記原因及びその日付】：－

【債権通番】：0003　　【債権の管理番号】：－　　　　　　　債権個別事項
【原債権者】
　　　　【本店等】：東京都新宿区○○町○丁目○番○号
　　　　【商号等】：○○物産株式会社
　　　　【会社法人等番号】：－
【債務者】
　　　　【本店等】：東京都品川区○○町○丁目○番○号
　　　　【商号等】：株式会社○○流通
　　　　【会社法人等番号】：－
【債権の種類】：売掛債権
【債権の発生年月日（始期）】：平成19年2月10日【債権の発生年月日（終期）】：－
【発生時債権額】：3,000,000円　　　　　　　【譲渡時債権額】：3,000,000円

一部抹消事項	【登記番号】：－　　　　　　　　　　【登記年月日時】：－ 【登記原因及びその日付】：－

【債権通番】：0004　　【債権の管理番号】：－　　　　　　　債権個別事項
【原債権者】
　　　　【本店等】：東京都新宿区○○町○丁目○番○号
　　　　【商号等】：○○物産株式会社
　　　　【会社法人等番号】：－
【債務者】
　　　　【本店等】：東京都目黒区○○町○丁目○番○号
　　　　【商号等】：株式会社○○物販
　　　　【会社法人等番号】：－
【債権の種類】：売掛債権

一部抹消事項	【債権の発生年月日(始期)】：平成19年2月4日【債権の発生年月日(終期)】：－
	【発生時債権額】：10,000,000円　　　　　【譲渡時債権額】：10,000,000円
一部抹消事項	【登記番号】：－　　　　　　　　【登記年月日時】：－ 【登記原因及びその日付】：－

（2／3）　　［証明書番号］20070000001（1／1）

登記事項証明書（一括）

	債権個別事項
【債権通番】：0005【債権の管理番号】：－	
【原債権者】	
【本店等】：東京都新宿区○○町○丁目○番○号	
【商号等】：○○物産株式会社	
【会社法人等番号】：－	
【債務者】	
【本店等】：東京都江東区○○町○丁目○番○号	
【商号等】：株式会社○○サービス	
【会社法人等番号】：－	
【債権の種類】：売掛債権	
【債権の発生年月日(始期)】：平成19年2月19日【債権の発生年月日(終期)】：－	
【発生時債権額】：1,000,000円　　　　　【譲渡時債権額】：1,000,000円	

一部抹消事項	【登記番号】：－　　　　　　　　【登記年月日時】：－ 【登記原因及びその日付】：－

【検索の対象となった記録】：平成19年3月31日現在
上記のとおり債権譲渡登記ファイル（除く閉鎖分）に記録されていることを証明する。
平成19年4月1日
　　　　　　　　東京法務局　登記官　　　甲野一郎　　　　　印

（注）　この証明書は、債権の存否を証明するものではありません。

（3／3）　　［証明書番号］20070000001（1／1）

第3章　ABLの法律

図表3-23　債権譲渡登記の登記事項証明書の例（債務者不特定の将来債権の場合）

```
                        登記事項証明書
┌─────────────────────────────────────────────────────┐
│ 【登記の目的】：債権譲渡登記              ┌─────────┐│
│ 【譲渡人】                                │概要事項 ││
│     【本店等】：東京都新宿区○○町○丁目○番○号     │
│     【商号等】：○○物産株式会社                    │
│     【会社法人等番号】：○○○○                    │
│     【取扱店】：-                                  │
│     【日本における営業所等】：-                    │
│ 【譲受人】                                          │
│     【本店等】：東京都千代田区○○町○丁目○番○号  │
│     【商号等】：株式会社○○銀行                    │
│     【会社法人等番号】：○○○○                    │
│     【取扱店】：○○支店                           │
│     【日本における営業所等】：-                    │
│ 【登記原因及びその日付】：平成19年3月30日譲渡担保   │
│ 【登記原因(契約の名称)】：平成19年3月30日付譲渡担保権設定契約│
│ 【債権の総額】：-                                  │
│ 【被担保債権額】：-                                │
│ 【登記の存続期間の満了年月日】：平成24年3月29日    │
│ 【備考】：-                                        │
│ 【申請区分】：出頭                                 │
│ 【登記番号】：第2007-○○○○号                    │
│ 【登記年月日時】：平成19年3月30日　15時24分        │
│                                                     │
│                （1／2）　［証明書番号］20070000001（1／1）│
└─────────────────────────────────────────────────────┘

                        登記事項証明書
┌─────────────────────────────────────────────────────┐
│ 【債権通番】：0001【債権の管理番号】：-  ┌─────────┐│
│ 【原債権者】                             │債権個別事項││
│     【本店等】：東京都新宿区○○町○丁目○番○号    │
│     【商号等】：○○物産株式会社                   │
│     【会社法人等番号】：○○○○                   │
```

154　第1編　ABLの理論

| 【取扱店】：－
| 【生年月日】：－
【債務者】　※債務者が特定していない債権のため、債務者の記録はありません。
| 【本店等】：－
| 【商号等】：－
| 【会社法人等番号】：－
| 【取扱店】：－
| 【生年月日】：－
【債権の種類】：売掛債権
【契約年月日】：－
【債権の発生年月日(始期)】：－
【債権の発生年月日(終期)】：－
【債権の発生原因】：譲渡人と販売先との間のマグロ、サケ、サバ、カツオ等の
　　　　　　　　　冷凍海産物についての売買契約に基づく売掛債権
【発生時債権額】：－
【譲渡時債権額】：－
【弁済期】：－
【外貨建債権の表示】：－
【備考】：－
【登記番号】：－　　　　　　　　　　　　　　　　一部抹消事項
【登記年月日時】：－
【登記原因及びその日付】：－

【検索の対象となった記録】：平成19年3月31日現在
上記のとおり債権譲渡登記ファイル(除く閉鎖分)に記録されていることを証明する。
平成19年4月1日
　　　　　　　　　東京法務局　登記官　　甲野一郎　　　　　印

(注)　この証明書は、債権の存否を証明するものではありません。

（2／2）　［証明書番号］20070000001（1／1）

図表3-24 動産譲渡登記の登記事項概要証明書の例

```
                    登記事項概要証明書

  【登記の目的】:動産譲渡登記                        概要事項
  【譲渡人】
     【本店等】:東京都新宿区○○町○番○号
     【商号等】:○○物産株式会社
     【会社法人等番号】:○○○○
     【取扱店】:-
     【日本における営業所等】:-
  【譲受人】
     【本店等】:東京都千代田区○○町○番○号
     【商号等】:株式会社○○銀行
     【会社法人等番号】:○○○○
     【取扱店】:○○支店
     【日本における営業所等】:-
  【登記原因及びその日付】:平成19年3月30日譲渡担保
  【登記原因(契約の名称)】:平成19年3月30日付譲渡担保権設定契約
  【登記の存続期間の満了年月日】:平成24年3月29日
  【備考】:-
  【申請区分】:出頭
  【登記番号】:第2007-○○○○号
  【登記年月日時】:平成19年3月30日　15時24分


  【検索の対象となった記録】:平成19年3月31日現在
   上記のとおり動産譲渡登記ファイル(除く閉鎖分)に記録されていることを証明する。
   平成19年4月1日
                      東京法務局　登記官　　甲野一郎　　　　　印

  (注)　この証明書は、動産の存否を証明するものではありません。


                        (1/1)　　　[証明番号]20070000001(1/1)
```

図表3-25　債権譲渡登記の登記事項概要証明書の例

```
                          登記事項証明書
 【登記の目的】：債権譲渡登記                    ┌──────────┐
 【譲渡人】                                      │  概要事項  │
   【本店等】：東京都新宿区○○町○丁目○番○号  └──────────┘
   【商号等】：○○物産株式会社
   【会社法人等番号】：○○○○
   【取扱店】：－
   【日本における営業所等】：－
 【譲受人】
   【本店等】：東京都千代田区○○町○丁目○番○号
   【商号等】：株式会社○○銀行
   【会社法人等番号】：○○○○
   【取扱店】：○○支店
   【日本における営業所等】：－
 【登記原因及びその日付】：平成19年3月30日譲渡担保
 【登記原因（契約の名称）】：平成19年3月30日付譲渡担保権設定契約
 【債権の総額】：－
 【被担保債権額】：－
 【登記の存続期間の満了年月日】：平成20年3月29日
 【備考】：－
 【申請区分】：出頭
 【登記番号】：第2007-○○○○号
 【登記年月日時】：平成19年3月30日　15時24分


 【検索の対象となった記録】：平成19年3月31日現在
   上記のとおり債権譲渡登記ファイル（除く閉鎖分）に記録されていることを証明する。
   平成19年4月1日
                        東京法務局　登記官　　甲野一郎　　　　印

 （注）　この証明書は、債権の存否を証明するものではありません。


             （1／1）　　［証明書番号］20070000001（1／1）
```

第3章　ABLの法律

図表3-26　動産譲渡登記の概要記録事項証明書

現在概要記録事項証明書(動産)

東京都中央区○○町○丁目○番○号
○○物産株式会社
会社法人番号　○○○○-○○-○○○○

商号	○○物産株式会社
本店	東京都中央区○○町○丁目○番○号
動産譲渡	第2007-○○○○号動産譲渡 　　登記の年月日 　　　　平成19年3月30日 　　譲受人 　　　　東京都千代田区○○町○丁目○番○号 　　　　株式会社○○銀行 <div style="text-align:right;">平成19年4月1日登記</div>

　これは動産譲渡登記事項概要ファイルに記録されている現に効力を有する事項であることを証明した書面である。
平成19年4月2日
　　　　　　　東京法務局　登記官　　甲野一郎　　　　印

整理番号ハ○○○○　　　＊下線のあるものは抹消事項であることを示す。

1／1

図表3-27　債権譲渡登記の概要記録事項証明書

現在概要記録事項証明書(債権)

東京都中央区○○町○丁目○番○号
○○物産株式会社
会社法人番号　○○○○-○○-○○○○

商号	○○物産株式会社
本店	東京都中央区○○町○丁目○番○号
動産譲渡	第2007-○○○○号債権譲渡 　　登記の年月日 　　　平成19年3月30日 　　譲受人 　　東京都千代田区○○町○番○号 　　株式会社○○銀行　　　　　　　平成19年4月1日登記

　これは債権譲渡登記事項概要ファイルに記録されている現に効力を有する事項であることを証明した書面である。
平成19年4月2日
　　　　　　東京法務局　登記官　　甲野一郎　　　　印

整理番号ハ○○○○　　　＊下線のあるものは抹消事項であることを示す。

1／1

第7節 清算、再建のための諸手続における譲渡担保権の処遇

　譲渡担保権者としては、債務者（譲渡担保権設定者）による任意の弁済がなされ、あるいは譲渡担保権の私的実行により債権の回収が実現すれば問題はないが、債務者（特に譲渡担保権設定者）の経営が破綻し、清算、再建のための法的整理手続、あるいは私的整理に入った場合に譲渡担保権者（ないし譲渡担保権）がどのように処遇されるかは大きな関心事である。しかしながら、譲渡担保権（特に、集合動産譲渡担保、集合債権譲渡担保）の各種手続上の処遇に関してはいまだ十分な事例の集積はなく、未解明の論点も多く残されており、今後、さらなる議論、検討が必要と思われる。

　以下では、清算、再建のための諸手続の概要を説明するとともに各手続上の譲渡担保権の処遇を概説し、集合動産譲渡担保、集合債権譲渡担保に係るいくつかの論点について残された問題点等を指摘する。

1　各手続の概要と譲渡担保権の処遇

(1)　破産手続

　破産手続は、裁判所により選任された破産管財人が破産財団に属する財産等の管理、処分換価、回収等を行い、債権届出、債権調査等の手続によって確定した破産債権に対する配当が実施される手続である。

　破産手続上、破産者に対し破産手続開始前の原因に基づいて生じた財産上

の請求権であって、財団債権に該当しないものは「破産債権」とされ（破産法2条5項）、配当手続によって満足を受けるにとどまる（破産手続による満足）。他方、「破産手続開始の時において破産財団に属する財産につき特別の先取特権、質権又は抵当権を有する者」はその目的財産について「別除権」を有するものとされ（同条9項、10項）、「別除権は、破産手続によらないで、行使することができる」（同法65条1項）とされている。したがって、担保権者（別除権者）は破産手続外で自由に担保権を実行して債権回収を図ることが認められる[209]。担保権者（別除権者）は別除権を行使して破産手続外で債権回収を図り、それでもなお残額が生ずる場合に、その残額（別除権不足額）についてのみ破産手続に参加することができる（同法108条、198条3項）。なお、破産管財人は、担保権の目的である財産を民事執行法等の法令の規定に基づいて換価することが可能とされ[210]、担保権者はこれを拒むことはできない（形式競売の一種。破産法184条2項）。また、裁判所は「担保権者が法律に定められた方法によらないで担保権の目的である財産の処分をする権利を有するときは」「担保権者がその処分をすべき期間を定めることができる」とされ（同法185条1項）、担保権者は、その期間内に処分をしないときは、法律に定められた方法によらないで処分する権利を失うことになり（同条2項）、破産管財人は自ら同法184条2項に基づく目的物の換価が可能になる。

破産手続で譲渡担保権がいかなる処遇を受けるかについて明文の規定はないものの、担保権（「別除権」）として処遇されるとするのが通説である[211,212]。したがって、譲渡担保権者は、担保権による優先的な回収[213]を

---

[209] 担保権消滅請求など担保権者（別除権者）の権利行使を制限される場合がある。
[210] 破産管財人による換価がなされたときは、売得金の全額が破産管財人に交付され、破産管財人は、民法、商法その他の法律の定めに従って順位、額を整理して担保権者へ弁済することになる。なお、担保権者が受けるべき金額が確定しないときは、破産管財人は代金を別に寄託しなければならず、その場合に担保権は寄託された代金について存することになる（破産法184条4項）。
[211] なお、破産手続開始決定前に「私的実行」が終了している場合はすでに担保権としてではなく所有権として処遇され、譲渡担保権者（正確には所有者）に取戻権（破産法62条）が認められる。

図るとともに、別除権行使によっても回収できない額（別除権予定不足額）を見積もったうえで債権届出を行い、債権調査等の手続を経て、別除権不足額について配当を受けることになる[214]。

実務的な処理として、破産管財人は「別除権の目的である財産の受戻し」をすることができるから（破産法78条2項14号）、破産管財人と別除権者とが協議のうえ、対象資産の処分（任意売却）と別除権の受戻しを同時処理として行うことが多い[215]（この場合、破産管財人は売却代金から管理処分費用および破産財団組入額を控除した残額を別除権者に支払うことになる）。

(2) 民事再生手続

民事再生手続は、経済的に窮境にある債務者が、裁判所および裁判所により選任された監督委員の監督のもと、自ら業務を遂行し、財産を管理処分する権利を有した状態[216]で（民事再生法38条1項）再生計画案を策定し、債権者の多数の同意[217]が得られ、かつ裁判所の認可を受けた場合は、再生計画の定めに従って再生債権の弁済を行い[218]、事業または経済生活の再生を図るための手続である。

民事再生手続上、再生債務者に対し再生手続開始前の原因に基づいて生じ

---

[212] 対象資産が「集合動産」「集合債権」であっても「別除権」として処遇することに異論はないであろう。
[213] 「私的実行」の方法で強制的に回収する方法のほか、破産管財人と協議のうえ「任意売却」で回収する方法がある。
[214] 別除権者が別除権不足額について破産手続による配当を受けようとするときは、債権届出期間内に債権届出をする必要があり、これを怠った場合は失権する（破産法111条）。
[215] 破産管財人は、別除権者の同意を得られない場合であっても、別除権の目的財産を担保権の負担付きで任意売却することができる（破産法65条2項参照）。
[216] 裁判所は再生債務者に対して、必要に応じて、裁判所の許可を要する事項を定め（民事再生法41条1項）、あるいは監督委員の同意を要する事項を定めることができる（同法54条2項）。また、再生債務者による財産の管理または処分が失当であるときなど再生債務者の事業の再生のために特に必要があると認めるときは管財人による管理を命ずることができる（同法64条）。
[217] 再生計画案の可決要件は再生債権の議決権総額の2分の1以上、かつ出席した再生債権者の頭数の過半数の賛成である（民事再生法172条の3）。

た財産上の請求権であって、共益債権または一般優先債権に該当しないものは「再生債権」とされ（民事再生法84条1項）、再生計画に従った弁済を受けるにとどまる（再生手続による満足）。他方で、「再生手続開始の時において再生債務者の財産につき存する担保権（特別の先取特権、質権、抵当権又は商法若しくは会社法の規定による留置権をいう。第3項において同じ。）を有する者」はその目的財産について「別除権」を有するものとされ（同法53条1項）、「別除権は、再生手続によらないで、行使することができる」（同条2項）とされている。したがって、担保権者（別除権者）は再生手続外で自由に担保権を実行して債権回収を図ることが認められる[219]。なお、担保権者（別除権者）が有する被担保債権も再生債権であるが、再生手続への参加は、別除権を行使して再生手続外で債権回収を図り、それでもなお残額が生ずる場合に、その残額（別除権不足額）についてのみ認められる（民事再生法88条）。

　民事再生手続で譲渡担保権がいかなる処遇を受けるかについて明文の規定はないものの、担保権（「別除権」）として処遇されるとするのが通説である[220, 221]。したがって、譲渡担保権者は別除権の行使によって優先的な債権回収を図るとともに、別除権行使によっても回収できない額（別除権予定不足額）を見積もったうえで債権届出を行い、債権調査等の手続を経て[222]、別除権不足額について再生計画に基づく弁済を受けることになる[223]。譲渡担保権の権利行使の方法は「私的実行」であるから、譲渡担保権者が別除権を行使しようとするときは再生債務者を相手として「実行通知」

218　例外的に再生計画に基づかずに再生債権の弁済が行われる場合として、中小企業への弁済許可制度（民事再生法85条2項～4項）、少額債権の早期弁済制度（同条5項）がある。
219　担保権実行中止命令や担保権消滅請求などによって担保権者（別除権者）の権利行使が制限される場合がある。
220　なお、民事再生手続開始決定前に「私的実行」が終了している場合はすでに担保権としてではなく、所有権として処遇され、譲渡担保権者（正確には所有者）には取戻権（民事再生法52条）が認められる。
221　対象資産が「集合動産」「集合債権」であっても、「別除権」として扱うことに異論はないであろう。

を行い、清算金が生ずる場合は再生債務者に対して支払うことになる。

なお、別除権の目的とされた財産が事業の再生に不可欠のものである場合に別除権行使がされると再生は困難になり、他方、別除権者としても別除権不足額が確定しないと再生計画による弁済を受けることができない。そのため、実務的には、再生債務者と別除権者との間で目的物の評価額、それに係る弁済時期・方法、目的物の評価額を超える部分の担保権の放棄、あるいは別除権の不行使などを内容とする「別除権協定」が締結されることで処理されることが多い[224]。

(3) 会社更生手続

会社更生手続は、窮境にあるものの再建の見込みがある株式会社[225]について裁判所により選任された管財人に事業の経営権、財産の管理処分権を専属[226]させたうえで（会社更生法72条1項）、更生計画案について利害関係人の法定多数の同意[227]が得られ、かつ裁判所の認可を受けた場合に更生計画の定めに従って更生債権等の弁済を行い[228]、事業の再建を図るための手続である。

---

[222] 仮に債権届出を怠ったとしても、再生債務者が「届出がなされていない再生債権があることを知っている場合には、当該再生債権について、自認する旨」等を認否書に記載することとされており（民事再生法101条3項）、また、万一、再生債務者が自認すべき再生債権について認否書に記載しなかったとしても劣後的取扱いを受けることになる（同法181条2項）。

[223] 民事再生手続においては「別除権の行使によって弁済を受けることができない債権の部分が確定していない再生債権を有する者があるときは、再生計画において、その債権の部分が確定した場合における再生債権者としての権利の行使に関する適確な措置を定めなければならない」とされており（民事再生法160条1項）、別除権不足額が配当の除斥期間内に確定しなければ配当に参加できない破産手続とは異なる。

[224] 再生債務者は、別除権者の同意を得られない場合でも、別除権の目的財産を担保権の負担付きで任意売却することができる（民事再生法53条3項参照）。

[225] 会社更生手続が適用されるのは株式会社（会社法上の株式会社となる旧有限会社（特例有限会社）を含む）のみであるが、信用金庫、信用協同組合、労働金庫、相互会社等の金融機関も「金融機関等の更生手続の特例等に関する法律」によって会社更生手続の対象になる。

[226] 裁判所は管財人に対して必要に応じて裁判所の許可を要する事項を定めることができる（会社更生法72条2項）。

会社更生手続では、破産手続や民事再生手続と異なり、担保権も手続内に取り込まれる。すなわち、更生手続開始当時[229]、更生会社の財産につき存する担保権（特別の先取特権、質権、抵当権および商法または会社法の規定による留置権）の被担保債権であって、更生手続開始前の原因に基づいて生じたもの等のうち、当該担保権の目的である財産の価額が会社更生手続開始の時における時価であるとした場合の当該担保権によって担保された範囲のものは「更生担保権」とされ（会社更生法2条10項）、手続外での個別的権利行使ができず[230]、更生債権と同様に原則として更生計画によらなければ弁済を受けることができない[231]。会社更生手続では、担保権そのものが「更生担保権」とされているのではなく、被担保債権のうち「更生会社の財産の価額（時価）によって担保されている範囲の債権（被担保債権）」が「更生担保権」とされていることに留意しなければならない[232]。なお、被担保債権のうち、更生会社の財産の価額によって担保されていない部分は更生債権として扱われる[233]。

　会社更生手続で譲渡担保権（正確には譲渡担保権によって担保される被担保

---

[227] 更生計画案の決議は権利の種類ごとに、①更生担保権、②優先的更生債権、③約定劣後債権、④それ以外の更生債権、⑤残余財産の分配に関し優先的内容を有する種類の株式、⑥それ以外の株式を有する者に分けて行われ（会社更生法196条1項）、可決要件は、株主について議決権総数の過半数、更生債権について議決権の総額の2分の1以上、更生担保権について、期限の猶予を定める場合は議決権の総額の3分の2以上、減免等を定める場合は議決権の総額の4分の3以上、清算を内容とする場合は議決権の総額の10分の9以上の賛成である（同条5項）。

[228] 例外的に再生計画に基づかずに更生債権の弁済が行われる場合として、中小企業への弁済許可制度（会社更生法47条2項〜4項）、少額債権の早期弁済制度（同条5項）がある。

[229] 会社更生手続開始決定時点で担保権が存在すれば足り、その後に目的物が滅失、譲渡あるいは担保権の放棄がなされたとしても、「更生担保権」となる（鹿子木康「更生担保権」西岡清一郎ほか編『会社更生の実務（下）』100頁参照）。

[230] 会社更生手続開始申立てがなされても、手続開始決定があるまでの間は個別的権利行使が可能であるが、担保権実行中止命令や保全処分などによって担保権実行が制限される場合がある。

[231] ただし、更生計画上、「更生担保権」は第一順位の権利として位置づけられ、他の権利者との間に公正かつ衡平な差を設けなければならないとされている（会社更生法168条1項、3項）。

[232] 破産手続、民事再生手続上の「別除権」は担保権そのものであり、被担保債権（更生担保権に相当するもの）は「別除権付債権」と表現する。

債権）がいかなる処遇を受けるかについて明文の規定はないものの、「更生担保権」として処遇されるとするのが判例[234]、通説である[235,236]。したがって、譲渡担保権者は更生担保権者として債権届出期間内に、①更生担保権の内容および原因、②担保権の目的である財産およびその価額、③更生担保権に係る議決権の額等を記載した債権届出（更生担保権届出）を行い、債権調査等の手続[237]を経て、更生担保権（もしくは更生債権）として更生計画に基づく弁済を受けることになる。更生担保権の届出においては、更生担保権者は自ら担保目的財産の価額（更生手続開始決定時における「時価」）を評価する必要がある。仮に、管財人が認識している財産価額が、更生担保権者の届出価額よりも高かったとしても、管財人としては届出価額以上の価額を認めることはできないので、更生担保権者としては担保目的財産の価額をどの程度に評価して届け出るかは注意が必要である。

　なお、前述のとおり会社更生手続では担保権について手続外での個別的権利行使（実行）が禁止されるが[238]、他方、更生計画が認可されるまでは更生会社の財産を目的とする担保権は消滅しないので（会社更生法204条1項）、

233　更生担保権者は債権届出期間内に届出をしなければならず（会社更生法138条2項）、これを怠れば、会社更生手続に参加することができず、また、担保権は更生計画の認可決定により消滅する（同法204条1項）。
234　前出最判昭41.4.28。
235　なお、更生手続開始決定前に「私的実行」が終了している場合はすでに「更生担保権」としてではなく所有権として処遇され、譲渡担保権者（正確には所有者）に取戻権（会社更生法64条）が認められる。
236　対象資産が「集合動産」「集合債権」であっても、「更生担保権」として扱うことに異論はないであろう。
237　債権調査手続で「更生担保権」について異議が出された場合の処理は、争いの内容によって2種類の手続が用意されている。一つは被担保債権の存否や担保権の順位に係る争いを処理する手続であり、更生債権等査定手続（会社更生法151条）および更生債権等査定異議の訴え（同法152条）である。もう一つは、担保権の目的である財産の価額に係る争いを処理する手続であり、価額決定手続（同法153条以下）である。
238　更生会社の財産のなかには事業継続、収益確保という観点からすれば必要のないものも含まれており（遊休資産）、そうした資産を早期に処分できれば、更生会社も管理コストの低減などのメリットを享受することができる。そのため、裁判所は「更生会社の事業の更生のために必要でないことが明らか」である財産について、担保権の実行禁止を解除することができるとされている（会社更生法50条7項、8項）。

担保権の目的となっている財産についての更生会社（管財人）の処分権限は制限される。そのため、更生計画認可決定までの間に担保権の目的となっている更生会社の財産を処分しようとするときは、裁判所の許可を受けて、管財人と更生担保権者との間で「担保変換に関する合意」を締結して処理されることがある（同法72条2項9号）。「担保変換に関する合意」は、更生管財人は更生担保権者に対して担保権の目的となっている財産の評価額（更生手続開始決定時の「時価」）に相当する他の資産を担保権の目的として提供し（一般的には預金に対する質権設定という形態が多いと思われる）[239]、更生担保権者は当初の担保権の目的となっている財産に対する担保権を解除することを内容とする。これは更生管財人と更生担保権者との間で締結される一種の和解であるから、両者の間に担保権の目的となっている財産の評価額について見解の相違があり、双方がこれについて合意できない場合は、会社更生手続における財産評定、債権調査、目的物の価額決定などの手続を経て、更生担保権が確定するのを待つほかない。

(4) 特別清算手続

特別清算は、清算手続に入っている株式会社[240]（清算株式会社[241]）について、清算の遂行に著しい支障をきたすべき事情があるとき、または債務超過の疑いがあるときに、裁判所の監督のもと[242]、法定多数の債権者の同意に

---

[239] 担保変換がなされた場合でも、更生担保権者は新たに担保権の目的とされた財産に対して直ちに権利行使をしたり、弁済を受けたりすることはできず、更生計画認可決定後に同計画に従った弁済を受けることになる。

[240] 特例有限会社は会社法上の株式会社として存続することになるが、特別清算の規定を特例有限会社にも適用すると、旧有限会社の規律を不利益に変更することになり、経営者や債権者等に混乱が生ずるおそれがあるため、特別清算手続を利用することはできない（会社法の施行に伴う関係法律の整備等に関する法律35条。萩本修編『逐条解説新しい特別清算』62頁）。

[241] 「清算株式会社」とは株式会社であって、解散等の事由（①解散した場合、②設立の無効の訴えに係る請求を認容する判決が確定した場合、③株式移転の無効の訴えに係る請求を認容する判決が確定した場合）により、会社法第2編第9章（清算）の定めに従って、清算をしなければならない株式会社をいう（同法476条、475条）。

よる協定[243]、もしくは個別和解によって債権債務を清算するための手続であり、裁判所の監督に服さない通常清算[244]に対し、債権者を保護するために、裁判所の監督のもとで行われる厳格な清算手続（株式会社の清算手続の一種）として位置づけられる[245]。なお、特別清算は、破産手続や会社更生手続と異なり、清算株式会社が有する財産等に対する管理処分権限は維持され、清算人[246]が清算株式会社を代表し（会社法483条）、業務を執行する（同法482条1項）[247]。

清算株式会社に対して債権を有する者は、債権申出期間内[248]に清算人に対して自己の債権を申し出ることを要し（会社法499条）、これを怠ったときは清算から除斥[249]される（同法503条1項）。もっとも、特別清算は清算手続の一種として位置づけられることから、破産手続や民事再生手続、会社更生手続などと異なり、債権確定のための手続は予定されておらず、債権者からの債権申出に対して清算人が認めない場合は、債権者は通常の民事訴訟手続（確認訴訟、給付訴訟等）により自己の権利を確定させるほかない。特別清算

---

[242] 「特別清算開始の命令があったときは、清算株式会社の清算は、裁判所の監督に属する」（会社法519条1項）とされ、また、清算株式会社による一定の行為について、裁判所の許可または許可にかわる監督委員の同意が必要であるとされる（同法535条1項）。
[243] 「協定」の可決には、債権者集会に出席した議決権者の過半数の同意および議決権者の議決権の総額の3分の2以上の議決権を有する者の同意が必要であり（会社法567条1項）、「協定」は裁判所の認可決定が確定することにより効力を生ずる（同法570条）。
[244] 旧商法では通常清算も裁判所の監督に服するものとされていたが、会社法はこれを廃止した。
[245] 通常清算に関する会社法の規定は性質に反しない限り特別清算にも適用される。
[246] 特別清算開始命令があっても原則として従前の清算人が清算事務を遂行するが、裁判所は必要に応じて清算人を解任、選任することができる（会社法524条）。
[247] 株式会社は清算手続に入っても、「清算の目的の範囲内において、清算が結了するまではなお存続するものとみな」される（会社法476条）。
[248] 清算株式会社は「一定の期間内にその債権を申し出るべき旨」を官報に公告し、かつ、知れたる債権者に対して個別に催告しなければならない（会社法499条1項本文）。なお、催告期間は最低2カ月を要する（同条ただし書）。
[249] 清算から除斥されたとしても、清算株式会社に対する債権が実体法上、消滅するわけではない（会社法503条2項、3項参照）。

開始命令があったときは、清算株式会社に対する債権のうち、優先債権、特別清算の手続のために生じた債権および特別清算の手続に関する費用請求権を除いたものは「協定債権」とされ（同法515条3項）、特別清算開始命令の効力を受ける。清算会社は債権届出期間内に債務を弁済することは原則として禁止され（同法500条）[250,251]、「協定債権」は、債権届出期間経過後に割合的弁済（同法537条1項）[252]、個別和解[253]に基づく弁済もしくは「協定」（債権者集会における可決および裁判所の認可決定が必要）に基づく弁済がなされる。「協定債権」が清算株式会社の財産について存する担保権の被担保債権であるときは、債権者は、特別清算手続によらないで担保権の行使によって優先的に弁済を受けることができ[254]、担保権の目的財産から弁済を受けられなかった残額（不足額）について「協定」に基づく弁済等を受けることになる。特別清算では、清算株式会社の全財産を処分換価したうえで債権債務を清算することになるから、担保権の目的となっている財産も当然に処分の対象になる。清算株式会社は、早期に担保権の目的財産を処分し、弁済原資を確定するとともに、担保権不足額を確定しなければ「協定」案を作成することができない。そのため、清算株式会社は担保権の目的である財産を民事執行法等の法令の規定に基づいて換価することが可能とされ[255]、担保権者はこれを拒むことはできない（形式競売の一種。同法538条2項）[256]。また、裁判所は、「担保権者が法律に定められた方法によらないで担保権の目的である財産の処分をする権利を有するときは」「担保権者がその処分をすべき

250　少額債権、担保権によって担保される債権等は、裁判所の許可を得れば、弁済が認められる（債権届出期間内における弁済禁止の例外。会社法500条2項）。
251　債権届出期間内に禁止されるのは清算株式会社が行う任意弁済であるから、債権者から行う相殺は許される。ただし、一定の場合には相殺が制限される（会社法517条、518条）。
252　少額債権、担保権によって担保される債権等は、裁判所の許可を得れば、弁済が認められる（割合的弁済の例外。会社法537条1項）。
253　個別和解の場合は、裁判所の許可もしくは監督委員の同意が必要である（会社法535条1項、2項）。
254　保全処分（会社法540条）や担保権実行中止命令（同法516条）によって担保権者の権利行使が制限される場合がある。

第3章　ABLの法律　　169

期間を定めることができる」とされ（同法539条1項）、担保権者がその期間内に処分をしないときは、法律に定められた方法によらないで処分する権利を失うことになり（同条2項）、清算株式会社は、自ら同法538条2項に基づく目的物の換価が可能になる[257]。

特別清算手続において、譲渡担保権が「担保権」として扱われることに異論はないと思われるから、譲渡担保権者は、担保権による優先的な回収[258]を図るとともに、これによっても回収できない額（予定不足額）を見積もったうえで債権申出を行い[259]、「協定」に基づく「協定債権」の弁済を受けることになる。

(5) 私的整理

私的整理は、破産、民事再生、会社更生、特別清算などの法的整理手続によらずに、債務者と対象債権者[260]との私的な合意に基づいて集団的に債権債務関係を処理する方法の総称であり、任意整理とも呼ばれる。私的整理には清算型と再建型とがあり、再建型の私的整理では「私的整理に関するガイドライン」が用いられる場合がある[261、262、263]。

---

255 清算株式会社による換価がなされたときは、売得金の全額が清算株式会社に交付され、清算株式会社は、民法、商法その他の法律の定めに従って順位、額を整理して担保権者へ弁済することになる（菅谷忠行・世森亮次『逐条解説新しい特別清算』151頁）。なお、担保権者が受けるべき金額が確定しないとき、清算株式会社は代金を別に寄託しなければならず、その場合に担保権は寄託された代金について存することとになる（会社法538条4項）。

256 萩本修編『逐条解説新しい特別清算』150頁。

257 萩本修編『逐条解説新しい特別清算』153頁。

258 「私的実行」の方法で強制的に回収する方法のほか、清算株式会社と協議のうえ「任意売却」で回収する方法がある。

259 清算株式会社の財産につき担保権を有する協定債権者は、その担保権の行使によって弁済を受けることができる協定債権の額について議決権を有しない（会社法548条4項）。

260 対象となる債権者の範囲はケースによってさまざまであるが、私的整理のメリットの一つは、法的整理手続と異なりすべての債権者を一律に対象とする必要はないことであるから、取引債権者を除き、金融取引債権者（全部または一部）のみを対象債権者とする場合が多いであろう。

私的整理は法令に基づくものではないから、債務者に対する債権や担保権[264]の処遇に関する特定の規定が設けられているわけではなく、また、合意の内容も個別のケースによってさまざまなバリエーションが考えられる。

　通常は、私的整理を望む債務者が一部の債権者による抜け駆け的な権利行使（回収）、債権保全措置がなされることを避けるため[265]、対象債権者に対

---

[261] 「私的整理に関するガイドライン」による私的整理の対象となる企業は、①過剰債務を主因として経営困難な状況に陥っており、自力による再建が困難である、②事業価値があり、重要な事業部門で営業利益を計上しているなど債権者の支援による再建可能性がある、③会社更生手続や民事再生手続などの法的整理を申し立てることで信用力が低下し、事業価値が著しく毀損されるなど、事業再建に支障が生ずるおそれがある、④私的整理により再建することで、法的整理手続によるよりも多くの回収が得られる見込みが確実であるなど、債権者にとって経済的な合理性が期待できるといった4要件を満たすものに限られている（「私的整理に関するガイドライン」Q&A Q3参照）。

[262] 「私的整理に関するガイドライン」をベースとした再建型の私的整理の手法として、整理回収機構による企業再生スキーム（RCCスキーム）や中小企業再生支援協議会による再生計画作成支援（中小企業再生支援協議会スキーム）がある。また、民事調停手続の特則である「特定調停」も、裁判所を利用した手続ではあるものの、多数決原理によらず当事者の合意によって債権債務の集団的処理を図ろうとするものであることから、「私的整理」に近い手法（手続）として位置づけられよう。「私的整理に関するガイドライン」またはこれに準ずる私的整理手続において一部の対象債権者の反対で再建計画の策定に至らなかった事案について特定調停が活用される場合がある。そのような場合の東京地方裁判所における特定調停の運用状況について、鹿子木康「東京地裁民事第8部における特定調停の運用状況」事業再生と債権管理119号65頁参照。

[263] 「私的整理に関するガイドライン」はメインバンクが主体的な立場で行う手続であるが、産業活力再生特別措置法（産活法）の一部改正（平成19年5月公布）により、公正、中立な第三者が手続を実施する「特定認証ADR手続」が創設された。この手続は、裁判外紛争解決手続の利用の促進に関する法律（ADR法）により、法務省から認証を受けた、私的整理という裁判外紛争解決手続の業務を行う者（認証ADR事業者）のなかから、さらに産活法に基づいて経済産業省が認定する「特定認証ADR事業者」（改正産活法48条）が私的整理を実施するというものである。特定認証ADR事業者が関与した私的整理については、①私的整理における債権者調整中のつなぎ融資に対する債務保証制度（独立行政法人中小企業基盤整備機構による債務保証等。改正産活法50条、51条）、②特定調停手続における特例（私的整理から特定調停に移行した場合は裁判官のみで調停を行うことが相当であるかを判断する。改正産活法49条）、③法的整理手続に移行した場合における連続性確保のための措置（会社更生手続、民事再生手続における特例として、私的整理中のつなぎ融資と他の債権の弁済率に差を設けてよいか否かを裁判所が考慮する。改正産活法52条、53条、54条）など、事業再生の円滑化を図るための方策が講じられている（多比羅誠「特定認証ADR手続の概要と特定調停の実務」事業再生と債権管理119号50頁参照）。

[264] 私的整理で譲渡担保権が「担保権」として扱われることに異論はないであろう。

第3章　ABLの法律　　171

して一斉に私的整理の申出をしたうえで、個別の説明や交渉、債権者集会などを通じて対象債権者の理解と協力を求めることになる。対象債権者（担保権者）は、私的整理の申出に応ずるか否かを各自が自由に判断することができ[266]、また、私的整理の申出がなされた後でも、対象債権者（担保権者）による権利行使（回収）、債権保全措置が法律上制限されることはない[267]。

対象債権者（担保権者）は、私的整理の申出に応ずることの合理性を見極めながら、適宜の判断で権利行使（回収）、債権保全措置を行うことになる。もっとも、私的整理の申出後に一部の対象債権者によって個別の権利行使（回収）等がされると、それを契機に債務者が意図する私的整理が頓挫する可能性がきわめて高くなり、債務者は、破産、民事再生、会社更生等の法的整理手続に移行せざるをえない状況に至ることもあることに留意する必要がある。

2 法的整理手続開始後の事業継続と集合動産譲渡担保、集合債権譲渡担保の処遇

債務者の経営状態が困窮し、法的整理手続が開始された場合であっても、民事再生手続、会社更生手続といった再建型手続では、債務者の事業は原則として継続され[268]、債務者の在庫商品などは仕入れ、販売を通じて入れ替

---

[265] 一部の債権者による抜け駆け的な権利行使、債権回収がなされると、私的整理における公平性、公正性を確保することができず、対象債権者の理解を得ることが困難になる。
[266] 私的整理では、多数決によって反対する対象債権者を拘束することはできない。
[267] 「私的整理に関するガイドライン」では、一時停止期間中、対象債権者は与信残高を維持するものとし、弁済の受領、相殺権の行使などの債務消滅に関する行為、追加担保（物的人的）の供与を求める行為、強制執行、仮差押え・仮処分、法的倒産処理手続の申立てはしてはならないとされているが（私的整理に関するガイドライン6項）、「私的整理に関するガイドライン」は「紳士協定」にすぎず、対象債権者を法的に拘束するものではない。
[268] 清算型の手続である破産手続でも、破産管財人は裁判所の許可を得て事業を継続することができる（破産法36条）。

わり、また売掛債権なども回収、発生というプロセスを繰り返すことになる。そうすると、法的整理手続が開始された後も集合動産譲渡担保、集合債権譲渡担保が予定する「担保の対象資産が時々刻々と変動（新陳代謝）する」という状況にはなんら変化は生じず、集合動産譲渡担保、集合債権譲渡担保は、新たに「集合動産」「集合債権」の範囲に組み込まれる資産を担保対象資産として捕捉することができると考えることもできる。

他方、民事再生手続、会社更生手続といった再建型の法的整理手続は手続開始前に生じている権利義務関係を公正、衡平の観点から集団的に処理することを通じて、事業の再建を図ることを目的としており、債権者等は一定の手続的制約を受け、また、権利変更を甘受せざるをえなくなる。法的整理手続が開始される前に設定された集合動産譲渡担保、集合債権譲渡担保も例外ではなく、従前の権利義務関係は変容することから、事業が継続されることによって新たに「集合動産」「集合債権」の範囲に組み込まれる資産を担保対象資産として捕捉することはできないと考えることもできる。

法的整理手続が開始された後に新たに「集合動産」「集合債権」の範囲に組み込まれる資産を集合動産譲渡担保、集合債権譲渡担保との関係でどのようにとらえるべきかは、集合動産譲渡担保、集合債権譲渡担保の法律構成、譲渡担保権者が捕捉している担保価値をどのように理解するかといった民事実体法上の問題と、各種法的整理手続で集合動産譲渡担保、集合債権譲渡担保をどのように処遇することが公正、衡平な集団的処理（再建型手続ではさらに事業の再建）という目的に適うかという手続上の問題とが交錯する論点である。

(1) 集合動産譲渡担保の場合

集合動産譲渡担保の場合、譲渡担保権者による「私的実行」がなされていない場合でも、法的整理手続開始申立て、保全処分あるいは開始決定（以下、開始決定等）がなされた時点で「集合体」の流動性は失われ、当該時点で「集合体」に対する譲渡担保権は「集合体」を構成する個々の動産に対

する複数の譲渡担保権に転化（固定化）し、新たに流入する動産は担保対象資産として捕捉しえないとする見解が多数説であると思われる。この見解によれば、譲渡担保権者は当該時点で現に存在する動産のみを担保対象資産として捕捉していることになり[269]、その限度で別除権者、あるいは更生担保権者としての地位が認められ、また、その担保価値が保証されることになる[270]。

なお、上記の多数説とは異なるが、譲渡担保権設定契約で法的整理手続の開始決定等を当然に「固定化」する事由（当然固定化事由）として定めておらず、また「私的実行」にも着手していない場合は、開始決定等がなされたとしても、「補償関係」が機能することが合理的に期待できる場面においてまで当然に「固定化」が生ずると解さなければならない理由はないと考える[271]。すなわち、担保権が別除権として位置づけられ、手続外での行使が認められている民事再生手続では[272]、担保権者はいつの時点で担保権を実行して担保価値を実現するかの時期選択権（ないし判断権）を有しており、集合動産譲渡担保の場合は、いつの時点で「私的実行」行うことにより「補償関係」を断ち切るかの時期選択権も含まれると考えることができるであろう。「固定化」は「補償関係」を断ち切ることを意味しているから、譲渡担保権者の意思にかかわらず当然に「固定化」が生ずるとすれば、譲渡担保権

---

269 「固定化」により個別動産譲渡担保権に転化する以上、債務者（管財人）は、たとえ「通常の営業の範囲」といえども、譲渡担保権者に無断で処分することはできなくなり、事業の継続に著しい支障をきたすことになる。そうした事態の打開策として、新たに流入する動産についても譲渡担保権の対象資産とするなどの和解的解決（別除権協定、あるいは担保変換合意）を図ることが考えられる。

270 牽連破産に至った場合に、破産手続開始決定時における担保価値が先行する民事再生手続（あるいは会社更生手続）開始決定時点のそれよりも減少していたとしても、担保権者にその不利益を負担させることは妥当でないであろう。

271 法的整理手続開始申立て等の与信事故発生時点で、権利行使対象資産を保管場所に現存する個別動産に自動固定化し、かつ所有権を譲渡担保権者に確定的に帰属させるスキームよりも、譲渡担保権者が権利行使対象資産の確定、強制的な市場換価、換価代金からの優先弁済等のオプションを有するというスキームのほうが金融機関の債権回収手法として親和性があるとの指摘もなされている（河野玄逸「民事再生手続と実体担保制度」伊藤進先生古稀記念論文集『担保制度の現代的展開』390頁以下）。

者に認められるべき担保価値実現の時期選択権(ないし判断権)を奪うことになると思われるのである。このように考えた場合、民事再生手続中でも譲渡担保権者による「私的実行」がなされない限り、「集合体」が譲渡担保権の対象資産として維持されると考えることができると思われる。そして、再生債務者(譲渡担保権設定者)は、引き続き「集合体の価値を維持すべき義務(構成要素である個別動産を処分したときは同等の価値を有するものを補充すべき義務)」を負担していると考えられる。もっとも、民事再生手続に入ったことによる信用毀損により平時の営業状態を維持することは困難になることが通常であり、再生債務者が事業を継続するために「集合体」の構成要素である個別動産を処分したとしても、再生債務者の努力[273]にもかかわらずそれに見合う補充を行うことができないという事態も想定されるが、譲渡担

---

272 民事再生手続と同様に担保権が別除権として位置づけられている破産手続にも妥当すると思われる(もっとも、破産手続は清算を目的としており、民事再生手続の場合に比して事業の毀損は著しく、譲渡担保権者は申立てがなされた時点で自らの意思で直ちに「私的実行」を行い、担保価値の実現を図ることが多いであろう)。これに対し、会社更生手続では、担保権は、更生担保権として担保物と切り離されて手続に拘束されて、個別的権利行使が制約されるという制度設計がなされていることから、別途検討が必要であると思われる。なお、会社更生手続上の集合債権譲渡担保の取扱いに関して、「集合債権譲渡担保の本質は、対象債権の回収等によって集合物から離脱する個別債権の担保価値を新たに集合物に流入する個別債権の担保価値が補償することによって集合物としての担保価値を把握している点にあると考えられるところ、会社更生手続開始申立てがなされて保全管理人が選任されてもかかる補償関係が遮断されるとは考えられない」との見解も示されている(三村章明=大島義孝=井出ゆり「会社更生手続における集合債権譲渡担保とABL(1)」NBL820号34頁以下)。
273 再生債務者が、「集合体」が場所的範囲によって特定されている場合に当該場所以外に構成要素となるべき個別動産を搬入したり、可能であるにもかかわらず、あえて仕入れを行わなかったりするなど、故意に「集合体」の価値を減少させた場合には、担保権侵害となり、譲渡担保権者は、本来、捕捉していた「集合体」の価値の保護を受けられると考えることができよう。なお、前出最判平18.12.21は、「債権が質権の目的とされた場合において、質権設定者は、質権者に対し、当該債権の担保価値を維持すべき義務を負い、……当該債権の担保価値を害するような行為を行うことは、同義務に違反するものとして許されない……。また、質権設定者が破産した場合において、質権は別除権として取り扱われ(旧破産法92条)、破産手続によってその効力に影響を受けないものとされており(同法95条)、他に質権設定者と質権者との間の法律関係が破産管財人に承継されないと解すべき法律上の根拠もないから、破産管財人は、質権設定者が質権者に対して負う上記義務を承継する」旨を判示している。

保権者は実行時期の選択権を有する以上、そのようなリスクを甘受せざるをえないのではないかと考える。

(2) 集合債権譲渡担保の場合

　すでに述べたとおり判例、多数説は、「集合債権」という個々の債権とは独立した譲渡担保の対象となる概念を用いることなく、あくまでも譲渡担保権の対象資産は個々の個別債権であり、集合債権譲渡担保といっても「個別債権」に対する譲渡担保権の集積にすぎないと解しており、また、将来債権も譲渡契約により確定的に債権の帰属が移転しているとするのが判例である。これらの考え方を前提とすれば、集合動産譲渡担保の場合と異なり「固定化」という概念は不要であり[274]、譲渡担保権者は既発生の債権のみならず開始決定等の後になされた取引により発生する債権も当然に担保対象資産として捕捉していると解することになろう[275]。

　このような見解に立った場合、民事再生手続、会社更生手続ではそれぞれ以下の点に留意する必要がある。

a 民事再生手続

　民事再生手続の場合、担保権の実行は原則として自由であるから、譲渡担保権者が担保対象資産として捕捉しているとして、既発生の債権のみなら

---

[274] 籠池信宏「非典型担保(2)譲渡担保、所有権留保」全国倒産処理弁護士ネットワーク編『倒産手続と担保権』187頁、森田修『債権回収法講義』88頁参照。

[275] こうした見解に対し、会社更生手続では、①開始決定時を基準として、倒産債権と共益債権の切り分け、財産評定がなされ、事業組織として一体化して運用される開始決定時点における個別資産の交換価値、収益価値を利害関係人に適切に配分することが会社再建の方法とされていること、②開始決定時点における個別資産の価値を超えた将来にわたる企業価値そのものを配分することを前提にしていないことを理由として、将来債権の「発生原因は管財人が管理処分権を行使しつつ更生会社の経営を遂行した結果生じたものであり、債務者自身の事業活動により生じた債権ではないことから、債権の発生原因がそもそも異なっている点を強調し、集合債権譲渡担保契約の実体法上の効果として管財人の事業活動を原因として発生した将来債権には担保の効力が及ばない」とする見解も示されている（事業再生研究機構編『更生計画の実務と理論』122頁以下参照）。

ず、手続が開始された後に発生する債権も「私的実行」によって第三債務者からの回収を進めていくとすれば[276]、再生債務者は事業を継続していくために必要となる資金が枯渇することになる[277]。そのような事態が生じた場合、再生債務者は事業の再建を断念するか、あるいは事業譲渡という方法を選択することが考えられる。再生債務者が裁判所の許可を得て事業譲渡を行おうとする場合、譲渡担保権者との間で別除権の受戻しに関する協議がなされることが多いと思われるが[278]、それが決裂したときは担保権消滅請求によって譲渡担保権が消滅させられる可能性がある[279]。そうすると、譲渡担保権者も、第三債務者からの回収を強行して再生債務者を資金枯渇状態に追い詰めるよりも、再生債務者との間で将来債権の回収金の一部を事業継続のための資金として利用することを認めるといった内容の「別除権協定」を締結するなどして妥協点を探るほうが結果として回収の実をあげることができる場合が多いと思われる。

　なお、多数説とは異なるが、集合動産譲渡担保および集合債権譲渡担保について「集合体」を譲渡担保権の対象資産としている点に同質性を認めると

---

[276] いわゆる倒産解除特約の民事再生手続における有効性について見解は分かれているが（前注148参照、別除権として扱われる以上、被担保債権の支払遅滞を理由とする担保権の実行として、譲渡担保権者が第三債務者から直接回収することは認められると考える。なお、民事再生手続における倒産解除特約を無効であると判断した前出東京高判平19.3.14も「再生債権は、民事再生手続開始後は再生計画の定めるところによらなければ弁済することが禁じられるものである（民事再生法85条）が、それは、別除権である担保権の実行を妨げる趣旨ではないものであるから……リース業者は、民事再生手続開始後であっても、担保権実行の観点からリース料の支払遅滞を主張でき、リース料の支払いが遅滞したときはリース契約の解除（担保権の実行）をすることができると解すべきである（なお、このことは、民事再生手続開始前に……弁済禁止の保全処分が出されたような場合にも妥当するというべきである。）」としている。

[277] こうした状況の不都合を指摘しつつ、「集合債権論」の有用性を提唱する見解がある（河野玄逸「民事再生手続と実体担保制度」伊藤進先生古稀記念論文集『担保制度の現代的展開』390頁以下）。

[278] 理論的には再生債務者が譲渡担保権を消滅させない状態で事業を譲り渡すこともありうるが、事業譲渡がなされた場合に新たな事業主のもとで発生する債権をも集合債権譲渡担保によって捕捉できるかが未解決の問題として残されていることは前述のとおりである。

[279] 担保権消滅請求および問題点について本節4参照。

すれば、基本的には集合動産譲渡担保について前述した考え方が集合債権譲渡担保にも当てはまると思われる。すなわち、民事再生手続の開始決定等によって当然に「固定化」が生ずることはないが、譲渡担保権者が任意の時期に「私的実行」を行えばその時点で「集合体」の流動性は失われ、以後、発生する債権については譲渡担保権によって捕捉されないと考えられる[280]。

b 会社更生手続

会社更生手続では担保権は手続外での行使が制限されるから、譲渡担保権の対象資産として捕捉されているとしても[281]、譲渡担保権者が「私的実行」によって第三債務者から回収することはできない[282]。そのため、①譲渡担保権によって捕捉されている債権を管財人（ないし保全管理人）が第三債務者から回収することができるか、②回収することができるとして、その回収金を更生会社の事業資金として利用することができるか、③更生担保権の評価をいかに行うかが議論されている。

これらの点に関する東京地方裁判所における解釈、運用はおおむね以下のとおりとされている[283]。

(a) 管財人の回収（取立て）権限の有無

管財人（保全管理人）が譲渡担保権によって捕捉されている債権[284]を回収することが認められるかという点について、会社更生手続申立て前に期限の利益喪失事由が生じていない場合で、仮に会社更生手続申立て等が期限の利益喪失事由とされ、期限の利益を喪失した場合に譲渡担保権者が担保権の実

---

[280] 伊藤眞「倒産処理手続と担保権―集合債権譲渡担保を中心として」NBL872号60頁参照。
[281] ただし、前述のとおり管財人が行う事業活動を原因として発生した将来債権には担保の効力が及ばないとする見解もある。
[282] 厳密には、会社更生手続が開始されるまでの間は担保権の実行は可能であるが、後述する担保権実行の中止命令や保全処分によって実行が制限される場合がある。
[283] 真鍋美穂子「更生手続と集合債権譲渡担保」西岡清一郎ほか編『会社更生の実務（上）』264頁以下、鹿子木康「東京地裁における会社更生事件の実情と課題」NBL800号139頁以下。

行ができるとされていたときも、譲渡担保権の対象資産となっている債権の回収ができなくなることで事業継続に支障をきたすようなときは、いわゆる倒産解除特約を無効とした最判昭57.3.30の趣旨から、譲渡担保権の対象資産として捕捉されている債権も債務者（譲渡担保権設定者）に付与されていた回収（取立て）権限は消滅せず、管財人（保全管理人）がこれを行使して、第三債務者からの取立て・回収を行うことは認められる。また、会社更生手続申立て前にすでに期限の利益を喪失している場合も[285]、譲渡担保権者が第三債務者に譲渡通知（民法所定もしくは動産・債権譲渡特例法4条2項所定）を発していない限り、担保権実行禁止の保全処分の発令によって譲渡担保権を実行することができなくなるから、その反射的効果として管財人（保全管理人）が第三債務者から回収することができると解される。

(b) 回収金を事業資金として利用することの可否

更生担保権は、少なくとも会社更生手続上は担保物と切り離されて扱われること（会社更生法2条10項参照）を指摘したうえで[286]、①会社更生手続開始決定時の更生担保権の価値に相当する金額の現預金がある場合は更生計画

---

[284] 東京地方裁判所の解釈、運用では、保全管理命令発令後または会社更生手続開始決定後に発生した債権にも集合債権譲渡担保の効力が及ぶとされているが、新たに発生する債権が、従前の債権に係る回収金を原資とするものではなく、DIPファイナンスなどの新規資金によって発生したような場合は、譲渡担保契約の趣旨から担保の効力は及ばないと解すべきではないかとの指摘もなされている（鹿子木康「東京地裁における会社更生事件の実情と課題」NBL800号141頁）。

[285] なお、保全管理命令発令前に債務不履行等により債務者（譲渡担保権設定者）の回収権限が喪失されている場合、保全管理人は、譲渡担保権者が第三債務者に対する通知を到達させるまでの間は、事実上、第三債務者からの回収を行うことができるが、受領した回収金は譲渡担保権者との間で事務管理または不当利得を構成し、この理は開始決定がなされた場合でも異ならないとする見解もある（坂井秀行＝粟田口太郎「証券化と倒産」高木新二郎＝伊藤眞編『《講座》倒産の法システム第4巻』119頁以下）。もっとも、同見解は、事務管理または不当利得に基づく回収金引渡義務は保全管理命令による弁済禁止の対象になるとしている。

[286] この点について、たしかに会社更生手続上は更生担保権は担保物とは切り離されて取り扱われるが、破産手続に移行した場合は別除権として手続に拘束されることなく担保価値を実現することが可能になるのであり、回収金は個別債権の価値代替物といえることから、実質的には譲渡担保権者が捕捉していた担保価値そのものであるととらえることもできるのではないかとの批判も考えられる。

に基づいて更生担保権を弁済することが可能であるから、管財人（保全管理人）が個々の債権の回収金を事業資金として利用することも許される[287]、②会社更生手続開始決定時の更生担保権の価値に相当する金額の現預金がない場合も、管財人（保全管理人）が個々の債権の回収金を利用して更生会社（開始前会社）の事業を継続させて将来の債権（譲渡担保権の効力が及ぶことを前提としている）を発生させることは事業継続という点で会社更生法の目的に資するとともに担保物を毀損させないことにもなり、債権譲渡担保契約上、期限の利益を喪失するまでの間、債務者が回収した金員を利用して新たな債権を生み出すことを前提としているときは、更生会社（開始前会社）の事業が維持され、更生担保権の弁済が確保される見込みがあれば[288]、回収金を利用することで事業の維持、継続により新たな将来債権を発生させることは譲渡担保契約における当事者の合理的意思に合致すると考えることができるから、管財人（保全管理人）は回収金を利用することができる。

(c) 更生担保権の評価

更生担保権の評価[289]は会社更生手続開始時に当該譲渡担保が把握している債権[290,291]の価値とするのが原則であり、回収率や債権の管理費用、回収費用等を考慮して担保対象資産である債権の評価がなされるが、保全期間中

---

[287] ただし、実質的担保権の侵害という違法を避けるためには更生担保権の弁済を確保する必要があり、また、会社更生手続が途中で終了し、破産手続に移行した場合に更生担保権者に不利益を生じさせないようにするため、実務的には、譲渡担保権者との間で更生会社（開始前会社）に債権の回収権限を認め、更生会社（開始前会社）は回収した金額に見合う金額を預金し、これらの預金に譲渡担保権者のために質権を設定する旨の和解をすることが望ましいとされている。

[288] 管財人（保全管理人）が個々の債権を回収し、その回収金を利用して事業を継続させたとしても、更生担保権の弁済が確保されることが明確に否定される場合は、更生の見込みがあるといえるか疑問であり、そのような場合にまで回収金の利用を認めることが譲渡担保契約に基づく当事者の合理的意思と解釈することは困難であるから、そのような場合は担保物を毀損することにもなりかねないので、回収金を利用することは相当ではないとされている。このような局面では、会社更生手続から破産手続に移行した場合に、破産手続で譲渡担保権者が把握しうる担保価値が会社更生手続で把握していたものを下回ることが予想され、管財人（保全管理人）の善管注意義務違反が問題になりうるものと考えられる。譲渡担保権者は更生手続で把握していた実質的な担保価値部分までの保護は受けられるべきであろう。

に保全管理人が債権を回収した場合は、当該回収金（回収に要する費用や事業継続に必要となる経費等を控除した額）、会社更生手続開始決定時に当該更生担保権が実質的に把握していた価値として担保物の評価に反映させるべきことになる。

なお、営業活動で発生するすべての債権を債権譲渡担保の目的とし、譲渡担保権者が把握する債権が将来増加（累積）していくような集合債権譲渡担保の類型では、会社更生手続開始時に存在した債権の価値に加えて更生会社における合理的事業活動を前提として、将来発生することが見込まれる債権の額からその債権を発生させるための必要経費の額を控除したうえで、割戻しによって債権の現在価値を算出して、当該更生担保権が把握している価値として評価すべきことになる。

---

289 管財人は会社更生手続開始後遅滞なく、更生会社に属するいっさいの財産について会社更生手続開始時の時価によってその価額を評定しなければならない（財産評定。会社更生法83条1項、2項）とされており、更生担保権の評価は財産評定によって行われることになる。

290 開始決定等の後に発生する債権も担保対象資産として捕捉されているという考え方に立つと、更生担保権の評価上、開始決定等の後に発生する債権の評価をどうするかが問題になる。この点について、①開始決定後に発生する債権は開始決定時においてすでに発生している債権とその回収金の一部を原資として発生するので、これらの評価によって将来発生する債権も評価し尽くされており、また将来発生するか不確実な債権について実質的な評価額を加算することは困難であるとする考え方（三村藤明＝大島義孝＝井出ゆり「会社更生手続における集合債権譲渡担保とABL(1)」NBL820号34頁以下）、②債権の発生の確率を考慮して担保目的物の評価をすることは可能であるという考え方（「パネルディスカッション　証券化取引と倒産手続に関する諸論点」NBL828号6頁以下における山本克己発言）がある。なお、『新しい会社更生手続の「時価」マニュアル』（事業再生研究機構財産評定委員会編）では、「開始決定後に発生する債権は、当然のことながら財産評定に基づいて作成される貸借対照表に計上されておらず、したがって担保権の目的としても評価されないことになる」とされている（183頁）。

291 会社更生手続開始後に発生する債権にも譲渡担保の効力が及ぶことを前提としたうえで、更生担保権の評価については、①「譲渡担保権者が更生手続開始申立てなどを契機として、譲渡担保を実行した場合には、その時点で発生している債権のみが担保目的物となり」、「それを基礎として、更生担保権の評価」を行い、②「譲渡担保権者が、事業の更生の見込みを信じて、権利の実行をしない場合には、更生計画案の素案の内容や過去の売掛債権額などを基礎として、譲渡担保の目的物となる将来債権の額を予測して、これを更生担保権額とする」という考え方も示されている（伊藤眞「倒産処理手続と担保権―集合債権譲渡担保を中心として」NBL872号60頁）。

3 譲渡担保と法的整理手続における担保権実行の中止命令

　各法的整理手続では担保権者による自由な権利行使を認めると当該手続の目的を達しえない事態が生ずることがあるため、法的整理手続申立て後、あるいは開始決定（命令）後に裁判所によって「担保権実行の中止命令」が発令され、担保権の実行が制限される場合がある[292]。以下では、手続ごとに「担保権実行の中止命令」の趣旨、要件等を概説し、非典型担保（特に譲渡担保権）への類推適用の可否等について簡単に整理する[293]。

(1) 各法的整理手続上の担保権実行の中止命令

a　破産手続

　破産手続は清算を目的とする手続であり、また担保権は別除権として手続の影響を受けずに行使できることとされており、破産手続申立て後[294]、あるいは手続開始決定後に担保権の行使を制限する担保権実行の中止命令は定められていない。

---

[292] 再建型の手続である会社更生手続では、債権譲渡担保に関して「債権者が未だ第三債務者に対し債権譲渡通知を発していないときは、更生手続開始申立て後に担保権実行禁止の保全処分が発令」できるとされており（真鍋美穂子「更生手続と集合債権譲渡担保」西岡清一郎ほか編『会社更生の実務（上）』268頁）、対第三者型保全処分の場合も担保権実行が制限されることがある。

[293] 後述する担保権消滅請求制度は、被担保債権全額について弁済がなされない限り担保権抹消に応ずる必要はない（担保権の不可分性の原則）という担保権者の利益を制限することから、広い意味では担保権の実行を制限する制度ととらえることもできるが、担保権実行で得られる優先弁済権そのものを制限するものではないと考えられる（伊藤眞「集合債権譲渡担保と民事再生手続上の中止命令」谷口安平先生古稀祝賀『現代民事司法の諸相』447頁参照）。

[294] 破産手続開始の申立てがなされたときは、裁判所は、保全処分（破産法28条）、他の手続の中止命令（同法24条）、包括禁止命令（同法25条）などを命ずることができるが、これらによって個別的権利行使が制限されることはなく、また、開始決定がなされても、破産管財人に認められる換価権、担保権消滅請求を除けば別除権行使に対する制限はない。

b 民事再生手続

　民事再生手続は事業の再建を目的とする手続であるが、破産手続と同様に担保権は別除権として手続の影響を受けずに行使できることとされている。しかし、担保権実行にいっさいの制約がないとした場合、再生債務者の事業再建のために必要不可欠な資産が失われ、再建の途を閉ざすことになりかねず、また他の再生債権者の一般の利益に反する場合もありうる。

　そこで、民事再生手続では、「再生手続開始の申立てがあった場合において、再生債権者の一般の利益に適合し、かつ、競売申立人に不当な損害を及ぼすおそれがない」場合、裁判所は「相当の期間を定めて」、「再生債務者の財産につき存する担保権の実行手続の中止を命ずることができる」（民事再生法31条）とされている（担保権実行の中止命令）。担保権実行の中止命令は、再生手続開始申立て後であれば、開始決定の前後を問わず、再生手続終結までの間いつでも発令することができる[295、296]。

c 会社更生手続

　会社更生手続は事業の再建を目的とする手続であり、担保権も手続のなかに取り込まれることになるから、手続開始決定後は担保権に基づく個別的権利行使を行うことはできない（会社更生法50条）。しかし、手続開始申立てがなされた後開始決定がなされるまでの間に担保権者による個別的権利行使がなされた場合、事業の維持、再建に必要な資産が散逸して目的を達することができなくなる事態が生ずることもある。

---

[295] 民事再生手続申立てがなされたときは、裁判所は他の手続の中止命令（民事再生法26条）、包括禁止命令（同法27条）を発令することができるが、担保権実行はこれらの対象とならない。

[296] 民事再生手続において担保権実行の中止命令が発令される場面として、①再生債務者に対して別除権者との間で、被担保債権の弁済方法や担保目的物の処分時期、方法などについて交渉する機会を与える場合、②別除権者との交渉が奏功せずに担保権消滅請求がなされたときに、その審理期間中の担保権の実行手続を中止させる場合が想定されている（中山孝雄「担保権の実行手続の中止命令」西謙二＝中山孝雄編『破産・民事再生の実務［新版］（下）』74頁参照）。

そこで、会社更生手続では、「更生手続開始の申立てがあった場合において、必要があると認めるときは」、裁判所は「更生手続開始の申立てにつき決定があるまでの間」、「強制執行等（更生債権等に基づく強制執行、仮差押え、仮処分若しくは担保権の実行又は更生債権等を被担保債権とする留置権による競売をいう。）の手続で、開始前会社の財産に対して既にされているもの」の中止を命ずることができるとされている（会社更生法24条1項2号）。なお、この中止命令は中止される手続の「申立人である更生債権者等に不当な損害を及ぼすおそれがない場合に限」られる（同条1項ただし書）[297]。

d　特別清算

　特別清算は清算を目的とする手続であり、担保権は手続の影響を受けずに行使できることとされている。しかし、これを無制限に認めると、集団的処理手続である特別清算の円滑な遂行に支障をきたす場合もあることから、「特別清算開始の命令があった場合には」、裁判所は「一般の利益に適合し」、かつ「担保権の実行の手続等の申立人に不当な損害を及ぼすおそれがない」ときは、「相当の期間を定めて」、担保権の実行の手続等の中止を命ずることができるとされている（会社法516条）。

(2)　非典型担保への類推適用の可否と問題点

　以上のとおり、破産を除いた民事再生、会社更生、特別清算の各手続では担保権実行の中止命令という制度が用意されている[298]。ところで、この制度は民事執行法に定める競売手続を中止する必要がある場合を想定したものであることから、実行手続について法定されていない非典型担保（特に譲渡担保）も担保権実行の中止命令の対象になるかは肯定、否定の両説がありうるものの、類推適用を認めると解する見解が多数である。

---

[297]　民事再生手続と異なり、担保権実行は包括禁止命令（会社更生法25条）によっても禁止される対象になる。
[298]　各手続の構造、目的などの違いによって担保権実行の中止命令も要件等は異なる。

もっとも、非典型担保の一種である譲渡担保について担保権実行の中止命令の類推適用を肯定するとしても、具体的な適用場面における中止の対象をどのようにとらえるかは問題が残る。この点、担保対象資産を事実上引き揚げるような事実行為について中止命令を観念できないとの考え方がある一方で[299]、集合債権譲渡担保の場合に「債権譲渡の対抗要件に関する法律（筆者注：改正前）第２条２項所定の通知をする等の権利行使をしてはならない」という内容の中止命令が発せられた例もあり[300]、担保対象資産が動産の場合と債権の場合とで、それぞれ「私的実行」のプロセスのうち具体的にどの行為が担保権実行の中止命令によって制限されうるのかなどの点について必ずしも明確な解釈基準が確立しているとはいいがたい状況にある[301]。

　なお、担保権実行の中止命令が発令された時点で、譲渡担保の「私的実行」が終了していれば、すでに「担保権」ということはできないから、同命令の対象とすることはできない[302]。

---

[299]　「民事再生法逐条研究　解釈と運用」ジュリスト増刊49頁参照。

[300]　最決平19.9.27（金融・商事判例1277号19頁以下参照）。なお、伊藤眞「集合債権譲渡担保と民事再生手続上の中止命令」谷口安平先生古稀祝賀『現代民事司法の諸相』439頁以下）では、集合債権譲渡担保の特質、民事再生手続において譲渡担保権者の保護されるべき担保利益などを分析し、民事再生手続における中止命令の発令要件について検討されている。

[301]　民事再生手続における担保権実行の中止命令について「一般論としては、非典型担保の対象となった物又は債権の帰属や利用権の確保を図ることが再生のために不可欠である場合は、類推適用を図る方向で検討すべきであると思われるが、非典型担保の担保としての性質および内容（対象物件の範囲も含む。）に争いがあれば、そもそも再生裁判所はその実体判断をすることは事実上困難であるので類推適用には限界が生ずる」として、「実務的には、非典型担保の性格および内容について非典型担保権者との間に争いがなく、かつ非典型担保権者が実行を急がずに金銭による解決を希望している、別除権協定成立の見込みがあるような場合にしか中止命令を活用できないものと思われる」との指摘もなされている（中山孝雄「担保権の実行手続中止命令」西謙二＝中山孝雄編『破産・民事再生の実務［新版］（下）』74頁参照）。

[302]　いかなる時点、あるいは行為をもって「私的実行」が終了したといえるかは、担保対象資産が動産か債権か、帰属清算型か処分清算型か、清算金があるかないかなどの諸事情を考慮して個別に判断せざるをえないものと思われる。

4 譲渡担保と担保権消滅請求制度

(1) 担保権消滅請求の意義・制度概要

　担保権消滅請求制度とは、破産、民事再生、会社更生の各手続で、担保権の目的となっている財産の価額に相当する金銭が裁判所に納付されることで当該担保権の目的となっている財産に存する担保権を消滅させる手続である。担保権消滅請求制度は、各手続の担保権者の地位、権利行使のあり方および各手続の担保権消滅請求制度の目的により、要件、担保権者の権利行使の方法等の点に違いがある。

a　破産手続

　破産手続上の担保権消滅請求制度は、破産管財人が担保権の目的となっている財産を任意売却するに際し、当該担保権のすべてを消滅させ、また任意売却により取得できる金銭の一部を担保権者への弁済原資とせず破産財団に組み入れることで、破産債権者への配当原資とすることを可能にする手続である。

　破産管財人から担保権消滅請求がされたときは、担保権者は対抗手段として、①担保権実行の申立て（破産法187条）、②破産管財人の申し出た金額に５％を加えた額以上の金額で買い受ける旨の申出（同法188条）をすることができる。担保権者によりいずれかの対抗手段がとられたときは、破産管財人による許可申立てに係る相手方への任意売却および担保権の消滅は許可されず、破産財団への組入れも実現しないことになる。

b　民事再生手続

　民事再生手続上の担保権消滅請求制度は、再生債務者の事業を維持しながら再生を実現するという民事再生手続の目的を達成するための手段として、当該財産が再生債務者の事業継続に不可欠のものであるときは、当該財産の

価額に相当する金銭を再生債務者（管財人が選任されているときは管財人）が裁判所に納付することで当該財産について存するすべての担保権を消滅させることを可能とする制度として位置づけられる[303]。

民事再生手続上の担保権消滅請求制度は再生債務者の事業継続に不可欠な財産を再生債務者のもとに確保することを目的とするから、担保権者は、破産手続で認められている担保権の実行あるいは買受申出によって当該目的財産を現実に換価処分する方法で対抗することはできず、価額決定請求手続（民事再生法149条、150条）を経て、裁判所が決定する当該目的財産の価格[304]に基づく配当（同法153条）を受けることになる。

c 会社更生手続

会社更生手続では、更生計画認可前の営業譲渡を実行することで更生会社の事業の再建を図ることが必要と判断される場合や、遊休資産を早期に売却することで固定資産税等のコスト負担を軽減し、あるいは当該財産の担保余剰部分を運転資金として利用することが必要と判断される場合がある。そこで、更生会社の事業の更生のために必要であると認められるとき、裁判所は

---

[303] 民事再生手続では、担保権者は、別除権者として再生手続によらないでその権利を行使することが認められており、原則として任意の時期に担保権の実行を行うことが認められるが、当該担保権の目的財産が再生債務者の事業継続に欠くことのできないものであるときに、担保権の実行がなされると再生債務者の事業継続は困難になり、民事再生手続の目的である事業の再生も果たせなくなる。再生債務者と担保権者との間で、担保権の目的財産相当額について弁済時期・方法、担保権の不実行などを内容とする「別除権協定」が締結できれば問題ないが、これはあくまでも任意のものであるため、当該財産の評価額、弁済方法などをめぐって担保権者との交渉が頓挫してしまった場合は、担保権の実行により事業継続の基盤となる財産を失うことにもなりかねない。

[304] 裁判所が決定する財産の価額の評価は、「財産を処分するものとしてしなければならない」（民事再生規則79条1項、会社更生規則27条）とされているので、いわゆる「処分価額」を前提としてなされるが、「処分価額」がいかなる概念であるかは、「通常の取引価格」「競売によって実現する価額」「早期処分価格」などさまざまな考え方が存する（馬杉栄一「担保権消滅請求(1)民事再生、会社更生」全国倒産処理弁護士ネットワーク編『倒産手続と担保権』129頁、村松忠司「担保権消滅請求」西岡清一郎ほか編『会社更生の実務（下）』53頁参照）。

管財人の申立てにより当該財産の価額に相当する金銭を裁判所に納付して当該財産を目的とするすべての担保権を消滅させることを許可する旨の決定をすることができる担保権消滅請求制度が定められている[305]。

担保権者が管財人の提示する目的財産の価額を不服とするときは、価額決定請求手続（会社更生法105条）を経て、裁判所が当該目的財産の価格[306]を決定する。これは民事再生手続と同様の手続構造である。なお、担保権消滅請求が許可され、当該財産の価額に相当する金銭が裁判所に納付されたとしても、更生担保権者は直ちに弁済もしくは配当を受けられるわけではなく、更生計画の定めにより権利変更された内容・条件に従って弁済を受けることができるにすぎない（更生計画認可前に更生手続が終了した場合には裁判所が実施する配当を受けることになる）。

(2) 非典型担保への類推適用の可否と問題点

担保権消滅請求制度では、対象となる担保権は「特別の先取特権、質権、抵当権又は商法若しくは会社法の規定による留置権をいう」（破産法186条1項、民事再生法148条1項、53条1項、会社更生法104条1項）と定められている。そのため、譲渡担保権を含む非典型担保は担保権消滅請求制度の対象にならないとする見解もある。しかし、各手続の他の場面では「担保権」として処遇されるにもかかわらず、担保権消滅請求制度の場面に限って別異に取り扱わなければならない積極的な理由はなく、非典型担保も各手続の担保権消滅請求制度の対象となりうる（類推適用）と解すべきであろう[307,308]。

---

[305] 会社更生手続上、担保権者は更生担保権者となり、当該担保権の被担保債権について更生計画の定めるところによらないで弁済を受けることはできないものとされ、更生手続開始決定により担保権の実行は禁止され、すでにされている担保権の実行手続は中止されることになる（会社更生法50条）。そのため、会社更生手続では、民事再生手続と異なり、担保権の実行で事業継続に不可欠な財産が失われるという事態は生じない。

[306] 注304参照。なお、担保権消滅請求における価額決定は、「更生手続開始時の時価」とされる更生担保権の目的財産の評価（財産評定）とは異なるから、自ずと評価基準、基準時は異なることになる（会社更生法106条2項参照）。

[307] 福本有利監修『詳解民事再生法―理論と実務の交錯―』414頁参照〔山本和彦〕。

もっとも、担保権消滅請求制度は典型担保を想定した制度設計がなされていることから、非典型担保、特に集合動産譲渡担保、集合債権譲渡担保に類推適用しうるとしても、さまざまな手続上、解釈上の問題が残ることは否定できない。以下に具体的な問題点をいくつか指摘する。

① 　破産手続上の担保権消滅請求制度には、担保権者の対抗手段として認められている「担保権実行の申立て」に譲渡担保の私的実行が含まれるか。

② 　民事再生手続上の担保権消滅請求制度は再生債務者の事業継続に不可欠の財産を再生債務者のもとに確保することを目的としており、担保権者には担保権の実行あるいは買受申出による当該目的財産の換価処分という対抗手段は認められていないことからすれば、在庫商品のように再生債務者による換価処分が予定される資産は「再生債務者の事業の継続に欠くことのできない財産」ということはできないのではないか。

③ 　裁判所に担保権の目的財産の価額相当額が納付された後は（会社更生の場合は更生計画認可前に更生手続が終了したとき）、民事執行法上の配当手続が準用されているが（破産法191条 3 項、民事再生法153条 3 項、会社更生法111条 3 項）、譲渡担保権について民事執行法上の配当手続は予定されておらず、後順位の譲渡担保権が設定されている場合の配当手続をどのように規律するか。

④ 　集合動産譲渡担保の場合、法的整理手続が開始された後の事業継続で担保対象資産が変動（流入、流出）した場合、担保権消滅請求の対象となる資産はどの時点のものか（もっとも、法的整理手続開始により「固定化」が生ずると解する見解に立てば、開始決定時点に現存する動産と

308　民事再生手続上のファイナンス・リースの取扱いについて、担保権消滅請求の対象となる担保権であることを前提とした下級審裁判例がある（大阪地決平13. 7 . 19金融法務事情1636号58頁、東京地判平15. 12. 22金融法務事情1705号50頁、前出東京高判平19. 3 . 14）。

なろう)。
⑤　集合債権譲渡担保の場合、将来債権も譲渡契約で確定的に譲渡担保権者に移転しており、譲渡担保権の対象資産として捕捉されていると解したとき、価額決定時点の未発生の将来債権の評価はどのようになされるか。
⑥　譲渡担保権の「私的実行」が終了していれば、すでに担保権ということはできないから、担保権消滅請求の対象とすることはできないが、いかなる時点、あるいは行為をもって「私的実行」が終了したといえるか。

　以上のように担保権消滅請求制度を集合動産譲渡担保、集合債権譲渡担保に類推適用しうるとしても、手続上、解釈上の問題が残されており、今後の議論、研究とともに、実務における具体的事例の集積が期待される[309]。

5　譲渡担保と否認

　否認制度は、経済的危機、破綻状態に瀕した債務者について、裁判所の関与のもとに債権・債務関係を集団的に処理し、清算もしくは再建を図るための法的整理手続である破産手続、民事再生手続、会社更生手続が開始された際、債務者により責任財産を不当に減少させ、債権者の利益を害する行為（詐害行為）や債権者間の平等を害する結果を招く行為（偏頗行為）などがなされていたことが明らかとなった場合に、当該行為の効力を否定し、債務者の責任財産を回復させるために認められる制度である。否認制度は破産手

---

[309] 東京地方裁判所において非典型担保が民事再生手続上の担保権消滅請求の対象とされた事例として「金融機関が動産（工作機械）に譲渡担保権を設定していて、譲渡担保権の成立およびその内容について当事者間に争いがなく、かつ、譲渡担保権者も譲渡担保権の実行を事実上控えているという事案において、当該動産譲渡担保権を対象に担保権消滅許可決定がされた（当該動産には商事留置権も競合して成立しており、商事留置権も同時に担保消滅請求の対象とされた。）」との紹介がなされている（松井洋「担保権消滅請求」西謙二＝中山孝雄編『破産・民事再生の実務［新版］（下）』167頁参照）。

続、民事再生手続、会社更生手続を通じてほぼ同様の規律（要件、効果等）がなされている[310]。

　否認の対象となる行為は、基本的な類型として、①詐害行為否認（破産法160条1項、2項、民事再生法127条1項、2項、会社更生法86条1項、2項）[311,312]、②偏頗行為否認[313]（破産法162条1項1号、2号、民事再生法127条の3第1項、2項、会社更生法86条の3第1項1号、2号）が規定され、特則として、③手形債務支払いの場合等の例外（破産法163条、民事再生法128条、会社更生法87条）、④権利変動の対抗要件の否認（破産法164条、民事再生法129条、会社更生法88条）[314]、⑤執行行為の否認（破産法165条、民事再生法130条、会社更生法89条）、⑥転得者に対する否認（破産法170条、民事再生法134条、会社更生法93条）が定められている。

(1) 譲渡担保権の設定と否認

　譲渡担保権の設定は「担保の供与」であるから、それが、①既存債務に関するものであり、②債務者の危機時期以後になされ、③債権者が支払不能等について悪意であるときは、上記否認の対象となる行為類型のうち偏頗行為

310　平成16年に行われた破産法の全面改正に伴い、民事再生法、会社更生法も、破産法の規定に沿った改正がなされた。もっとも、各手続の目的、手続構造の違いなどから否認制度が有する意義、機能などは若干異なるものとなっている。

311　詐害行為否認は、債務者の責任財産を絶対的に減少させる行為が対象となり、当該行為がなされた時期に応じて、二つの類型（時期を問わない類型、支払停止等の危急時以後についての類型）に分けられる（伊藤眞『破産法・民事再生法』383頁以下参照）。

312　詐害行為否認の特殊な類型として、無償行為否認（破産法160条3項、民事再生法127条3項、会社更生法86条3項）が定められている。「無償行為」とは、債務者が対価を得ないで財産を減少させ、または債務を負担する行為である（伊藤眞『破産法・民事再生法』396頁以下）。

313　偏頗行為否認は、支払不能等の危急時以後の既存債務についてされた担保供与または債務消滅に関する行為、支払不能になる前30日以内になされた非義務偏頗行為が対象になる。

314　権利変動の対抗要件の否認は、権利変動の原因となる法律行為とは別に対抗要件具備行為を否認の対象とするものである。権利変動があるにもかかわらず対抗要件具備によって公示をしないことは、一般債権者の信頼を裏切るものであり、また債権者平等の理念に反するものとして、原因行為とは区別して否認の可能性を認めるものである（伊藤眞『破産法・民事再生法』401頁以下参照）。

否認の対象になりうる[315]。偏頗行為否認の対象とされるのは既存債務について行う担保の供与であるから、新規取引に伴う担保の供与（同時交換的行為）は除外される。同時交換的行為といえるためには、単に新規取引をする際に担保権を設定する旨の合意をしただけでは足りず、第三者対抗要件具備まで必要とされる[316]。なお、新規融資と同時に担保供与がなされ、新規融資の融資金をもって既存債務についての弁済に充てることは、実質的には新規与信ではなく「同時交換的行為」に当たらないと考えられる[317]。

　また、譲渡担保権の設定は「権利の設定」（譲渡担保権が権利移転型担保であることを重視すれば「権利の移転」）であるから、①債務者の支払停止等後に対抗要件具備行為がなされ、②当該対抗要件具備行為が原因行為（「譲渡担保権」に即していえば譲渡担保権設定契約の締結）から15日経過以後であり、③受益者が支払停止等について悪意であるときは、権利変動の対抗要件の否認の対象になりうる。

(2) 集合動産譲渡担保と否認

　集合動産譲渡担保権が設定されている場合、設定契約、あるいは対抗要件具備行為が偏頗行為否認、権利変動の対抗要件の否認の要件を満たせば否認の対象とされうることに問題はない。

　ところで、集合動産譲渡担保権ついて「集合体」の構成要素は時々刻々と変化しているから、債務者の危機時期以後も「集合体」の構成要素となる個々の動産は流入してくることになる。そのため、集合動産譲渡担保権の設定、「集合体」に係る対抗要件具備行為は債務者の危機時期前にされている

315　債権者と債務者との間で担保供与の契約（約束）がないのに担保供与されたような場合は「非義務偏頗行為否認」の対象になりうる。「非義務偏頗行為否認」は支払不能になる前30日以内になされた行為に対象が拡張され、また債権者の悪意が推定される。
316　小川秀樹編著『一問一答新しい破産法』230頁参照。
317　益本広史「否認権制度の見直し（その2）―既存債務の期日変更と担保設定」別冊NBL編集部編『新破産法の実務Q&A』187頁参照。

が、債務者の危機時期以後に「集合体」の構成要素として組み込まれる個々の動産の担保設定（あるいは対抗要件具備）という観点から、否認の対象となりうるかという点が問題になる。特に、債務者が単独で、もしくは譲渡担保権者と通謀して、危機時期以後に通常の営業状態における流入量を超えて「集合体」に個々の動産を組み込んだような場合の否認の可能性をめぐる問題である。

　この問題は、「集合体」に対する譲渡担保権の設定、効力をどのようにとらえるか（法律構成）によって、論理的には異なる結論が導かれるであろう[318]。

　分析論の立場では、個々の動産が組み込まれた時に個々の動産に対する譲渡担保権が設定されることになるから、債務者の危機時期以後は個々の動産に係る担保設定（あるいは対抗要件具備）について否認対象になる可能性を肯定することになろう。

　「集合物論」の立場ではどうか。「集合物論」に立つとしても、①「集合物」という個々の動産とは別個に観念できるもののみが譲渡担保権の対象であるとの考え方（二重帰属否定説）、②「集合物」という個々の動産とは別個に観念できるものに譲渡担保権が成立しているとともに、個々の動産にも譲渡担保権が成立しているとの考え方（二重帰属肯定説）があり、さらには、後者（二重帰属肯定説）の考え方に立つとしても、(i)「集合物」を対象資産として譲渡担保権が設定され、「集合物」について対抗要件が具備された後に流入する個々の動産は、当初の譲渡担保権設定時、対抗要件具備時にさかのぼって譲渡担保権設定、対抗要件具備が認められるとの考え方、(ii)個々の動産に係る譲渡担保権設定、対抗要件具備は個々の流入時であるとの考え方[319]などがありうる。上記①の考え方によれば、論理的には個々の動産に係る譲渡担保権の設定は観念できないことになり、否認の対象とはなりえないことになろう。また、上記②-(i)の考え方によっても、論理的には否認の対象とはなりえないことになろう。これらに対し、上記②-(ii)の考え方によ

318　森田修『債権回収法講義』146頁参照。

れば、債務者の危機時期以後に流入した個々の動産に係る譲渡担保権設定、対抗要件具備は否認の対象となる可能性を肯定することになろう。

「価値枠説」の立場では、個々の動産の譲渡担保権は問題にならず、したがって、個々の動産の組入れについて否認の対象とはなりえないことになろう[320]。

「集合体」に対する譲渡担保権の法律構成についていずれの考え方に立つかはひとまずおくとしても、債務者が単独で、もしくは譲渡担保権者と通謀して通常の営業状態の流入量を超えた組入れがなされ、「集合体」の価値を増加させることは、破産債権者間の不平等を招く偏頗行為であり、これを放置することは相当ではないとの価値判断が妥当であると思われる。したがって、危機時期以後に、通常の営業状態の流入量を超えた個々の動産の組入れがなされ、その結果「集合体」の価値が増加したような場合は、否認の対象となる可能性は肯定されるべきであろう[321]。

(3) 集合債権譲渡担保と否認

集合債権譲渡担保権が設定されている場合、設定契約、あるいは対抗要件具備行為が偏頗行為否認、権利変動の対抗要件の否認の要件を満たせば、否認の対象となりうることに問題はない。

ところで、債権譲渡（担保）に係る対抗要件具備の方法は、従来民法の定める通知・承諾しか認められていなかったため、設定契約と同時に対抗要件を備えようとすると債権譲渡通知等を行う必要があり、これによって債務者

---

[319] 前述のとおり（本章第4節1参照）、動産登記制度を利用した場合は「登記後に倉庫に搬入された商品についても、登記がされた年月日に対抗要件が具備されたものとして取り扱われます」との説明がなされており（植垣勝裕＝小川秀樹編著『一問一答 動産・債権譲渡特例法［三訂版］』82頁）、かかる説明に従えば、個々の動産に係る譲渡担保権の設定が流入時であるとの考え方が妥当するのは、登記を利用せずに、従来どおり「占有改定」のみによって対抗要件具備がなされる場合に限られることになろうか。

[320] 伊藤眞「集合動産・債権担保と会社更生(3)」NBL249号38頁脚注(74)参照。

[321] 道垣内弘人『担保物権法［第3版］』329頁、伊藤眞『破産法・民事再生法』395頁参照。

（譲渡人）についての無用の信用不安を惹起するのではないかという危惧があった。そのため、債権譲渡（担保）契約は締結するものの、対抗要件具備（通知・承諾）は留保しておいて、債務者の経営状態が悪化した時点で通知・承諾という対抗要件を具備するという方法がとられることが多かった（通知留保型債権譲渡契約）。この方法による場合、対抗要件具備の時期が権利設定行為から15日以後であることがほとんどであり、対抗要件否認の対象となるケースが多かった。そこで、対抗要件否認を避けるために権利設定行為時期を遅らせて対抗要件具備時期に近接させる方法が工夫され、債権譲渡（担保）契約は締結するが、その効力の発生を債務者（譲渡人）の信用不安発生という条件にかからしめることを意図して、②停止条件付債権譲渡契約（停止条件型）、③債権譲渡予約契約（予約型）などの契約類型が多く用いられた。

　ところが、最判平16.7.16[322]は停止条件型について、「債務者の支払停止等を停止条件とする債権譲渡契約は、……危機時期に至るまで債務者の責任財産に属していた債権を債務者の危機時期が到来するや直ちに当該債権者に帰属させることによって、これを責任財産から逸出させることをあらかじめ意図し、これを目的として、当該契約を締結しているものである」って、「危機時期が到来した後に行われた債権譲渡と同視すべきものである」るとして、旧破産法72条2号（危機否認）に基づく否認権行使の対象となる旨の判断を示した。この最高裁判所の判断の背景にある価値判断は停止条件型のみならず予約型にも妥当すると思われる。なお、前出最判平13.11.22は、集合債権譲渡担保契約を締結した際に、譲渡人から「本件目的債権について譲受人を権利者とする譲渡担保権を設定したので民法467条に基づいて通知をする。譲受人から譲渡担保権実行通知がされた場合には、譲受人に弁済をされたい」旨の通知を行った場合（本契約取立権留保型）は、当該通知によって第三者対抗要件は具備されたものと判断しており、かかる契約類型は対抗要件否認の対象になる可能性は低いであろう。

---

[322] 民集58巻5号1744頁。

以上のとおり、債権譲渡（担保）について従来の民法上の対抗要件具備方法を前提とする契約類型では否認の対象になる可能性を回避することはむずかしいが、動産・債権譲渡特例法に基づく債権譲渡登記を行う場合は債権譲渡（担保）契約と同時に第三者対抗要件を具備することになるため、否認の対象となる可能性は低いものと思われる[323]。

　なお、集合債権譲渡担保権の設定、対抗要件具備行為は債務者の危機時期前になされているが、債務者の危機時期以後に、債務者が単独で、もしくは譲渡担保権者と通謀して通常の営業状態の発生量を超えた債権を発生させた場合の否認可能性をどのように考えるべきかという点については、集合債権譲渡担保の法律構成（動産の場合と同様に「集合体」（枠）を観念するか否か）、あるいは個々の債権の移転時期についてどのように理解するかによって論理的な結論は異なることになろう。もっとも、実質的な価値判断として、危機時期以後に通常の営業状態の発生量を超えた債権を発生させ、その結果譲渡担保権者が把握する担保価値が増加したような場合は、否認の対象となる可能性が肯定される場合もありうると考えられる。

6　「DIPファイナンス」と集合動産譲渡担保、集合債権譲渡担保

　再建型手続に入った企業に対していわゆる「DIPファイナンス」によって必要資金が提供される際に、集合動産譲渡担保、集合債権譲渡担保の設定が検討されることが少なくない。ところが「DIPファイナンス」の担保とされる集合動産、集合債権について、既存の譲渡担保権が存する場合に、既存の譲渡担保権との関係をどのように整理すべきかといった問題が生ずることになる。

---

[323] ただし、動産・債権譲渡特例法4条2項通知について否認の対象となる可能性を示唆する見解もある（森田修『債権回収法講義』101頁参照）。

(1) 「DIPファイナンス」の意義

　日本において「DIPファイナンス」という言葉は一般的に、法的再建手続（民事再生手続、会社更生手続）を申し立てた債務者に対して申立てから手続終結までの間になされる融資という意味で用いられている。

　米国における法的再建手続である連邦倒産法第11章（チャプター・イレブン）では、手続に入った後も原則として債務者（旧経営陣）が継続して経営、財産管理を行いつつ再建手続を遂行することとされており、「DIPファイナンス」という言葉は、そのような債務者（debtor in possession：占有継続債務者）に対する融資に由来している。こうした米国連邦倒産法における意味合いからすれば、日本では、民事再生手続中の再生会社のうち、管財人が選任されていない場合の当該再生会社に対する融資のみが「DIPファイナンス」ということになるが、一般的に、会社更生手続、民事再生手続で管財人が選任されている場合を含めて、法的再建手続を申し立てた後になされる再生債務者、更生会社に対する融資を「DIPファイナンス」と呼んでいる。なお、「DIPファイナンス研究会報告書」（経済産業省中小企業庁事業環境部DIPファイナンス研究会、平成13年6月7日）（以下、報告書）[324]は、「民事再生法等の法的再建手続に入った企業に対する融資を、本報告書では、「再建企業向け融資」と呼ぶ」としている。

(2) 「DIPファイナンス」の役割

　「DIPファイナンス」は、法的再建手続の申立てにより信用を失った再建途上にある企業に対して事業継続、再建計画の策定・遂行に必要となる資金を適時適切に供給することで事業価値の毀損を最小限に食い止め、再建を確実にするという重要な役割を果たすものである。

　「DIPファイナンス」による資金供給が必要となる局面は、法的再建手続

---

[324] NBL716号64頁、717号54頁、718号71頁参照。

を申し立てた企業の事業内容、申立て時点のキャッシュポジション、再建計画の内容などによりさまざまであるが、一般的には、①申立て直後の混乱期における一時的な資金不足を補う局面、②再建計画の策定、遂行過程における資金需要に応える局面に分けてとらえられることが多い[325]。

　法的再建手続の申立て直後は、裁判所により弁済禁止の保全処分が発令され、旧債務に対する支払いは止まるものの、法的再建手続の申立てがなされたという信用不安から、事業継続に必要となる新規取引では取引先から支払サイトの短縮、現金取引（前払いを含む）など取引条件の変更を迫られることが多いため、資金需要が増大する。他方で売掛金などの回収サイト、手形サイトを短縮することはできず、また、取引先から相殺、支払留保などが主張されるなど、増大した需要に耐えうる資金を確保することが困難になることも少なくない。こうした局面での「DIPファイナンス」は、一時的な資金不足を回避し、また、信用補完により事業価値の劣化を最小限に食い止める役割を果たすことになる。

　また、経営破綻に至った企業が再建を果たすためには、再建計画の策定、遂行過程で抜本的な人的・物的リストラ、有効な設備投資が必要になることが多く、また事業の回復局面では必要となる運転資金が増大する。さらには、法的再建手続から脱却して「通常の企業」として経済社会に復帰するためには旧債務（再生債権、更生債権等）の弁済を早期に実施する必要がある。こうした局面での「DIPファイナンス」は、再建計画の策定、遂行の過程で必要資金を供給することで再建を迅速かつ確実なものとする役割を果たすことになる。

---

[325] 報告書は、「再建企業向け融資」について、資金使途・法的取扱い等から、①法的手続申立て後、計画認可決定までの間の運転資金（認可前型）、②計画認可決定後の再生手続係属中(民事再生法の場合は監督委員が監督している期間（3年程度）の運転・設備投資資金(認可後型)、に分類することができるとしている。なお、第三分類として、③計画認可決定前（認可後であっても再生手続係属中の3年以内）に、第三者企業が営業譲受する場合の資金等、第三者が経営資源を投入して事業買収等を行う場合の当該第三者に対する融資（M＆A型）をあげている。

(3) 「DIP ファイナンス」に基づく債権の取扱い

「DIP ファイナンス」に基づく債権（債権者）の取扱いについて、日本の倒産法制下では、米国で認められるようなスーパープライオリティ、プライミング・リーエンといった強い「優先性・優位性」を認める制度[326]はないが、一定の要件が認められる場合に「共益債権」としての保護を受けることになる[327]。

「共益債権」とは、再生債権、更生債権（更生担保権を含む）に優先して、民事再生手続、会社更生手続によらないで随時弁済を受けることができる請求権であり、債務不履行が生じた場合に仮差押え、強制執行を行うことができる（民事再生法121条、会社更生法132条）。

「DIP ファイナンス」に基づく債権が民事再生手続、会社更生手続上の「共益債権」として認められるための要件は各手続の段階に応じて若干異なる。

a 民事再生手続上の「共益債権」

(a) 申立て後開始決定前

再生債務者（保全管理人が選任されている場合を除く）が、再生手続開始の申立て後再生手続開始前に資金の借入れ、原材料の購入その他再生債務者の事業の継続に欠くことができない行為をする場合、裁判所はその行為によって生ずるべき相手方の請求権を共益債権とする旨の許可をすることができ、監督委員に対して裁判所の許可にかわる承認をする権限を付与することがで

---

[326] 本項BOX（米国の「DIP ファイナンス」）参照。
[327] 法的再建手続申立て前になされる融資は「DIP ファイナンス」とはいえないが、産業活力再生特別措置法（産活法）の一部改正（平成19年5月公布）により、特定認証ADR が関与した私的整理が法的整理手続に移行した場合における特例として、私的整理手続中のつなぎ融資と他の債権の弁済率に差を設けてよいか否かを裁判所が考慮する旨の規定が設けられた（改正産活法52条、53条、54条）。これにより、法的再建手続申立て前の融資について、一定の場合は他の一般債権に比してある程度の優位性が認められることになる。

きる（民事再生法120条1項、2項）。再生債務者が裁判所の許可または監督委員の承認を得て資金の借入れ等をしたときは、その行為によって生じた相手方の請求権は共益債権とされる（同条3項）。

なお、裁判所は、監督委員を選任する場合は、監督委員の同意を得なければ再生債務者がすることができない行為を指定しなければならないとされており（民事再生法54条2項）、通常、監督命令で、「金銭の借入れ」「担保権の設定」といった行為は監督委員の同意を得なければならない事項として指定される。

したがって、申立て後開始決定前に「DIPファイナンス」が実行される場合は、再生債務者が、「金銭の借入れ」（有担保の場合は「担保権の設定」も含む）に係る監督委員の同意と「共益債権化」に係る裁判所の許可もしくは裁判所の許可にかわる監督委員の承認とを得る必要がある。

(b) 開始決定後計画認可前

民事再生手続開始後に再生債務者が行った資金の借入れその他の行為によって生じた請求権は、裁判所の許可や監督委員の承認を得なくても共益債権になる（民事再生法119条5号）。ただし、民事再生手続開始後であっても「金銭の借入れ（借財）」「担保権の設定（財産の処分）」は監督委員の同意事項（もしくは裁判所の許可事項）とされるのが通常である（民事再生法54条2項、41条）。

したがって、民事再生手続開始決定後計画認可前に「DIPファイナンス」が実行される場合は、再生債務者が、「金銭の借入れ」（有担保の場合は「担保権の設定」も含む）に係る監督委員の同意（もしくは裁判所の許可）を得る必要がある。

(c) 計画認可決定後手続終結決定前

再生計画認可決定後であっても民事再生手続終結の決定がなされるまでは監督命令の効力は失われることはないが[328]、監督委員の同意権限は再生計画認可決定がなされるまでの間の再生債務者の行為に限定されていることが一般的である。そのため、再生計画認可決定がなされた後は、再生債務者が

「金銭の借入れ」「担保権の設定」といった行為について監督委員の同意（または裁判所の許可）を得る必要はない場合がほとんどである[329]。

b 会社更生手続上の「共益債権」

(a) 申立て後開始決定前

会社更生手続が申し立てられ開始決定がなされるまでの間は、裁判所により保全管理人が選任されることが一般的であるが、保全管理人が当該会社の業務および財産に関し権限に基づいてした資金の借入れその他の行為によって生じた請求権は共益債権になる（会社更生法128条）。もっとも、保全管理人が会社の常務に属しない行為をするには裁判所の許可を得なければならないとされ（同法32条1項ただし書）、また、裁判所は、保全管理人が行う「財産の処分」「借財」など一定の行為について裁判所の許可を得なければならない旨を定めることができる（同条3項、72条2項）。

したがって、申立て後開始決定前に「DIPファイナンス」が実行される場合は、保全管理人が「金銭の借入れ」（有担保の場合は「担保権の設定」も含む）に係る裁判所の許可を得る必要がある。

(b) 開始決定後計画認可前

会社更生手続開始決定がなされると同時に管財人が選任され（会社更生法42条）、更生会社の業務および財産に関して管財人が権限に基づいてした資金の借入れその他の行為によって生じた請求権は共益債権になる（同法127条5号）。ただし、会社更生手続開始後であっても「借財」「財産の処分」は裁判所の許可事項とされるのが通常である（同法72条2項）。

---

[328] 裁判所は、再生計画認可の決定が確定したときは、監督委員または管財人が選任されている場合を除いて再生手続終結の決定をしなければならない（民事再生法188条1項）。しかし、ほとんどのケースで監督委員が選任されていることから、再生計画が遂行され、または再生計画認可の決定が確定した後3年を経過するまで、手続終結決定がなされることはない（同条2項）。

[329] 事案によって、再生計画認可決定後も監督委員の同意が必要とされる場合もありるので、確認が必要である。

したがって、会社更生手続開始決定後計画認可前に「DIPファイナンス」が実行される場合は、管財人が「借財」(有担保の場合は「財産の処分」である担保権の設定も含む) に係る裁判所の許可を得る必要がある。

(c) 計画認可決定後手続終結決定前

更生計画認可決定後でも更生手続終結の決定[330]がなされるまでは更生会社は裁判所の監督下に置かれるが、事業経営権および財産の管理処分権の管財人への専属、管財人に対する要許可事項の指定は、更生計画の定めまたは裁判所の決定で更生計画認可後の更生会社に適用しないことができる (会社更生法72条4項)。そのため、更生計画認可決定後の「借財」「担保権の設定」といった事項について、管財人が権限を有するか、また裁判所の許可を要するかは、更生計画や裁判所の決定次第であり、ケースごとで異なる取扱いになる。

c 破産手続に移行した場合の取扱い (優先的取扱いの維持)

民事再生手続、会社更生手続について一定の手続終了事由が発生し、裁判所が破産の原因となる事実があると認めるときは、職権で破産手続開始決定がなされ (民事再生法250条、会社更生法252条)、以後、破産手続による清算が行われることになる (「牽連破産」と呼ばれる)。

民事再生手続、会社更生手続から破産手続へ移行した場合、民事再生手続、会社更生手続上の共益債権は、破産手続上の財団債権として扱われ (民事再生法252条6項、会社更生法254条6項)、破産債権に先立って弁済される (破産法151条)。

なお、破産財団が財団債権の総額を弁済するのに足りないことが明らかになった場合、「破産債権者の共同の利益のためにする裁判上の費用の請求権」

---

[330] 会社更生手続終結決定は、①更生計画が遂行された場合、②更生計画の定めによって認められた金銭債権の総額の3分の2以上の額の弁済がされた時に当該更生計画に不履行が生じていない場合 (ただし、裁判所が、当該更生計画が遂行されないおそれがあると認めたときはこの限りでない)、③更生計画が遂行されることが確実であると認められる場合に、管財人の申立てまたは職権でなされる (会社更生法239条1項)。

（破産法148条1項1号）、「破産財団の管理、換価及び配当に関する費用の請求権」（同項2号）である財団債権が優先して弁済され、その他の財団債権は法令に定める優先権にかかわらず債権額の割合により弁済される。ただし、財団債権を被担保債権とする留置権、特別の先取特権、質権または抵当権の効力は妨げられないとされている（破産法152条）。

> **BOX　米国の「DIPファイナンス」**
>
> 　日本と米国とでは倒産法制、担保法制の違いから「DIPファイナンス」の取扱いも異なっているが、米国の「DIPファイナンス」は、その「優位性・優先性」が強く認められる点に特徴があるとされている。報告書によれば、米国の「DIPファイナンス」の概要（優位性・優先性）は以下のとおりである。
> ① 米国連邦倒産法§364(a)に基づき通常業務過程の与信を裁判所の許可なく無担保で受けることができる（申立て前の無担保債権に優先）。
> ② 米国連邦倒産法§364(b)に基づき通常業務過程以外の与信を裁判所の許可を得て無担保で受けることができる（申立て前の無担保債権に優先）。
> ③ (a)(b)に基づく与信が得られなかった場合、裁判所の許可を得て担保付きまたは無担保の与信を受けることができ、かつ金融機関へのインセンティブとしてスーパープライオリティ（(a)(b)に優先）を受けることができる。ただし、申立て前の担保付債権に対して後順位になる（米国連邦倒産法§364(c) 1、(c) 2）。
> ④ (a)(b)(c)に基づく与信が得られなかった場合、裁判所の許可を得て担保付与信を受けることができ、その際、申立て前の担保付債権にも優先する（あるいは同順位の）担保権を設定

できる（プライミング・リーエン）。ただし、申立て前の担保付債権に対する「適切な保護」(Adequate Protection) が前提になる（米国連邦倒産法§364(d)）。

なお、「適切な保護」(Adequate Protection) の方法として、①現金弁済、②担保の追加または差替え、③疑いなく等しい価値の実現があげられている（米国連邦倒産法§361）。

(4) 「DIPファイナンス」と集合動産譲渡担保、集合債権譲渡担保

前述のとおり「DIPファイナンス」に基づく債権は、必要な要件を満たせば共益債権として保護を受けることができ、民事再生手続、会社更生手続で共益債権が全額弁済されなかったケースはほとんどないことからすれば[331]、無担保で「DIPファイナンス」を実行したとしても、現実の回収リスクはきわめて低いものと考えられる。しかしながら、理論的には民事再生手続、会社更生手続が頓挫し、破産手続に移行してしまい、破産財団からの按分弁済を受けるにすぎないという事態も考えられる。そのため、「DIPファイナンス」の貸手の立場からは、「DIPファイナンス」に基づく債権を被担保債権とする担保権の設定を求めることが多い。

ところが、法的再建手続に入っている企業の多くは、不動産や有価証券といった高い担保価値が見込まれる資産は旧債務の担保として提供し尽くしており、そうした資産の担保余剰は見込めないケースがほとんどである。

そのため、「DIPファイナンス」を実行する際は、事業が継続されることによるキャッシュフローに着目し、在庫商品などの集合動産や売掛金などの将来債権を含む集合債権に対する譲渡担保権の設定が検討されることが多い。その際、これらの集合動産や集合債権を対象として法的再建手続申

---

[331] 実務上は、民事再生手続、会社更生手続が頓挫して破産手続に移行する場合でも、共益債権は全額弁済するよう裁判所や監督委員により指導されることが多い。

立て前に譲渡担保権が設定されていなければ新たな譲渡担保権の設定自体には法的問題は生じないが、すでに譲渡担保権が設定されている場合は、既存の譲渡担保権の効力との関係で以下のような問題状況が生ずることになり、今後、理論面での整理、研究とともに実務における工夫が必要になるであろう。

a　集合動産

　前述した集合動産譲渡担保に関する多数説によれば、既存の譲渡担保権によって捕捉されている担保対象資産は手続開始決定時に現存するものに固定され、その後に取得する動産に対して効力は及ばないと解されるから、手続開始決定後に新規に取得する動産を対象資産とする譲渡担保権の設定は可能である。しかし、他方、手続開始決定時に現存する動産を担保とする必要性がある場合（たとえば、申立て直後の資金需要に対応する場合）は、既存の譲渡担保権に劣後する譲渡担保権を設定する以外に方法はないが、この場合の後順位譲渡担保権の権利内容は必ずしも明確ではない。なお、手続開始決定時に当然には「固定化」が生じないと解した場合は、別除権協定あるいは担保変換合意を締結することで既存の譲渡担保権の対象資産を確定して「DIPファイナンス」の担保対象資産と競合しないようにするか、「DIPファイナンス」の担保として既存の集合動産譲渡担保と同一の「集合体」を対象資産とする後順位譲渡担保権を設定することが考えられるが、後者の場合は後順位譲渡担保権の権利内容が不明確であるという問題が残る。

b　集合債権

　前述した将来債権を含む集合債権譲渡担保に関する判例、多数説によれば、法的再建手続申立て前になされた「債権譲渡（担保）」によって開始決定後に事業を継続することで発生する将来債権も既存の譲渡担保権者に確定的に移転していると解されることから、集合動産の場合と異なり「後順位譲渡担保権」の成立も認められないと考えられる。そうすると、将来債権を含

む集合債権が既存の譲渡担保権の対象になっている場合、これを「DIP ファイナンス」実行の際に担保とすることは不可能になる[332]。

---

[332] 将来債権を含む集合債権を「DIP ファイナンス」の担保としようとする場合は、再生債務者、あるいは管財人（保全管理人を含む）、既存の譲渡担保権者との協議を行い、既存の譲渡担保権について別除権協定や担保変換合意などの和解的処理を行うか、あるいは担保権消滅請求によって既存の譲渡担保権と調整を図る方法をとらざるをえないであろう。なお、保全管理命令発令後または会社更生手続開始決定後に発生した債権にも集合債権譲渡担保の効力が及ぶと解したとしても、新たに発生する債権が従前の債権に係る回収金を原資とするものではなく、DIP ファイナンスなどの新規資金によって発生したような場合は、譲渡担保契約の趣旨から担保の効力が及ばないと解すべきではないかとの指摘もなされており（鹿子木康「東京地裁における会社更生事件の実情と課題」NBL800号141頁）、このように考えるとすれば、理論的には、既存の譲渡担保によって捕捉される債権と「DIP ファイナンス」の担保となる債権とを区別することで、将来債権を担保とした「DIP ファイナンス」が可能になろう。

第8節 譲渡担保権設定契約等の作成上の留意事項

1 総論

　ABLをめぐる契約当事者間の合意内容は、案件の特性に応じてさまざまなものが考えうるが、契約書に規定すべき事項は、基本的には、①譲渡担保権の取扱いについて規定する分野と②被担保債権の取扱いについて規定する分野との二つの分野に分けることができる（図表3－28参照）。

　これらを一つの契約書にまとめることも不可能ではないが、二つの分野は対象とする事項が大きく異なるので、それぞれ別個に契約書を作成したほうがわかりやすいことが多い。

　在庫商品や売掛債権を譲渡担保として対象企業（債務者）に運転資金を供与する典型的なABLの場合、想定される契約書は以下のとおりである。

図表3－28　ABL契約書に規定すべき事項

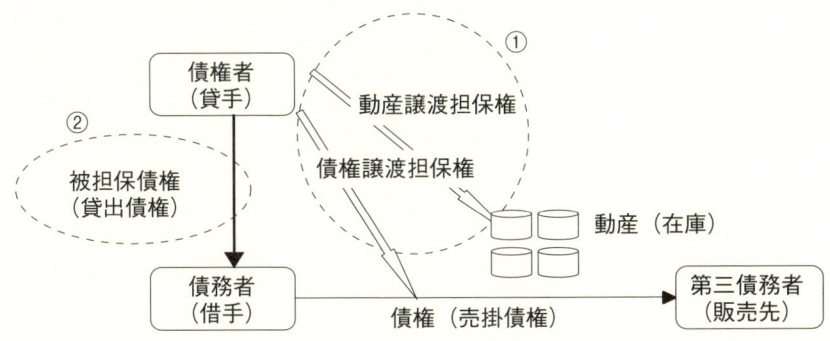

(1) 譲渡担保権設定契約書

譲渡担保権設定契約書は、担保対象となる動産・債権に係る譲渡担保権の設定・管理・実行方法等に関して定めた契約書である。

動産譲渡担保や債権譲渡担保は、これまでいわゆる「添え担保」として取り扱われる場面が多かったためか、一般的に用いられてきた譲渡担保権設定契約書のひな型は、譲渡担保権の設定に関する条項を中心とした全体としてシンプルな記載のものが多かったように思われる。

しかし、ABLは、対象企業の保有する動産・債権に「添え担保」以上の価値を見出し、適切な期中管理等を通じて対象企業の破綻時も被担保債権が毀損しないようにする貸出手法であるため、譲渡担保権の設定に関する事項だけでなく、期中管理に関する事項も具体的に記載していく必要がある。

また、譲渡担保は、抵当権等の典型担保と異なり民法・民事執行法上の規定がなく、実行段階における法律上の規定が整備されているわけではないため、契約書の定めによりそれを補う必要がある。

そこで、ABLでは、従来用いられてきた譲渡担保権設定契約書のひな型と比較して、相当程度詳細な条項を設けることが多い。

(2) 極度貸出契約書

第2章第3節で解説したABLの「本来的手法」のうち、貸出基準額（ボローイング・ベース）を活用する場合は、通常、極度貸出契約書を用いることになる。

極度貸出契約書は、極度貸出額の枠内で借入企業が自らの判断で随時希望する貸出額の個別貸出を受けることができる旨を定めた契約書である。譲渡担保権設定契約書と並んでABLをめぐる契約書の「車の両輪」をなす。

銀行の場合、各行で用いている当座貸越約定書のひな型を使用しつつ、ひな型の内容を修正・補充するABL用の「特約書」を作成することも考えられる。

(3) 付帯覚書・特約書等

　ABL は案件の特性に応じた個別の対応をするべき場合が多い。これらの個別対応事項について、譲渡担保権設定契約書や極度貸付契約書のなかに書き込む場合もあるが、別途の覚書・合意書を作成したほうが ABL スキーム全体の構成がわかりやすくなる場合もある。譲渡担保権設定契約書や極度貸付契約書のなかに「○○に関する細目事項については別途定める」「○○については、甲乙が別途定めるところにより、○○する」といった条項を設ける場合は、こうした付帯覚書・合意書等が必要になる。

　また、ABL を通じ、対象企業に対して財務制限条項等の誓約事項（コベナンツ）を設ける場合、上記(1)、(2)の契約書とは別に財務制限条項等に係る特約書を交わすことも考えられる。

　さらに ABL では、対象企業以外の者を交えて覚書、確認書等を取り交わすこともある。たとえば、在庫商品の保管者が、対象企業自身ではなく倉庫業者である場合に、倉庫業者を交えて譲渡担保権の対抗要件等に関する覚書（倉庫内の在庫商品が指図による占有移転により債権者に引き渡されたことの確認など）を締結するときや、対象企業の万一の事態に備えて、処分業者との間であらかじめ買取保証・処分条件等についての取決めをしておくときなどが考えられる（図表 3 - 29 参照）。

　ABL は不動産担保貸出と異なり、担保対象財産の種類、管理態様、実行態様などが案件に応じて千差万別である。したがって、ABL の契約書は不動産担保貸出に比較してひな型を準備しにくい。実務的には、一定の条項は案件間で共通のものを用いつつ、その他の条項について個別案件ごとに、加除修正をしていくことになると思われる（図表 3 - 30 参照）。

2　譲渡担保権設定契約書

　以下では、金融機関が対象企業の流動する在庫商品と売掛債権を譲渡担保

図表3-29 ABLに係る契約書等

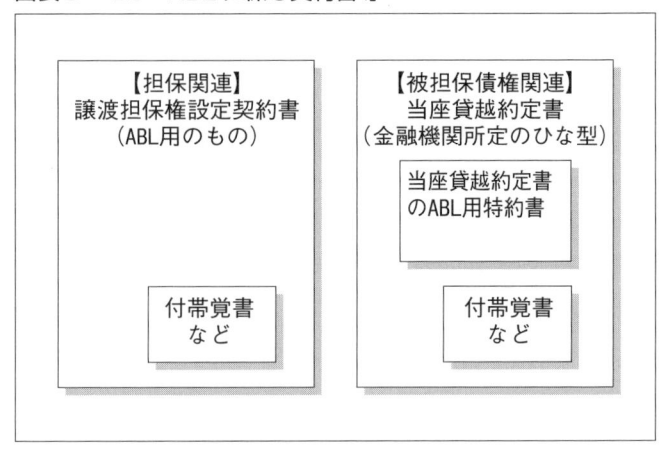

【担保関連】
譲渡担保権設定契約書
（ABL用のもの）

付帯覚書
など

【被担保債権関連】
当座貸越約定書
（金融機関所定のひな型）

当座貸越約定書
のABL用特約書

付帯覚書
など

（対象企業以外の者も交えた）
覚書、確認書など

図表3-30 ABLに係る契約条項

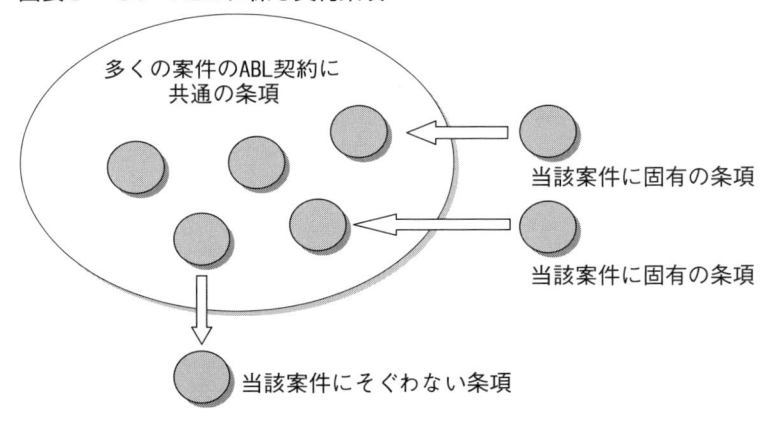

多くの案件のABL契約に
共通の条項

当該案件に固有の条項

当該案件に固有の条項

当該案件にそぐわない条項

として運転資金を当座貸越の方法により融資する、典型的な ABL スキームの譲渡担保権設定契約書の主要な記載事項と留意点とを掲げる。

契約条項の順序は、案件によりさまざまな定め方があろうが、基本的には譲渡担保権の一生、すなわち①設定段階、②期中管理段階、③担保実行段

階、④その他という流れに沿って時系列に並べるのがわかりやすいのではないかと思われる。

(1) 被担保債権の特定

何を被担保債権とするかを規定する。ABL の場合、被担保債権の多くは極度貸出契約書等により対象企業に随時供与される不特定の債権となる。譲渡担保の法的性質は根譲渡担保である。

(2) 譲渡担保権の設定

譲渡担保権の設定段階に関する定めは動産と債権とで規定の表現が異なるため、別個に規定するのがわかりやすいものと思われる。

a 動　産
(a) 動産譲渡担保権の設定
担保対象資産となる対象企業の在庫商品の内容と保管場所を特定したうえで、当該保管場所に現存し、または将来搬入される当該在庫商品を被担保債権の担保目的で一括して金融機関に譲渡する旨を規定する。この際、集合物の種類・所在場所・量的範囲を指定するなどの方法で集合物の範囲を特定しなければならない。この特定が欠けていると、有効な譲渡担保権とみなされない結果、譲渡担保権の設定自体が無に帰することになり、ABL スキーム自体が瓦解するため、規定の仕方はきわめて重要である。とりわけ、所在場所の数が多い ABL では個々の所在場所の現状確認を行う時間的余裕がないこともありうるため、個々の所在場所の特定がおろそかになってしまっていないか、特に慎重な検討が必要である。

集合物の特定の程度は、動産譲渡登記が可能な程度に特定されているかという観点のみならず、譲渡担保権に基づく仮処分が可能な程度に特定されているかという観点での考察も必要である。ABL では、譲渡担保権の実行時に仮処分手続を用いざるをえないことがあるが、その際に執行ができない事

態になれば、事実上譲渡担保権が存しなかったのと同じことになってしまうからである。この点、集合物の所在場所を執行官の立場でもわかりやすい内容とすべく、文字による特定に加え、住宅地図、測量図面、建築図面、写真などを用いることも一考と思われる。

なお、後述するとおり、ABL では対象企業のモニタリングのため定期的に対象企業から在庫商品リストなどの資料の提出を受けることが予定されているが、その資料のカバーレターに「添付商品リストの動産につき、貴行の債権の担保のため、貴行に譲渡し、占有改定により引き渡します」旨等を記載するなどして、保管場所を特定要素とする集合動産譲渡担保のほか、占有改定方式による個別動産譲渡担保も重ねて取得するケースもあるようである。このようにすることで、保管場所から搬出された在庫商品に対しても個別の動産譲渡担保権の効力を及ぼすことを意図しているものと思われ、実務的にはこうした工夫も一考に値する。ただし、このように所在場所から搬出された在庫商品は譲渡担保権の公示がないため、第三者に即時取得されやすいことをあらかじめ覚悟する必要がある。

(b) **対抗要件**

動産譲渡担保の対抗要件は動産譲渡登記によって具備するのが一般的であると思われ、かかる登記手続申請に関する規定が必要である。

このほか、動産譲渡担保の対抗要件について占有改定をも行う旨の条項を設け、契約書に確定日付を押印しておくことも考えられる。登記になんらかの理由で瑕疵があった場合の一応の備えになるためである[333]。

なお、在庫商品が倉庫業者など債務者以外の者の直接占有下にある場合、民法上の対抗要件は、占有改定ではなく指図による占有移転になる。指図による占有移転は、当該占有者に対する通知を要することになるため、これを行うか否かは案件に応じて判断する必要がある。倉庫業者などの占有者に対

---

[333] 動産売買先取特権者の追及力遮断を万全とするため、占有改定による引渡しを行っておくことの有益性を指摘する見解がある（堀龍兒編『Q＆A債権・動産譲渡担保の実務』380頁〔河野玄逸〕）。

して、ABLスキームを説明したうえで指図による占有移転に係る覚書等を取り交わす場合は、覚書等のなかに担保権実行時の搬出協力などに関する規定も織り込んでおくと担保権実行がより円滑に進むであろう。

(c) 明認方法

譲渡担保権設定契約書のひな型には、保管倉庫や在庫商品に所有者が金融機関であることを示す旨の明認方法（シールやプレート、看板など）を施すべきことを規定するものが多い。このような明認方法は第三者による即時取得を事実上妨げる効果がある[334]点で有用ではあるが、実際には明認方法を施すことに対して対象企業の抵抗感が強い場合が多い。したがって、明認方法を行うとの規定を設けるべきか、設けるとしてもどのような明認方法とするかは、案件に応じた個別の考察が必要になる。

この点について、たとえば、一律に明認方法を要求するのではなく、「対象企業は別途金融機関が通知するまでの間は明認方法をしないことができる」とか「金融機関が求めたときは明認方法を施す」といった程度の規定にしたり、債務者の信用状態が一定状態以下に悪化した場合にのみ明認方法を施すこととしたりする旨の規定とすることも考えられる。また、一定の価値を超える物のみに明認方法を付するなど、対象物をカテゴリーに分けたうえで各々の取扱いに差異を設ける工夫もあってよいと思われる。

(d) 在庫商品の管理および処分

対象企業は、在庫商品の管理について金融機関に対して善管注意義務を負うこと、被担保債権の期限の利益を喪失するまでは在庫商品を通常の営業の範囲で処分し売買代金を回収できることなどを規定する。他方、金融機関は在庫商品を担保の目的でのみ使用することなどを規定する。

なお、金融機関は、対象企業が通常の営業の範囲で在庫商品を売却したと

---

[334] 即時取得が成立する一要件として、買主が対象物の占有を開始した時点で、売主が処分権限を有していないことについて善意無過失であることが必要とされているが、明認方法を施しておけば買主が悪意もしくは有過失になるため、即時取得が成立しにくくなる。

きは、その売却代金を対象企業名義の自行口座に振り込むこととさせる、いわゆる振込指定を採用することも考えうる。

損害保険の付保および保険金に対する質権設定を行うかも検討を要する。

b 債　権
(a)　債権譲渡担保権の設定

対象企業の担保対象となる売掛債権の内容を特定したうえで、それらを被担保債権の担保目的で一括して金融機関に譲渡する旨を規定する。

取引先が固定している対象企業の場合は特定の第三債務者向けの売掛債権のみを譲渡する規定とすることもありうるが、通常は、対象企業の取引先は時勢に応じて変動するため、第三債務者不特定の将来債権の譲渡を行う場合が多いものと思われる。特定性が必要な点は在庫商品と同様であり、売掛債権の発生原因、始期・終期などの要素によって、譲渡する債権を対象企業が有する他の債権から識別することができる程度に特定することが必要になる。

(b)　対抗要件

債権譲渡担保の対抗要件は債権譲渡登記によって具備するのが一般的であると思われ、これに関する規定が必要である。

さらに、重ねて第三債務者に対する確定日付ある証書による通知（民法467条）を行うかは案件に応じて考える必要がある。第三債務者不特定の将来債権の譲渡を行う場合、このような通知にあまり意味はない。また、第三債務者の特定した売掛債権の譲渡を行う場合も、事案によって対象企業に対する無用な信用不安惹起の危険が生ずることもあるものと思われる。

(c)　売掛債権の管理および回収

金融機関は、対象企業が被担保債権の期限の利益を喪失するまでは対象企業が売掛債権を通常の営業の範囲で回収することができる旨の取立委任をすることを規定する。

前述のとおり、回収方法について金融機関の振込指定を採用することも考

えられる。

c 表明・保証

　ABLスキームの表明・保証条項は、①対象企業が契約締結権限を有していること等の対象企業の経営状態全般に係る表明・保証条項と、②担保対象資産である在庫商品・売掛債権について瑕疵がないことを中心とする担保対象資産に係る表明・保証条項との2類型がある。

　上記の①と②の表明・保証条項をABLのいずれの契約書に書き込んでいくかは案件ごとに考える必要がある。たとえば、ABLスキームのなかで対象企業に広く財務制限条項等の誓約事項（コベナンツ）を課する場合はこれらの誓約事項と上記①の条項を一つの独立した書面（当座貸越約定書の特約書など）としてまとめ、譲渡担保権設定契約書は上記②の表明・保証条項のみを記載することも考えられる。

　また、ABLは案件ごとの個別性が高いため、案件に応じた固有の表明・保証条項がないかを検討する必要がある。たとえば、対象企業によって、特定の業界団体に属していることや特定の資格を有していることが収益の源泉になっている場合もあるため、このような所属・資格があることを表明・保証の対象事項とすることもある。

d 期中管理

　期中管理はABLスキームの要となる部分である。期中管理としてどのようなことを行うかを明確に定めておくことで、金融機関による担保価値の正確な把握が可能になるほか、対象企業のコーポレートリスク審査の補完的材料も入手することができる。

　期中管理事項として、①対象企業および担保対象資産についての金融機関へのディスクローズに関する事項、②ABL存続期間中の対象企業の遵守事項という二つの視点が考えられる。

　①対象企業および担保対象資産に係る金融機関へのディスクローズに関す

る事項として、(i)対象企業から定期的に提供を受ける資料の種類とその頻度についての定め、(ii)対象企業との面談に関する定め、(iii)担保対象資産把握のための対象企業の倉庫等への実査に関する定め、(iv)対象企業等に一定の事由が発生した場合の報告義務に関する定めなどを設けることになろう。対象企業の規模、資料の管理状況、案件規模等の要素により具体的にどこまで細かな定めを置くかを検討することになる。

とりわけ、貸出額が在庫商品・売掛債権の残高に応じて変動する ABL スキームでは、この期中管理に基づき債務者から提供を受ける資料が貸出額算出の基礎的な資料になるため、その意義は重要である。貸出額算出の基礎資料として、在庫商品の残高明細表、売掛債権の残高明細表などが考えられるが、その他にも、在庫商品や売掛債権の価値を減ずる事実を示す資料が必要になる場合もある（たとえば、在庫商品につき第三者の留置権が発生する場合における留置権の被担保債権に関する資料や、前受金を受領している場合の前受金に関する資料など）。

また、債務者から提供される資料は可能な限り信頼性の高い資料であることが望ましい。この観点では、たとえば担保対象たる在庫商品が倉庫業者によって保管されている場合は、債務者が作成する資料に加えて倉庫業者が作成する資料（寄託物の明細に関する資料）も提供資料に加えることが考えられる。

② ABL 存続期間中の対象企業の遵守事項として、(i)対象企業の経営状態全般に係る遵守事項と(ii)担保対象資産に係る遵守事項との２類型が考えられる。(i)の代表例として財務制限条項があげられる。対象企業の経営状態全般に係る遵守事項は、譲渡担保とは直接関係のない内容を含むため、別個の合意書にまとめることも可能と思われる。(ii)の例として、在庫商品を通常の営業の範囲を超えて保管場所から搬出しないこと、保管場所に担保対象となる在庫商品以外の動産を混合しない（区分して管理を行う）こと、在庫商品の保管場所の名称を動産譲渡登記に記載したものから変更しないこと、売掛債権につき譲渡禁止特約を締結しないことといった条項が考えられる。

期中管理事項は、金融機関が対象企業や担保対象資産の状況を把握するに足りるレベルとする必要がある。この観点では、たとえば対象企業に対して使用される局面の異なる複数の財務・会計資料の提出を求めることも考えられる。これにより提出された複数の資料の突合を通じて対象企業が資料の内容を操作している事実が判明しやすくなる結果、対象企業がそもそも資料の内容を操作しないという効果が期待できるからである。

　しかし、他方で、期中管理事項は、対象企業が遵守可能でかつ過負荷に陥らないようなレベルのものにとどめる必要もある。たとえば、対象企業がもとより遵守できない厳しい遵守事項を契約書中に定めてしまった場合、ABLスキームの開始当初から契約違反の事実があることになり、それが恒常化すれば他の遵守事項に関する規律が緩んでしまう懸念がある。また、期中管理の内容が対象企業の権利を過度に制約するものであった場合、その条項自体が金融機関による優越的地位の濫用として信義則上無効になったり、公序良俗に反して無効となったりするリスクがある。さらに、対象企業にとって提出する資料の量が多すぎれば、借入れに伴う事務負担が大きすぎるものとして対象企業から敬遠されることになる。

　結局のところ、期中管理のバランスをどうとるべきかは、対象企業や案件の規模、ABLと行う目的等によってさまざまでありえ、金融機関は対象企業との対話を通じて適切なバランスをみつけるほかない。この点、たとえば、期中管理事項を複数のカテゴリに分けたうえで、カテゴリごとに実施頻度を変えるという方法も一考と思われる。

e　期限の利益の喪失

　期限の利益喪失事由に係る条項は、譲渡担保権設定契約書上に列挙することも考えられるが、金融機関は対象企業との間で銀行取引約定書を締結しているのが通常であるため、対象企業に譲渡担保権設定契約書上の契約違背があったときは、銀行取引約定書上の期限の利益喪失事由（請求に基づく期限の利益喪失事由）に当たるとする構成をとることも可能と思われる。

f　担保権の実行[335]

　譲渡担保権の実行は、抵当権の実行と異なり、民事執行法に基づく担保権実行の規定が存しないため、①動産の場合は、対象企業から担保対象資産たる動産の引渡しを受けてこれを換価し、換価代金を被担保債権の回収に充てることになり、②債権の場合は、担保対象資産たる債権の債務者（第三債務者）に対して支払いを請求しその支払いを受けて被担保債権の回収に充てるか、債権自体を第三者に売却することになる。

　したがって、(i)対象企業が被担保債権の期限の利益を喪失し、金融機関が譲渡担保権の実行に着手したときは、対象企業による担保対象の処分・回収等が禁止されること、(ii)金融機関は、譲渡担保権実行着手後いつでも担保対象財産を換価・回収して自己の債権への弁済に充当できること、(iii)担保対象財産の換価・回収代金が自己の債権の全額弁済に満たないときの充当の順序といった点などについて定めが必要になる[336]。

　ところで、対象企業が、民事再生などの再建型法的手続や再建型の私的整理手続を選択した場合、金融機関が担保対象資産たる在庫商品や売掛債権を売却・回収すると、対象企業の運転資金が確保できず、再建手続が事実上頓挫する可能性がある。このような事態に直面した場合に金融機関としてどの

---

[335] 制度設計として、法的整理手続開始申立て等の与信事故発生時点で、権利行使対象資産を保管場所に現存する個別動産に自動固定化し、かつ所有権を譲渡担保権者に確定的に帰属させるスキームよりも、譲渡担保権者が権利行使対象資産の確定、強制的な市場換価、換価代金からの優先弁済等のオプションを有するというスキームのほうが金融機関の債権回収手法として親和性があるとの指摘もなされている（河野玄逸「民事再生手続と実体担保制度」伊藤進先生古稀記念論文集『担保制度の現代的展開』390頁以下）。

[336] その他、対象企業が被担保債権について期限の利益を喪失した場合に、金融機関と対象企業との間で担保対象資産たる動産の所在場所を金融機関が当該動産を保全するために必要な措置をることを可能とするための使用貸借契約が成立するとの規定を設けたり、対象企業と金融機関との間で担保対象に関して受戻しの合意（別除権協定の締結）を行う場合に備え、あらかじめ担保権の評価基準についての定めを設けたりすることも指摘されている（中村廉平＝藤原総一郎「流動資産一体担保型融資（アセット・ベースト・レンディング）の検討—事業のライフサイクルを主眼とした中小企業の資金調達の新展開—」金融法務事情1738号52頁）。

ような対応をとるべきかは、ABLスキームの組成時あるいは期中段階からあらかじめ検討をしておく必要がある。在庫商品の流通や売掛債権の回収が滞れば対象企業の事業は直ちに毀損していくため、担保対象資産である在庫商品や売掛債権の取扱いに係る判断には迅速性が要求され、対象企業が経営危機に直面してから検討を開始したのでは手遅れとなる危険があるからである。契約書段階では、一般論として、金融機関が認めたときは、担保対象資産に係る厳格な管理・資料の提供等を条件として、対象企業による担保対象資産の売却・回収を可とする旨の条項を設けることになるものと思われるが、案件によってより踏み込んだ規定を設けることも考えられる。

これに対し、対象企業が破産など清算型の法的手続を選択した場合は在庫商品を可能な限り高値で売却することが、ABLを実施した金融機関のみならず他の債権者の利益にも資することになる。在庫商品に担保余剰があれば、その余剰分が他の債権者への配当原資になりうるからである。この意味で、ABLを実施した金融機関自ら処分ルートを確立するほか対象企業の商流を生かした処分ルートも検討し、対象企業やその管財人と密に連絡をとって協働しながら譲渡担保権の実行を行うことが有益と思われる。

g 雑 則

秘密保持、連絡先窓口の設置、契約上の地位の譲渡、準拠法、管轄裁判所等に係る定めを設ける点は、一般の契約書と同様である。

ABLは、不動産担保貸出と比較して金融機関が対象企業の経営・資産状況をより積極的・動的に把握するところに特徴がある。そのため、対象企業の企業秘密が流出することのないよう、秘密保持に関する条項は重要な意味を有しているほか、期中の連絡が円滑に行われるよう、連絡先窓口を契約書にあらかじめ定めておくことの意義は大きい。

(3) 極度貸出契約書

金融機関が対象企業の在庫商品と売掛債権を譲渡担保として運転資金を当

座貸越の方法により貸出する、貸出基準額（ボローイング・ベース）活用型のABLスキームの極度貸出契約書の主要な記載事項と留意点は以下のとおりである。なお、金融機関所定の当座貸越約定書を用いつつ、ABL用の特約書を作成する方式とすることも考えられる。

a 貸出可能額

担保対象資産たる在庫商品・売掛債権との関係で、いくらを貸出可能額（極度額）とするかについて定めた条項であり、極度貸出契約書の根幹をなす。一般的には、在庫商品・売掛債権の評価額に一定のアドバンスレート（掛け目）を掛けた金額を貸出基準額（ボローイング・ベース）といい、それを貸出可能な額とする場合が多い。アドバンスレートは案件によってさまざまであり、在庫商品や売掛債権の種類（類型）によっても異なりうる。たとえば、ある対象企業の担保対象資産たる在庫商品が原料と製品である場合、原料に高めのアドバンスレートを設定しつつ、製品に低めのアドバンスレートを設定するといったことも考えられる。

契約条項として、貸出可能額の計算方法やその貸出可能額が適用される期間、貸出可能額の通知の方法などを記載していくことになろう。

貸出可能額の計算にあたって、債務者から提出される在庫商品や売掛債権に関する情報が基礎資料になると思われるが、そのような基礎資料が所定の締切日までに提出されなかった場合の対処も検討が必要と思われる。

b 利息、損害金、支払方法等

貸出可能額の範囲内で個別貸出がなされた場合の個別貸出の利息、損害金、支払方法などについて定めた条項である。

金融機関所定の当座貸越約定書を用いつつABL用の特約書を作成する方式とする場合は、金融機関所定の当座貸越約定書にその旨の記載がある場合もあり、特約書で記載しなくてもよい場合がある。

なお、利息とは別に、貸出極度契約の存続期間中、金融機関が対象企業か

ら所定の「枠設定フィー」を徴収する旨の条項を設けることも考えられるが、対象企業によってかかるフィーが特定貸出枠契約に関する法律の適用対象に該当しない場合もあるため、フィーの徴収が利息制限法に違反することのないよう留意する必要がある。

c 遵守事項・報告事項・事前同意事項等

譲渡担保権設定契約書と同様、遵守事項・報告事項・事前同意事項等について定めることが考えられる。この場合、譲渡担保権設定契約書との契約条項の役割分担（棲み分け）をどのように行うか、検討が必要である。

d 期限の利益の喪失

期限の利益の喪失に関する条項は、譲渡担保権設定契約書と同様、期限の利益喪失事由を列挙することも考えられるが、銀行取引約定書に定める期限の利益喪失事由（請求に基づく期限の利益喪失事由）に当たるとする構成をとることも考えられる。

また、期限の利益の喪失に至らないまでも、契約違背事由が解消するまでの間、貸出可能額を減額する旨の条項を設けたり、極度貸出契約を解除したりする旨の条項を設けることも考えられる。

e 雑 則

譲渡担保権設定契約書と同様の雑則を設けることが考えられる。

第 4 章

ABL の会計・税務

第1節

ABL に係る会計

　第2章第1節で説明したとおり、ABL を狭義に解釈するか、広義に解釈するかによって会計上の論点は大きく異なる。狭義の ABL、すなわち「売掛金や在庫などの企業が保有する流動性の高い資産を担保にした貸出」として負債の計上を求められる、いわゆる「デット・ファイナンス」とすると、会計上の重要な論点はあまりない。それに対して、会計上、資産の売却と認定され、資産のオフバランス処理または負債への計上が求められないファイナンス形態を含む広義の ABL に関しては、いろいろな会計上の論点が生じてくる。すなわち、売掛債権のファクタリングや機械設備などのリース取引およびさまざまな資産の流動化の会計処理と複雑で高度な会計上の判断を求められる取引に関する論点である。

　本書では、主に狭義の ABL を取り上げていることから、本節でも負債（デット）の会計処理に関する基本的な解説にとどめ、ファクタリングやリース取引および資産の流動化の会計処理は参考として記述する。

1　資産を担保とした金融機関からの借入れの会計

　一般事業会社が資産を担保として銀行等の金融機関から借入れを行う場合の会計上の取扱いは借入金の部分と担保提供の部分とに分けて整理できる。

(1) 借入金の会計処理

a 通常の処理

　通常、ABLにより資金調達を行う場合に債務者は貸出条件等を記載した契約証書を金融機関に提出し、その証書を受領した金融機関は担保の設定登記等の所定の手続を実施して債務者に資金を交付する、いわゆる「証書貸出」といわれる貸出形態で実行されるが、この証書貸出の法的性質は一般に金銭の消費貸借契約と解されている。金銭消費貸借契約は要物契約といい、契約の成立のためには当事者間での貸出に関する合意のほかに、目的物である金銭の授受が必要とされている。したがって、一般的には貸出は金銭の交付がない限り契約は成立しないと考えられるが、その一方で、証書が作成された後に貸出が実行されるという実務上の慣行を想定して、当事者間の合意のみで成立する諾成的消費貸借契約と考える考え方もある。その場合に、契約に合意した後に債務者の信用状況が悪化した場合に金融機関は貸出を実行する義務があるかが問題になる。見方を変えて債務者の立場では、契約した時点で貸出実行により資金を受領できるという権利と同時に返済債務が発生し、債務として確定しているかという論点が生ずる。実務上、銀行等の金融機関の場合は、貸出を実行する前に債務者の信用状態が悪化した場合に銀行取引約定書等に基づいて貸出債務が消滅する条項が織り込まれているため、所定の事由が生じた場合に貸出債務は消滅することになっており、その意味では資金の交付があるまでは債務者にとって借入れに関する返済債務が確定しているわけではない。

　このように、貸出に関する取引を法律上どのように解釈しようとも、会計上は実態として貸出の実行に関する資金の交付がない限り、借入金の債務は確定していないと判断できる。したがって、会計上の処理では貸出の実行代り金として資金の交付があったときに貸借対照表の負債として計上することになる。

　負債として計上する金額は原則として債務額であり、負債に計上後は時価

評価することはしない（金融商品会計基準26項、金融商品会計に関する実務指針126項）。

b 貸出実行時の受領代金と債務額が異なる場合の会計処理

貸出が実行され、借手が金融機関から資金を手にするときに必ずしも借入金の負債金額の全額が受領できるわけではない。利息が前払方式であれば最初の利息期間に相当する利息額は貸出実行額から控除され、収入印紙等の借入債務者が負担すべき諸経費について金融機関が立て替えていればそのぶんを精算する必要も生ずる。また、第三者による担保資産の査定等が必要な場合はその評価手数料等が発生し、その負担も債務者に生じ、その費用精算も貸出実行時に行われることもある。

このような場合に貸出実行時により受領した資金の額と契約による債務額との差額の処理が論点になりうる。

まず、当該差額の法的な意義は貸出金の要物性を考慮すると貸出の実行により債務者が実行代り金を全額受領して、その資金のなかから前払利息、諸手数料を支払った、または貸手が立て替えていた費用を精算したと考えるのが妥当であろう。

当該差額はその内容により、①前払利息、②約定金利の調整、③借入金組成手数料（収入印紙等を含む）等に区分整理され、それぞれについて異なった会計処理が適用される。

(a) 前払利息

前払利息は借入金の約定条件により規定された金額を利息として支払ったものであるので、期末時点で未経過期間が存在する場合は、その期間に相当する金額をその他資産の前払費用として資産計上する。

(b) 約定金利の調整

名目のいかんを問わず実質的な約定金利の調整と判断される場合は利息の支払時期または支払額が不規則な借入金の一種とみなされて、借入金の債務額から当該金額を加減算した額が貸借対照表に負債として計上されることに

なる。したがって、当該差額は負債額に織り込まれてしまうので、開示上当該差額を区分して表示する科目はない。

なお、貸借対照表計上後の負債額は原則として利息法による償却原価法により計算された金額となる（実務指針131項、105項）。

(c) **借入金関連費用等**

金銭消費貸借契約書に係る印紙税や弁護士費用、担保資産の評価手数料等、借入れのための諸費用は実務上、一括して全額を費用計上しているものと思われる。これについて明確な規定はないが、これらの諸費用を借入期間に按分して費用認識できるかという論点がある。会社法では繰延資産の計上を容認しており、資産計上した場合は相当の償却を求めている。しかし、繰延資産の定義・解釈や償却方法・償却期間について具体的に規定しておらず、結果として、一般に公正妥当と認められる企業会計の基準その他の企業会計の慣行を斟酌することとされている。

一方、企業会計原則では「将来の期間に影響する特定の費用は次期以後の期間に配分して処理するため、経過的に貸借対照表の資産の部に記載することができる」と規定して、いわゆる繰延資産の計上を容認している。さらに、同注解15では、将来の期間に影響する特定の費用とは「すでに代価の支払が完了し又は支払義務が確定し、これに対応する役務の提供を受けたにもかかわらず、その効果が将来にわたって発現するものと期待される費用」と定義している。

このような状況を受けて、企業会計基準委員会から「繰延資産の会計処理に関する当面の取扱い」（実務対応報告19号）が公表されて、繰延資産の具体的な項目として①株式交付費、②社債発行費等、③創立費、④開業費および⑤開発費の五つの費用が限定的に示されている。借入れ時に発生する借入れに係る諸費用はこのうちの社債発行費等にきわめて類似したものであり、会社法上も繰延資産の具体的な項目について限定されていないことから、資産計上の可能性をうかがわせるものである。しかしながら、当該費用は厳密には社債発行費等そのものに該当するものではないこと、また旧商法では限定

列挙されていたことや当該実務対応報告が企業会計原則の定めに優先することになっている点を考慮すると、現時点では当該費用は上記5項目のどれにも該当せず、結果として当該費用の資産計上はできないと判断するのが妥当であろう。

(2) 担保資産に関する開示

貸借対照表に計上された資産が担保として提供されている場合は、通常の状態では資産に係る便益を享受し、リスクを引き受けているので、貸借対照表に計上したままであるが、自由に処分することができないため、連結貸借対照表および貸借対照表で資産が担保に供されていることについて、その旨を注記しなければならない（連結財務諸表規則24条の3および財務諸表等規則43条、会社計算規則129条および134条）。

なお、会社法では会計監査人設置会社以外の株式会社（公開会社を除く）に対して貸借対照表に関する注記表の表示を求めていない。したがって、株式の譲渡制限があり、かつ会計監査人を設置していない多くの中小企業では注記の表示を要しないことになる。

担保資産に関する注記として開示すべき具体的な項目は以下のとおり。

① 資産の全部または一部が供されている旨
② 当該担保資産が担保に供されている債務を示す科目の名称
③ その債務の金額（当該債務の一部に担保が付与されている場合はその部分の金額）
④ 担保資産の一部が担保に供されている場合は当該部分の金額

ただし、資産が財団抵当に供されている場合は下記を注記することになる（財務諸表等規則ガイドライン43）。

① その旨
② 資産の種類
③ 金額の合計
④ 当該債務を示す科目の名称

⑤ 債務の金額

また、会社法でも同様に注記事項の開示が求められている。
① 資産が担保に供されていること
② 上記の資産の内容およびその金額
③ 担保に係る債務の金額

> **BOX　ファクタリングの会計**
>
> 　企業が保有する売掛債権は通常数カ月先の支払期日が到来するまでは資金化することはできない。そのような場合に、企業が保有する売掛債権をファクタリング会社に売却することで資金調達することをファクタリングという。ファクタリングは一般に、売掛債権の原債権者で、売掛債権の譲渡人でもあり、資金の調達者でもある販売者（以下、クライアント）と譲渡された売掛債権の債務者である購入者（以下、カスタマー）、および売掛債権の譲受人であり、資金の提供者であるファクタリング会社（以下、ファクター）の三者から構成される取引である。ファクタリングはその目的から資金調達が主要な機能となるが、その他にも信用リスクの補完機能や売掛債
>
> 　図表4-1　ファクタリング
>
> ```
> 　　　　　　　　　　　販売契約
> 　　　　　　　　　　　　↔
> クライアント(=販売者、　　出荷　　　カスタマー
> 原債権者、債権の譲渡人)　 →　　　(=購入者、第三債務者)
>
> 　　　　　　　　　　売掛債権
>
> 　　債権譲渡代金の支払い　　資金決済（回収）
> ファクタリング　　　　　　ファクター(=ファクタリング会社、債権の譲受人)
> 契約(債権譲渡契約)
> ```

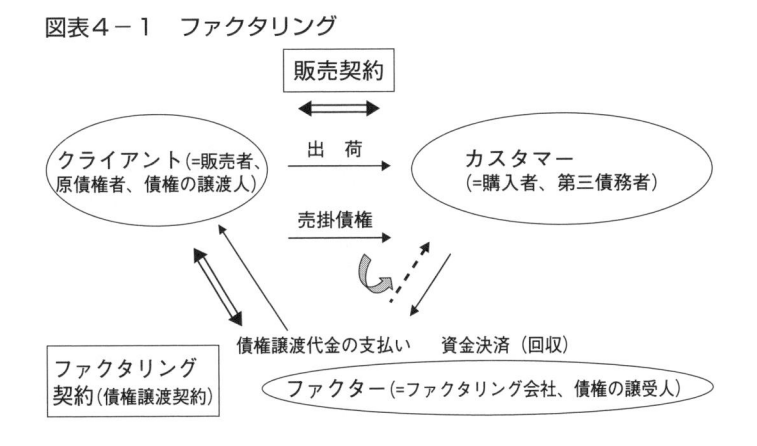

第4章　ABLの会計・税務　229

権の回収事務の代行機能等が認められる。

ファクタリングの一般的機能として以下の機能が認識されている。

① 資金調達機能……売掛債権を支払期日前にファクターに譲渡し、資金化することによる実質的な資金調達機能。
② 信用リスクの補完機能……売掛債権の支払人が支払不能となった場合に、ファクターが売掛債権の債務者に代り代金の決済を行う機能。
③ 事務処理代行機能……売掛債権の帳簿作成・記帳、債権の期日管理や回収等の債権管理全般の事務処理代行としての機能。

このようにファクタリングにはいろいろな機能が認められるが、会計処理上の観点では、買戻請求権の有無によって大きく二つの取引に区分される。すなわち、カスタマーの不払い等が発生し、ファクターが資金回収できないときに、ファクターがクライアントに売り戻す権利の有無、すなわちクライアントからみるときの買い戻す義務の有無により分類される。

買戻請求権がない取引はカスタマーに係る信用リスクがクライアントからファクターに転嫁されるタイプで、売掛債権の譲渡代金の支払いによりクライアントは債権の資金回収リスクが消滅する。当然、そのメリットを享受する対価として所定の手数料をファクターに支払わなければならない。通常は債権の譲渡代金から控除されるかたちで支払われる。

一方、償還請求権が付いている取引は債権買取りの形式をとっているもののカスタマーに関する信用リスクがファクターに転嫁されていないため、実質的な信用リスクは譲渡人にとどまっていることになる。

このように信用リスクが実質的にファクターに転嫁しているか否かにより、ファクターが一般に提供しているサービスは次のように

分類される。

　① 債権買取型（償還請求権なし）……ファクターがクライアントからカスタマーに対する売掛債権を買戻請求権なしで買い取るもので、広義には資産流動化の一形態といえる。債権譲渡代金を受領することによってクライアントは債権回収リスクから解放される。

　② 債権買取型（償還請求権あり）……ファクターがクライアントからカスタマーに対する売掛債権を買戻請求権付きで買い取るもので、ファクターからみると一義的にはカスタマーのリスクをとりつつ、クライアントによる信用補完を確保しているものである。

　また、このほかにもファクターは資金提供を目的とせず、カスタマーの信用リスクを補完する意味で売掛債権の支払いを保証する金融サービスも行っている。実際に売上債権が回収不能となったときに保証限度額の範囲内でファクターがクライアントに支払い、通常はクライアントは保証の事実を知らない。これは単なる支払保証であり厳密な意味でファクタリングとはいえないが、ファクターの提供するサービスの一つとなっている。

　以下、クライアントの会計処理について解説する。

a　債権買取り型（償還請求権なし）

　ファクターがクライアントにかわってカスタマーの信用リスクを完全に引き受けており、債権譲渡の代金が回収された時点で債権のリスクは消滅するためオフバランス処理になる。

(a)　債権譲渡契約締結時の仕訳処理

　債権の譲渡契約を締結しただけでは、その対象となる債権譲渡の第三者対抗要件を具備していないので、会計上は債権の譲渡が行われたとは認識されず、譲渡に係る仕訳は発生しない。

(b) 売掛債権の譲渡通知・承諾時の仕訳処理

債権譲渡に係る債権譲渡通知書（承諾書）を確定日付にて取得後販売先に通知することで、第三者対抗要件および債務者対抗要件を具備することになる。契約によって債権譲渡特例法に基づく債権譲渡登記を行うだけで第三者対抗要件のみを具備するケースもある。

どちらにしろ、第三者対抗要件を具備することで譲渡として認識し、譲渡代金の未収金の権利が発生する。したがって、カスタマーに対する売掛債権からファクターに対する譲渡代金の請求権にかわることから会計処理は以下のようになる。

（借方）		（貸方）	
債権譲渡未収金	×××	売掛金	×××

(c) 譲渡代金支払い時の仕訳処理

実際にファクターから売掛債権の譲渡代金を受領したときは債権譲渡に係る未収金を消し込むことになるが、通常は手数料等の費用が控除されて差額金が送金されてくる。

（借方）		（貸方）	
現金	×××	債権譲渡未収金	×××
債権譲渡損	×××		

(d) 売掛代金支払い時の仕訳処理

売掛債権の決済に係る資金はカスタマーから直接ファクターに支払われるので売掛債権の譲渡人であるクライアントでは仕訳は発生しない。

b 債権買取り型（償還請求権あり）

外形的にはファクターが債権を買い取ったかたちをとっているものの、債権買取り後もクライアントがカスタマーの信用リスクを引き続き引き受けている場合は売掛債権の消滅の認識について十分な

検討を要するものと思われる。カスタマーにデフォルトが生じたときに、ファクターに対する債務がクライアントに第一義的に発生する場合は実態として金融取引とみなされる可能性が大きく、オフバランス効果が否認されるリスクが残る。

たとえば、第三者対抗要件を具備しない場合は会計処理上売掛債権の消滅の認識は容認されず、金融処理する必要が生ずる。その場合は、ファクターを貸手として売掛債権を担保とする貸出金とみなして会計処理することになる。

(a) 債権譲渡契約締結時の仕訳処理

債権の譲渡契約を締結しただけではその対象となる債権譲渡の第三者対抗要件を具備していないので、会計上は債権の譲渡が行われたとは認識されず、譲渡に係る仕訳は発生しない。

(b) 譲渡代金支払い時の仕訳処理

債権譲渡に係る債権譲渡通知書(承諾書)を確定日付にて取得後販売先に通知せず、また債権譲渡特例法に基づく債権譲渡登記を行うこともしないなど、第三者対抗要件を具備していないために、会計上は譲渡として認識されず、ファクターからの借入金として認識される。

実際にファクターから売掛債権の譲渡代金を受領したときは借入金の実行代り金として認識し、手数料等の費用は金融費用として認識する。

(借方)		(貸方)	
現金	×××	借入金	×××
金融費用	×××		

(c) 売掛代金支払い時の仕訳処理

売掛債権の譲渡に関してカスタマーが知らない場合、通常売掛債権の代金はカスタマーからクライアントに支払われるが、これはフ

ァクターが受領すべきものであるため、クライアントからファクターに支払われる。

　c　回収保証型

　回収保証型は売掛債権に信用保険を掛けているのと同様で、売掛債権に係る債権債務関係に変更はなく、会計上オフバランス処理することはできない。

BOX　リース取引の会計処理

a　リース取引の分類

　企業会計基準第13号「リース取引に関する会計基準」（平成19年3月30日、企業会計基準委員会。以下、リース取引会計基準）では、「リース取引」とは「特定の物件の所有者たる貸手（レッサー）が、当該物件の借手（レッシー）に対し、合意された期間（以下、リース期間）にわたりこれを使用収益する権利を与え、借手は、合意された使用料（以下、リース料）を貸手に支払う取引」と定義されており、当該定義に該当する取引はリース取引としてリース取引会計基準の適用対象になる。

　さらに、リース取引会計基準ではファイナンス・リース取引が定義されており、それに該当するリース取引は「ファイナンス・リース取引」、それ以外のリース取引は「オペレーティング・リース取引」に該当し、区分される。すなわちファイナンス・リース取引は以下の二つを満たすものと定義されている。

　　①　リース契約に基づくリース期間の中途において当該契約を解除することができないリース取引またはこれに準ずるリース取引で、借手が当該契約に基づき使用する物件（以下、リース物件）からもたらされる経済的利益を実質的に享受することができる取引

② 当該リース物件の使用に伴って生ずるコストを実質的に負担する取引

　換言すれば、①では解約不能のリース契約であること、②では実質的な費用を負担する意味でフルペイアウトのリース取引であることを要件としている。その具体的な内容は、企業会計基準適用指針第16号「リース取引に関する会計基準の適用指針」（平成19年3月30日、企業会計基準委員会。以下、リース会計適用指針）に示されている。

　なお、ここで「リース契約を解除することができない取引に準ずる取引」とは、契約上は解約可能であるとしても解約に際して相当な違約金を払う必要があり実質的に解約できないと認められるリース取引を示している。

　また「経済的利益を実質的に享受する」とは、リース資産を自己所有した場合に得られると期待されるほとんどすべての経済的利益を享受できることを意味し、「リース物件の使用に伴って生ずるコスト」とはリース資産の取得原価相当額の費用、リース資産の維持管理費および陳腐化等によるリスクのほとんどすべてのコストを意味している。

　(a) ファイナンス・リース取引とオペレーティング・リース取引の具体的な判定基準

　リース取引の区分の際はその経済的実質に基づいてファイナンス・リース取引の要件に合致するかどうかを判断すべきものであるが、次の①または②のいずれかに該当する場合は、ファイナンス・リース取引と判定される。

　　① 現在価値基準……解約不能のリース期間中のリース料総額の現在価値が当該リース物件を借手が現金で購入するものと仮定した場合の合理的見積金額（以下、見積現金購入価額）のおおむね90％以上であること。

　　② 経済的耐用年数基準……解約不能のリース期間が当該リー

ス物件の経済的耐用年数のおおむね75％以上であること（ただし、リース物件の特性、経済的耐用年数の長さ、リース物件の中古市場の存在等を勘案すると上記①の判定結果が90％を大きく下回ることが明らかな場合を除く）

なお、現在価値基準や経済的耐用年数基準を適用する場合はそれぞれ次のような点に留意する必要がある。

① 現在価値基準の適用上の留意点

　ⅰ　リース取引が置かれている状況からみて借手が再リースを行う意思が明らかな場合を除き、再リースに係るリース期間またはリース料は、解約不能のリース期間またはリース料総額に含めない。

　ⅱ　リース料総額の現在価値は推定額であるが、当該現在価値がリース物件の見積現金購入価額のおおむね90％以上の場合は、借手は当該リース物件の取得価額相当額、維持管理等の費用等ほとんどすべてのコストを負担することになり、したがって、ほとんどすべての経済的利益を享受するものと推定できるため、当該リース取引はファイナンス・リース取引と判定する。

② 経済的耐用年数基準の適用上の留意点

　ⅰ　当該リース取引が置かれている状況からみて借手が再リースを行う意思が明らかな場合を除き、再リース期間は解約不能のリース期間に含めないものとする。

　ⅱ　また、リース物件の経済的耐用年数は、物理的使用可能期間ではなく経済的使用可能予測期間に見合った年数による。

経済的耐用年数基準に該当するリース取引は通常、借手がリース物件からもたらされるほとんどすべての経済的利益を享受することができ、したがってほとんどすべてのコストを負担するものと推定でき

るため、当該リース取引はファイナンス・リース取引と判定されるが、例外的に、リース物件の内容により、リース期間が経済的耐用年数のおおむね75％以上であっても借手がリース物件に係るほとんどすべてのコストを負担しない場合もある。したがって、リース物件の特性、経済的耐用年数の長さ、リース物件の中古市場の存在等により、借手がリース物件に係るほとんどすべてのコストを負担しないことが明らかな場合には現在価値基準のみにより判定を行う。

　上記要件に該当してファイナンス・リース取引と判定された取引のうち、さらに次の①～③の要件のいずれかに該当する場合は「所有権移転ファイナンス・リース取引」、それ以外のファイナンス・リース取引は「所有権移転外ファイナンス・リース取引」に区分され、それぞれ所定の会計処理が適用される。

　　① リース契約上、リース期間終了後またはリース期間の中途でリース物件の所有権が借手に移転することとされているリース取引

　　② リース契約上、借手に対して、リース期間終了後またはリース期間の中途で、名目的価額またはその行使時点のリース物件の価額に比して著しく有利な価額で買い取る権利（これらを、あわせて「割安購入選択権」という）が与えられており、その行使が確実に予想されるリース取引

　　③ リース物件が借手の用途等に合わせて特別の仕様により製作または建設されたものであって、当該リース物件の返還後、貸手が第三者に再びリースまたは売却することが困難であるため、その使用可能期間を通じて借手によってのみ使用されることが明らかなリース取引

　当該要件はリース会計適用指針10項に規定されているが、この規定を文字どおりに解釈すると、現在価値基準にも経済的耐用年数基準にも該当しないリース取引で、ファイナンス・リース取引に該当

するリース取引が存在した場合は、所有権移転ファイナンス・リース取引の三つの要件（所有権移転、割安購入選択権、特別仕様）に該当したとしても、所有権移転外ファイナンス・リース取引に該当することになってしまう。もしそうであるとすると、少し違和感を覚える区分となっているが、そのようなリース取引は理論的にはあるとしても、実務上は想定しがたく、実際に問題になることはないであろう。

　なお、所有権移転ファイナンス・リース取引と所有権移転外ファイナンス・リース取引との相違点として以下の点が指摘されており、それを根拠としてリース資産の減価償却費の算定が異なっている。

　　◇両者を経済的側面からみると、リース物件の売買および融資と類似の性格を有するという意味で同じであるが、所有権移転外ファイナンス・リース取引は法的には賃貸借の性格も強く有しており、また、役務提供等のリース物件に関連するサービス提供も組み込まれている場合が多く、より複合的な性格を有しているため、単純に金融という経済的側面から一つの区分で整理することはできない。

　　◇所有権移転外ファイナンス・リースではリース物件の耐用年数とリース期間は異なる場合が多く、また、リース物件の返還が行われるため、物件そのものの売買というよりは使用する権利の売買の性格を有する。

　　　なお、この使用する権利の売買とする考え方は理論的にはオペレーティング・リース取引にも波及する考え方で、国際会計基準の改正等今後の議論の展開を見守る必要がある。その意味で今後のリース会計のさらなる改正につながる可能性もはらんでいる。

　　◇所有権移転外ファイナンス・リース取引では借手がリース資

産を使用するために必要なコスト、すなわちリース物件の取得価額、金利相当額、維持管理費用相当額、役務提供相当額などが、通常、契約期間にわたる定額のキャッシュフローとして確定されている。

(b) 土地のリース取引

土地・建物等の不動産をリース物件とするリース取引（賃貸借契約となっているものを含む）も、ファイナンス・リース取引に該当するか、それともオペレーティング・リース取引に該当するかを区分判定するのが原則であるが、土地のリース取引の場合、リース契約上所有権が借手に移転するものおよび割安購入選択権があり、その行使が確実と予想されるものを除いて、オペレーティング・リースと推定されることになっている。これは土地が物理的にも経済的にも減価しない資産であり、その使用により経済的便益は無期限に享受できるものであることから、土地のリース料の大半を構成する費用は土地の使用料のみであり、取得原価の回収分は含まれていないという前提に立っての認識である。その結果、リース料は全額費用として処理するのが理論的であり、原則としてオペレーティング・リースとして処理することになったものと考えられる。しかし、これはあくまでもオペレーティング・リース取引として推定しているのであって、実態としてファイナンス・リース取引であるという事実があれば、そのように処理することが求められる。

b　ファイナンス・リース取引の会計処理と開示

(a) ファイナンス・リース取引の会計処理

ファイナンス・リース取引は所有権の移転の有無にかかわらず、すべて通常の売買取引に準じて会計処理を行うことになる。ここで売買取引といっているのは、取引の対象となっているリース資産をリース取引の主体としてみた場合の表現であって、同じリース取引を資金決済の側面からみると金融取引とみることができる。その意

味で売買取引と金融取引が一体となった取引として処理することが求められている。

　ア　借手側の会計処理

　借手は、リース取引開始日[1]に、通常の売買取引に係る方法に準じた会計処理、すなわち借入れの実行により受領した資金でリース物件を購入したとみなして会計処理することになり、具体的にはリース物件およびこれに係る債務をそれぞれ「リース資産」および「リース債務」として計上する。

　(ア)　資産・負債計上額

　リース資産・リース債務の計上金額はリース料総額の現在価値と貸手の購入価額等とのうちいずれか低い金額になる。

　なお、貸手の購入価額等が明らかでない場合には借手の見積現金購入価額と比較する。

　リース資産およびリース債務の計上額を算定する際は、原則としてリース契約締結時に合意されたリース料総額に含まれている利息相当額を合理的に見積もり、当該利息相当額をリース料総額から控除することになっているが、リース資産総額に重要性がないと認められる場合は利息相当額を控除しないでリース料総額を資産・負債に計上することもできる。

　(イ)　利息相当額の配分方法

　支払リース料のうち利息相当額は、原則としてリース期間にわたり利息法[2]により配分する必要があるが、リース資産総額に重要性が

1　「リース取引開始日」とはリース物件を使用収益する権利を行使することができることとなった日を指す。借手は納入されたリース物件に対して自己が要望した物件であるかどうか調査（一般に「検収」という）し、要望どおりであれば物件借受証を貸手に対して発行することが一般的であるが、この物件借受証に記載された受渡日がリース取引開始日に該当するものと考えられる。

2　利息法とは利息相当額をリース期間に配分する方法の一つで、利息として認識する金額と理論上のリース債務残高との割合が常に一定になるように、リース料総額を利息相当額と元本返済額に区分する方法。

ないと認められる場合は次のような方法も採用することができる。
　◇リース料総額から利息相当額の合理的な見積額を控除しない方法。この場合には支払利息が計上されず、実質的な利息は資産の減価償却費の計上によって費用負担となる。
　◇利息相当額の総額をリース期間にわたって定額で配分する方法。

(ウ)　減価償却費

　所有権移転ファイナンス・リース取引はリース物件の取得とまったく同様の取引とみなせるため、それに係るリース資産の減価償却費も自己所有の固定資産に適用する減価償却方法と同一の方法により算定する。

　また、所有権移転外ファイナンス・リース取引に係るリース資産の減価償却費はリース物件の使用期間がリース期間に限定されているという特徴があるため、原則としてリース期間を耐用年数とし、残存価額をゼロとして算定する。

(エ)　利息相当額の処理方法と財務諸表への影響

　所有権移転外ファイナンス・リース取引ではリース料のうち利息相当額は原則として利息法で期間配分することになっているが、重要性がない場合は、利息相当額を認識しない方法や定額法で均等に費用計上することも認められる。

　これらの例外的方法を採用した場合の財務諸表への影響について述べる。

　リース取引の開始時点では、リース資産とリース債務は同額であることから、これが期間の経過とともにどのように推移するかをみれば影響について理解しやすいであろう。

　原則どおりの会計処理によると、図表4－2のとおりに推移する。

　図表4－2に示したように、利息相当額を利息法で期間按分すると、期間の経過とともにリース債務残高はリース資産残高より大き

図表4－2　リース資産残高、リース債務残高の推移

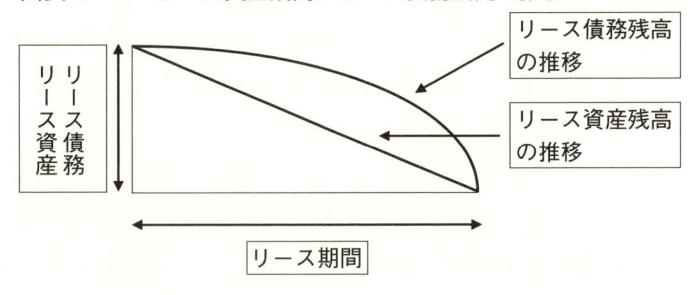

（図：リース資産／リース債務の残高推移を示すグラフ。上辺から右下に向かう直線が「リース資産残高の推移」、上に凸の曲線が「リース債務残高の推移」。横軸は「リース期間」）

くなりギャップが生じ、このギャップは前半拡大し、後半縮小して期日にはゼロに戻る。これは支払リース料のうち利息相当額を計算するための想定元本が減少することから、前半は大きく、後半は小さくなっているためであり、これと裏腹の関係で、リース債務の返済に充当される金額が前半小さく、後半大きくなるためである。その結果として上に凸の曲線に沿って推移する。

　一方で、リース資産の減価償却はリース期間を償却期間とし、残存価額は原則ゼロとして定額法、級数法等の償却方法で行うことから、通常はリース資産残高は直線的にゼロに向かって減少するか、またはそれよりも下の水準で推移することになる。この結果、リース期間中はリース債務よりもリース資産が大きくなり、貸借対照表の剰余金に対してはマイナスの影響があることがわかる。

　これに対して、利息相当額を認識しない方法や定額法により均等に費用認識する場合は、リース資産残高もリース債務残高も同額で推移することになり、損益および剰余金への影響はニュートラルである。言い換えれば、損益および剰余金に与える影響は従来のオペレーティング・リースとしての処理と同じ結果になる。

　ただし、利息法による原則的方法が税務上も容認される場合は、実質的に税の繰延べが可能になることに留意する必要がある。

イ　貸手側の会計処理

貸手は、リース取引開始日に、通常の売買取引に係る方法に準じた会計処理により、所有権移転ファイナンス・リース取引は「リース債権」として、所有権移転外ファイナンス・リース取引は「リース投資資産」として計上する。

　リース債権やリース投資資産というように表現が異なっているが、これは「リース債権」がリース料債権および割安購入選択権の行使により発生する債権から構成されており、リスクの源泉がすべて借手の信用リスクにある一方で、「リース投資資産」は借手からのリース料債権だけではなく、見積残存価額から構成されていて、リスクの一部が物件の残存価値に依拠しており、複合的な資産であるためである。

　貸手の利息相当額の総額は、リース契約締結時に合意されたリース料総額および見積残存価額の合計額からこれに対応するリース資産の取得価額を控除することで算定される。

　当該利息相当額は原則としてリース期間にわたり利息法により配分することになっているが、重要性がないと認められる所有権移転外ファイナンス・リース取引の場合は利息相当額の総額をリース期間にわたって定額で配分する方法も認められる。

　ただし、リース取引を主要業務としている企業、たとえばリース事業会社などはこの定額で処理する簡便な取扱いは適用できないことになっている。

(b) **ファイナンス・リース取引の表示**

　リース資産およびリース債務の流動・固定区分は基本的には1年基準（ワンイヤー・ルール）および営業循環基準による。

ア　借手側の表示

　借手側は、リース資産について、リース資産の合計を示す観点や事務負担の軽減を考慮して、原則として有形固定資産、無形固定資産の別に一括してリース資産として表示することになっている。た

だし、有形固定資産または無形固定資産に属する各科目に含めることもできる。

　リース債務は、貸借対照表日後1年以内に支払いの期限が到来するものは流動負債に属するものとされ、貸借対照表日後1年を超えて支払いの期限が到来するものは固定負債に属するものとされる。

イ　貸手側の表示

　貸手側は、所有権移転ファイナンス・リース取引上の「リース債権」および所有権移転外ファイナンス・リース取引上の「リース投資資産」は、当該企業の主目的たる営業取引により発生したものである場合は流動資産に表示する。

　また、当該企業の営業の主目的以外の取引により発生したものである場合は、貸借対照表日の翌日から起算して1年以内に入金の期限が到来するものは流動資産に、入金の期限が1年を超えて到来するものは固定資産に表示する。

(c)　ファイナンス・リース取引の注記

ア　借手側の注記

　リース資産について勘定科目ごとに注記することも考えられるが、財務情報としての有用性を考慮して、その内容（主な資産の種類等）および減価償却の方法を注記するにとどめられている。

　ただし、重要性が乏しい場合は当該注記は不要である。

イ　貸手側の注記

　リース投資資産の場合、将来のリース料を収受する権利、いわゆる「リース料債権」部分および「見積残存価額（リース期間終了時に見積もられる残存価額で借手による保証のない額）」部分の金額をそれぞれ現在価値割引前で示し、同時に受取利息相当額を控除項目として注記する。これによってリース投資資産残高の構成が明らかになり、そのリスクの所在も明確になる。

　リース債権およびリース投資資産に係るリース料債権部分につい

て、貸借対照表日後5年以内における1年ごとの回収予定額および5年超の回収予定額を注記する。

ただし、重要性が乏しい場合は当該注記を要しない。

c　オペレーティング・リース取引の会計処理と開示
　(a)　オペレーティング・リース取引の会計処理
通常の賃貸借取引に準じて会計処理を行う。

すなわち、借手側、貸手側ともにリース料総額をリース期間にわたって均等に損益認識することになる。したがって、キャッシュフローが不規則なリース料や決算期末で発生リース料が認められるときは決算補正が必要になる。

　(b)　オペレーティング・リース取引の注記
ア　借　手　側

リース期間中に中途解約できるオペレーティング・リース取引を除いて、次の事項を注記する。ただし、重要性が乏しい場合は当該注記を要しない。

　　◇貸借対照表日後1年以内のリース期間に係る未経過リース料
　　◇貸借対照表日後1年を超えるリース期間に係る未経過リース料

イ　貸　手　側

借手と同様の開示が求められる。

d　適用時期

新しいリース会計基準は平成20年4月1日以後開始する連結会計年度および事業年度から適用されることになっているが、早期適用が明記され、平成19年4月1日以後開始する連結会計年度および事業年度から適用することもできる。

なお、この早期適用を行う場合も、中間連結会計期間および中間会計期間に係る連結中間財務諸表または中間財務諸表に適用しないことができる。

ただし、年度決算から早期適用する場合、早期適用を行う連結会計年度および事業年度に係る年度の連結財務諸表および財務諸表では、年度の期首から本会計基準を適用する。

この場合、中間・年度の会計処理の首尾一貫性の注記は要しないものの、早期適用を行う連結会計年度および事業年度に係る年度の連結財務諸表および財務諸表に、中間連結会計期間および中間会計期間に係る中間連結財務諸表および中間財務諸表では本会計基準が適用されておらず、いわゆる改正前のリース取引会計基準で必要とされていた注記がされている旨を記載する必要がある。

また、四半期財務諸表は原則として平成21年4月1日以後開始する連結会計年度または事業年度から適用されることになっているが、早期適用も可能である。その場合は平成20年4月1日以後開始する連結会計年度および事業年度に係る四半期財務諸表から適用しないことができる。

なお、連結財務諸表および財務諸表について原則どおり平成20年4月1日以後に適用する場合で、四半期財務諸表には早期適用しない場合、所有権移転外ファイナンス・リース取引に係る残高が前年度末と比較して著しく変動しているときは、当該四半期財務諸表に改正前のリース会計基準で求められる注記を記載する必要がある。

BOX 資産流動化の会計

資産の流動化に関する会計基準として包括的なものはないため、流動化取引に関連する会計基準・実務指針等をそれぞれ適用して処理することになる。資産の流動化に関連する会計基準等として図表4-3にあげたものがあげられる。

資産の流動化に係る会計の論点として、①流動化の対象となって

図表4－3　資産の流動化に関する会計基準

論　点		会計原則・基準	実務指針等
消滅の認識	金融資産・金融負債	企業会計基準第10号「金融商品に関する会計基準」	会計制度委員会報告14号「金融商品会計に関する実務指針」
			金融商品会計に関するＱ＆Ａ
	不動産	―	特別目的会社を活用した不動産の流動化に係る譲渡人の会計処理に関する実務指針
			特別目的会社を活用した不動産の流動化に係る譲渡人の会計処理に関する実務指針についてのＱ＆Ａ
	その他	―	特別目的会社を利用した取引に関する監査上の留意点についてのＱ＆Ａ
ＳＰＥの連結の範囲		連結財務諸表原則・連結財務諸表原則注解	連結財務諸表制度における子会社および関連会社の範囲の見直しに係る具体的な取扱い（企業会計審議会）
			連結財務諸表における子会社および関連会社の範囲の決定に関する監査上の取扱い
			連結財務諸表制度における子会社等の範囲の決定に関するＱ＆Ａ
			実務対応報告20号「投資事業組合に対する支配力基準及び影響力基準の適用に関する実務上の取扱い」
会計監査人による「倒産隔離」の判断に係る実務上の指針		―	専門家の業務の利用
流動化対象債権の譲渡価額の妥当性		―	「流動化目的」の債権の適正評価について
ローン・パーティシペーションの会計処理に係る経過措置		―	ローン・パーティシペーションの会計処理および表示
飛ばし類似金融商品等への対応		―	飛ばし類似金融商品等の取引の取扱い

いる資産のオフバランスの問題、すなわち「資産の消滅の認識」と②資産の譲渡先である特定目的事業体（Special Purpose Entity：SPE）の譲渡人の連結決算の対象の要否とがあげられる。これらの組合せから基本的には次の四つのケースに区分して整理できる。

① ケース1……対象資産はオフバランス要件を満たし、かつSPEは連結対象外の場合
　ⅰ　単体決算（売買処理）……対象資産の売却として処理することができる。譲渡対価と譲渡資産の原価との差額は売却損益として一括計上される。
　ⅱ　連結決算（売買処理）……連結決算上の単体決算の処理がそのまま反映される。すなわち、対象資産を第三者に譲渡したとみなして処理することになる。

② ケース2……対象資産はオフバランス要件を満たすが、SPEは連結子会社となる場合
　ⅰ　単体決算（売却処理／金融処理）……原則として対象資産の売却がオフバランスの要件を満たしている場合は売却処理が可能である。しかしながら、例外的に不動産の流動化において、譲渡人の連結子会社に該当するSPEが譲受人となって行われた流動化は売却処理することができないため、売却による損益の計上はできない。その場合は対象資産を担保としてSPEからの借入れとする金融処理をする必要がある。
　ⅱ　連結決算（金融処理）……個別決算で売却処理であろうと金融処理であろうと、連結決算ベースでは内部取引として相殺消去されてしまう。その結果、連結ベースでは金融機関や投資家に対する金融債務が計上されることになる。

③ ケース3……対象資産はオンバランス要件を満たさず、かつSPEは連結対象外の場合

ⅰ　単体決算（金融処理）……SPEへの売却は流動化の対象資産を担保とした金融取引とみなされるので、流動化により金融債務が増加する。
　　　ⅱ　連結決算（金融処理）……SPEは非連結であるので、単体決算をそのまま連結決算に反映することになる。
　　④　ケース4……対象資産オンバランスかつSPE連結子会社
　　　ⅰ　単体決算（金融処理）……これはケース2と同じであり、流動化は金融取引として処理する。
　　　ⅱ　連結決算（金融処理）……連結決算もケース2と同じであり、内部取引の債権・債務を相殺され、外部の金融機関等への金融債務が計上される。
　以上からも明らかなように流動化取引により対象資産を連結決算上オフバランスにするためには以下二つの要件を満足することが求められる。
　　①　個別決算で対象資産の消滅の認識が可能なこと。
　　②　SPEが譲渡人の子会社とならないこと。

BOX　資産の消滅の会計

　資産の消滅の認識に係る包括的な会計基準はすべての資産についてあるわけではなく、個々の資産および取引について会計基準が制定されているので、それに従って処理することになる。

a　金銭資産の場合

　流動化の対象資産が売掛金、割賦債権、貸出債権、住宅ローン債権および売買処理しているリース料債権等の場合、これらの資産は企業会計基準第10号「金融商品に関する会計基準」（以下、金融商品会計基準）で定義されている「金融資産」に該当するため、当該資産を対象資産として流動化を行った場合は金融商品会計基準に示さ

れた消滅の認識の要件に照らして消滅の認識の可否について判断することになる。

その場合に金融商品会計基準では二段階の論理構成をとっている。

すなわち、消滅の認識はまず権利が消滅した場合と支配の移転がされた場合との二つのケースを示しており、さらに支配の移転が認められる条件として三つの要件を示している。

① 金融資産の消滅を認識するためには次のどれかに該当すること
　ⅰ 権利が消滅したとき
　　(ⅰ) 契約の権利を行使したとき
　　(ⅱ) 契約の権利を失効したとき
　ⅱ 権利に対する支配が移転したとき

資産の流動化取引の場合は上記(ⅱ)に該当するため、さらに権利に対する支配の移転の要件を満たす必要がある。

② 支配の移転の3要件をすべて満たすこと
　ⅰ 倒産隔離に関する要件
　ⅱ 経済的便益に関する要件
　ⅲ 買戻しに関する要件

金融商品会計基準ではいわゆる「財務構成要素アプローチ」を採用していることから、金融商品を財務構成要素に分解し、それぞれの要素ごとに支配の移転があるかを検討する必要があり、支配の移転の要件に合致すればそれぞれの要素ごとにオフバランスすることが可能になる。

「財務構成要素アプローチ」とは資産の経済的価値を構成する財務構成要素ごとにそれぞれに支配の移転を検討し、それぞれの要素ごとに消滅を認識する方法で金融商品の消滅の認識に採用されている考え方である。この考え方に立てば資産の部分的な消滅も可能になることから、資産流動化の会計処理に大きな影響を与えている。

この考え方に対峙する考え方として「リスク・経済価値アプローチ」がある。「リスク・経済価値アプローチ」とは資産を保有することに伴い発生するリスクと経済的便益のほとんどすべてが他に移転した場合にその消滅を認識する方法で、不動産等の消滅の認識に採用されている。この場合は資産の部分的な譲渡処理は不可能で、資産全体を消滅させるか、全体をそのまま残すかどちらかの処理になる。両者の考え方を整理すると図表4－4のとおりである。

図表4－4　消滅の会計

	財務構成要素アプローチ	リスク・経済価値アプローチ
意　義	・資産を財務構成要素に分類し、それらのうち支配が移転した財務構成要素はその時点で消滅の認識をする。	・資産のリスクと経済価値のほとんどすべてが他者へ移転した場合に当該資産の消滅を認識する
移転の判断	・基本的には契約に関する法律に基づいて判断する。	・リスクと経済価値に着目しており、主観的な判断が入る余地がある。
判断の対象	・財務構成要素ごと ○将来キャッシュの流入 ○回収コスト ○信用リスク ○期日前償還リスク	・資産全体（資産を分解不可能な単位ととらえる）
会計処理	・財務構成要素ごとにオンバランス、オフバランスの判断がされる。 ・会計処理が煩雑（財務構成要素のそれぞれの時価の見積りが必要になる）である。	・資産全体がオフバランスかオンバランスかになる。 ・会計処理が簡単である。
適用対象	・金融商品全般	・ローン・パーティシペーション ・非金融商品（不動産等）

b 不動産の場合

　不動産を対象とした流動化取引は「特別目的会社を活用した不動産の流動化に係る譲渡人の会計処理に関する実務指針」（以下、不動産流動化実務指針）および同Q＆Aが公表されており、会計上の判断はこれらに依拠して判断する必要がある。

　不動産の売却の認識はリスク・経済価値アプローチに立脚しており、不動産が法的に譲渡されていることおよび対価の資金を譲渡人が確実に受領していることを前提として、対象不動産に係るリスクと経済的便益のほとんどすべてが投資家等の他の者に移転していることを確認する必要がある。

　売却取引として認定するための具体的な要件は次のとおりである。

① 対象不動産が適正な価額で特別目的会社に譲渡されていること。

② 当該不動産に係るリスクと経済価値のほとんどすべてが特別目的会社を通じて他の者に移転していると認められること。

③ また、不動産が譲渡された後も譲渡人は対象不動産に対して次のような関与を継続的に行っている場合は、その内容を十分検討し、リスクと経済価値がほんとうに移転しているかの検討を行う必要がある。

　ⅰ 譲渡人が譲渡した不動産の管理業務を行っている。

　ⅱ 譲渡人が不動産を買戻条件付きで譲渡している（買戻条件付きでの譲渡は基本的に譲渡処理はできない）。

　ⅲ 譲受人である特別目的会社が譲渡人に対して売戻しの権利を保有している。

　ⅳ 譲渡人が譲渡不動産からのキャッシュフローや譲渡不動産の残存価額を実質的に保証している。

　ⅴ 譲渡人が、譲渡不動産の対価の全部または一部として特

別目的会社の発行する証券等（信託の受益権、組合の出資金、株式、会社の出資金、社債、劣後債等）を有しており、形式的には金融資産であるが実質的には譲渡不動産の持分を保有している。

vi 譲渡人が譲渡不動産の開発を行っている。

vii 譲渡人が譲渡不動産の価格上昇の利益を直接または間接的に享受している。

viii 譲渡人が譲受人の不動産購入に関して譲受人に融資または債務保証を行っている。

ix 譲渡人がセール・アンド・リースバック取引により、継続的に譲渡不動産を使用している。ただし、この場合に当該リースバック取引がオペレーティング・リース取引に該当し、譲渡人が適正な賃借料を支払うことになっている場合は、その限りにおいてリスク・経済価値のほとんどすべてが特別目的会社を通じて投資家に移転していると認められる。

④ 対象となる建物が譲渡人の用途に合わせて特別仕様で建てられたものや、用途制限等があり、きわめて市場性に乏しくそのままでは他に転用ができない物件の場合は、譲渡人が引き続き関与していないこと。

c 動産の場合

機械設備等の動産を流動化するために特別目的会社に対象資産を譲渡した場合は、対象資産が不動産ではないため不動産流動化実務指針および同Q&Aの適用はない。しかし、一般に動産の場合には不動産と同様の性質があることから、リスク・経済価値アプローチで判断する必要があると考えられるので、消滅の認識はその観点から検討する必要がある。

中古機械設備のセール・アンド・リースバックの場合、通常は不

動産以上に他社の利用が限定されていることや耐用年数が比較的に短いことからファイナンス・リース取引に該当する場合が多く、その場合は売却処理は認められない可能性がある。

　d　知的財産権の場合

　知的財産等の無形固定資産は時価算定がきわめて困難であることから特別目的会社を利用した流動化の会計処理は慎重に判断する必要がある。基本的には不動産流動化実務指針や同Q&Aを参考に検討する必要があるが、「特別目的会社を利用した取引に関する監査上の留意点についてのQ&A」(以下、特別目的会社利用取引Q&A)では、次のような点に特に留意する必要があると指摘されている。

　　◇取引価額の妥当性の検証が技術的に困難な場合が多いので、専門家の利用が想定されるが、その場合には監査基準委員会報告第14号「専門家の業務の利用」を適用し、十分な検討が必要である。

　　◇対象資産が法的に成立しているかどうか判断がむずかしい場合があるため、必要に応じて法律の専門家の意見を聴取しておくことが重要である。

　　◇無形固定資産は物理的に確認できないため、資産の引渡し等を客観的に確認することが困難である。したがって、譲渡対価等の受渡しのみで対象資産の譲渡があったと判断せず、オフバランスのタイミングについて十分な確認が求められる。対象資産が完成していないにもかかわらず資金だけを受領して譲渡損益を計上していないように留意する必要がある。

　　◇無形固定資産の原価の把握が有形固定資産に比べて困難であることから、流動化対象資産に対応した原価について費用収益の合理的な対応を考慮して適切に原価計上されていることを確認する必要がある。

e 敷金の場合

　敷金とは事務所等の賃貸借契約に基づいて賃借人が賃貸人に差し入れる預託金で、通常は賃借人による賃料や原状回復費用等の不払いが発生した場合にその支払いに充当することを目的としている。

　敷金に返還請求権または償還期限は明確に決められているものではなく、通常は賃貸借契約の満了時または解約時に発生するものである。また、賃貸人が変更になると敷金の権利・義務関係が自動的に新賃貸人に継承されるため、その意味からも敷金は賃貸借契約と不可分の関係にある。したがって、敷金は希薄化するリスクが高いために、それを流動化する場合はオリジネーターになんらかの信用補完も求めることが十分に予想される。その信用補完行為の内容によってオフバランスが容認されないことが十分あるので、慎重に判断する必要がある。

BOX　連結の範囲

　連結財務諸表規則5条によれば、連結財務諸表提出会社はそのすべての子会社を連結の範囲に含めなければならない。なお、当該子会社の定義は財務諸表規則8条3項に依拠している。

　同項は「「親会社」とは、他の会社等（会社、組合その他これらに準ずる事業体（外国におけるこれらに相当するものを含む。）をいう。以下同じ。）の財務及び営業又は事業の方針を決定する機関（株主総会その他これに準ずる機関をいう。以下「意思決定機関」という。）を支配している会社をいい、「子会社」とは、当該他の会社等をいう。親会社及び子会社又は子会社が、他の会社等の意思決定機関を支配している場合における当該他の会社等も、その親会社の子会社とみなす」としている。

　さらに、同規則8条4項では、他の会社等の意思決定機関を支配

している会社を次に掲げる会社としている（ただし、財務上または営業上もしくは事業上の関係からみて他の会社等の意思決定機関を支配していないことが明らかであると認められる会社は、この限りでない）。

一　他の会社等の議決権の過半数を自己の計算において所有している会社
二　他の会社等の議決権の100分の40以上、100分の50以下を自己の計算において所有している会社であって、かつ、次に掲げるいずれかの要件に該当する会社
　イ　自己の計算において所有している議決権と自己と出資、人事、資金、技術、取引等において緊密な関係があることにより自己の意思と同一の内容の議決権を行使すると認められる者（以下「緊密な者」という。）及び自己の意思と同一の内容の議決権を行使することに同意している者（以下「同意している者」という。）が所有している議決権とを合わせて、他の会社等の議決権の過半数を占めていること。
　ロ　役員若しくは使用人である者、又はこれらであった者で自己が他の会社等の財務及び営業又は事業の方針の決定に関して影響を与えることができる者が、当該他の会社等の取締役会その他これに準ずる機関の構成員の過半数を占めていること。
　ハ　他の会社等の重要な財務及び営業又は事業の方針の決定を支配する契約等が存在すること。
　ニ　他の会社等の資金調達額（貸借対照表の負債の部に計上されているものに限る。）の総額の過半について融資（債務の保証及び担保の提供を含む。）を行っていること（自己と出資、人事、資金、技術、取引等において緊密な関係のある者が行う融資を合わせて資金調達額の総額の過半となる場合を含む。）。
　ホ　その他他の会社等の意思決定機関を支配していることが推測

> される事実が存在すること。
> 三 自己の計算において所有している議決権と緊密な者及び同意している者が所有している議決権とを合わせた場合（自己の計算において議決権を所有していない場合を含む。）に他の会社等の議決権の過半数を占めている会社であって、かつ上記二のロからホまでのいずれかの要件に該当する会社（筆者注）上記三は、自己の計算において所有している議決権が100分の40未満である場合を前提としている。

a 特別な支配関係にある会社の取扱い

　他の会社等が、会社更生法の規定による更生手続開始の決定を受けた会社、民事再生法の規定による再生手続開始の決定を受けた会社、破産法の規定による破産手続開始の決定を受けた会社その他これらに準ずる会社等で、かつ有効な支配従属関係が存在しないと認められる会社等である場合は、子会社に該当しない。

　一方、清算会社、特別清算会社等のように、継続企業と認められない会社でもその意思決定機関を支配していると認められる場合は子会社に該当し、原則として連結の範囲に含まれることになる。

b 資産の流動化取引で利用される特別目的会社等

　資産の流動化取引で利用される特別目会社等も基本的に前述の子会社の定義に該当するか検討する必要があるが、以下の条件を満足する場合は子会社に該当しないものと推定される（財務諸表規則8条7項）。

　　① 譲渡資産から生ずる収益を当該特別目的会社が発行する証券の所有者、または特定の債務の債権者に享受させることを目的に設立されていること

　　② 特別目的会社の事業がその目的に沿って適切に遂行されていること

③　特別目的会社等の組織や事業内容等の変更が制限されていること
　④　流動化の対象資産を適正な価格で譲渡していること

　なお、特別目的会社に資産を譲渡した会社が当該特別目的会社の発行した劣後債券を所有している場合やリコース義務を有している場合等、原債務者の債務不履行または資産価値の低下が生じたときに損失の全部または一部の負担を行うことになるときは、当該資産を譲渡した会社の個別財務諸表上、当該資産の譲渡から生ずる負担を適正に見積もり、必要な額を費用または損失として計上することになる。

> BOX　特別目的会社に関する開示

　資産の流動化の際に利用される特別目的会社に関する開示について、その内容は具体的に明示されてはいなかった。しかしながら、特別目的会社を利用した複雑で不透明な取引から誘発される不正な会計処理を牽制する目的から、平成19年3月29日に企業会計基準適用指針第15号「一定の特別目的会社の開示に関する適応指針」が公表され、「連結財務諸表原則」の第七（連結財務諸表の注記事項）の1（連結の範囲等）および5（その他の重要な事項）に記載すべき内容が具体的に示された。

a　開示対象特別目的会社

　平成10年10月30日に公表された「連結財務諸表制度における子会社及び関連会社の範囲の見直しに係る具体的な取扱い」（以下、子会社等の範囲の見直しに係る具体的な取扱い）の三（特別目的会社の取扱い）により出資者等の子会社に該当しないものと推定された特別目的会社が開示の対象になる。

　ただし、重要性が乏しいものは注記を省略できる。

b 開示内容
 (a) 開示対象特別目的会社の概要および開示対象特別目的会社を利用した取引の概要
  ① 開示対象特別目的会社の概要
   ⅰ 開示対象特別目的会社の数
   ⅱ 主要な法形態
   ⅲ 会社(連結子会社を含む)との関係
    (ⅰ) 議決権に対する所有割合
    (ⅱ) 役員の兼務状況など
  ② 開示対象特別目的会社を利用した取引の概要
   ⅰ 会社と開示対象特別目的会社との取引状況
    (ⅰ) 主要な対象資産等の種類
    (ⅱ) 主な取引形態
    (ⅲ) 継続的な関与の概要
     ① 回収サービス業務
     ⅱ 収益を享受する残存持分の保有など
    (ⅳ) 将来における損失負担の可能性など
    (ⅴ) 取引の目的
 (b) 開示対象特別目的会社との取引金額等
 開示対象特別目的会社との取引金額等として以下の項目を開示する必要があるが、開示の際は企業集団に関する状況について利害関係者の判断を誤らせないように適切に補足説明を行うことになっている。
  ① 会社と開示対象特別目的会社との間の取引(開示対象特別目的会社間での取引を含む)の取引で当期に行った主要な取引の金額
   ⅰ 資産の譲渡取引額など
  ② ①または当該取引の期末残高

　　　　　ⅰ　資金取引に係る債権債務
　　　　　ⅱ　債務保証
　　　　　ⅲ　担保保証など
　　　③　当期の主要な損益計上額
　　　　　ⅰ　譲渡損益
　　　　　ⅱ　金融損益
　　　　　ⅲ　投資からの分配損益
　　　　　ⅳ　回収サービス業務による損益など
　　　④　開示対象特別目的会社の直近の財政状態
　　　　　ⅰ　資産総額
　　　　　ⅱ　負債総額
　開示対象特別目的会社への資産の譲渡取引が金融取引として処理されている場合は当該開示は必要ないが、その場合でも前記(a)の内容（開示対象特別目的会社の概要および開示対象特別目的会社を利用した取引の概要）は開示する必要がある。

第2節

銀行の資産査定における ABL の取扱い

　銀行等の金融機関は不特定多数の一般消費者や企業から預金等のさまざまなかたちで資金を預かっており、その資金の運用について安全性、健全性の観点から慎重な取扱いが求められている。

1　資産査定の目的

　金融庁が公表している金融検査マニュアルによれば、資産査定とは、金融機関の保有する資産を個別に検討して回収の危険性または価値の毀損の危険性の度合いに従って区分することであり、預金者の預金などがどの程度安全確実な資産に見合っているか、言い換えれば、資産の不良化によりどの程度の危険にさらされているかを判定することを意味し、この資産査定を金融機関自らが行うことを自己査定と定義している。

　自己査定は基本的には信用リスクを管理するための手段であるが、正確な財務諸表の作成という観点では適正な貸倒償却や貸倒引当金の引当てを行うための準備作業という側面をもっている。自己査定が適正に行われていることを前提に適正な貸倒償却や貸倒引当てが行われ、信用リスクに見合った適正な会計処理が行われてはじめて正確な財務諸表の作成が可能になる。さらに正確な財務諸表を担保として、正確な自己資本比率の算定が可能になる。そして、当該自己資本比率の状況に応じて監督当局が早期是正措置を発動する仕組みになっていることから、金融機関にとって自己査定は単なる資産管

理の一環の作業という意味だけでなく、経営に重要な影響を与える可能性があることを理解して実施する必要がある。

2　資産査定の方法

　資産査定の作業手順として、まず信用供与先を抽出し、当該与信先の査定基準日直近の情報や信用格付等により、債務者区分を行う。次にそれぞれの債権について担保・保証等による調整を行い、債権を所定の分類に区分する。

　対象となる債権は回収の危険性または価値の毀損の危険性の度合いに応じてⅠ、Ⅱ、Ⅲ、Ⅳの4段階に分類され、数字が大きくなるほど回収の危険性または価値の毀損の危険性が高くなる。

　なお、正確な表現は、Ⅱ、ⅢおよびⅣ分類に該当すると判断し、そのように区分することを「分類」といい、Ⅱ、ⅢおよびⅣ分類に該当しない、すなわちⅠ分類であると判断することを「非分類」という。そして、Ⅱ、ⅢおよびⅣ分類に区分された資産を「分類資産」、分類資産以外の資産、すなわちⅠ分類資産を「非分類資産」という。

　非分類資産および分類資産の内容は以下のとおりである。

　　① Ⅰ分類……Ⅱ分類、Ⅲ分類またはⅣ分類としない資産であり、回収リスクおよび価値の毀損のリスクについて問題のない資産。

　　② Ⅱ分類……債権確保上の諸条件が満足に満たされないため、あるいは信用上疑義が存する等の理由により、その回収について通常の度合いを超える危険を含むと認められる債権等の資産。なお、Ⅱ分類とされるものには一般担保・保証で保全されているものと保全されていないものとがある。

　　③ Ⅲ分類……最終の回収または価値について重大な懸念が存在し、損失の発生の可能性が高いものであるが、その損失額について合理的な推計が困難な資産。

④　Ⅳ分類……回収不可能または無価値と判定される資産。

(1) 信用格付

　債務者の財務内容、格付機関による格付、信用調査機関の情報等に基づいて信用格付を行う必要があるが、この信用格付は金融検査マニュアルで規定している債務者区分と整合的でなければならない。

　なお、ここでいう格付機関とは「企業内容等の開示に関する内閣府令第9条の4第4項第1号ホに規定する格付機関及び格付を指定する件」で指定している格付機関で、現時点では国内格付機関2社、海外格付機関3社の計5社が指定されている。

(2) 債務者区分

　原則として信用格付に基づいて、債務者を状況等により正常先、要注意先、破綻懸念先、実質破綻先、破綻先に区分する。

　なお、プロジェクト・ファイナンスの債権も後述するようにみなし債務者区分を付し、回収の危険性の度合いに応じて分類する必要がある。

a　正常先

　正常先とは、業況が良好であり、かつ財務内容にも特段の問題がないと認められる債務者のことである。

b　要注意先

　要注意先とは、債権の管理上注意を要する債務者であり、具体的には以下のような状況にある債務者が該当する。

①　金利減免・金利棚上げを行っているなど貸出条件に問題のある債務者

②　元本返済もしくは利息の支払いについて事実上延滞しているなど貸出条件に照らして、債務者としての契約上の履行状況に問題がある債

務者
　　③　業況が低迷ないし不安定な債務者
　　④　財務内容に問題のある債務者
　また、要注意先に分類される債務者は債権の全部または一部が要管理債権である債務者とそれ以外の債務者に分けて管理することが望ましいとされている。
　ここでいう要管理債権とは金融機能の再生のための緊急措置に関する法律（平成10年法律132号）6条2項及び同法施行規則4条により定義される次の債権区分のなかの要管理債権を意味する。
　　①　破産更生債権およびこれらに準ずる債権
　　②　危険債権
　　③　要管理債権
　　④　正常債権
　なお、要管理債権は具体的には次の債権から構成されている。
　　　　i　3カ月以上延滞債権……元金または利息の支払いが約定支払日の翌日を起算日として3月以上延滞している貸出債権（破産更生債権およびこれらに準ずる債権ならびに危険債権は除く）
　　　　ii　貸出条件緩和債権……経済的困難に陥った債務者の再建または支援を図り、当該債権の回収を促進すること等を目的に、債務者に有利な一定の譲歩を与える約定条件の改定等を行った貸出債権（破産更生債権およびこれらに準ずる債権、危険債権ならびに3カ月以上延滞債権は除く）

c　破綻懸念先

　破綻懸念先とは、現状経営破綻の状況にはないが経営難の状態にあり、経営改善計画等の進捗状況が芳しくなく、今後経営破綻に陥る可能性が大きいと認められる債務者（金融機関等の支援継続中の債務者を含む）をいう。
　具体的には、現状事業を継続しているが実質債務超過の状態に陥ってお

り、業況が著しく低調で貸出金が延滞状態にあるなど元本および利息の最終の回収について重大な懸念があり、したがって損失の発生の可能性が高い状況にあり、今後経営破綻に陥る可能性が大きいと認められる債務者をいう。

d　実質破綻先

　実質破綻先とは、法的・形式的な経営破綻の事実は発生していないものの深刻な経営難の状態にあり、再建の見通しがない状況にあると認められるなど実質的に経営破綻に陥っている債務者をいう。

　具体的には、事業を形式的には継続しているが財務内容に多額の不良資産を内包し、あるいは債務者の返済能力に比して明らかに過大な借入金が残存し、実質的に大幅な債務超過の状態に相当期間陥っていて、事業好転の見通しがない状況、天災、事故、経済情勢の急変等により多大な損失を被り（あるいは、これらに類する事由が生じており）、再建の見通しがない状況で、元金または利息について実質的に長期間延滞している債務者などをいう。

e　破綻先

　破綻先とは、法的・形式的な経営破綻の事実が発生している債務者をいう。

　たとえば、破産、清算、会社更生、民事再生、手形交換所の取引停止処分等の事由により経営破綻に陥っている債務者をいう。

(3)　債権の分類基準

　債務者区分に応じて債権の分類を行うが、その分類に際して債務者区分ごとに基準が定められている。

　債権であればすべて分類の対象になるわけではなく、債権の性格上回収可能性が高く、確実に回収できると判断される債権は「分類対象外債権」として分類する必要はない。具体的には以下のような債権が「分類対象外債権」となる。

① 決済確実な割引手形および特定の返済財源により短時日のうちに回収が確実と認められる債権および正常な運転資金と認められる債権
② 預金等および国債等の信用度の高い有価証券等の優良担保が付されている場合、あるいは預金等に緊急拘束措置が講じられている場合は、その処分可能見込額に見合う債権
③ 優良保証付債権および保険金・共済金の支払いが確実と認められる保険・共済付債権
④ 政府出資法人に対する債権
⑤ 協同組織金融機関で、出資者の脱退または除名により出資金の返戻額による債権の回収を予定している場合は、その出資金相当額に見合う債権

上記の債権に該当しない債権について、個々の債務者区分に応じて次のとおりに分類することになる。

① 正常先に対する債権……正常先に対する債権は非分類とされる。
② 要注意先に対する債権[3]……以下に示す債権に該当し、かつ、優良担保の処分見込額および優良保証等により保全措置が講じられていない部分は原則としてⅡ分類とされる。
　ⅰ　不渡手形、融通手形および期日決済に懸念のある割引手形。
　ⅱ　赤字・焦付債権等の補填資金、業況不良の関係会社に対する支援や旧債肩代り資金等。
　ⅲ　金利減免・棚上げ、あるいは、元本の返済猶予など貸出条件の大幅な軽減を行っている債権、極端に長期の返済契約がなされているもの等、貸出条件に問題のある債権。

---

[3] 繰越欠損や不良資産等を有する債務者に対する債権は、仮に他の名目で貸し出されていても実質的にこれら繰越欠損等の補填資金に充当されていると認められる場合は、原則として当該債権を分類することにする。また、その分類額の算出にあたって、どの債権がこれら繰越欠損等の補填資金に該当するか明確でないときは、例外的な取扱いとして債務者の繰越欠損や不良資産等の額と融資金融機関中の自行（庫・組）の融資シェアを勘案して、これら繰越欠損等の補填に見合う債権金額を算出することができる。

③ 破綻懸念先に対する債権……優良担保の処分可能見込額および優良保証等により保全されている債権は非分類とされ、それ以外のすべての債権を分類することになる。分類の対象となる債権のうち一般担保の処分可能見込額、一般保証により回収が可能と認められる部分および仮に経営破綻に陥った場合の清算配当等により回収が可能と認められる部分をⅡ分類とし、それ以外はⅢ分類とされる。

④ 実質破綻先および破綻先に対する債権……優良担保の処分可能見込額および優良保証等により保全されている債権は非分類とされ、それ以外のすべての債権を分類することになる。分類の対象となる債権のうち一般担保の処分可能見込額、一般保証により回収が可能と認められる部分および仮に経営破綻に陥った場合の清算配当等により回収が可能と認められる部分はⅡ分類とされ、優良担保および一般担保の担保評価額と処分可能見込額との差額はⅢ分類、それ以外は回収見込みのない部分としてⅣ分類とされる。

以上の債務者区分と債権の分類区分の関係を整理すると図表4-5のとおりとなる。

図表4-5　債務者区分と債権の分類区分との関係

債務者区分		債権区分			
		優良担保・優良保証等（処分可能見込額）	一般担保・一般保証等（処分可能見込額）	評価額と処分可能見込額との差額	担保・保証等なし
正常先		Ⅰ分類	Ⅰ分類	Ⅰ分類	Ⅰ分類
要注意先		Ⅰ分類	Ⅱ分類	Ⅱ分類	Ⅱ分類
	要管理先	Ⅰ分類	Ⅱ分類	Ⅱ分類	Ⅱ分類
破綻懸念先		Ⅰ分類	Ⅱ分類	Ⅲ分類	Ⅲ分類
実質破綻先		Ⅰ分類	Ⅱ分類	Ⅲ分類	Ⅳ分類
破綻先		Ⅰ分類	Ⅱ分類	Ⅲ分類	Ⅳ分類

3 担保および保証等による調整

担保または保証等により債権の保全措置が講じられているものは担保または保証等を次のように区分し、債権分類するうえで担保または保証等の効果を考慮することができる。

① 優良担保
　　i　預金等（預金、貯金、掛け金、元本保証のある金銭の信託、満期返戻金のある保険・共済等）
　　ii　国債等の信用度の高い有価証券および決済確実な商業手形
② 一般担保
　　i　優良担保以外の担保で客観的な処分可能性があるもの。たとえば以下のもの
　　　(i) 不動産担保、工業財団担保等
　　　(ii) <u>確実な換価のために適切な管理および評価の客観性・合理性が確保されている動産担保</u>
　　　(iii) <u>確実な回収のために適切な債権管理が確保されている債権担保</u>
③ 優良保証等
　　i　公的信用保証機関の保証
　　ii　金融機関の保証
　　iii　複数の金融機関が共同して設立した保証機関の保証
　　iv　地方公共団体と金融機関とが共同して設立した保証機関の保証
　　v　地方公共団体の損失補償契約等保証履行の確実性がきわめて高い保証
　　vi　一般事業会社の保証のうち、保証者が証券取引所上場の有配会社または店頭公開の有配会社で、十分な保証能力を有しており、かつ正式な保証契約により法的拘束力の存在が明確なもの。
　　vii　住宅金融支援機構の「住宅融資保険」や貿易保険制度の「輸出手形保険」および「海外投資保険」などの公的保険のほか、民間保険

会社の「住宅ローン保証保険」などの保険等

なお、一般事業会社の保証予約および経営指導念書等について、保証者の財務諸表上において当該保証予約等が債務保証および保証類似行為として注記されている場合、またはその内容が法的に保証と同等の効力を有することが明らかな場合で、正式な内部手続を経て行われていることが文書等により確認でき、十分な保証能力があると判断できるものは正式な保証と同等に取り扱える可能性がある。したがって、保証予約等の場合も条件がそろえば優良保証として取り扱えるものと解されている。

④　一般保証……一般保証は優良保証等以外の保証をいう。

4　貸倒償却・貸倒引当金の引当方法

(1)　貸倒引当金の引当方法の基本的な考え方

少なくとも債権（貸出金および貸出金に準ずる債権）を引当対象とし、発生の可能性の高い将来の損失額を合理的に見積り計上する。

ただし、国、地方公共団体および被管理金融機関に対する債権は回収の危険性または価値の毀損の危険性がないものとして、引当対象としないことになっている。

国等に対する債権も理論的にはリスクがないわけではないが、そのようなリスクの顕在化を懸念しなければいけないような状況は金融機関を取り巻く社会的・経済的基盤が崩壊していることを意味しており、そのようなことを想定した引当てはあまり意味がないものと思われる。

引当額の算定は原則として債務者の信用リスクの程度等を勘案した信用格付に基づいた自己査定を行い、さらにその自己査定結果に基づいて行うこととされている。すなわち、信用格付と償却・引当てとが一貫性をもって、連動的・整合的に行われることが求められる（図表4－6参照）。

図表4-6　信用格付と償却・引当て

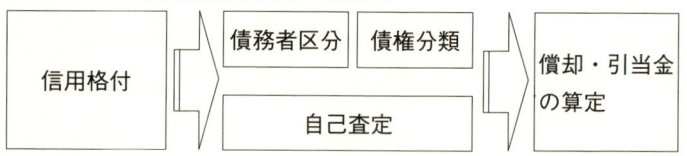

信用格付 ⇒ 債務者区分｜債権分類／自己査定 ⇒ 償却・引当金の算定

(2) プロジェクト・ファイナンス債権の引当方法

　債権の回収の危険性の度合いに応じて、予想損失額を合理的に見積り計上する必要があるが、過去の貸倒実績がないことを理由に引当てを行わないことは容認されない。これは過去に貸倒実績がないことが必ずしも将来の損失発生の蓋然性がゼロであることを意味しないことから当然といえば当然の取扱いである。

(3) 資産等の流動化に係る債権の引当方法

　流動化スキームに内在するリスクを適切に勘案したうえで、損失額を合理的に見積り計上する。

5　資産の流動化の取扱い

　貸出債権の流動化等により、債権のオフバランス化を図っている場合について、流動化の対象となっている債権の信用リスクが完全に投資家等の第三者に転嫁されているときは自己査定の対象とはならないが、信用リスクが完全には第三者に転嫁されておらず、信用リスクの全部または一部が残っている場合は注意が必要である。すなわち、流動化の対象債権を通常の自己査定と同様な手続を適用して分類し、残存している信用リスクの度合いを考慮して分類することになる。
　したがって、債権の流動化によりオフバランス化を図っている場合でも、信用リスクが完全に第三者に転嫁されず、信用リスクの全部または一部がオ

リジネーターである金融機関に残っているときは、債権分類の結果、Ⅲ分類とされた部分のうち予想損失額に相当する額およびⅣ分類とされた部分について「その他の偶発損失引当金」の引当処理が求められることに留意する必要がある。

　ここでは、会計処理上、流動化対象資産に存在するリスクは第三者に転嫁されており、その意味ではオフバランスは認められるものの、原資産のリスクの一部がその内容を変えて新たなリスクとしてオリジネーターに発生している場合、または原資産のリスクの一部が「残存部分」としてバランス・シートに残される場合に、残存するリスクによる損失額の見積りが残存部分の帳簿価額を超えるような状況を想定しているものと思われる。

6　プロジェクト・ファイナンスの取扱い

　金融検査マニュアルではプロジェクト・ファイナンスは「(例えば、ノン・リコース・ローンのように、)特定のプロジェクト（事業）に対するファイナンスであって、そのファイナンスの利払い及び返済の原資を原則として当該プロジェクトから生み出されるキャッシュ・フロー（収益）に限定し、そのファイナンスの担保を当該プロジェクトの資産に依存して行う金融手法」と定義されている。このようにプロジェクト・ファイナンスは債務者の企業体全体のリスクではなく、個々のプロジェクトおよび資産のリスクに依拠して貸し出すもので、不動産の流動化に伴うノン・リコース・ローンはその典型といえるものである。

　プロジェクト・ファイナンスの債権分類は従来では債務者区分によらず、「回収の危険性の度合いに応じて分類することができる」とされていたが、平成19年2月に改訂された金融検査マニュアルでは、「回収の危険性の度合いに応じて、見做し債務者区分を付して分類することに留意する」と修正されており、みなし債務者区分を付することが要求されることになった。みなし債務者区分とは、一つのプロジェクトを一つの債務者とみなして、こ

れに債務者区分を付することをいう。これは実務として多くの金融機関がプロジェクト・ファイナンスに対して一般事業法人と同様に債務者区分を付しているという事実を追認し、制度化しようということと考えられる。基本的にはプロジェクト・ファイナンスの契約内容の本質を理解し、そのリスクの所在を把握したうえで、債権分類するうえで形式的に債務者区分に依拠しているものと理解すべきである。すなわち、債務者の信用状況の悪化が当該プロジェクトの生み出すキャッシュフローに実質的に影響を与えないものであれば、債務者区分は意味をなさないものであるので、債務者区分によらない方法が理論的であると考えられる。一方、プロジェクトの進行状況が芳しくない場合に最終的に債務者の責任追及ができるような貸出条件になっている場合は債務者区分に依拠するのが合理的と考えることもできる。したがって、プロジェクトの進行状況に応じて使い分けることが合理的であろう。たとえばプロジェクトのための設備工事に関して完成前にスポンサーが元本返済保証をしているような場合は、完成前と後で債務者区分に依拠するかを使い分けるということはそれなりの合理性が認められると思われる。

　ところが、本件に係る金融検査マニュアルの改訂の趣旨はプロジェクト・ファイナンスにおける回収の危険性の度合いをより明瞭化するもので、基本的考え方を変更するものではない（金融庁検査局「改訂金融検査マニュアルに関するよくあるご質問（FAQ）」（平成20年4月1日）の8－2）ことから、みなし債務者区分を付することで、実態から乖離した判断を容認しているわけではなく、逆に資産が適正に分類されるようにみなし債務者区分を付することが求められることになり、債務者区分の判断が非常に重要であることが明確になった。

　プロジェクト・ファイナンスの債務者は個別事業に固定され、多種・多数の事業によるビジネスリスクの分散が図られていない、換言すれば他のビジネスリスクの影響を受けない、かつ自由な経営判断に制約がある事業体と認識し、一般事業法人の特殊な形態の一つとみなして債務者区分を付することになろうが、実務としては個別性が強いだけに判断の合理性・客観性を確保

することは一般的にはむずかしいものと思われる。しかし、実務としてはある程度の割切りを容認し、継続適用を前提に特定の指標等を利用して判断することになろう。

　金融検査マニュアルでも、プロジェクト・ファイナンス債権の回収の危険性の度合いを検証する際はスコアリングによる格付およびLTV（Loan To Value）やDSCR（Debt Service Coverage Ratio）等の指標を加味しながら総合的に回収の危険性を評価する等、合理的な手法を行うものとしている。なお、これは、プロジェクト・ファイナンス債権の回収の危険性の評価に際して、一般的に認識されているLTVやDSCR等の指標に依拠する合理的な手法を行うことを例示として明記したまでで、これにかわる合理的な手法があればそれも否定されるものではないものと思われる。

7　ABLの自己査定上の取扱い

　銀行等の金融機関では在庫等の動産を担保にとることは、担保の公示性が不十分であることや在庫の移動が容易であることから、担保としての安全性、実効性に問題あるものとして利用されてこなかった。たとえ担保にとる場合も、既存の不動産等の担保物件の減価や貸出先の信用リスクの悪化を補完する目的で二次的担保、いわゆる「添え担保」として徴求していたのが実態で、審査上その担保価値を積極的に認めることはなかった。

　しかし、1990年代のバブルの崩壊による不動産価値の下落により、極度に不動産担保に依存していた資金調達構造の弱点が顕在化し、中小企業に対する「貸し渋り」等の問題を引き起こした。それに対して関係官庁を中心に新たな貸出手法の創設の検討が進められ、動産譲渡の公示制度など在庫等の動産を譲渡担保として取得する際の実効性をサポートする制度も構築された。このようななかで、制度創設を早くから先取りし準備していたメガバンクや地方銀行および政府系金融機関では、在庫等の流動資産の担保価値を積極的に認めて、貸出を実行するようになってきている。

実際に在庫等の動産を担保にとる場合、動産であればすべて担保となるわけではなく、担保としての適格性の認められるものが対象となる。
　担保としての適格性を判断するうえで重要な論点は処分可能性である。すなわち、市場で処分することが不可能な動産は換金価値が見込めず、担保としての適格性を備えているとはいえない。具体的には商品・製品や機械機器、処分性が高く他製品へ転用が可能な原材料等は担保適格となる可能性が大きい。一方、仕掛品、半製品および特注品等は一般的には相対的に処分可能性が低く、適格担保とならない可能性が高い。
　このような在庫等の動産を担保とした貸出債権が金融機関での自己査定上のどのような取扱いになるかは従来の金融検査マニュアルでは明確に示されていなかったが、平成19年2月に改訂された金融検査マニュアルでは所定の要件が充足されれば一般担保となりうることが明記された。
　金融検査マニュアルによれば、自己査定で動産・債権を分類する際に担保により保全措置が講じられているものは担保の区分によって調整することになっている。すなわち、優良担保の処分可能見込額により保全されているものは非分類とし、一般担保の処分可能見込額により保全されているものはⅡ分類とされるが、改訂前の金融検査マニュアルでは、在庫等の動産を担保取得することによる債権の保全効果について明確な規定はなかった。その意味では理論的には優良担保または一般担保になる余地はあるものの、実際に認定される可能性はきわめて悲観的に考えられていた。
　しかし、改訂された金融検査マニュアルでは一般担保の項目で具体的に言及されており、確実な換価のために、担保の適切な管理および評価の透明性が確保されている動産担保は一般担保に該当する旨が明記された。
　従来は担保の実効性や処分可能性について過去の客観的な実績をもとに合理的に説明できない限りは一般担保に該当する可能性は低いものと考えられており、在庫担保をとっても処分実績がほとんどない銀行にとって実質一般担保の認定は不可能と考えられていた。しかし、改訂により、少なくとも過去の担保処分実績や豊富な担保に関する情報を直接保有していなくとも、第三者

の客観的情報やノウハウを利用して、在庫資産の確実な換金の仕組みづくりがなされており、その信頼性が明らかにされている場合は一般担保として容認の可能性が高まったといえよう。金融検査でこの点がどのように解釈されるかにもよるが、銀行にとって大きな影響を与える可能性を秘めている。

なお、担保の適切な管理とは次のようなことが含まれているものと思われる。

◇担保権の維持・実行に必要な措置はすべて講じられていること。

◇担保資産の適時な確保・処分を可能とする内部手続が整備されていること。

◇定期的な評価手続において、流行に左右されやすい特性のある資産に対して、下方修正したり、担保の実地調査が実施されたりしていること。

◇担保資産の保管を第三者に委託している場合に受託者の分別保管を確認していること。

また、在庫や売掛金を担保にとっている場合は分類対象外債権の一つである正常な運転資金の算出に対して影響を与えるものと考えられる。一般的に複数の金融機関が運転資金を貸出している場合、次に示す所定の算式により算出された正常な運転資金[4]に貸出シェアを掛けて自行分の正常な運転資金を算出することになっている。

正常な運転資金＝売上債権＋棚卸資産－仕入債務
（注1）　売上債権＝売掛金＋受取手形（割引手形を除く）
（注2）　棚卸資産……通常の在庫商品であって不良在庫は除く。
（注3）　仕入債務＝買掛金＋支払手形（設備支手は除く）

---

[4] 正常な運転資金とは正常な営業を行っていくうえで恒常的に必要と認められる運転資金と定義されており、債務者区分が破綻懸念先、実質破綻先および破綻先に対する運転資金は正常な運転資金として取り扱わないことになっている。また、要注意先に対する運転資金はすべての要注意先に対して正常な運転資金が認められるものではなく、債務者の状況を勘案して個別に判断しなければならない。

この場合、在庫や売掛金に担保を設定している場合の取扱いが問題になろう。すなわち、運転資金として貸出されたキャッシュが営業活動をすることから発生する資産に転換され、その資産に対して担保権が設定されている場合、貸出シェアを掛けることは理論上不要と考えられるが、自己査定上このような状況に係る取扱いが明確に示されていないことから実務上の取扱いは議論の分かれるところであろう。ただ、貸出シェアを掛ける合理的な理由も想定されないことから、貸出シェアを掛けない処理も容認される可能性は十分あるものと思われる。

8　BIS 規制上の取扱い

(1)　自己資本比率規制の概略

a　自己資本規制の重要性

　金融監督当局による自己資本比率規制は従来導入されていたが、国際銀行システムの健全化と安定性の強化および国際業務に携わる銀行間の競争上の不平等の要因の軽減を目的として、国際決済銀行（Bank for International Settlements：BIS）の銀行監督委員会（バーゼル委員会）が提唱し、昭和63年7月に G-10 諸国の中央銀行総裁会議で全会一致で合意された報告書「自己資本の測定と基準に関する国際的統一化」（バーゼル合意）に準拠して導入された自己資本比率規制が、いわゆる BIS 規制である。このバーゼル合意後は国際統一基準による新基準が規定され、海外に営業店を構え、業務展開している銀行にとって当該自己資本比率の水準は経営管理上無視できない指標となった。また、金融機関に対する早期是正措置制度が平成10年に導入されてからは、海外に営業拠点をもたない銀行も国内基準として国際統一基準に準じた自己資本比率規制の適用を受けることになった。

　自己資本比率規制の導入以後、信用リスクの測定手法が発展し、信用リスクの削減手法や資産の流動化・証券化等の新たな取引等も頻繁に行われるよ

うになった。このように急速に高度化・複雑化する金融業務に対応すべく、BIS規制の見直しがなされ、平成16年6月にはバーゼル委員会による最終的な合意（バーゼルⅡ）がされた。これを受けて、平成18年3月27日に「銀行法第十四条の二の規定に基づき、銀行がその保有する資産等に照らし自己資本の充実の状況が適当であるかを判断するための基準」（金融庁告示第19号）が公表され、具体的な自己資本比率規制の内容が明らかになり、平成19年3月期からバーゼルⅡに基づいた新しい自己資本比率規制が適用されることになった（新BIS規制）。

b　早期是正措置との関係

監督当局は銀行の財産の状況に照らして、銀行業務の健全かつ適切な運営を確保するために必要があると認められるときは、経営改善計画の提出および実行の命令、業務停止命令または財産の供託など、監督上必要な措置を講ずることができることになっており、いわゆる「早期是正措置制度」として

図表4－7　BIS自己資本比率と早期是正措置命令との関係

	国際統一基準	国内基準	命　　令
非対称区分	8％以上	4％以上	－
第1区分 過少資本行	4％以上 8％未満	2％以上 4％未満	経営改善計画の提出およびその実施命令
第2区分の1 著しい過少資本行	2％以上 4％未満	1％以上 2％未満	自己資本の充実に資する措置に係る命令
第2区分の2 特に著しい過少資本行	0％以上 2％未満	0％以上 1％未満	対応措置の選択および実施命令
第3区分	0％未満	0％未満	業務の全部または一部の停止命令

確立されている。そして、その命令のなかで自己資本の充実の状況に係るものは、監督当局が下す命令も自己資本比率の水準の区分によって経営改善計画の提出から業務停止までと、大きく異なってくる。このように自己資本比率の水準は銀行経営に大きな影響を与える指標となったことから、すべての銀行にとって自己資本比率は経営管理上重要な意味をもつ財務指標になった（図表4－7参照）。

c　算出方法

　海外に営業拠点を有する銀行は国際統一基準による自己資本比率を、そうでない銀行は国内基準による自己資本比率を算出する必要があり、どちらも連結決算ベース、単体決算ベースの二つの比率を算出しなければならない。

　なお、連結の範囲は基本的には連結財務諸表規則に規定する範囲と同一であるが、金融子会社の重要性基準による除外の禁止や、保険業を営む子会社の除外など、規制の目的の違いから完全には一致していない。

$$\text{国際統一基準による自己資本比率} = \frac{\text{自己資本の額（注1）}}{\text{信用リスク（注2）＋市場リスク＋オペレーショナルリスク（注3）}}$$

（注1）　自己資本の額＝基本的項目＋補完的項目＋準補完項目－控除項目
（注2）　従来の規制では単一の方法であったが、平成19年3月期から適用される新BIS規制では、従来の規制を一部修正した「標準的手法」と行内格付を利用した「内部格付手法」のいずれかを選択して算出する。なお、内部格付手法はさらに「基礎的内部格付手法」と「先進的内部格付手法」とに分けられるが、どちらにしろ、採用するためには監督当局の承認が必要である。
（注3）　新BIS規制から追加されたリスクで、事務事故、システム障害、不正行為等で損失が生ずるリスクについて、粗利益を基準にする方法と過去の損失実績等に基づく方法とのいずれかを選択して算出する。

(2) 新BIS規制上のABLの取扱い

a 標準的手法採用行

標準的手法採用行での信用リスク・アセット額の合計額は以下の算式で算出される。

```
 資産の額、オフバランスもしくは派生商品       ×  リスク・ウェイト
 取引および長期決済期間取引の与信相当額

    有価証券等の未決済取引に係る        証券化エクスポージャー
  +                              +
    信用リスク・アセット額              の信用リスク
```

そして、動産を担保にとっていることはこれらの項目にはいっさい影響しないことから、標準的手法採用行にとって新BIS規制上、直接的な影響はないといえる。不動産を担保として取得しても同様である。

b 内部格付手法採用行

内部格付手法採用行での信用リスク・アセット額の合計額は以下の算式で算出される。

```
 事業法人向けエクスポージャー、リテール向けエクスポージ
 ャー、株式等エクスポージャー、証券化エクスポージャーの  ×  1.06
 それぞれについて算出した信用リスク・アセット額

    その他資産のリスク・       リース取引における見積残存価額
  +                      +
    アセット額              の信用リスク・アセットの額
```

上記のうち動産担保を取得した貸出が関係する項目は事業法人向けエクスポージャーのリスク・アセット額のみである。

さらに、この事業法人向けエクスポージャーのリスク・アセット額は以下

の要因から算出される。
　　◇1年間に債務者がデフォルトする確率（PD）
　　◇デフォルト時におけるエクスポージャーの額（EAD）
　　◇デフォルトしたエクスポージャーに生じる損失額のEADに対する割合（LGD）
　　◇エクスポージャーの加重平均期間（マチュリティ：M）
　PDは当該事業法人等の債務者格付に係る1年間の倒産確率の推計値であり、動産担保の有無とは直接には関係はない。
　EADも債務者のデフォルト時におけるエクスポージャーの額でオンバランス資産項目に係るものとオフバランス項目に係るものとがあるが、どちらも動産担保の設定の有無とは関係ない。
　LGDはデフォルト時の損失率であり、基礎的内部格付手法採用行は原則として45％を適用することになっており、先進的内部格付採用行ではデフォルト時の経済的損失額のEADに対する割合の推計値となっている。
　ただし、基礎的内部格付採用行では、適格債権担保、適格不動産担保または適格その他資産担保（以下、適格資産担保）が設定されている場合は、それぞれの運用要件および最低所要担保カバー率を満たすことを条件に45％より低いLGDの適用が認められている。
　最低所要担保カバー率とはエクスポージャーの額に対する適格資産担保の額の割合で、45％より低いLGDを適用できるための最低限必要な水準をいう。所定の要件をすべて満たした場合に適格資産担保の額を超過担保カバー率で除した金額（言い換えれば、掛け目を掛けた金額）について、LGDとして45％にかえて35％または40％を適用することができる。
　それぞれの適格資産担保と最低所要担保カバー率、超過担保カバー率および適用LGDは図表4－8のとおりである。
　これによると、たとえば100の貸出債権に対して100の動産など適格その他資産担保を設定している場合は71.4（＝100÷140％＝100×71.4…％）相当の債権について40％のLGDを適用することができるということである。

図表4-8　適格資産担保

	最低所要担保カバー率（％）	超過担保カバー率（％）	LGD（％）
適格債権担保	0	125	35
適格不動産担保	30	140	35
適格その他資産担保	30	140	40

　単純化していえば、100の債権全額に軽減されたLGD40％を適用するためには適格その他資産担保の金額を140に設定する必要があるということである。

　また、先進的格付採用行では、適格資産担保の実効性がLGDの推計値の算出に反映できる場合はLGDを引き下げる有利な影響が考えられる。なお、従来は上記の適格その他資産担保が一定の要件を満たす適格船舶担保、適格航空機担保および適格ゴルフ会員権担保に限定されていたため、動産を担保として設定しても、上記の軽減措置の適用はなかった。しかし平成19年3月期からは適格その他資産担保に適格動産担保が追加されたため、動産担保による信用リスク・アセット額の軽減効果の可能性が生まれた。

BOX　新BIS規制上のリース取引の取扱い

a　標準的手法採用行

　金融庁告示第19号（平成18年3月27日。以下「告示」という。）では、リース取引の取扱いについて信用リスクの算定に内部格付手法を採用した場合のみ言及しており、標準的手法を採用した場合は明示されていない。これは標準的手法におけるリース取引に関する規定がない以上、原則として適正な会計処理を前提に作成された貸借対照表との整合性が求められると考えるのが自然である。したがって、標準的手法採用行で会計処理として賃貸処理を行っている場合

は固定資産に係るリスク・アセット額を算出することになろう。

b 内部格付手法採用行（告示174条～177条）

　BIS規制上、リース取引は、特定の物件の所有者たる貸主が当該リース物件の借主に対し合意された期間にわたりこれを使用収益する権利を与え、借主が合意された使用料を貸主に支払う取引と定義されており、通常のリース取引はこれに該当するものと判断される。したがって、銀行子会社のリース会社等のリース債権は当該告示に定める算出方法によってリスク・アセット額を算出する必要がある。

　リース料に係る信用リスク・アセットの額はリース料からリース期間の開始日に利息相当額として合理的に見積もった額を控除した額をEADとし、リース期間をマチュリティ（M）として、借主に対するPD、LGDおよび売上高（S）を用いて算出することになる。

　ただし、マチュリティについて、リース期間にかえてリース料から利息相当額を控除した額によって算出した実効マチュリティを使うことができる。

　なお、リース取引で残価リスクがない場合は、次の要件を満たすときに限り、借主向けのエクスポージャーにリース物件による担保が付されているものとして取り扱うことができる。

　　① リース物件の所在、用途、経過年数および陳腐化への対応策について貸主が堅固なリスク管理を行っていること。
　　② 貸主をリース物件の所有者とし、貸主が所有者としての権利を適時に行使できるようにするような強固な法的枠組みがあること。
　　③ リース物件の価値の減少率とリース料の元本相当部分の減少率の差異が、当該リース物件に基づく信用リスク削減手法の効果を過大に勘案するほど大きなものでないこと。
　　④ 適格その他資産担保の運用要件を満たしていること。

見積残存価額に係る信用リスク・アセット額は見積残存価額と同額とする。なお、残存リスク回避のために残価保証等のリスク軽減措置をとっている場合には、保証に対応したリスク・アセット額の算出、PD および LGD を適用できる場合がある。

BOX　新 BIS 規制における証券化取引の取扱い

資産を流動化するための証券化取引を行い、それに関連するエクスポージャー、すなわち、証券化エクスポージャーの信用リスク・アセット額を算出する場合は、基本的には標準的手法採用行と内部格付手法採用行とでそれぞれ所定の算出方法によって計算することになるが、一部は共通の規定がある。

a　共通の規定

自己資本控除とされる証券化エクスポージャーは信用リスク・アセットの額から控除する。

信用補完機能をもつ I/O ストリップス[5]は信用リスク・アセットの額から控除する。

ただし、上記との証券化によって対象資産の売却益の計上等により増加した自己資本に相当する額は対象となる。

また、上記の二つの項目について個別貸倒引当金が引き当てられている場合は自己資本控除とされる金額から当該個別貸倒引当金の額を差し引くことができる。

銀行がオリジネーターである場合、次の条件を満たさないときは原資産に係る信用リスク・アセット額を算出しなければならないこ

---

[5] I/O ストリップスとは、Interest Only Strips の略称で、貸出金、債権等の原資産から生ずる将来の金利収入等を受け取ることができる権利を指す。原資産が期日前返済または償還された場合には、当初予定していた金利収入等を全額受け取れないリスクを内包している。

とになる。言い換えれば、証券化による効果を自己資本比率に反映させるためには少なくとも次の条件を満足する必要があることになる（告示248条）。

> 一　原資産に係る主要な信用リスクが第三者に移転されていること。
> 二　当該銀行が原資産に対して有効な支配権を有しておらず、銀行の倒産手続等においても当該銀行又は当該銀行の債権者の支配権が及ばないように、原資産が法的に銀行から隔離されており、かつ、かかる状態について適切な弁護士等（弁護士法（昭和24年法律第205号）の規定による弁護士及び外国弁護士による法律事務の取扱いに関する特別措置法（昭和61年法律第66号）第２条第２号に定める外国弁護士を総称していう。）による意見書を具備していること。この場合において、次のイ又はロの要件を満たすときは、有効な支配権を有しているものとみなす。
> 　イ　当該銀行が譲受人に対して当該原資産の買戻権を有していること。ただし、買戻権の行使が第６号に該当するクリーンアップ・コールである場合は、この限りでない。
> 　ロ　当該銀行が当該原資産に係る信用リスクを負担していること。ただし、前号に反しない限度での劣後部分の保有は妨げられない。
> 三　当該証券化取引における証券化エクスポージャーに係る投資家の権利は、原産の譲渡人である当該銀行に対する請求権を含むものでないこと。
> 四　原資産の譲受人が証券化目的導管体であって、かつ、当該証券化目的導管体の出資持分を有する者が、当該出資持分について任意に質権を設定し、又は譲渡する権利を有すること。
> 五　原資産の譲渡契約において次のイからハまでに掲げる条項のいずれかが含まれるものでないこと。

イ　原資産の平均的な信用力の向上を目的として、当該銀行が証券化エクスポージャーの裏付資産を構成する資産を交換するよう義務付ける条項。ただし、原資産を独立した無関係の第三者に対して市場価額で売却することを妨げない。
　　ロ　譲渡日以降に当該銀行による最劣後部分や信用補完の追加的な引受けを認める条項
　　ハ　証券化エクスポージャーの裏付資産の信用力の劣化に応じて投資家、第三者たる信用補完提供者その他の当該銀行以外の者に対する利益の支払を増加させる条項
　六　当該証券化取引にクリーンアップ・コールが含まれる場合は、当該クリーンアップ・コールが次のイからハまでに掲げる条件のすべてを満たすものであること。
　　イ　クリーンアップ・コールの行使は、当該銀行の裁量にのみ依存すること。
　　ロ　クリーンアップ・コールが、投資家に損失が移転することを妨げる目的又は当該投資家の保有する証券化エクスポージャーに対して信用補完を提供する目的で組成されたものでないこと。
　　ハ　クリーンアップ・コールの行使は、原資産又はオリジネーター以外のものが保有する未償還の証券化エクスポージャーの残高が当初の残高の10パーセント以下となった場合に限られること。
　七　契約外の信用補完等を提供していないこと。

b　証券化エクスポージャーの信用リスク・アセット額の算出
(a)　標準的手法採用行

　標準的手法採用行では、証券化エクスポージャーの金額に適格格付機関の付与する格付に対応する信用リスク区分に応じてリスク・

ウェイトを掛けて算出する。

　リスク・ウェイトは、長期格付・短期格付別、長期格付の場合はさらにオリジネーターとそれ以外に区分して適用するリスク・ウェイトを指定している。リスク・ウェイトは20％から350％までで、さらにリスクが高いものや信用格付のないもの等は原則として自己資本控除となる。自己資本控除の場合は当然信用リスク・アセット額は控除される。

　ただし、所定の要件を満たす場合は自己資本控除とならないで所定のリスク・ウェイトを適用することもできる。

(b)　**内部格付手法採用行**

　内部格付手法採用行では標準的手法、外部格付準拠方式、指定関数方式および内部評価方式といろいろなケースに分けて適用する計算方式が規定されているので、規定を十分理解して間違いなく適用するように心がける必要がある。

第3節

ABLに係る税務

　企業が保有する売掛金や在庫などの事業収益資産を活用する貸出、すなわち狭義のABLでは、それらの資産を担保活用する際に譲渡担保の形式を用いるため、対象資産の譲渡すなわち所有権の移転がなされることによる課税関係を考慮する必要がある。資産の譲渡には「形式譲渡」と「真正譲渡」との区分があるが、その区分により課税関係が異なる。本節では、ABLの対象資産のうち、課税関係について特に注意が必要な動産譲渡担保を中心に取り上げる。動産譲渡担保の設定時から実行時までの各局面における課税関係について解説し、集合動産譲渡担保に係る課税関係については詳細な説明を行う。そのうえで、ABLにおける今後の税務的課題について論及する。また、広義のABLに含まれるファクタリングやリースに係る課税関係についても説明を加えることにする。

1　動産譲渡担保の課税関係

(1)　動産譲渡担保設定時における課税関係

　企業が自らの事業収益資産を譲渡担保にした貸出により資金調達する場合、通常は当該資産の譲渡担保設定時には実体上の譲渡はないため課税関係は生じず、形式譲渡に当たる。

　譲渡担保に供した資産のうち販売目的資産である商品・製品等の在庫は、

借手が譲渡前と変わらず管理し、製造や販売を継続し、通常の営業活動に基づいて営業対価を取得する。営業用動産である機械設備等は、借手が通常どおり当該動産を使用し営業活動を行うとともに自己の資産として減価償却を行い、固定資産税や保険等の管理・維持費用を損金に計上する。また、売掛金等の債権は、譲渡後も引き続き借手が管理し、売掛先からの債権の回収も借手自ら自己の責任において行う。いずれも税務上は自己の資産として税務上の基準に基づいて処理を行う。

法人税基本通達 2 - 1 - 18では、借手が固定資産を自己の債務の弁済の担保として譲渡した場合、その契約書に次の二つの事項を明らかにして自己の固定資産として経理しているときは、その譲渡はなかったものとして取り扱うものとしている。その後、その要件のいずれかを欠くに至ったとき、または債務不履行のためその弁済に充てられたときは、これらの事実の生じたときにおいて譲渡があったものとして取り扱う。

① 当該担保に係る固定資産を当該法人が従来どおり使用収益すること。
② 通常支払うと認められる当該債務に係る利子またはこれに相当する使用料の支払いに関する定めがあること。

ここで「自己の固定資産として経理する」という意味は、当該資産の減価償却等を行うとともに固定資産税や保険等の管理・維持に関する費用は借手の負担とし、かつ借手が販売行為を行うつど、その部分について譲渡担保契約を解除し買受人に引き渡すことをいう。

また、形式上買戻条件付譲渡[6]または再売買の予約[7]とされているものも、上記のような条件を具備しているものは譲渡担保に該当する。

なお、固定資産だけではなく、棚卸資産に関しても上記要件をすべて満た

---

[6] 借手が譲渡担保設定契約の目的物を貸手に譲渡するにあたり、契約と同時に買戻しの特約をすることで、一定の条件を定め、原売買契約の解除ができる制度（民法579条〜585条）。

[7] 借手の所有する譲渡担保設定契約の目的物を貸手に譲渡し、債務が全額弁済された時点で原売買契約とは別の新たな売買契約により再び購入することを予約しておく制度（民法556条）。

した場合、貸出のための担保提供とみなされ本通達に準じて取り扱われることになる。

　また、債権譲渡担保の特徴も動産譲渡担保と共通する性格をもち、譲渡担保の目的物である在庫が販売により売上債権となることから両者は一体として考える必要がある。

(2)　動産譲渡担保設定中における課税関係

　借手が個人の場合、譲渡担保が法人税基本通達2－1－18と同様の形式譲渡の要件を満たす場合は、貸手と借手が連署により所轄税務署に申立てをすることで、その譲渡はなかったものとして取り扱われる（所得税基本通達33－2）。ここで、譲渡担保の設定中に貸手または借手に相続が生じた場合は、相続税法基本通達11の2－6により、譲渡担保による譲渡はなかったものとして取り扱われる。

　本通達の考え方を準用し、貸手または借手が法人の場合、譲渡担保設定中に貸手もしくは借手たる企業が経済的に破綻するなど純資産額を根拠に株価を算定する必要が生じた場合でも、担保のための譲渡はなかったものとして取り扱われる。

(3)　動産譲渡担保権の実行における課税関係

　資産を譲渡担保に供した場合、譲渡はなかったものとして取り扱う要件のいずれかを欠くに至ったとき、または、債務不履行のためその弁済に充てられたときは、譲渡があったものとして取り扱うことになり（法人税基本通達2－1－18）、真正譲渡に当たる。

　そのうち債務不履行の場合、譲渡担保設定契約に従って担保権者が目的物を任意に売却し、その代金を元利金に充当して清算するものを処分清算型といい、目的物の所有権は担保権者に移転し、担保権者が目的物の適正評価額を元利金に充当して清算するものを帰属清算型という。

　この場合、それぞれの課税関係は以下のとおりである（図表4－9～4－11

図表4－9　譲渡担保権の実行と課税関係①（処分清算型）

TO \ FROM	担保設定者（債務者）	担保権者（債権者）	買受人（第三者）
担保設定者（債務者）		譲渡代金を債務弁済に充当 清算金の受取り	目的物を譲渡 譲渡代金の受取り
担保権者（債権者）	譲渡代金を債権回収に充当 清算金の支払い		（譲渡代金の受取代行）
買受人（第三者）	目的物を取得 譲渡代金の支払い	（譲渡代金の支払委託）	

図表4－10　譲渡担保権の実行と課税関係②（処分清算型）

TO \ FROM	担保設定者（債務者）	担保権者（債権者）	買受人（第三者）
担保設定者（債務者）		目的物を譲渡① 譲渡代金を債務弁済に充当 清算金の受取り	―
担保権者（債権者）	目的物を取得① 譲渡代金を債権回収に充当 清算金の支払い		目的物を譲渡② 譲渡代金の受取り
買受人（第三者）	―	目的物を取得② 譲渡代金の支払い	

図表4－11　譲渡担保権の実行と課税関係③（帰属清算型）

TO \ FROM	担保設定者（債務者）	担保権者（債権者）	買受人（第三者）
担保設定者（債務者）		目的物を譲渡 譲渡代金を債務弁済に充当 清算金の受取り	―
担保権者（債権者）	目的物を取得 譲渡代金を債権回収に充当 清算金の支払い		―
買受人（第三者）	―	―	

参照)。

a　処分清算型

　担保権者が目的物を買受人に売却することで担保設定者の債務（元利金）の弁済に充当し、残余があるときは借手に返還する。この場合、借手の目的物の譲渡価額は、貸手に支払うべき清算金がある場合は債務金額に清算金を加算した金額となり、消費税も課税取引であれば対象になる。

　なお、担保権者は目的物を換価するのみであり、直接譲渡の当事者ではないため課税関係は生じない（図表4-9参照）。

　譲渡担保設定契約において、債務不履行があった場合に目的物の所有権を取得することを定めている場合、担保権者（貸手）が担保設定者（借手）からいったん自己の資産として取得すると同時に第三者の買受人に譲渡するとき、担保権者にも課税関係が生ずることになる。なお、この場合も、借手の目的物の譲渡価額は、貸手に支払うべき清算金がある場合は債務金額に清算金を加算した金額になり、消費税も課税取引であれば対象になる。

　なお、貸手は目的物を取得したことになり、借手が目的物を譲渡した価格を仕入対価とするが、同時に買受人へ譲渡対価にて売却する場合は、結果として課税関係は生じないことになる（図表4-10参照）。

b　帰属清算型

　譲渡担保設定契約において債務不履行時に譲渡担保の目的物の所有権を取得することを定めている場合、貸手が譲渡担保権を実行することで目的物を取得したときに真正な譲渡が行われたと考える。

　ここで担保権者が目的物を適正に評価し、評価額と担保設定者の債務（元利金）に充当し、残余がある場合には借手に返還する。

　借手に関する課税関係は処分清算型と同様である。また、貸手における課税関係は、目的物の譲渡対価を仕入計上し、目的物を取得することになる。

(4) 集合動産譲渡担保に係る課税関係

　集合動産譲渡担保を確定集合動産譲渡担保、流動集合動産譲渡担保に変質集合動産譲渡担保の三つに分類し、それぞれの課税関係を考察する。

　確定集合動産譲渡担保とは、集合動産を構成する個々の資産が特定でき、目的物として固定的な譲渡担保である。これに対し、流動集合動産譲渡担保は集合動産を構成する個々の資産の特定はなされず、仕入れ等により補充されることが特徴で、目的物が繰り返し変動する譲渡担保であり、企業活動の循環過程にある棚卸資産等の動産と原材料から製品へ転化していく生産過程にある動産がある。流動集合動産譲渡担保の特徴は、担保設定時だけではなく将来取得する動産も譲渡担保の目的とし、担保権設定者は通常の営業過程で自己の資産として管理、製造、販売し、販売による回収資金は自己の営業資金として利用できることである。

　また、原材料のように半製品や仕掛品から製品へと加工により目的物が変質する動産の製造過程等を一貫して目的物とする譲渡担保を変質集合動産担保と呼ぶ。

　たとえば、借手が在庫、機械設備等の事業収益資産もしくは製造過程等自体を担保として譲渡した後に貸手から当該事業の業務受託等を受ける場合、貸手が事業リスクを負担し委託契約に合理的な経済的実質があるときは、譲渡があったものとみなされ、真正譲渡とされる。この場合、資産譲渡と業務委託とは別個の通常取引となり、それぞれ譲渡対価および営業対価に関して税務上の基準に基づいて処理を行うことになる。

　ただし、譲渡前と同様に借手が事業リスクを負担し、委託契約に合理的実質がないときは通常の集合動産譲渡担保と同様に扱い、譲渡はなかったものとされ、形式譲渡とされる。

　いずれの場合も、目的物が個別か集合かという差異のみであり、法人税基本通達2－1－18に準じた取扱いになる。つまり、「担保のための形式的な譲渡」であり、「債務者が使用収益する」ことを前提とし、事業リスクをす

べて借手が負う場合は形式譲渡になり、事業リスクの一部が貸手に移管されている場合は真正譲渡になる。

2 ABLにおける今後の税務的課題

「棚卸資産の評価に関する会計基準」の新設により、会計上、棚卸資産の評価方法は低価法に一本化された。平成19年度税制改正(平成20年4月1日以後開始事業年度から適用)では低価法を適用する場合、仕入原価との比較対象は原則正味売却価額になった。会計基準の適用を受けない企業で原価法を採用している場合でも、期末時価が帳簿価額より下落し、金額的重要性があるときは低価法を採用する。

このため、棚卸資産の時価を把握する重要性が増し、モニタリングは必須である。このような背景はABLが広まっていくきっかけになる。

従来の企業活動とは直接の関係性の少ない不動産担保や代表者保証に依存する貸出方法から、企業活動と深い関係のある在庫や設備と売掛債権を一体と考え、企業にとっての事業収益資産から企業活動のシステム自体までを担保とするABLへと発展することは、企業活動を補完する新しい健全な資金調達として期待される。特に不動産などの担保提供が容易でない中小企業にとってきわめて有効な資金調達手段である。金融機関は在庫等の将来のキャッシュフローの源泉を担保とすることから個々の企業の商流や資金流を十分に把握し動産を評価することが必要になる。評価後もモニタリング等を通じそれまで以上に掘り下げた視点から企業活動をサポートすることが可能になる。

また、ABLの発展には、担保価値を形骸化することがないよう関連税制との調整が図られることが期待される。

たとえば国税徴収法との関連である。担保設定者が滞納処分を受けた場合、担保権者が一定の要件のもとで譲渡担保物の物納による第二次納税義務者となる(国税徴収法24条)場合があり、譲渡担保の設定時期と国税債務の

法定納期限との関係が重要になる。

東京高判平16.7.21では集合債権譲渡担保契約締結時に含まれる将来債権に関して、担保設定時に所定の対抗要件を具備したとしても国税の法定納期限等後に発生した債権はその国税に劣後するものとされた。このことは譲渡担保を形骸化するものであり、譲渡担保の経済社会に果たす役割を考えるとその影響が懸念されていた。これに対し、最判平19.2.15では、集合債権譲渡担保契約締結時に含まれる将来債権に関して、担保設定時に所定の対抗要件を具備すれば、それ以後に法定納期限が到来する国税に優先することになり、ABLの発展に重大な阻害要因が取り除かれることになった。

> BOX　ファクタリング取引における課税関係
>
> ファクタリングは、クライアント（譲渡人）が売掛金や受取手形等の売掛債権をファクタリング会社であるファクター（譲受人）に手数料を支払って譲渡し、ファクターはカスタマー（債務者）から売掛債権の回収を代行するサービスである。
>
> a　ファクタリングの類型
>
> クライアントがファクタリングによりファクターへ譲渡した売掛債権について、カスタマーが決済期日に支払不能に陥った場合、償還請求権[8]があるか、そしてその当該債権の回収リスクをクライアントとファクターとのどちらが負担するかにより分類される。
>
> b　金銭債権の消滅に係る税務
>
> 金銭債権について税務上譲渡とみなされる場合、当該「資産の消滅」を認識する必要があり、当該金融債権の帳簿価額を当該事業年度の益金の額に算入しなければならない。
>
> 金融資産の消滅の認識時期は、契約により当該資産の権利支配が

---

[8] カスタマーが当該債権の支払不能に陥ったとき、ファクターがクライアントに当該債権の買戻しを請求できる権利。

移転した時であり、金融資産の消滅の認識要件は以下の三つである（法人税基本通達2－1－44）。

① 譲渡人は自由に契約または当該譲渡を取り消すことはできず、倒産等のリスクから隔離されていること。つまり担保等の形式譲渡ではなく、真正譲渡である要件を満たす必要があり、占有のみならず所有も移転していることをいう。
② 譲受人が譲渡された金融資産をなんら制約なく実質的に利用できること。
③ 譲渡人が譲渡した金融資産の満期日前に当該債権を買い戻す権利および義務を実質的に有していないこと。

ファクタリングが上記要件を満たさない場合、譲渡はなかったものとされ、ファクターからクライアントに対する金銭の貸出があったものとして通常の金融取引とみなされる。

また、税務上は金融資産の消滅に関して消滅時に残る残存部分と新たに取得した権利または義務である新たな資産または負債をそれぞれ区別して認識しない（法人税基本通達2－1－46）。

BOX　リース取引における課税関係

a　リース取引に係る税務上の取扱い

税務上のリース取引とは、資産の賃貸借（所有権の移転しない土地の賃貸借その他政令で定めるものを除く）であり、①中途解約不能（当該リース契約がリース期間の中途で解除をすることができないもの、または実質的に解除することができないもの）、②フルペイアウト（リース料総額がリース物件の取得価額と利子、固定資産税、保険料他の付随費用の合計のおおむね全部[9]）の2要件を満たす取引をいう（法人税法64条

---

[9] 原則90％以上（法人税法施行令131条の2第2項）。

の2第3項、法人税基本通達12の5-1-2)。

　税務上のリース取引は、リース会計基準におけるファイナンス・リースに該当する要件と同じである。特徴として、リース資産の形式的支配権は賃貸人にあるものの実質的支配権は賃借人に移転しており、長期割賦販売等や金融取引に準じた取引といえる。

b　改正リース税制

(a)　改正の概要

　平成19年度税制改正では、平成20年4月1日以後開始する連結会計年度および事業年度から適用される新しいリース会計基準にあわせた見直しが行われることとなった。改正前、所有権移転外ファイナンス・リースについて、リース会計基準では原則売買取引として処理することとされているが、例外的に注記により実態を開示すれば賃貸借処理をすることが認められているため、税務上の取扱いである賃貸借処理にあわせて例外規定に基づき処理することが主流であったが、当該例外規定が廃止されることになり、これにあわせて税務上も売買取引に統一されることになった。このため改正後の会計基準および税制に基づく会計、税務の処理は原則として一致する

図表4-12　改正前後のリース税制

取引の種類			改正前	改正後
賃貸借取引	ファイナンス・リース取引（税務上のリース取引）	所有権移転ファイナンス・リース取引（税務上の所有権移転リース取引）	売買処理	同じ
		所有権移転外ファイナンス・リース取引（税務上の所有権移転外リース取引）	賃貸借処理	売買処理に統一
	オペレーティング・リース取引（税務上のリース取引以外の賃貸借取引）		賃貸借処理	同じ

ことになる（図表4－12参照）。

　所有権移転外ファイナンス・リース取引とは、以下の①～④のいずれにも該当しない取引をいい（法人税法施行令48条の2第5項5号）、このうち④は税法固有の規定である。

　　① リース期間終了の時またはリース期間の中途において、当該リース取引に係る契約において定められている当該リース取引の目的とされている資産（以下「目的資産」という）が無償または名目的な対価の額で当該リース取引に係る賃借人に譲渡されるものであること。
　　② 当該リース取引に係る賃借人に対し、リース期間終了の時またはリース期間の中途で目的資産を著しく有利な価額で買い取る権利が与えられているものであること。
　　③ 目的資産の種類、用途、設置の状況等に照らし、当該目的資産がその使用可能期間中、当該リース取引に係る賃借人によってのみ使用されると見込まれるものであることまたは当該目的資産の識別が困難であると認められるものであること。
　　④ リース期間が目的資産の法定耐用年数に比して相当短いもの[10]（当該リース取引に係る賃借人の法人税の負担を著しく軽減することになると認められるものに限る）であること。

(b)　**賃借人の税務上の取扱い**

　改正税制では所有権移転外ファイナンス・リース取引に関してすべて売買として取り扱い（法人税法64条の2第1項）、リース資産を計上し残存価額をゼロとしてリース期間定額法により減価償却する（法人税法施行令48条の2第1項6号）（図表4－13参照）。

　賃借人におけるリース資産の取得原価は、原則としてそのリース

---

[10] リース期間がリース資産の耐用年数の100分の70（耐用年数が10年以上のリース資産については100分の60）に相当する年数を下回る期間（法人税基本通達7－6の2－7）

図表4－13　所有権移転外ファイナンス・リース取引における賃借人の税務上の取扱い

処理方法			リース資産およびリース負債	減価償却方法	利息相当額の計上方法
原則処理			計上する	リース期間定額法	利息法で配分する
例外処理	リース資産総額に重要性の乏しい場合		計上する	リース期間定額法	定額で配分する
					リース資産に含めて償却する
	個々のリース資産に重要性が乏しい場合	少額リース資産	計上しない	通常の賃貸借取引に準じた会計処理 ※減価償却をせず賃貸料として処理、当該賃貸料を償却費とみなす	
		短期（1年以内）のリース取引			
		1件当りのリース料総額が300万円以下の取引			
		中小企業のリース取引			

期間中に支払うべきリース料の額の合計額による。ただし、リース料の額の合計額のうち利息相当額からなる部分の金額を合理的に区分することができる場合は、当該リース料の額の合計額から当該利息相当額を控除した金額を当該リース資産の取得原価とすることができる（法人税基本通達7－6の2－9）。

　リース期間定額法とは、当該リース資産の取得価額を当該リース

資産のリース期間の月数で除して計算した金額に当該事業年度における当該リース期間の月数を乗じて計算した金額を各事業年度の償却限度額として償却する方法をいう。なお、当該取得価額に残価保証額[11]に相当する金額が含まれている場合は、当該取得価額から当該残価保証額を控除した金額をもってリース資産の取得原価とする（法人税法施行令48条の2第1項6号）。

利息相当額の税務は、リース会計基準上の原則処理、例外処理のいずれを採用した場合でも、会計に沿った取扱いになる。つまり、会計上の処理にあわせ、原則処理として利息相当額を利息法により費用逓減型の配分を行い、例外処理としてリース資産総額に重要性が乏しいと認められる場合（リース比率[12]が10％未満の場合）、利息相当額を定額で配分する処理、またはリース資産に含めて償却する処理のいずれも税務上認められることになる。

さらに、会計上で個々のリース資産に重要性がないと認められる場合[13]、オペレーティング・リース取引の会計処理と同様、通常の賃貸借取引に係る方法に準じて会計処理を行うことが認められる。税務上はすべて売買処理としなければならず、賃貸借処理を認める例外規定は存在しないが、賃借人が賃借料と損金経理していた場合でも、賃借料は償却費として損金経理した金額に含まれる（法人税

---

11 リース期間終了の時にリース資産の処分価額が所有権移転外リース取引に係る契約において定められている保証額に満たない場合にその満たない部分の金額を当該所有権移転外リース取引に係る賃借人がその賃貸人に支払うこととされている場合における当該保証額をいう（法人税法施行令48条の2第5項6号）。

12 リース比率 ＝ $\dfrac{未経過リース料期末残高}{未経過リース料期末残高＋有形固定資産残高＋無形固定資産残高}$

13 以下のいずれかを満たす場合。
① 購入時に費用処理される少額な減価償却資産（ただし利息相当額だけ基準額を高く設定できる）
② リース期間が1年以内のリース取引
③ 企業の事業内容に照らして重要性の乏しいリース取引で、リース1件当りのリース料総額が300万円以下のリース取引

第4章 ABLの会計・税務 299

法施行令131条の2第3項)ため、リース期間定額法を採用する場合は申告調整の必要なしに損金算入可能になる。なお、リース会計基準の適用を受けない中小企業が賃貸借処理を継続する場合もこれに該当する。ここで中小企業とは「中小企業の会計に関する指針」の適用対象となる会社であり、リース会計基準の強制適用はされない。具体的には下記以外の会社が該当する。

　① 金融商品取引法の適用を受ける会社ならびにその子会社および関連会社
　② 会社法上の大会社(資本金5億円以上または負債総額200億円以上)
　③ 会計監査人設置会社およびその子会社

(c) 賃貸人の税務上の取扱い

改正税制では、所有権移転外ファイナンス・リース取引でも売買があったものとされるため、賃貸人または賃借人である法人の各事業年度の所得の金額を計算することとされた(法人税法64条の2第1項)。したがって、リース料総額を譲渡対価として益金に、またリース資産の取得価額および付随費用を譲渡原価として損金に算入し、次年度以後に対応するリース料をリース債権として計上することが原則とされる。

一方、特例として一定の要件[14]のもとで、長期割賦販売等に係る取扱いを適用した収益の繰延べが認められる。改正税法では会計処理に応じてリース譲渡が長期割賦販売等の範囲に含めることとさ

14　長期割賦販売等に適合する資産の販売等とされる要件(法人税法63条6項、法人税法施行令127条)。
　① 月賦や年賦その他の賦払いの方法により3回以上に分割して対価の支払いを受けること
　② 目的物の引渡しまたは提供の期日の翌日から最後の賦払金の支払期日までに2年以上の期間があること
　③ 目的物の引渡しの期日までに支払日の到来する賦払金の額の合計額が、その資産の販売等の対価(リース料総額)の3分の2以下であること

れ（法人税法63条1項、6項）、以下の①および②の合計額を収益とし、③を費用の額とする方法が延払基準の方法に追加された（法人税法施行令124条1項2号、法人税基本通達2－4－2の2）。

① 長期割賦販売等の対価の額から利息相当額を控除した金額（元本相当額）をリース資産のリース期間の月数で除し、これに当該事業年度におけるリース期間の月数を乗じて計算した金額

② 長期割賦販売等の利息相当額がその元本相当額のうちその支払いの期日が到来していないものの金額に応じて生ずるものとした場合に当該事業年度におけるリース期間に帰せられる利息相当額

③ 長期割賦販売等の原価の額をリース期間の月数で除し、これに当該事業年度のリース期間の月数を乗じて計算した金額

なお、利息相当額は利息法により会計処理した金額と原則一致する。

また簡便法として、利息法による前倒しの収益計上の影響を緩和するため、リース譲渡を行った場合、そのリース譲渡の対価の額を利息に相当する部分とそれ以外の部分とに区分する方法として、対価の額から原価の額を控除した金額の100分の20に相当する金額を利息に相当する部分の金額（利息相当額）とし、当該リース譲渡の日の属する事業年度以後の各事業年度の収益の額および費用の額として、以下の①および②の合計額を収益とし、③を費用の額とし、当該各事業年度の所得の金額の計算上、益金の額および損金の額に算入することができることとされた（法人税法63条2項、法人税法施行令124条3項、4項）。

ただし、リース譲渡の日の属する事業年度の確定申告書に収益の額および費用の額に関して益金算入および損金算入に関する明細の記載がある場合に限り（法人税別表十四（五））、適用される（法人税

法63条7項)。

① リース譲渡の対価の額から利息相当額を控除した金額（元本相当額）をリース期間の月数で除し、これに当該事業年度における当該リース期間の月数を乗じて計算した金額

② リース譲渡に係る賦払金の支払いを、支払期間をリース期間と、支払日を当該リース譲渡に係る対価の支払いの期日と、各支払日の支払額を当該リース譲渡に係る対価の各支払日の支払額と、利息の総額を利息相当額と、元本の総額を元本相当額とし、利率を当該支払期間、支払日、各支払日の支払額、利息の総額および元本の総額を基礎とした複利法により求められる一定の率として、賦払の方法により行うものとした場合に当該事業年度におけるリース期間に帰せられる利息の額に相当する金額

③ リース譲渡の原価の額をリース期間の月数で除し、これに当該事業年度における当該リース期間の月数を乗じて計算した金額

(d) **法人税法以外の税法との関連**

ア 消費税

所有権移転外リース取引は改正税制により売買取引とされるため、賃借人側ではリース資産の引渡し時にリース料の総額に対して仕入税額控除の適用を受けることが可能になる（消費税法基本通達9-1-13）。リース資産を計上せず、賃貸料を償却費とみなして損金計上する場合（図表4-13参照）もリース資産の引渡し時にリース資産の譲渡が行われており、リース料の総額が課税仕入となり、仕入税額の一括控除を受けることが可能である。

賃貸人側では、リース資産を譲渡した場合、原則としてリース資産の引渡し時に当該資産の譲渡に係る課税売上および課税仕入を認識するのが原則だが、リース取引が長期割賦販売等に該当する資産

の譲渡等（以下、長期割賦販売等）に係るものである場合で延払基準の適用により経理しているときは、当該長期割賦販売に係る賦払金の支払期日が到来した部分を基礎に課税売上および課税仕入を認識することができる。(消費税法16条1項、2項)。

　またリース取引のうち、契約で利息相当額が明示されているものに限り利息相当額は非課税取引とされるが、明示されていない場合はリース料総額が課税取引として扱われる。

イ　租税特別措置法

　現行の租税特別措置法で一定の要件に該当する中小企業等に認められていたリース税額控除制度は廃止されるが、所有権移転外ファイナンス・リース取引は売買取引となるため、所有権移転ファイナンス・リースの取扱いと同様、通常の資産の取得として扱われ、中小企業投資促進税制（租税特別措置法42の6）、中小企業等基盤強化税制（租税特別措置法42の7）について100％を基準として税額控除の対象となる。

ウ　特別償却制度、圧縮記帳制度

　所有権移転外ファイナンス・リース取引でリース資産を取得した場合、通常の資産の取得では認められている特別償却制度や圧縮記帳制度は適用されないことになる。リース契約終了後も依然として所有権は貸手側にあることが考慮されている。

エ　固定資産税

　所有権移転外ファイナンス・リース取引のリース物件に対する固定資産税の申告および納税義務者は従来どおり貸手側で行うことになる。固定資産税は固定資産の所有者に課するものであり（地方税法343条）、リース契約終了後も依然として所有権は貸手側にあることが考慮されている。

オ　少額資産の即時償却等

　所有権移転外ファイナンス・リース取引でリース資産を取得した

場合、少額資産の減価償却資産の取得価額の損金算入（法人税法施行令133条）および一括償却資産の損金算入（法人税法施行令133条の2）に関して、税務上賃借料として経理した場合でも、償却費（リース資産定額法による償却額を償却限度額とする）として取り扱うため、損金経理できない金額が生ずる。

カ　外形標準課税

所有権移転外ファイナンス・リース取引が税務上売買取引に統一されたため借手の支払うリース料が原則として元本たる減価償却費と支払利息とに区分されることになるが、当該支払利息を外形標準課税の付加価値割に含める方向で現在関係省庁で検討されている。

(e)　適用時期および適用初年度の取扱い

税務上は、平成20年4月1日以後に締結される契約に係るリース契約について適用し、同日前に締結された契約は従前どおり基本的に賃貸借処理が適用されることとなる。

一方で、リース会計基準では、原則として既存のリース取引について過去に遡及してリース取引開始日に売買があったものとみなすため、変更による影響額を過年度損益修正として特別損益とすることになるが、税務上、当該特別損益に関し、一時の損金および益金算入が認められないため、申告調整が必要となる。ただし例外として、適用初年度の期首に売買処理を行う方法や引き続き賃貸借処理を適用する方法もあり、この場合は過年度の損益修正は生じず、申告調整の必要はない。

c　セール・アンド・リースバックに係るリース取引の税務

これに対し、ユーザーが所有資産をいったんリース会社に売却することで資金を獲得し、リース会社より当該資産のリースバックを受け、従前と同じ使用収益を得る取引であるセール・アンド・リースバックのうち、ユーザーからリース会社へ資産を売却する場合に所有権の移転を伴う。ただし、その後のリース会社からユーザーへ

のリースバックは所有権の移転を伴わない。

ここでは、セール・アンド・リースバックの課税関係について述べる。

(a) **賃貸借取引とされる場合**

リースバック取引を行うことに金融目的以外の以下の合理的な理由がある場合は一般の賃貸借取引として取り扱われることになり（法人税基本通達12の5－2－1）、その資産の譲渡（セール）があったものとされ、真正譲渡とされる。

① 新規購入資産のリースバック取引……譲渡人（賃借人）がリース会社等の譲受人（賃貸人）にかわり資産を取得し、その資産を賃貸する目的で譲渡する場合、その資産について立替金・仮払金等の仮勘定で経理し、譲渡人の購入価額により譲受人に譲渡するもので、以下にあげるような「相当な理由」があるもの。

◇多種類の資産を購入する必要があるため、譲渡人がその資産を購入したほうが事務の効率化が図られること。

◇輸入機器のように通関事務等に専門的知識が必要とされること。

◇既往の取引状況に照らして譲渡人が資産を購入したほうが安く購入できること。

② すでに使用している資産のリースバック取引……資産の管理事務の省力化により経営の合理化が図られること。

(b) **金融取引とされる場合**

リースバックの経済的実質が資産を担保とした金融目的であり、金銭の貸借であると認められるときは、その資産の売買はなかったものとし、かつ資産の譲受人（資金の貸手）からその資産の譲渡人（資金の借手）に対する金銭の貸付があったものとして、所得の金額の計算をすることとされている。

この取引は資産の譲渡と金融取引とがそれぞれ独立していない一体の取引とされるため、リース資産の譲渡担保による貸出の類型とみることができる。
　この場合の税務上の取扱いの留意点は以下のとおりである。
ア　譲渡損益の取扱い
　譲渡がなかったものとされるため、その取引に係る譲渡損益も発生していないことになり、譲渡損益は原則として計上せず、資産の取得原価に加減する。
イ　支払リース料の取扱い
　資産の譲渡により譲受人から譲渡人に対して支払われた金額は、譲渡人は借入金として取り扱い、リース期間中に支払うべきリース料総額のうち当該借入金相当額について借入金の元本返済額とし、それ以外を利息の支払額と取り扱うこととされている。元本と利息との区分は元利均等法など金融取引上の通常の区分方法に準じて合理的に行うが、リース料の額に元本返済額が均等に含まれるものとする簡便法も認められている（法人税基本通達12の5－2－2）。
ウ　減価償却費の取扱い
　資産の譲渡がなかったものと取り扱われることから、譲渡人は従来の帳簿価額を基礎として自己の資産として減価償却を行う。税務上、支払リース料に関して賃借料等として経理処理している場合、支払リース料のうち元本返済額に相当する部分の金額は減価償却費として損金経理した金額に含め、税務上、減価償却費として損金算入が認められる（ただし償却可能限度額に達するまで）。

第 2 編

ABLの実務

第 5 章

ABL の手法

第1節

ABLの定義・主要な形態

　本章で解説するABLとは、「売掛金や在庫などの企業の保有する流動性の高い資産を担保にした貸出」であり、第1編第2章第1節、第2節に定義した狭義のABLに該当するABFの一手法である。

　日本におけるABLは平成17年10月に「債権譲渡の対抗要件に関する民法の特例等に関する法律を一部改正する法律（いわゆる動産・債権譲渡特例法）」が施行され、債権・動産を担保取得した際の対抗要件具備が容易になって以後、さまざまな金融機関で試行的に導入されており、同法施行後約10カ月足らずの平成18年8月現在ですでに全国で500億円以上の案件が実行されているとの報道もある[1]。

　日本でのABLの導入は、経済産業省が「不動産担保から事業の収益性に着目した資金調達方法への転換[2]」や「不動産担保によらない担保制度（在庫等の動産譲渡の公示制度等）[3]」を提言するなか、これまで担保として十分に活用されてこなかった在庫や売掛金、機械設備等の事業収益資産を活用した金融手法であるABLに注目し、中堅・中小企業の資金調達を円滑化する手段として推進を開始したのが大きなきっかけとなった。前述の動産・債権譲渡特例法が成立・施行されたのも同省からの強い働きかけがあったことが大きな要因である。同省ではさらにABLの現状と課題を整理して企業の新た

1　日経金融新聞平成18年9月28日付記事
2　平成15年1月「企業法制研究会（担保制度研究会）」
3　平成16年1月「経済活性化のための産業金融機能強化策」

な資金調達手段としての定着に向けた今後の方向性について検討を進めるべく「ABL研究会」を平成17年9月に設置し、同研究会での計6回の審議の内容を平成18年3月に「ABL（Asset Based Lending）研究会報告書」として発表している。同報告書では日本におけるさまざまなABLの事例として、「ライフサイクル重視型モデル」「リレーションシップ強化型モデル」「外部評価機関活用型モデル」「IT活用による在庫管理型モデル」という類型によりABLのモデル事業としてその手法を紹介している[4]。

　上記のようにさまざまな金融機関でさまざまなモデルでのABLが試行的に実行されつつあり、揺籃期から成長期を迎えているのが日本でのABLの現状であるが、いまだ標準的なストラクチャーや手法が確立されているわけではない。これは、ABLは本章の定義のとおり、「売掛金や在庫などの企業の保有する流動性の高い資産を担保にした貸出」にほかならないものの、図表5－1のとおり[5]、ABLを導入する各金融機関のABLのとらえ方・理解の仕方が、より企業の信用力に依拠した従来型のコーポレート・ファイナンスとしてとらえるか（図表5－1の点A）、より企業の保有資産の信用力に依拠した新たなファイナンス手法としてとらえるか（図表5－1の点B）によってストラクチャー・商品内容に大きな違いが生ずるのが原因である。

　具体的には、より企業の信用力に依拠した従来のコーポレート・ファイナ

図表5－1　ABLの概念図

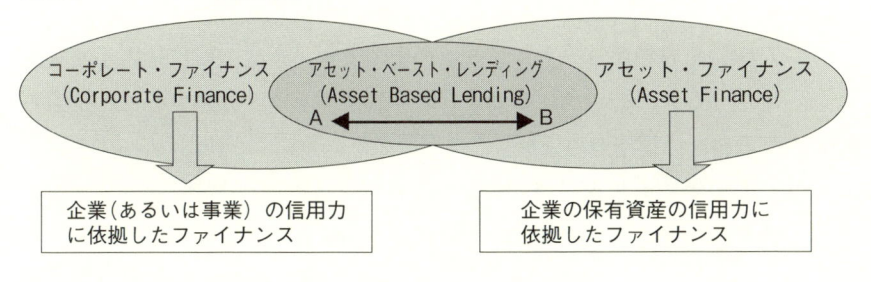

```
コーポレート・ファイナンス    アセット・ベースト・レンディング    アセット・ファイナンス
(Corporate Finance)          (Asset Based Lending)              (Asset Finance)
         ↓                    A ←――――――→ B                         ↓
┌─────────────────────┐                              ┌─────────────────────┐
│企業（あるいは事業）の信用力│                              │企業の保有資産の信用力に│
│に依拠したファイナンス     │                              │依拠したファイナンス   │
└─────────────────────┘                              └─────────────────────┘
```

4　経済産業省「ABL（Asset Based Lending）研究会報告書」平成18年3月
5　図表5－1の概念は、第1編およびトゥルーバグループホールディングス株式会社編『アセット・ベースト・レンディング入門』2頁を参照。

ンスとしてとらえる手法では、基本的に借手となる企業に一定水準以上の信用力があることが前提で、案件審査における担保評価は簡易に実施（もしくは省略）し、実行時の担保取得と事後のモニタリングのみを実施している[6]。これに対し、より企業の保有資産の信用力に依拠した新たなファイナンス手法であるABLでは、担保の評価・管理・処分の機能をも備えた貸出手法であり、常に貸出金に担保価値の裏付があるかどうかを管理しながら対応し、借手に万が一の場合の保全確保を重視している。

以上のとおり、日本のABL市場は揺籃期から成長期に転換しつつあるなかで、いまのところさまざまな金融機関によるさまざまな手法によって試行されているのが実態である。筆者は、日本のABL市場が成長期に入り、今後さらなる発展を遂げるためには、各金融機関は以下のポイントに留意したABLのストラクチャー・商品内容を検討し、今後多くの金融機関で互換性のある手法として確立すべきであると考える。

① ミドルリスクの顧客層に対応する貸出手法であること……日本の金融マーケットでは、バブルの崩壊以後、金融機関の貸出先の選別が厳しくなるなか、優良な中堅・中小企業への貸出セールスの集中が顕著となっている。このため、金融機関同士の優良中堅・中小企業あて貸出の競争は激化し、その結果、貸出条件の切下げ競争に陥り、そのような企業あての貸出は無担保での対応が主流になっている。ABLは従来のコーポレートリスク・企業の信用力に依拠したファイナンスでは対応に限界のあるミドルリスクの中堅・中小企業の層に対応する貸出手法であり、必然的に新たなリスク判断のよりどころとして、企業の保有資産の信用力の分析を重視する必要がある。

② あくまでも担保付貸出であること……ABLは「売掛金や在庫などの企業の保有する流動性の高い資産を担保にした貸出」であるが、担保を取得する目的の本質は借手の経営危機・破綻時に当該担保を換

---

[6] 米国ではこのようなタイプの融資をABLと区別してセキュアード・ローン（Secured Loan）ともいう。

価・処分することで貸出金の返済に充当し、貸倒れ損失の極小化を図ることにある。従来の金融常識では、売掛金などの債権や在庫などの動産は、価値を客観的にとらえることが困難で権利関係も不明確な「よくわからない担保」であることから、その担保取得自体が敬遠されてきた。ABL はこの問題を克服すべく、売掛金などの債権や在庫などの動産に担保としての価値を積極的に見出していく貸出手法である。

③ コーポレートリスク審査の補完的材料となること……①で企業の保有資産の信用力の分析が重要となるとしたが、それはすなわち企業のコーポレートリスクの分析にも直結する。伝統的な企業の財務内容の判断は、決算書や試算表、資金繰り表等の資料に依拠することが多いが、その分析手法はマクロ的で定点分析や今後の予想にとどまる。一方、企業の保有資産の分析を行うことで、当該企業の販売動向、不良債権の発生、在庫の滞留状況、粉飾決算の可能性等の分析が可能になる。医者と患者にたとえるなら、従来の分析方法は内科的な触診・視診・聴診であり、ABL の分析手法は患者の体を X 線写真で撮影し小さな病変を早期発見するようなものともいわれている[7]。

本章の解説では、以上のポイントを勘案し、ABL を図表 5－1 の点 B のイメージに該当する、より企業の保有資産の信用力に依拠した新たなファイナンス手法としてとらえ、その基本ストラクチャーの内容を「売掛金や在庫・動産等の事業収益資産を担保として徴求し、担保資産の内容を精査・常時モニタリングしつつ、担保資産の一定割合を上限に貸出を行う手法」と定め、解説することにしたい。

なお、この手法は、米国でも広く商業銀行から地方銀行、ノンバンクに至るまで採用されている ABL の手法であり、その有効性が実証的に証明されている ABL の導入意義に最も合致した手法であるものと考えられる。

---

7 Gregory F. Udell「Asset-Based Finance, Proven Disciplines for Prudent Lending」(2004) より一部引用。

第2節 基本ストラクチャー

　前節で解説したとおり、本章で解説するABLの基本ストラクチャーを米国でも一般的に採用されている「売掛金や在庫・動産等の事業収益資産を担保として徴求し、担保資産の内容を精査・常時モニタリングしつつ、担保資産の一定割合を上限に貸出を行う手法」に定め、以後、その内容について具体的に解説する。

　上記の内容をふまえたABLの基本ストラクチャーを図示したものが図表5－2および図表5－3である。この手法は、第1編第2章第3節で説明したABLの「本来的手法」にあたる。

　ABLの基本ストラクチャーのポイントは以下のとおりである。

1　基本的に売掛金（債権）、在庫（動産）を一体として担保に徴求する

　売掛金のみを担保の対象として対応することについて特に大きな問題はないが、在庫のみを担保とするのは基本的にはできる限り避けるべきと考える。これは、たとえ在庫を担保としても、売掛金が他の債権者に対して担保として差し入れられてしまった場合、在庫についての担保権は売掛金には及ばず、在庫が販売され売掛金に変わった途端に他の債権者の担保対象資産となってしまうと解されるからである（本件については後記第6節で詳述）。ただし、現金商売の小売業で、売掛金が発生しない商流であったり、売掛金

図表5-2　ABLの基本ストラクチャー①

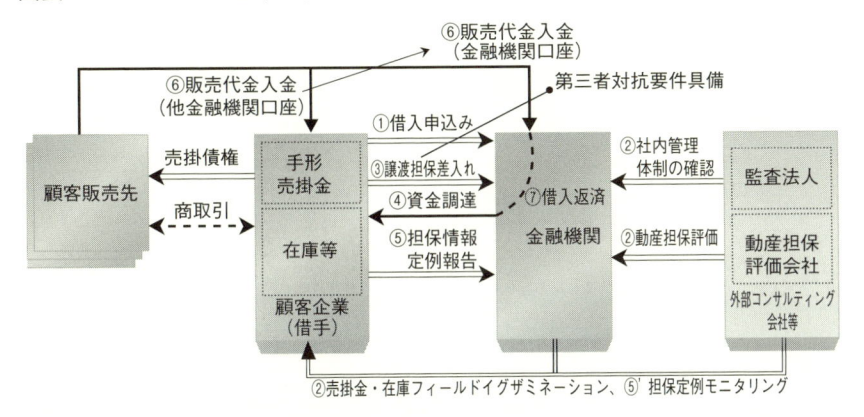

≪取扱フロー≫
① 顧客（借手）よりABL取扱申込み
② 在庫・売掛金等担保資産内容の精査（顧客への実地調査を含む）、審査
③ 在庫・売掛金の譲渡担保差入れ（第三者対抗要件の具備が要件）
④ 貸出極度を設定のうえ、極度金額と対象担保金額に一定割合（アドバンスレート）を掛けた金額（貸出基準額）いずれかを上限に随時借入れ
⑤ 在庫・売掛金担保に係る月次内容報告、定期的（導入後は年1回程度）な実地調査（フィールドイグザミナー）の受入れ
⑥ 販売代金の回収
⑦ 販売代金により借入金を返済

（債権）のほとんどすべてに譲渡禁止特約が付されていたりする場合などでは、在庫のみを担保徴求することもやむをえないであろう。

2　必要な外部コンサルティング会社等の支援を仰ぎながら、売掛金（債権）、在庫（動産）の担保価値を精査し、適切なアドバンスレートの水準を決定する

前項で解説したとおりABLをより「企業の保有資産の信用力（＝担保価値）」に依拠したファイナンスととらえるならば、その担保価値を精査し、

図表5-3　ABLの基本ストラクチャー②
　　　　　クレジットライン（貸越極度）の運用方法

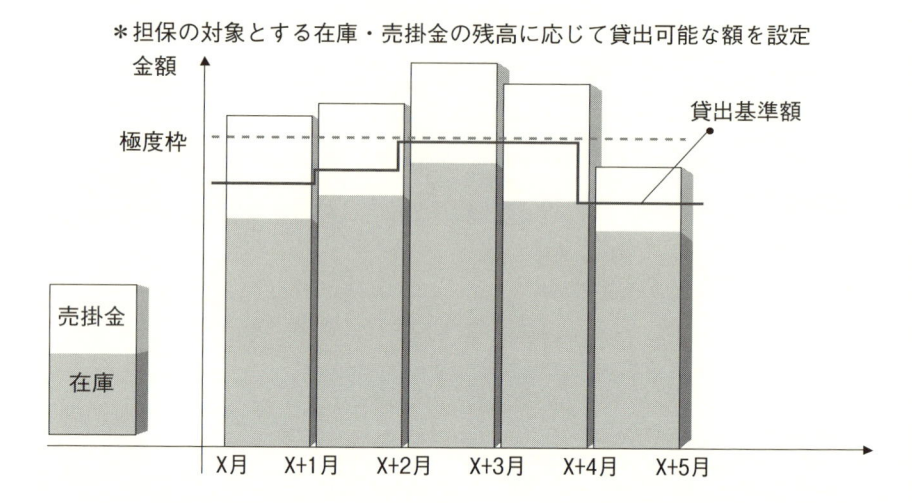

＊担保の対象とする在庫・売掛金の残高に応じて貸出可能な額を設定

（金額／極度枠／貸出基準額／売掛金／在庫／X月　X+1月　X+2月　X+3月　X+4月　X+5月）

　金融機関が貸倒れ損失を回避できる「アドバンスレート」と呼ばれる担保掛け目を設定して、その範囲内で貸出を運営するのが基本である。もちろん、当該企業の信用力に応じて担保価値以上のアドバンスレートを設定することも考えられる。担保価値の精査にはより客観的な見解が必要で、将来的には新BIS規制の適格動産担保の適格基準を目指すことができる程度の精度が求められる。そのためには金融機関のグループ企業のみならず、必要に応じて外部の動産評価会社などのコンサルティング会社の支援を仰ぐ必要がある。

3　リボルビングライン（貸越極度）を設定し、担保対象資産の残高に応じて貸出金額の上限が変動する仕組みを設定する

　ABLの資金使途は、その担保対象資産の特性上、基本的に経常運転資金が中心になる（季節資金を含む）。それゆえ、借手にとって、経常的に発生す

る運転資金ニーズに対して約定返済条件をつけずに対応しつつ、必要時に借入れや返済が行われるリボルビングライン（貸越極度）を設定した貸出が望ましい。一方、金融機関は約定返済条件なしで対応しつつも、「貸出金残高≦担保対象資産残高×アドバンスレート」となるように貸出残高を常時コントロールし、担保対象資産の残高の一定割合の範囲内で貸出金残高を管理することで常時貸出金が担保によって保全されている状態を維持しつつ、貸出金の経常運転資金以外の資金使途（赤字資金、その他投資資金、固定資産見合資金等）への流用を常に回避できるような仕組みづくりを行うことが必要である（後記第8節で詳述）。

なお、この仕組みだけでは売上げが減少しても在庫残高が多いほど貸出可能な金額が増えることになり、近い将来、資産内容の劣化することが明確な在庫に対して貸出を行うといった事態が生じてしまいかねない。これを防止するために、棚卸資産回転月数のコベナンツや在庫に係る貸出基準額の上限を設定するなどの工夫が必要である。

4　担保対象資産の内容を常時モニタリングする

売掛金、在庫などの資産価値はその簿価金額合計額だけでは判別がつかないため、その金額明細、銘柄、滞留期間等の情報を常時モニタリングする必要がある。モニタリングの周期には借手の信用力によって差異が発生するものと考えられるが、借手や金融機関の事務負担を考えると、月次ベースでのモニタリングが中心となると考えられる（米国では信用力の劣る先に対し、日次ベースでの資料提出させる例も多い）。

5　必要な外部コンサルティング会社等の支援を仰ぎながら、担保対象資産のフィールドイグザミネーション（実査）を行う

　担保の対象となる売掛金や在庫の担保価値の精査、モニタリングを行う場合、そのベースとなる残高・明細資料は企業の財務会計資料である。この財務会計資料が実態の担保対象資産の内容と相違している場合、正確な担保価値の精査やモニタリングが不可能であり、企業の決算内容にも疑義が生じてくる。このような企業の提出資料の正確性を担保するためには、在庫などの保管状況や実際の数量の確認、売掛金の場合は売上げの実在性や譲渡禁止特約の有無等について借入人の倉庫や工場を見学したり、本社の契約書・伝票等を閲覧したりすることが必要になる（具体的なフィールドイグザミネーションのポイントは後記第5節で詳述）。

第3節 案件組成プロセス

　ABLは伝統的な貸出手法とは異なり、企業が有する流動性の高い資産の価値により依拠した貸出であるため、案件組成プロセスがやや複雑となり、金融機関、借手となる企業の双方にとって手間と時間がかかる。通常、案件セールスからクローズまではおおよそ1〜2カ月程度必要といわれている[8]。以下、案件の発掘からクローズまでの一般的なプロセスについて詳述する。

1　対象先の選定

　日本でのABLは現在急激に成長しつつある市場ではあるものの、いまだ一般的に普及した貸出手法ではないため、顧客のほうから「ABLで借入れしたい」と申し込むケースはいまのところきわめて稀である。優良な中堅・中小企業貸出のほとんどが無担保での対応が中心であることからも、自ら進んで担保提供を申し出て借入れを申し込む顧客はあまりないと考えられるからである。そこで金融機関は自社の顧客データベースのなかからどの企業がABLの対象先となりうるかをまず選定し、その対象先を中心に効率的なセールスを行う必要がある。対象先の選定方法は各金融機関のABLに対する取組姿勢によってさまざまな考え方があるが、おおむね以下のようなものが基準になるであろう。

---

[8] すでにABLによる貸出手法が一般的に定着している米国でも、案件組成には1〜2カ月程度の期間が必要といわれている。

(1) 一定水準以下の信用格付のミドルリスク先であること

　本章第1節でも述べたとおり、日本のABLはミドルリスク層の顧客に対応する貸出手法である。優良な中堅・中小企業では他の金融機関が無担保でどんどん貸出をセールスするなかで、有担保で手間のかかるABLをセールスしても顧客ニーズにはあまり合致しない。

(2) 担保対象資産の規模が一定水準以上であること

　たとえ対象先がミドルリスク層で資金ニーズが旺盛であっても、その資産規模があまりにも小さい場合は対象先にならない。ABLは金融機関、顧客双方に手間のかかるストラクチャーであり、担保資産の内容を精査しようとすれば一定水準以上のコストがかかる。このため、そのコストを吸収できるだけの案件ボリュームが必要になる。また、ミドルリスク層に対応する別の手法として、各金融機関ではスコアリング形式で申込み・審査が行われるローンを導入している。上記の手間とコストを考えるならば、一定金額以下の案件は、スコアリング形式の借入れのほうが簡単で割安である。このように伝統的な貸出手法による商品との棲み分けを明確にし、そのターゲットとなる案件規模をあらかじめ十分検討する必要がある。

(3) ABLで対応できる対象業種であること

　いくつかの業種では、その業種特性上、金融機関が担保処分を行おうとしても担保価値を十分に実現できない場合がある。このような業種はABLに不向きな業種といえる。たとえば、建設業では未成工事支出金が実質的な企業の在庫ととらえられ、その資金負担の大きさと豊富なミドルリスク層の企業数から、ABLの対象になりうると思われがちである。しかしながら、建設業では工事が完成する前に当該企業が経営危機・経営破綻に陥った場合、どの程度まで工事が進行していたかが不明確な場合が多いこと、また未成工事支出金の計上基準が不明確であることから、当該未成工事支出金の価値を

精査することは非常にむずかしいし、それを金融機関が担保として処分することはほとんど不可能である。同様のことはサービス業にも該当する。

一方、小売業や卸売業でも書店や書籍卸売業、出版業、CD・レコード店等の返品がほぼ自由な業種も売掛金や在庫が希薄化する確率が高く、担保価値の変動があまりにも大きいため、対応がむずかしい業種もある。

2　セールス

抽出したセールス対象先に対して簡単なストラクチャーを紹介するセールス資料等によりスキーム概要を説明し、顧客ニーズを確認する。セールス時の留意点として以下の点があげられる。

(1)　売掛金・在庫等を担保として徴求することの可否

ABLはあくまでも担保付貸出であり、担保差入れの可否が対応できるかどうかの最大のポイントである。そのためには、資金ニーズの大きさにもよるが、顧客の担保差入意思をまず確認することが重要である。

また、このとき、担保対象資産が他の金融機関の担保に差し入れられていないか（輸入後続与信に伴う貨物貸（T/R）を含む）、シンジケートローン等をすでに導入している企業であれば、シンジケートローンのネガティブクローズで担保差入れや資産の譲渡禁止条項が入っていないか、ライセンス契約によって担保差入れや第三者による在庫処分が禁じられている商品でないか等もあわせて確認する。そのような状況であることが判明した場合、案件組成がむずかしくなってくる。

(2)　要資事情、所要金額の聴取

前述のとおり、ABLの資金使途は基本的に経常運転資金であることに留意のうえ、資金が他の使途に流用されるものではないことを確認する。また、所要金額について担保対象資産の金額に対し過度に大きな金額ではない

か、逆にあまりにも少額で ABL の導入コストを賄えないほどの金額ではないか等を確認する。

(3) 経常的なモニタリングに耐えうる先かどうかの確認

ABL は借手の資産価値を常時精査・モニタリングしつつ対応する貸出である。一般的に月次ベースでの売掛金・買掛金残高明細表や在庫残高明細表の提出を受けてそれを金融機関のなかで精査・管理していく必要がある。経常的な資料の提出がむずかしかったり、提出される資料の精度が悪かったりする場合は、金融機関側の管理に大きな負担が生ずるため、ABL での対応はむずかしくなる。

3　資料の徴求・案件協議

顧客ニーズ、担保提供意思、適合性等を確認したら、具体的な提案内容の検討を行う。そのためには、さまざまな資料を事前に徴求しその内容を分析する必要がある。

(1) 必要資料

以下のような資料が ABL の事前協議に必要と考えられる。
　◇税務申告書（決算書）2～3期分
　◇借入金残高推移表
　◇自行預金振込入金明細表
　◇売掛金残高明細表（決算期、直近月）
　◇販売先住所、連絡先リスト
　◇売掛金延滞明細表（決算月、直近月）
　◇譲渡禁止特約付販売先リスト
　◇買掛金残高明細表（決算月、直近月）
　◇在庫残高明細表（種類別、保管場所別、決算月、直近月）

◇在庫年齢別残高明細表（ただし、あまり作成している企業はない）
　　◇前受金残高明細表（決算月、直近月）

(2) 大まかな貸出条件、アドバンスレート、貸出基準額の設定

　上記の資料をベースに、大まかな貸出条件・アドバンスレートの検討を行う。アドバンスレート・貸出基準額の決定方法は後記第4節で詳述するが、売掛金のアドバンスレート・貸出基準額は売掛金残高から不適格な売掛金（譲渡禁止特約付き、買掛金と相殺の可能性があるもの、延滞債権、信用力の低い販売先あて、海外・関係会社あて、法的に売買未成立なもの等）を控除し、販売先の集中率、信用力等を考慮したアドバンスレートを検討のうえに設定する。売掛金のアドバンスレート・貸出基準額は、後のフィールドイグザミネーション（実査）実施時に新たな不適格売掛金が発見されない限り、ここで決定されるアドバンスレートが最終条件まで利用される。

　在庫のアドバンスレート・貸出基準額は、在庫残高から不適格な在庫（長期滞留、所有権が未成立のもの、海外など担保対象所在地にないもの、借手の管理が及んでいないもの、資材・包装品・工具・備品等直接商品として販売されないもの、前受金相当額等）を控除のうえ、大まかな在庫担保に係る概算評価額をアドバンスレートとして貸出基準額を設定する。概算評価の際は、事前に動産評価会社等のコンサルティング会社の支援を仰ぎ、当該在庫製品の特性をふまえた大まかな事前評価を依頼し、後に正式マンデートの取得後に実査等をふまえた正式な担保評価を実施するとよい。

(3) 貸出提案に係る事前協議

　上記(2)により大まかな貸出条件等を検討したうえで、審査部門と当該顧客あての貸出提案の可否について事前協議を行う。もともと当該顧客はミドルリスク層の顧客であることが前提であるため、伝統的な企業の信用力にのみ依拠したファイナンスには限界があるはずであり、新たな手法である企業の保有資産の信用力により依拠したABLの手法で対応できるかを審査部門と

事前に十分協議したうえで提案すべきと考える。

4 具体的な貸出条件の提示

金融機関内部での協議の結果、所与の条件で提案可能との結論が出た後に、顧客向けに具体的な貸出条件の提示を行う。その際に留意すべき点は以下のとおりである。

(1) 担保権の設定方法について詳しく説明する

借手となる企業にとって売掛金・在庫担保は金融機関以上に未知の領域であることから、担保権の設定方法について十分な説明を行う必要がある。特に、第三者対抗要件の具備の際、債権・動産譲渡担保の登記や債権譲渡担保の承諾・通知等を利用する場合、担保の取得が公示されたり、販売先あてに担保取得の事実が通知されたりすることから、顧客の風評悪化にもつながる可能性がある。このため、十分な説明と顧客側の理解が必要である。

(2) リボルビングライン（貸越極度）の運営方法について詳しく説明する

担保対象資産の残高・内容の変化に応じて貸出基準額が変動し、リボルビングライン（貸越極度）の範囲内であっても、担保対象資産残高の減少や不良債権・不良在庫の発生により貸出基準額が減少し、内入れ返済を求められる可能性があることを事前に説明する。

(3) その他コベナンツ条件等について説明する

一般的なコベナンツ条件である棚卸資産回転月数の条件等、必要に応じて設定される財務制限条項、さらには毎月の資料提出等、顧客企業が遵守しなければならない条件について詳しく説明を行う。

5 フィールドイグザミネーション（実査）・動産担保評価

　提示した具体的な貸出条件が顧客との間で合意に至った場合、フィールドイグザミネーション（実査）や動産担保評価に移行する。以後の作業は、専門の動産担保評価会社に正式評価を依頼したり、実際に遠隔地の倉庫や工場を見学し、時間をかけて担保対象資産の内容を精査したりするなど実費がかかることから、顧客との間では提示した貸出条件とほぼ同じ条件であるならば ABL 導入を確約する旨の合意を得ておく必要がある。

　具体的なフィールドイグザミネーション（実査）、評価の内容は、本章第5節で詳述する。

6 最終条件の決定、調印・貸出の実行

　フィールドイグザミネーション（実査）、動産担保評価の結果をふまえ、最終的な貸出条件を決定する。事前に提示した条件から大きな変動がある場合には、審査部門とも再協議のうえ、顧客にあらためて条件について説明のうえ合意を得る。最終条件に合意を得たら契約書のドキュメンテーションに移行する。契約書の作成については、譲渡担保権設定契約書や貸出極度の運用方法に係る覚書、コベナンツ・遵守事項等に係る覚書等、複雑な契約書を案件に応じて作成する必要があるため、弁護士に相談したほうが無難である。弁護士からの契約書ドラフトができあがった段階で顧客にも内容を説明し、内容について合意を得て最終的な調印を行う。調印と同時に、必要な第三者対抗要件の具備を行う（譲渡担保権設定契約書への確定日付、債権・動産譲渡担保権設定登記等）。具体的な担保権の設定方法、内容、第三者対抗要件の具備方法は本章第6節で詳述する。

7　モニタリング、再評価

　貸出の実行後は、事前に契約書に記された内容・手続により常時モニタリングを行い、貸出基準額の算出・顧客あて通知を定期的に行う。また、基本的に1年に1度以上のサイクルで担保対象資産の再評価を行い、その内容をリボルビングライン（貸越極度）の更新時に反映させる[9]。

9　1年に1回以上の担保再評価は、在庫等を担保として徴求する場合の、新BIS規制上の適格動産担保として認められるための要件となっており、その記述がある。ただし、新BIS規制の銀行側の運用では、ほとんどすべての銀行が、いまのところ、在庫担保について適格動産担保の概念を導入していないのが実状である。

第4節 対象資産の特性とアドバンスレートの決定方法

　金融機関にとってABLを導入する意義は、企業の信用力だけに依拠した伝統的なファイナンスでは対応に限界があるミドルリスク層の企業に対し、当該企業の保有資産の信用力に依拠したファイナンス手法で信用力を補完することで新たな貸出先・案件の発掘を目指すことにある。企業の事業収益資産を担保として徴求し、よりその資産価値に依拠したファイナンスを行い、その担保価値の実現により経営危機、破綻時の貸倒れ損失の極小化を図るのであるから、どの程度の担保掛け目であれば、貸倒れ損失が発生しないかを事前に詳細に分析する必要がある。これがアドバンスレートと呼ばれる担保金額に対する貸出可能な額の割合である。本節では、売掛金、在庫それぞれの資産について、対象資産の特性、担保の適格性、アドバンスレートの決定方法について詳述する。

1　売　掛　金

(1)　特　　徴

　物を売ったり、サービスを提供したりした場合、現金で直ちに支払いを受ける以外はその代金を一定の期日に振込入金か受取手形で回収する。このような売手（サービスの提供者）が期日に代金を買手（サービスの受益者）から受け取る権利を売掛債権と呼ぶ。法的には「物品やサービスの提供を原因契

約として発生した金銭債権であり、債権者が債務者に対して一定の行為を請求することを内容とする指名債権」と定義されるであろう。

このような債権は客観的に知覚することはできないが、会計上、売手側では「売掛金」として計上され、買手側では「買掛金」として計上されることにより認識される。売掛債権は、物の売買では基本的に物の所有権が移転することにより発生し、サービスの提供の場合は当該サービスの内容が提供先に対し満足がいくよう完了した段階で発生する。原則として売手（サービスの提供者）と買手（サービスの受益者）との双方の合意が成立した時点で債権は発生するが、その段階では買手（サービスの受益者）には、「同時履行の抗弁権」などがあり、直ちに買手の満足を得られる状態ではない場合が多く、上記の狭義の定義を使用するのが一般的である。

(2) アドバンスレートの決定方法

a 担保不適格な売掛債権

担保不適格な売掛債権とは、担保として徴求するすべての売掛債権のうち回収が困難であることがあらかじめ見込まれるものや担保の取得自体が困難なものを指す。ABL ではすべての売掛債権を一括で担保取得することが望ましいが、一括担保取得した売掛債権のうち回収を見込むことができない債権や法律上担保の取得が困難な債権もある。このような債権はあらかじめ担保価値から差し引いて考え、全体の売掛債権担保に対する貸出金の実質的なカバー率を高める必要がある。ここで留意すべき点は、ABL の貸手は、基本的に担保不適格な売掛債権を含めた借手の現在および将来発生するすべての売掛債権を担保として取得するが、実際の貸出を行ううえではあくまでも担保適格な売掛債権を基準にアドバンスレートを決定することである。以下に、担保不適格であると考えられる売掛債権について例示する。

(a) **90日以上延滞中、または延滞先関連の売掛債権**

通常の日本の商慣行では、売掛債権の支払いはほぼ期日どおり行われるのが一般的である。特に商取引上の未解決事項がない限り、90日以上の延滞の

発生は第三債務者になんらかの信用不安・資金繰りの悪化が発生していることを意味するため、注意が必要である。

(b) **譲渡禁止特約のある売掛債権**

売掛先の知らないうちに売掛債権が第三者に譲渡されると、売掛債権が二重譲渡されたり、想定外の者から反社会的な取立請求を受けたりする可能性がある。それらのリスクを排除するために、日本での取引契約書には債権譲渡禁止特約が付されていることが多い。当該特約のある売掛債権を担保として取得する場合は、売掛先の承認、通知が必要になる。売掛債権を担保として徴求する場合、金融機関にはこのような譲渡禁止特約の有無について高度な専門知識に照らした注意義務があり、これを尽くして調査確認を行うのが当然であり、これを怠った場合や同特約を無視して売掛債権を担保として徴求した場合は譲受人の重大な過失、または悪意の譲受けとみなされ、債権移転の効果が生じないと判断される可能性が高いため、十分な注意が必要である[10]。

(c) **信用上不適格と判断される販売先あての売掛債権**

前述の延滞債権と同様、販売先の信用不安から回収が見込めなくなる可能性が大きい売掛債権はあらかじめ控除して考える必要がある。「信用上不適格」であるとの基準は各金融機関によって異なるはずであるが、当該金融機関自身の貸出先であればその企業の信用リスク格付、未取引先で財務情報が入手できない先であれば民間の信用情報会社などの評点等が判断の基準になるであろう。

(d) **委託販売等、法的な売買が未成立なもの**

委託販売、消化仕入取引でメーカー、商社等の納入業者が百貨店等の売場に陳列した在庫を会計上売上げとして計上し、売掛金勘定で処理するケースも見受けられる。しかし、委託販売、消化仕入取引では、売手である納入業者が会計上、売掛金として管理、処理していたとしても、法的観点から「在

---

10 大阪高判平16.2.6、最決平16.6.24等。

庫の所有権」をみれば、百貨店が一般顧客に販売するまでは納入業者に所有権が帰属しており、在庫が顧客に販売されるのと同時に納入業者から百貨店等に対して当該在庫の所有権が移転される（売買が成立する）と解される場合がほとんどである。つまり、このような取引で百貨店の売場に陳列されている段階で会計上、売上げとして計上されていたとしても、法的観点では売買は未成立であり、売掛債権は発生していないことが多いため注意が必要である（この場合はむしろ在庫・動産として担保徴求すべきである）。

(e) **売掛先に対し、同時に買掛債務等が発生している売掛債権**

商取引では、同一の取引先に対し売掛債権と買掛債務の両方が同時期に発生する場合がある。仮に売掛債権の第三者対抗要件の具備方法が登記や通知のみで、売掛先（第三債務者）からの異議をとどめない承諾が得られない場合は、売掛先（第三債務者）は譲渡人に対して生じた事由をもって譲受人に対抗することができるから（民法468条2項）、買掛債務との相殺リスクを完全に払拭することはできない。このためそのような相殺リスクのある部分はあらかじめ適格な担保から控除する必要がある。

(f) **海外あて、外国通貨建の売掛債権**

海外あての売掛債権（輸出債権等）は、譲渡担保権を設定しても、第三者対抗要件の具備方法が輸入者の所在国によって対応が異なったり、異なる言語間での督促・支払交渉等がきわめてむずかしかったりするため、適格な担保の対象先から控除するのが一般的である。外国通貨建の売掛債権も基本的に金融機関に為替リスクが発生するため、適格担保から除外するのが一般的である。

(g) **グループ企業あて売掛債権**

グループ企業あての売掛債権は、対親会社、対子会社、対関係会社を問わず、架空の売上計上などの不正操作がなされやすいというリスクもあり、基本的にはよほどの理由がない限り適格担保から除外するのが一般的である（ただし、そのようなリスクを十分認識したうえで担保として徴求する場合もありえよう）。

b　ダイリューション

　通常の商取引で値引きや返品、回収不能に伴う償却、請求金額の相違等の要因により契約金額に対して100％の回収が行われないケースがある。このように、請求金額と実際の回収額との乖離を「ダイリューション」という。ダイリューションには以下のような種類がある（詳細は第6章第1節を参照）。

　　◇返品
　　◇リベート（売上割戻し）
　　◇売上割引
　　◇償却
　　◇その他特殊な値引き

　ダイリューションは、売掛債権残高に対してその時点でどれくらいの金額が発生しているかを調べることは不可能なため、統計的な割合を調べ、不適格な売掛債権として売掛金合計金額から控除するのではなく、アドバンスレートにダイリューションの割合を加味することでそのリスクを与信判断に織り込むかたちになる。具体的には、借手からの資料提出や聴取により決算期1年間トータルのダイリューション金額を調査し（特別損失項目の売上値引勘定などに現れる）、その金額を売上合計金額で除した数字をダイリューション率として、ベースとなるグロスのアドバンスレートから控除して、最終的なアドバンスレートを算出する。

c　アドバンスレート

　担保として徴求する売掛債権金額から担保不適格な売掛債権（ダイリューション部分を除く）を控除した後に、ABLではさらに売掛債権の未知の回収リスク（貸倒れリスク等）に備え、担保掛け目を設定する必要がある。これをアドバンスレートと呼ぶ。この掛け目は一般的に販売先の信用リスク（＝販売先倒産時の予想損失額（Expected Loss））に対応する部分、先述したダイリューション部分に対応する部分、さらには借手が破綻した場合の売掛債権担保の回収時に必要なコスト部分等を織り込んだ数値になる。

figure5-4 ダイリューション率のアドバンスレートへの織込方法の例

ダイリューション率 （実績値）	ダイリューション率 （適用割合）	グロス アドバンスレート(仮)	最終 アドバンスレート
0 － 2 %	0 %	85%	85%
2 － 5 %	5 %	85%	80%
6 － 10%	10%	85%	75%
11 － 15%	15%	85%	70%

　このアドバンスレートの決定方法には特に定められた制度上のルールはなく、各金融機関の与信判断にゆだねられる部分であるが、その算出手法としておおむね以下のようなものが参考になるであろう。

(a)　米国などの例

　米国の金融機関の対応例では、100％からダイリューションレートの2倍を控除した割合を基本的なアドバンスレートとして対応することも多いと聞く。また、米国で「保守的」な与信判断をするといわれる金融機関では、最大のアドバンスレートを85％と設定し、そこから統計的に算出したダイリューション率を控除した数字を基準に、販売先の信用力、集中率によってさらに数字をコントロールする手法を採用していた。

(b)　マクロ経済の動向

　経済全体が好況で、全国の倒産件数が減少している状況のなかでは担保の対象となる売掛債権の貸倒れリスクも必然的に減少する、逆に、経済全体が不況であったり、当該販売先業種が構造不況下にあったり、当該企業の所在の地方経済が不振であったりする場合、倒産確率も上昇するためそれを加味した低めのアドバンスレートに調整する必要がある。

(c)　販売先の信用力

　担保対象となる売掛金の債務者（＝販売先）の全体的な信用力はアドバンスレートの決定に大きな影響を与える。たとえば、一般的には東証1部上場先ばかりで構成される売掛債権担保のプールとパパ・ママ企業ばかりで構成

される売掛債権担保のプールとを比較すると、前者のほうに高いアドバンスレートを設定することが多い。

売掛金の債務者（＝販売先）の信用力を分析する場合、個別の信用情報を入手し内容を分析するのが望ましい。信用情報の内容として、①借手からの情報（過去の支払履歴等）、②民間の信用調査会社の報告・評点、③金融機関の取引先であれば社内格付等が考えられる。

アドバンスレートの算出の際は、対象となる売掛金の債務者（＝販売先）の信用リスクを個々に分析し、それらを積み上げてアドバンスレートの上限割合からどの程度控除が必要であるかを分析する方法や（たとえば、倒産の可能性が少ない先ばかりであれば100％）、後に説明する集中率にも関係するが、売掛債権を構成する個別の債権が多数の先に小口分散している場合、それらの債権をプール化して債権ポートフォリオ全体の信用力を分析する方法がある。ポートフォリオ分析にはさらに、①数百社以上、かつ１社の集中率が３％以下等に大量の販売先に小口分散されている「大数プール型」と、②50社程度以上の先に分散され、販売先の信用力と分散度合いを同時に分析する「CDOプール型」との二つに大きく分けられる。前者は過去のデフォルト率データを収集し、個社別の信用リスクではなく統計的な倒産確率・期待損失額を分析する手段であり、後者は金融機関の社内格付や企業信用調査会社の評点を使って販売先の信用リスク別の倒産確率を層別にし、その集中率等を考慮のうえ一定の倒産確率（たとえば格付トリプルＡ相当）に見合った債権プールにするためにはどの程度の掛け目（１－留保率）が必要かを分析する手法である。

(d) **販売先の集中率**

販売先の信用力のみならず、集中率もアドバンスレートの決定に大きな影響を与える要素となる。たとえば販売先の信用力が「まあまあ」の水準である場合、その会社が「絶対に倒産しない」とは言い切れない。その半面、当該販売先への販売集中率が50％を超えていたとしたら、その販売先が倒産した場合、50％以上の売掛債権担保が無価値になってしまう。売上げの上位販

売先の信用力が「絶対」ではない場合、売上げの上位1～3位程度の先の販売割合の合計を100％から控除した割合をアドバンスレートとして算出する手法もたびたび用いられる。これは個々の販売先が相互に連関性（資本関係や密接な取引関係等）がないと認められる場合、売上高上位1～3位の会社が一度に倒産する確率はきわめて低いであろうとの発想であり、いわば前述の「CDO プール型」分析の簡易版ともいえる。

(e) **新 BIS 規制上の適格債権担保の条件**

将来的に新 BIS 規制上の適格債権担保としての認定を受け、資産査定上のメリットを享受することを目指す場合、新 BIS 規制上の適格債権担保の条件を充足するよう、アドバンスレートの決定方法について配慮する必要がある。

新 BIS 規制を受けた金融庁告示第19号（銀行法第14条の2の規定に基づき、銀行がその保有する資産等に照らし自己資本の充実の状況が適当であるかどうかを判断するための基準）156条4項[11]では、その1号で適格債権担保の目的たる債権の「運用要件」は以下のとおり規定されている。

① 担保の目的たる債権の信用リスクを判断するための堅固な手続が設けられていること（同号ハ）。

② ①に掲げる結論が十分な法的調査および法的論拠に基づいて導かれており、かつ強制執行可能性が継続的に維持されていることを適時に確認していること（同号ロ）。

③ 当該適格債権の債務者（「第三債務者」）の信用リスクの判断を被担保債権の債務者に依存して行われている場合は、第三債務者の健全性および信用度を確かめるにあたり、被担保債権の債務者の信用供与に

11　156条4項では、適格債権担保の場合、エクスポージャーの額に対する適格資産担保の額の割合が0％以上のカバー率であるときは、基礎的内部格付手法採用行は当該エクスポージャーについて、当該適格資産担保の額を超過担保カバー率125％で除した額に相当する部分に35％の LGD が適用できるとされている。文脈から、80％（＝100％÷125％）以下のアドバンスレートであれば35％の LGD が認められる適正なアドバンスレート水準と規定しているかのようにも読み取れる。

関する方針の検証が行われていること（同号ト）。
④ 被担保債権の額と当該適格債権の額との差額には、回収費用、当該適格債権のプールにおける一人の第三債務者の集中度合い、銀行のエクスポージャー全体のなかの集中リスクその他の勘案すべき要素がすべて織り込まれていること（同号チ）。
⑤ 被担保債権について、適切かつ継続的に監視を行っていること（同号リ）。

2 在　　庫

(1) 特　　徴

　在庫とは「通常の事業目的で販売するために保有されたり、販売の用に供すための商品を生産する際の一部分として利用されたり、物やサービスを生産・提供するために消費されたりする有形の流動資産」と定義づけられる。
　企業会計の側面からみると、在庫とは「当該商品を現在の状態・場所に存在させるための直接的及び間接的にかかった費用・支出の合計」であり、適用範囲は単なる物だけではなく、その製造や運搬にかかった費用も計上される。一方で、在庫は当該商品に費やした費用だけでなく、損益計算書上の販売管理費等で計上し、損益に計上しなければならない項目までも在庫の金額として計上されるなど、利益操作や粉飾決算の温床にもなりうる勘定科目でもある。

a　形　　態

　在庫の形態からみると、ABLで取り扱う業種は主に二つのカテゴリーに分けられる。一つは商業（一般的に卸売業、小売業）で、製品在庫のみを勘定科目にもつ業種である。商業従事者は販売用の製品を仕入れ、それを売場や決められた条件で販売する。

もう一つは製造業で、一般的に以下の3種類の在庫を保有する。
① 原材料
② 仕掛品・半製品
③ 製品

原材料は当該製品の製造のために消費されたり製品の一部分となったりするもの、仕掛品は製造途中のもので製品として完成していないものを指す。

b 会計基準[12]

在庫（会計上の棚卸資産）の決算期末における基準残高[13]は以下の算式によって計算される。

基準在庫（棚卸資産）残高＝在庫単価×在庫数量

c 在庫数量の計算方法

在庫数量の計算方法として、①継続記録法、②棚卸計算表、③逆計算法などがある。

(a) 継続記録法

継続記録法とは、在庫の種類ごとに商品有高帳などを設けて、在庫の受入れ・払出しのつどそれを帳簿に記録する方法である。この方法によれば一定期間の払出数量が直接的に把握できるとともに、あるべき在庫数量も常時把握することができる。現代の一般的な企業会計ではこの手法が採用されているのがほとんどで、月次決算（試算表作成）が行われている企業ではほとんどすべての企業でこの手法が採用されている。

---

[12] 嶌村剛雄『簿記会計学習ハンドブック』（中央経済社）より内容を一部抜粋。
[13] 実際の残高は、基準残高から実地棚卸しによって判明した減耗・品質低下に見合う評価損分が控除された後に価格下落分を評価損として控除するなどの補正を行った後に計上される。

(b) **棚卸計算法**

　棚卸計算法とは、期末に現物そのものの実地棚卸しを行って実際数量を確かめ、その数量を前期末数量と当期受入数量の合計数量から差し引くことで、その差し引いた数量をもって当期の売上数量とみなす方法である。この方法は継続的方法と比べて事務的に非常に簡便である半面、自社が決算上はたして利益を計上しているか、赤字か、実地棚卸を行うまではわからないという最大の欠点があり、業績悪化時に迅速な対応を行うことがむずかしくなる欠点がある。また、当然、実地棚卸しが行われるまでは、月次決算上の棚卸数量は実際の数量を反映せず毎月不変であり、実際の担保対象資産の残高を基準に貸出を行うABLには不向きな手法である。

(c) **逆計算法**

　逆計算法とは、製品完成数量と原材料消費量との比率（1単位当りの製品生産に要する原材料の標準消費数量）や売上原価率により、製品完成数量または売上高から原材料消費数量または売上原価を推定する方法である。製品の納入時期が1年に1度で、納入時に正確な在庫数量・単価が判明する場合にこのような手法が採用されることがある。伝統的な繊維業界等でこのような会計方法が採用されることが多い。

d　**在庫単価の計算方法**

　在庫単価の計算方法として、①個別法、②先入先出法、③後入先出法、④総平均法、⑤移動平均法、⑥売価還元法、⑦最終取得原価法等があげられる。

(a) **個　別　法**

　個別法とは、在庫を取得するごとにその取得原価をわかるようにしており、その価格をもって在庫単価とする方法である。貴金属製品、時計宝飾品、中古車等、比較的高価で品目ごとに精緻な収益管理が必要な在庫に利用されることが多い。

(b) 先入先出法

先入先出法とは、先に取得したものから先に払い出されると仮定し、取得日付の早いものから順次払い出したものとして在庫単価を計算する手法である。ただしこの方法では、物価上昇時に実態以上の利益が計上されることになる欠点がある。

(c) 後入先出法

後入先出法とは、先入先出法とは逆に、後から取得したものが先に払い出されると仮定し、取得日付の近いものから順次払出をしたものとして在庫単価を計算する手法である。この方法は、先入先出法の欠点である物価上昇時の実態以上の利益計上を防ぐ効果がある。

(d) 総平均法

総平均法とは、一定期間末の平均単価を在庫単価とする手法である。この方法は計算が比較的容易ではあるが、一定期間が経過した後でなければ在庫単価が判明しない欠点がある。

(e) 移動平均法

移動平均法とは、在庫を受け入れるつど、その数量および金額を直前の残高数量および残高金額に加えて新たに加重平均単価を算出し、その単価をもって新しいものが取得されるまでの在庫単価とする方法である。この方法は、総平均法の欠点を補う効果がある半面、継続記録法とのみ結びつき、その計算に手間がかかるという欠点がある。

(f) 売価還元法

売価還元法とは、期末の在庫残高を売価（正札）で棚卸しし、それに原価率を乗ずることで期末在庫原価を推定する方法である。この方法は、取扱品種がきわめて多い小売業および卸売業で多く利用されている。

(g) 最終取得原価法

最終取得原価法とは、決算日に最も近い最終の取得原価でもって期末在庫資産を評価する方法である。この方法は、期末在庫量の大部分が最終取得原価で取得されていなければ、期末在庫資産評価が時価評価となる側面が強く

なってしまう。

e 価値

　ABL の在庫の担保価値について検討する場合、特に製品在庫の場合はその価値がその時点の企業の信用力によって大きく変動することに留意しなければならない。たとえば、桐箪笥を販売する企業があり、その商品はブランド力もあり一定水準以上の付加価値がついた「市場価格」で売買されているとする。このとき、当該企業が経営破綻に陥って、金融機関がその桐箪笥在庫を処分する場合、「市場価格」で売却できるであろうか。答えは否であり、さらにその処分価値は限りなく「0」に近いものかもしれない。なぜならば、桐箪笥などは婚礼の際の嫁入道具として購入される縁起物のケースがほとんどで、その場合、破綻時に処分された桐箪笥は縁起が悪くてだれも買おうとはしないと考えられるからである。

　つまり、ABL の在庫の担保価値は、借入れ時や平時の当該在庫の「市場価格」や「処分価格」ではなく、企業が破綻した場合を前提とした「処分価格」でなければ意味がない。

　在庫の担保評価は第5節で詳述する。

(2) アドバンスレートの決定方法

a 担保不適格な在庫

　担保不適格な在庫とは、担保として徴求するすべての在庫品のうち、回収や価値の実現が困難であることがあらかじめ見込まれるものを指す。ABL ではすべての在庫品一式を一括で担保取得することが望ましいが、一括担保取得した在庫品のうち、回収や価値の実現を見込むことができないものもある。このような在庫品については、あらかじめ担保価格から差し引いて考え、全体の在庫担保に対する貸出金の実質的なカバー率を高める必要がある。ここで留意すべき点は、後に説明する集合動産の譲渡担保権を設定する場合、ABL の貸手は、担保不適格な在庫品を含めた借手の現在および将来

にわたって当該場所に搬入されるすべての在庫品について担保に取得するが、実際の貸出を行うのはあくまでも担保適格な在庫品を基準にアドバンスレートを決定することである。以下に、担保不適格であると考えられる在庫品について例示する

(a) 長期滞留在庫

　在庫は販売や生産の用に供す資産であり、一定期間以上販売や生産に利用されない在庫はすでに販売や生産に利用する価値が滅失し、処分価値が見込めない場合がある。この場合の「長期滞留」の定義は、当該企業の所属する産業や商慣習によって大きく左右される。このため、どれくらい滞留している在庫を「長期滞留」在庫として控除するかはケースバイケースで検討される。また、いかに長期間滞留した在庫といえどもその処分価値が見込めるような在庫であれば、「長期滞留」による不適格在庫の控除を行わないケースもある。

(b) 特注品

　特注品とは、特定の販売先向けにつくられた製品を指す。一般的な販売ルートで処分することが不可能であるため、担保不適格とみなされる場合が多い。ただし、当該製品が販売先にとって不可欠かつ他の仕入先からの購入が不可能な場合や、すでに売買契約書や受注を受けていて当該販売先に販売されることがほぼ確定しているような場合の製品は、担保適格と判断する場合もある。

(c) 一定以上の数量がない在庫

　製品として出荷する場合、一定以上の数量が確保されないと価値を実現できないような商品がある。極端な例でいえば、靴は左右そろってはじめて販売が可能になるが、片方だけでは無価値である。マーケットでの最低取引数量が決まっているような商品がこれに該当する。

(d) ライセンス商品・許認可商品

　たとえば、海外ブランドの総代理店として日本で小売販売を行っている場合などは、卸売業者への販売や担保の差入れが禁じられているケースがあ

る。また、ブランドの使用権の問題で、担保処分時に使用権の取得を求められる可能性もある。一方で、危険物の取扱い等は、許認可が必要であり、金融機関として容易に担保処分ができない製品もある。このような製品は担保処分がむずかしかったり、処分時に大きなコスト・危険が伴ったりする可能性もあるため、担保不適格とみなされる。

　(e)　**資材・包装品・道具・機材等**

　一般的に資材、包装品、道具、機材等は、それそのものを製品として販売する以外は販売を前提にしたものではなく、数量も限定的であることから、担保処分により価値を実現することはむずかしい。

　(f)　**管理が及ばないもの・所有権がないもの**

　輸送途上のもの、担保対象の場所に保管されていない在庫、受託販売在庫や所有権留保取引で購入した在庫で、借手に所有権がないもの等がこれに該当する。このような在庫は当然対象となる製品の確保・特定がむずかしかったり、所有権がない場合は処分そのものが不可能であったりするためである。

　(g)　**販売先からの前受金・預り金相当額**

　前受金、預り金部分は、すでに当該金額部分の在庫の所有権が販売先に移転している可能性もある。一方でこのようなかたちですでに当該金額部分の資金調達は実質的に終わっているため、このような在庫に依拠した資金調達は二重調達とみなされるため、与信管理上も問題になる。借手の負債勘定にこのような勘定がある場合は注意が必要である。

b　アドバンスレート

　担保として徴求する在庫金額から担保不適格な在庫を控除した後、ABLではさらに在庫の回収リスクに備えて、担保掛け目（アドバンスレート）を設定する必要がある。アドバンスレートは一般的に在庫担保の処分価値と借入人が破綻した場合の在庫担保の回収時に必要なコスト部分等とを織り込んだ数値になる。

　在庫のアドバンスレートの決定方法も特に定められた制度上のルールはな

く、各金融機関の与信判断にゆだねられる部分であるが、その算出手法としておおむね以下のようなものが参考になるであろう。

(a) **動産評価会社の評価額**

上記のとおり、在庫のアドバンスレートは一般的に在庫担保の処分価値と処分費用を織り込んだ数値になる。しかしながら、前に説明したとおり、在庫担保の処分価値は現在の「市場価格」や「簿価」とは大きくかけ離れた数値になる可能性が大きい。この処分価値と処分費用とを求めるには高度な専門性が求められることから、専門の動産評価会社等へ評価を委託するのが不可欠であると考えられる。評価の内容は本章第5節で詳述する。

(b) **米国などの例**

米国の金融機関の対応例では、アドバンスレートは25～60％程度の範囲で設定されているのが一般的である。一律50％と定めているような金融機関も多いと聞く。また、米国で「保守的」な与信判断をするといわれる金融機関では、過去の回収実績から、一般的な在庫のアドバンスレートを50％と設定し、それ以上のアドバンスレートを適用したい場合は動産評価会社の評価額を利用するといった手続を採用していた。当然このような一律のアドバンスレートを設定するような場合は過去の実績に基づいて決定されるべきであり、ABL市場の成長期を迎えたばかりの日本の場合は、まずは動産評価会社に依頼するのが無難と考えられる。

(c) **新BIS規制上の適格その他資産担保の条件**

将来的に新BIS規制上の適格その他資産担保（適格動産担保）としての認定を受け、資産査定上のメリットを享受することを目指す場合、新BIS規制上の適格その他資産担保（適格動産担保）の条件を充足するよう、アドバンスレートの決定方法について配慮する必要がある。新BIS規制を受けた金融庁告示第19号（銀行法十四条の二の規定に基づき、銀行がその保有する資産等に照らし自己資本の充実の状況が適当であるかどうかを判断するための基準）156条4項[14]では、その3号で、適格その他資産担保の目的たる資産の「運用要件」について以下のとおり規定されている。

① 金融庁告示第19号156条4項2号イからチまでに掲げる要件[15]を満たすこと。この場合において、「適格不動産担保」とあるのは、「適格その他資産担保」と、「不動産」とあるのは「資産」と、「適格不動産」とあるのは「適格その他資産」と、「登記」とあるのは「対抗要件が具備」と、「不動産鑑定士又は担保評価額の精度が高いと認めるに足りる者により当該不動産」とあるのは「担保評価額の評価の精度が高いと認めるに足りる者により当該資産」と読み替えるものとする（同号イ）。

② 担保権の順位が第一順位であること（同号ロ）。

③ 適格その他資産担保の設定に関する契約において、担保の詳細について記載されていること（同号ハ）。

14　156条4項では、適格その他資産担保の場合、エクスポージャーの額に対する適格資産担保の額の割合が30％以上のカバー率であるときは、基礎的内部格付手法採用行は当該エクスポージャーについて、当該適格資産担保の額を超過担保カバー率140％で除した額に相当する部分に40％のLGDが適用できるとされている。文脈から、71％（＝100％÷140％）以下のアドバンスレートであれば40％のLGDが認められる適正なアドバンスレート水準となりうると規定しているかのようにも読み取れる。

15　適格不動産担保の目的たる不動産（以下この号において「適格不動産」という。）の「運用要件」は、次に掲げるものをいう。
　イ　担保権が、関連のある法域において適法かつ有効に成立し、当該担保の設定に関する契約の諸条項に従った強制執行が可能なものであって、適時かつ適切に登記されるものであること。
　ロ　内部格付手法採用行が合理的な期間内に担保価値を実現し得るような担保の設定に関する契約及び当該契約を実行するための法的手続が設けられていること。
　ハ　適格不動産の評価額が、評価日の公正な時価を上回るものではないこと。
　ニ　年一回以上の頻度で適格不動産の担保価値が評価されており、かつ、適格不動産担保の担保価値が著しく低下したことを示す情報がある場合又はデフォルトその他の信用事由が発生した場合は、不動産鑑定士又は担保評価額の評価の精度が高いと認めるに足りる者により当該不動産が評価されること。
　ホ　適格不動産の種別及び適格不動産を担保とする信用供与の方針（金利等の条件への勘案を含むが、これに限らない。）を明らかにした書類が整備されていること。
　ヘ　適格不動産を損害や劣化から適切に保全するための措置が設けられていること。
　ト　適格不動産について先順位の担保権の設定額及びその内容を継続的に監視されていること。
　チ　適格不動産に起因する環境保全に関する債務が発生するリスクを適切に監視していること。

④　信用リスク管理指針において、内部格付手法採用行が評価の対象とする担保の種類ならびにエクスポージャーの額に応じた適切な担保の額を定める方針およびその運用方法が記載されており、内部監査または外部監査に利用できるように整備されていること（同号ニ）。
⑤　適格その他資産を担保とする信用供与の方針が設けられており、かつ当該方針でエクスポージャーの額に応じて確保すべき担保の額、当該内部格付手法採用行が当該担保を迅速に処分する能力、処分可能価格または市場価格を客観的に設定する能力、専門家による評価または鑑定その他の評価額を速やかに入手できる頻度および担保の評価額が変動する幅が考慮されていること（同号ホ）。
⑥　定期的な評価手続上、流行に左右されやすい特性を有する資産について、物理的な耐用年数の低下または劣化のみならず、流行の変化または旧式化に伴う資産価値の低下を考慮した下方修正が行われるように、特に注意が払われていること（同号ヘ）。
⑦　原材料、仕掛品、完成品、自動車ディーラーの在庫品その他の在庫品または機械設備を担保とする場合は、定期的な評価手続において、担保の実地調査が行われていること（同号ト）。

3　ケーススタディ：貸出基準額（ボローイング・ベース）の計算

　基本的なABLのストラクチャーでは、借手より提出される財務資料をもとに毎月の貸出基準額が計算され、その金額と極度額いずれか低いほうの金額の範囲内で貸出が実行される。これまでに解説した売掛金、在庫のアドバンスレートの決定方法をふまえ、以下のABL株式会社の財務資料を使って、妥当なアドバンスレートを検討し、貸出基準額を計算する。

図表5-5　ABL株式会社の財務資料

【ABL㈱売掛金残高明細】　　　　　　　　　　　　　　　　（単位：千円、％）

	TDB評点	'06.7残高	シェア
㈱小野工業	55	20,567	11.76
㈱リバーアップ	77	12,729	7.28
エグチ産業㈱	50	11,472	6.56
原田産業㈱	66	10,940	6.26
タツノ産業㈱	68	9,839	5.63
ABE TSUSHO (THAILAND)	n.a.	9,337	5.34
クボタ工業㈱	65	8,938	5.11
金子精工㈱	57	7,421	4.24
ABL販売㈱	60	7,390	4.23
㈱シノダ	51	7,320	4.19
㈱大坪商会	64	7,247	4.14
㈱池谷製作所	71	7,015	4.01
中村精機㈱	50	6,919	3.96
㈱大蔵	n.a.	6,800	3.89
フルタ商事㈱	58	6,497	3.72
五十嵐精工㈱	63	6,248	3.57
㈱木俣商事	55	6,058	3.46
㈱平山製作所	50	5,914	3.38
池田商事㈱	59	5,750	3.29
ホリ機工㈱	49	5,446	3.11
長友貿易行有限公司	n.a.	5,013	2.87
合計金額		174,860	100

【ABL㈱海外あて売掛金】　　　　　　　　　　　　　　　　（単位：千円、％）

販売先名	'06.7残高	シェア
ABE TSUSHO (THAILAND)	9,337	5.34
長友貿易行有限公司	5,013	2.87
合　計	14,350	8.21

【ABL㈱関係会社あて売掛金】　　　　　　　　　　　　　　（単位：千円、％）

販売先名	'06.7残高	シェア
ABL販売㈱	7,390	4.23
合　計	7,390	4.23

【譲渡禁止特約がある販売先】

　クボタ工業㈱

　中村精機㈱

【ABL㈱平成18年7月延滞明細】　　　　　　　　　　　　　　　　（単位：千円）

販売先名	1～30日	30～60日	60～90日	90～120日	120日～
㈱リバーアップ	39				
エグチ産業㈱		1			
ABE TSUSHO		1,764	937	225	
㈱平山製作所					3,984
長友貿易行有限公司					608
合　計	39	1,765	937	225	4,592

【ABL㈱買掛金残高明細】　　　　　　　　　　　　　　　　（単位：千円）

	'06.7残高
シバタ産業㈱	11,472
㈱フジイ	10,850
有馬実業㈱	8,529
HIGH FIELD Co.,LTD	7,001
㈱リバーアップ	5,213
疋田商会㈱	3,321
㈱古賀	1,990
キマタ㈱	1,867
合計金額	50,243

【ABL㈱在庫残高明細】　　　　　　　　　　　　　　　　（単位：円）

保管場所	品　目	数　量	単　価	残　高
本社工場	製品A	15,362	6,250	96,012,500
	製品B	11,023	11,750	129,520,250
	製品C	8,325	3,580	29,803,500
	製品D	3,380	15,250	51,545,000
	仕掛品	500	8,361	4,180,500
	鋼　材	975	3,000	2,925,000
	包装材	325	1,200	390,000
	研磨剤	100	1,500	150,000
小　計				314,526,750
大阪物流センター	製品A	12,736	6,250	79,600,000
	製品B	9,856	11,750	115,808,000
	製品C	5,532	3,580	19,804,560
	製品D	2,687	15,250	40,976,750
	包装材	285	1,200	342,000
小　計				256,531,310
未着在庫		1,200	7,380	8,856,000
合　計				579,914,060

図表5-6　売掛金貸出基準額の計算　　　　　　　　（平成18年7月31日現在）

	合計金額
売掛金総額	174,860,000
マイナス：不適格売掛金	
譲渡禁止特約付売掛金（クボタ工業、中村精機）	15,857,000
90日以上延滞先あて売掛金（平山製作所）	5,914,000
仕入先等債権者分（リバーアップ）	5,213,000
関係会社・子会社あて売掛金（ABL販売）	7,390,000
海外あて売掛金（除くL／C付き） 　（ABE TSUSHO、長友貿易行）	14,350,000
その他	0
不適格売掛金金額	48,724,000
適格売掛金金額	126,136,000
アドバンスレート	65.0%
売掛金部分貸出基準額	81,988,400

＊アドバンスレートの計算

基本アドバンスレート	66.0%
ヒストリカルダイリューション（値引き、返品）	1.0%
アドバンスレート	65.0%

(1) 担保適格な売掛金、売掛金のアドバンスレート

　まず、売掛金の総額から担保不適格な売掛金を控除する。本件の場合、担保不適格な売掛金として、譲渡禁止特約付、90日以上延滞、仕入債務等相殺可能分、関係会社あて、海外あて等の売掛金が控除の対象になろう。以上により算出した不適格な売掛金合計額を売掛金総額から控除したものが担保適格な売掛金として貸出基準額の計算根拠として利用される。

　アドバンスレートの算出について、ABL株式会社の販売先は約20社程度

図表5－7　ABL株式会社　在庫貸出基準額の計算　　　（平成18年7月31日現在）

	完成品		原材料		半製品		在庫総額	
種類別在庫金額	563,070,560	97.1%	12,663,000	2.2%	4,180,500	0.7%	579,914,060	100%
マイナス：不適格在庫								
販売受託在庫(所有権なし)	0		0		0		0	
長期滞留分	0		0		0		0	
輸送中、洋上在庫	0		8,856,000		0		8,856,000	
顧客預り金、前払金	0		0		0		0	
包装資材等	0		882,000		0		882,000	
その他	0		0		0		0	
不適格在庫金額	0		9,738,000		0		9,738,000	
適格在庫金額	563,070,560		2,925,000		4,180,500		570,176,060	
アドバンスレート	59.50%		65.00%		15.00%		59.20%	
在庫貸出基準額	335,026,983		1,901,250		627,075		337,555,308	
*アドバンスレートの計算								
簿価に対するNOLVの割合	59.50%		65.00%		15.00%			
簿価に対するNFLVの割合	30.00%		40.00%		10.00%			
アドバンスレート	59.50%		65.00%		15.00%			

と少なく、統計的な手法によりアドバンスレートを検討するのはむずかしい。同社の場合、売上げの過半を依存しているような販売先もみられないため、担保適格売掛金の販売先上位3社（小野工業、エグチ産業、原田産業）の売掛金合計額を担保適格売掛金合計額から控除したものを基本アドバンスレートの算出に利用することとし、「1－（上位3社売掛金合計額÷担保適格売掛金合計額）」にて算出する。これは、同社の販売先は金額、信用リスクともに小口に分散されており、売上げの上位3社が一度に倒産して担保価値が毀損するような確率は相当程度低いものと考えられることから、上記のような計算方法を採用するものである。さらに、同社のダイリューション率につ

いては１％程度と低水準ではあるが、より堅めの計算方法を採用することにし、基本アドバンスレートからダイリューション率１％を控除したものを最終的なアドバンスレートとして採用することにしている（前記１(2)で説明したとおり、ほかにもさまざまな考え方によりアドバンスレートを算出する方法も考えられる）。

(2) 担保適格な在庫、在庫のアドバンスレート

まず、在庫残高の明細を完成品、原材料、半製品の三つのカテゴリに分け、それぞれの残高合計額を算出する。次に、それぞれのカテゴリから担保不適格な在庫（未着在庫、包装材・資材等）を控除し、担保適格な在庫残高をカテゴリ別に算出する。

アドバンスレートは動産評価会社の評価割合を利用する。ここでは、各カテゴリ別のNOLV評価（ネットの通常処分価格）とNFLV評価（ネットの強制処分価格）[16]が評価割合として提示されているが、同社は業績が直ちに悪化するような状態ではないため、本件では同社の倒産時の処分シナリオとして一番妥当と考えられるNOLV評価額をアドバンスレートとして採用することとしている（なお、前記２(2)で説明したとおり、ほかにもさまざまな考え方によりアドバンスレートを算出する方法も考えられる）。

(3) 売掛金、在庫の貸出基準額の合算

以上のプロセスにて算出した売掛金、在庫の貸出基準額を合算し、トータルの貸出基準額を算出する。ただし、本件の場合、貸越極度の上限を４億円と設定しているため、さらに、貸越極度の上限とグロスの貸出基準額とを比較し、どちらか低いほうの金額が実際の最終的な貸出基準額になる。

---

[16] 本章第５節で詳述。

図表5-8　ABL株式会社　貸出基準額合計額の計算　（平成18年7月31日現在）

売掛金	
売掛金総額(a)	174,860,000
不適格売掛金(b)	48,724,000
適格売掛金　((a)−(b)=(c))	126,136,000
アドバンスレート(d)	65.00%
売掛金貸出基準額　((c)×(d)=(e))	81,988,400
在庫	
在庫総額(f)	579,914,060
不適格在庫(g)	9,738,000
適格在庫金額　((f)−(g)=(h))	570,176,060
在庫アドバンスレート(i)	59.20%
在庫貸出基準額(j)	337,555,308
グロス貸出基準額総額　((e)+(j)=(k))	419,543,708
貸出極度額	400,000,000
最終貸出基準額	400,000,000

第5節

担 保 評 価

　前節で解説したとおり、売掛金、在庫のアドバンスレートはその担保対象資産の内容、適合性、会計基準、評価価額等によって大きく違ってくる。本節では売掛金、在庫に係る担保評価の留意点について解説する。

1　担保データの信頼性

　売掛債権担保は、金銭債権であるため債権そのものが確定していれば、その価値は目減りするものではない。しかしながら、譲渡禁止特約がついていたり、希薄化したり、さらには架空売上げが計上されていたりした場合、実際の処分価額が想定した金額を下回る可能性がある。在庫担保の場合は、不良在庫の発生や架空在庫の計上等、会計上の操作・不良資産の隠蔽が行われやすく、粉飾決算の温床となりがちな決算項目といわれている。

　このように、売掛債権担保や在庫担保を評価し精緻なアドバンスレートを求めようとした場合、借手の提出する担保データそのものに信憑性があるかを精査する必要がある。借手からの虚偽の資料提出を防ぎ、継続的にそれを抑止するため、ABLでは通常、導入時および定期的に、以下のような方法で売掛金、在庫の精査を行うのが基本である。

(1)　フィールドイグザミネーション（実査）

　売掛債権、在庫担保の精査方法のなかで一番重要なのは、借手および担保

対象資産に係るフィールドイグザミネーション（実査）である。フィールドイグザミネーションでは、具体的には実際に借手の本社・財務会計部門や工場・倉庫等の在庫保管場所に訪問し、資料の原本を閲覧したり、現場責任者にインタビューしたりすることで担保資産に内在するリスク、傾向、価値の毀損の有無、提出される資料の正確性、売掛金・在庫の実在性、管理の適切性等について実地調査を行うことである。実際には、以下のようなチェックポイントについて精査するのが基本である。

a 借手の概要

借手の事業内容、取扱商品、沿革、業界地位、売上高、利益、販売動向、主要販売先、回収サイト等、一般的な企業概要をあらためて確認する。既存取引先であっても、金融機関の知らないうちに業態・業容が変化している場合もあるため、あらためて確認を行うことが重要である。

b 仕入れから販売・回収までの取引の流れ

実際のモノ、カネ、伝票、取引の流れ、契約内容をなるべく詳細に把握する。借手側で業務フロー図を作成しているようであれば、それを活用してさらに具体的な内容を聴取するとよい。たとえば、仕入れの発注者はだれで、その意思決定はだれが行っているか。また、商品が搬入された際に検収するのはだれで、それをチェックする担当はいるか。販売代金の回収条件は何で、回収代金の入金口座・手形の取立入金口座はどの金融機関か等々。取引の流れを詳細に把握することで、過剰在庫発生の可能性、在庫・売掛金管理の適切性、従業員の不正・粉飾決算の可能性等、あらかじめ借入人の管理体制に内在するリスクを分析し、担保評価や企業の信用リスク審査に反映させる。

c 売掛金の内容

売掛金の残高明細、シェア、集中率、信用力、傾向、延滞状況等について分析を行い、本章第4節で列挙した担保不適格な売掛金があるかを検証す

る。具体的には、①販売先との売買基本契約書を閲覧し、譲渡・担保差入禁止特約がついていないかの確認、②取引先元帳や延滞明細票をもとに、売掛金の延滞状況の確認、③サンプリングによる実際の販売伝票、出荷伝票、請求書、入金金額の確認による、請求書のみ発行されていて商品未出荷のものはないか、残高明細にある売掛金が実在するか、請求金額と実際の入金金額に相違はないか（ダイリューションは発生していないか）等の調査、④販売先あての売掛金残高確認書の閲覧や、場合によっては直接販売先あてに聴取（自ら確認するあるいは電話で確認させて隣で聞く）等の方法により売掛金の実在性を確認することも考えられる。

d 在庫の内容

在庫の残高明細、商品別シェア、在庫の年齢別明細、保管場所別残高明細、前受金残高明細、受注残高明細、傾向等について分析を行い、本章第4節で列挙した担保不適格な在庫があるかを検証する。具体的には、①在庫数量の算出方法、実地棚卸しのサイクル等の確認、②在庫商品の保管状況の確認による、適正な価値の保全、劣化・盗難の防止策が施されているかの確認、③サンプルチェックによる、帳簿上の在庫数量と実際の在庫数量とに乖離がないか、実際の販売価格と値札の価格とに大きな隔たりはないかの確認等の方法により、在庫の実在性、担保適格性を確認する。

e 金融機関との取引内容の確認

借入金残高推移表、借入れに係る約定書類の閲覧、不動産登記事項証明書、債権・動産担保に係る概要記録事項証明書等により、他の金融機関の支援状況、保全状況、貸出条件等を精査する。売掛金・在庫を担保にとろうと思ったらいつの間にか他の金融機関の担保になっていたり、コベナンツ条項として金融機関への担保差入れが禁止されていたりするケースがある。このような場合は、当該金融機関の承諾が得られない限り、担保取得は困難である。

(2) 監査法人による売掛金・在庫に係る精査レポートの作成依頼

　公認会計士・監査法人による財務監査を受けることが義務づけられる会社は、決算期など実際に会計監査が行われるタイミングで、会社から当該監査法人に対して別途「売掛金・在庫に係る精査レポート」の作成を依頼してもらい、当該レポートを会社から取得することで、売掛金・在庫残高明細表等が正確か、内容について瑕疵がないか等を確認することもできる。

(3) 監査法人等の独自サービスについて

　米国の多くの金融機関では、自社にフィールドイグザミネーション専門部署を設置して、審査部門と連携しつつ顧客資産の精査を行っている。しかしながら、中小の金融機関がABLを行う場合や大型のシンジケーションタイプのABLを行う場合、監査法人や動産評価会社、フィールドイグザミネーション専門会社等にアウトソースし、実際のフィールドイグザミネーションを委託するケースも多い。
　日本でもトゥルーバグループホールディングス株式会社などの動産評価会社がフィールドイグザミネーションの代行を受託したり、監査法人が中堅・中小企業の売掛金・在庫の管理状況について評価業務を行ったりするなど、ABLに係るさまざまなサービスを提供する企業が出始めている。発展途上にあるABL市場で金融機関の導入コストを削減するためには、このような外部コンサルティング会社の機能の活用は欠かせないものとなるであろう。

2　在庫の評価

　在庫の評価は、個別の商品特性によって簿価に対する処分価格の割合が大きく異なる場合が多い。担保不適格な部分を控除して、在庫の担保価値が毀損される要因を見極めるだけではなく、価格リスクについても詳しく分析す

る必要がある。以下、在庫の評価方法について詳しく解説する。

(1) 評価手段・方法

　米国では自社に動産のアプレーザー（評価者）を擁している金融機関も多い。また、100年にも及ぶ動産ファイナンスの実績の積上げのなかで、経験的な在庫評価のデータ蓄積があるため、単純に○○％までのアドバンスレートならば動産の個別評価は不要で、それ以上のアドバンスレートを利用しない、あるいは特定の業種の在庫評価（小売業など）を行う場合はアプレーザーによる動産評価を必要とするなどの社内規定を設けて、動産・在庫の評価方針を運営している金融機関も多い。

　日本のABL市場は成長期を迎えたばかりであり、自社のアプレーザーを利用したり、経験的データからのおおよその評価率を設定したりするほどの規模や実績がなく、いまのところむずかしい。このため、在庫の担保価値を客観的に算定するためには、必然的に外部の専門家、動産評価会社等に評価を依頼するのが重要になる。ただし、外部の専門家、動産評価会社等に評価を依頼する場合は、以下のような点に留意して、評価方法・評価基準をあらかじめ金融機関側で定めたうえで評価を依頼する必要がある。

a　だれの目線で評価を依頼するか（評価の依頼人はだれか）

　不動産の鑑定評価の場合は、その依頼人が金融機関であれ、借手であれ、その鑑定評価の結果はあまり大きな違いがないものと思料される。これは、不動産の場合は基本的に客観的なデータから価値を算出できることから、価値の算出に際して借手からのデータ提出や接触が少なく、借手の主観的な意見を差し挟む余地が少なく、必要なデータが借手に依存せずに入手可能であることが大きな要因である。

　在庫・動産の場合、その評価の依頼人が借手である場合、借手に不利なデータをわざと隠匿して評価させたり、依頼人として評価内容について意見を差し挟んだりする余地が十分にある。その結果、外部の専門家や動産評価会

社といえども客観的な評価ができなくなる可能性も十分に存在する。これを防ぐためには、金融機関が評価の依頼人になり、金融機関が担保処分した場合の評価金額という前提で、必要な資料について金融機関からも提出の依頼を行いつつ、借手の評価への干渉をなるべく排除する必要がある。

b 担保評価方法・シナリオの設定

在庫などの動産の担保価値を評価しようとすると、さまざまな評価方法・処分シナリオが想定でき、さまざまな評価結果を得ることができる。しかしながら、それを利用する金融機関にとって、どのような評価方法・シナリオが当該ファイナンスにとって望ましいかを金融機関自ら判断し、それをベースに専門家や動産評価会社に評価を依頼する必要がある。

たとえば、前にも出た桐箪笥在庫の例を考えよう。ここで金融機関Aは評価会社Bに単純に「在庫担保の評価」を依頼したとする。評価会社Bは特に処分方法、処分シナリオ等の設定を受けていないため、単純に桐箪笥在庫の再販売価格（たとえば簿価の70％と仮定）を算出し、金融機関Aに提出する。一方、金融機関Cは評価会社Dに「担保提供者の破綻を前提とした在庫担保の評価」を依頼し、評価会社は桐箪笥の破綻時の処分価格（簿価の10％と仮定）を算出し、金融機関Cに提出したとする。はたしてどちらの金融機関の評価が妥当であろうか。

金融機関が実際に在庫担保の評価価格を必要とする局面は、借手の破綻時に担保である桐箪笥を金融機関自身が処分する場合である。そのような事態に陥った場合、はたして評価会社Bの算出した破綻を前提としない再販売価格（簿価の70％）の価値が実現できるであろうか。答えは否である。前にも述べたとおり、桐箪笥の消費者は主に婚礼用に購入するため、それが破綻先の担保処分品であることが判明すれば、極端に購入する者は減るであろう。この場合は評価会社Dの算出した担保提供者の破綻を前提とした在庫担保の評価（簿価の10％）が在庫の評価額としては妥当である。

このように、金融機関が処分の前提となるシナリオをどのように設定する

かによって在庫・動産の評価価格は大きく違ってくるため、金融機関としてはその点に十分留意したうえで、評価の依頼方法を検討する必要がある。この際、当該在庫商品を「だれが」「いつ（どのタイミングで）」「どこで」「だれに」「どれくらいの量を」「どのようにして」処分するかを検討しておくことが重要であり、想定したシナリオが現実的なものであるほど、評価金額と実際の処分金額との整合性が高まるといえる。

また、評価会社によって破綻時の処分ルートの確保や破綻時の商品性・ブランド力の低下率等の計算ノウハウに違いがあるため、金融機関は、評価会社の経験・ノウハウを見極めたうえで評価会社の選定を行う必要もある。

(2) 在庫担保の評価方法、評価価格の種類

在庫の担保価値を算出する手法として以下の3種類がある（詳細は第6章第2節参照）。

① 費用アプローチ算出法
② 売買比較アプローチ算出法
③ 収入アプローチ算出法

評価の目的が使用価値の評価の場合は、評価対象動産の特性によって上記3種類の方法のなかから妥当なものを選択して評価額を算定する。評価目的が処分価値の評価の場合は、基本的に売買比較アプローチが主に利用され、費用アプローチや収入アプローチはそれを補完する場合のみ利用される。

評価価格は、処分のシナリオや方法、処分に要する日数などにより基本的に以下の3種類の評価価格カテゴリに分けられる（詳細は第6章第2節参照）。

① 公正市場価格（Fair Market Value：FMV）
② 通常処分価格（Orderly Liquidation Value：OLV）
③ 強制処分価格（Forced Liquidation Value：FLV）

評価金額を算定する際、貸手の目的や商品の特性から上記価格の一つのみ検討する場合もあれば、異なる処分シナリオを想定しながら複数について検討する場合もある。

米国では、主に OLV から処分に要する費用を控除した、ネットの OLV（略称：NOLV）を最終的な評価額としてアドバンスレートの決定に利用するケースが多い。また、NOLV は各金融機関共通の評価軸として確立されており、シンジケート型の ABL を組成する際のインフォメーションメモランダムのなかで、在庫評価額の算出基準として利用されることが多い。

第6節 担保取得

　債権や動産に対する担保権の設定方法として質権の設定、譲渡担保権の設定がある。質権は民法に定めがあるが（同法342条以下）、民法に譲渡担保権を定めた条文はなく、判例法上認められている担保権である。以下で詳述するが、ABLで主に利用されるのは譲渡担保の方法である。譲渡担保とは、債権を担保する目的で、担保の目的物の所有権を担保権設定者（担保提供者）から担保権者（債権者）に移転し、債務の履行がなされた時点でその所有権を戻す形式の担保である。

　また、その担保権を他の利害関係人に対し排他的に権利を主張できるようにするためには、担保の取得に際し第三者対抗要件を具備する必要がある。

　以下では、担保の対象となる債権（売掛債権、貸付金債権、賃料債権等の指名債権）、動産（在庫、機械設備等）についてそれぞれ担保の取得方法および第三者対抗要件の取得方法について解説する。

1　債　権

　前述のとおり、売掛債権等の指名債権に担保権を設定する方法として質権の設定、譲渡担保権の設定がある。質権の設定について、平成15年の民法改正前は、指名債権を質権の目的とする場合、その債権に係る債権証書があるときは当該債権証書の交付が効力発生要件とされていたが、平成15年改正により「債権であってこれを譲り渡すにはその証書の交付を要するもの」以外

の指名債権質には債権証書の交付が不要とされ（民法363条）、これにより質権の設定と譲渡担保権の設定とにあまり差異はないが、ABLの場合は、①債権の譲受人として債権回収時の手続が容易であること、②動産の担保権設定方法が譲渡担保権に限定されるために動産との整合性を保つ必要があること等の要因から、基本的に譲渡担保が利用される。

(1) 債権譲渡担保権の設定

売掛債権や貸付金債権、賃料債権等の指名債権は、①その性質がこれを許さない場合、②当事者が反対の意思表示をした場合、③法律で譲渡を禁止している場合以外は原則として譲渡することが可能である（民法466条）。債権の譲渡担保権の設定は、債権の譲渡人（担保権設定者、担保提供者）と債権の譲受人（担保権者、金融機関等の債権者）との間で担保の目的として債権を譲渡する旨の契約を締結することで成立する。

a 債権の特定

債権譲渡担保権設定契約を締結する際に留意すべき点はまず担保の対象となる債権を特定することである。担保権設定の時点で存在する現在債権を担保とする場合は、その債権の第三債務者（支払人）の住所、氏名、郵便番号、金額を特定して担保を設定する必要がある。

b 将来債権について

将来の債権であっても、目的となる債権が他の債権から識別ができる程度に特定されていれば、譲渡担保権の設定は可能である。この場合、その債権の第三債務者（支払人）を特定し、一定の極度額までを担保に徴求する方法と不特定の将来債権をすべて担保に徴求する方法との二つがある。

(2) 対抗要件の具備方法

対抗要件とはその権利（ここでは担保権）を利害関係人等に対し排他的に

主張できるようにするための法律要件であるが、債権担保の場合は以下の2種類に分けられる。

① 第三者対抗要件
② 債務者対抗要件

第三者対抗要件とは担保の対象となる債権の直接の利害関係人以外の者への対抗要件であり、債務者対抗要件とは担保対象となる債権の債務者（第三債務者、支払人）に対する対抗要件をいう。

対抗要件の具備方法は、図表5－9のとおり、対抗要件の種類別に三つの方法がある。

① 民法467条に基づく第三債務者に対する確定日付ある証書による通知
② 民法467条に基づく第三債務者からの確定日付ある証書による承諾
③ 動産・債権譲渡登記特例法に基づく債権譲渡登記

(3) 債権譲渡登記の特徴

動産・債権譲渡特例法による債権譲渡登記は、債権流動化等のファイナンス手法が一般的になるなか、法人が多数の債権を一括して譲渡する場合、民法による承諾や通知の方法で対抗要件を具備しようとすると手続が煩雑で、その費用負担も大きいため、これを簡素化するために平成10年10月に創設された制度である。この制度により、法人が行う金銭債権の譲渡や質権の設定

図表5－9　売掛債権の対抗要件の取得方法

	民法467条（通知）	民法467条（承諾）	債権譲渡特例法
第三者対抗要件	債務者に対する確定日付ある証書による通知	債務者からの確定日付ある証書による承諾	債権譲渡登記
債務者対抗要件	債務者に対する通知	債務者からの承諾	債務者に対する登記事項証明書の交付を伴った通知または承諾

について登記による簡易な方法によって第三者対抗要件が具備できるようになった。

しかしながら、本制度の趣旨の一つは、第三債務者の承諾や通知を行うことは、それによって譲渡人（担保提供者）の信用不安を惹起しかねないとの問題があるためであり、第三債務者（支払人）は当該債権が譲渡（担保権設定）された事実を認知できないようになっている。このため、債務者対抗要件は、図表5－9のとおり、登記を行うだけでは具備できない点に留意する必要がある。

債務者対抗要件を具備できない場合の問題点として、①第三債務者（支払人）が自ら保有している債権と当該支払債務を相殺してしまい、当該債権が回収できない可能性があること、②当該債権そのものが存在しない可能性があることがあげられる。このリスクに対応するには、債務者対抗要件を具備するため、登記事項証明書の交付を伴った通知を行うか、承諾を得る必要がある。また、次善の対応方法として、あらかじめ相殺可能な債務金額を担保評価額から控除して計算したり、債権の存在をフィールドイグザミネーション等で随時精査したりする方法等が考えられる。

(4) 代金回収口座の指定

債権譲渡担保権の価値をより確実なものにするためには、当該債権に基づく代金の回収口座を自行口座に指定させたり、手形での回収の場合は自行での取立委任をさせたりすることが重要である。せっかく債権を担保として徴求していたとしても、当該債権の回収代り金が他の金融機関に振り込まれ預金になってしまった段階で、当該金融機関の債権と振込代り金が相殺されてしまう可能性がある。このため、債務者の財務内容や、他の金融機関との取引関係にもよるが、可能な限り担保の対象となる債権の回収口座は自行口座に指定させ、緊急時には振込入金された自行預金と貸出債権をいつでも相殺できる状態にしておく必要がある。また、債務者の状況に応じて、より強い保全措置である「代理受領」の導入を検討することも必要になる。

なお、米国では、債権の回収方法のほとんどが「小切手」による回収であることから、当該小切手の送付場所を金融機関に設置した専用の私書箱「ロックボックス」に集中し、その私書箱を押さえることによって債権の回収代金のいわゆるコミングルリスクを排除する方法が一般的に行われている。

2　動　産

　在庫等の動産に担保権を設定する方法として質権の設定や譲渡担保権の設定がある。質権の設定の場合、質物を債権者に引き渡す必要があり（民法344条）、しかも質権設定者による質物の代理占有が認められていないため（同法345条）、まさに質屋のように物件を債権者が保管しなければ担保として利用することができない。このため、基本的にABLでは譲渡担保の方法が利用されることになる。譲渡担保は、先述のとおり、担保の目的で担保の目的物の所有権を担保権設定者（担保提供者）から担保権者（債権者）に移転し、債務の履行がなされた時点でその所有権を戻す形式の担保であり、通常、質権のような現実の引渡しの必要なく担保権を設定できる。

(1)　動産譲渡担保権の設定

　動産は、法律で許可なく譲渡を禁止している場合以外は原則として自由に譲渡することが可能である。譲渡担保権の設定は、動産の譲渡人（担保権設定者、担保提供者）と動産の譲受人（担保権者、金融機関等の債権者）との間で担保の目的として動産を譲渡する旨の動産譲渡担保権設定契約を締結することで成立する。

a　担保対象物の特定

　債務者の保有している在庫や機械機器等を担保として徴求するにはまず担保の対象物件を特定する必要がある。その特定方法としては次のようなものがある。

① 個別動産……たとえば、パソコンの製造番号や輸入貨物のパッケージナンバー等の明記によって、目的物を個別に1件1件特定する方法
② 集合動産……倉庫や店頭、工場内等にある商品や原材料など、目的物の量が増減や変動を繰り返すような物件に対して、それを集合物として特定する方法

個別動産の場合、指定された特性に合致した動産を特定するのは容易であるが、集合動産の特定方法は十分留意する必要がある。

b 集合動産の特定方法

集合動産として譲渡担保権を設定する場合、その対象となる物件の範囲を保管場所、対象物の特性、数量等で特定する必要がある。特定の方法が不明確である場合、担保の対象が確定せず担保権の実行が不可能となる可能性があるからである。

保管場所はその住居表示、郵便番号、名称等で特定し、対象物の特性についてはなるべく細かい商品名等を記載する。数量は全体の2分の1というような割合ではなく、数量〇〇個、〇〇トン等のように量的に特定して譲渡担保を差し入れる必要がある。考え方として、集合動産担保の担保権を実行する際に執行官が対象となる動産を現場で特定できるかどうかが大きな判断材料になるであろう。

判例では、「構成部分の変動する集合動産についても、その種類、所在場所および量的範囲を指定するなどなんらかの方法で目的物の範囲が特定される場合には、1個の集合物として譲渡担保の目的物となりうるものと解するのが相当である」とされている（最判昭54.2.15）。具体的な特定方法として、「目的物の種類および量的範囲が普通棒鋼、異形棒鋼等いっさいの在庫商品と、その所在場所が譲渡担保権設定者の倉庫内および同敷地・ヤード内と指定されているときは、目的物の範囲が特定されているものというべきである」（最判昭62.11.10）等の例がある。また、下級審の裁判例ではあるが、「集合物譲渡担保契約が成立するには、目的物とそれ以外の物との識別が可

能な適宜な措置が講じられていることを要し、その指標としての物の種類、所在場所および量的範囲の指定等を基準として契約目的物の特定性を判断すべきところ、設定者の取扱商品は、宝飾品および時計であることは明らかであるから、本件譲渡担保契約中の「製品」という文言を合理的に解釈すれば、それが設定者の各店舗ないし売場にある宝飾品および時計等の「商品」を指すことは明らかであって、同契約の目的物が特定されていないとは言えない」とされ、保管場所に収容ないし保管するすべての「製品」という表現でも目的物の特定が認められたケースもある（名古屋地判平15.4.9）。

c 金融機関の集合動産担保の徴求方針

借手の在庫を集合動産担保として徴求する際は、上記のような場所や商品特性、数量で特定する方法があるが、金融機関が担保として徴求する際には、借手の保有する保管場所すべてを特定し、すべての在庫に対して担保権を設定するのが望ましい。

これは、ある特定の保管場所のみを担保権の対象とすると、借手の財務状態が悪化した場合、当該商品を他の場所に移し替えられたり、当該場所への商品の搬入が止められたりする可能性があり、結果として、せっかく徴求した在庫担保が無価値になる可能性があるためである。このため、特定の保管場所のみを担保権の対象とする場合は、重量の重い大型商品が多数あって他への移送がむずかしいと判断される場合や店舗などのプロジェクトごとに独立して貸出を行う場合、他の金融機関がすでに他の保管場所について担保に徴求している場合等に限定されるべきである。また、他の金融機関との取引を重視する場合は、シンジケートローン方式で対応し、担保対象物を参加金融機関で共有しつつ、権利関係について協定書を締結して調整する方法等も考えられる（債権譲渡担保の場合も同様な考え方ができる）。

d 売掛金も同時に担保取得する

在庫などの動産を担保に取得する場合は、基本的にその対象となる在庫に

係る販売代金債権も同時に担保取得するのが望ましい。現在の日本の担保法制では、動産、債権はそれぞれ別個の対象物であって一連のものとは認められておらず、その譲渡担保権はそれぞれ独立したものとされている。このため、せっかく在庫を担保として取得しても、売掛金について他の金融機関が担保権を設定していた場合、在庫が販売され売掛金に変化した段階で在庫を担保として取得した金融機関の担保権は及ばなくなってしまう。また、他の金融機関が譲渡担保権を設定していない状況も担保対象在庫が売掛金に変化した段階で権利が及ばなくなるとの見解が有力であると思われ、注意が必要である（動産譲渡担保権に基づく物上代位は、個別動産について最決平11.5.17がこれを認めているが、集合動産の場合について判例はなく、これを否定する見解が有力であると思われることから、注意が必要である）。

(2) 第三者対抗要件の具備方法

「動産に関する物権の譲渡は、その動産の引渡しがなければ、第三者に対抗することはできない」とされているが（民法178条）、譲渡担保権を設定する場合は以下の3種類の形態により第三者対抗要件を具備することができる。

① 占有改定
② 指図による占有移転
③ 動産・債権譲渡登記特例法による登記（動産譲渡担保登記制度）

a 占有改定

占有改定は物理的に目的物の占有を続ける者による意思表示のみで「引渡し」が成立するものであるが、この「引渡し」形態による場合、譲渡担保権設定契約で占有改定の意思表示を明確にしておき、契約締結と同時に確定日付を得ておくことによって、引渡しの時点を明らかにすることができる。

b　指図による占有移転

　指図による占有移転とは、営業倉庫などの代理人によって物件が占有されている場合の「引渡し」形態である。「代理人によって占有をする場合において、本人がその代理人に対して以後第三者のためにその物を占有することを命じ、その第三者がこれを承諾したときは、その第三者は占有権を取得する」(民法184条) とされている。営業倉庫などの代理人によって占有されている物の「引渡し」は、譲渡人が代理人（営業倉庫）に、以後、譲受人のために保管するよう指図し、譲受人がこれを承諾した場合に当該譲受人は占有権を取得するとされている。つまり、営業倉庫等の保管代理人への指図（承諾まで徴求したほうが無難）によって第三者対抗要件を具備する方法が「指図による占有移転」と呼ばれている。

c　動産・債権譲渡特例法による登記（動産譲渡担保登記制度）

　上記の占有改定や指図による占有移転の形態では、譲渡担保権設定の前後で対象物の「引渡し」の有無が客観的に必ずしも明確とはならず、また、他の第三者への二重の譲渡担保差入れの危険性があることから、金融機関等の動産譲渡担保権者の地位が不安定であるという問題があり、動産担保の利用が阻害されていた。

　上記のリスクを軽減するため、平成17年10月より動産譲渡担保登記制度（動産及び債権の譲渡の対抗要件に関する民法の特例法等に関する法律を一部改正する法律による）が開始され、法人が譲渡人である動産の譲渡は、民法178条の特例として登記をもって第三者対抗要件を具備し、これを登記事項として公示することが可能になった。このような登記制度によって動産譲渡の公示性が強化され、その結果、譲渡担保権者の地位の安定化が図られるようになった。

　ただし、上記の動産譲渡担保の登記制度によっても、動産譲渡担保権者の地位が十分に保護されるものではなく、引き続き下記の点に留意して対応する必要がある。

(a) 従来の「占有改定」による対抗要件も引き続き有効

　動産譲渡担保の登記制度が制定されたものの、引き続き従来の「占有改定」や「指図による占有移転」による対抗要件具備も可能であり、その優劣は「占有改定」や「指図による占有移転」の日付と登記の日付の先後によって決まる。このため、せっかく登記により動産譲渡担保の対抗要件を具備したと思っていても、先行する「隠れた譲渡担保」が存在した場合、それに劣後するおそれがある。

(b) 後行者による即時取得のおそれ

　動産譲渡担保の登記制度により、だれでもこの登記ファイルに登録されている事項を証明した書類「概要記録事項証明書」の交付を請求することができるため、占有改定の場合より公示性が強まっている。このため後行者による即時取得を防げやすいというメリットがあるとされている。しかしながら、登記事項に係る確認・調査義務が課せられ、これを怠った場合に即時取得の成立を否定されるのは金融機関や商社といった金融の専門家の場合に限られ、一般の債権者に登記事項の確認・調査義務は課せられないのではないかとの議論もある点に留意する必要がある。

(3) 損害保険への質権設定

　動産を担保に徴求する場合、当該動産の盗難、滅失、火災、死廃等のリスクにもあらかじめ対応しておく必要がある。動産の場合は動産総合保険や建物内部の財産に対する火災保険、盗難保険等の対象となっており、すでに借手がそのような保険に加入している場合がある。そのような被害にあうと金融機関の動産譲渡担保の価値が大きく毀損されるリスクがあるため、担保権者としてはそれに対応すべく当該損害保険に質権を設定することを検討すべきである。

　これは、不動産担保に係る火災保険への質権設定と同じ概念であり、借手の抵抗感もさほど強くはないであろう。

　しかしながら、こうした損害保険の保険料は非常に高いことが多く、近年

では損害保険には加入せずに警備会社の警備や防火施設等を整えることでこれを代替するケースが多い。金融機関側は損害保険の質権設定により担保価値を保全するのが望ましいが、借手が保険に加入していない場合は平時での保険加入を留保する扱いとし、金融機関が当該留保を解除した場合に借手が金融機関の合意する内容で損害保険に加入し、それを金融機関に質入れする契約内容とするのが一般的である。

3　普通預金担保

　売掛金や在庫などの事業収益資産を担保として徴求するのが ABL の基本であるが、売掛金や在庫だけを担保にとるのでは債権の保全が完全に図れたとはいえない。在庫や売掛金の回収代り金は最終的に銀行口座に入金されるケースがほとんどであり、単に在庫と売掛金を担保にとっていても、在庫が売掛金となり、売掛金が預金に変化した時点で在庫・売掛金担保の効力は及ばなくなる。せっかく在庫や売掛金を担保として取得していても、最終的に回収代り金が他の金融機関に振り込まれてしまった場合、売掛金・在庫担保の効力は及ばず、当該金融機関に貸出債権と預金を相殺されてしまう可能性がある。このため、売掛金の回収口座をなるべく自行預金に振込指定させるとともに、当該回収口座を普通預金担保として取得することも検討できる。

　普通預金の担保化は、担保権設定後も預金の出し入れを担保権設定者（担保提供者）に認め、日々の流動性を保ちながら担保に徴求する方法である。残高が変動する流動預金を担保にすることが可能かについて、裁判例として唯一、金沢地判昭32.4.3（下民集8巻4号683頁）が普通預金債権に係る根質権設定契約が有効であり対抗力もあるとしているが、1950年代の一下級審の判決にすぎず、また同判決に対する批判も多いことから必ずしも法的に確立した手法ではない。同判決の後、さまざまな学説が展開されているが、近年の有力な学説[17]では、基本的に普通預金の担保化について、その変動する預金残高に対する担保権の効力や第三者対抗要件を認めており、担保権の設定

そのものは、いまのところ担保権設定時に通知や承諾により対抗要件を具備しておけば法的効力に問題はないものと考えられる。

しかしながら、将来の預入れ分について、詐害行為取消権・否認権との関係では異なる見解が示されている（脚注17の2論文）。「危機時期以降に残高を増加させる行為は他の債権者に損害を及ぼす行為ととらえるべき」であり、「……価値増殖行為が詐害行為取消・否認の対象となる可能性はある」（脚注17の道垣内弘人論文59、60、62頁）との説もあるため、その点を十分留意して対応する必要がある。

実務的には、①普通預金まで担保に押さえるのは、借手から「金融機関はそこまでやるのか」との抵抗感が強く、一般先での担保取得はむずかしいこと、②預金の出し入れを自由に認めるのであれば、できる限り回収代金の振込指定を強化し、借手の期限の利益喪失時に貸出債権と預金を相殺することで足りるため、実質的に振込指定＋相殺と効力が変わらないこと、③上記のとおり普通預金担保と否認権の関係についてはさまざまな意見があること等の要因から担保として取得するケースはいまのところ稀であると考えられる。

17　たとえば道垣内弘人「普通預金の担保化」中田裕康＝道垣内弘人編『金融取引と民法法理』43頁（平成12年）では、「「預入された金額は常に既存の残高と合計された一個の債権として取り扱われる」のであり、当初から存在している債権が同一性を保ったまま、ただその額が変動すると考えるべき」であり、「設定段階で、第三債務者たる銀行に対する通知または同銀行からの承諾が得られれば、質権・譲渡担保権設定の対抗要件として有効であり、その効力はその時点で発生するとともに、将来における預金残高の変動にもかかわらず、その時点時点における預金残高全体に対する質権または譲渡担保権の設定を第三者に対抗しうるようにするものとしての効力を有し続けると考えられる」としている。

　また、森田宏樹「普通預金の担保化・再論（下）」金融法務事情1655号では、「普通預金の担保化というのは、入金または支払の記帳ごとに成立する個々の残高債権の集合体について、将来債権として一括して担保権を設定するものと捉えることが適切である。そして、このように解することにより、普通預金の担保化は、集合債権担保の一つとして明確な法的位置づけが与えられ、その有効性および対抗要件具備の効力についても、現在の判例法を前提とした安定的な解釈論を提示することが可能となる」としている。

第7節　管　　理

　ABLの趣旨は、①担保として徴求する売掛金・在庫等の事業収益資産の内容を常時モニタリングすることで借手の業績・商流・資金流の把握を強化することと、同時に②担保となる売掛金や在庫の内容が常に適切に管理され、その担保価値を失っていないかを確認することにある。このため、売掛金や在庫を単に担保にとるだけでなく、その内容を常時モニタリング・管理することが重要である。モニタリング・管理は、以下三つの手法・内容によって行うのが基本である。

1　定例（月次）資料提出

　貸出金の資金使途の健全性を保つため、ABLでは毎月の担保対象資産残高にアドバンスレートを掛けた金額を貸出の上限（貸出基準額）とするのが一般的で、この毎月変動する貸出基準額を管理するため、借手から月次でその算出資料を提出してもらうのが一般的である。また、業績を常時モニタリングするために、その他の財務資料も適宜指定して借手から定期的に提出してもらう必要がある。定例（月次）提出資料の例はおおよそ以下のとおりである。

　◇売掛金残高明細表
　◇売掛金延滞明細表
　◇買掛金残高明細表

◇在庫残高明細表
　　◇前受金残高明細表
　　◇借入金残高推移表
　　◇試算表
　　◇租税・公課に係る領収書写し
　このような資料を利用し、以下のようなポイントについて内容を精査する。
　　◇販売先の内容に大きな変化はないか（新規販売先、シェアの急増、販売先の信用力変化等）。
　　◇売掛金の延滞が発生していないか。
　　◇仕入先の内容に大きな変化はないか（新規仕入先、販売先との重複、仲間取引の有無等）。
　　◇在庫の内容に大きな変化はないか（新種在庫、滞留状況、種類別残高の変化、保管場所の異同の有無等）。
　　◇前受金により在庫の所有権が移転しているようなものはないか。
　　◇金融機関取引に大きな変化はないか（担保の二重設定等はないか）。
　　◇売掛金・在庫の明細と試算表の数字に矛盾はないか。
　　◇売上げに比して売掛金や在庫の数字に矛盾はないか。
　　◇租税公課に係る支払いが定期的になされているか。

2　貸出基準額算定シートの作成

　上記の定例（月次）資料をもとに次月の貸出基準額を計算し、その数字を借手に通知、その金額の範囲内で貸出残高のコントロールを行う（貸出基準額算定シートの例は本章第4節3参照）。仮に担保対象資産残高の減少により貸出金残高が貸出基準額を上回るような場合は、一定期間内に貸出金の一部を残高が貸出基準額を上回らないよう内入れ弁済してもらう必要がある。
　貸出基準額は米国では「ボローイング・ベース（Borrowing Base）」と呼ば

れ、通常上記の定例（月次）資料をベースに借手自身が計算・作成し、「Borrowing Base Certificate」として金融機関に提出するのが一般的であるが、日本ではABLがいまだ定着しておらず、借手の理解が得にくいこと、日本の場合は会計資料の信頼性や資料の整備状況が企業によってまちまちであることから、金融機関が内容を吟味しながら自ら作成したほうがいまのところ無難であるものと考えられる。

3　コベナンツ管理

ABLでは売掛金や在庫などの権利関係が脆弱で、価値の変動が激しい担保対象資産を取り扱うことから、その権利、価値の毀損を防止するうえでの補完的役割として借手の財務内容、資料提出義務、経営状態、担保の価値保全等に係るさまざまなコベナンツ（遵守事項）を約定書に定め、常時それを管理することが多い。コベナンツ（遵守事項）の内容としては、大きく分けて以下の二つの種類がある[18]。

①　財務制限条項
②　報告・承諾事項

(1)　財務制限条項

金融機関としては、借手の財務内容が変化した場合、機動的に与信方針をコントロールできることが望ましい。従来型の一般の極度与信（たとえば当座貸越契約）では、アンコミットの極度ではあっても「相当な事由」がなければ、金融機関側から一方的に取引解約等の大幅な条件変更を申し入れることはむずかしい。このため、あらかじめ借手がある一定の財務内容の制限以下に陥った場合を借手の期限の利益喪失事由の一つとして定め、貸出条件の

---

[18] 担保対象資産の価値を一定程度以上に維持すべき義務を遵守事項として定めることがほとんどであるが、これを他の「財務制限条項」と同列のものとして位置づけるかという問題意識について、本書第1編第3章第8節参照。

大幅変更の申入れができる状態をあらかじめ明確化しておくのが財務制限条項である。特に ABL では、担保の対象となる売掛金や在庫などの資産価値が借手の損益計算書上の売上高や収益に連動する可能性が高く、担保価値が維持されているかを見極めるうえでも財務制限条項の設定は重要である。以下に ABL で頻繁に利用される財務制限条項を例示する。

　　◇一定水準以上の純資産金額
　　◇自己資本比率
　　◇インタレスト・カバレッジ・レシオ
　　◇経常利益黒字
　　◇棚卸資産回転月数

　ABL で特に重要な財務制限条項として、棚卸資産回転月数があげられる。これは ABL の場合、売掛金や在庫などの担保対象資産の残高があるほど、借入金額が増加するストラクチャーであるため、担保対象資産の残高だけに注目していると、売上げが大幅に減少しているにもかかわらず、売掛金・在庫が相対的に増加し、結果として売上比過大な借入れができてしまう可能性がある。売上減少下での売掛金、在庫の増加は、まず不良債権の発生や不良在庫の発生が疑われるため、案件の継続にはあらためて慎重な財務分析が必要となるはずである。そのような事象を防止する策の一環として、棚卸資産回転月数のコベナンツが多くの ABL で利用されている。

(2)　報告・承諾事項

　借手の積極的な行為が要求される報告・承諾事項として、定例（月次）資料提出やフィールドイグザミナー（実査者）の受入れ等があげられる。本節 1 でも述べたとおり、ABL では貸出金の資金使途の健全性を保つ目的や担保対象資産の価値が維持されているかを確認したり、業績把握を強化したりする目的のため、借手から月次でさまざまな財務資料を提出してもらうのが一般的である。また、ABL の大きな特徴として、基本的に 1 年に 1 度以上のサイクルで動産評価会社や監査法人等を伴った担保対象資産の再評価やフ

ィールドイグザミネーション（実査）を行い、資料の原本を閲覧したり、現場責任者にインタビューしたりすることで、担保資産に内在するリスク、傾向、価値が毀損していないか、提出される資料が正確かどうか、債権・在庫の実在性、適切な管理が行われているか等について実地調査を行い、その内容をリボルビングライン（貸越極度）の更新時に反映させる形式とするのが一般的である。このような資料の提出やフィールドイグザミナーの受入れは、借手の財務担当者がかわったり、業績が悪化したりした場合になおざりになる可能性が大きいため、あらかじめ約定にて義務づけておく必要がある。

借手の不作為が要求される報告・承諾事項として、担保制限条項や重要資産の譲渡制限、営業権の譲渡や大幅な株主の異動、代表者の変更等に係る事前報告・金融機関の承諾等があげられる。担保対象資産の価値を維持するため、二重の担保差入れや第二順位担保権の設定を禁止したり、通常の営業の範囲以外で資産の売却を禁止したり、著作権の売却、営業権の売却についてあらかじめ金融機関の了承を必要とさせたりするのが重要である。また、ABLに限らず、借手の株主や経営者の異動は、ABLの対象となる中堅・中小企業の経営に多大な影響を及ぼすため、事前の了承や報告義務を付することが望ましい。

(3) コベナンツ管理にかかわる留意点

上記のようなコベナンツ（遵守事項）を設定することで借手となる企業側の堅実な経営・財務内容の開示を促すことにより、金融機関としては借手の財務状態に対する管理が容易になるという大きなメリットがある。しかしながらコベナンツを設定し、それを管理するうえで、以下の点について十分留意する必要がある。

a あくまでも借手の誠実性を基礎とする約束事であること

コベナンツはそれ自体が担保や保証の代替となるものではなく、借手の財務状態や担保対象資産に変化がある場合にその情報を早期に把握し迅速な対

応措置を講ずるためのものである。間接的な保全強化には役立つものと考えられるが、業績悪化時にはこのような遵守事項が守られなかったり、虚偽の報告を受けたりする可能性もある。このため、コベナンツを付与したからといって日々の借手の業績把握をおろそかにしてよいというものではない。

b 内容の強度の問題

コベナンツはそれに抵触した際は期限の利益の喪失事由になるなど、強力な効力をもたせる場合もある。また、懲罰的な内容でもないため、容易にそれに抵触してしまいそうな条件では管理上事務が煩雑になるだけであまり意味がない。一方で、あまりにも現実とかけ離れた条件を付した条項を入れても、業績や資産価値管理にまったく役に立たないため、これも意味がなくなってしまう。コベナンツの強度は「この内容だけは最低限守ってもらわないと困る」程度の意義のある内容を検討する必要がある。

c 優越的地位の濫用の問題

また、コベナンツの内容について検討する場合、その内容が、債権者が債務者に対して要請できる内容として妥当かを判断する必要がある。コベナンツの内容が借手の権利や借手の株主、他の債権者等の権利を一方的に制限する内容であると、「公序良俗違反」や「優越的地位の濫用」等の事由によって後日、借手の管財人や他の債権者、株主等から無効や損害賠償を請求される可能性もあるため、その点について十分留意して検討する必要がある。

第8節 案件における信用補完機能

　金融機関がABLを導入する最大のポイントは、案件におけるABLの信用補完機能が与信管理・保全の強化につながるという点である。ABLはしばしば、米国から伝来した先進的な金融手法で、信用リスクを積極的にとっていくストラクチャード・ファイナンス的なイメージに思われがちであるが、実際はそうではない。すでにこれまでみてきたとおり、ABLは借手の業績把握や担保対象資産の価値を維持するためにさまざまな泥臭い手間と工夫を行って対応する手法であり、それによって無担保での対応よりもはるかに安心して対応できる貸出になる。

　米国でもABLのことを「Prudent Lending[19]」(慎重な貸出)と呼び、伝統的な「Financial Statement Lending[20]」(財務諸表貸出)と明確に区別し、ミドルリスク層の中堅・中小企業に対する短期資金貸出手法のなかで最も重要な選択肢として位置づけられている。

　本項では、以下に伝統的な「Financial Statement Lending」(財務諸表の内容をベースにした無担保貸出の手法)とABLの手法における与信管理方法とを比較し、その違いを明確化するとともに、ABLの手法がいかに伝統的な貸出の手法を与信管理上補完しうるかを解説する。

---

[19] Gregory F. Udell「Asset Based Lending-Proven Disciplines for Prudent Lending」(2004)
[20] 同上。

1 伝統的な貸出管理手法

(1) 資金使途の判定（経常運転資金付表）

借手の運転資金に対して貸出を検討する際は、伝統的な貸出の手法では、図表5－10のような経常運転資金付表を作成のうえ、貸出金の資金使途等に

図表5－10　経常運転資金付表　　　　　　　　　　　　　　　（単位：百万円）

			前期（平成18年3月期）		今期見込（平成19年3月期）		増　減	
				回転期間		回転期間		回転期間
業　績		売　上　高	2,500		3,000		500	
		（月　商）	208		250		42	
運転資金	運用	受取手形	190	0.91	228	0.91	38	0.00
		売掛金	400	1.92	480	1.92	80	0.00
		棚卸資産	520	2.50	624	2.50	104	0.00
		小計（A）	1,110	5.33	1,332	5.33	222	0.00
		前渡金	0	0	0	0.00	0	0.00
		その他流動資産	150		150		0	
		流動資産合計（C）	1,260	6.05	1,482	5.93	222	－0.12
	調達	支払手形	75	0.36	90	0.36	15	0.00
		買掛金	300	1.44	360	1.44	60	0.00
		小計（B）	375	1.80	450	1.80	75	0.00
		前受金	0	0	0	0	0	0.00
		その他流動負債	30		30		0	
		流動負債合計（D）	405	1.94	480	1.92	75	－0.02
	経常運転資金(A)－(B)		735	3.53	882	3.53	147	0.00
	正味運転資金(C)－(D)		855	4.10	1,002	4.01	147	－0.10

ついて分析し、その妥当性を検証するのが基本である。

　経常運転資金とは、その企業の営業活動に常時コンスタントに必要な運転資金で、以下の算式によって計算される。

　　経常運転資金＝（受取手形＋売掛金＋棚卸資産）－（支払手形＋買掛金）

　また、受取手形、売掛金、棚卸資産、支払手形、買掛金の残高はそれぞれ「月次売上高×回転期間」によって求められる。このため、経常運転資金の増減は売上高の増減、回転期間の変化によって発生する。金融機関が企業の運転資金に対し新たな貸出を検討する際の資金ニーズは、このような恒常的に必要な経常運転資金か増加運転資金であるが、その要資事情の妥当性を判断する際は次の決算期の予想売上高と予想回転期間とをベースに、先述の経常運転資金付表を作成し検討することになる。

　このような伝統的な貸出金の資金使途について、その妥当性を検証する場合は、以下のような点に留意する必要がある。

① 二つの決算時点（過去および将来）での残高実績・予測であり、売上高や回転期間がコンスタントに推移する企業にしか当てはまらず、期中の残高の変化による資金ニーズの増減は分析できない。

② あくまでも予想売上高と予想回転期間に基づく試算であり、実態と大きく乖離する可能性が大きい。

③ 期限更新時に分析を行うのみで、期中の業績変化の把握が疎かになる懸念がある。

④ 決算時点の残高が妥当な水準であったかどうかの判断がむずかしい。前年の残高と比較して異常値があっても、決算一時点での比較のため、「たまたまタイミングの問題で」との言い訳がされやすく、不良資産等の発見が遅れる可能性もある。

⑤ 決算書をベースとした過去の業績により与信増加の可否を判断するウェイトが高くなる。それによって業績が急拡大中の先や、急速に悪化している先への対応がむずかしい。

(2) 約定返済付貸出での対応

　伝統的な貸出の手法では、ミドルリスク層の中堅・中小企業に対する運転資金の貸出手法として約定返済付貸出で対応するケースが多い。具体的には、経常運転資金のような恒常的に必要な運転資金ニーズでも、業績が不透明である企業が多いことから1〜3年程度の約定返済を付した貸出で対応し、業績の推移や返済状況を勘案しながら、是々非々で次の資金ニーズに対応していくという手法である。

　このような貸出金残高をコントロールしながら与信判断を是々非々で行う伝統的な手法は、借手の業績悪化時に徐々に貸出残高を減らすことができる方法として広く利用されているが、以下のような点に留意する必要がある。

① 貸出金の資金使途は当該借手の恒常的に必要な運転資金である経常運転資金である場合がほとんどである。金融機関の資金供給が約定返済の付与によって徐々に残高が減少しても、企業側の資金ニーズは不変であり、それに対応できない。結果として常時、借換資金ニーズが発生し、それが恒常化するかたちになる（図表5－11参照）。

② 借換資金ニーズが恒常化する結果として、結局、一定金額以上の貸出残高が恒常的に残るかたちになる（図表5－11でいえば60％部分）。

図表5－11　残高60％維持する場合の借換スケジュール

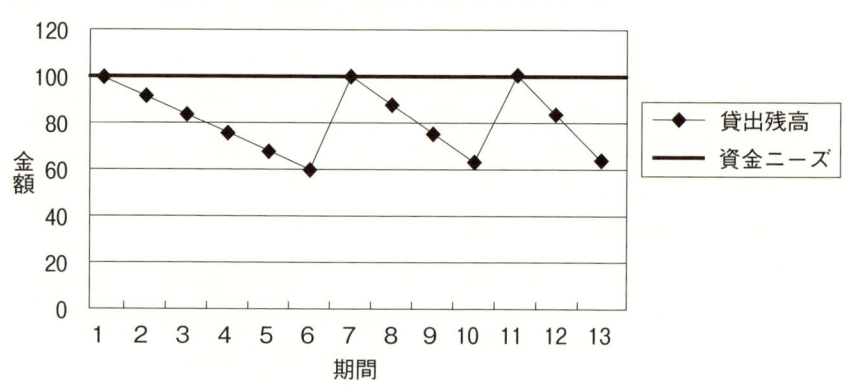

③ 借手側のインセンティブとして、常に必要な運転資金を確保しておくため、あらかじめ必要金額以上の貸出を受け約定返済圧力に対応しようとしたり、同時に複数の金融機関に貸出を申し込んだりする可能性がある。
④ 約定返済を繰り返す結果として資金繰りが安定せず、短期的な業績不振であっても資金繰り破綻に至る可能性もある。
⑤ 借換資金発生時の支援継続可否の判断がむずかしい。過去の業績と資金繰りにのみに依存した与信判断に陥りやすい。

2　ABLの貸出管理・信用補完機能

(1)　資金使途の判定（貸出基準額の算定方法）

　ABLでは、担保対象資産である売掛金と在庫の残高・内容の変化に応じて基本的に月次で貸出基準額が変動することから、リボルビングライン（貸越極度）の範囲内であっても、担保対象資産残高の増減や不良債権・不良在庫を含めた担保不適格な売掛金・在庫の発生により貸出基準額は増減し、貸出金残高をコントロールすることが可能である。貸出基準額の算出方法は、おおむね前述の本章第4節であげたケーススタディのような内容になる。
　ABLを導入することで、伝統的な経常運転資金付表による資金使途、業績管理の手法と比較して、以下の点について与信管理の強化を図ることが可能になる。
① 期中の売掛金・在庫残高の変化（＝実際の運転資金需要の増減）に連動した貸出金の残高コントロールが可能で、資金の妥当性を判断しやすく赤字資金に陥る可能性が少ない。
② 貸出基準額の運用により業績の急速な変化に応じた与信対応が可能になる。
③ 月次で資産内容の精査を行うことが制度として組み込まれているた

め、資産内容の変化を通じ業績把握の強化を図ることができる。
④　極度の設定と貸出基準額の運用により、必要時（売掛金・在庫残高が大きいとき）に必要な運転資金を供給するシステムであり、借手の資金繰り安定化に寄与する。
⑤　資金繰り安定化や第一順位の担保権を設定することを前提としているため、他行での借入同時申込みや必要額以上の借入れを行う可能性が少なくなる。

(2)　約定返済付貸出の代替手段としてのABL

ミドルリスク層の企業に対する経常運転資金貸出の手法として、約定返済付貸出による方法は、当該企業の業績を注意しつつ、徐々に貸出金残高を減らすことが可能なため、与信管理を強化しながら貸出金残高をコントロールする手法としてこれまで広く一般的に利用されてきた。

一方でABLによる与信管理では、常時最新の事業収益資産の価値を分析することに裏付けられた業績把握の強化や事業収益資産の残高に連動した貸

図表5－12　ABL基本ストラクチャー
　　　　　クレジットライン（貸越極度）の運用方法

＊実質的な資金ニーズに伴い貸出可能な額が変動

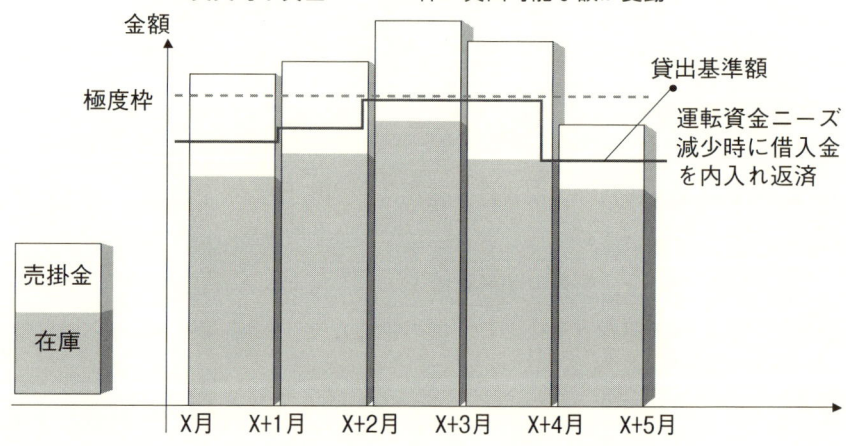

出基準額の運営により、約定返済付貸出の手法以上に、借手の業績管理や正常な運転資金ニーズにあわせて貸出金残高を機動的にコントロールすることが可能になる。また、ABL では、このような約定返済付貸出と同様以上の与信管理機能を得つつ、上記１(2)の①～⑤に指摘した、借手の資金繰りの不安定化等の約定返済付貸出の手法に内在するさまざまな問題点を改善することが可能である。このため、借手からの撤退方針が固まっていて、貸出金残高を段階的にゼロにする必要がある場合を除いて、ABL は約定返済付貸出よりも優れた与信管理手法であると考えられる[21]。以上を勘案すると、今後は約定返済付貸出の代替手段として、与信管理強化の面からも ABL のさらなる利用可能性を検討すべきなのである。

(3) 担保資産の価値実現による貸倒れ金額の極小化

ABL の信用補完機能として一番期待されるのは、担保資産の価値実現による貸倒れ金額の極小化である。従来の貸出の手法では、権利関係が脆弱で、価値の変動の激しい売掛金や在庫を担保に取得しても、その精査やモニタリングがまったく行われなかったため、実際に担保対象資産を回収しに行ったらその価値が著しく毀損していたという事例が多かった。このため、手続が面倒な売掛金や在庫担保の取得そのものが敬遠されてきた経緯がある。

しかしながら ABL の手法では、厳正な約定による担保の取得と担保対象

---

21 米国でも約定返済付貸出の代替手段として ABL が利用される例が多い。「一般の貸出手法と比較すると ABL は、負債比率の高い先、低収益先、約定返済なし等の案件への対応が可能となる。なぜならば、ABL を通じたモニタリング制度は、借手の信用リスク判断の補完手段となり、さらには担保への信頼感が高まるためである。従来の貸出手法では借手の信用力が悪化した場合、流動資産（売掛金・在庫）は何の信用補完にもならず、借手の倒産発覚時には流動資産の質と量は大幅に毀損している場合が多い。一方、ABL ではモニタリング制度によって流動資産の価値が保持されていることを常時確認して対応できる。一般の貸出手法では借手の業績の安定性を証明する手段として約定返済を付与する方法に依存しがちであるが、ABL を導入すればモニタリング制度の導入により、約定返済なしでの安定的な貸出金の維持が可能となる」(Clyde Draughon, Jr. Trust Company Bank Atlanta, Georgia「Profitable Asset Based Lending」(1988) より引用のうえ筆者訳)。

図表5-13　倒産時の清算B／S

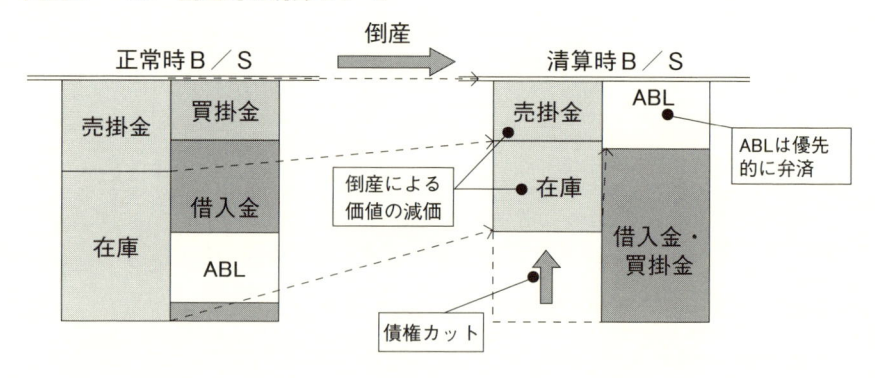

正常時B／S　→倒産→　清算時B／S

（図中ラベル：売掛金／買掛金／在庫／借入金／ABL／倒産による価値の減価／債権カット／売掛金／在庫／借入金・買掛金／ABL／ABLは優先的に弁済）

　資産の内容の常時モニタリングとにより、上記の「行ってみたら担保対象資産の価値が大幅に毀損されていた」という状態に陥る前にその兆候を把握し、早急にその対抗措置を講ずることが可能になる。担保処分時の考え方は次節で詳しく説明するが、ABLによって少なくとも従来の手法以上の流動資産担保の処分価値の実現を見込むことができる。

　一方で、他の金融機関や債権者との相対的な回収金額を考えると、仮に借手が破産した場合、売掛金や在庫などの事業収益資産を担保に取得する効果は絶大である。なぜならば、売掛金や在庫などの事業収益資産を担保に徴求することは、当該企業の主要資産のほとんどを担保に取得していることと同義であり、担保を取得した金融機関の貸出金は優先的に回収を図ることが可能になり、その他の金融機関や債権者の債権が劣後化したことにほかならない。このことは、借手の破産を仮定すると、破産に伴う配当金が優先的に担保取得金融機関に配分されることを意味する（図表5-13参照）。

第 9 節
債務不履行時、経営危機・破綻時の担保処分の考え方

　ABL業務を開始する際は、あらかじめ借手が債務不履行、または経営危機・破綻の状態に陥った場合の担保の処分方法について考え方を整理しておく必要がある。なぜならば、従来の貸出管理の一般的な考え方では、「在庫なんか担保にとっても処分できないし、担保を回収に行ってももぬけの殻だろう」という固定概念が強く、担保処分について明確な考え方が示されなければ、金融機関内での企画段階でABLを導入すること自体を反対されてしまう可能性がある。

1　債務不履行、経営危機・破綻時の借手の状態

　売掛金や在庫等の担保は日々その残高や明細が変動するものであり、借手が債務不履行、または経営危機・破綻の状態に陥った場合、その価値や権利を保全するためには迅速な情報把握を行うことがきわめて重要である。以下では、借手が経営危機・破綻などの状態に陥った場合に必要な初動情報収集の内容を簡単にまとめる。

(1)　借手の状況を正確に把握する

　借手が債務不履行状態に陥り、もしくは経営危機・破綻状態となったときに、担保対象資産の処分によって貸出金の回収を行おうとしても、借手の状況によってその対応方法が違ってくる。このため、借手がその時点で実態的

図表5-14　借手の経営危機・破綻時の処理

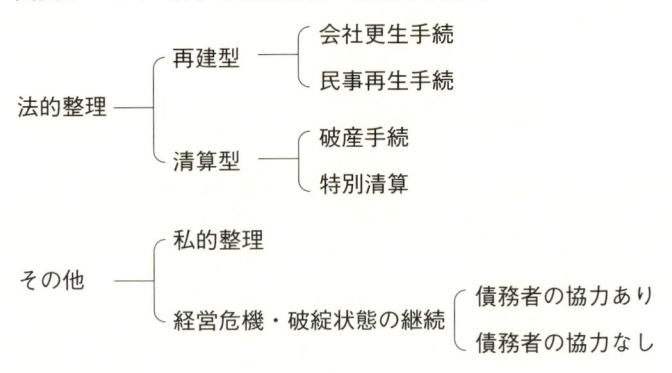

```
                ┌ 再建型 ─┬ 会社更生手続
        法的整理 ┤         └ 民事再生手続
                │
                └ 清算型 ─┬ 破産手続
                          └ 特別清算

                ┌ 私的整理
        その他 ─┤
                └ 経営危機・破綻状態の継続 ─┬ 債務者の協力あり
                                            └ 債務者の協力なし
```

に、または法律的にどのような状態に陥っているか、また今後どのような状態に移行する可能性が大きいかを正確に把握する必要がある。借手の経営危機・破綻時における処理を類型化すると図表5-14のように分類される。

(2) 担保対象資産の保管状況の確認

　現在の日本の動産譲渡担保法制では、たとえ登記によって譲渡担保権設定が公示されていても、金融機関や大手商社以外の善意の第三者による対象動産の即時取得を阻止することができないといわれている。このため、担保権者として担保対象動産の価値と権利とを保全するためには、対象動産がどこで、だれによって、どのような方法で保管されているかを実際に保管場所に行って自分の目で確認し、以後の対象動産の保全措置を早急に検討する必要がある。確認事項の例として以下のようなものがあげられる。

　　◇保管場所住所・案内図
　　◇保管者（賃貸人、倉庫業者等）
　　◇保管状況（従業員の有無、第三者の出入りの有無、盗難や第三者による占有リスクの有無）
　　◇セキュリティの有無
　　◇現場の状況（実査、写真撮影等）

また売掛金は、残高明細や明細上の第三債務者の住所等、担保権実行を行う場合に必要な情報の確認と、直近の売掛金の回収条件（締日、支払日、手形・振込）の確認とが必要になる。売掛金の支払期日が迫っている場合は、担保権実行手続を行うか早急に検討を行わねばならない。

(3) 自らの担保権を侵害する他の権利付着状況の確認

現行の動産譲渡担保法制では、先行する占有移転による他者の譲渡担保権や借手に当該動産に係る所有権がない場合（リース・割賦取引を含む）、商事留置権等のその他の権利などにより、たとえ登記によって動産譲渡担保権を設定していても、後になってその効力が及ばないことが判明したり、他の権利者との紛争が生じたりする可能性がある。このため、ABL組成時やフィールドイグザミネーション実施時はもちろんのこと、借手の経営危機・破綻時にもあらためて他の権利の付着状況を確認する必要がある。確認のポイントとして以下のようなものがあげられる。

　　◇借手あてのインタビュー（担保対象動産の所有者はだれか、他の譲渡担保権の有無、所有権留保付売買の有無、リース・割賦取引の有無等）
　　◇保管場所の賃料・敷金の確認、賃料延滞の有無の確認（商事留置権への対応）
　　◇担保対象動産の視認（他の所有者・担保権者の明認措置が施されていないか）
　　◇登記事項概要証明書または概況記録事項証明書の取得

2　借手の債務不履行、経営危機・破綻時の状態に応じた担保処分シナリオ

以下では、借手の経営危機・破綻時の状態の類型化カテゴリに応じた、担保処分シナリオの要点を指摘する。なお、各種の法的問題点について第1編第3章を参照されたい。

(1) 再建型法的手続（会社更生手続、民事再生手続）

a 会社更生手続

　会社更生手続では譲渡担保権も手続外での個別的権利行使（実行）が禁止され、更生管財人によって被担保債権のうち担保権の対象資産の時価相当額が更生担保権として、それを超える額が更生債権として評価されたうえで、更生計画の定めに従って弁済を受けることになる。したがって、金融機関としては、譲渡担保権の対象資産について、更生管財人が適正な評価を行うよう交渉する必要がある。

　なお、更生計画が認可されるまでは更生会社の財産を目的とする担保権は消滅しないので（会社更生法204条1項）、担保権の目的となっている財産についての更生会社（管財人）の処分権限は制限される。そのため、更生会社の事業継続に不可欠な資産である動産や債権が譲渡担保権の対象資産とされている場合は、更生計画認可決定までの間に裁判所の許可を受けて、管財人と更生担保権者との間で「担保変換に関する合意」を締結して処理されることがある。「担保変換に関する合意」は、更生管財人は更生担保権者に対して担保権の目的となっている財産の評価額に相当する他の資産を担保権の目的として提供し（一般的には預金に対する質権設定という形態が多いと思われる）、更生担保権者は当初の担保権の目的となっている財産に対する担保権を解除することを内容とする。これは、更生管財人と更生担保権者との間で締結される一種の和解であるが、「担保変換に関する合意」が成立しなければ、事業継続は不可能となり、ひいては対象資産の価値も著しく劣化することになる。そのため、更生管財人と金融機関との利害が絶対的に対立するということもできず、それぞれの立場から合理的な譲歩をすることによって妥協点を早期に探る努力が必要である。

b 民事再生手続

　民事再生手続では譲渡担保権は別除権とされ、手続外での個別権利行使が

可能である。したがって、金融機関は個別権利行使（譲渡担保権の「私的実行」）を行うか否かを判断することになる。ただし、担保権の対象資産が事業継続に不可欠のものである場合は個別権利行使を行うことで再建の途を閉ざすことになり、これにより対象資産の価値も著しく劣化することにもなりかねないことに留意すべきである。金融機関が個別権利行使をしない場合は再生債務者との間で「別除権協定」を締結することになる。「別除権協定」は対象資産の評価額、それについての弁済時期・方法、目的物の評価額を超える部分の担保権の放棄、あるいは別除権の不行使などを内容とする一種の和解である。金融機関はあくまでも別除権を行使できる立場にあることを前提として、自ら担保権の実行を行い処分した場合の予想回収金額をベースに、再生債務者と債務の弁済割合、金額、スケジュール等について交渉することになる。なお、在庫の中身が食品などの腐りやすいものや陳腐化・時間による価値の低下が著しいものには速やかに「別除権協定」を締結することが必要であり、金融機関も迅速な対応（所要の行内手続を含む）を行う準備が必要である。

(2) 清算型法的手続（破産手続、特別清算）

a 破産手続

　破産手続では譲渡担保権は別除権として取り扱われるから、個別権利行使が可能である。したがって、金融機関は個別権利行使（譲渡担保権の「私的実行」）を行うか否かを判断することになる。

　もっとも、破産手続では破産管財人は「別除権の目的である財産の受戻し」をすることができるから、破産管財人と別除権者とが協議のうえ、対象資産の処分（任意売却）と別除権の受戻しとを同時処理として行うことも選択肢になる（この場合には破産管財人は売却代金から管理処分費用および破産財団組入額を控除した残額を別除権者に支払うことになる）。こうした処理は、金融機関が「私的実行」を行う場合に要する時間的、経済的コストを省くことができる点にメリットがある。なお、破産管財人は必ずしも担保対象資産や

処分ルートについて十分な知識を有しているとは限らず、担保権者があらかじめ担保対象資産の特性を十分調査するとともに、処分ルートにもある程度目星をつけておいたうえで管財人に対して情報提供を行うことが、円滑な担保資産の処分を行ううえで重要である。

b 特別清算

特別清算では「譲渡担保権」は「担保権」として扱われるから、譲渡担保権者は、「私的実行」あるいは「任意売却」によって回収を図ることになる。なお、いわゆる「閉店セール」といった形態による担保対象資産の処分がなされることがあり、その場合はノウハウを有する外部の専門業者の関与を求めることも検討することになろう。

(3) 私的整理

私的整理では担保権の行使が法的に禁止されることはないから、金融機関は、私的整理の申出に応ずることの合理性を見極めながら適宜の判断で「私的実行」あるいは債権保全措置を行うことになる。もっとも、私的整理の申出後に一部の金融機関が個別的権利行使を行うと、それを契機に債務者が意図する私的整理が頓挫する可能性がきわめて大きくなり、債務者としては、破産、民事再生、会社更生等の法的手続に移行せざるをえない状況に至ることもあることに留意する必要がある。なお、いわゆる「閉店セール」といった形態による担保対象資産の処分がなされることがあり、その場合にはノウハウを有する外部の専門業者の関与を求めることも検討することになろう。

(4) 経営危機・破綻状態にあるものの、各種手続を講じない場合

債務者が債務不履行状態、あるいは経営危機・破綻状態にあるもののなんらの手続も講じない場合は、債務者の協力が得られるか否かにより対応が異なる。

a　債務者の協力が得られる場合

債務者の協力が得られる場合は、既存の商流のなかでの任意処分を中心とした担保資産の換価・回収が可能であり、そのような処理が担保資産の価値実現には最も適していると思われる。

b　債務者の協力が得られない場合

債務者が担保資産の換価・回収に非協力的である場合は、「私的実行」を行うか、あるいは債権者申立てによる法的手続によって換価・回収を図るほかない。債権者の立場からの法的手続申立ては、「私的実行」に要する時間的、経済的コストなどを考慮した実質的な回収予測額と法的手続による回収予測額を比較衡量し、後者が前者を上回ると判断される場合や、債務者の不当、不法な行為（たとえば、資産隠しなど）について第三者の調査、管理が必要と判断される場合などに検討することになろう。

債務者の協力が得られず、譲渡担保権の私的実行によって債権回収を図る場合、以下の手順に従うことになる。

(a)　**譲渡担保権実行通知**

譲渡担保権といえども、被担保債権の期限の利益を喪失しただけでは当然に担保対象資産の所有権が確定的に移転するわけではなく、まずは譲渡担保権者より譲渡担保権設定者への「譲渡担保権実行通知」の送付が必要になる。「実行通知」には、①譲渡担保権設定契約書の約旨に基づく譲渡担保権の実行を行うこと、②譲渡担保権の実行に伴う剰余金は生じないこと等を記載する必要がある。②の内容を挿入するのは、被担保債権の金額が担保対象資産の価格を上回って剰余金（清算金）が発生しない場合は担保対象資産の占有を確保して換価・清算手続を行うことができるが、担保対象資産の価格が被担保債権の金額を上回り余剰金（清算金）が発生する場合は譲渡担保権者は清算金の支払いを行わないと担保対象物件の引渡しが受けられないと解されているためである。

(b) 保全処分

債務者の協力が得られず、担保対象資産の散逸・毀損のおそれがある場合には、これを防止するため、①占有移転禁止、②処分禁止、③引渡し断行等の仮処分の申立てを行う必要がある。仮処分の申立ての際は、対象となる資産の場所や物件の特定が必要であり、あらかじめ詳しい資料を整えておく必要がある。また、担保対象資産が腐りやすいものである場合など、わずかな時間の経過によって価値が著しく減少するおそれのあるものは、執行官による緊急換価がなされ（民事保全法52条1項、49条3項）、以後の本訴および強制執行によって譲渡担保権者は対象資産と同一性が保持される「売得金」によって満足を受けることになる。このような場合は、担保権者側から裁判所に上申書を提出し、担保対象物件の特質について十分な説明を行う必要がある。

(c) 引渡請求訴訟

保全処分により担保対象資産の保全を確保したうえで対象となる資産の引渡請求訴訟を提起し、勝訴による債務名義を得たうえで、引渡強制執行を行うことになる。

c 留意点、その他の場合

債務者の協力が得られない場合は、保全処分、本案訴訟、強制執行という一般的な民事訴訟手続のプロセスによってはじめて担保対象資産の占有を確保し、処分・換価することが可能になる。譲渡担保権による所有権があるからといって、私人が法的手続によらず自己の権利を実現することは禁じられており（自力救済の禁止）、これに反した行動をとった場合は刑事責任、民事責任（不法行為）を問われることになる。したがって、担保対象資産を無断で搬出したり、債務者の敷地に侵入したりすることは、金融機関としては厳に慎むべきである。

なお、債務者（代表者またはそれにかわる管理者）が行方不明の場合は、違法行為を含む実力行使によって回収を図ろうとする債権者による担保対象資

産の不法搬出行為などがされるケースも少なくない。このような場合に備え、担保権者である金融機関は実際に保管場所に訪問し、保管状況を確認のうえ、貼紙や看板、警備員の配備等により、担保対象資産の不当な散逸、価値の毀損を防止する措置を講ずる必要がある。法的手続による権利実現が図られるまでの間、現実的に担保対象資産の価値保全を図ることについて金融機関がどこまで対応できるかは、ABLを今後さらに普及させていくうえでの大きな課題の一つである。

3　担保処分実務にかかわる留意点

(1)　在庫等の動産

　上記のような法的手続により占有を確保した在庫等の動産は、最終的に金融機関が処分・換価を行い、その代り金をもって貸出金の回収を行うことになる。担保対象資産の売却先として、①債務者の既存販売先、②動産担保評価会社が評価の際にあらかじめ検討した処分候補先、③その他の処分委託先、④現金問屋等の最終処分先等の順に売却を交渉していくことになるであろう。

　担保対象資産の処分で特に留意しなければならない点は、担保対象資産の廉価売却の問題である。担保対象動産を客観性のない不当な廉価で、いわゆるバッタ屋等に安易に売却した場合、後日、管財人や他の債権者に適正価格との差額の清算（返還）を求められたり、目的物に対する留置権を主張されて引渡しが困難になったりする等のリスクもある。

　過去の判例でも、譲渡担保に係る不当廉価売却とみなされた場合の清算義務について、「……処分清算型譲渡担保においては、担保権者は担保物件の売買代金を被担保債権及び売却に要した費用（但し本件ではその主張立証はない。）に充当し、なお剰余のあるときは清算金として設定者に返還する義務があり、またこれをもって足りると解される。しかし右は担保権者が売却に

当たってできる限り適正な価格によって売却するべく誠実に換価処分をなし、適正価格と著しく異ならない価格で売却された場合に限られるのであって、これを怠って不当に低い価格で売却された場合は現実に充当された価格をもって清算するのは相当でなく、売却時において、取引を前提として適正に評価された価格により売却されたものとして清算義務を決するのが相当である」(東京地判昭55.10.9[22])とされている。

　また、適正な価格のレベル感について「適正な価額」とは、正常取引価額のみでなく、目的物件の処分の難易、処分のために許された期間の長短等諸般の事情を考慮して決定すべきであるとされている[23]。たとえば、東京地判昭49.10.18[24]は処分価格が正常取引価額を16％下回ってもなお適正価額であるとし（土地の場合）、東京地判昭50.5.26[25]は正常取引価額を26％下回った場合適正価額としている（土地の場合）。また、東京地判昭51.3.29[26]は、帰属清算型譲渡担保の目的物件につき、正常取引価額を19.2％下回る価額を適正価額であるとし（リフト、借地権の場合）、東京地判昭51.12.7[27]は、処分清算型仮登記担保の目的物件につき、適正な処分価額が正常取引価額を2割減じた価額であるとしている（土地の場合）。

　このため、担保対象資産の処分の際には、なるべく複数の業者に対する入札を行うなどの方法により客観性を確保し、なるべく高価格で売却する努力が必要であり、バッタ屋などの最終処分業者への安易な売却は厳に慎むべきと考えられる。

(2)　売掛債権

　売掛債権の処分・換価は、実務上おおむね以下の手順によって行われる。

22　判例時報997号133頁
23　判例時報997号134頁
24　判例時報775号143頁
25　判例時報799号66頁
26　判例タイムズ342号235頁
27　判例タイムズ354号283頁

① 債務者（借手）あてに期限の利益喪失通知書（償還請求書）を送付する（請求喪失の場合）。
② 第三債務者あてに債権譲受通知書と、登記による第三者対抗要件具備の場合は登記事項証明書（元本）とを送付し、以後担保権者に直接売掛債権の支払いを要請する。
③ 第三債務者が支払いに応じない場合は譲受債権の支払請求訴訟の提起、または、第三債務者が代り金を供託した場合は供託金の還付請求訴訟の提起をすることになる。

売掛債権の場合、当該債権が実際に存在していれば、すでに支払済みであったり、第三債務者の債務者あて債権との相殺、対抗要件の否認等の要因があったりしなければ、回収手続は比較的容易に行うことが可能である。

第10節 金融機関の推進体制

　平成17年10月の債権・動産譲渡登記制度の施行以後、さまざまな金融機関がABLの導入を検討し、すでになんらかの手法で導入しているところも多い。しかしながらABLを金融機関の中核的なファイナンス商品として本格的に導入するには、以下にあげるさまざまな点を検討し、それぞれの金融機関の特性にあった導入方法を検討すべきであると考えられる。

1　ABL業務の位置づけ

(1)　ABLの定義・目的

　本章の冒頭では、ABLの基本的なストラクチャーと目的について解説したが、各金融機関の置かれた状況によって、ABLのストラクチャーの内容やそれを導入する目的が違ってくる可能性がある。極端な例でいうと、ABLを業績の悪化した先への保全手段としてのみとらえる場合、売掛金や在庫のみならず預金までを担保として徴求し、新規の貸出実行は行わずに資産担保の内容を精査して、与信管理の強化のみを図ることも考えられる。また、優良取引先の囲込みを図る商品としてのみとらえるのであれば、担保の取得方法を限定したり、第三者対抗要件の具備を留保したりする手法を検討することも考えられる。ABL事業を推進するにあたって一番重要なのは、当該金融機関の置かれている状況からどのようなストラクチャーを想定し、

どのような手法を目指すかを十分検討することである。

ただし、ただ単に貸出資産の増強や手数料収入の増強、あるいは各金融機関がIR上設定している「不動産担保に過度に依存しない融資」の残高を増加することのみを目的として安易な手法を導入し、その残高を増強するのは、後日再び不良債権の山をつくり出すことにもつながりかねず、せっかく売掛金や在庫を担保にとって貸出をしても、従来型の売掛金・在庫担保貸出と同様に「回収しようとしたらもぬけの殻だった」というような状態に逆戻りしてしまう可能性もある。ABLの本質的な機能を十分理解し、そのうえでどのような内容に設計し、どのような目的で導入するかを十分検討する必要がある。

(2) 対象となるマーケットの分析

どのようなストラクチャーを目指すかの検討には、各金融機関の置かれているマーケットの規模、内容、各顧客カテゴリの内容等を分析する必要がある。メガバンクの場合は、全国的な事業展開のなかで、複数の業種にまたがるある程度の規模の案件に対し、付加価値をつけながら対応していく手法が多いし、地方銀行などの場合は、地域や業種に特性のある中小規模のマーケットに対するリレーションシップバンキングをより強化することを目指したストラクチャーなど、それぞれの金融機関が置かれているマーケットの特性によって、導入する手法も違ってくる。

(3) 他のファイナンス商品との違い

すでに各金融機関では、現時点での置かれているマーケット状況に対応するためにさまざまな顧客セグメントに対してさまざまなファイナンス手法を導入している。たとえば、ミドルリスク層の5,000万円から1億円まで程度の中小規模案件の場合、あまり手間をかけずに効率よく貸出案件を対応すべく、スコアリング型の無担保貸出を導入している金融機関も多い。また、財務内容の良好な中堅規模以上の企業に対する案件の場合、個別審査型の無担

保貸出が主流で、金融機関同士の貸出条件切下げ競争も激しい。このようなさまざまなファイナンス手法のバラエティのなかで、新たに導入するABLをどのように位置づけ、どこの部分を補完するか、あるいはどこの部分を代替するかについてあらかじめ検討しておく必要がある。対象となるマーケットが既存の簡易型のファイナンス手法と重なる場合、ABLの手法は手間と時間がかかるため、それを推進する営業マンや顧客から敬遠され、思うように推進ができない結果になる可能性がある。

2　自社で利用できる経営資源の分析

次に、ABLを導入しこれを推進するにあたって、自社で利用できる経営資源について分析する必要がある。せっかく新たなストラクチャーを導入しようとしても、そのノウハウがまったくなかったり、その事業に割ける人員がなかったり、営業拠点での管理体制や営業余力がなかったりした場合、ABLを導入することはむずかしい。

また、審査部門や融資管理部門、法務部門と事前に十分な情報交換を行い、自社で過去に売掛金・在庫担保を取得して貸出を対応した例はあるか、それを担保処分した例はあるか、約定書を定めた例はあるか、審査や法務部門の流動資産担保の考え方等の自社のこれまでの業務実績をふまえたうえで、新たなストラクチャーを検討したほうが対応しやすい。

3　利用可能な外部サービスの調査

自社で利用できる経営資源を分析した結果、自社がABLを導入するにあたって何が不足しているかが把握できる。それを補うために、どのような外部機関のサービスを受けられるかを調査する必要がある。

たとえば、ほとんどの金融機関で不足しているのは在庫や動産の担保評価を行う動産担保評価機能であり、このような機能を補うためには外部の動産

評価専門会社を選定する必要がある。モニタリングや担保の実査のノウハウがなければ、監査法人や税理士に委託することも検討できる。

ストラクチャリングそのもののノウハウや経験が不足していると考える場合は、専門の金融機関にストラクチャリングを委託したり、他の金融機関のアレンジするシンジケート型のABLに積極的に参加してノウハウを蓄積したりすることも重要である。

4 収益計画

自社の経営資源や外部機関のサービスの利用にメドがついたところで、ABL推進に係る事業計画を立案し、収益計画を立てる必要がある。

すでに分析した金融機関の置かれているマーケットでの案件規模、アンケート調査等による導入見込件数、予想手数料率、適用金利等を予想収入部分の計算根拠とし、案件組成に係る変動費（弁護士費用、動産評価手数料、外部委託手数料、調達金利、引当金、税金）、固定費（人件費、システム費等）を費用部分の計算根拠として、どのような手数料、金利体系であれば採算があうか、どのような案件規模、件数であれば採算があうか等を詳細に分析する必要がある。末永く取扱いが見込まれるファイナンスとするためには、採算性のある手法にする必要があり、採算性のない手法である場合は、内容の改定やコストの削減方法の検討が必要になる。

5 管理体制

(1) 組　　織

現在までのところ、ABLを導入している金融機関の数は限られており、ABLはまだ成長過程にあるファイナンス手法であるため、ABLを導入しているほとんどすべての金融機関では、金銭債権の流動化や不動産等のアセッ

トファイナンスを総合的に取り扱っている部署や法人あての新種ファイナンス商品全般を扱っている部署の担当者が、当該組織のなかで ABL の審査部分以外の手続を案件ごとにすべて対応しているケースがほとんどである。

しかしながら、ABL を推進するうえで理想的な組織体制は、一つの専門部署が新規の営業からデューデリジェンス、フィールドイグザミネーション、ドキュメンテーション、クロージングまで行うのではなく、それぞれの機能を分離独立した組織、または人員で運営するのが望ましい。これは、モニタリングやデューデリジェンスの業務がいわば審査的な機能を兼ね備えているため、問題点を発見した場合は案件のストラクチャリングや契約内容を変更したり、ひいては案件そのものを取り止める必要も出てきたりする。営業セクションの担当者がこれを兼務することはこのような審査的な機能を営業セクションに委任することにほかならず、営業担当者が少人数でモラルが維持されていればよいが、維持できないほどの大きな組織になった場合、問題案件の発生につながりかねないリスクがある。このため、案件の数が一定水準以上を超えた場合は、少なくともモニタリングやデューデリジェンス機能を別組織、または別の人員で運営するのが望ましい。

なお、図表5－15に、米国で ABL 業務を行っている金融機関（地方銀行レベル）の組織図を参考までに表示する。すでに ABL が一般的な金融手法として発達し、きわめて多くの金融機関で多くの案件を取り扱っている状況

図表5－15　中小アセット・ベースト・レンダーの組織図

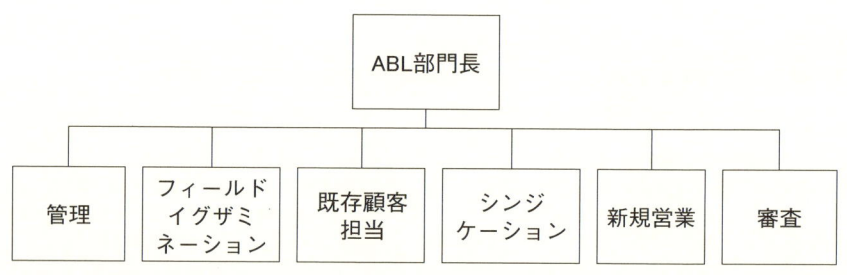

```
                    ┌─────────────┐
                    │  ABL部門長   │
                    └──────┬──────┘
      ┌────────┬────────┬──┴──┬────────┬────────┐
   ┌──┴─┐ ┌──┴──┐ ┌──┴──┐ ┌─┴──┐ ┌──┴──┐ ┌──┴─┐
   │管理│ │フィー│ │既存 │ │シン│ │新規 │ │審査│
   │    │ │ルドイ│ │顧客 │ │ジケ│ │営業 │ │    │
   │    │ │グザミ│ │担当 │ │ーシ│ │     │ │    │
   │    │ │ネーシ│ │     │ │ョン│ │     │ │    │
   │    │ │ョン  │ │     │ │    │ │     │ │    │
   └────┘ └─────┘ └─────┘ └────┘ └─────┘ └────┘
```

出典：Gregory F. Udell「Asset Based Lending－Proven Disciplines for Prudent Lending」(2004)

では、同図表にあるように機能別に組織を細分化し、それぞれの業務に特化しながらお互いの業務内容を牽制しあえる組織体制になっている。

(2) 審査体制

　ABLを行ううえで、米国のファイナンスカンパニーと日本の商業銀行とを比較すると、その内容が大きく異なる点の一つが審査体制である。

　日本の商業銀行は審査を行ううえで財務指標をベースとした信用リスク分析、いわゆるPD（Provability of Default）分析のみをよりどころとして貸出案件の審査を行うのが基本である。一方で、米国のABLを行う金融機関では、信用リスク分析のみならず貸出先破綻時の予想回収額（⇔予想損失額）、いわゆるLGD（Loss Generated from Default）をもう一つの審査基準として貸出案件の審査を行っている。より具体的には、日本の商業銀行の審査では、貸出金の回収原資は当該企業の営業キャッシュフローのみであると考え、企業の収益性や規模、健全性を示す財務比率をベースに審査を行う。これに対し、米国のABLを行う金融機関の審査では、その審査基準が財務比率を中心とした信用リスク分析のベクトルのみならず、当該企業の事業収益資産の担保価値の精査というもう一つの審査基準のベクトルをもった二次元的な審査基準をもって案件審査を行っている（図表5-16参照）。

　たとえば、当該企業の自己資本比率が低くても担保となる売掛金の信用力が高く、ダイリューションリスクが少ない場合、案件は承認されやすい。なぜならば、仮に当該企業が破綻した場合、これらの事業収益資産の処分代金は優先的にABLの返済に充当されるため、貸出金の予想回収率が高いためである。ABLの案件審査における返済原資の考え方は、企業の通常の営業キャッシュフローのみならず、担保資産の処分価値を考慮に入れた分析がされる必要がある。当然のことながら企業の事業収益資産の担保価値は企業の信用リスクに依存している部分が大きいため、信用リスク分析がなおざりになってはならないが、信用リスクが高い企業あての案件でも事業収益資産の担保価値が十分であれば審査で承認されたり、逆に信用リスクが高い企業に

第5章　ABLの手法　　401

図表5-16　審査基準の多様化と対応可能な案件の拡大

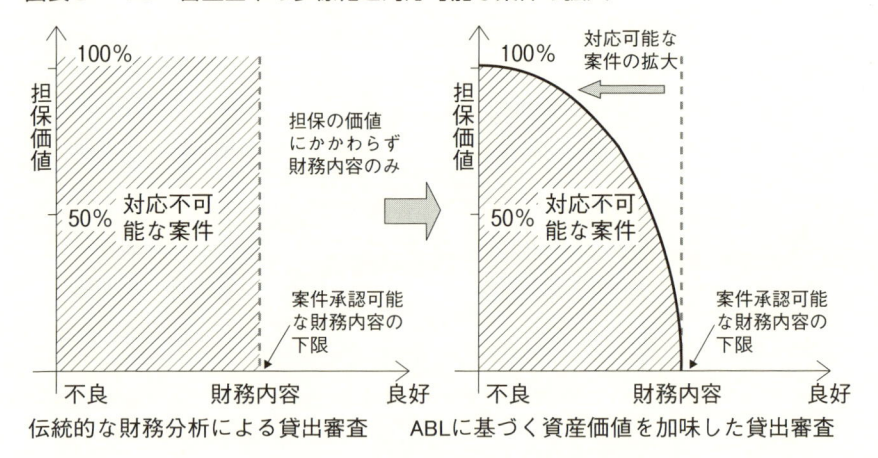

[左図] 伝統的な財務分析による貸出審査
縦軸：担保価値（50%、100%）
横軸：財務内容（不良〜良好）
「対応不可能な案件」
「担保の価値にかかわらず財務内容のみ」
「案件承認可能な財務内容の下限」

[右図] ABLに基づく資産価値を加味した貸出審査
縦軸：担保価値（50%、100%）
横軸：財務内容（不良〜良好）
「対応可能な案件の拡大」
「対応不可能な案件」
「案件承認可能な財務内容の下限」

対してアドバンスレートを低く設定するなどして担保条件を厳しくすることで案件リスクをコントロールしたりする手法も多く採用されている。

このように、ABLを本格的に推進していくためには、伝統的な信用リスク分析に依拠した審査基準のみならず、事業収益資産の担保処分価値をも加味した審査基準を採用できるような審査体制の構築が必要であると考えられる。具体的には、プロダクト審査部門としてABL専門の審査担当者を配置するなどの手段も有効であろう。

第11節 案件事例研究
―― ABC 産業株式会社の場合――

1 ポイント

◇中小企業に対する売掛金・在庫を担保とした ABL の検討
◇与信判断（伝統的商業銀行 IJK 銀行と ABL レンダー FGH 銀行との比較）
◇ストラクチャリング
◇破綻時の回収金額シミュレーション

2 企業概要・要資事情

　ABC 産業株式会社は非上場の汎用機械部品卸売業である。同社の創業は昭和40年代で、現代表者（甲）の父親（現会長（乙））が個人で営業を行っていた事業を法人に改組した。その後昭和60年に同業の DE コーポレーション株式会社を吸収合併し、現在の資本金となった。所有不動産はなく、在庫の保管倉庫は借地上の建物を同社が賃借している。同社製品の販売先は主に自動車部品製造業で、約100社程度の先に対し常時販売している。販売先各社10％程度以下のシェアに小口分散し、販売先それぞれの信用力は信用調査会社評点のうち中小企業の標準点程度の範囲に広く分布している。仕入先は海外 OPR Company で、同社が日本の総販売代理店となっている。銀行取引は FGH 銀行と IJK 銀行の 2 行で、現行のシェアは50：50である。今般、両行に対して増加運転資金として 1 億5,000万円の借入れの申込みがあった。

甲の発案で、今回は両行の提案を比較検討し、どちらか1行での調達を行うことにする。

同社の決算内容、業績推移、キャッシュフロー表、借入金残高明細表は図表5-17のとおりである。

3　伝統的商業銀行 IJK 銀行の対応

同社は前期こそ収益がプラスであったが、収益率は決して高くない。前々期も赤字を計上しており業績はあまり安定していない。自己資本比率は8.9％程度と過去の蓄積から資本の厚みはある程度あるものの決して高い水準とはいえない。

キャッシュフロー表をみると前期の営業キャッシュフローは大幅マイナスである。売掛金・在庫の増加が最大の要因であるが、売上げの伸びに比して売掛金・在庫の増加率は高く、不良債権・不良資産の発生が疑われる。有利子負債 EBITDA 倍率は50年超と過大である。

IJK 銀行は対応方針として、並列メインバンクの FGH 銀行と50：50での按分対応を交渉し、貸出の形式は3年の約定返済付貸出にて対応し様子をみることにした。

4　ABL レンダー FGH 銀行の対応

財務分析結果はおおむね IJK 銀行に同じである。ただし、FGH 銀行は同社の売掛金が中堅企業を中心に小口分散している点に注目した。在庫は汎用性のある機械部品で一般的な流通ルートがあることから、一定レベル以上の処分価値が期待できるとの動産評価会社の評価が得られた。実際に売掛金・在庫の内容を精査したところ、売掛金について不良債権残高はなく、期末期の売上増に伴う一過性のものであった。また、動産評価会社の評価によれば、いずれの在庫も市場性のあるもので陳腐化しているもの等はなく、今後

図表5-17　ABC産業株式社会のデータ①

【ABC産業㈱貸借対照表】

科目	平成17/3期	18/3期	科目	17/3期	18/3期
現預金	200	50	支払手形	300	300
受取手形	50	50	買掛金	200	200
売掛金	450	500	（手形割引）	250	250
棚卸資産	450	520	短期借入金	450	450
その他	10	10	その他	10	10
固定資産	50	50	長期借入金	150	115
			資本	100	105
資産合計	1,210	1,180	負債・資本合計	1,210	1,180

【ABC産業㈱損益計算書】

	17/3期	18/3期	19/3期予想
売上高	2,700	2,800	3,000
経常利益	-5	5	10
当期利益	-5	5	5
（減価償却費）	10	10	10

【ABC産業㈱借入金残高明細】

銀行	科目	18/3期
FGH銀行	手形割引	125
	短期貸出	225
	長期貸出	58
	合計	408
IJK銀行	手形割引	125
	短期貸出	225
	長期貸出	58
	合計	408
総合計	手形割引	250
	短期貸出	450
	長期貸出	115
	合計	815

【ABC産業㈱キャッシュフロー表】

	項目	18/3期
	実質利益	15
	経常利益	5
	無払利益	10
営業活動	運転資金増加額	120
	売掛金増加額	50
	受取手形増加額	0
	手形割引増加額	0
	棚卸資産増加額	70
	支払手形増加額	0
	買掛金増加額	0
	その他資産増加額	0
	その他負債増加額	0
	経常収支	-105
	決算支出	0
	その他	0
	営業キャッシュフロー	-105
投資活動	固定資産増加額	0
	投資等増加額	0
	その他	0
	投資キャッシュフロー	0
財務活動	手形割引による調達	0
	短期借入れによる調達	0
	長期借入れによる調達	-35
	資本増加による調達	0
	財務キャッシュフロー	-35
	現預金増加額	-150
	償却前引当て前利益	15
	EBITDA	15
	有利子負債EBITDA倍率	54.3
	フリーキャッシュフロー	-105

第5章　ABLの手法

の売上増加に備えさらなる備蓄が必要との意見であった。

　FGH銀行は、対応方針として既存のFGH銀行の短期貸出金2億2,500万円と今回の新規申込み1億5,000万円とを合算で合計3億7,5000万円のABL極度を設定し、売掛金・在庫を担保として取得することにし、売掛金のアドバンスレートは50％以下、在庫のアドバンスレートは40％以下と実際の評価額よりも堅めに設定することによりさらに保全面で回収確度を高めたうえで対応することにした。

5　ABC産業株式会社が破産した場合の回収金額[28,29]

　ここで、ABC産業株式会社に対する貸出を実行した後に同社が残高不変のまま破産した場合、各行の回収金額がどのようになるか検討する。

　貸出金1億5,000万円の資金使途は全額在庫資金とし、貸借対照表の内容は平成18年3月期決算と借入れによる在庫の増加以外は不変のまま破産したものと仮定する。また、それぞれの資産科目からの破産財団への組入金額等は図表5－18のとおりと想定し、担保権の実行による回収割合もこのケースの場合、破産管財人の処分割合と同一割合であると仮定する。

(1)　IJK銀行の回収金額

　IJK銀行の場合、新規実行金額は当初申込金額の半額の7,500万円であり、実行後残高は3億5,750万円である。図表5－18の計算より、債務がすべて無担保であり先取特権等がないものと仮定した場合、無担保貸出の配当率は33.97％である。これにより、IJK銀行の回収金額は1億2,100万円（回収率

---

[28]　前記4で解説したとおりの状況であれば、同社の事業収益資産を詳細に分析した結果から判断すると、ABC産業株式会社の信用リスクに懸念はないものと考えられる。ここでは、予想損失額を検討する目的のため、あくまでも仮定として同社の破産を前提としたものである。

[29]　仮に貸出直後に破産した場合、既存融資残高への担保取得について否認の問題が生ずるが、本事例ではシナリオを単純化するため、否認リスクはないものと仮定している。

図表5-18 ABC産業株式会社のデータ②

【破産財団組入額】

売掛金の処分金額	簿価の 40%	200百万円
手形・預金の処分金額	簿価の100%	100百万円
在庫の処分金額	簿価の 30%	201百万円
その他資産の処分金額	簿価の 0%	0百万円
合　計		501百万円

【債務合計】

支払手形	300百万円	
買掛金	200百万円	IJK銀行の場合
短期借入金	850百万円	（700百万円）
長期借入金	115百万円	（265百万円）
その他	10百万円	
合　計	1,475百万円	

33.97%）になる。

(2) FGH銀行の回収金額

　FGH銀行の場合、売掛金・在庫をすべて担保に徴求していることから、売掛金・在庫の処分金額4億100万円は全額FGH銀行の短期貸出金3億7,500万円の返済に充当されると仮定できる。残余の担保価値は破産財団に返却され一般債権に充当される。これによりFGH銀行の回収金額は3億8,100万円（3億7,500万円＋｛5,750万円（長期分）×（1億2,600万円（資産残余）／11億円（一般債権))｝となり、回収率は実に88.09%となる。

　以上のように、より保守的な与信判断を行ったと思われるIJK銀行よりも、ストラクチャリングに工夫を行ったうえでABLを積極的に対応したFGH銀行のほうが、回収率がはるかに高くなる可能性もあることがわかる。

第12節

シンジケーション

　米国では、ABLによる貸出金残高は企業の総借入残高（非金融の事業部門）の総額の約19％を占めるといわれており[30]、数十万ドル（約数千万円）程度の案件から数億ドル（数百億円）の案件まで、さまざまな規模の案件が実行されている。数百万ドル（数億円）以上の案件では、一金融機関の許容できるエクスポージャーを超えることも多く、その場合はシンジケーション形式のABLが採用されるケースが多い。

　日本の現状では、数千万円から2億、3億円まで程度の規模の案件で試行的にシンジケーション形式が採用されている例があるが、10億円を超えるような大規模案件を中心とした本格的なシンジケート型ABLが導入された例はさほど多くはない。今後、ABL市場が成熟していくに従い、また、景気が後退した場合にこれまで無担保貸出で対応してきた中堅規模以上の企業あて貸出について、ABLのターゲットとなる信用リスクまで企業業績が低下してくれば、シンジケーションが必要な案件が必然的に増加してくるものと予想される。日本でABLのシンジケーションを行う場合、米国との法制度の違いからさまざまな留意点が発生する。本節では、ABLのシンジケーションを行う際の留意点について解説する。

---

[30] 経済産業省「ABL（Asset Based Lending）研究会報告書」9頁（平成18年3月）

1　ファイナンスの形式

(1)　リボルビングライン方式

　本章第2節で解説したとおり、ABLの基本的なストラクチャーは、売掛金や在庫を担保として徴求したうえで、一定のリボルビングライン（極度額）を設定し、その極度額のなかで担保対象資産の残高に一定のアドバンスレートを乗じた金額を貸出基準額の上限として貸出を行う形式である。このため、シンジケートローンで対応する場合も同様に、リボルビングライン方式を採用するのが妥当である。ただし、この場合、実務上、以下の点に留意して対応する必要がある。

a　貸出の勘定科目

　リボルビングラインを設定したうえでその枠内で貸出を運用する方法として、銀行の場合は「特別（特殊）当座貸越」の形式（科目）が採用される場合が多い。この方式を採用すれば、個別貸出の実行のつど借入申込書に収入印紙を添付する必要がなく、専用の払戻請求書の提出のみで借入れを行うことができる。

　しかしながら、ノンバンク、リース会社等の金融機関や「特別（特殊）当座貸越」の科目をもたない銀行等がシンジケーションに参加する場合、特定のシンジケートローン契約のなかでリボルビングラインを設定し、個別貸出の実行のつど借入申込書の提出を受けなければならない。昨今の国税当局の判断ではこのようなシンジケートローン契約に基づく個別の借入申込みについて印紙税の納付が必要であるとの見解が示されている。印紙税の納税負担が発生する場合、借手にとって追加のコスト負担が発生し、借入れの機動性が失われる結果にもつながる可能性もあるため、十分留意する必要がある。

b　エージェントの業務負担

　一般的な無担保のタームローン方式のシンジケートローンでは、エージェントは貸出の実行通知と約定返済金の分配、年に2回程度の財務情報の配布等を主な業務とする。

　しかしながら、シンジケート型のABLをリボルビングライン方式で対応する場合、月次（定例）の担保対象資産に関する資料の徴求・配布、貸出基準額の計算・確認・配布、フィールドイグザミネーション・外部評価会社の手配等の業務がさらに加わることになる。また、タームローン方式の場合も同様であるが、借手の破綻時には担保処分に関する意思決定の取りまとめや各種通知書の発送、弁護士やサービサーの手配等の担保エージェントとしての業務も加わることになる。

　このためシンジケート型のABLをアレンジする場合は、エージェント業務の事務負担を十分留意したうえで、リボルビングライン方式を採用するか、タームローン方式を採用するか、自社で担保エージェント業務まで含めたエージェント業務を行うか、外部の専門業者に委託するか、エージェント手数料の設定をどうするか等を十分留意して対応する必要がある。

(2)　タームローン方式

　シンジケート型のABLを対応するうえで、売掛金や在庫などの流動資産を担保として徴求しつつも長期運転資金としてタームローン方式で対応するケースも想定される。タームローン方式の場合はリボルビングライン方式とは逆にほぼすべての金融機関が共通の科目をもっていることから、同じ条件で対応でき、またエージェントの事務負担が比較的軽微な貸出形態であるため、シンジケーションをアレンジしやすい貸出手法といえる。

　しかしながら、タームローン方式のシンジケート型ABLを導入する場合、以下のさまざまな点に留意する必要がある。

a 担保対象資産残高と貸出金残高が連動しない

　タームローン方式の場合、貸出の形態は長期約定返済条件付きであることから、貸出金の残高は時間の経過に従って一定の約定返済金額に応じて貸出期日までに徐々に残高が減少していくことになる。一方で、担保対象資産の残高は貸出金残高の変動とは無関係に、実際の借手の営業の状況によって変動し、業績が不変であれば基本的にその残高は一定の範囲内を保ちながら推移することになる。

　仮に担保対象資産の残高が営業状態の変化によって著しく減少した場合、貸出金残高を一部内入れ返済してもらったり、担保資産を積み増してもらったりして担保のカバー率を維持する方法を採用することになるが、借手の担保対象資産残高の特徴として季節性があったり、常時変動する可能性があったりする場合は、タームローン方式での対応はむずかしくなる場合がある。

b 過剰担保の問題

　タームローン方式の場合、先にも述べたとおり、時間の経過に従って約定返済により貸出金残高は徐々に減少していくが、担保対象資産の残高はこれに連動しておらず、基本的にその残高は一定の範囲内を保ちながら推移する。ここで仮に5年のタームローン方式のABLを実行したと仮定し（元金均等返済）、当初の貸出金残高（実行額）と担保対象資産残高の割合（アドバンスレート）を60％と設定して実行したとする。この場合に、タームローンの期限間際の4年後にはどのような状態になるかというと、アドバンスレートは12％まで大幅に低下することになる（図表5-19参照）。

　このようなケースの場合、担保資産の価値が一定であるものと仮定すると、4年後の時点では48％分（＝60％-12％）の担保資産が有効に活用されていないことを意味し、借手にとって効率的な調達手段とはいえない。

　一方で、担保資産の有効利用を図るために4年後に長期約定返済分の借換資金として新たなシンジケートローンの組成が検討される可能性がある。しかしながら、当該企業の売掛金や在庫はすでに当初シンジケートローン参加

図表5－19　約定返済と担保価格の関係

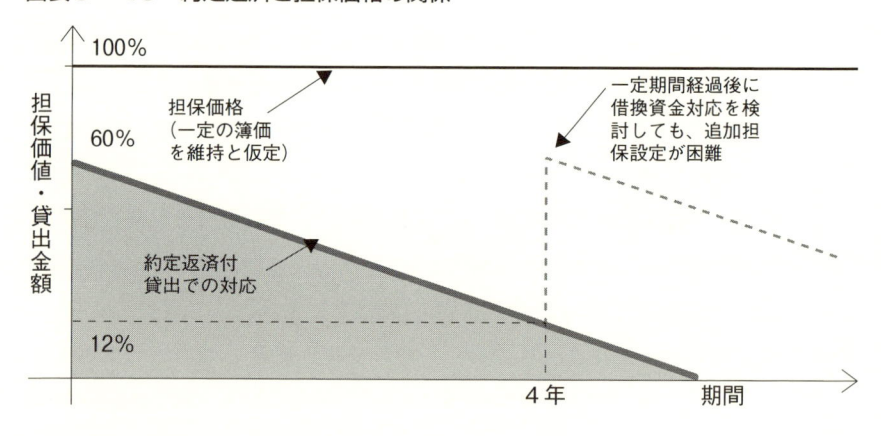

担保価値・貸出金額

100%
60%　担保価格（一定の簿価を維持と仮定）
一定期間経過後に借換資金対応を検討しても、追加担保設定が困難
約定返済付貸出での対応
12%
4年　　期間

金融機関の譲渡担保権が設定されていることから、以下①～③のいずれかの方法により対応するしか選択肢はない。

① 後記2で詳述するとおり、いまだ権利内容、法的地位が明確ではない第二順位の譲渡担保権の設定を容認して新たなシンジケートローンを組成する。
② 当初のシンジケートローンの譲渡担保権をあらかじめ根担保として設定し、借換資金に対応する際は、同じく根担保を設定している当初の参加金融機関のみで対応する。
③ 残高が残っている既存のシンジケートローンを中途完済し、新たなシンジケートローンを組成し直す。

特に当該借手企業と既存のリレーションのない金融機関とシンジケート団を組成し、タームローン方式でABLを実行する場合は、上記のとおり、借換資金調達時の対応方法がきわめて限定されてしまう点を十分認識したうえで方針を検討する必要がある。

2 担保権の設定方法

(1) 譲渡担保権の設定方法

これまで説明したとおり、売掛金や在庫に対する担保権の設定は、「譲渡担保権」という民法典に条文の定めがなく、判例の積み重ねによって確立されてきた非典型担保に基づいて行われる。譲渡担保権とは担保の目的で債権や動産の所有権の譲渡を行うことによって実質的な担保権を取得することであるが、形式上はあくまでも権利を移転する構成をとる。それゆえに、譲渡担保権について、外形的な権利移転という側面を重視する考え方（所有権的構成）、あくまでも担保であるという側面を重視する考え方（担保的構成）等、法律構成をどのように理解するかについてさまざまな見解が示されている。このことから、譲渡担保権の設定を前提としたシンジケートローン形式のABLを検討する際は法的論点について十分検討する必要がある。

(2) 所有権的構成に基づく場合

所有権的構成に基づいて譲渡担保権の設定を検討する場合、譲渡担保権の設定はあくまでも担保権者に対象資産の所有権を譲渡したものとして考える。この場合、たとえば同順位もしくは後順位担保権の設定を企図するシンジケートローン参加金融機関や他の金融機関が現れても、当該担保対象資産はすでに先に担保権を設定した担保権者に所有権が移転していることを意味するため、当初の所有者（担保権設定者）には同順位や後順位担保権者に提供する担保対象資産の所有権が存在せず、そのような担保権は無効になることを意味する。

このため、所有権的構成に基づいてシンジケートローン形式のABLを組成する場合、参加金融機関の間で同順位の譲渡担保権を設定するためには、担保対象資産を（準）共有し、その担保割合は別途（準）共有者間の協定書で定める形式とするのが一般的である。

ただし、このような所有権的構成の考え方に基づく（準）共有での担保取得方法は、以下の点に留意する必要がある。

① 民法251条（共有物の変更）では共有物の処分には共有者全員の同意が必要であるとされている。共有者同士で事前に担保処分や担保割合に関する協定を締結していても、そのような協定書は民法上無効であるとの主張がなされ、後日処分や分配方法について予期せぬ紛争が生ずる懸念がある。参加する金融機関の理解度、金融機関相互の信頼関係の濃淡にもよるが、この点に十分留意する必要がある。

② 前述のとおり所有権的構成を徹底した場合、第二順位の譲渡担保権の成立は認めにくいことから、いったん特定の参加金融機関によるABLを実行してしまうと、新たな参加金融機関を招聘することがむずかしくなってしまう。タームローン方式の場合はその影響が顕著に現れ、後日、借換資金の調達を検討する際に支障をきたす可能性がある。

(3) 担保的構成に基づく場合

担保的構成の考え方では、譲渡担保権は担保権であるとするから、同順位の担保権や後順位の担保権の設定を認めやすい。この考え方のもとでシンジケートローン形式のABLの譲渡担保権を設定する際は、各参加金融機関がそれぞれ独立した担保権を設定し、別途、担保権者間で協定書を締結し、順位や処分方法について定めることになる。

この考え方を採用した場合は前述の民法251条（共有物の変更）の問題はなく、また後順位担保権者の参入も容易になる。もっとも、債権が譲渡担保権の対象資産とされる場合は担保目的でする「債権譲渡」の方式がとられ、いわば所有権的構成として理解されていることから、個別の譲渡担保権として順位づけをなしうるかという問題などが残っている。

(4) 最近の判例の動向

　最近の最高裁判所による判決では、集合動産の譲渡担保権について以下のとおり「劣後する譲渡担保」の概念が示されており、新たな最高裁判断として注目されている。

　「本件物件1については、本件契約1に先立って、A、B及びCのために本件各譲渡担保が設定され、占有改定の方法による引渡しをもってその対抗要件が具備されているのであるから、<u>これに劣後する譲渡担保が、被上告人のために重複して設定されたということになる。このように重複して譲渡担保を設定すること自体は許されるとしても</u>、劣後する譲渡担保に独自の私的実行の権限を認めた場合、配当の手続が整備されている民事執行法上の執行手続が行われている場合と異なり、先行する譲渡担保権者には優先権を行使する機会が与えられず、その譲渡担保は有名無実のものとなりかねない」（最判平18.7.20[31]。下線は筆者による）。

　ただし、上記判例について問題点を指摘する見解も示されており、今後の議論に十分注意しつつ対応する必要がある。

---

[31] 金融・商事判例1248号31頁

第13節 「DIP ファイナンス」への展開

1 「DIP ファイナンス」とは

　日本において、「DIP ファイナンス」という言葉は、再建型法的手続（民事再生手続、会社更生手続）を申し立てた債務者に対して、申立てから手続終結までの間になされる貸出という意味で用いられることが一般的であることは前述したとおりである（第1編第3章第7節参照）。

　DIP ファイナンスは「通常の企業」に比して信用力に劣る再建型法的手続中の企業に対するものであるため、通常よりも高い水準の金利を設定することも可能であり、またDIP ファイナンスに基づく債権は再建型法的手続上、一定の要件を満たせば共益債権（破産手続に移行した場合には財団債権）として優先弁済権が与えられていることからすれば、「ミドルリスク・ミドルリターン」、あるいは「ローリスク・ミドルリターン」のファイナンスであるということができる。

　米国のDIP ファイナンスは[32]、再建計画策定中の再建企業の資金繰りを助け、その信用を補完するという役割を担うものとして、民間金融機関が中心的担い手になり、法的手続申立て前になされる事前の交渉などを経て法的

---

[32] 米国における「DIP ファイナンス」の制度、運用を紹介する文献として、河合祐子＝出澤貴典＝林康司「米国・英国の事業再生ファイナンス」事業再生研究機構編『プレパッケージ型事業再生』57頁以下、「DIP ファイナンス研究会報告書」（経済産業省中小企業庁事業環境部 DIP ファイナンス研究会平成13年6月7日）が参考になる。

手続申立て直後（申立て初日）の段階から実施されることも多い。なお、米国では、再建計画が認可された後、必ずしも計画の履行（申立て前再建の弁済）を待たずに裁判所が手続終結の宣言を行うため、DIPファイナンスは原則として裁判所が再建計画を認可するまでの間に行われるファイナンスとされる[33]。

　他方、日本では民間金融機関のDIPファイナンスに対する姿勢は必ずしも積極的ではあるということはできず、政府系金融機関や再建企業の事業買収を行う（行おうとする）スポンサー（ファンドや事業会社）がDIPファイナンスのレンダーとなるケースがほとんどであると思われる。民間金融機関がDIPファイナンスのレンダーとしての役割を積極的に果たしていない（果たせない）ことには法制度上の課題、再建企業側の課題などさまざまな理由があげられるが、金融機関側の事情として、DIPファイナンスが再建型法的手続の申立てを行った「破綻企業」に対する「追い貸し」であるというネガティブな意識が強く、また不動産担保に過度に依存した貸出慣行を背景とした審査基準のもとでは、不動産などの比較的高い担保価値が見込まれる資産を有していない（有していたとしても既存担保が設定されており、担保余剰が見込めない）再建途上にある企業に対する貸出は審査基準をクリアしない[34]、さらには貸出実行後の与信管理について十分なノウハウが蓄積されていないといった点をあげることができよう。

　しかしながら、前述のとおりDIPファイナンスは「ミドルリスク・ミドルリターン」、あるいは「ローリスク・ミドルリターン」のファイナンスであり、民間金融機関にとっても決して魅力に欠けるものではない。むしろ、民間金融機関が積極的にDIPファイナンスのレンダーとなることで、再建

---

[33] 日本では、再建計画に基づく弁済資金を供与する場合も「DIPファイナンス」と位置づけられるのに対し、米国では「EXITファイナンス」として「通常の企業に対するファイナンス」として位置づけられる（河合祐子＝出澤貴典＝林康司「米国・英国の事業再生ファイナンス」事業再生研究機構編『プレパッケージ型事業再生』59頁）。

[34] DIPファイナンスは、保有資産の換価価値を返済原資として見込むのではなく、事業活動から生み出されるキャッシュフローからの返済を予定する貸出である。

企業に対する既存債権を有していない場合[35]は新規取引先を獲得することになり、また、既存債権を有している金融機関がレンダーとなる場合[36]は、再建企業の事業継続、再建を安定化、迅速化させることで既存債権の早期回収、回収極大化に資するといったメリットを得ることが可能になる。

2　ABLを利用したDIPファイナンスの展開

DIPファイナンスは、企業が再建型法的手続により再建を果たす過程において重要な役割を果たし、また金融機関にとっても相応のメリットが見込める収益機会であることからすれば、より積極的な取組みが検討されるべきである。

もっとも、法的再建手続上の共益債権（破産手続へ移行した場合は財団債権）として優先弁済権が認められているとしても、再建途上という不安定な状況にある企業に対する貸出であるから、無担保での対応には限界があり、また、与信管理という観点では貸出実行後における当該再建企業の経営状況、財務状況等の変化を適時適切に把握することが不可欠である。

そこで、DIPファイナンスの取組みにあたっては、ABLの手法を利用することがきわめて有意義であると思われる。すなわち、ABLは不動産、有価証券、敷金返還請求権等の高い担保価値が見込まれる資産を担保に供しえない場合でも動産や債権といった流動性の高い資産を担保として活用する貸出手法であり、また与信管理という観点でも、モニタリングを通じてキャッシュフローを的確に把握し、異常事象（回収阻害事象）を早期に察知することができる貸出手法である。こうしたことから、ABLの手法を導入し、そのノウハウが蓄積された民間金融機関では、それを生かしたDIPファイナ

---

[35] このようなDIPファイナンスにおけるレンダーは「オフェンシブ型」と表現されることがある（「DIPファイナンス研究報告書」参照）。

[36] このようなDIPファイナンスにおけるレンダーは「ディフェンシブ型」と表現されることがある（「DIPファイナンス研究報告書」参照）。

ンスが積極的に検討されてよい。特に、再建型法的手続の申立て前から当該再建企業に対してABLを実施している金融機関が、引き続きABLを利用したDIPファイナンスのレンダーになることは、既存取引を通じて当該企業の事業内容、担保対象資産の内容などを十分に把握していることに加え、DIPファイナンスに係る条件協議とあわせて、別除権、更生担保権とDIPファイナンスの実行に際して設定される譲渡担保権との調整（別除権協定、担保変換合意の協議、締結）を比較的スムーズに進めることが可能になり、金融機関、再建企業双方にとって有益である。

ABLを利用したDIPファイナンスを行う際の留意点は以下のとおりである。

(1) 迅速な対応

申立て直後の再建企業の資金需要は切迫していることが多く、金融機関がこれに応えて迅速な対応（担保評価、ドキュメンテーション、行内手続の履践、現実の貸出実行）をしなければ、再建の途を閉ざしてしまうことになりかねない。

(2) 共益債権性の確認

DIPファイナンスに基づく債権が共益債権として認められるための要件を充足するか、必要な手続は履践されているかを確認する必要がある。

(3) 提出資料、情報についての検証

再建型法的手続に入る前の段階で粉飾決算が行われていたり、経理処理が適切に行われていなかったりするケースが少なくないので、再建企業から提供される資料や情報について十分な検証を行う必要がある。また、再建型法的手続に入った後も、社内外の混乱や再建計画の策定途上であるという事情から、再建企業から「通常の企業」に対する貸出を行う場合と同等の資料、情報が整理、提供されるとは限らないので、この点も配慮する必要がある。

(4) 担保として取得する動産、債権についての評価基準

再建型法的手続の申立てがなされたことで、再建企業は社会的に「経営破綻」という烙印が押され、ブランドイメージの失墜、売上げの低迷といった事業価値の毀損は避けられない。そのため、そうした事業価値が毀損した状態における担保対象資産の評価基準をどのように考えるかを見極める必要がある[37]。

(5) 適切な誓約事項、遵守事項

再建企業が再建途上という不安定な状態にあることを考えれば、詳細かつ厳格な誓約事項、遵守事項を定めることが望ましい。しかし、他方で再建途上であるがゆえに、再建企業内外の状況は混乱し、流動的であるため、あまりに詳細、厳格な誓約事項、遵守事項を定めてしまうと、実効性を欠くものとなるばかりか再建企業に過度の負担、制約を課することになり、再建のための選択肢を狭めることになってしまうので注意が必要である。

3 ABLを利用したDIPファイナンスの課題

以上のとおりABLを利用したDIPファイナンスへ取組みは民間金融機関で積極的に検討されるべきではないか。

民間金融機関がDIPファイナンスのレンダーの役割を積極的に果たしていくためには解決されるべき法的課題[38]、再建企業側の課題[39]なども少なか

---

[37] なお、民事再生手続、会社更生手続では、再生債務者あるいは管財人が「財産評定」を行い、「開始決定時の資産」について評価換えがなされる（民事再生手続では「処分価額」、会社更生手続では「時価」）。金融機関による担保価値の評価が「財産評定」よりも前にされる場合は、結果として「財産評定」の結果が金融機関の評価額よりも低額になることもありうるので、この点も留意しておく必要がある（金融機関による担保価値の評価と「財産評定」とは評価主体、目的、評価方法が異なり、評価結果が一致しないとしても、そのこと自体には問題はないであろう）。

らず残されてはいるが、民間金融機関も「再建型法的手続に入った企業は「破綻企業」である。したがって、DIPファイナンスは「破綻企業」に対する「追い貸し」である」といった短絡的な思考から脱却することが必要であろう。

　もっとも、金融検査マニュアル上、再建企業の債務者区分は再建計画の認可決定までは「破綻先」とされ、そのような段階におけるDIPファイナンスに基づく債権[40]は、銀行法および金融再生法に基づく「開示債権」に該当することになる。このことが民間金融機関（特に銀行）のDIPファイナンスへの積極的取組みを躊躇させている要因となっていることは否めず、検討されるべき課題の一つであると思われる。

---

[38] たとえば、DIPファイナンスにおいて担保取得しようとする集合動産や集合債権に既存の譲渡担保権が設定されていた場合に、既存の譲渡担保権によって捕捉されている対象資産、DIPファイナンスの実行の際に設定される譲渡担保権によって捕捉しうる対象資産をどのように調整、整理すべきか、あるいは既存の譲渡担保権に劣後する「後順位譲渡担保権」の設定が可能かなど（本書第4章第7節6参照）。

[39] 「DIPファイナンス研究報告書」によれば、金融機関に対するインタビュー調査の結果、多くの金融機関が、再建企業が十分な情報開示を行わないことや再建計画が堅実なものではないといった再建企業側が対処すべき課題を「再生企業向け融資実施のための条件」としてあげている。

[40] 金融検査マニュアルは「DIPファイナンス」に基づく債権は（共益債権となる場合）、「回収の危険性の度合いを踏まえ、原則として非分類ないしⅡ分類としているかを検証する」とされており、自己査定という局面では、非分類として、当該共益債権について貸倒引当金を計上しないことも可能になっている。

第14節

今後の課題と展望

1　課　題

　ABLが日本のファイナンス手法の中心として今後定着していくためには、以下のような構造的な課題を克服していく必要がある。

(1)　売掛債権の譲渡禁止特約の問題

　日本の商慣行では、取引基本契約書のなかに債権の譲渡禁止特約を入れるケースがきわめて多い。売買代金の支払債務者にとって、当該債権が譲渡されることで見知らぬ債権者との間でのトラブルや二重払いが発生するリスクを防止するための自己防衛措置になるものだが、この特約の存在が日本の売掛債権ファイナンスの発展を著しく阻害している最大の要因である。ABLの盛んな米国では政府あて債権以外はこのような特約はほとんどみられない。

　動産担保に係る価値評価がむずかしかったり、善意の第三者による即時取得などのリスクがあったりすることを考えると、売掛金は比較的権利関係が確立され、価値評価も容易であることから、ABLの担保対象資産の中核となるべきであり、この譲渡禁止特約の問題をクリアできるかはABLの今後の飛躍にとって重要な要素であろう。

　譲渡禁止特約の排除について、行政側の働きかけにより公共工事や省庁の支払債務に係る譲渡禁止特約が解除されつつあるが、いまのところ民間の支

払債務にほとんど効果は現れていないのが現状である。この状況を打開するためには、行政側のさらに強いリーダーシップによって法制面から改革を断行する以外に方法はない。昨今の動きとして新たな債権としての電子債権を設定し、それをもって譲渡禁止特約のない販売代金債権担保とする動きもあるが、問題を複雑化するだけで根本的な解決方法にはならないと思われる。

民法そのものの改正はむずかしいものと考えるが、たとえば下請法等の他の法律のなかで、支払債務者の相殺や抗弁権を認めつつも、中小企業の資金調達に支障をきたさぬよう特約の利用に一定の制限を設け、銀行などの金融機関には譲渡を認めさせるなどの方法や、特例法などの制定、政令・民間企業への指導強化等による行政側の指針・指導を明確にする等の方法が考えられる。

また、いまのところ個別動産にのみ認められている動産に対する譲渡担保権による売掛債権への物上代位権を、集合動産の場合にまで認めるように、法解釈を明確化することで、動産担保に売掛債権担保を補完する機能をもたせる等の方法も考えられる。一般金融機関が安心して売掛金をよりどころとして貸出を行えるような環境を整備するためには、このような方法によりなんらかの法的・行政的措置を講ずることがきわめて重要である。ABLというと動産担保ばかりが注目されているが、ABLの最も重要な担保は売掛債権であることを忘れてはならない。

(2) 執行法の問題

本章第9節で、債務者の協力が得られない場合等について解説したとおり、金融機関が在庫担保の処分・換価によって貸出金の回収を図ろうとしても、保全処分や引渡強制執行までの間に一部の債権者が自力執行の方法により担保対象資産を不法に持ち出してしまったり、価値を毀損するような行為を行ったり、在庫商品の価値そのものが時間の経過とともに急激に陳腐化する内容のものであったりした場合、当初想定したとおりの担保価値の実現によって回収することが困難になる可能性がある。法的手続による権利実現ま

での間、担保対象資産の価値の保全を金融機関としてどこまで対応可能であるかが、ABLを今後さらに普及させていくうえでの大きな課題である。一方で、そのような保全処分や引渡強制執行までにかかる時間を短縮する法律的な措置も望まれる。

　経済産業省のABL研究会報告書では、担保の保全・執行法の課題への対応方法として、二つの提言を行っているのでここで以下に引用する[41]。

　① 保全の迅速化に関する検討案

　　譲渡担保権に基づいて占有を確保するための保全処分として、所有権に基づく動産引渡請求権、又は譲渡担保契約（譲渡担保権）に基づく動産引渡請求権を被保全権利として、動産占有移転禁止の仮処分を得るか、動産引渡断行の仮処分を得ることが考えられるが、動産は散逸する危険が付きまとうことを照らすと、これらの仮処分命令の発令の迅速化が図られる必要がある。そのためには、例えば、動産占有移転禁止の仮処分の場合には、動産譲渡登記事項証明書等の提出により、上記被保全権利の存在について十分な疎明があれば、「保全の必要性」に関して、特段の事情がない限り、事実上の推定が働くと考えてもよいと思われ、動産引渡断行の仮処分の場合でも、疎明が十分であれば、無審尋でも発令できる例外を多くする等の柔軟な運用がされることが望まれる。

　② 執行方法の多様化に関する検討案

　　現行法の下では、動産引渡しの強制執行は、直接強制（民事執行法169条1項）又は間接強制（同法173条1項）によるところ、動産譲渡登記を経た動産譲渡担保の場合には、譲渡担保権の担保権としての性格に照らして、動産競売（同法190条1項・2項）を認めるのも一案であるとの意見や、債権者自身が授権決定類似の決定（同法171条1項）を得て、自ら又は第三者が直接占有確保に赴く手段の創設を検討するのも一案であるとの意見が示された。

(3) 債権・動産譲渡担保制度の課題

　平成17年10月からスタートした債権・動産譲渡登記制度によって、動産も登記により対象動産の引渡しがあったものとみなされ、第三者対抗要件を具備することが可能になった。しかしながら、その効力はABLを普及していくうえで必ずしも十分なものということはできない。すなわち、登記によって対抗要件を取得しても、民法上の占有改定や指図による占有移転による対抗要件の具備方法も引き続き並存しているため、先行する占有改定や指図による占有移転に対抗できないものとされている。そのような先行する対抗要件の存在は、その内容が契約当事者にしかわからず公示機能が十分でないことから、登記による対抗要件具備手段の効力を大きく弱めるものとなっている。

　また、たとえ登記によって動産の譲渡担保権設定が公示されていても、その公示の効力は善管注意義務が課せられると解される金融機関や大手商社等にしか及ばず、その他の善意の第三者による対象動産の即時取得を阻止することはできないのではないかといわれている。

　さらに、営業倉庫業者のような代理人によって占有されている動産について、現行の登記制度のもとでは動産の譲受人（担保権者）が代理人（営業倉庫業者）に対して当該動産の引渡しを請求した場合、代理人（営業倉庫業者）に寄託者である譲渡人（担保権設定者）に対する異議申立ての催告を行うことが認められている。裏を返せば、譲渡人（担保権設定者）が異議を述べた場合、登記制度によって適法に対抗要件を具備していたとしても、譲渡担保権者は、事実上、対象動産の現実の引渡しを受けることができず、他方、譲渡人（担保権設定者）は、寄託契約に基づいて「荷渡指図書」の提出という簡便な方法で自らもしくは第三者に対して対象動産を現実に引き渡すことが可能になる。こうした点から、営業倉庫業者のような代理人によって占有さ

41　経済産業省「ABL（Asset Based Lending）研究会報告書」70頁（平成18年3月ABL研究会）

れている動産は、登記制度によっても譲渡担保権者の地位の保全は不十分であるといわざるをえない。

債権・動産譲渡登記制度によってたしかに債権・動産に対する譲渡担保権の設定と第三者対抗要件の具備とは容易になったものの、上記のようにその効力はきわめて限定的なため、動産の担保としての信頼性は依然低いままである。このような点を考慮し、債権・動産譲渡登記制度のさらなる見直しとより強力な法整備が必要と考えられる。

(4) 後順位の債権・動産担保権を認める議論

本章第12節2で解説したとおり、譲渡担保権が形式上あくまでも権利移転の構成をとりつつ実質的には担保として機能する方法であることから、後順位の担保権が認められるかについてさまざまな議論がある。すなわち、「所有権的構成」の考え方を徹底する立場からは、目的物に譲渡担保権が設定された時点で債務者は権利を失うため、後順位の担保権は設定できないという結論に結びつきやすい。それに対して「担保的構成」の考え方によれば、後順位の担保権の設定は可能と考えられる。

シンジケート型のABLを対応する場合や複数の金融機関が競合する場合、約定返済型のABLの借換資金対応をする場合や債権・動産担保のメザニン部分への対応を行う場合等、債権・動産譲渡担保の後順位担保権設定が認められるようになれば、ABLの活用可能性は格段に広がり、金融機関の参入障壁がより小さくなるものと考えられる。

近時の最高裁判所判決で、「後順位譲渡担保権」が成立する旨は判断されたが、後順位担保権の成立が認められるとしても、その権利内容（上記判例では後順位譲渡担保権者は私的実行ができないとされている）や「債権譲渡担保」の場合も後順位譲渡担保権が認められうるかなどの問題を解決するなんらかの施策が必要であり、それが可能になればABLをより利用しやすい環境が整うものと考えられる。

(5) 債権・動産担保の貸出資産査定上の配慮

　ABLの普及のためにはABLによる債権・動産担保が金融機関の資産査定上どのように扱われるかが非常に重要である。金融機関では借手の信用格付と貸出に対する保全内容によって貸出金の償却や引当てが行われるが、債権や動産担保の保全としての評価が高まりそのぶん償却や引当てが少なくなるような担保になれば、ABLによりミドルリスク先への貸出を増強しようとする大きなインセンティブにつながる。

　担保による保全手段には、回収が確実な担保である優良担保（預金、信用度の高い有価証券、商業手形等）と一般担保（優良担保以外の担保で客観的処分可能性があるもの、不動産、一般有価証券、一般商業手形等）とがあり、この優良担保や一般担保は資産査定を行ううえで一定の配慮がなされている。一方、ABLで取り扱う一般的な債権や動産は、ほぼすべての金融機関でいわゆる「添え担保」として位置づけられるにとどまっており、資産査定上の配慮はいまのところ行われていないのが現状である。

　しかしながら、平成18年度末から導入された新たな自己資本比率規制（バーゼルⅡ）や平成19年度から適用された金融庁の金融検査マニュアルでは、ある一定の担保としての適格性を満たしていれば、動産・在庫担保について自己資本比率規制上の適格その他資産担保、自己査定上の一般担保として認められることになった[42]。本制度改正により、各金融機関は今後独自の判断で動産担保を一般担保化し、不動産担保や有価証券担保と同様に資産査定を行ううえでの一定の配慮を行うことが可能になった。

---

[42] 「「バーゼルⅡ第1の柱に関する告示の一部改正（案）及び第3の柱に関する告示（案）等に対するパブリックコメントの回答等について　（別紙3）「銀行法第十四条の二の規定に基づき、銀行がその保有する資産等に照らし自己資本の充実の状況がてきとうであるかどうかを判断するための基準」の一部改正案」（金融庁、平成19年3月23日）、「「金融検査マニュアル（預金等受入金融機関に係る検査マニュアル）の改訂について」に対するパブリックコメントの結果について（別添）自己査定（別表1）」（金融庁、平成19年2月16日）

こうした金融行政側の債権・動産担保の資産査定に係る先進的な動きを受け、今後、各金融機関は、まずは債権・動産担保貸出を実績として積み上げ、そのような貸出が一般の無担保貸出やその他担保貸出より回収率が高く、実態的なデフォルト時損失率が低いことを実証しつつ、一般担保化を目指す能動的な取組みが必要であろう。そのためには、ABL の手法により精度の高い担保処分価格の評価と担保価値を精査し常にモニタリングする機能とを金融機関自身で確立することが重要である。また、単に債権や動産を担保にとる従来型の手法と、高度にストラクチャリングされた ABL の手法とでは、その回収率に大きな違いがあるはずであり、それらを混同して実績データを積み上げぬよう注意することも重要になるであろう。

2 展　　望

米国の ABLは1908年に 2 人の百科事典販売業者が商品の割賦販売債権を担保に借入れを行ったのが発祥といわれているが、ABL が実際に米国の中堅・中小企業ファイナンスの主要商品となったのは1962年、1972年の UCC ファイリングの改正によって売掛金や動産に対する担保権の第三者対抗要件具備が容易になったことが大きなきっかけといわれている。2004年末時点の米国の ABL 残高は3,621億ドルで、米国企業（非金融の事業部門）の総借入残高の19％を占める規模まで発達し[43]、世界規模の金融コングロマリットから地方銀行、ノンバンクやファンド筋まで浸透したごく一般的な貸出手法として定着している。

本章の冒頭でも説明したとおり、日本の ABL マーケットは揺籃期から成長段階に移行しつつあるが、米国で UCC ファイリングの改正が ABL 市場の急成長の大きなきっかけとなったことを考えると、平成17年10月に動産・債権譲渡登記制度が始まったことをきっかけに、日本でも ABL の手法が米

---

[43] 経済産業省「ABL（Asset Based Lending）研究会報告書」9 頁（平成18年 3 月 ABL 研究会）

国と同様に、以後、爆発的に発展する可能性を秘めていると考えられる。

　行政側の政策方針としても、経済産業省では日本のABLの潜在的なマーケット規模を78兆円と推計し[44]、引き続き同省の推進事業と位置づけ、ABL協会の設立や保証協会による動産担保融資保証制度等のインフラ基盤を導入・企画し、金融機関のABL導入の政策支援を継続する方針を打ち出している。一方、金融庁も動産担保の資産監査上の取扱いを大幅に変更しつつ「不動産担保や保証に過度に依存しない融資の手法」として、ABLを推奨する立場にある。

　金融機関側の動きとしても、ABLを中堅・中小企業への新たな貸出手法と位置づけ、大手銀行、政府系銀行、地方銀行を中心に積極的に導入しており、平成18年8月末の残高は動産・債権譲渡登記制度の施行後1年足らずの間に、すでに500億円を超える規模にまで増加しているといわれている[45]。

　その半面、ABLが日本の一般的な金融手法として定着する過程で懸念すべき事象も発生している。それはABLの導入を急ぐあまり、金融機関が安易なストラクチャリングに走る傾向である。すでに解説したとおり、ABLとは単なる動産担保、債権担保貸出ではなく、資産のモニタリングと価値の評価を通し、借手の実態把握の強化と担保価値実現による貸倒れ損失の極小化を図る手法である。安易に動産や債権を担保に徴求し、「手のかからない合理的な手法」によってABLを導入すれば、バブル期の不動産担保貸出や有価証券担保ローン、絵画担保ローンと同じ轍を踏み、再び不良債権の山を発生させるリスクにつながる。

　また、このような安易な手法によるABLでの不良債権の発生と貸倒れ損失の増大は動産担保、債権担保そのものへの信頼性の低下につながり、前に説明した新BIS規制上の適格担保を目指すどころか、「やっぱり所詮は添え担保である」との認識が再び定着し、ABL全体の発展をも阻害するリスクをはらんでいる。

---

[44] 脚注43に同じ。
[45] 日経金融新聞平成18年9月28日付記事

ABL を導入する金融機関は、あらためて ABL は単なる動産担保、債権担保貸出ではないことを認識し、「ABL とは何か」「何のために ABL を導入するか」を十分検討したうえで ABL の導入を図るべきである。
　一方、行政側も、安易なストラクチャリングを認めないような節度ある推進策の導入が求められる。具体的には単に金融機関に動産担保や債権担保貸出の推進を求めるのではなく、その一方で、不良債権の発生と貸倒れ損失の増大を防止するうえで、どのような方法が望ましいかを指し示す必要がある。また、ABL について金融検査を行ううえでのチェック項目を定め、安易な手法と正常な手法を判別できるような金融当局側の「目利き」能力も求められる。信用保証協会による動産担保融資保証制度の導入の際も同様に、安易な手法による ABL に対する信用保証の濫発を防止するような運用面でのなんらかの歯止めが必要である。米国の金融検査当局でも、ABL に係る金融検査用のハンドブック「Accounts Receivable and Inventory Financing, Comptrollers Handbook[46]」を発行し、ABL の金融検査上の留意点、チェックポイントを定めている。
　長期の景気拡大が継続するなかでは ABL によるファイナンスを必要とする中堅・中小企業の数は多いとはいえないが、一度景気が下降局面となったり、金融情勢が逼迫したりしてくると、ABL に対するニーズが爆発的に増加する可能性がある。ABL はミドルリスク企業に対するより堅実なファイナンス手法であることを定着させ、そのような局面での利用が推奨されるよう、ABL マーケットの節度ある発展が望まれる。

---

[46] 「Accounts Receivable and Inventory Financing, Comptrollers Handbook」Comptrollers of the Currency, March 2000

第 6 章

ABLの担保評価

第1節 債権の評価

　本章では、ABLの主要な担保である債権と動産の評価手法について説明する。

　はじめに本節では、まず債権担保評価の概論として債権担保全般に共通する特性などを説明し、ABLの主要な担保である売掛債権の評価手法を紹介する。債権担保には預金担保や入居保証金をはじめとする特殊債権担保もあるが、ここでは売掛債権のみに着目する。売掛債権は、金融取引で担保の目的となる代金債権の代表的なものであるが、平成17年10月に施行された「動産及び債権の譲渡の対抗要件に関する民法の特例等に関する法律」（以下、動産・債権譲渡特例法）により債務者を特定しない将来債権の登記も可能になった。これに伴い、今後、売掛債権が貸出の担保としていっそう活用されることが期待されており、金融機関はその評価手法のレベルアップが必要になる。本節では従来「添え担保」的な位置づけであった売掛債権を貸出の担保として積極的に活用していくための手法を説明する。

1　債権担保と評価

　日本において、貸出で最も一般的に活用されている担保は不動産である。不動産担保の評価についてその手法はすでに確立しており、公認資格として不動産鑑定士が存在する。また、公示地価や基準地価といった地価の指標が整備されているだけでなく、取引事例に基づく売買データの入手も容易であ

る。評価の手法として、原価法、取引事例比較法、収益還元法などが確立しており、金融機関はこれらの手法を参考としながら担保掛け目の設定や担保ポジションへの反映に活用している。

一方、債権はその種類が多様であり、また貸出で預金や商業手形以外の債権は不動産ほど活用されてこなかったこともあり、不動産鑑定士のような公認資格は存在しない。また、評価手法も流動化の際の格付や取引信用保険などで一部確立されているものの、一般的な貸出では債権担保、特に売掛債権担保の評価手法が十分に確立しているとはいいがたい。

まずは、そのような債権担保の活用状況にかんがみ、債権担保全般における評価の特徴、基本手法、留意点について述べたうえで、売掛債権担保の具体的な評価手法について説明する。

(1) 担保評価の観点からみた債権の特徴

債権は一般的に当該債権の当事者である債権者と債務者の氏名ないし名称、債権の発生時期、発生原因、種類および内容、金銭債権であれば金額によって表示し特定することができる。このような性質と関連して、債権の担保評価を行う際、以下の債権固有の特徴がポイントになる。

a 金額の確定性

担保評価を行う場合は、対象がどのような種類の担保物であろうと、当該担保物からいくら回収できるか、その金額を知ることから始まる。不動産であれば公示地価や基準地価、あるいは市場での取引事例から金額を推定する。商品在庫などであれば仕入価格や簿価などを参照する。ただし、不動産または商品在庫などの動産の場合、対象担保物の金額が明確に特定されているわけではなく、一般的には、公正市場価格（Fair Market Value、略称FMV）という幅の広い概念となる。

一方、債権の場合は代金債権であれ、その他の特殊債権であれ、通常金額が確定していることが大きな特徴である。たとえば、売掛債権であれば売買

契約書などに金額が明記されており、保険、入居保証金、診療報酬債権などの債権にも証券や契約書面などに金額が明記されている。

この金額、すなわち債権額は、債務不履行などの事由や商取引上の問題（たとえば返品や不良品の発生）がなければ基本的に債務者から支払われる金額であり、担保評価の入口ではきわめて有効な情報となる。この点が不動産や動産とは異なる大きな特徴といえる。

b 期限の特定性

金額が明記されていることに加え、基本的に債権にはそれが支払われる期限あるいは有効である期間が定められている。売掛債権であれば、支払期日により当該債権がいつまでに支払われるかが決まる。

このように債権には時間的な「長さ」があり、その間、債権者は当該債権の回収リスクを負うことになる。したがって、債権の担保評価では期限あるいは期間が重要なファクターになる。

c 第三債務者リスクの存在

債権とは、いうまでもなく債権者が債務者に対して金銭の支払いなどを要求する権利である。債権の担保としての価値は債務者が約束した支払義務をきちんと果たすかに影響を受ける。一方、不動産の場合、その担保としての価値は基本的に不動産の処分価値、間接的には利用価値そのものによって決まる。

このように債権の担保評価ではいわゆる第三債務者の支払能力など債務を履行する能力を判断することがきわめて重要になる。また、預金、保険、入居保証金など契約上の債務者が1人（あるいは1社）である場合もあるが、債務者が異なる複数の債権を対象とする場合は担保評価をよりむずかしいものにする。さらに、前述の動産・債権譲渡特例法の施行により債務者不特定の将来債権の譲渡登記も可能になったため、債務者の銘柄が変わりうる点も考慮する必要がある。

d　形態・種類の多様性

　法律上、債権は物権と並ぶ主要な財産権の一つである。債権は債権者が債務者に対して金銭の支払いや物件の引渡しなどを求める権利であり、その形態や種類は多様である。預金、売掛債権などの代金債権、火災保険などの保険金請求権、入居保証金の返還請求権などの特殊債権など、いずれの債権にも固有の特性がある。

　担保評価では、このような債権の形態や種類によって異なる特性をよく理解することが必要である。

e　将来債権の存在

　売掛債権などの指名債権を担保取得する場合、債権譲渡担保の設定が一般的である。債権譲渡担保には、①一つもしくは複数のすでに発生した債権、すなわち個別債権を担保の目的とする場合と、②今後発生しうる不特定かつ流動的な将来債権を含む多数の債権、すなわち集合債権を包括的に担保の目的にする場合とがある。

　このうち②の集合債権について、特に将来債権を含む場合、その特定は必ずしも容易ではなく、過去に特定性が不十分との理由から集合債権譲渡担保が無効とされた裁判例もあったが、前述の動産債権譲渡特例法の施行により債務者を特定しない将来債権の譲渡についても登記が認められた。

　このように、将来債権に関して債務者を特定しなくても譲渡に係る債権の特定が可能であることが認められたことから、このような将来債権の担保評価をどのように実施するかが課題になる。

(2)　債権担保評価の基本手法

　上記(1)で説明したとおり、債権にはそれぞれ担保評価の際に考慮すべきさまざまな特徴がある。したがって、債権担保評価の手法を標準化することは容易ではないが、ここでは後述する売掛債権の担保評価の導入として、その手法のポイントを説明する。

a 個別評価かポートフォリオ評価か

まずはじめに担保評価の対象となる債権を個別に評価するか、それとも一つの集合体、すなわちポートフォリオで評価するかを決める必要がある。

たとえば債務者や支払期日の異なる100件の売掛債権を評価する場合、1件ごと個別に評価を実施してその合計額を評価金額とする方法と100件の売掛債権を一つのポートフォリオととらえて評価金額を算出する方法とがある。

前者の評価手法は、一般的に銀行で行われている受取手形の割引における与信判断の手法に類似している。一方、後者は流動化などで用いられている手法であり、格付を取得することでポートフォリオの評価を実施するのが一般的である。

b 担保適格と担保不適格

次に、個別評価かポートフォリオ評価かにかかわらず、評価対象債権から担保不適格な債権を切り離し、担保適格な債権を抽出する必要がある。担保不適格な債権を切り離すには、当然ながら「何をもって不適格とするか」という定義づけ（あるいは前提条件）を明確にしなければならない。たとえば指名債権を譲渡担保として取得する場合、譲渡禁止特約付きの債権、あるいは法律上譲渡が禁止されている債権（たとえば、労働災害において補償を受ける権利など）を担保不適格と定義することなどが考えられる。

ただし、このような担保適格か不適格かの判断基準は、金融機関の間である程度共通するものであっても、明確なルールやガイドラインがあるわけではない。したがって、金融機関はそれぞれ、債権ごとのデフォルト率や回収率といった経験値と担保評価に関する独自の考え方（あるいはポリシー）に基づき、判断基準を策定することが必要である。

c 評価金額の算出

上記の基準により評価対象債権から担保不適格な債権を切り離し、担保適格な債権を抽出した金額に担保掛け目を掛けて引当額を算出する。担保掛け

目は債権ごとの回収実績をもとに設定されるべきであるが、経験値がない場合は参考値をもとに設定した暫定の掛け目によって評価金額を算出し、正式な掛け目が設定されるまでの暫定期間中は当該評価金額を貸出の引当てとしない方法も考えられる。

このようにして算出した引当額をもって担保評価金額とするのが一般的であるが、上記の担保評価金額から担保権実行時に発生が見込まれる費用などを差し引いた金額をもって担保評価金額とする考え方もある。

(3) 債権担保評価上の留意点

債権は、その形態や種類によって担保評価上の留意点も異なるが、ここではタイプの異なる債権であってもおおむね共通するものについて説明する。

a 担保となる債権の存在確認

不動産や商品在庫などの動産と異なり、通常債権(特に金銭債権)は実体を知覚することができないものであるため、なんらかの手法を用いてその存在を確認する必要がある。たとえば、売掛債権では売買基本契約書などの原因契約を確認したり、監査法人などへ委託して売掛先(第三債務者)へ書面を送って確認したりする方法などがある。

担保評価者である金融機関は、担保とする債権の発生原因や特徴をふまえたうえで定期的に存在を確認する手法を構築していくことが、実務上、きわめて重要である。

b 担保となる債権の特定

集合債権を担保とする場合など、担保評価の対象となる債権の中身が時間の経過とともに変わっていくケースもある。このため、担保評価者である金融機関はモニタリングをタイムリーに実施することにより担保となる債権を見極め、特定することが必要である。また、モニタリングで継続的に担保内容を把握する体制を構築することが適切な担保評価を行う第一歩になる。

c 法律上のリスクの検証

　担保として取得する債権の権利関係を把握することは、担保評価の大きな前提である。債権が譲渡（譲渡担保も含む）された場合、当該債権はその同一性を失うことなく、新債権者に移転する。そのため、当該債権の債権者が旧（原）債権者から新債権者に代わったとしても、当該債権の債務者（第三債務者）が主張することができる事由はそのまま新債権者に対しても主張することが可能になる。たとえば、同時履行の抗弁、相殺の抗弁、あるいはすでに債務免除を受けているとか、すでに弁済しているといった債権が消滅している旨の抗弁（主張）などである。こうした当該債権の債務者（第三債務者）が旧（原）債権者に対して主張（対抗）しうる事由の有無、内容を把握、検証することは適切な担保評価を行う際に必要不可欠なものである。なお、当該債権の債務者（第三債務者）が、債権譲渡に対する異議なき承諾を行ったときは、旧（原）債権者に対して主張（対抗）しうる事由があったとしても、新債権者に対してそれらを主張することはできない（民法468条1項）。しかし、新債権者が、旧（原）債権者に対して主張（抗弁）しうる事由があることについて悪意である場合は、第三債務者は異議なき承諾をした場合であっても、これを主張することができる。

　また、新債権者が、当該債権の債務者（第三債務者）に対して「自分が債権者である」旨を主張する場合の「対抗要件」は、債権譲渡について単なる通知、もしくは第三債務者の承諾があれば足りるが（民法467条1項）、同様のことを第三者（たとえば二重譲受人）に主張する場合は単なる通知等では足りず、確定日付のある証書によらなければならないことになる（民法467条2項）。なお、これら民法上の対抗要件の特例として、法人がする金銭債権の譲渡は登記をすることによって対抗要件を具備することができる旨を定めているのが動産・債権譲渡特例法である。

2 売掛債権担保と評価

上述のとおり、金融取引で担保の目的となる代金債権の代表的なものは売買に基づく売掛債権である。これまで金融機関は受取手形を商手割引や商手担保といった形態で貸出に活用する一方、売掛債権をそのような形態で活用することには消極的であった。その理由は、借手となる企業が保有する売掛債権は受取手形と比較して権利の実在性などに関する確証度合いが低く、担保的価値が見劣りするからである。

しかし、債権譲渡登記制度の整備等により売掛債権が貸出の担保としていっそう活用されることが期待されるなか、今後、金融機関は従来の「添え担保」的なとらえ方から脱却し、評価手法をレベルアップしていくことが求められている。

(1) 担保評価の観点からみた売掛債権の特徴

通常、物品やサービスの提供に対する代金は期日に現金あるいは受取手形により回収される。売手（債権者）が期日に買手（債務者）から代金回収する権利が売掛債権である。法的には物品やサービスの提供を原因契約として発生した金銭債権であり、債権者が債務者に対して一定の行為を請求することを内容とする指名債権である。

売掛債権は企業の保有する流動性の高い事業資産であり、換価性に優れているが、それを担保として取得（あるいは評価）する場合は以下にあげる特徴を理解したうえで取り組む必要がある。

a 債務者のリスクに左右される

売掛債権は、債務者（借手）が提供する商品またはサービスの品質に瑕疵があったり、十分に満足できないものであったりすると、回収に懸念が生ずる可能性がある。その意味で、当該商取引における債務の履行能力が重要であり、さらには債務者の清廉さ、道徳的気質、誠実さなどにも左右される。

b 第三債務者の資力の有無によってその価値が左右される

債権は第三債務者（売掛先）の経営状態によって回収不能の危険性が変動するリスク債権ともいえる。

c 譲渡禁止の特約がなされている場合がある

債権は原則として譲渡できるが、売掛債権の場合、売掛先の知らないうちに譲渡されると、売掛先に複数の企業（いわゆる二重譲渡）や想定外の者から反社会的な取立請求をされる可能性があり、それらのリスクを回避するために取引契約書に債権譲渡禁止特約が付されていることが多い。当該特約のある売掛債権を担保にとる場合は、売掛先の承認、通知が必要になる。

d 金額と期日が定められている

売掛債権には「代金は○月○日までに○○○円を指定口座にお振り込みください」という請求書などの一般的な文言にもみられるように、債権金額や期日が定められていることが多い。

e 不安定な債権である

売掛債権は双務契約から発生する債権であるために、同時履行、相殺等各種の抗弁権が付着していることが多く、その意味で不安定である。

f 実在性が明確でない

売掛債権は知覚できないものであるため、その実在はどのような商取引によって生じたか、何を売ったか等を契約書・発注書などにより確認することが必要である。

(2) 売掛債権担保評価の基本手法

a 個別評価とポートフォリオ評価

売掛債権の担保評価は、対象となる売掛債権を構成する個別債権（通常複

数)の信用リスクが個々に評価できるかによってアプローチの方法が異なってくる。個別債権を個々に評価し、それらの積上げによって対象となる売掛債権全体の信用リスクを評価する方法（ここでは「個別評価方式」と呼ぶ）は、商手割引などでも使われる伝統的な手法ではあるが、比較的きめ細かい評価を行うことが可能になる。

　一方、対象となる売掛債権を構成する個別の債権が少額かつ多数の場合、それらの債権をプール化し、あたかも1個の債権のようにみなして評価する方法（ここでは「ポートフォリオ評価方式」と呼ぶ）によれば、個別債権の信用リスクでなく、対象となる売掛債権全体の信用リスクを「大数の法則」に従うものとして取り扱うことができる。

　売掛債権の担保評価に係るこのような二つの方法について整理すると、図表6-1のようになる。

　評価の現場では、対象となる売掛債権を構成する個別債権のほとんどが信用情報の入手がむずかしい中小企業向けである場合や、債権数（または売掛先数）がポートフォリオ評価を行うのに十分でない場合もありうる。このような場合、金融機関による社内格付、もしくは企業信用調査会社の評点を使って売掛先各社の信用リスクを層別し、簡易なポートフォリオ評価を実施したり、その際、一部個別評価との組合せで売掛債権全体を評価したりする方法などが考えられる。

b　債権流動化における評価との比較

　債権の流動化では、原資産の評価にポートフォリオ評価方式のようなアプローチがとられることが多いが、この評価自体は通常、格付機関[1]が実施している。流動化商品は仕組みが複雑であり、一般の投資家が信用リスクの判断を行うことはむずかしい。このため専門家である第三者が投資家にかわっ

1　格付機関とは金融商品取引法上の指定格付機関を指すことが一般的であり、スタンダード＆プアーズ（S&P）、ムーディーズ（Moody's）、フィッチ（Fitch）、格付投資情報センター（R&I）、日本格付研究所（JRC）の5社である。

図表6−1　個別評価方式とポートフォリオ評価方式の比較

評価手法	個別評価方式	ポートフォリオ評価方式
特性	・一般に、売掛先の信用状態、支払能力などに関して、多面的な調査・分析を実施する必要性がある場合に適している。 ・個別債権の数（または売掛先数）が比較的少ない場合に有効である。	・債権流動化などで利用される評価手法と同様のコンセプトであり、統計学的アプローチが可能な場合に適している。 ・個別債権の数（または売掛先数）が多数かつ適度に分散している場合に有効である。
評価に利用される主な信用情報	・各種公開情報（特に売掛先が上場会社である場合） ・格付機関による信用格付（売掛先が債券発行者である場合） ・金融機関による社内格付（売掛先が評価者（金融機関）の取引先である場合） ・企業財務情報（財務諸表等） ・企業信用調査会社（帝国データバンク、東京商工リサーチ等）が提供する企業信用情報 ・当該売掛先に関する業界情報	・評価の際に利用される主な信用情報は基本的に個別評価方式の場合と同様であるが、多数の売掛先を対象とするため、1社当りの調査・分析は個別評価に比べて簡易な手続により実施される。
留意点等	・多面的な調査・分析を行うがゆえに、対象とする売掛先の数が問題になる。評価に求められる調査の範囲と分析の深度にもよるが、通常、この方法を実践する場合、時間と労力を要することが多い。したがって実際に調査・分析を行う売掛先の数が、実務上およびコスト上の観点から合理的な範囲であるか見極める必要がある。	・売掛債権は、大数の法則が適用可能な程度の債権数（または売掛先数）の債権プールであり、かつ過去数年分にわたる回収実績データなどを把握できることが望ましい。 ・債権プールを構成する個別債権に関して、業種の分散などにより相互の信用リスクの相関を抑えることでプール全体の信用リスクを抑制することができる。

てそれを入口で行い、発行後も継続的に監視していく機能が求められる。このような機能を担っているのが格付機関による信用格付である。流動化商品の主要な投資家である機関投資家は、投資対象とする基準として一定水準以上の信用格付の取得を要求することがあるため、この点でも信用格付は重要な意義をもつ。

債権流動化商品は原資産の信用力に大きく依存している。したがって、信用格付では、まず原資産のキャッシュフローや貸倒率などに関する分析が行われる。さらに当該商品の仕組みのなかの参加者である資産保有企業、信用補完者あるいはサービサーの信用力も分析が行われる。

また、倒産隔離に関する検討も信用格付の過程で重要な検討事項になる。債権流動化が原資産の信用力に依存するものであるとはいえ、譲渡された原資産が資産保有企業から法的に隔離されていなければ原資産の信用力に実質的に依存することができなくなるからである。

一方、売掛債権を担保とする貸出の場合も、やはり債権流動化の場合と同様の役割が必要になると考えられる。この場合、流動化とは異なり、売掛債権は売却されるのではなく、債務不履行時の弁済手段として譲渡担保されるのだが、当然ながら売掛債権の信用力について分析が求められる。

また、担保となる売掛債権を借手である資産保有企業から法的に隔離することができないため、資産保有企業の信用力の分析が債権流動化の場合に比べてより重要になるといえる。

今後、売掛債権を担保とする貸出のシンジケーションなどが一般的になれば、上記のような分析作業の重要性がさらに高まり、債権流動化における格付機関のような役割が参加金融機関のために必要となることが予想される。この役割は、エージェントとなる金融機関が単独で担うか、あるいは担保売掛債権に係る分析・管理についてコラテラル（またはセキュリティ）・エージェントとなりうる機関に委託するかたちで実行されることが考えられる。

c　担保適格な売掛債権

　売掛債権は企業が売掛先に製品やサービスを提供した時点（納品）に発生し、売掛先が製品やサービスの代金を企業に支払った時点（決済）で消滅する。売掛債権は発生した時点では原則として担保適格である。しかし、支払期日が経過しても回収がなされない場合、当該期日からどのくらいの日数を許容して担保適格とするかの判断が必要になる。

　売掛債権担保の取扱いが一般的に行われている米国では、通常、インボイスの日付から90日以内、あるいは支払期日から60日以内までが担保適格とされている。また、小切手の郵送により支払うのが一般的であるため、支払期日経過後の数日間は郵送期間とみなされ、実務上支払いが猶予されることが多い。日本では、基本的に支払期日に振込もしくは手形で支払う場合が多いという商慣習をふまえたうえで、独自の許容基準を設ける必要がある。

d　担保不適格な売掛債権

　一方、担保適格でない売掛債権の定義を考える場合、支払期日経過日数のほかにも、売掛債権の回収可能性に影響を与える要因について検証する必要がある。ちなみに米国では、金融機関によって担保不適格を判定する基準は異なっているが、通常、以下のような基準が設けられている。

　　◇インボイスの日付から90日を超えた売掛債権
　　◇親子企業間の売掛債権
　　◇海外の販売先などへの売掛債権
　　◇政府機関への売掛債権
　　◇売掛先に対して同時に買掛債務があるケース
　　◇担保売掛債権全体のうち、特定売掛先の支払遅延状況が著しいケース

　日本で担保不適格を判定する基準は独自の商慣習などを反映すべきであるが、たとえば債権譲渡禁止特約付きの売掛債権を担保不適格とするケースなどがこれに該当する。

e　ダイリューション

　通常の商取引で値引きや返品、回収不能に伴う償却、請求金額の相違などの要因により、契約金額に対して100％の回収が行われないケースがある。
　この場合の請求金額と実際の回収額との乖離を「ダイリューション」（Dilution）という[2]。ダイリューションには以下のような種類がある。

　　◇返品……商品の返品によるもの
　　◇リベート（売上割戻し）……多量購入に対する報奨として売手から買手に還元されるもの。販売管理費項目の販売促進費に相当するもの
　　◇売上割引[3]……期日前決済による値引き
　　◇償却……回収不能に伴う償却
　　◇その他特殊な値引き……買手が売手のために販売促進の広告宣伝を行った場合などに発注することがある、その費用の一部の売手への請求。その場合、売掛債権の減額（＝相殺）というかたちで処理されることがある

　当初の売掛債権額に対してダイリューションが発生する（あるいは発生した）比率を「ダイリューションレート」（Dilution Rate）という。
　たとえば、当初の売掛債権100に対して実際の回収が95であれば、5のダイリューションが発生したことになり、この場合、ダイリューションレートは5％（ダイリューション発生額5÷当初の売掛債権金額100）ということになる。担保対象とする売掛債権が将来的に未回収となる可能性を検証するうえで、過去のダイリューションレートの実績推移はきわめて重要な情報となる。
　ダイリューションレートの水準に関しては、売掛債権が担保として活用さ

---

[2]　証券用語のDilutionは「（株式などの）希薄化」と訳され、実質的な価値（たとえば1株当りの価値）の減少を意味するようであるが、売掛債権のDilutionとは若干ニュアンスが異なるため、ここではあえて訳語を使用せずカタカナ表記とした。

[3]　ちなみに米国では、売買契約で買手が期日より早めに支払えば割引を受けられることをあらかじめ認めているケースがある。たとえば、インボイス上に「3％30N60」との表記がある場合、本来の支払期日がインボイス発行日から60日後であるのに対して、30日以内に支払いを行えば3％の割引を与えるという条件を示している。

れている米国では、通常の商取引では、0〜4％を低レベル、4〜8％を中レベル、8％超を高レベルとする見方がある。

　また、ダイリューションレートは季節的要因によっても変動しうる。たとえば年間の特定月に恒例のセール期間を設けている場合など、当該月の売上げが例月を大幅に上回ることが予想される。その一方、ビジネスの性質によってセール期間終了後に商品の返品率が増加する可能性もある。このような傾向はダイリューションレートに反映されるので、その推移を分析すれば、季節単位でABLのアドバンスレートを変動させるといったきめ細かい対応を図ることも可能になる。

　ただし、ダイリューションレートは売掛債権の起因するビジネスの性質によっても異なってくる。たとえば、物品販売とサービス提供とでは商慣行や売掛債権の平均的なサイズ・分散度合いなどが異なり、これらの要因がダイリューションレートの違いにつながる可能性がある。同じ物品販売でも、所属する業界が異なる場合は同様の相違がありうる。また、成熟産業ではダイリューションレートが比較的安定する傾向があるのに対して新興産業などの場合経常的なビジネスの基盤が確立されていないため、ダイリューションレートが変動しやすい。

(3) 評価上の留意点──売掛債権の存在確認

　借手となる企業から売掛債権が担保として提供される場合にその評価の大前提となるのが、対象となる売掛債権が本当に存在するか、その内容が真正であるかということである。売掛債権の担保活用が進んでいる米国では、金融機関は売掛債権の存在を確認するため、借手から取得したインボイスのなかからいくつかを抽出したうえで、その売掛先（＝借手の販売先）に対してインボイスの内容を電話や照会状により確認するといった作業を行っている。

　ちなみに米国のケースでは、売掛債権担保による貸出などを新規契約した場合、取引開始から2〜3カ月後にも必ずこのような存在確認を実施するの

が一般的である。

　日本の場合、このような売掛債権の存在確認が金融機関で行われることは現状ほとんどないと思われるが、売掛債権を担保として活用する動きが広がるなかでその重要性が認識され、自社あるいは監査法人などを活用するかたちで実施されることになろう。

(4) モニタリング

a　売掛債権の担保管理体制

　売掛債権の担保評価は、貸出の入口だけでなく、事後も継続的に実施されることではじめて実効性を伴う。事後の担保評価を的確に行うためには売掛債権の担保管理体制を構築する必要がある。

　売掛債権の担保管理で最も重要なことは、対象となる売掛債権の価値を減ずる諸要因をいかに把握するかということである。言い換えれば、担保不適格な売掛債権をいかに的確かつタイムリーに把握し、管理していくかということになる。

　このような観点から、売掛債権の担保に関する各種管理手法を説明する。

b　売掛債権の担保管理の具体的手法

　以下は、米国で一般的に実施されている売掛債権の担保管理手法である。日本でも、商慣行などをふまえた担保管理手法の開発が必要である。

(a) **売掛債権担保の残高管理（通常は日次）**

　金融機関は、売掛債権の発生、回収状況について借手から毎日報告を受ける。通常は、個別の売掛債権の明細ではなく、残高の動きのみを報告対象とする。

(b) **売掛債権担保の期日管理（通常は月次）**

　売掛債権担保の期日管理に使用される情報はエイジング（＝売掛債権の「年齢」）と呼ばれ、通常、金融機関は借手に対して少なくとも月1回この情報の提出を求める。一般的には、毎月末における期日単位の残高が報告され

る。

　エイジング情報に反映される月末残高は上記の日次管理によって把握される残高と一致するはずである。これらが一致しない場合、その原因を借手に照会することになる。

　エイジングの分析は、以下のとおり、インボイスの日付もしくは支払期日をもとに行われる。

　インボイスの日付をベースにする場合、図表6－2のような管理表を作成して、個々のインボイスについてインボイスの日付からの経過日数によって振分けを行う。通常、インボイスの日付から90日を経過した売掛債権（図表中「90日超」の部分）は担保不適格とみなされる。

　一方、支払期日をベースにする場合は、インボイス上の支払期日が到来前の売掛債権残高を把握し、支払期日を過ぎても入金にならない売掛債権について、期日経過後1～30日、31～60日、61～90日、90日超のように振分けを行う。通常、支払期日から60日を経過した売掛債権は担保不適格とみなされる。

(c) **売掛債権の担保残高の勘定突合**

　金融機関は、自社で日々管理する担保売掛債権残高と借手から提出されるエイジング資料などの残高との突合作業を実施する。その目的は担保情報の整合性を確認することである。また、月末時点のエイジング情報をもとに担保不適格な売掛債権の残高推移を把握し、それが全体の担保価値に与える影響などを検証する。

図表6－2　事例：借手A社の担保売掛債権のエイジング（インボイス日付ベース）

(単位：百万円)

日　付	残高合計	0～30日	31～60日	61～90日	90日超
平成19年7月31日	356	267	31	19	39
平成19年8月31日	322	248	25	12	37
平成19年9月30日	388	293	39	16	40

(d) **売掛先別の残高管理**

　金融機関は、借手から報告される担保売掛債権情報をもとに、借手の販売先（売掛先）の集中度やその信用状態をチェックする。担保売掛債権全体に占める特定の売掛先の比率を把握することを集中度（コンセントレーション）のチェックといい、この比率が高まれば特定の売掛先の信用状態が担保売掛債権全体の信用力に及ぼす影響度が高まる。

　通常、集中度が5％以上の売掛先（図表6-3の例ではP社とQ社）を注視し、必要に応じて信用状態をチェックする。また、図表6-3のような管理表を作成して売掛債権残高の上位5社から10社程度のエイジング状況を検証する。

(e) **時系列的な管理**

　図表6-4に示すように、担保売掛債権の残高を毎年ある一時点で把握し

図表6-3　事例：借手A社の売掛先別担保売掛債権期日管理票　（単位：百万円）

売掛先名	残高	比率	0～30日	31～60日	61～90日	90日超
P社	29	7.6%	17	9	2	1
Q社	20	5.2%	11	7	1	1
R社	14	3.6%	10	3	1	0
その他計	321	83.6%	159	89	46	27
合計	284	100%	197	108	50	29

図表6-4　事例：借手A社の売掛債権分析　（単位：百万円）

日付	平成17年12月	平成18年12月	平成19年12月	平　均
売上高	354	372	366	364
売掛債権回転期間	32日	33日	32日	32.3日
ダイリューション	6.7	7.8	6.6	7.0
ダイリューション率	1.9%	2.1%	1.8%	1.9%

て、売掛債権回転期間が長期化していないか、ダイリューションレートが上昇していないか等をチェックする。

第2節　動産の評価

　日本で貸出の担保として最も一般的に活用されているものは不動産である。不動産評価に関しては、公認資格として不動産鑑定士が存在し、収益還元法などの評価手法も確立しているほか、評価実務に必要な公示地価などのデータも整備されている。

　一方、動産は種類が多様であるうえ、同じ種類のものが複数存在する場合、売買のルートや数量などにより価格がまちまちになることから、評価手法を標準化することは容易でない。また、オープンな市場で取引される一部の動産を除けば価格に関する公開データも整備されていない。このような評価の実務に係る課題に加え、動産の場合、占有改定による担保取得が一般的であるため、いわゆる「隠れた担保」が存在する懸念がある。以上の背景から、動産は貸出において最も取扱いがむずかしい担保の一つと考えられてきた。

　本節では、こうした動産担保の現状をふまえたうえで、動産担保評価の基本手法および実務上の留意点について説明する。

　動産担保には大きく分けて、集合動産担保と個別動産担保とがある。

　第1項で店頭在庫などに代表される集合動産について、第2項で機械設備などに代表される個別動産について担保評価の手法を説明する。

1 集合動産(営業用在庫品)の評価

ここでは動産担保のうち借手となる企業が有する在庫品等の「集合動産」を対象とした担保の評価手法を説明する。

借手が扱う在庫品には衣・食・住関連をはじめさまざまな種類がある。しかし、そもそも営業用資産であり容易に保全や処分ができないこと、また日々数量や内容が変動するため評価や管理がむずかしいこともあり、従来金融機関はこれらの集合動産を貸出の有効な担保としてはみなさなかった。あるいは、担保として徴求しても、外部専門家との連携によるさまざまな仕組みがない状況では、担保の保全や処分などについて当初期待していた効果を上げられないケースが多かった。これは、欧米に比較して日本の商品流通ルートが複雑かつ緻密で、2次マーケットが未成熟であるという事情にもよる。

しかしながら、動産譲渡登記制度の活用や外部の評価・処分会社等との連携、さらには金融機関の意識と知識の向上により、米国と同様、日本でも集合動産が有効な担保として認知され、貸出のなかで積極的に活用されることが期待される。

(1) 集合動産担保と評価

集合動産担保の評価をする際は、以下のポイントをふまえたうえで実務を進める必要がある。

a オープンなマーケット(取引市場)の存在の有無

動産には金などの貴金属地金や亜鉛などの非鉄地金、あるいは砂糖、生糸、小豆や大豆といった原材料のようにオープンなマーケットで売買取引が行われているものがある一方、そのようなマーケットが存在せず、相対で売買取引が行われている動産も数多く存在する。また、企業の保有する棚卸資産は製造・加工等の状況に応じて一般に、原材料、仕掛品・半製品、製品に

区分されるが、少なくとも仕掛品・半製品は、動産の範疇に入るとはいえ、通常は売買取引の対象になるものではない。したがって、一口に動産を評価するといっても、評価対象動産について売買価格などの客観的なデータが入手可能な場合とそうでない場合とあり、必然的に評価の手法も異ならざるをえない。

マーケットの売買価格などの公開データが入手できない、あるいは存在しない場合は、実際に相対で行われている売買事例等を参考に当該動産の評価を行うのが通例である。後述するが、これは売買比較アプローチ算出法と呼ばれるもので、在庫品など集合動産の評価に適している手法である。評価を外部の評価会社などに依頼する場合、その依頼先に実際に当該動産あるいは類似する動産の売買（あるいは換価処分）を行った実績があれば、評価はより容易なものになる。ただし、評価会社などにそのような実績がなくとも、実際に売買を行っている事業会社等との連携により、売買の実情や価格、また処分の可能性などについて詳細な情報を入手できる場合、評価は可能である。

b 評価の客観性と合理性

オープンなマーケットの売買情報や実際の換価処分の実績データがあれば、動産担保を取得する貸手はそれらをベースに客観的な評価を行うことが可能である。しかし、そのような公開データがない場合、貸手が単独で客観的な評価を行うことはむずかしくなる。なぜなら、貸手が意図的に自身にとって有利な評価を行ったとしても、それを検証する術がないからである。このような可能性を排除するには、①第三者による評価を取得して、貸手自身もできる限り裏付をとるか、②社内で行うとしても営業や審査から独立した部署で評価を行うかのいずれかの方法によるべきであろう。しかし、後者（②）は評価の内製化を前提とするものであり、現時点で貸手に動産に関する情報や評価ノウハウがない以上、これを早期に実現することは困難なため、前者（①）の方法がより現実的といえる。

合理的な評価とは、評価対象動産の特性に即した合理的な評価手法を選択して評価を行うことである。オープンなマーケット（取引市場）が存在するか否かも評価対象動産の特性であるため、公開データの有無と合理的な評価との直接的な因果関係はない。仮に、過去の処分事例に基づくデータによる以外に評価に合理性をもたせることができないならば、非常に限られた種類の動産についてしか必要な評価を取得することができないことになる。また、たとえば評価手法として売買比較アプローチ算出法を採用するとして、公開データに基づいて分析することもある一方、オープンなマーケットがない場合は、実際に当該動産を取り扱っている同業者等から入手した情報に基づいて分析を行うことになる。このように、実際に貸出の担保物件としての処分事例がなくとも、合理的に評価を行うことは可能である。

　以上の考え方をベースに評価の客観性と合理性を確保することは、換価の可能性を見極めるうえで重要なポイントである。換価の可能性を大きくするには、評価対象動産に関して換価が可能なオープンなマーケットの有無を調査し、ない場合は外部の評価会社などの協力も得ながら相対での処分についてルートを特定し、かつ処分シナリオを想定したうえで、合理的な評価方法に基づく評価を実施する必要がある。

(2) 集合動産担保評価の基本手法

　集合動産の担保評価における基本事項は以下のとおりである。

a　動産担保の適性

　前述のとおり在庫品などの集合動産にはさまざまな種類があり、かつ製造・加工等の状況に応じて区分があるが、担保適性としてそれぞれ優劣がある点に注意を要する。通常は一定の価格で売買される商品でも、担保としてみた場合、さまざまな理由から処分が困難なケースもあるため、以下のような観点から担保適性を事前に把握することが重要である。

(a) 担保として適格か不適格か

基本的には、製品や市場価値のある原材料は担保適格であり、仕掛品や半製品は処分性があるもののみ限定的に適格とみなされる。

ただし、在庫品の転用性、季節性の有無、需給バランス、2次マーケットの有無等によって状況は異なることから、個別に調査を行う必要がある。

一方、不適格となる要因として、処分の困難性が高いことや処分時に発生する瑕疵担保責任リスクなどがあげられる。具体的には以下の在庫品がそのような対象となりうる。

◇仕掛品、半製品
◇不良品
◇滞留期間が長い在庫（品目によって適正な期間は異なる）
◇特注品（特定の販売先向けにつくられた製品）
◇委託販売品（借手企業に所有権がないもの）
◇備品
◇他の製造者がつくった製品（借手企業が製造業の場合）
◇サンプル、ディスプレー用として使用された商品　など

ちなみに、「原材料」として担保適格とみなされるものとして木材、金属、紙などがあげられるが、いずれもオープンなマーケットが存在し、用途も幅広い点が共通する。

(b) 適性を判断する三つのポイント

ア　処分性

対象となる在庫品を実際に処分することが可能かを検討する。一部には、処分チャネルがまったく存在しないケースや販売資格や免許の問題から処分が実質不可能なケースも存在する。

イ　換価価値

対象となる在庫品を実際に処分する際の価値を検討する。たとえば、簿価が同額である2種類の製品を換価しようとした場合、一方が簿価比50％超となるのに対し、もう一方は同比10％にも満たないというケースも実際に起こ

りうる。

　また、在庫品区分と換価価値との関係について、一般的に製品の換価価値が高く、原材料、仕掛品・半製品は低いとされるが、この点は一概に言い切れない面もある。たとえば繊維関連についていえば、衣料品（製品）は季節性、流行性が著しいため、売出しから数週間で換価価値が急速に低下するのに対し、原材料である糸や生地は、加工状態にもよるが、換価価値はより安定的に推移する。

ウ　担保管理

　対象となる在庫品を担保取得した際の管理面を検討する。たとえば在庫品が営業倉庫に保管されている場合、通常数量管理等が厳正に行われることから、借手企業の自社倉庫での保管と比較して管理面で優れるといえる。

b　3種類の評価手法

　集合動産の評価金額を決める手法として、次の3種類がある。

(a)　費用アプローチ算出法

　費用アプローチ算出法は、評価対象動産の取得に要した費用をベースに、①実質的な価値の低下、②機能上の陳腐化、③経済的な消耗を考慮して物件の入替え（あるいは新規購入する）費用を調整したうえで評価金額を算出する方法である。本算出法は、賢明な購入者は同等の使用が可能な代用品がある場合、その費用よりも多くの負担はしないという前提に立っている。

(b)　売買比較アプローチ算出法

　売買比較アプローチ算出法は、評価対象動産とその使用目的に照らして同等の価値があると判断される物件に対して支払われる価格を実際の売買事例に基づき調査したうえで、評価金額を算出する方法である。集合動産の評価では最も一般的な手法である。

(c)　収入アプローチ算出法

　収入アプローチ算出法は、評価対象動産を所有することにより得られる将来の便益の現在価値をもとに評価金額を算出する方法である。

c 3種類の評価金額

在庫品には、一部の例外（再販維持制度の対象商品等）を除いて、債権や有価証券等にみられるような評価の前提となる明示された価格はなく、次の3種類の価格が状況に応じて評価金額として用いられる。

(a) **公正市場価格**（Fair Market Value：FMV）

公正市場価格は、借手の事業継続を前提に、対象となる在庫品が通常の流通チャネルやマーケットで売買される金額である。すなわち、在庫品の売手がなんら強制されることなく必要な時間をかけて買手をみつけられる状況を想定した売却価格である。いわゆるゴーイングコンサーン（Going Concern）ベースの在庫品の価値を指す。

(b) **通常処分価格**（Orderly Liquidation Value：OLV）

通常処分価格は、借手の破綻により商品(ブランド)価値がある程度低下することを前提に、一定のコストと時間を費やして在庫品を処分することを想定した場合の評価金額である。処分における重点は換価性に置くものとする。

具体的には、3カ月ないし1年程度の合理的な期間内に買手をみつけられる前提で、既存の販売チャネルや一般事業者への売却のほか、閉店セール、催事販売、入札等の方法により処分を実施することを想定している。

なお、OLVから処分に必要な諸経費を控除した評価金額はネットのOLV、略してNOLVと呼ばれ、米国ではABLのアドバンスレートを決定する際に参照されることが多い。

(c) **強制処分価格**（Forced Liquidation Value：FLV）

強制処分価格は、通常処分価格と同様、借手が破綻したことを前提に、在庫品を一括処分することを想定した場合の評価金額である。ただし、処分の際に極力コストと時間をかけず、簡便性とスピードに重点を置くものとする。

具体的には、1カ月程度の限られた期間内に業者への一括売却やオークション等によって処分することを想定している。ディストレストバリュー（Distressed Value）ともいう。強制処分価格は通常処分価格より20～30%程度低くなるといわれている。

なお、FLVから処分に必要な諸経費を控除した評価金額はネットのFLV、略称NFLVと呼ばれ、米国ではABLのアドバンスレートを決定する際、上述のNOLVとともに参照されることが多い。

(3) 評価実務のポイント

集合動産の担保評価における実務上のポイントは以下のとおりである。

a　商流と管理体制の確認

在庫品は日々変動するものであるため、その背景と実態を理解するには借手の商流を正確に把握しておく必要がある。この調査を行う際は、単に借手からヒアリングするのではなく、在庫データ等の具体的な資料をもとに、商流の全体像を確認することが重要である。

入庫から出庫に至る在庫品の管理体制も評価の重要な要因になる。借手の在庫管理に関する業務プロセスや帳票等を確認し、管理体制に問題がないかを検証する。

b　在庫データの特定と記載事項の把握

借手の在庫データの整備状況を把握することは重要である。借手が中小企業である場合、決算月を除き、月次ベースでは簡便な方法で在庫データを管理しているケースも多い。この場合、金融機関は、入口の評価のみならず事後のモニタリングでも支障が生ずる可能性があるため、状況に応じて対応策を検討する必要がある。

在庫データの主なチェックポイントとして、以下の項目がある。

　　◇決算書もしくは試算表とデータの関連性
　　◇データの作成プロセス
　　◇各データ項目の定義
　　◇例外事項の有無とその内容
　　◇データのレポートアウト時期

◇関連資料の有無とその内容

c　評価対象動産の特定

　在庫データや決算書・試算表等の財務資料をもとに評価対象動産を特定する。中小企業の場合は在庫データが十分に整備されていないケースもあるので、補助的資料の活用や担当者へのヒアリングを通じて、在庫の全体像を把握することが重要である。

　担保取得の際は、全在庫品を対象にするのが原則である。状況によっては、倉庫、流通センター、店舗などの保管場所別に担保取得することもあるが、その場合、担保対象の在庫品が無断で別の保管場所へ移動され、担保対象外となることがないよう、事後のモニタリングで厳格にチェックする必要がある。

d　評価基準日の確定

　評価を実行する際は基準日を定めることになるが、一般的に直近の月末日、もしくは決算日とすることが多い。ただし、季節性が高い在庫品を対象とする場合は評価時点によって評価金額が大きく変動することもあるため、評価対象動産の実態をより反映させるように上記以外の基準日を設定するケースもある。

e　実地調査（フィールドイグザミネーション）の実施

　実地調査では、借手の帳簿等の確認を行うだけでなく、それらを管理するシステムの有効性や稼働状況もチェックする。在庫品の評価金額は、最終的に「数量×単価」で表示されるが、この数量の確からしさを検証することは、単価の算定と同様に重要である。したがって、金融機関にとって、入口の評価のみならず、事後のモニタリングでも、借手から提供を受ける在庫データはあらかじめ規定された基準と手続によって作成された「確かな資料」でなければならない。この点を担保するため、借手がシステムによってタイ

ムリーかつ正確に在庫情報を把握できる体制にあるかを検証する。なお、このような調査は金融機関が外部の評価会社、監査法人などへ委託することもある。

実地調査を行う対象範囲（保管場所、品目等）は、在庫データを分析したうえで、全体を対象とするか、あるいは一部とするかを決定する。全体から一部を抽出して行う場合も、調査対象となる在庫品が全体に対して数量、金額ベースで妥当な割合になるように、また主要な在庫品の特性が反映されるように抽出方法を定義すべきである。なお、保管場所が営業倉庫である場合は借手が寄託契約を結ぶ倉庫業者から調査実施に係る了解を得る必要がある。

実施調査の主要な目的の一つは在庫品の入出庫や保管に係る業務内容とその実態とを確認することである。この観点から、借手の財務担当者などから説明を受けた在庫管理手続が現場で実際に実践されているか、異例時はどのように対応しているかについて現場で確認することも有用である。

実地調査における主な調査事項は、次のとおりである。

◇保管場所の概要
◇入庫時の手続とプロセス
◇保管状況と保管ルール
◇出庫時の手続とプロセス
◇在庫数量カウント（サンプル調査による）など

調査の現場では、関係者へのヒアリング、写真撮影、在庫品の現物確認などを効率的に行う必要があるため、複数名の調査員により対応することが望ましい。

借手の在庫管理体制について詳細な調査が必要な場合は、金融機関から監査法人や実地棚卸代行業者に依頼する場合もある。

(4) 評価上の留意点

集合動産の担保評価において留意すべき事項は以下のとおりである。

a　いわゆる「相場」と評価金額

　日本では動産のマーケットの整備が遅れているといわれているが、金、鉄、一部の海産物および中古自動車のように、一定のマーケットが存在し、そこでの相場によって取引されているものもある。このような動産を評価する場合は、その相場を参考にすることになる。ただし、その際も当該マーケットの規模や特性を確認しておく必要がある。マーケットが存在する動産であっても、種類によってはマーケットを介さず取引されることがほとんどというケースもある。また、借手となる企業の商品のマーケットシェアが高ければ、保有する在庫品を一括処分する際、大幅なディスカウントが発生するケースもある。このように、相場と実際の取引価格あるいは処分価格が乖離する場合もあるので注意を要する。

b　簿価と評価金額との関係

　動産の帳簿上の簿価とその評価金額との関係であるが、簿価とは一般に事業者の所有する動産についてその取得価額（原材料としての取得価額およびその加工費用を含む）あるいは経過年数に応じて減価を実施した金額を帳簿に計上しているものであり、その後に原価あるいは費用として計上される金額であるため、その動産の価値を算定した評価金額とは直接連動するものではない。ただし、一定のルールに基づいて計上されている金額であり、評価手続でも簿価をベースにした検証が実施される。したがって、帳簿上の簿価の計上基準を確認しておくことも必要である。

c　在庫品の区分と担保評価

　借手の業況や担保とする在庫品の特性によって、在庫品の種類を細かく分類（たとえば、機械、木材、繊維など）せず、原材料、仕掛品・半製品、製品のように製造・加工段階によって大まかに区分したうえで評価や管理を行うことがある。この場合、在庫全体について、現金化されるまでに要する時間や市場流通性などの観点からとらえている。

また、在庫品の区分は借手の業種によっても異なってくる点に留意する必要がある。たとえば、素材メーカーからみれば原材料から製造する素材自体が製品であるが、加工メーカーにとってその素材は原材料になる。したがって、担保評価では、対象となる動産が製造・加工段階や商流のどこに位置しているかを把握することが重要になる[4]。

d　処分シナリオの想定

　在庫品の担保評価では、換価の可能性を見極めるために処分シナリオの想定を行う。この際、借手の業況、金融機関の同社に対する取組方針や貸出内容をもとに、アクションプランを検討する必要がある。

　具体的には、担保取得した在庫品の処分について以下を検討しておくことが重要である。

　　① だれが
　　② いつ（どのタイミングで）
　　③ どこで
　　④ だれに
　　⑤ どれくらいの量を
　　⑥ どのようにして

　この想定したシナリオが現実的なものであるほど評価金額と実際の処分金額との整合性が高まるといえる。

　金融機関は、これまで在庫品を担保取得するケースが少なかったため、借手の債務不履行などを理由に在庫品を保全したり、処分したりする機会が少なく、そのような実務に関する知識やノウハウが不足している。このため、在庫品を担保として活用する際は、外部の専門企業（評価会社や処分会社）と連携し、あらかじめ対応策を構築しておくことも有効である。

　ちなみに、米国では金融機関が担保取得した在庫品を処分する際、以前は

---

[4] たとえば、自動車パーツの小売業である借手企業が同時に修理業も営んでいる場合、同社が保有する在庫は小売用と修理用に分けて評価される。

弁護士に任せるケースが多かったが、近年は金融機関がターンアラウンドマネジャーなどと協力して、借手の再生を支援し、自身の損失の極小化を図ろうとする動きが強まっている。なお、在庫品の処分方法として、バルクセール（Bulk Sales、一括売り）やカスタマーディスカウント（Customer Discount、既存客への安売り・処分）等がある。

e　保管状況が担保評価に与える影響

　在庫品の保管状況により、評価金額に影響を及ぼすことがある。たとえば、同種類の在庫品を取り扱うA社、B社の2社があるとする。A社は在庫品を整然と保管し、かつ保管場所の倉庫も清潔に保っているのに対し、B社は在庫品を雑然と保管し、倉庫も不衛生な状態であったとしよう。両社の在庫品の担保処分を想定した場合、A社よりもB社のほうが売却先からディスカウント要請を受けやすくなるのは明白であり、この点を考慮すれば担保評価においてもB社の在庫品の評価を下げざるをえない。

　以上の観点から、在庫品の保管状況の確認は実地調査における重要調査項目になる。

f　損害保険付保状況の確認

　在庫品を担保に取得する場合は、担保物件が火災や盗難などで滅失するリスクに備え、損害保険の付保状況を確認しておくことも重要である。そのうえで、可能であれば、金融機関が損害保険の契約者となるか、もしくは借手が付保する損害保険に対し質権を設定する。

　在庫品に関する損害保険にはつぎの種類がある。

　　◇在庫品を対象とした動産総合保険
　　◇保管場所の建物に対する火災保険（在庫品は、建物の付随物として付保される）

　なお、損害保険の付保範囲等について保険証書や説明書の記載内容をチェックするとともに、不明な場合は専門家へ照会を行う。

g　評価会社の活用

　貸出に係る動産担保評価で外部の評価会社を活用する場合、原則として金融機関が評価依頼者になる。担保評価自体は金融機関の融資業務における主要機能であり、その一部を外部に業務委託する際は、金融機関が受益者にならなければならない。

　このような観点から、金融機関と評価会社との間で評価の進め方について事前に十分な協議を行う必要がある。たとえば、評価対象とする範囲（保管場所、在庫品目など）、実地調査の要否および範囲、長期滞留在庫に関する考え方などは必須の協議事項にあげられる。

　一方、借手が評価依頼者になる場合、評価の主要な目的は資金調達であるため、評価会社に対しては自社の資金調達上、有利な報告書を作成してほしいとの期待がある。しかしながら、そのような意図で作成された評価書は客観性に欠けるとの理由から、そもそも金融機関が担保関連資料として採用しない可能性もあることに注意を要する。

　なお、通常、評価会社は作成した報告書を評価依頼者である金融機関に対してのみ提出する。ただし、金融機関からの要請により借手あるいは他金融機関へ同報告書を開示するケースもある。その場合、評価会社は評価依頼者である金融機関との間で開示の範囲等について取り決めたうえで対応することになる。

h　評価事例紹介（評価会社による外部評価を活用したケース）

(a)　事例1（対象動産：　米穀、実施時期：平成18年）

本件評価上の主なポイントは以下のとおり。

　　① 対象企業の管理体制調査
　　　　◇在庫管理体制は業界の標準的な水準と判定
　　　　◇電子データによる在庫明細を適時出力可能であることを確認
　　② 保管場所における実地調査
　　　　◇自社倉庫でのサンプル調査の結果、在庫のデータと現物が一致

図表6−5　米殻の評価事例

評価金額（種類）		簿価比
公正市場価格（FMV）		90%
通常処分価格（OLV）		60%
	処分費用	6%
強制処分価格（FLV）		50%
	処分費用	4%

図表6−6　冷凍マグロの評価事例

評価金額（種類）		簿価比
公正市場価格（FMV）		120%
通常処分価格（OLV）		75%
	処分費用	8%
強制処分価格（FLV）		55%
	処分費用	4%

③　評価金額の算定
　　◇対象動産の市場価格を評価に反映
　　◇経年在庫については減価を実施（図表6−5）
(b)　**事例2（対象動産：冷凍マグロ、実施時期：平成19年）**
本件評価上の主なポイントは以下のとおり。
①　対象企業の管理体制調査
　　◇在庫管理体制は業界の標準的な水準以上と判定
　　◇営業倉庫からの保管明細データが定期的に還元されることを確認
②　保管場所における実地調査
　　◇営業倉庫の冷凍庫にて適切な保管状況にあることを確認
　　◇処分時の前提条件として在庫品のトレーサビリティーを確認
③　評価金額の算定
　　◇対象動産の市場価格および業者間取引値を評価に反映（図表6−6）

図表6-7　ブランドバッグの評価事例

評価金額（種類）		簿価比
公正市場価格（FMV）		140％
通常処分価格（OLV）		65％
	処分費用	4％
強制処分価格（FLV）		55％
	処分費用	3％

(c)　**事例3（対象動産：ブランドバッグ、実施時期：平成19年）**

本件評価上の主なポイントは以下のとおり。

①　対象企業の管理体制調査
　◇在庫管理体制は業界の標準的な水準と判定
　◇社内システム移行中につき、在庫データの一元管理は未済
　◇品目によって受注在庫と見込在庫があることを確認
②　保管場所における実地調査
　◇自社倉庫でのサンプル調査の結果、在庫のデータと現物が一致
③　評価金額の算定
　◇業者間取引値を評価に反映（図表6-7）

(5)　モニタリング

　集合動産担保を活用した貸出の成否を握るのはモニタリングであるといっても過言ではない。入口の評価では、借手の商流の概要を理解したうえで、変動する在庫品をある一時点でとらえその価値を確認する。貸出実行後のモニタリングでは在庫品が実際に変動する状況を継続して監視したり、保管状況を反復して実地調査したりすることにより、借手の業況や商流の実態を把握する。これにより、金融機関は借手への支援方針が策定しやすくなるとともに、万一担保を処分する場合もスムーズな対応が可能になる。

a 在庫データに基づくモニタリング

　在庫データに基づくモニタリングを行う目的は、在庫品の変動について一定の頻度（週次、月次等）で継続して確認することにより、借手の業況把握を行うとともに、入口で定めた貸出条件への抵触の有無を検証することにある。

　具体的な手続として、借手から提出を受けた在庫品に関するデータをもとに、次の事項の全部もしくは一部について確認を行う。

　　◇全在庫品の数量
　　◇担保不適格な在庫品の数量
　　◇在庫品の内容と品目別割合
　　◇在庫品の滞留期間
　　◇在庫品の保管場所

　在庫品の動きを正確かつ迅速に把握するためには、提出を受ける在庫データのフォームやその項目の定義および提出時期などについて、貸出実行時に借手と協議し、合意を得ておくことが重要である。

　上記の手続が確実に実行されれば、在庫品の動きから借手の業況の変化を早期に把握することが可能になる。結果として、前向きの場面では貸出機会の増加も見込まれる。後ろ向きの場面では、保全対応策の選択肢をより多くもつことにより貸出債権の回収可能性が高まる。この点が、特にモニタリングの重要性を際立たせている。

　在庫データに基づくモニタリングの実務上のポイントは、つぎのとおりである。

　① 在庫担保の管理においても、売掛債権の場合と同様、担保としての価値を減ずる諸要因をいかに把握するかが重要なポイントである。すなわち、担保不適格な在庫の状況をいかに的確かつタイムリーに把握し、管理していくかということである。

　② 次に、提出を受けたデータをもとに担保価額を算出する。担保価額の算出で最も簡便な方法は、更新した在庫品残高（簿価）に対して一

定の評価率を乗じて算出する方法である。この場合、入口の評価時に設定した評価率を用いることになるが、より精緻なアプローチを行うには、対象となる在庫全体に同じ評価率を適用するのではなく、在庫品を一定のカテゴリに区分したうえでカテゴリ別に評価率を設定する。この方法によれば、在庫品構成割合が変動する場合にも、その担保価額への影響をより精緻に反映できる。

③ モニタリングの結果、コベナンツ等で定めた条件に合致していることを検証し、仮に条件を満たさない場合、迅速に対応策を検討のうえ、借手と交渉を開始しなければならない。交渉内容として以下が考えられる。

◇是正措置もしくは期間の設定
◇追加保全の徴求
◇残高の全部もしくは一部の返済　など

b　モニタリング事例紹介

(a) 事例1（在庫の残高管理、通常毎月末実施）

加工段階別の在庫残高、所在地などについて借手から報告を受ける（図表6－8）。

(b) 事例2（時系列的な管理）

在庫の残高を毎年ある一時点で把握して、在庫回転期間が長期化していな

図表6－8　借手A社の在庫内訳

＜平成19年12月31日時点＞　　　　　　　　　　　　　　　　（単位：百万円）

項　目	金額（簿価）	構成比
原材料	1,967	75.0%
仕掛品	285	10.9%
完成品	372	14.1%
合計	2,624	100%

いか、不適格在庫が増加していないか等をチェックする（図表6-9）。

(c) 事例3（在庫品構成割合の管理）

在庫品構成割合の変化に伴い担保価値も変動しうることから、入口の評価時点で実施した在庫品の区分をベースにモニタリング時点の担保価額をチェックする。

図表6-9　借手A社の在庫分析　　　　　　　　　　　　　　　（単位：百万円）

日　付	平成17年12月	平成18年12月	平成19年12月	平　均
在庫（残高）	2,588	2,701	2,624	2,638
不適格在庫（残高）	264	327	302	298
不適格在庫比率	10.2%	12.1%	11.5%	11.3%
適格在庫（残高）	2,324	2,374	2,322	2,340
在庫回転期間	38日	42日	41日	40.3日

図表6-10　借手B社の在庫品構成　　　　　　　　　　　　　　（単位：百万円）

（平成19年12月31日）　　　　　　　　　　　　　（平成20年3月31日）

状態	大区分	小区分	入口評価時点			モニタリング時点		
			簿価	評価率	評価金額	簿価	評価率	評価金額
正常	マグロ	ホンマグロ	200	70%	140	150（-50）	70%	105
		メバチマグロ	100	60%	60	80（-20）	60%	48
		キハダマグロ	100	50%	50	50（-50）	50%	25
	エビ		100	60%	60	100（±0）	60%	60
	イカ		100	55%	55	140（±40）	55%	77
滞留	エビ・イカ		100	10%	10	180（±80）	10%	18
	合計		700	54%	375	700（±0）	48%	333

図表6-10の例では入口の評価時とその3カ月後のモニタリング実施時の比較を示している。両者の簿価合計額は同額（7億円）で、かつ各品目の評価率も不変という前提であるが、構成割合が変化した影響により全体の評価金額および評価率は減少している。

c　モニタリングにおける実地調査（フィールドイグザミネーション）

ここでの実地調査の目的は、貸出の途上管理において、借手から提出を受ける在庫データの正確性を保管場所の現場で確認するとともに、在庫品の保管状況についてチェックすることにある。また、実地調査は、借手に適正な在庫管理を促す牽制にもなりうる。

具体的には以下の二つのケースがある。

① 定例的な実地調査

　　貸出実行時に設定した一定期間のサイクル（一般的には、6カ月～1年に1回）に従って実地調査するケースである。借手の業況や在庫品の特性などから、実態に沿ったサイクルを設定し、金融機関・借手間の契約で規定しておくことが望ましい。

② 緊急的な実地調査

　　借手の業態や業況の変化によって、金融機関が必要と判断するつど、実地調査するケースである。

ちなみに、在庫担保の活用が進んでいる米国では、在庫等の実地調査を専門に行うフィールドイグザミナーを社内に擁する大手金融機関もある。また、社内にフィールドイグザミナーを置かない場合は、外部の専門会社や監査法人を活用するケースが多い。

d　評価替え

在庫品は、新製品の登場、外国製競合品の輸入、流行・季節性、法規制などさまざまな要因で価格変動リスクにさらされているため、一定期間のなかで必ず評価替えを行う必要がある。評価替えの頻度に関しては、借手の業態

や在庫品の内容などを勘案のうえ、個別に決定すべきであるが、長期で1年に1回、短期で3カ月に1回程度が標準的である。

なお、担保対象の在庫品が、食の安全にかかる突発的なイベントや国際商品市況の変動などによる影響を受けやすい場合、普段から関連するニュースや相場動向に注視しながら、タイムリーに評価替えを実施する必要がある。

2　個別動産（機械設備）の評価

ここでは動産担保のうち、機械設備などに代表される「個別動産」を対象とした担保の評価手法を説明する。

工作機械など一部の個別動産は評価や処分が比較的容易であるため、従来制度融資等の担保として活用されてきた。しかしながら、その他多数の個別動産は前述の集合動産の場合と同様、評価・管理・処分のむずかしさから、これまで金融機関が貸出の有効な担保としてはみなさなかった。

平成17年10月にスタートした動産譲渡登記制度により、機械設備などの個別動産も、機械の名称、数量、型式・製造番号・製造年月日、保管場所などを特定すれば登記が可能になった。今後は、金融機関による本制度の活用や外部の評価・処分サービス会社との連携により、個別動産も積極的に貸出の担保として活用されることが期待される。

(1)　個別動産担保と評価

機械設備などの個別動産は売掛債権や在庫と異なり、日常の商取引とは直接関係ない事業資産であり、一般的に処分性の低い担保とみなされている。

その理由として、第一に、機械設備などは借手が継続的に使用することを前提とするものであるため、金融機関にとって担保管理が物理的に困難であることがあげられる。第二に、機械設備などは元来換金する目的で保有されるものではないため、担保価値（処分価値）を求めるのがむずかしいことがあげられる。

しかしながら、個別動産といっても多種多様であり、一概に担保としての適性を欠くとはいえない。特定の動産が担保としての適性をどの程度もっているかを見極めるためには、借手の業種の特性や、動産そのものが有する特性を検証することが必要である。具体的には、評価価値・処分性・担保管理のそれぞれの観点から分析を行い、適性を判断する。

このような判断を行うには高い専門性が求められるため、金融機関が単独で行うことがむずかしい場合、外部の評価会社などとの連携が必要になる。

(2) 個別動産担保評価の基本手法

a 動産担保の適性

個別動産も集合動産の場合と同様、担保評価おいて担保適性を事前に把握することが重要になる。いかに高価な機械装置であっても、担保権行使による取得にリスクを伴うものや転売が困難なものであれば、担保対象としての適性に欠ける。この場合、簿価がどれほど高くとも、担保としての評価は低くならざるをえない。環境に悪影響を与える材料を使用する機械や、専用性がきわめて高く転用が利かない機械などがこれに当たる。

逆に、借手から第三者への転売が可能な動産であれば、担保としての適性をある程度備えているといえる。

個別動産の担保適性を判断するには、つぎの三つのポイントがある。

(a) **処 分 性**

対象となる個別動産を実際に処分することが可能か否かを検討する。処分チャネルがまったく存在しないケースや、販売資格や免許の問題から処分が実質不可能なケースもある。

(b) **換価価値**

対象となる個別動産を実際に処分する際の価値を検討する。動産の種類等によって換価価値の簿価に対する比率は大きく異なる。

(c) **担保管理**

対象となる個別動産を担保取得した際の管理面を検討する。たとえば、工

場に設置されているプラントや機械は容易に搬出できないが、建設機械や自動車などは自走機能を有するため散逸のリスクが高い。

b　評価手法

個別動産の評価手法として、集合動産の場合と同様、次の3種類がある。基本的には集合動産の評価手法と同じである。

① 費用アプローチ算出法
② 売買比較アプローチ算出法
③ 収入アプローチ算出法

各算出法は、本節1(2)bを参照されたい。

c　評価金額

個別動産の評価金額は、集合動産の場合と同様、次の3種類の価格が状況に応じて用いられる。

① 公正市場価格（Fair Market Value：FMV）
② 通常処分価格（Orderly Liquidation Value：OLV）
③ 強制処分価格（Forced Liquidation Value：FLV）

各評価金額について、詳細は本節1(2)cを参照されたい。

(3)　評価実務のポイント

個別動産の担保評価における実務上のポイントは以下のとおりである。

a　評価目的の確認

金融機関が個別動産を評価する目的は主に次の二つである。

① 使用価値の評価
② 処分価値の評価

評価目的が①の場合は、評価対象動産の特性によって上記の3種類の評価手法のなかから最適なものを選択するか、あるいは複数を併用して評価金額

を算出する。

一方、評価目的が②の場合は、主に売買比較アプローチ算出法を使用して算出する。

b 評価対象動産の特定

(a) 借手の財務資料（簿価）との照合

財務資料は一定のルールに基づいて作成されており、借手が保有する動産の実態を把握するうえで基本情報を提供するものである。当該資料中の簿価とその算定基礎となる資産台帳を確認することにより、簿価・種類および数量が評価対象動産の明細と相違ないかを確認する。

(b) 個別動産の特定

機械設備などを特定する際、必要となる主な項目は、動産の名称、製造会社名、製造年月日、製造番号、設置場所などである。評価対象物件が個別動産の集合体である場合も、1台ごとにこのような必要項目を把握する必要がある。

(c) 所有権の確認

機械設備などの場合、評価対象動産がリース物件や所有権留保物件であることも想定される。対象物件がすでに借手の管理下にある中古品の場合は特に、所有権について慎重な調査が必要である。

所有権の確認作業は、自動車や船舶のように特別法による登録制度がある動産の場合比較的容易に実施できる。一方、複数の機械を組み合わせて一つの機能を発揮する製造ラインやプラントなど、所有権の対象範囲を特定することがむずかしい動産もあるので注意を要する。

c 評価基準日の確定

評価を実行するに際して基準日を定めることになるが、個別動産の場合は現時点を基準日とするのが一般的である。

d 実地調査(フィールドイグザミネーション)の実施

設置場所での実地確認によってはじめて判明する重要事実も少なくない。その意味でも、実地調査は評価作業に欠かせないプロセスといえる。

実地調査での主な調査事項は次のとおりである。

　　◇設置場所の概要(評価対象動産の設置箇所、搬出入口の状況など)
　　◇評価対象動産の固有情報(製造番号など)
　　◇付随品(部品や治具)の有無と内容
　　◇評価対象動産の所有権(リース会社のシール、打刻の有無など)
　　◇評価対象動産の稼働状況　など

(4) 評価上の留意点

a 簿価と評価金額との関係

個別動産における簿価とは、一般的に、事業者が所有する動産の取得価格、あるいは経過年数に応じて減価償却を実施した金額を帳簿上計上しているものである。一方、個別動産の担保価値は、通常、当該動産を売却した場合の処分価値か、または当該動産が将来にわたり生み出す便益の現在価値とされる。したがって、個別動産の担保評価では、その簿価と実際の評価金額との関連性は必ずしも高くないことに留意する必要がある。

b 処分シナリオの想定

評価金額を算定する際は、処分時の状況を想定したうえで、処分シナリオと市場での取引価格とを勘案し、最終的な評価金額を算定する。この際、通常、複数のケースを想定して金額算定を実施する。処分価値を評価する場合であっても、数通りの処分シナリオにより金額算定を行う。前述のとおり動産の価格は多様であり、同じ機械の処分でも処分方法が違えばその価格も大きく異なることがありうる。したがって、担保権者である金融機関は常に複数の処分シナリオを念頭に置き、実際の処分時に備えておく必要がある。

c 改造・付属品

　機械設備などの価格は、新品であっても一定ではなく、仕様、付属品などにより大きく変動する。特別仕様が施されていたり、高価な付属品が装着されている場合など、新品・中古にかかわらず当初購入価格からある程度推測することが可能である。

　当初購入価格が通常と比べて高い場合は、借手用にカスタマイズ（特別仕様）されているケースも想定される。高価な付属品が装着されている場合は評価上プラス要因となりうるが、大幅なカスタマイズは逆にマイナス要因となりかねない。本来、汎用性が高い機械装置であっても、特定のユーザー用にカスタマイズされた結果、他への転用が利かない状態となるからである。

　一方、当初購入価格が通常の新品価格と比べて低い場合は、中古品として購入されたものである可能性がある。

d 設置状況

　評価対象動産の設置状況を確認することは、特に、処分価値を算定する場合に重要である。理論上は価値がある動産であっても、移動させることが困難であれば処分価値は激減する。したがって、評価対象動産を実際に処分する際、確実に搬出可能であるか確認しておく必要がある。

　また、評価対象動産が評価対象外の動産と付着している場合は、処分時に所有権をめぐりトラブルとなることもありうるので注意を要する。なお、このようなケースで当該動産が評価対象外の動産とセットでなければ機能を果たさない状況であれば、担保として不適格である。

e 使用・保管状況

　機械設備などは、使用・保管状況によって現在価値や将来価値が変動する。たとえば水分や塩分を多く含んだ材料を加工する場合などは、消耗が激しくなるため、価値が下落しやすい。

　主に注意すべき事項はつぎのとおりである。

◇平均使用時間／日
◇使用・加工材料
◇保管場所（屋内・屋外）

f　メンテナンス状況

　機械設備の場合、メンテナンスの状況によって将来価値が大きく変動しうる。したがって、評価対象動産のメンテナンス計画や実績を確認することが重要になる。

g　損害保険付保状況の確認

　機械設備など個別動産を担保に取得する場合も、前述の集合動産の場合と同様、担保物件が火災や盗難などで滅失するリスクに備え、損害保険の付保状況を確認しておくことも重要である。
　具体的な留意点について、詳細は本節1(3)fを参照されたい。

h　評価会社の活用

　個別動産の担保評価において外部の評価会社を活用する際の留意点は、前述の集合動産の場合と基本的に同様である。
　具体的な留意点について、詳細は本節1(3)gを参照されたい。

(5)　モニタリング

　通常、機械設備などの個別動産は借手の管理下にあることから、担保取得する場合、定期的なモニタリングが欠かせない。一方、機械設備などは、在庫品などの集合動産と比べて一般的に可搬性が低いこともあり、借手の業況に応じて実施方法を変更することもありうる。業況に問題がない平常時であれば、借手からの報告のみで、実地調査を省略することも可能であろう。ただし、業況が逼迫してから慌てて実地調査を行うことのないよう、借手の業況には常に留意する必要がある。

個別動産担保におけるモニタリングの実務は、主に次の対象動産の実地調査（フィールドイグザミネーション）および対象動産の使用状況の確認に集約される。

a　モニタリングにおける実地調査（フィールドイグザミネーション）
　ここでの実地調査とは、貸出実行後の途上管理として、担保取得した動産の実在や使用・保管状況などを実地で確認することを指す。実地調査は借手に対し適正な物件管理を促す牽制にもなりうる。
　具体的には、以下の二つのケースがある。
　　① 定例的な実地調査
　　　貸出実行時に設定した一定期間のサイクル（たとえば、1年に1回程度）に従って実地調査するケースである。
　　② 緊急的な実地調査
　　　借手の業態や業況の変化によって、金融機関が必要と判断する都度、実地調査するケースである。

b　対象動産の使用状況の確認
　前述のとおり、使用時間、使用・加工材料、改造などが対象動産の現在価値や将来価値に大きく影響することから、使用条件や改造に係る条件を担保取得時に借手との契約条項に盛り込むことが重要になる。さらに、そのような取決めが実際に守られているか、借手からの定期的な報告により確認する必要がある。

第3編

ABLの展開

第 7 章

ABF

第1節 はじめに

　第1編で説明したとおり、ABFは企業が保有する「アセット」のうち価値のあるものを見極め、それを企業から切り離したようにみなして、その価値を活用することで、当該企業の信用リスクを補完して信用供与を行う手法である。そしてこのABFは第2編で解説したABLを包含する概念であり、「アセット」の価値を企業の総合的な信用力に反映させていく工夫をすることにより「アセット」活用の新たな意義を見出す仕組みである。

　本章では、ABFの各種手法を紹介するが、その前に、第2節で日本における企業金融を取り巻く環境が変化するなかでABFがなぜ求められるか、そしてそれがどのように展開していくかについて論及する。そのうえで、ABFの手法に求められる機能や活用される「アセット」やその価値への依存度について説明する。

　第3節では、ABFの類型を示し、資産流動化など他のファイナンス手法との違いについてもふれる。

第2節

ABFとは何か

1　企業価値経営と「アセット」

　現在の企業価値や株主価値を重視した経営では、企業はヒト、モノ、カネ、情報という有形無形の経営資源を活用することにより、その企業の生むキャッシュフローを増大させ、企業価値の極大化を図るべく事業活動が求められている。

　右肩上がりの高度成長期やバブル期に企業は企業規模の拡大やマーケット・シェアの確保に奔走し、このような有形無形の経営資源を膨張させることにある種の価値観を見出していた。しかし、バブル経済の崩壊、経営の国際化、ステークホルダー[1]という概念の確立により経営資源や資産の必要性について厳格な判断が求められるようになり、その判断に基づいて確保、維持されることになる経営資源や資産をもとに利益やキャッシュフローを生み出す、効率的な経営が求められるようになった。

　たとえば、貸借対照表の左サイドに掲載されている有形経営資源である売掛金、在庫、工場設備等の事業資産を効率的に活用し、キャッシュフローの極大化を図ることが要求されるようになったのである。

　一方で、かつての日本の会計制度では、諸外国から「必要な情報開示がなされていない」との批判が起こったこと等により、平成12年3月期頃からさ

---

[1]　株主、債権者、経営者、従業員、顧客、国等、企業と利害関係を有する者。

まざまな新会計基準が導入される会計ビッグバンが始動した。これに伴い、「経営の現状」を示す指標を含む財務諸表について、たとえば期末の時価に基づいて資産を評価する時価主義等が導入され、ステークホルダーはより正確な現状認識を行うことが可能になってきた[2]。さらに財務諸表の正確性について、大企業のみならず「中小企業会計」といった概念が議論され、その確立が図られていることにより、たとえば会計参与制度が導入され、幅広い企業が自らの財務諸表作成基準の精度を上げていくことが要求されるという事態が生じている。

しかし、ステークホルダーが重視をしているのは「経営の現状」ではなく、その企業が有する経営資源を活用し、その後どのような方向性や確実性をもって先行投資を行うなどして新たなキャッシュフローを生み出し、企業価値を向上させていくかという情報である。たとえば、金融機関が貸出の実行を決定する際に「取引先が将来に利息や元本を返済してくれるか」という情報を把握することに注力するといったことや、通常の商取引では取引先が「将来も取引を継続できる財務状況にあるか。経営になんらかの事態が生ずることで供給ないしは需要がストップする可能性はないか」を知りたいのである。

さらに、近時、多くの場面で謳われているように、ノウハウや教育といった人的資本や情報資産、さらには企業文化をはじめ組織のような無形資産をその企業価値、利益創出の源泉とする概念も重要になっている。ただし、その概念は多くの場合、無形資産を貸借対照表の左サイドに存在する有形資産といかに巧みに連携させていくかに依拠しており、その前提は有形資産の効率的活用であることはいうまでもない。

以上に述べてきたような企業を取り囲む外部環境の変遷およびさまざまなステークホルダーからの要求をふまえてABFという手法を考察するならば以下のような結論に至る。

---

2 落合稔編著『CFOハンドブック』46頁（中央経済社）。

すなわち、ABFの仕組みは、一義的には担保とする企業の「アセット」の価値に着目し、その企業の信用補完機能を内在するものであるが、特に企業のキャッシュフローの源泉となる「アセット」に着目し、企業価値向上戦略に資するさまざまな課題に対するソリューションを包含した金融手法といえる。

2　ABFに必要な機能

では、上述のような役割を期待されるABFにはどのような機能が必要になるのであろうか。

第2編で示したABLと同様、ABFを実施する金融機関は企業の保有する「アセット」の価値を的確かつタイムリーに把握する仕組みをつくる必要がある。たとえば売掛金や在庫などの流動資産を活用する場合、入口で活用する「アセット」の内容を確認し、その評価をすることは当然であるが、事後にその価値が劣化していないか、常時モニタリングしていくこともきわめて重要である。また機械設備であれば、景気変動によりその需要や稼働状況が変動し、結果としてその使用価値が変動するものもあるので、ABFに取り組む金融機関は活用する「アセット」の担保特性をよく理解し、それに応じた評価やモニタリングをすることが肝要である。

つまり、ABFが「アセット」の価値を活用する金融手法である以上、その「アセット」の価値の変動をトレースする機能を備えておく必要があるということである。さらに、ABFで活用される「アセット」はキャッシュフローによる返済が滞った際に返済原資とすることになるので、金融機関は実際に「アセット」を換価処分あるいは回収する場面を想定し、事前に対策を講じておかなければならない。したがって、金融機関は、ABLでの場面と同様、単独では換価処分することがむずかしい在庫などについて実際に買取りが可能な事業会社や処分業者などへの依頼を想定し、あらかじめ関係を構築しておくことも重要になる。すなわち換価処分する「アセット」を保全

図表7－1　ABFに不可欠な機能

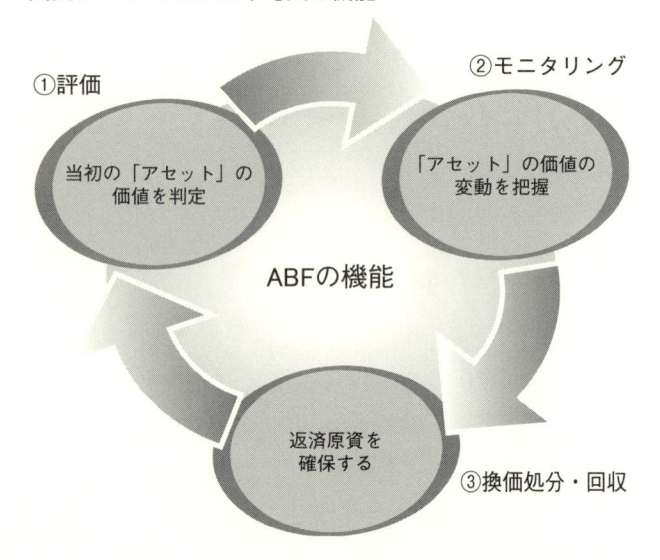

①評価：当初の「アセット」の価値を判定
②モニタリング：「アセット」の価値の変動を把握
③換価処分・回収：返済原資を確保する
ABFの機能

し、タイムリーな換価を実現することが返済原資を確保することにつながるのである。

　このように、ABFでも活用する「アセット」をいかに的確にコントロールするかが重要である。第2編で説明したABLの実務と同様、ABFでも、それを実施する金融機関は、案件の入口における「アセット」の評価、入れ替わりや使用による価値の変動を把握するモニタリング、そして換価処分や回収を想定した対策・準備が不可欠である。つまり、ABFの成否は、図表7－1にあるとおり、活用する「アセット」の評価、モニタリング、換価処分・回収の体制づくりにかかっているといっても過言ではない。

3　ABFで活用される「アセット」と形態

　それでは、ABFにおいてどのような企業の「アセット」が活用されるのだろうか。また、その形態にはどのようなものがあるのであろうか。
　ABFの手法では、企業の保有する「アセット」のなかでも図表7－2に

示したものが主に対象となり、これらの「アセット」を活用した ABF として以下の形態がある。

(1) 売掛金を活用する形態

売掛金を活用する形態として、売掛金を担保として活用した売掛金担保ファイナンスや受取手形を担保として活用した商業手形担保貸出がある。売掛金を買い取るファクタリングもこの形態に含まれる。ファクタリング自体は売掛金をノン・リコースで買い取り、期日に回収する手法であるが、期日前にアドバンスという金融機能をつければ ABF の一形態といえる。また、売

図表7-2 ABFで活用される「アセット」

貸借対照表

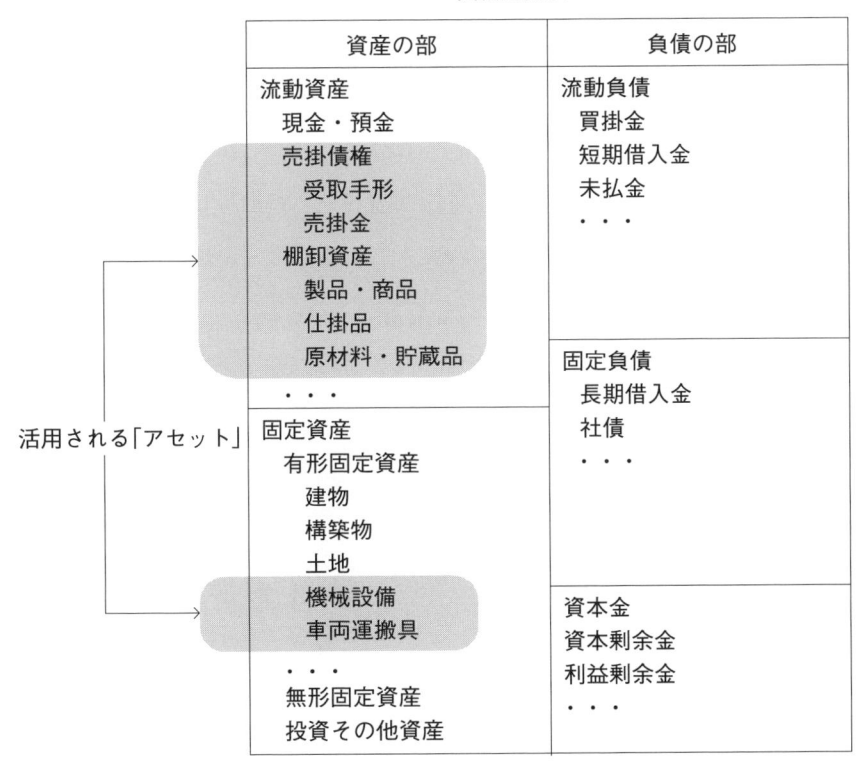

資産の部	負債の部
流動資産 　現金・預金 　売掛債権 　　受取手形 　　売掛金 　棚卸資産 　　製品・商品 　　仕掛品 　　原材料・貯蔵品 　・・・	流動負債 　買掛金 　短期借入金 　未払金 　・・・
固定資産 　有形固定資産 　　建物 　　構築物 　　土地 　　機械設備 　　車両運搬具 　・・・ 　無形固定資産 　投資その他資産	固定負債 　長期借入金 　社債 　・・・
	資本金 資本剰余金 利益剰余金 ・・・

活用される「アセット」：売掛債権（受取手形・売掛金）、棚卸資産（製品・商品、仕掛品、原材料・貯蔵品）、機械設備・車両運搬具

掛先（債務者）1社のみのリスクをとる一括ファクタリングという手法もABFといえる。

さらに、クロスボーダーの売掛金である輸出債権を担保として活用してファイナンスを行う手法もABFに含めて考えてよいであろう。

(2) 在庫を活用する形態

在庫を活用する形態として、企業の保有する在庫を担保にして貸出を行うブランケット・インベントリー・ファイナンス（Blanket Inventory Financing）をはじめ、企業が特定の在庫を購入する際に個別に在庫を識別して担保取得して貸出を行うユニット・インベントリー・ファイナンス（Unit Inventory Financing）やフロアー・プラン（Floor Planning Financing）と呼ばれる形態もある。

(3) 売掛金と在庫とを一括して活用する形態

売掛金と在庫とを一括して活用する形態には、第2編で説明したABLが該当する。さらに、機械設備などの固定資産も担保に取得して長期の貸出枠を加える場合もある。

(4) 機械などの設備を活用する形態

機械などの設備を活用する形態として、企業の保有する工作機械などを担保とした貸出がある。ファイナンス・リースも機械などの設備を活用するファイナンスの一形態であるが、リース期間中にほとんどの元本を回収してしまうので、実質的には企業の信用力に依存したファイナンスであり、ABFのなかではきわめてコーポレート・ファイナンスに近い形態といえる。割賦も同様に期限までは対象となる機械などの設備に対する所有権が購入者（利用者）へ移転しないため、コーポレート・ファイナンスに近い形態である。一方、オペレーティング・リース（Operating Lease）はリース対象物件の換価価値を織り込んだリースであり、リース期限における一定の残存価値を控

除して返済を受ける。機械などの設備の購入者（利用者）サイドではなく、販売者（ベンダー）サイドに販売促進のためのリースプログラムを提供するベンダー・ファイナンス（Vendor Finance）という手法もある。

4 「アセット」の価値への依存度

活用する「アセット」の種類の点からABFを分類すると上述のようになるが、ABFのさまざまな手法を「アセット」の価値への依存度の大小からとらえると図表7－3のようにポジショニングされる。図表では右側ほど「アセット」の価値への依存度がより大きいことになる。

図表7－3　ABFと「アセット」の価値への依存度

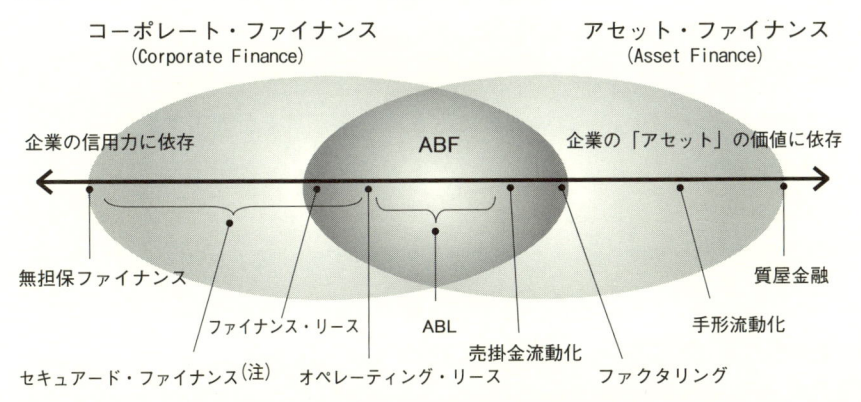

コーポレート・ファイナンス　　　　　　　　アセット・ファイナンス
(Corporate Finance)　　　　　　　　　　　(Asset Finance)

企業の信用力に依存　　　　ABF　　　　企業の「アセット」の価値に依存

- 無担保ファイナンス
- セキュアード・ファイナンス(注)
- ファイナンス・リース
- オペレーティング・リース
- ABL
- 売掛金流動化
- ファクタリング
- 手形流動化
- 質屋金融

(注)　セキュアード・ファイナンス（Secured Finance）とはABLよりも担保のコントロールをしない「添え担保」型のファイナンス。

第3節 ABFの類型

1 四つの類型

　前節では、企業の貸借対照表を示し、そのなかで活用される「アセット」の種類からABFの主要な形態を示した。具体的には、売掛金を活用する形態、在庫を活用する形態、その両方を活用する形態、そして機械などの設備を活用する形態であった。

　これらの「アセット」はいうまでもなく企業が日々行う事業活動で生み出される資産あるいは事業活動に関連する資産である。企業間での商取引、すなわち売手と買手の間で商品やサービスの取引（売買）が行われ、その結果として売掛金や在庫といった事業収益資産が発生する。ABFはそのような企業の「アセット」を活用する手法であるため、企業の事業活動あるいは商流と切り離して考えることはできない。

　そこで、企業の事業活動、すなわち売手と買手との関係を中心に据えてABFの類型を示したのが図表7－4である。通常、ファイナンスの手法を図示する場合は金融機関（貸手）と企業（借手）の関係が中心となるが、図表7－4では売手企業と買手企業の関係を中心にすえ、そのうえで金融機関とのかかわりを示すように工夫した。また、図表では、売手は工作機械メーカー、買手はその利用者を想定した。

　図表7－4は、以下のような商流とファイナンスニーズをベースにしている。まず、売手である工作機械メーカーは製品である工作機械を買手である

図表7－4　売手・買手の関係からみたABFの類型

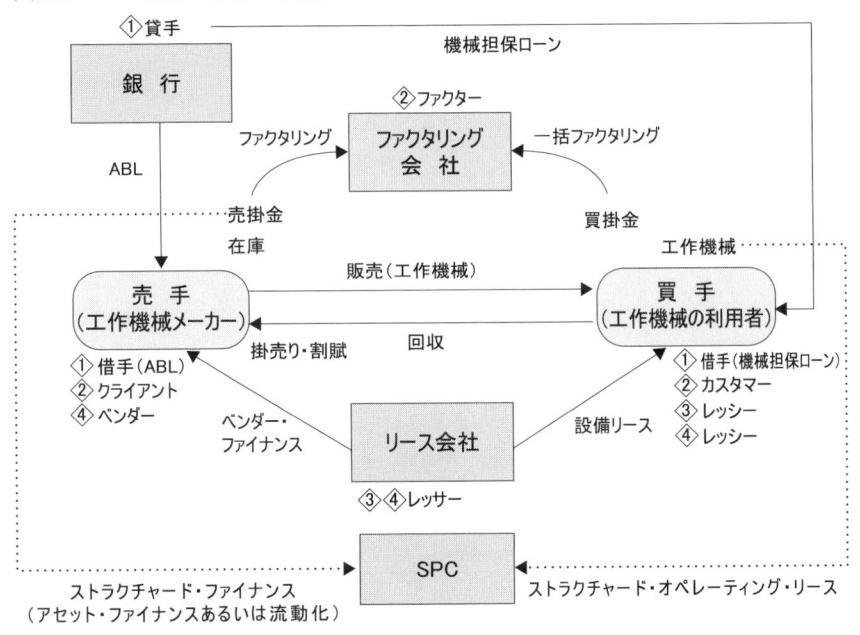

（注）当事者の関係：①貸手－借手、②ファクター－クライアント－カスタマー、③レッサー－レッシー、
　　　④レッサー－ベンダー－レッシー

利用者に販売し、代金を回収する。代金は掛売りで後日回収するか、割賦で回収する方法もある。一方、売手は工作機械を製造するために部品などの仕入れを行い在庫する。購入した在庫は原材料であり、加工の過程にあるものは半製品や仕掛品となり、完成品が製品として帳簿に資産計上される。工作機械を掛けで販売すれば売掛金が計上され、期日に回収されれば現金もしくは預金になる。手形で回収されれば受取手形として計上され、手形期日に入金になる。売手は工作機械の製造に必要な運転資金をABLなどの借入れや売掛金の流動化により調達する。また、工作機械の販売促進のためにリース会社よりベンダー・ファイナンスの仕組みをつくってもらうこともある。ベンダー・ファイナンスは売手の立場に立って売手が製品などを販売する際に買手が購入しやすいように買手に対してリースなどファイナンスをアレンジ

第7章　ABF　　491

する手法である。

そして、買手は工作機械の購入に必要な資金を銀行からの機械担保ローンやリース会社からのリースによって調達する。また、買手が保有する工作機械をSPCなどへ売却しリースを受けるストラクチャード・オペレーティング・リースといった手法もある。買手が代金の支払いを手形（支払手形）で行っている場合、事務効率化などの観点から手形レスを進めることがある。その場合に活用されるのが一括ファクタリングである。仮に売手が買手から受け取る手形を割り引くなどして資金調達をしていると資金繰りに支障をきたす。したがって、ファクタリング会社は支払期日前に売手に債権を買い取るかたちで資金供給を行うこともある。

ABFを企業の事業活動を中心にとらえると以上のようになる。そして、図表7－4をベースにするとABFは次の四つに類型化される。すなわち、第2編で説明した「売掛金・在庫活用型」としてのABL、そして本編第8章以下で説明するその他のABFの手法としての「売掛金買取り型」「設備活用型」「事業活用型」である。

　① 売掛金・在庫活用型……ABL
　② 売掛金買取り型……ファクタリング、一括ファクタリング
　③ 設備活用型……機械担保ローン、リース、ベンダー・ファイナンス
　④ 事業活用型……ストラクチャード・ファイナンス、ストラクチャード・オペレーティング・リース

2　資産流動化手法との関連

企業の保有する「アセット」を活用したファイナンス手法として、売掛金やローン債権などを対象にした資産証券化（アセット・バックト・セキュリティ、Asset Backed Securities）や不動産流動化のためのREITといった手法もある。資産を信託会社に信託し、信託受益権を活用する手法も企業の資産を活用したファイナンス形態といえる。

しかし、いずれの手法も企業の保有する資産を企業から実際に切り離し、その資産価値を裏付にして行う手法であるため、ABFとはいいがたい。よって、本書では取り上げないこととする。

　なお、上述の「事業活用型」は、企業の「アセット」あるいは「事業」を実際に切り離して行われる手法であるため、本書の定義からすればABFに含まれないが、ABFの将来的な展開の方向性を理解するうえで必要不可欠なものであるため、説明の対象に加えることにした。

第 8 章

売掛金買取り型

(ファクタリング)

第1節 定義・主要な形態

　本章では、第7章で四つに類型化したABFの一つである「売掛金買取り型」として、ファクタリングについて説明する。

　日本におけるファクタリングは、すでに成熟産業であるといわれる米国と比べ取扱いが少なく、実務的なノウハウも十分積み上がっていないため、本章では、米国型ファクタリングを中心に解説し、それをふまえた日本的展開について論及する。

1　ファクタリングの定義

　ファクタリングとは、米国を中心に発展した伝統的手法[1]の定義に従えば、ファクタリング会社（以下、ファクター（Factor））が販売者（以下、クライアント（Client））からその顧客である購入者（以下、カスタマー（Customer））に対する売掛金を買い取り、その売掛金の所有者となり、通常、ファクターが自己のリスク負担によりカスタマーから売掛金の回収を行う業務のことをいう（図表8－1）。ここでいう「自己のリスク負担により」とは、「クライアントに対してノン・リコース（償還請求権なし）で」と同義である。換言すれば、万が一カスタマーが倒産しても、ファクターはクライアントに対して買い取った売掛金相当額を支払う義務を負うということである。ただし、

1　traditional factoring あるいは old-line factoring と呼ばれる。

図表8－1　伝統的ファクタリングの仕組み

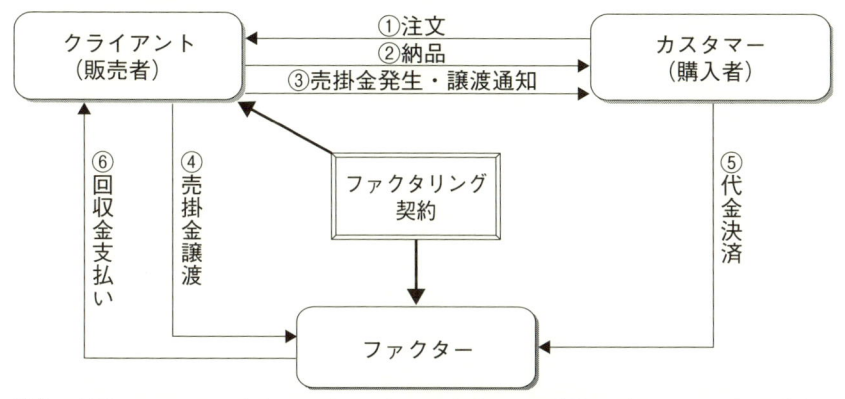

```
┌─────────────┐  ①注文         ┌─────────────┐
│  クライアント │ ←───────────  │   カスタマー  │
│  （販売者）   │  ②納品         │  （購入者）   │
│             │  ③売掛金発生・譲渡通知 │         │
└─────────────┘                └─────────────┘
  ↑    ↓                         ↑    │
  ⑥    ④                         │    ⑤
  回    売                         │    代
  収    掛                         │    金
  金    金                         │    決
  支    譲                         │    済
  払    渡                         │
  い                               │
        ↓   ┌─────────┐          │
            │ファクタリング│          │
            │   契約    │          │
            └─────────┘          │
                ↓                 │
            ┌─────────┐          │
            │  ファクター  │ ←────────┘
            └─────────┘
```

（注）　本図はファクターからクライアントへの金融となる前渡し（アドバンス）の実行を伴わないケース。アドバンスについて、詳細は本章第3節4を参照。

通常、ファクターとクライアントとの間で締結されるファクタリング契約書のなかでは、カスタマーの支払期日における不払いについて、ファクターはカスタマーの資力的能力を原因とする場合に限り回収リスクを負うと明記されている。したがって、商品やその引渡しおよび売買契約に関するクライアント・カスタマー間の紛争等から生ずる回収リスクに関して、ファクターは免責されるのである。

2　日本におけるファクタリングの現状

(1)　普及が遅れた伝統的ファクタリング

日本では、1970年代、銀行系を中心に相次いでファクターが設立されたが、欧米との商慣習や金融・法制度の違いもあって、これまで伝統的ファクタリングの利用は限定的であった。その一方で、ファクター各社は市場ニーズに合わせるかたちで欧米とは異なるサービスを開発し、展開してきた。

日本でなぜ伝統的ファクタリングが普及しなかったか。この点に関して一

般的に以下の理由があげられている。
　① 総合商社がファクターの役割を果たしてきた。
　② 決済手段、金融手段として手形制度が広く利用されてきた。
　③ 売掛金譲渡に対する心理的抵抗感が強かった。
　④ 売掛金譲渡を保護する法律および制度の整備が遅れた。
　⑤ 信用調査に必要なインフラが未整備であった。
ただし、上記諸要因については、近時、以下のような動きがみられる。
　① 商社経由の商取引が直販にシフトする動きが強まるなか、いわゆる商社金融もバブル経済崩壊後は縮小傾向にあることから、特に総合商社が果たしてきたファクター的機能は以前に比べて弱まっている。
　② 事務合理化や印紙税の節約を目的として手形取引が縮小してきており、商手割引による民間金融機関からの資金調達が減少傾向にある。
　③ 近時、特定債権法やSPC法の制定もあって、資産の流動化が一般化しつつあり、債権譲渡に対する抵抗感が少なくなってきている。
　④ 平成10年10月に「債権譲渡の対抗要件に関する民法の特例等に関する法律」（債権譲渡特例法）が施行されて、債権譲渡の第三者対抗要件に関する登記制度が新たに整備された。さらに平成17年10月に「動産及び債権の譲渡の対抗要件に関する民法の特例法に関する法律」が施行され、債権譲渡特例法による債権譲渡登記制度が見直され、債務者不特定の将来債権の譲渡の場合も登記によって第三者対抗要件を具備できることになった。

以上の環境をふまえると、今後、ABLの普及・発展と相まって日本におけるファクタリングに新たな展開が起こりうると期待される。

(2) 拡大するファクタリング市場

上述のとおり、日本で伝統的ファクタリングは現在も十分には浸透していないが、他方、ファクタリング市場自体は利用者のさまざまなニーズをとらえるかたちで急速に拡大している。

図表8-2　ファクタリングの市場規模推移

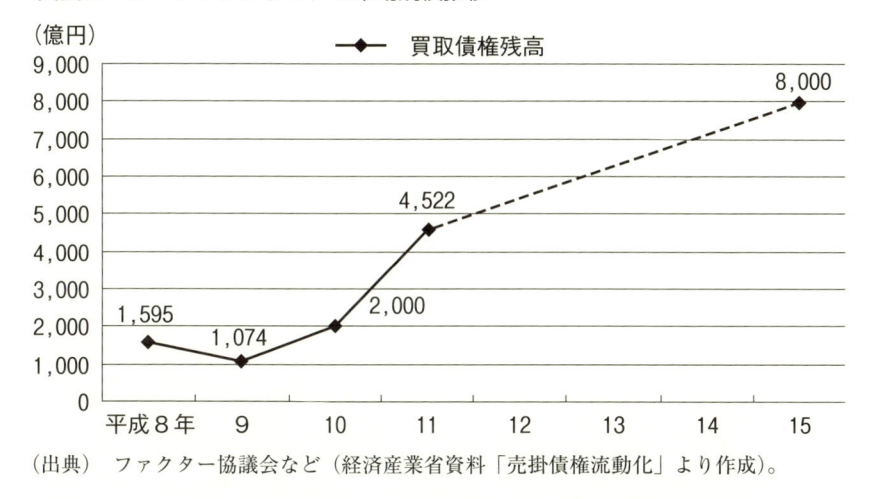

(億円)　　　　　　　　　　◆　買取債権残高

平成8年	9	10	11	12	13	14	15
1,595	1,074	2,000	4,522				8,000

(出典)　ファクター協議会など(経済産業省資料「売掛債権流動化」より作成)。

　日本におけるファクタリングの市場規模について売掛金買取残高ベースでみると、平成8年に約1,600億円であったのが、平成11年には約4,500億円、さらに平成15年の時点では推計ながら約8,000億円に達したものとみられる(図表8-2)。このような急速な市場拡大の背景として、以下の2点が指摘されている。

　第一に、手形取引の縮小による影響である。大企業を中心に手形取引に関する事務の効率化が進められており、この結果、手形取引自体が減少して、売掛金や現金による決済へ移行する傾向がみられる。このような大企業の支払事務効率化ニーズに沿って、一括ファクタリング[2]のスキームが開発され、普及するに至った。

　第二に、先述の債権譲渡特例法の施行である。この法律によって売掛金譲渡に係る法整備が進んだことも、ファクタリングの市場規模拡大に寄与しているものと考えられる。

2　本章第4節を参照。

第2節 米国ファクタリング業界からの示唆

本節ではファクタリングという金融サービスの本質的な機能と役割を示すため、米国のファクタリング業界における動向と実務を中心に説明する。

1 ファクタリングの歴史

歴史的にみると、ファクタリングの起源はローマ帝国あるいはそれ以前にまでさかのぼるとの説もあるが、現在の形態の原型は14世紀後半、英国の毛織物産業界で生まれたといわれている。米国でもその歴史は古く、建国以前にさかのぼるが、当時ファクターは本国である英国との織物等の取引を仲介する存在であった。その後、米国で数多く誕生したファクターは、単なる輸出入の仲介にとどまらず、信用調査に基づく企業間信用の引受けや売掛金の前渡しによる金融も手がける業者へと変貌していく。第二次世界大戦後、統一商法典（Uniform Commercial Code：UCC）の採択により登記によって売掛金担保の対抗力が確保できるようになると、ファクタリングは米国のミドルマーケットにおいて飛躍的な発展を遂げる。また、通貨当局がファクタリングを銀行の関連業務と認めてからは、多くのファクターが大手銀行の傘下に入ることになり、業界の再編が進んだ。米国では、ファクタリングはすでに成熟産業であるといわれており、大手ファクターを中心とした買収等によりいっそうの寡占化が進展しつつある。

このように英国で生まれ、米国で発展したファクタリングであるが、欧州

図表8－3　国別ファクタリング取扱高推移（1999年～2005年）

（単位：百万ユーロ、％）

地域	ファクター数	1999年	2000年	2001年	2002年	2003年	2004年	2005年 構成比率	2005年 伸び率
フランス	25	53,100	52,450	67,660	67,398	73,200	81,600	89,020	8.76	109.09
ドイツ	40	19,984	23,483	29,373	30,156	35,082	45,000	55,110	5.42	122.47
アイルランド	6	6,160	6,500	7,813	8,620	8,850	13,150	23,180	2.28	176.27
イタリア	40	88,000	110,000	124,823	134,804	132,510	121,000	111,175	10.94	91.88
オランダ	5	20,500	15,900	17,800	20,120	17,500	19,600	23,300	2.29	118.88
スペイン	19	12,530	19,500	23,600	31,567	37,486	45,376	55,515	5.46	122.34
英国	100	103,200	123,770	136,080	156,706	160,770	184,520	237,205	23.33	128.55
欧州計	575	352,214	414,383	468,326	522,851	546,935	612,504	715,486	70.38	116.81
ブラジル	80	17,010	12,012	11,020	11,030	12,040	15,500	20,050	1.97	129.35
米国	108	88,069	102,268	101,744	91,143	80,696	81,860	94,160	9.26	115.03
米州計	308	115,134	126,517	127,157	115,301	104,542	110,094	135,630	13.34	123.19
日本	14	55,347	58,473	61,566	50,380	60,550	72,535	77,220	7.60	106.46
台湾	25	2,090	3,650	4,511	7,919	16,000	23,000	36,000	3.54	156.52
アジア計	137	78,775	69,865	76,078	69,850	89,096	111,614	135,814	13.36	121.68
オーストラリア	25	5,100	7,320	7,910	9,527	13,716	18,181	23,130	2.28	127.22
オセアニア計	29	5,284	7,420	8,320	9,992	13,979	18,417	23,380	2.30	126.95
アフリカ計	17	5,470	5,655	5,801	6,203	5,840	7,586	6,237	0.61	82.22
合計	1,066	556,877	623,840	685,682	724,197	760,392	860,215	1,016,547	100.00	118.17

（出典）　FCI「Annual Review 2006」より作成。

でも米国の経験を取り入れるかたちで急激な成長をみせている。特に英国では、1990年代、毎年20％を超える成長率でファクタリング市場が拡大した。その背景には、90年代初頭、銀行の不動産担保貸出が機能不全になり、大規模なクレジットクランチが発生したという事情がある。英国ではこれを機に新たな資金調達手段の一つとしてファクタリングが定着したが、ファクターの国際的組織であるFCI（Factors Chain International）の統計によれば、ファクタリング取扱高では米国を大幅に凌ぎ、世界首位となっている（図表8－3）。

ただし、英国を含む欧州ではインボイス割引（Invoice Discounting）を含むリコース付きの形態が比較的多く取り扱われていることから、ノンリコース主体の米国とはやや事情が異なる。

2　ファクタリングの機能とクライアントの利用メリット

　伝統的ファクタリングが提供する主要な機能には貸倒れリスクの引受け、売掛金の回収代行、売掛金の記帳処理代行、売掛金見合いの前渡し（アドバンス）の四つがある。それぞれの機能の内容および各機能がクライアントに与える利用メリットは以下のとおりである。

(1)　貸倒れリスクの引受け

　先述の定義のとおり、ファクターは通常、クライアントから売掛金をノン・リコースで買い取る。すなわち、ファクターがあらかじめ承認した範囲内であれば、カスタマーの倒産等に伴う売掛金の貸倒れリスクはファクターが負担する。

　ここから、ファクタリングの利用メリットとして以下があげられる。

　　◇貸倒れ損失の削減が図れる。
　　◇多数分散していたカスタマーの信用リスクをファクターだけの信用リスクに変換することができる（ただし、ファクターの信用に問題がないことを前提とする）。
　　◇カスタマーに係る信用調査および継続的な審査業務をファクターにアウトソースすることにより債権管理に係る労力とコストを削減し、販売活動に集中できる。

(2)　売掛金の回収代行

　ファクターはクライアントの売掛金の回収を代行する。米国には日本のような手形制度が存在しないため、カスタマーに支払期日を遵守させるための強制力が弱い。また、通常、決済は小切手で行われるため、カスタマーの支払事務遅延、郵送遅延等によっても入金の遅れは日常的に発生する。このような実情をふまえ、ファクターは、回収の専門家としてカスタマーからの売掛金の回収を請け負う。

ここから、ファクタリングの利用メリットとして以下があげられる。

◇カスタマーとの関係から、売買契約の当事者であるクライアントよりも第三者であるファクターのほうが売掛金の回収を進めやすいという事情がある。また、一般的にカスタマーは、自社の信用維持の観点から、企業信用情報を取り扱うファクターに対して優先的に支払いを行う傾向が強く、したがって、ファクターが介在することで売掛金の回収状況を改善する効果が期待できる。

(3) 売掛金の記帳処理代行

ファクターは、クライアントから買い取った売掛金について帳簿およびさまざまな関連資料の作成を行い、クライアントに対して還元する。

なお、ファクターがクライアントに還元するレポートで代表的なものとして「売掛金勘定残高照合表(期日別分類)（Accounts Receivable Trial Balance (Aged)）」「ファクタリング取引明細表（Account Current Statement）」「クレーム明細（Dispute Report）」「カスタマー別売掛金買取実績レポート（Sales Summary）」「カスタマー別売掛金集中度レポート（Customer Concentration Report）」があるが、通常、カスタマーはこのような情報の一部をオンラインベースでも入手できる。

ここから、ファクタリングの利用メリットとして以下があげられる。

◇米国では一般的に売掛金記帳処理コストが全記帳事務コストの30％を超えるといわれているが、当該事務処理をファクターにアウトソースすることによりコスト削減を図れる。

◇ファクターから還元される各種レポートはクライアントの経営管理資料としても活用できる。

(4) 売掛金見合いの前渡し（アドバンス）

ファクターはクライアントの要請により、クライアントから買い取った売掛金について、その支払期日到来前に前渡しを行う。この前渡しは「アドバ

ンス（Advance）[3]」と呼ばれ、手形割引と似た金融機能をもつが、手形割引では（割引料を考慮しなければ）手形金額の全額が資金化されるのに対してアドバンスの場合、売掛金残高に対して常に一定の割合で支払われる点が異なる。この割合のことを「アドバンスレート（Advance Rate）」と呼ぶが、米国では通常、売掛金の70～80％の範囲に設定されている。なお、アドバンスについて詳細は本章第3節4を参照されたい。

ここから、ファクタリングの利用メリットとして以下があげられる。

◇一般的に、ファクターが供与するアドバンスは、適時適量な資金調達という観点から、銀行貸出よりも弾力的である。特に季節性の資金の場合、過去の実績等も勘案したうえで、一時的なアドバンスレートの引上げ（「オーバーアドバンス」という）などの対応がとられるケースもある。

◇クライアントは、ファクターに譲渡した売掛金のうち、アドバンスを受けた金額について、オフバランスにすることができる[4]。

3 ファクタリングの形態

伝統的ファクタリングの形態は、クライアントに対するリコースの有無、カスタマーへの通知の有無、アドバンスの有無等によって区分ができる。それぞれの区分の内容について、以下に述べる。

(1) クライアントに対するリコースの有無

ファクターは通常、クライアントから売掛金をノン・リコースで買い取る。ただし、ファクターが貸倒れリスクを引き受けるのは、事前に承認した

---

[3] ABLにおけるアドバンスが売掛金を担保にした「前貸し」であるのに対し、ファクタリングのアドバンスは買い取った売掛金の一部をその期日前に引き渡す行為であることから、ここでは「前渡し」と呼ぶ。
[4] 当然ながら、クライアントがバランスシートを圧縮するためには、アドバンスで調達した資金を買掛金等の負債の決済に充当する必要がある。

範囲内であって、これを超える部分はクライアントがそのリスクを負担することになる。

　また、クライアントの主要ニーズが自社の売掛金回収事務をファクターあてにアウトソースすることにあり、貸倒れリスクは引き続き自社で引き受ける場合、ファクターはフル・リコースのファクタリングを提供することになる。

(2) カスタマーに対する譲渡通知の有無

　「譲渡通知（Notification）方式」の場合、クライアントからカスタマーに出されるインボイスの原本に下記事項等を明記し、カスタマーに対して通知を行う。通常のファクタリング契約の大部分がこの形態をとる。
　　◇当該インボイスはファクターに譲渡されること
　　◇代金はファクターあて直接支払われなければならないこと
　　◇商品の返品、クレーム等は必ずファクターに連絡すること
　一方、「譲渡非通知（Non-notification）方式」の場合はカスタマーに対して上記の通知を行わないため、カスタマーはファクターの存在を知らない。本方式では、クライアントはファクターにインボイスの詳細を開示する必要はないが、半面、ファクターから売掛金の記帳処理代行および回収代行のサービスを受けることはできない。
　一般的に、「譲渡非通知方式」は次のようなクライアントに適するといえる。
　　◇売掛金の記帳、回収についてはファクタリング以外の手段（自前の場合を含む）によるほうが効果的、経済的である。
　　◇貸倒れ発生率が低く、したがって信用保証を受けるニーズが相対的に低い。
　　◇体面上、カスタマーにファクタリングの利用を知られたくない。
　　◇ファクタリングの伝統的産業以外の業種である。
　なお、ファクターの立場からすれば、「譲渡非通知方式」は「譲渡通知方式」に比べて買い取った売掛金に対するコントロールが制限されるため、ク

ライアントの売掛金管理体制等をより重視する必要がある。このため、ファクターはクライアントが「譲渡非通知方式」の利用を希望する場合、通常、当該企業の財務基盤等を勘案のうえ、その可否を決定する。

(3) アドバンスの有無

「期日後払（Maturity）方式」の場合、ファクターは買い取った売掛金についてその期日到来後にクライアントに対して支払いを行う。

一方、「期日前払（Discount）方式」の場合、ファクターは買い取った売掛金についてその期日到来前にクライアントに対して支払いを行うこと、すなわちアドバンスを認める。

(4) 支払日による分類

このほかにも、ファクターが買い取った売掛金についてクライアントに対する支払日をどのように決めるかという観点から、「平均満期日（Average Due Date）方式」と「回収後支払（Collected Funds）方式」という分類がある。

平均満期日方式とは、ファクターが買い取った売掛金にかかる複数のインボイスについて、それぞれの金額と期日までの日数の積数を当該インボイスの合計金額で除して得られる平均期日をベースに、クライアントへの支払日

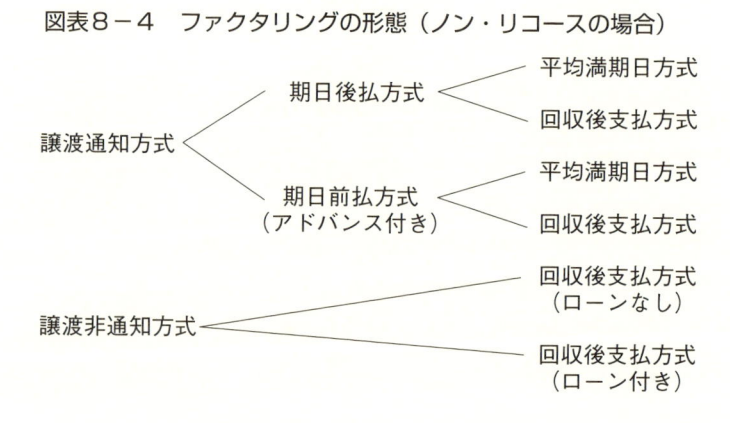

図表8－4　ファクタリングの形態（ノン・リコースの場合）

```
                           ┌─ 期日後払方式 ──┬─ 平均満期日方式
                           │                  └─ 回収後支払方式
譲渡通知方式 ──────────────┤
                           │  期日前払方式   ┌─ 平均満期日方式
                           └─ （アドバンス付き）┴─ 回収後支払方式

                           ┌─ 回収後支払方式
                           │   （ローンなし）
譲渡非通知方式 ─────────────┤
                           └─ 回収後支払方式
                               （ローン付き）
```

をあらかじめ決定する方法である。

一方、回収後支払方式とは、ファクターがカスタマーからの回収があり次第、クライアントに対して支払いを行う方法であり、本方式による支払いの頻度は、通常、週に1回程度である。

なお、ノン・リコースのファクタリングの形態をまとめると図表8－4のとおりである。

4 米国ファクタリング業界の現状

米国でファクタリングは成熟産業であるといわれているが、その現状を知ることは、日本におけるファクタリングの展開を考えるうえで有益である。

(1) CFAの調査報告に基づく考察

米国の商業金融の業界団体であるCommercial Finance Association（CFA）の調査報告によれば、2005年のファクタリング取扱高[5]は1,128億ドルと、前年比9.3％増であった。この増加要因として、経済成長に伴う需要増加以外に、ファクタリングがより広い分野に普及したことが指摘されている（図表

図表8－5　米国におけるファクタリング取扱高推移

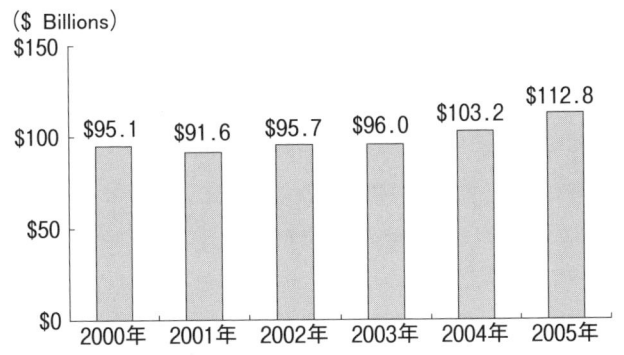

($ Billions)

2000年	2001年	2002年	2003年	2004年	2005年
$95.1	$91.6	$95.7	$96.0	$103.2	$112.8

（出典）　CFA「Annual Asset-Based Lending and Factoring Surveys, 2005」より作成。

8－5）。

　この新潮流は、かつてほとんどみられなかった「サービス提供による」債権のファクタリングのシェアが全体の約1割を占めたことにも現れている（図表8－6）。また、アパレルや繊維といったファクタリングが伝統的に強い業界以外の取扱高シェアが4割を超えたことも、成熟化の流れとは異なる新しい傾向を示すものといえよう（図表8－7）。なお、ここでいうアパレル・繊維以外の業界には以下のような業界が含まれている。

図表8－6　対象とする債権の成因

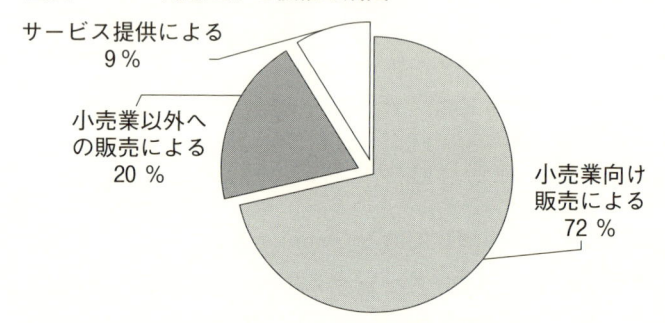

- サービス提供による　9％
- 小売業以外への販売による　20％
- 小売業向け販売による　72％

（出典）　CFA「Annual Asset-Based Lending and Factoring Surveys, 2005」より作成。

図表8－7　クライアントの所属する業界

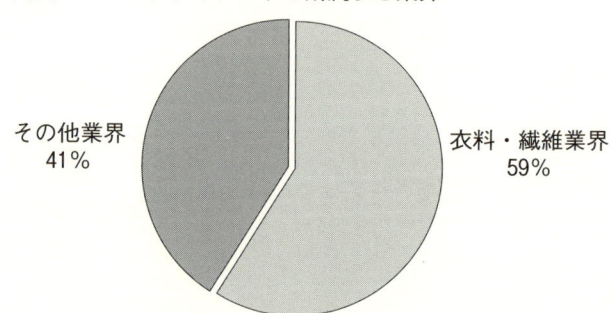

- その他業界　41％
- 衣料・繊維業界　59％

（出典）　CFA「Annual Asset-Based Lending and Factoring Surveys, 2005」より作成。

5　国内ファクタリングのほか、輸出入に伴う国際ファクタリングの実績を含む。

◇各種ビジネスサポート（Business Services）
◇建設（Construction）
◇コンサルティング（Consulting Services）
◇各種請負（冷暖房空調設備等）（Contractors（e.g.,HVAC））
◇デリバリーサービス（Delivery Services）
◇電気関連（Electronics）
◇エネルギー関連（Energy）
◇金属製品（Fabricated Metal Products）
◇家具（Furniture）
◇清掃（Janitorial Services）
◇プラスチック製品（Plastic Products）
◇印刷（Printing）
◇人材派遣（Staffing/Temporary Employment）
◇通信（Telecommunications）
◇運輸（Transportation）

次にファクタリングの形態は、80％がクライアントに対してノン・リコースであり（図表8－8）、また、85％が売掛金譲渡の事実をカスタマーに通知する「譲渡通知方式」をとっている（図表8－9）ことから、米国では現

図表8－8　クライアントに対するリコースの有無による区分

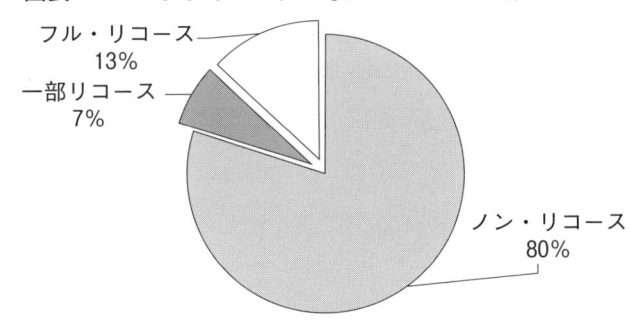

フル・リコース 13％
一部リコース 7％
ノン・リコース 80％

（出典）　CFA「Annual Asset-Based Lending and Factoring Surveys, 2005」より作成。

図表8-9 カスタマーに対する譲渡通知の有無による区分

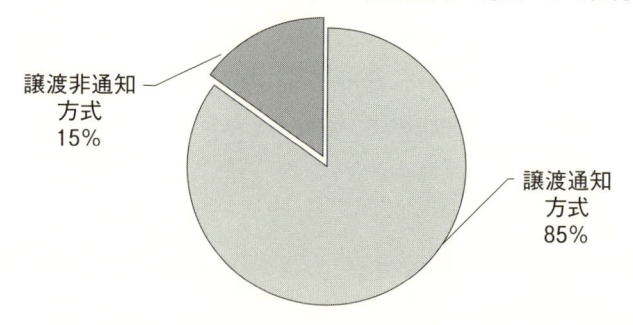

譲渡非通知方式 15%
譲渡通知方式 85%

（出典） CFA「Annual Asset-Based Lending and Factoring Surveys, 2005」より作成。

在も伝統的ファクタリングの手法が中心であることが理解できる。

(2) 大手ファクターによる市場のとらえ方

ある大手ファクターの営業部門からの聴取に基づくと、米国でファクタリングが利用される主な産業、米国におけるクライアントの利用メリットおよびプロファイルは以下のように整理できる。

a ファクタリングが利用される主要産業
◇衣料（Apparel）
◇家具（Furniture）
◇家庭用品（Housewares）
◇敷物類（Floor Coverings）
◇鞄類（Luggage）
◇スポーツ用品（Sporting Goods）
◇サービス産業（Service Industries）
◇繊維（Textile）
◇調度品（Home Furnishings）
◇履物（Footwear）

◇水産物（Seafood）
　　◇玩具（Toys）
　　◇家電用品（Consumer Electronics）
　このように米国のファクタリングは現在も衣料・繊維といった伝統的業界を中心としており、その実態はファクターの営業現場における意識にも色濃く現れている。
　しかしながら、上記の伝統的業界以外では、ファクタリングに対する認知度や受容度がなかなか向上しないのが実情であり、市場の成長が急激に加速する可能性は小さい。

b　ファクタリング利用によるクライアントのメリット
　　◇キャッシュフローの改善
　　◇貸倒れ損失の削減
　　◇経費の削減（審査部門および債権管理部門の固定費を売上げに対応する変動費に変換できる）
　　◇売上げの拡大
　　◇運転資金調達の増強
　　◇オフバランス効果
　　◇経営情報の改善
　「キャッシュフローの改善」とは、ファクターが介在することでカスタマーの支払状況が改善することを意味する。
　「運転資金調達の増強」も主要なメリットのひとつではあるが、米国のファクタリングでは、金融は付加的な機能ととらえられることが多く、現実にファクターから金融の提供を受けないクライアントも多数存在しており、この点は日本や欧州とは事情が異なる。
　また、「オフバランス効果」は、主に中堅企業以上あるいは海外に親会社をもつ外資系企業にとってのメリットであり、このようなクライアントがバランスシート対策として季節的にアドバンスを利用する場合を想定してい

る。

C　ファクタリングの利用メリットがあるクライアントのプロファイル
　　◇急成長である。
　　◇スタートアップ期にある。
　　◇固定費増加を懸念している。
　　◇売掛金の回転期間が長い。
　　◇売上げに対するカスタマーの集中度が高い。
　　◇季節資金ニーズが高い。
　　◇過少資本である。
　　◇製造期間が長い。
　　◇不良債権を抱えている。

　このように、クライアントの多くは、銀行が取引の対象としにくい顧客セグメントに属するものとみられる。ファクターは金融以外に各種のサービス機能を有することから、銀行と直接競合する存在とはいえない。しかしながら、金融機能に限っていえば、ファクターが銀行に対して圧倒的な強みを発揮できるのは、ファクタリングの伝統的業界においてのみであり、これはファクター自身が当該業界においてある意味インサイダーであるからにほかならない。

(3)　ま　と　め

　現代の米国ファクタリングビジネスの本質は「信用情報サービス」であり、巨額のシステム投資を必要とする装置産業である一方、労働集約的な側面があるため、業界で勝ち残るためには、絶え間ないコストの削減が必要となる。
　また、ビジネスの基本的な仕組みには普遍性があるものの、現実の姿は全業界に通用する万能の金融サービスとはいいがたい。
　先述の歴史的経緯から、ファクターは特に繊維業界では同業者として受け

入れられており、したがってカスタマーの信用情報も比較的容易に入手できる立場にある（大手ファクターの場合、数十万社のカスタマーのクレジットファイルを保有するといわれる）。一方で、他業界における急速な普及が期待できないことから、規模の利益を追求するため買収等による業界再編と海外進出の動きが著しい。

第3節 米国型ファクタリングの実務

本節では、米国で行われているファクタリングの実務について解説する。米国の実務といっても、企業の保有する価値のある「アセット」を活用する本質は変わらない。米国型ファクタリングの実務には「売掛金買取り型」ABFのエッセンスが含まれている。

1　案件組成プロセス

米国で行われているファクタリングには単発取引もある一方、大部分はファクターとクライアントとの継続的取引の形態をとる。この主要な取引形態において、ファクターが通常得る収入はインボイス金額に対して1％前後のファクタリング手数料およびアドバンス実行に伴う金利であり、当然ながら提供する諸機能のコストはこのなかで吸収されなければならない。

このような観点から、ファクターは、ファクタリングの新規取引にあたり以下の諸点を判断項目としている。

(1) クライアント審査

① クライアントの売上規模

　　ファクターにとって当該クライアントとのビジネスがどの程度の規模になるかをみる。クライアントの売上げのすべてがファクタリングの対象になるとは限らないうえ、クライアントが複数のファクターを

利用することもありうる。ファクターは取引採算確保の観点から、クライアントの過去の売上実績・今後の売上計画等から年間のファクタリング取扱見込高を推定し、それをベースに最低手数料を設定する。一般的に、取扱見込高が多いほど手数料率は低くなる。

② インボイス平均金額、インボイス枚数

　ファクターの事務コストの観点から、インボイス平均金額、インボイス枚数は重要な項目といえる。通常、インボイス1通当りの金額が大きいほど、またインボイス枚数が少ないほどファクターの事務負担は少なくなる。半面、インボイスの金額が大きくなったり、枚数が少なくなったりすることに伴い、集中度（下記④）が高まる可能性がある点には注意を要する。

③ 売掛サイト

　ファクターにとって、買い取る売掛金のサイトが短いほどその回収リスクは少ない。とはいえ一般的な販売条件は業界によって異なるため、当該クライアントの売掛サイトが業界慣行と比べて妥当なものかを確認する必要がある。また、売掛サイトに大きな変動があった場合、その理由は何かを明確にしておくことも重要である。

④ カスタマー数

　売掛金が特定のカスタマーに過度に集中していないかどうかに注意する必要がある。売掛金全体に占める特定の売掛先の比率を把握することを「集中度（コンセントレーション、Concentration）」のチェックといい、この比率が高まれば特定の売掛先の信用状態が売掛金全体の信用力に及ぼす影響度が高まる。

⑤ ダイリューション（Dilution）

　通常の取引において、返品、リベート、売上割引、償却、その他値引き等の要因により、インボイス金額に対して額面どおりの回収が行われないケースがある。この場合のインボイス金額と実際の回収金額の乖離をダイリューションといい、当初の売掛金額に対してダイリュ

ーションが発生する（あるいは発生した）比率をダイリューション率という。ダイリューション率の既往推移をチェックし、アドバンス付取引の場合、アドバンスレートに反映する。

⑥　レジャー・デット（Ledger Debt）
　　レジャー・デットはファクターに特有の与信管理上の概念である。ファクターにとって、クライアントAが同時に別のクライアントBのカスタマーであるとする。万一Aが倒産した場合、Aに対するアドバンス等の与信のほか、Bから買い取ったAあて売掛金も回収リスクが高まる。このような関係を勘案のうえ、Aに対する与信管理を行う。

⑦　カスタマーベースの信用状況
　　通常、売掛金の信用力はファクタリング手数料率に反映される。

⑧　クライアントのITインフラ
　　売掛金に関してタイムリーかつ正確な情報開示を受けるため、クライアントが一定水準のITインフラを整備しているかを確認する。

⑨　クライアントの業種、取扱商品
　　クライアントの業種、取扱商品がファクターの得意分野であれば、より積極的にリスクをとれるうえ、回収も円滑に進められる可能性が大きい。
　　ターゲット業界であるか、また卸売か小売かなどを確認のうえ、取引の可否および方針を検討する。

⑩　アドバンスの要・不要
　　アドバンス付取引とする場合、金利収入を見込める半面、与信管理強化の観点からクライアントの財務状況を詳細に分析する必要がある。
　　また、ビジネスの季節性を確認し、オーバーアドバンス供与について検討する。

(2) 徴求書類

新規取引の検討にあたり、ファクターがクライアント（新規対象先）から徴求する主な書類は以下のとおりである。

① カスタマーリスト
② 売掛金期日管理リスト
③ 売上分析資料

①をカスタマーの審査部門に回付し、リストのなかの主要カスタマーについて信用状況および買掛金決済状況をチェックするとともに、②からクライアントの売掛金期日経過の実態をつかむ。また、ビジネスの全体像は一時点の資料でとらえきれない場合も多いので、③により年間の売上の傾向（カスタマー別、商品別の売上実績推移等）について確認する。

なお、アドバンス付取引の形態では、アドバンス自体がクライアントに対する金融としての側面を有することから、ABLを検討する場合と同様、クライアントの財務資料（決算書等）も徴求し、当該企業の財務状況についてチェックする。

(3) フィールドイグザミネーション

ファクタリングにおいてもフィールドイグザミネーションはクライアント審査においてきわめて有効な手段であり、新規対象先のみならず、既存クライアントに対しても定期的に実施される。

ファクタリングにおけるフィールドイグザミネーションの最大の目的は売掛金および売掛金と密接な関係にある在庫等の実態把握・分析を通して、クライアント審査に重要な判断材料を提供することにある。

なお、フィールドイグザミネーションの具体的な内容は本節5で説明する。

2　売掛金買取りにおける審査

ファクターはクライアントとの間でファクタリング取引について合意次第、ファクタリング契約を締結する。個別の売掛金買取りは本契約に基づき行われるが、その際、クライアントの売掛先、すなわちカスタマーの審査が以下の手順で実施される。

① 新規カスタマーの審査受付……クライアントよりカスタマーの企業情報、同社との取引条件、同社との取引見込金額などを聴取する。

② カスタマーの審査部門によるカスタマー分析……銀行取引状況、業況など必要情報を入手する。主な情報入手先は、以下のとおり。

◇信用調査機関（ダンアンドブラッドストリート社など）
◇当該カスタマーの取引先および会計士
◇信用情報交換先（他ファクターを含む）
◇当該カスタマー（直接聴取）
◇業界紙

　なお、当然ながら特定カスタマーの審査を、以後継続的に行う際は、当該先に対する過去の与信履歴を参照することになる。

③ 信用格付の付与

④ 審査コミッティー（委員会）における決裁……当該カスタマーあて売掛金の買取り限度額を決定する。本限度額はカスタマーの信用状況等に応じて定期的あるいは適宜見直される。

⑤ クライアントごとの売掛金買取り限度額設定……上記限度額をクライアントごとに分配する。

3　売掛金買取りの実務フロー

ファクタリングにおける売掛金買取りの実務フローの概要は以下のとおりである。

① ファクターあて買取り依頼

クライアントはカスタマーから商品購入に係る注文を受けると、当該カスタマーに対する売掛金の買取りを、ファクターあて依頼する。なお、通常の買取りは売掛金が新規に発生する時点で行われることを原則としており、クライアントがすでに所有する売掛金を対象とするものではない。

② ファクターによる買取り承認

ファクターはクライアントからの依頼を受け、当該売掛金買取りの可否を判断し、その結果をクライアントに対して回答する。その際、当該売掛金金額の一部についてのみ承認となるケースもある。

③ インボイス作成および商品出荷

クライアントはファクターからの買取り承認を得た後、インボイスを作成し商品の出荷を行う。ファクターは、この時点で発生した売掛金を買い取る。

④ ファクターあて書類提出

クライアントは、売掛金譲渡証とインボイスのコピーをファクターに送付する。

なお、①、②のプロセスについて、多数のファクターがオンライン対応を行っている。

また、上記プロセスの効率化を図るため、カスタマー審査部門では担当者への承認権限の委譲が進められるとともに、自動承認システムが活用されている。

一方、上記の一般的な買取り方式に対して、クライアントがすでに保有している売掛金をファクターが一括して買い取る方法を売掛金一括買取り(Bulk Sales)方式という(図表8-10)。本方式はクライアントが一時的な資金調達あるいは売掛金のオフバランス化の目的で利用する場合が多い。

また、クライアントの信用状況等によって譲渡非通知方式が認められるケースもある。

図表8-10　売掛金一括買取りのスキーム

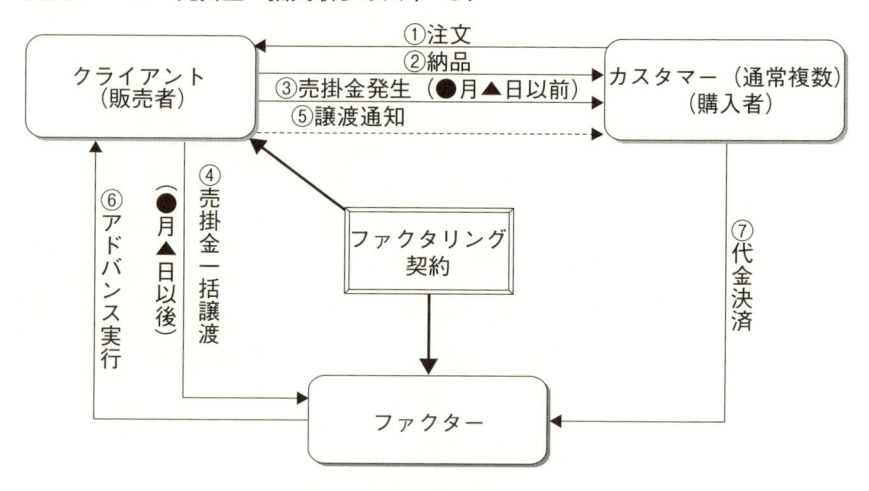

```
                    ①注文
  クライアント   ←――――――――   カスタマー（通常複数）
  （販売者）      ②納品              （購入者）
              ③売掛金発生（●月▲日以前）
              ⑤譲渡通知
                    ↓
              ファクタリング
                契約
                    ↓
              ファクター
```
（④売掛金一括譲渡（●月▲日以後）、⑥アドバンス実行、⑦代金決済）

4　金融機能～アドバンス～

　先述のとおり、伝統的ファクタリングにおける期日前支払方式の場合、ファクターは買い取った売掛金についてその期日到来前にクライアントに対して支払うこと、すなわちアドバンスを認める。

　ファクタリングにおけるアドバンスは、売掛金を担保としたABLのアドバンスに類似するが、売掛金自体の所有者がクライアントからファクターへ転換したことに伴い、ファクターへの返済がクライアントからではなく、売掛先であるカスタマーから直接行われる点が異なる。他方、金融効果自体はABLと同様であり、したがって、ファクターはクライアントからファクタリング手数料のほかに金利を徴求する。

　ファクターが買い取った売掛金に対してアドバンスを許容する比率はアドバンスレートと呼ばれ、クライアントごとに異なるが、通常70～80％の範囲である。アドバンスレートは、ファクターが売掛金買取りの経験とノウハウに基づき独自に設定する一種の掛け目である。

　なお、ファクタリングにおけるアドバンスで調達した資金によってクライ

図表8-11 アドバンス限度額算定の流れ

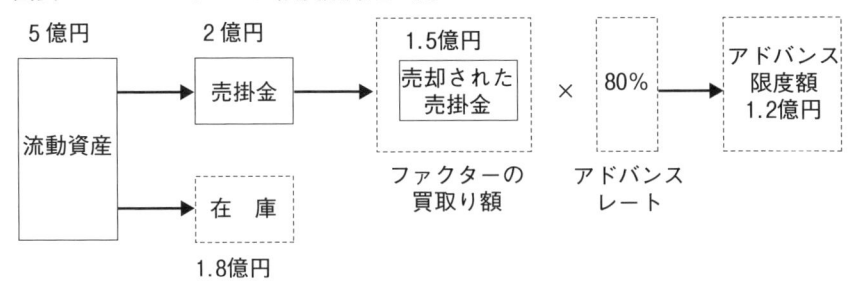

```
5億円      2億円      1.5億円
                    ┌─────┐
            ┌───┐   │売却された│            ┌─────┐
┌───┐  →  │売掛金│ → │ 売掛金 │ × 80% →  │アドバンス│
│   │      └───┘   └─────┘            │ 限度額  │
│流動│                                    │ 1.2億円 │
│資産│      ┌───┐   ファクターの  アドバンス  └─────┘
│   │  →  │在 庫│    買取り額      レート
└───┘      └───┘
            1.8億円
```

アントの負債項目を返済すれば、当該返済額のオフバランス効果が生ずる。他方、クライアントがファクターに売却した売掛金金額とアドバンスで調達した金額の差額は、その期日までファクターに対する売掛金として計上される。

　図表8-11は、ファクタリングにおけるアドバンス限度額算定の流れを示したものである。この図表では、クライアントは売掛金2億円のうち1.5億円をファクターに売却し、そのうちの80％に相当する1.2億円を上限にアドバンスとして受け取っている。

5　管理・回収

　当然のことながら、ファクターにとって買い取った売掛金は「担保」ではなく、自社の「金融資産」である。したがって、その価値が劣化すれば自社の収益に直接ダメージを与える。その意味で、通常の担保管理以上に厳しい管理が必要であるといえる。

(1)　売掛金の存在確認

　ファクターがクライアントから売掛金を買い取る場合、その売掛金が本当に存在するか、その内容が真正なものであるかを確認する作業はきわめて重要である。米国では、ファクターは売掛金の存在を確認するためにクライア

ントから取得したインボイスのコピーのなかからいくつかを抽出したうえで、その売掛先（＝カスタマー）に対して当該インボイスの内容を電話や照会状により確認するといった作業を行う。

(2) 売掛金管理の具体的手法

a 売掛金の残高管理

クライアントから買い取る売掛金の発生、回収状況について日々確認を実施する。

b 売掛金の期日管理

買い取った売掛金の「エイジング」（Aging、文字どおり売掛金の「年齢」）を管理する。

c カスタマー別の残高管理

買い取った売掛金についてカスタマーの集中度を確認する。通常、集中度が5％以上のカスタマーには注意が必要とされており、該当する先について必要に応じて信用状態をチェックする。

d 時系列的な管理

売掛金の残高を毎年ある一時点で把握して、売掛金回転期間が長期化していないか、ダイリューション率が増加していないか等をチェックする。

e フィールドイグザミネーション

ファクターが実際にクライアントの事務所に赴き、日常的に買い取る売掛金の実態について実地で確認すると同時に、売掛金全般に係る情報を入手・分析する作業をいう。主な調査事項として以下があげられる。

① 売掛金の支払期日経過状況
② 売掛金の集中状況

③ 貸倒れの状況
④ 現金入出金明細
⑤ 買掛金明細
⑥ 返品、支払猶予明細
⑦ 債権訂正内容は、直ちにファクターへ連絡されているか
⑧ 出荷、代金請求、ファクターへの売掛金譲渡等は手続どおり行われているか
⑨ 粗利率およびその推移
⑩ 商品受注残高の推移
⑪ 在庫内容の所在別および加工段階別残高内訳
⑫ 実際の在庫のカウント（個数チェック）

　なお、実地調査ではクライアントの帳簿等だけではなく、それを管理するシステムの有効性や稼働状況もチェックを要する。ファクターにとってクライアントがシステムを使って正確に売掛金や在庫の情報を把握できる体制にあることは必須だからである。

　米国のファクターは、大手を中心に売掛金の実地調査を専門に行う「実地調査員」（フィールドイグザミナー、Field Examiner）を社内に擁しているが、そうでない場合は、実地調査の専門会社を活用する場合が多い。

(3) 売掛金の回収方法

　米国では、売掛金の回収はファクターの取引銀行に設置されたロックボックスを通じて行われる。ロックボックスとはファクター名義の一種の私書箱であるが、売掛金の回収ルートを捕捉するうえで重要な機能になっている。

　また、ファクターは、買い取った売掛金が支払期日経過後長期にわたり未回収となった場合、必要に応じて債権回収会社（Collection Agency）を利用する。主要な債権回収会社はいわゆる取立屋のイメージとは異なり、長年の歴史をもつ債権回収の専門家である。

6　取組みにおけるリスクマネジメント

米国のファクターはなぜ積極的に売掛金の貸倒れリスク（＝カスタマーの信用リスク）をとれるか。その理由として、以下の諸点が考えられる。

- ◇信用情報……アパレル、繊維といったファクタリングが伝統的に強い業界においてはカスタマーの信用情報を入手しやすい。また、企業信用情報を取り扱うファクターはカスタマーにとって軽視できない存在であることから、カスタマーはファクターに対して優先的に支払いを行う傾向が強い。
- ◇UCCファイリング……売掛金譲渡にかかる第三者対抗要件の具備が容易である（第2節1参照）。
- ◇カスタマーによる期日前支払い（Anticipation）……信用力の弱いカスタマーに対する、新規出荷を認める条件として、同社に現在の代金債務の一部につき期日前支払いさせることがある。
- ◇再ファクター……他のファクターと契約を結び、貸倒れリスクの引受け先を確保することにより、一定限度額以上の与信のリスク分散を図ることができる。
- ◇取引信用保険……あまり利用される方法ではないが、取引信用保険をかけることにより一定限度以上の与信のリスク分散を図ることができる。

7　ファクターの推進体制

米国の主要ファクターは、これまで述べたファクタリング業務を円滑に行うため、以下のような独自の組織形態を整備している。

(1)　営業部門

営業部門は既存クライアントの窓口であると同時に新規クライアントの開

拓も行う。クライアントの担当は、一般に「アカウント・エグゼクティブ」（Account Executive）と呼ばれ、日常的なクライアントとのコンタクトを行うほか、以下のような業務を担当している。

- ◇クライアントへの訪問……定期的な訪問を実施
- ◇買い取った売掛金の分析……月末の残高突合や存在確認のレポート分析などを実施
- ◇財務状況の把握……クライアントの財務情報を分析し、業況をチェック
- ◇実地調査結果の検証……問題点などを調査者から聴取し、内容を精査
- ◇書類作成……稟議書、問題案件報告書などを作成
- ◇アドバンスの実行・管理

(2) クライアント審査部門

　クライアント審査部門はクライアントの与信管理、担保管理、財務分析などを行う。クライアントの窓口であるアカウント・エグゼクティブとは常時情報交換を行い、最新の情報を把握する。

　営業部門から提出される稟議書や監査部門（もしくは実地調査部門）から提出される実地調査の結果などをもとに最終的な与信判断を行う。

　通常、本部門の決裁権限には限度があり、当該限度額を超過する案件の場合は、マネジメント等の決裁が必要になる。

(3) カスタマー審査部門およびコレクション部門

　カスタマー審査部門はカスタマーの与信管理、財務分析などを行う。大手ファクターでは数十万社のカスタマーのクレジットファイルを管理するといわれており、通常、業種や業態（卸売と小売など）等で担当を分けている。クライアントからの日常的な売掛金買取り依頼に対応する部門であるが、クライアントとのコミュニケーションは通常オンラインベースであり、また、一定限度の与信について自動承認システムを採用するところもある。なお、

本部門もクライアント審査部門と同様、決裁権限には限度があり、当該限度額を超過する案件の場合はマネジメント等の決裁が必要になる。
　コレクション部門はロックボックスを利用したカスタマーからの日常的な売掛金の回収を担うとともに、回収遅延となった売掛金について直接カスタマーと連絡を取り、管理・回収を行う。
　また、必要に応じて外部の債権回収会社を利用する。

(4) 監査部門

　監査部門は実際にクライアントを訪問し、買取り対象の売掛金や在庫の内容をチェックし、あわせて存在確認を行う。
　存在確認の方法として、帳簿などの資料の閲覧、カスタマーへの照会のほか、在庫に係る実在個数のチェックも実施する。このような実地調査を専門に行う担当者が先述のフィールドイグザミナーである。

(5) 経理部門

　経理部門は通常の経理業務のほか以下の業務も行う。
　　◇クライアントから提出される売掛金に関する報告書の受領ならびに確認
　　◇ロックボックスの管理
　　◇クライアントへの送金などの資金管理

(6) システム部門

　システム部門は社内のファクタリング業務システムの開発、保守・管理とともにクライアントと結ぶオンラインシステムに係るクライアントサイドの導入・管理を行う。

第4節　基本ストラクチャー

1　日本でファクターが提供する主要サービス

　日本のファクターが提供するサービスとして、主に買取りファクタリング、売掛金回収保証、回収代行サービス、一括ファクタリング、国際ファクタリングの五つがある。このうち、回収代行サービスはファクタリングの代金回収機能を活用した事務代行サービスであるため、「アセット」を活用するABFにはあたらないが、参考までに記述する。

(1)　買取りファクタリング

　先述のとおり日本では、米国で行われている、いわゆる伝統的ファクタリングの普及が遅れているが、ここでいう買取りファクタリングは伝統的ファクタリングに近いものであり、主に中小企業の資金調達手段として一般的に利用されている。なお、買取りファクタリングには貸倒れリスクをクライアントが負担する「リコース付き」とファクターが負担する「リコースなし」との形態が存在し、日本では後者が主流であるが、ファクターによって、クライアントとカスタマーとの信用力の程度に応じて、ケースバイケースで使い分けているところもある。

　買取りファクタリングの利用に際して、クライアントが負担する直接コストにはファクタリング手数料と事務手数料とがある。前者はカスタマーの信用力、金額等を勘案して決定されるものであり、後者は振込・取立手数料等

の実費である。また、アドバンスの実行を伴う場合は金利が発生するが、この水準は、ファクターがカスタマーの信用力のみならず、クライアントの信用力等も勘案したうえで決定する。

一方、間接コストには譲渡する売掛金の管理に係るコストや対抗要件具備等に係るコストが含まれる。

買取りファクタリングのスキームでは、クライアントに対するリコースの有無にかかわらず、通常は以下のような業務フローとなる（図表8－12）。

① クライアントはカスタマーから商品購入に係る注文を受ける。
② クライアントはファクターとのファクタリング契約に基づき、ファクターから当該販売に係る承認を得たうえで（ノン・リコースの場合）カスタマーあて納品する。
③ クライアントとカスタマーの間で売買契約が締結され、売掛金が発生する。
④ クライアントは売掛金をファクターに譲渡する。
⑤ クライアントはファクターに対する売掛金譲渡についてカスタマーに通知する（または承諾を得る）。

図表8－12　買取りファクタリングのスキーム（アドバンス付き）

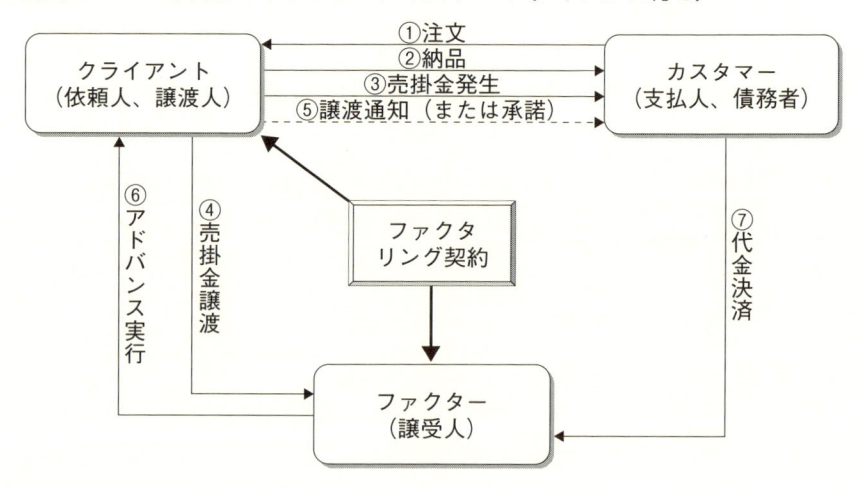

⑥ クライアントの要請に応じてファクターはカスタマーからの代金回収前にアドバンスを実行する。

⑦ カスタマーはファクターに対して代金を支払う（その後、ファクターは回収金からアドバンス相当額を相殺したうえで、残額をクライアントに支払う）。

(2) 売掛金回収保証

伝統的ファクタリングの形態から派生し、日本で市場を拡大しているのが売掛金回収保証である。

売掛金回収保証とは、企業がファクターと回収保証契約を締結することにより、売掛金の回収に係る保証を受けるものである。これにより、万一ファクターが保証した販売先が倒産し、売掛金が回収不能になった場合、企業は当該売掛金をファクターに譲渡して、あらかじめ決められた保証の範囲内の保証金額を受け取ることができる。

また、ファクターは販売者（依頼人）の依頼に基づき、その販売先の信用調査を行うため、依頼人にとってはファクターの審査機能を活用できるというメリットもある。

売掛金回収保証の形態として、一般に個別保証方式と根保証方式とがある。個別保証方式の場合、ファクターは個々の売掛金の信用力を評価したうえで不履行時の保証額を設定し、回収保証を行う。一方、根保証方式の場合、個別の販売先の信用力を評価したうえで一定期間の保証極度額を設定し、その範囲内で回収保証を行う。したがって、根保証方式では保証の対象とする売掛金を特定しない。

売掛金回収保証においては、売掛金の信用力によって売掛金の保証額ないし販売先の保証極度額が決定される。依頼人が負担する直接コストは保証料であり、通常、売掛金の額面や極度額に保証料率を乗ずるかたちで算定される。

売掛金回収保証のスキームにおける業務フローは以下のとおりである（図

図表8－13　売掛金回収保証のスキーム

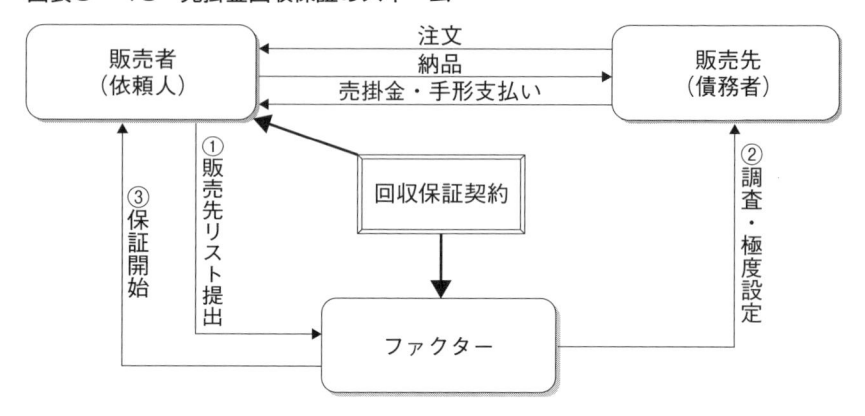

[図：販売者（依頼人）と販売先（債務者）の間で注文・納品・売掛金・手形支払い。回収保証契約を介してファクターが関与。①販売先リスト提出、②調査・極度設定、③保証開始]

表8－13）。

① 販売者（依頼人）はファクターとの回収保証契約に基づき、対象とする販売先のリストをファクターに提出する。
② ファクターは販売先に対する信用調査および極度設定を行う。
③ ファクターは依頼人への保証を開始する。

なお、保証開始後、売掛金が期日に決済された場合、当該保証は自動的に消滅する。

一方、販売先の信用上の理由により不払い・不渡り（手形の場合）となった場合、ファクターは依頼人から当該売掛金等の譲渡を受けたうえで依頼人に対して保証金額の支払いを行う。

(3) 回収代行サービス

回収代行サービスとは、販売者（依頼人）の売上代金や収納代金をファクターが依頼人にかわって代金回収し、一括して依頼人の預金口座に入金するサービスである。

回収代行サービスのスキームにおける業務フローは以下のとおりである（図表8－14）。

図表8-14 回収代行サービスのスキーム

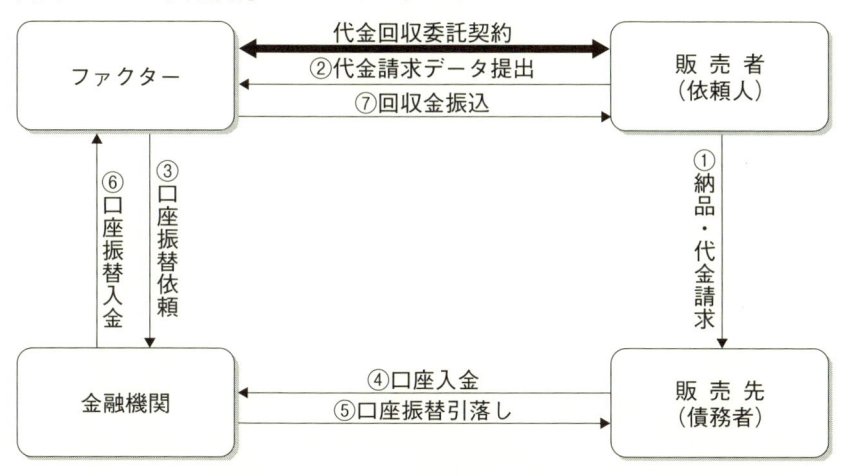

①　販売者（依頼人）は販売先との売買契約等に基づき、販売先あて納品および代金請求を行う。
②　依頼人はファクターとの代金回収委託契約に基づき、代金請求データをファクターに提出する。
③　ファクターは販売先の取引金融機関に対して、代金引落しに係る口座振替の依頼を行う。
④　販売先は、当該金融機関の自社預金口座に代金を入金する。
⑤　金融機関は販売先の預金口座から代金の引落しを行う。
⑥　金融機関は当該代金をファクターの預金口座へ振替入金する。
⑦　ファクターは回収金を依頼人の預金口座に振り込む。

(4) **一括ファクタリング**

　一括ファクタリングは、従来の手形取引にかわる手法として、元請企業（親事業者）が多数の下請企業に対する支払いを行う場合等に活用されている。
　日本では、主に大企業が継続的な取引のある下請企業に対して下請代金を支払う方法として、いわゆる「一括決済方式」が下請代金支払遅延等防止法

（以下、下請代金法）の枠組みのなかで認められており、一括ファクタリングはその一方式である。一括決済方式は、製造業等の継続的下請取引という日本の特徴的な分業構造を背景とするものである。

　債務者である親事業者が事務負担軽減のため手形取引を減少させていく、いわゆる手形レス化の流れのなかで、手形にかわる方法として開発されてきたものであり、手形と実質的に同じ機能を果たすものといえる。基本的な仕組みとして、下請企業各社の親事業者への売掛金をファクターに譲渡する一方、親事業者は期日に支払資金を一括してファクターに支払うことで決済する。下請企業が手形によるファイナンス（手形割引）と同様の資金調達を希望する場合、ファクターから当該売掛金を見合いとするアドバンスを受けることもできる。

　なお、下請代金法上は、一括決済方式の具体的方法として、当初「債権譲渡担保方式」および「ファクタリング方式」が認められた（昭和61年施行）が、前者の場合、国税徴収との関係で親事業者に二重払いリスクが残ったため、次第に「ファクタリング方式」やその類型といえる「信託方式」がより普及することになった。また、平成11年10月からは同法で「併存的債務引受方式」が認められている。

　現在、一括決済方式の一部について信託方式やABCP方式で売掛金のポートフォリオが証券化され、機関投資家に販売されているが、これは、中小企業の資金調達が流動化のストラクチャーにより資本市場からなされている事例である。

a　一括決済方式

　平成19年11月公正取引委員会・中小企業庁「下請取引適正化推進講習会テキスト」によれば、一括決済方式とは、「下請代金の支払につき、親事業者、下請事業者及び金融機関の間の約定に基づき、下請事業者が債権譲渡担保方式（下請事業者が、下請代金の額に相当する下請代金債権を担保として、金融機関から当該下請代金の額に相当する金銭の貸付けを受ける方式）又はファクタリ

ング方式（下請事業者が、下請代金の額に相当する下請代金債権を金融機関に譲渡することにより当該金融機関から当該下請代金の額に相当する金銭の支払を受ける方式）若しくは併存的債務引受方式（下請事業者が、下請代金の額に相当する下請代金債務を親事業者と共に負った金融機関から、当該下請代金の額に相当する金銭の支払を受ける方式）により金融機関から当該下請代金の額に相当する金銭の貸付け又は支払を受けることができることとし、親事業者が当該下請代金債権又は当該下請代金債務の額に相当する金額を当該金融機関に支払うこととする方式」をいう。

b 一括ファクタリングと伝統的ファクタリングとの比較

日本で発達した一括ファクタリングは、伝統的ファクタリングと比較すると、以下の諸点がユニークである。

(a) **クライアント（仕入先、販売者）およびカスタマー（支払企業、購入者）の特性**

伝統的ファクタリングの場合、通常、「クライアント1社、カスタマー複数社」の関係であるのに対し、一括ファクタリングの場合は「カスタマー1社、クライアント複数社」という関係になる。また、前者の場合、クライアント、カスタマーともに大企業から中小企業までさまざまな企業が対象となりうるのに対し、後者では、クライアントは中小企業主体、カスタマーは一定以上の信用力を有する大企業主体という図式になる。

(b) **案件組成プロセス**

伝統的ファクタリングは一義的にクライアントのニーズに対応して提供されるサービスであり、したがって、ファクターが案件組成において対象とするのはクライアントである。他方、一括ファクタリングはこの逆であり、カスタマーのニーズを起点とした案件組成プロセスになる。

(c) **ファクターにとっての収入源**

伝統的ファクタリングが提供するサービスの受益者はクライアントである。したがって、ファクターはクライアント1社からその対価（ファクタリ

ング手数料、アドバンス金利等）を得る。他方、一括ファクタリングのほうはカスタマー（1社）からの取扱諸手数料およびクライアント（複数）からのアドバンス金利がファクターの収入源になる。

c　カスタマー対象先の選定

　ファクターにとってカスタマー対象先選定上の一般的な留意点は以下のとおりである。

　(a)　カスタマーの信用力

　先述のとおり、対象とするカスタマーには一定以上の信用力を有する企業を選定すべきである。本スキームはカスタマーの仕入先企業、すなわちクライアントの大部分を巻き込む契約形態になるため、いったん導入すると、カスタマーに対する風評リスク等の観点から解約は容易でない。

　(b)　支払手形（または買掛金）残高の規模とクライアントの数

　カスタマーは、一定規模（通常数十億円以上）の支払手形（または買掛金）残高とクライアントの数とを有していることが望ましい。一般的に、この規模・数が大きいほど、一括ファクタリング導入に伴うカスタマーの事務負担・コスト削減効果、すなわちメリットも大きくなるからである。また、この点はファクターの収益確保の観点からも重要である。なぜならば、一括ファクタリングを利用するかはクライアントが自由意思[6]で選択するものであり、また一括ファクタリング方式へ移行したクライアントの全社がアドバンスを利用するとは限らないからである。

　(c)　アドバンスの利用見込み

　一般的に、クライアントがカスタマーより信用力が劣るケースのほうがアドバンスの利用見込みは高い。この場合、クライアントにとって、アドバンスは自社より信用力の高い企業であるカスタマーの信用リスクをベースとしたファイナンスであり、したがって通常より有利な条件の資金調達となる可

6　平成11年7月1日付公正取引委員会事務局取引部長通知「一括決済方式が下請代金の支払手段として用いられる場合の指導方針について（改正）」

能性があるためである。通常、親事業者（カスタマー）と下請企業（クライアント）とはこのような関係にあることが多い。

d　カスタマーおよびクライアントの利用メリット

　カスタマーにとって一括ファクタリングの利用メリットは以下のとおりである。

　　◇手形発行・交付等の代金決済事務の軽減・合理化を図れる。また、これに伴い、手形に係るトラブルや紛失リスクを回避できる。一括ファクタリングの導入により、カスタマーはファクターに代金決済業務をアウトソースすることになる。これに伴い、カスタマーは、仕入先（クライアント）ごとに手形振出（または代金支払い）を行う事務が不要になり、ファクター1社に対して当月決済の代金の合計額を支払うだけでよくなる。ファクターはカスタマーのかわりにそれぞれのクライアントに代金を支払うことになる。

　　◇手形発行に伴うコスト（手形発行手数料、印紙税）を削減できる。

　一方、クライアントの利用メリットは以下のとおりである。

　　◇アドバンスの利用により、機動的な資金調達が可能になる。

　　◇カスタマーの信用リスクをベースとした有利な資金調達が可能になる。

　　◇金融機関に出向くことなく資金調達が可能になる。

　　◇手形回収など売掛金回収に関する事務負担・費用負担（領収書の印紙代等）を軽減できる。

　　◇アドバンスの利用により、売掛金のオフバランス化が可能になる。

　なお、売掛金をファクターではなくSPCに一括譲渡する形態もある。また、一括ファクタリングと競合する商品として、信託銀行に売掛金を一括信託するスキームも存在する。一括ファクタリングでは売掛金の譲渡によりクライアントの負担するリスクが「カスタマーリスクからファクターリスクに」転換するが、一括信託ではカスタマーリスクがそのまま残る。

図表8-15　一括ファクタリング方式のスキーム

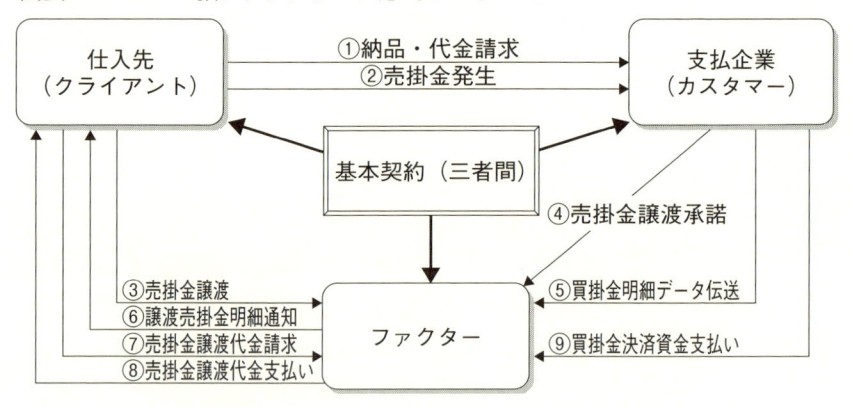

```
仕入先              ①納品・代金請求           支払企業
(クライアント)    ②売掛金発生             (カスタマー)
                  基本契約（三者間）
                                  ④売掛金譲渡承諾
③売掛金譲渡                        ⑤買掛金明細データ伝送
⑥譲渡売掛金明細通知   ファクター
⑦売掛金譲渡代金請求                 ⑨買掛金決済資金支払い
⑧売掛金譲渡代金支払い
```

図表8-16　債権譲渡担保方式のスキーム

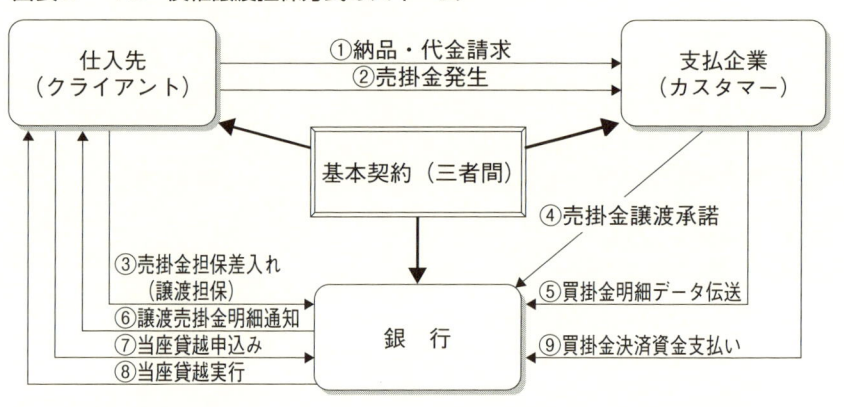

```
仕入先              ①納品・代金請求           支払企業
(クライアント)    ②売掛金発生             (カスタマー)
                  基本契約（三者間）
                                  ④売掛金譲渡承諾
③売掛金担保差入れ                   ⑤買掛金明細データ伝送
　(譲渡担保)        銀　行
⑥譲渡売掛金明細通知                 ⑨買掛金決済資金支払い
⑦当座貸越申込み
⑧当座貸越実行
```

e　一括決済方式の主要スキーム

一括決済方式の主要スキームにおける一般的な業務の流れを図表8-15〜18に示す。

(5)　国際ファクタリング

国際ファクタリングとは、企業が海外と輸出入取引[7]を行う場合に、通常、

図表8-17　併存的債務引受方式のスキーム

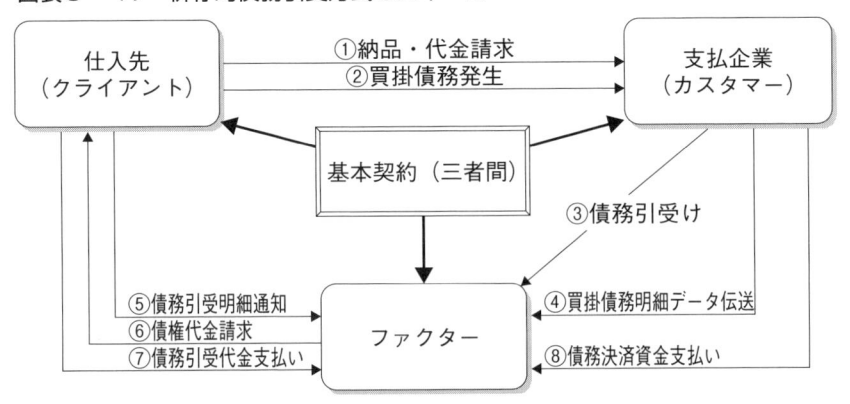

```
仕入先                    ①納品・代金請求        支払企業
(クライアント)  ←→         ②買掛債務発生          (カスタマー)
              ↖          ↓                    ↗
                 基本契約（三者間）
                         ↓           ③債務引受け
    ⑤債務引受明細通知  ↓          ④買掛債務明細データ伝送
    ⑥債権代金請求    ファクター
    ⑦債務引受代金支払い          ⑧債務決済資金支払い
```

図表8-18　一括信託のスキーム

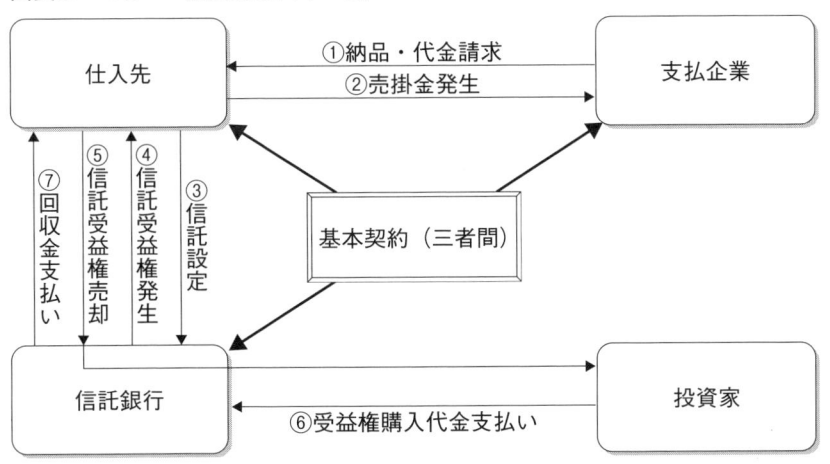

```
仕入先          ①納品・代金請求       支払企業
              ②売掛金発生
  ↑  ⑤  ④   ③
  ⑦ 信 信 信
  回 託 託 託
  収 受 受 設
  金 益 益 定
  支 権 権
  払 売 発
  い 却 生
              基本契約（三者間）

信託銀行      ⑥受益権購入代金支払い    投資家
```

ファクターの国際的な組織を活用して、安全な代金回収および早期の資金化を図る仕組みである。

輸出者が輸入者の信用を補完する手段として、銀行が発行する信用状（Letter of Credit：L/C）等を入手したり、輸出国における輸出貿易保険等を利用したりするのが一般的であるが、輸入者がコストや手続の負担に難色を

7　国際ファクタリングの仕組みとは別に、クライアントが輸入者である場合、ファクターに銀行への保証書の差入れを依頼し、銀行にL/Cを発行してもらうこともある。

示す場合や、そもそも輸入国の制度上、信用状等の発行がむずかしいこともある。

そのような場合、輸出者（＝クライアント）が自国のファクター（＝輸出ファクター）を窓口として輸入国のファクター（＝輸入ファクター）に輸入者（＝カスタマー）の信用リスクを引き受けてもらうことで、L/Cなしで安全な輸出を行うことが可能になる。また、輸出ファクターは、クライアントの要請に基づき、輸出債権を見合いとしたアドバンスを実行することもある。

上述のとおり、国際ファクタリングではカスタマーの倒産等に伴う輸出債権の貸倒れリスクを引き受けるのは輸入者、すなわち輸入ファクターの役割であるが、一方、輸出ファクターはその輸入ファクターの信用リスクをとることになる。したがって、輸出ファクターは、連携する輸入ファクターへの与信管理が必要になるため、同社が存在する国のカントリーリスクや同社の背景および業況等を勘案したうえで、同社に対するクレジット・ラインを設定するのが一般的である。

a　ファクターの国際組織

各国のファクターによって構成される国際組織として、Factors Chain International（FCI）やInternational Factors Groupなどがあり、日本からも大手銀行系のファクターが参加している（図表8－19）。

b　国際ファクタリングの利用コスト

国際ファクタリングを利用する際の主要なコストは国内ファクタリングの場合と同様、ファクタリング手数料であるが、これ以外にも海外のカスタマーに係る信用調査費や通信費等が個別に発生する。このようなコストは通常、輸出者（＝クライアント）の負担になる。

国際ファクタリングにおけるファクタリング手数料の水準はインボイス金額に対して1.5％前後と、国内ファクタリングの1％前後に比べて高いが、これは、関与するファクターの数が国内ファクタリングの場合1社であるの

図表8-19　主要なファクターの国際組織

名　称	Factors Chain International (FCI)	International Factors Group (IFG)
事務局所在地	Keizersgracht 559 1017 DR Amsterdam The Netherlands	Avenue Roger Vandendriessche 18 (Box 15), B-1150, Brussels Belgium
設　立	1968年	1963年
会員数	232社	100社以上
会員所在国数	63カ国	50カ国以上

（出典）各社ホームページを参照して作成。

に対し、国際ファクタリングでは輸出ファクターおよび輸入ファクターの2社であることによる[8]。

c　国際ファクタリングに類似するサービス

日本で国際ファクタリングと類似した機能を提供するものとして、独立行政法人日本貿易保険が運営する貿易保険制度、またL/C付中長期輸出手形をノン・リコースで買い取り、輸出先のカントリーリスクもカバーするフォーフェイティング（Forfaiting）と呼ばれるトレードファイナンスがあり、主に大手銀行が取り扱っている。個別の案件では、それぞれのサービスについて輸出対象国、保証金額、保証率、保証期間、コスト等を比較したうえで、輸出者のニーズに合うものを選択すべきであろう。

d　国際ファクタリングの主要スキーム

輸出者からみた国際ファクタリングの一般的な業務の流れは以下のとおりである（図表8-20）。

---

[8] 二つのファクターが関与するスキームであることから、「Two Factor System」とも呼ばれる。

図表8－20　国際ファクタリングのスキーム（四者間）

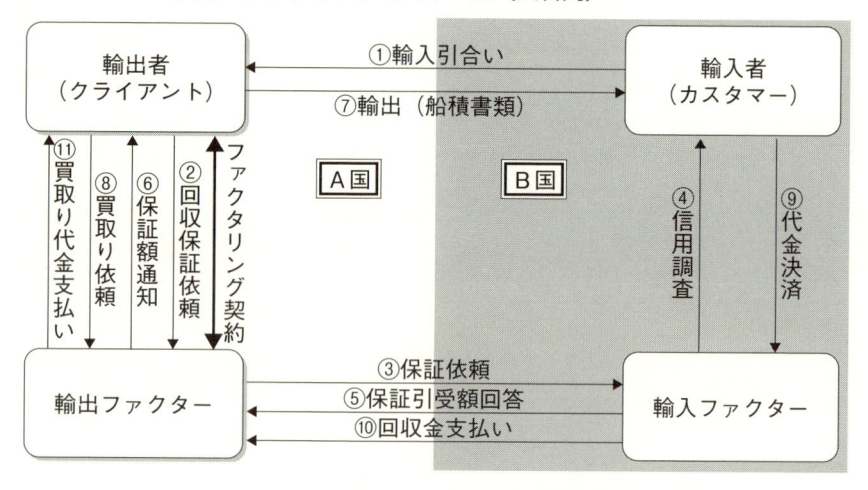

[図：A国の輸出者（クライアント）と輸出ファクター、B国の輸入者（カスタマー）と輸入ファクターの四者間の取引関係図

① 輸入引合い（輸入者→輸出者）
② 回収保証依頼／ファクタリング契約（輸出者↔輸出ファクター）
③ 保証依頼（輸出ファクター→輸入ファクター）
④ 信用調査（輸入ファクター→輸入者）
⑤ 保証引受額回答（輸入ファクター→輸出ファクター）
⑥ 保証額通知（輸出ファクター→輸出者）
⑦ 輸出（船積書類）（輸出者→輸入者）
⑧ 買取り依頼（輸出者→輸出ファクター）
⑨ 代金決済（輸入者→輸入ファクター）
⑩ 回収金支払い（輸入ファクター→輸出ファクター）
⑪ 買取り代金支払い（輸出ファクター→輸出者）]

① 輸出者は輸入者から商品購入の引合いを受ける。

② 輸出者は自国のファクター（輸出ファクター）に対して、ファクタリング契約に基づき、輸入者の信用調査および回収リスクの引受け（与信枠の設定）を依頼する（なお、対象とする期間は一般に180日以内の短期が主体である）。

③ 輸出ファクターは輸入者居住国の提携ファクター（輸入ファクター）に輸入者の信用調査および信用リスクの引受けを依頼する。

④ 輸入ファクターは輸入者の信用調査を行い、保証引受額を決定する。

⑤ 輸入ファクターは輸出ファクターに対して保証引受額を回答する。

⑥ 輸出ファクターは輸出者に対して回収保証額（上記保証引受額の範囲内）を通知する。

⑦ 輸出者は輸入者と売買契約を締結し、商品を輸出する（なお、輸出船積書類は原則として輸出者から輸入者に直送し、輸出ファクターにはそのコピーを送付する）。

⑧ 輸出者は輸出ファクターに対してインボイスおよび船積書類（コピ

図表8－21　国際ファクタリングのスキーム（三者間）

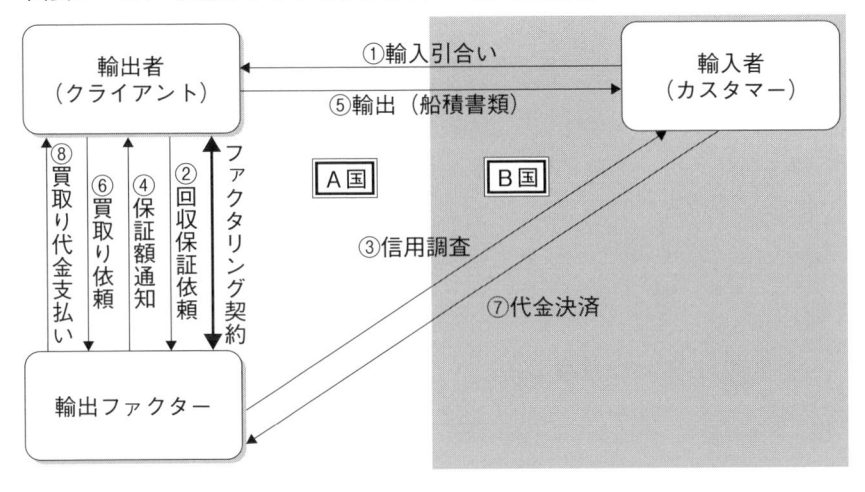

```
輸出者                    ①輸入引合い              輸入者
（クライアント）    ←─────────────────→    （カスタマー）
                         ⑤輸出（船積書類）
  ↑  ↑  ↑  ↑  ↑
  ⑧  ⑥  ④  ②  ファ
  買  買  保  回  ク
  取  取  証  収  タ
  り  り  額  保  リ
  代  依  通  証  ン
  金  頼  知  依  グ
  支              頼  契
  払                  約
  い          [A国]        [B国]
                         ③信用調査
                    ←─────────────
                         ⑦代金決済
                    ←─────────────
輸出ファクター
```

ー）を提出し、輸出債権の買取りを依頼する（この際、オプションとして輸出ファクターから輸出者に対してアドバンスが供与される）。

⑨　輸入者は支払期日に輸入ファクターに対して代金を支払う。

⑩　輸入ファクターは輸出ファクターに対して回収金を支払う（なお、実際にはこの回収金は輸出者居住国の指定銀行にまず送金され、その後輸出者に支払われるのが一般的である）。

⑪　輸出ファクターは輸出者に対して買取り代金を支払う。

　上述のとおり、通常、国際ファクタリングは二つのファクターを含む四者間のスキームであるが、まれに輸入ファクターが関与しない三者間のスキームをとることがある。三者間とする主な目的は、クライアントの要請等によりファクタリング手数料を中心とするコストの引下げを図ることにある。ただし、この場合、輸出ファクターは四者間スキームにおける輸入ファクターの役割、すなわち海外のカスタマーの信用調査および回収リスクの引受けを単独で行う必要があるため、選別的な対応となることが多い。

　国際ファクタリングの三者間スキームにおける業務の流れは図表8－21のとおりである。

2　日本におけるファクタリング機能の活用ニーズ

　これまで述べたとおり、日本では伝統的ファクタリングがもつ諸機能を活用して、欧米とは違ったかたちで市場ニーズに対応するユニークなサービスが開発されてきた。このような展開はだれのどのようなニーズによってもたらされたか。
　日本におけるファクタリング機能の活用ニーズについてサービス形態別にみる。

(1) 買取りファクタリング

　先述のとおり、買取りファクタリングは主に中小企業のクライアントに資金調達手段として利用されており、ここでファクターが提供するのは金融機能である「アドバンス」である。
　一方、大企業等は、同じ機能を財務体質を強化して信用力を高めるために活用している。この背景にあるのは、連結決算制度の導入や資産の効率的運用の観点から資産をオフバランス化しようとするニーズである。売掛金のオフバランス化に関してはSPC方式、信託方式等、さまざまな手法が存在するが、なかでもノン・リコースのファクタリングが最も簡便な方法であるといえる。

(2) 売掛金回収保証

　商社経由の商取引が直販にシフトする動きのなか、特に中小企業の資金繰りを支援する商社金融の役割が低下しつつある。また、手形取引が急速に縮小しつつあるなか、中小企業に対する売掛金の回収リスクが以前よりも高まっているとみられる。このような背景から、販売者（依頼人）が「貸倒れリスクの引受け」機能を提供する売掛金回収保証を活用するニーズが強まっている。

(3) 回収代行サービス

売上代金のみならず各種会費、賃貸料、リース料、保険料などに係る大量の集金事務を抱える企業にとって、その負担やコストを削減するニーズは大きい。本サービスはそのような企業に対してファクターのもつ「売掛金の回収代行」機能と「売掛金の記帳処理代行」機能とを提供するものであり、これにより販売者（依頼人）は集金事務の効率化およびコスト削減と関連する経理事務の合理化を図ることができる。一方、販売先にとっては支払いのつどの振込手続が不要となるメリットがある。なお、日本では代金支払いにあたって日常的に振込や預金口座振替が利用されるのに対し、米国では現在も小切手の郵送による支払いが一般的であるため、ファクターによる回収代行の実務内容は日米で大きく異なる。

(4) 一括ファクタリング

一括ファクタリングは、主に大企業が下請企業へ支払いを行う際に発生する大量の支払手形事務を合理化するために開発された仕組みである。興味深いのは、本商品が一義的に支払企業、すなわちカスタマーのニーズに対応して設計された点であり、したがって、ファクタリング関連商品でありながら、ファクターは売掛金ではなく買掛金の「支払代行」機能および「記帳代行」機能を提供する。他方、下請企業、すなわちクライアントの資金調達ニーズに対して、ファクターは金融機能である「アドバンス」を提供する。

(5) 国際ファクタリング

国際ファクタリングはクライアント（＝輸出者）における海外取引の多様化の要請に対応する仕組みであるが、ここでファクターが、通常、海外のファクターとの連携により輸出者に提供するのは「貸倒れリスクの引受け」機能である。また、輸出者がオプションとして輸出金融を利用する場合、「アドバンス」機能が加わる[9]。

一方、クライアントが輸入者である場合、ファクターは海外のファクターからの要請により、当該クライアントに係る「貸倒れリスクの引受け」を行うことがある[10]。

9　輸出者に提供するサービスであり、「輸出ファクタリング」と呼ばれる。
10　輸入者とのリレーションに基づく業務であり、「輸入ファクタリング」と呼ばれる。

第5節 他の金融手法との関係

ファクタリングはサービスと金融という複合的な機能を有するが、ここではその他のさまざまな金融手法との関係をみる。

1 銀行貸出との関係

(1) 手形割引との比較

先述のとおり、ファクタリングにおけるアドバンスの場合、(割引料を考慮しなければ)手形金額の全額が資金化される手形割引と異なり、売掛金残高に対して常に一定の割合で支払われる。

また、アドバンスは通常、ファクターがクライアントに対してノン・リコースで実行するが、手形割引の場合、銀行は割引依頼人(＝借手)に対するリコース[11]を条件とする。

なお、銀行の一般的な貸出スタンスとして、信用力の低い(＝リスクの高い)手形の割引には消極的であり、また手形の信用力自体よりも割引依頼人の信用力に基づいて手形割引を行う傾向が強い。

---

[11] 銀行の手形割引では、不渡りになった割引手形についてはもちろん、複数の割引手形のうち一通だけが不渡りになった場合でも、割引依頼人に信用がないときやその信用が悪化したときは、すべての手形について割引依頼人に買戻しを請求できることが取引約定書により定められているのが一般的である。

一方、手形債権流動化の一形態として、主にファイナンス会社が割引依頼人から商業手形をノン・リコースで買い取り、手形金額に対して一定の割合でアドバンスを行うケースも増えつつある。

(2) 売掛金担保貸出との比較[12]

ファクタリングにおけるアドバンスが売掛金の売買を前提とするのに対し、売掛金担保貸出はあくまで貸出取引である。売掛金に関して、前者ではクライアントからファクターに所有権が移転するのに対し、後者では所有者（＝借手）の債務不履行時の弁済手段としての譲渡担保になる。このため、前者ではファクターがカスタマー、すなわち売掛金の債務者から直接回収を行うが、後者では銀行が借手から回収を行う。

ファクタリングにおけるアドバンスがクライアントにとってオフバランス効果があることは先述のとおりであるが、他方、売掛金担保貸出は借手にとってオンバランスの取引である。

上記の手形割引と同様、売掛金担保貸出もまた借手に対するリコースを条件とする。

2　証券化との関係

一般に、証券化とはキャッシュフローが発生するさまざまな資産をなんらかの仕組みを利用して小口化し、投資家へ証券の形態で販売するための金融技術のことをいう。

売掛金の証券化とファクタリングにおけるアドバンスとを比較すると以下のような違いがある。

12　ABLにおけるアドバンスおよび商業手形担保貸出も売掛金担保貸出と同様の性質を有する。

図表8－22　売掛金証券化のスキーム

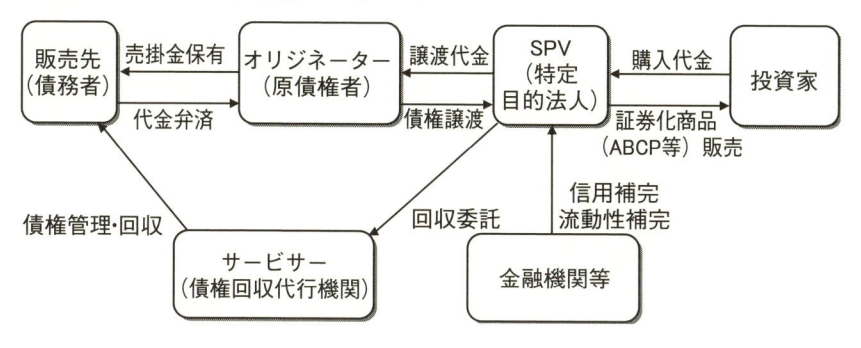

```
販売先 ──売掛金保有── オリジネーター ──譲渡代金── SPV ──購入代金── 投資家
(債務者)                (原債権者)                  (特定
        ──代金弁済──              ──債権譲渡──    目的法人)  ──証券化商品
                                                            (ABCP等)販売──

債権管理・回収            回収委託              信用補完
                                              流動性補完
        サービサー                      金融機関等
        (債権回収代行機関)
```

(1) 取引スキーム

　売掛金の証券化では、売掛金の保有者たる企業（オリジネーター：原債権者）が売掛金を SPV[13]と呼ばれる特定目的法人に譲渡し、その対価として資金を受け取る。SPV は売掛金が生み出すキャッシュフロー、すなわち決済期日に入金される代金を裏付として投資家に証券を発行する事業体であり、証券化のストラクチャーにおいて企業と投資家の媒介役を果たす（図表8－22）。

　一方、ファクタリングでも、企業が売掛金を譲渡し、対価として資金を受け取ることは同様であるが、その譲渡先はファクター1社になる。すなわち、証券化とは異なりファクタリングは相対取引が基本である。また、ファクターは譲渡された売掛金を多数の投資家に転売することなく、自らのリスクで当該売掛金の債務者（＝カスタマー）から回収する。

(2) ダイリューションリスクへの対応

　売掛金に係るダイリューションリスクへの対応について、ファクタリングにおけるアドバンスの場合、当該リスクを負担するファクターがアドバンス

13　Special Purpose Vehicle の略。

レートの調整により行う。これに対して、売掛金の証券化の場合、ダイリューションリスクはオリジネーターの表明保証でカバーされており、したがって投資家にとっては当該リスクがオリジネーターリスクになっている。

(3) 利用者の規模

証券化という仕組みを利用するには一定のコスト（SPC 設立などの法的手続、サービサーへの委託、信用補完措置の導入等に伴う手数料、格付費用、弁護士費用等）が必要になるため、売掛金の規模が小さいと採算がとれないことになる。実際、証券化を利用する企業は大手・中堅企業が中心である。これに対して、ファクタリングを金融手段として利用する企業はほとんどが中小企業である。

(4) 商　　品

一方、中小企業が保有する売掛金を対象とした証券化商品として、先述の「一括決済方式」による下請債権を引当てとする信託受益権や ABCP[14] があり、これに対応するファクタリング関連サービスとして一括ファクタリングがある。

3　取引信用保険との関係

取引信用保険とは売買契約、販売委託契約、役務契約、運送契約、賃貸借契約、委任契約などさまざまな取引関係における営業債権（売掛金等）の未回収リスクをヘッジする損害保険の一種である。

本章第4節で述べた売掛金回収保証に類似しているが、債務者の信用リスクを個別に審査するのではなく、「大数の法則」に基づき多数の債務者の信用リスクをまとめて評価する点が異なる。

14　Asset-backed Commercial Paper の略。資産担保 CP ともいう。

図表8－23　取引信用保険のスキーム

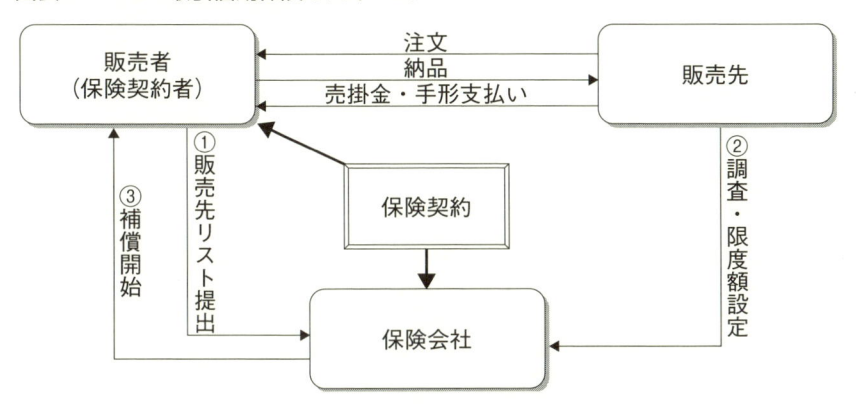

```
販売者                    注文           販売先
(保険契約者) ←─────  納品  ─────→
            ←───── 売掛金・手形支払い ─────

         ①販売先リスト提出        ②調査・限度額設定
         ③補償開始

                    保険契約
                       ↓
                    保険会社
```

　取引信用保険が成立するためには、大数の法則が適用できるよう、債務者が分散していて、かつ一定のロット以上の売掛金のプールが存在することが前提になる。このため、取引信用保険を利用する企業は大手・中堅企業が中心である。

　取引信用保険のスキームは以下のとおりである（図表8－23）。

　①　販売者は保険会社に販売先のリストを渡す。
　②　上記リストにより保険会社は販売先の信用調査を行う。
　③　②に基づいて保険金支払限度額を債権者に通知する。債権者は保険者に保険金の支払いをする。

(1) 保険事故との関連

　保険事故が発生しなかった場合、債権者は債務の履行期に債務者に対して求償し、債務者は債権者に対して支払いを行う。

　保険事故が発生した場合、まず債権者は保険者に当該債権を譲渡する。すると、保険者は債権者に対して保険金支払いを行う。そして、保険者は債務者に取立てを行う。

(2) 保険会社の提供する機能

保険会社の提供する機能として以下があげられる。
　① 信用危険の引受け
　② 取引先の信用調査
　③ 与信情報提供等

(3) メリット

顧客（＝販売者）のメリットとして以下があげられる。
　① 貸倒れ損失の早期回収ができる（資金繰りの安定化）。
　② 保険会社の信用調査情報を利用できる（与信管理コスト削減）。
　③ 与信情報の提供を受けることができる。
　④ 信用リスクを保険者に転嫁できる。
　⑤ 保険料は全額損金算入が可能である。

(4) ファクタリング関連サービスとの比較

　取引信用保険は、「貸倒れリスクの引受け」の機能においてファクタリングと競合するサービスであり、特に売掛金回収保証と類似する。
　一方、買取りファクタリングにおける回収代行および記帳処理代行の機能は提供されない。また、保険契約により保険会社が負担する貸倒れ損失には以下のような限度や免責が設定される。
　① 年間総支払限度額
　② 損害てん補率（縮小率）……正味損害額に対して乗ずるてん補割合
　③ 免責額（自己負担額）
　この点、買取りファクタリングあるいは売掛金回収保証の場合、理論上、貸倒れリスクを100％引き受けることが可能であるため、取引信用保険との間で実質的なコストの比較が必要である。また、大数の法則の適用が前提であるため、通常、ファクタリングの場合よりも多数の販売先数が必要になる。

第6節

新たな展開

1　電子記録債権とファクタリング

　社会・経済のさまざまな局面でITの活用が進められるなか、2007年6月に電子記録債権法が成立し、2009年中に施行されることになった。電子記録債権制度創設の目的は、売掛金の二重譲渡リスク、対抗要件の具備にかかる手間とコスト、手形の発行・受取りにかかる印紙税や事務負担、手形の盗難・紛失等のリスクなどの諸問題を解決し、金銭債権の流動性を高めることにより、中小企業の資金調達環境の改善を図ろうとすることにある。

　企業間における商取引の決済手段として、従来手形制度が広く利用されてきたが、近年、大企業を中心に事務合理化およびコスト削減の見地から手形の発行を抑制する傾向にある。電子記録債権は以下のメリットから、手形にかわる決済手段として普及することが期待されている。まず、手形の発行者（債務者）は、紙ベースでなく電子ベースで発行・管理することにより手形の発行（印紙代）や管理・運搬等にかかるコストを削減できるだけでなく、手形の盗難・紛失等のリスクから解放される。一方、手形の受取人（債権者）は、受け取った電子記録債権を支払期日前に資金化したり、支払先に（分割）譲渡したりすることができる。また、電子記録債権のデータは第三者機関である電子債権記録機関によって一元管理されるので、受取人は二重譲渡リスクから解放されるほか、記録原簿への記載・書換えにより対抗要件の具備も可能になる。

本章第4節で述べたように、従来の手形取引にかわる手法として一括ファクタリングがある。ただし、一括ファクタリングは下請代金支払遅延等防止法（下請代金法）の枠組みのなかで認められる一括決済方式の一方式であり、基本的に大企業中心の手形レス化ニーズに対応した特定の金融機関のサービスである。この点、電子記録債権制度が普及すれば、中小企業を債務者とする売掛金にも対象が拡大し、また、さまざまな金融機関がファクタリングの機能を活用したサービスを開発・展開することが期待される。

2　新しいプレーヤーの動き

　近時、日本のファクタリング業界は既存金融機関以外からの新規参入により裾野を広げつつある。

　たとえば、従来、銀行グループあるいは大手ノンバンクのみが提供してきた一括ファクタリングを取り扱う事業者も登場している。このケースでは、当該事業者が以下のようなアプローチをとることで既存ファクターとの差別化を図っている。

　　◇支払企業の買掛金支払事務の代行を請け負うことで当該企業と密接なリレーションを構築し、情報の非対称性の問題を克服している。
　　◇その結果、業種や信用リスク等の問題から金融機関が積極的に対象としない支払企業との取引を可能としている。

　また、中小企業に対する売掛金などを保証し、貸倒れリスクの引受けを行うとともに、引き受けたリスクをポートフォリオに再組成後、金融機関等の投資家へ流動化する企業も登場している。

　興味深いのは、このような新規参入者がこれまでファクターの競合者とされてきた総合商社から派生している点である。

3 ファクタリングの発展に向けた課題

　日本では、いわゆるワーキングキャピタル・ファイナンスを提供する担い手の中心は銀行であり、そのマーケットはきわめて競争的である。したがって、ファクターにとって金融機能だけで独自性を打ち出すことは困難であり[15]、やはり貸倒れリスクの引受機能および各種事務代行機能が重要な差別化要因になる。すなわち、企業間信用におけるリスクテイカーおよび売掛・買掛事務のアウトソーシング先としての側面を前面に打ち出していかなければならない。

　しかし、前者としての側面を打ち出す場合、日本で伝統的ファクタリングの普及が遅れた理由のひとつとして指摘された、信用調査に必要なインフラの未整備が課題になる。すなわち、日本には米国のファクターが企業信用情報ソースとして活用するような信用調査機関[16]や情報交換の場が存在しない。また、日本のファクタリング業界の主要プレーヤーである銀行系ファクターは、審査機能を親銀行に依存していたり、親銀行と一体の与信リスク管理を行っていたりすることから、積極的に貸倒れリスクを取ることがむずかしいという事情もある。

　企業信用情報のインフラ整備は一朝一夕に進むものではないが、電子記録債権制度とともに、業界で共有できる信用情報のデータベースあるいはネットワークの構築が望まれるところである。

　一方で、当面は上述のような総合商社を主体とした新しい動きにも期待が寄せられる。米国では伝統的ファクタリングが特定業界において発展し、そ

15　診療報酬債権を対象とするアドバンス付買取りファクタリングなど、通常は銀行本体でなく、ファクタリング会社やリース会社が取り扱うものもあるが、業界およびカスタマー（＝社会保険診療報酬支払基金、国民健康保険団体連合会）が限定されたニッチな分野であるといえる。

16　たとえば、米国のファクターがあるカスタマーへの与信を検討する際、通常、ダンアンドブラッドストリート社等が提供する企業信用情報により、当該カスタマーの直近の買掛金支払状況（ペイメント情報）をチェックする。日本では、現状このような情報を幅広く提供できる信用調査機関は存在しない。

れゆえに限界を迎えていることは先述のとおりである。ひるがえって日本の場合、企業信用情報へのアクセスが依然限定的である現状、総合商社が商流に係る情報や知識において優位にある特定業界からリスクテイクの実績を積み上げていくアプローチも現実的な選択といえよう。

第 9 章

設備活用型
（エクイップメント・ファイナンス）

第1節 定義・主要な形態

本章では、ABFの三つめの形態として「設備活用型」を取り上げる。

機械などの設備は企業が経営基盤の強化を目的に保有または使用する「アセット」（資産）であり、企業の価値を生む源泉の一部である。その源泉を確保するために投下される資金が設備資金であり、企業は価値創造に影響を及ぼすさまざまな観点を考慮したうえで設備資金の調達方法[1]を選択している。通常、企業は設備を長期にわたって使用するため、短期的には投下した設備資金の回収ができない。なぜならば、一般的に企業は事業活動により生み出されたキャッシュフローを償還原資とし、投下した設備資金の回収に充当するため、その期間は長期に及ぶのである。大企業は多くの場合、多様な調達手段を有するが、中小企業は金融機関等からの借入れやリースなどが主な調達手段になっている。

このような設備資金の調達手法、すなわち設備（エクイップメント）ファイナンスを貸手である金融機関サイドからみると、以下の二つの特徴をもつABFということができる。

1　企業における設備資金の主な調達方法は、①内部資金によるもの、もしくは②外部資金によるものに分けられ、②にはいわゆる直接金融としてのエクイティ・ファイナンス（株式）、デット・ファイナンス（社債・コマーシャルペーパー）と、間接金融としてのデット・ファイナンス（ローン・割賦・リース）がある。

図表9－1　設備（エクイップメント）ファイナンスの基本スキーム

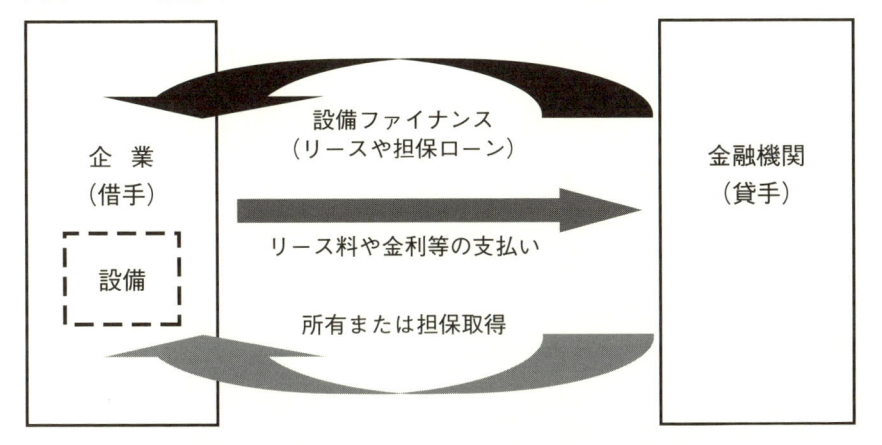

```
┌─────────────┐   ←──────────────────────   ┌─────────────┐
│             │      設備ファイナンス          │             │
│  企　業     │    （リースや担保ローン）      │  金融機関    │
│  （借手）   │   ──────────────────────→    │  （貸手）    │
│  ┌─────┐   │    リース料や金利等の支払い    │             │
│  │設備 │   │                               │             │
│  └─────┘   │   ←──────────────────────     │             │
│             │      所有または担保取得        │             │
└─────────────┘                               └─────────────┘
```

1　所有または担保取得を通じた換価手段の確保

　図表9－1は設備（エクイップメント）ファイナンスの基本スキームであるが、貸手が対象となる設備を所有または担保取得することが前提になる。つまり貸手は、債権を保全する法的な権利を有し、借手、つまり対象設備のユーザーが財務的に破綻した場合等に、所有権または担保権の行使により対象設備を売却することができる。対象設備をその資産価値に基づいて処分（換価処分）することで設備資産から生み出されるキャッシュフローとは異なる二次的な返済原資を確保しているため、借手破綻時にはそれを債権の回収に充当することで貸倒れ損失を極小化できるのである。

2　設備の換価価値を勘案した信用供与

　対象設備の価値を適正に把握し、その価値を企業に対する与信の判断に活用することを前提とする。つまり、基本的に企業の信用力を前提としつつ、設備の換価価値を勘案した総合的な判断に根ざした信用供与が可能になる。設備の換価価値とは、機械装置等の設備を市場で処分した場合の処分価値、

第9章　設備活用型

または設備を包含した特定の事業の事業価値を指すものである。換言すれば、設備の換価価値により信用補完機能を備えたファイナンス手法である。

以上より、設備（エクイップメント）ファイナンスは、「企業が活用するあるいは活用しようとしている設備の価値を活用することで、その企業自体の信用リスクが補完されるファイナンス手法」といえる。

本章で解説する「設備活用型」のABFを図表7－4をもとに図示すると図表9－2のようになる。

図表9－2　売手・買手からみた「設備活用型」ABFの類型

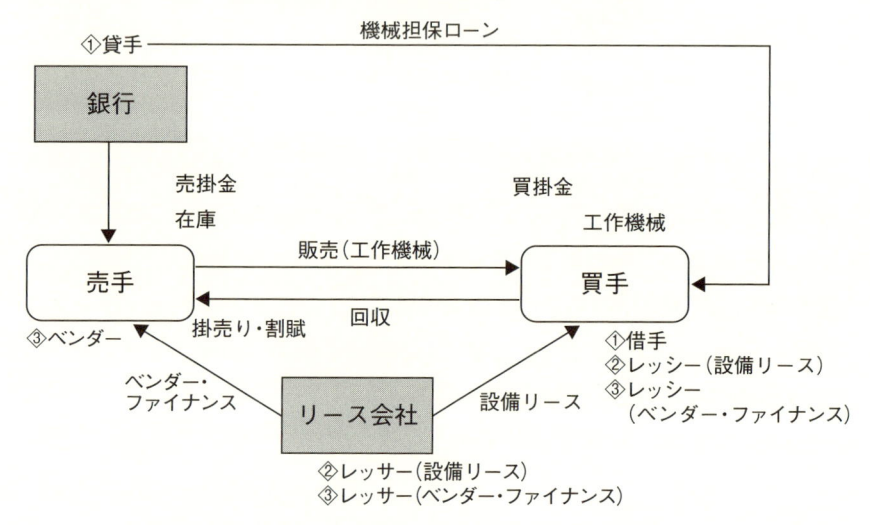

```
①貸手 ─────── 機械担保ローン ───────┐
  │                                    │
 銀行                                   │
  │                                    │
  ↓      売掛金              買掛金      │
         在庫                工作機械    │
       ┌──────┐  販売(工作機械)  ┌──────┐
       │ 売手 │ ───────────→  │ 買手 │
       │      │ ←───────────  │      │
       └──────┘    回収         └──────┘
       ③ベンダー  掛売り・割賦        ①借手
            ↖                ↗    ②レッシー(設備リース)
     ベンダー・  ┌──────────┐  設備リース  ③レッシー
     ファイナンス│ リース会社 │           （ベンダー・ファイナンス）
                └──────────┘
                ②レッサー(設備リース)
                ③レッサー(ベンダー・ファイナンス)
```

（注）　当事者間の関係：①貸手─借手(機械担保ローン)、②レッサー－レッシー(設備リース)、③レッサー－ベンダー－レッシー(ベンダー・ファイナンス)

第2節 設備の価値の活用

1 設備ファイナンスにおける設備の価値と所有権

　日本における従来型の設備資金の貸出では、基本的に企業の信用力や担保としている不動産等の担保の価値を軸に与信判断がなされており、貸出を通じて取得対象となっている設備の価値を適正に評価し、その価値を当該資金調達に活用しているとはいいがたい。これまで対象設備の価値が積極的に活用されてこなかった第一の理由として、金融機関による従来型の設備資金貸出では設備の価値や当該設備に係る所有権等の権利関係が不明確であったことがあげられる。第二の理由として、金融機関が与信判断をする際に設備自体が貸出保全上の適性を備えた担保として扱われてこなかったことがある。その結果、対象設備が本来有している価値が軽視され、担保としての取得が敬遠されてきた経緯がある。

　一方、リースや所有権を留保した割賦、設備に譲渡担保権を設定する貸出などは、企業の信用力に依拠しつつも設備という「アセット」の価値に着目したファイナンス手法であるといえる。それらの手法においてファイナンスの対象となる設備の所有権に関して、所有権を留保した割賦や設備に譲渡担保権を設定した貸出では債務の履行期間中に、またリースではリース期間中およびリース債務の返済後も、当該設備の所有権は債権者に帰属することになっている。さらに、再建型法的整理手続、清算型法的整理手続、清算型私的整理手続といった事態が生じたとしても、ここであげたファイナンス手法

では債権者は債権を保全する法的な権利を有している。したがって、対象設備の処分の必要が生じたタイミングにおいて当該設備の処分価値に基づいた換価処分を行うことで、当該設備が通常の事業のなかで生み出すキャッシュフローとは別に二次的な返済原資を担保権者としての債権者は確保しているといえるのである。

2　設備の価値の活用機会

近年、動産譲渡に係る登記制度の整備により設備を貸出の担保として活用しやすくなった一方、リース会社などの金融機関は外部機関との連携によりリース手法の差別化を図ろうとするなど設備ファイナンスの手法もいっそう多様化する様相を呈している。なかでも、設備の価値を従来以上に企業の信用を補完する機能として活用したファイナンス手法や設備のリマーケティングにおける収益機会を見込むファイナンス手法（オペレーティング・リース）などが実効性の高い手法として活用される機会が増えている。その結果、設備ファイナンスの提供者、つまり貸手が求められる機能のなかで、設備の適正な価値を把握する価格査定力と当該設備をしかるべきタイミングにおいて販売する力を有し、活用していくことの重要性が増してきている。

(1)　与信補完機能としての活用

貸手は、ABLにおける売掛金や在庫と同様、設備の担保処分性や換価価値等を適正に把握したうえで当該設備を所有または担保として取得することを通じて、実効性のある保全を図ることが可能になる。与信判断においては、企業自体が有している信用力や不動産等の一般的な担保の価値とともに設備の適正な価値を考慮することが、当該設備の利用者、つまり借手の有する資産価値を従来以上に把握することにつながる。これらのプロセスを通じて従来型のリスク概念に基づく与信判断では限界があった企業に対しても金融機関は取引や接点の拡充が可能になるのである。特に従来型の与信判断の

もとでは資金調達能力に限界が生じた中小企業等に対しても金融機関が貸出の増強を図ることが可能になるのである。

(2) 売買処分による収益機会の創出

　設備ファイナンスを提供する金融機関において設備の適正な価値を把握する価格査定力と当該設備をしかるべきタイミングで販売する力は案件対応を通じてノウハウや知見として蓄積されていくことになるが、それらを活用することで、適正価値に基づく売買処分ができる能力が重畳的に高まっていくことになる。蓄積されたノウハウ等をもとに想定リスクを検証し、ヘッジを行っていくことを通じて、金融機関が最適なシナリオで対象設備を売却処分することが可能になれば、借手倒産時の回収手段の有効性を確保できる。また、オペレーティング・リースで対応する場合、常態時もファイナンス提供期限到来に伴う当該設備のリマーケティングによる収益機会を捕捉すること、つまり対象設備の残存価値を積極的に活用することができる。金融機関はこれまで述べてきた能力の強化、体制の確立により、設備価値を戦略的に活用した貸出手法を提供することが可能になるのである。

第3節 設備ファイナンスにおける信用補完機能の確保

　設備ファイナンスにおいては、貸手は、借手における対象設備資産取得の目的や位置づけ、さらには収益やキャッシュフローの計画からみた当該設備投資の妥当性を検証したうえで、当該設備の担保適格要件について見極め、管理していくことが重要である。特にファイナンスの実行後は、借手の業況や財務状況の変化の把握に加え、対象設備およびその価値を定期的にモニタリングしていくことが肝要である。以下でこれらの点をさらに詳しく述べていくことにする。

1　設備ファイナンス特有の分析事項

　設備ファイナンスは、企業の一般的な信用分析および返済原資に関する分析に加え、対象となる設備の分析が必要となる。案件検討プロセスでは、以下にあげる事項の分析が重要である。
　　◇設備投資の目的
　　◇設備投資の必要性および重要性
　　◇設備投資の時期の妥当性
　　◇設備投資の規模の妥当性
　　◇設備投資の投資効果
　　◇設備投資資金の償還能力
　　◇増加運転資金の調達力

◇設備購入価格の妥当性
　　◇設備の機能および用途
　　◇設備の設置場所および設置・移設コスト
　　◇設備の保守メンテナンスおよびそのコスト
　　◇設備の担保適格要件および担保価値
　　◇設備の処分方法
　　◇設備の処分コスト
　　◇設備の処分による回収見込み金額
　　◇実地調査の計画と内容
　また、設備ファイナンスでは、対象設備の特定化を通じて、貸手の所有権の維持または担保権の行使が可能となる状態を確保する必要がある。具体的には、リースの場合、シールやプレートの貼付や打刻による明認措置が、また、設備担保貸出の場合、占有改定による引渡しや動産・債権譲渡特例法上の動産譲渡登記による第三者対抗要件の具備が必要になる。一方で、対象設備について先行する権利付着を確認するとともに、後行者による即時取得や盗難、滅失、火災などによる毀損等の危険性を検証し、対策を講じていかなければならない。
　設備ファイナンスの実行時には、以下のような特有の事項に関する検証や対策が必要である。
　　◇対象設備に隠れた譲渡担保等の権利付着がないことを確認する。
　　◇シリアル・ナンバー等で物件を特定する。
　　◇担保物件にシール等で所有者であることを公示する。
　　◇損害保険を付保する、または、付保されている損害保険に質権を設定する。
　また、対象設備の実地調査も不可欠であるが、この際、確認すべき重要なポイントは、対象設備が実在すること、設備の機能が適正に維持され中古マーケットでの流通が可能な状態にあること、想定している処分方法および処分コストが現実的であること等である。

さらに、ファイナンス実行後も定期的、あるいは適宜実地調査を実施することにより、対象設備の価値の毀損や処分に際しての障害が顕在化する前に、それらの兆候を把握し予防措置を講ずることが可能になる。

2　設備の担保適格要件

設備を担保とする貸出では、対象となる設備資産の担保としての適格性を見極める必要がある。「換価性」および「処分性」に優れた設備が保全の観点から実効性の高い担保、つまり適格性を有する担保といえる。

「処分性」を高める要件は以下のとおりである。

　　◇経済耐用年数が長いこと
　　◇汎用性が高いこと
　　◇中古マーケットが確立していること
　　◇老朽化のリスクが少ないこと
　　◇移設据付けが容易であること
　　◇移設据付けコストが安価であること
　　◇環境リスクがないこと
　　◇用途が極端に限定されていないこと
　　◇特殊なオプションや特殊な付属品がないこと
　　◇特別な仕様ではないこと
　　◇ソフトウェア等の無形資産を含まないこと
　　◇保守メンテナンス体制があること

担保適格性を具備している設備の代表例は工作機械、半導体製造設備、電子部品実装機、射出成形機、建設機械、フォークリフト、自動車、航空機等である。これらは、リース会社が提供しているオペレーティング・リースの代表的な対象物件と共通している。

3 設備投資残高と価値の乖離

　設備ファイナンスは、対象設備に係る借手の使用予定期間、経済耐用年数および法定耐用年数による償却などを勘案し、比較的長期間の与信供与がなされることが多い。一方で、設備の価値の劣化は速いという点にも留意しながら、ファイナンス期間における貸手のリスクおよびリターンを検討することが重要である。

　設備ファイナンスを検討する際は、対象設備の現在の価値のみならず将来の価値を推計する必要がある。具体的には、対象設備の想定処分価格の推移を与信残高の推移と比較、検証し、ネットでの与信額を推計することでリスクを見極めていかなければならない。この推計やリスクの認識は案件検討プロセスにおける与信判断やファイナンス実行後のモニタリングに活用されることになる。設備の想定処分価格は信頼できる評価会社やリース会社による客観的かつ専門的な価値評価により算出された価格を適用することが好ましい。

　設備の価格としては、まず、貸借対照表上の簿価があり、これをベースに法定耐用年数にわたって減価償却がなされる。しかし、一般的に、設備は納品されるとすぐに中古品になり、短期間に市場価値は大きく下落する。中古物件の価格は取得後1年以内に新品価格の30〜60％に低減するのが一般的である。以後、物件により下落幅は異なるが、価値は逓減していくことになる。ただし、流通性の高い設備の場合は、経過年数および経過時点の需給状況によって、簿価を上回る中古価格になる場合もありうる。したがって、一定額または一定割合で減価償却される簿価と市場における実勢価格とは連動せず、結果として乖離が存在することになる。これらの理由から簿価を設備ファイナンスにおける設備の価値とするのは不適切であり、当該設備とその使用目的とが同等であると判断される物件の実際の売買事例に基づく売買比較アプローチ算出法等により、価値を推計することが好ましいといえる。また、それらの算出法を通じて、価値を推計する際は売買や処分に関して複数

のシナリオを想定し検討する必要がある。具体的には公正市場価格（Fair Market Value：FMV）、通常処分価格（Orderly Liquidation Value：OLV）、強制処分価格（Forced Liquidation Value）等の概念が活用されることが多い（評価手法については第6章参照）。

4　モニタリングとポートフォリオ管理

　すでに述べてきたとおり、貸手における設備ファイナンスのリスクは、借手の信用力と対象設備の処分価値とをベースとして判断される必要がある。企業の信用状況を把握するのと同様に、与信残高と対象設備の処分価値の乖離を定量的かつ定期的にモニタリングすることが重要である。前述のとおり、想定処分価格は簿価ではなく当該設備の中古マーケット等における実勢価格により推計され、また需給関係等の市場環境によっても変動していくことになる。換言すれば、設備の処分価値は中古マーケットの活況度に影響されるため、貸手は当該マーケットの動向を市場リスクとして認識し、その他の事象と統合して監視するといったマネジメントが求められ、さらには複数の案件について同様の対応を施すといったポートフォリオ管理が必要になる。繰り返しになるが、中古マーケットの分析を通じて与信期間における設備の価値の推移を見極めながら、与信残高とのバランスを把握することは与信管理におけるリスク・コントロールの観点からきわめて重要である。さらに、貸手のポートフォリオ管理において、対象設備が特定のカテゴリーで過度に集中している場合は、損失拡大のリスクが高まるため、対象資産の分散度合いの把握を適切に行い、監視していくことが好ましい。

第4節　リース

　リースが日本に導入された昭和38年以来40年余りが経過した。その間におけるリースの定着度は、リース事業協会の「リース需要動向調査」のなかで、企業の約98％がリースを利用しているか、もしくは利用経験があると回答している状況に示されているとおりである。また、年間のリースを用いた設備投資額は民間設備投資額の約1割を占め、市場規模は約7兆〜8兆円までに拡大している。

　リース市場は、設備投資の活況度合に応じて成長し、対象となる設備を確保するためのファイナンス手法として定着してきた。リース産業は、さらに産業施策や中小企業施策と非常に密接な関係を有し、企業の設備資金調達手段の担い手として、今日に至っている。一方で民間設備投資額に占めるリースの比率や取扱高は伸び悩む傾向にある。リース会社の資金原価である金利の上昇や同業他社との競争激化による収益力の低下に加え、固定資産の減価償却制度やリース取引会計基準の改正が施され、リース業界を取り巻く事業環境が大きく変化していることが、この傾向の要因になっている。

　そのような事業環境のもと、リース業界では資本系列や事業分野の相乗効果を背景とした業界再編が活発化しており、また各リース会社は事業領域の多角化を進め、競争力の強化を図っている。

1　リース取引会計基準ならびに減価償却制度改正の影響

　リース会計基準として、平成19年3月30日に企業会計基準委員会から「リース取引に関する会計基準」（企業会計基準第13号）および「リース取引に関する会計基準の適用指針」（企業会計基準適用指針第16号）が公表され、従来の基準に変更が施されることになった。これらの改正基準は平成20年4月1日以後に開始する連結会計年度および事業年度から適用されることになっている。この会計基準の変更では、1契約当りのリース料総額が300万円超または有形固定資産、無形固定資産、リース資産に占める未経過リース料の期末残高の割合が10％以上の所有権移転外ファイナンス・リース取引について、賃貸借取引に準じた会計処理が廃止されることになる。変更前の基準では一定の注記を前提として月々のリース料を費用処理するといった簡便的な賃貸借処理で資産計上が不要（オフバランス）となっている。一方で、改正基準の施行後は、リース物件とこれに係る債務を売買取引に準じて処理し、リース資産およびリース債務を貸借対照表上に計上しなければならない。この結果、リースを利用している企業の財務指標が悪化するという影響も懸念され、リース取引を回避する企業の数が増加する可能性が大きくなると予想される。　ただし、中小企業については「中小企業の会計に関する指針」により別途定めるとおり、通常の賃貸借取引に係る方法に準じて会計処理を行うことができる（この場合は、未経過リース料を注記する）。

　また、リース会計基準の改正を受けてリース税制の改正も行われ、所有権移転外ファイナンス・リース取引は売買処理に統一され、リース期間定額法による減価償却となる。その他、税制改正大綱では減価償却制度の改正が示され、平成19年4月1日以後に取得する有形固定資産について設備投資額の100％まで損金算入を認め、法定耐用年数経過時点で1円の備忘価格を残して全額減価償却可能になる。これにより所有権移転外ファイナンス・リース取引におけるリース利用の税務上の優位性は解消することになるが、リース

期間は法定耐用年数より短期で設定可能であり、加速償却の優位性は維持されることになる。

　リース取引会計基準および固定資産の減価償却制度の改正は、上場会社等の金融商品取引法適用会社にとって大きな影響をもたらすものと予想される。ただし、所有権移転外ファイナンス・リース取引を採用せず、企業が設備をデット・ファイナンスを通じて購入する場合も、借手の財務指標は同様に悪化する可能性が大きくなる。一方で、大企業に比べて、一般的に信用力の問題から資金調達力に劣る中小企業にとって、所有権移転外ファイナンス・リース取引は会計上特例扱いとなっており、引き続き有効な設備資金の調達手法足りうることが予想される。

　リース事業協会が平成17年に実施した「企業におけるリース利用調査」によれば、企業がリースを利用する理由は以下のとおりである。
　　　◇事務管理の省力化およびコスト削減が図れる。
　　　◇コストの把握が容易である。
　　　◇多額の初期費用が不要であり、資金を有効利用できる。
　　　◇陳腐化に弾力的に対応できる。
　　　◇環境関連法制に適正に対応できる。
　リースは設備に対するファイナンスとサービスの二つの機能を包含した取引である。したがって初期投資の抑制、加速償却、事務管理の省力化、廃棄物処理法などの環境関連法制への適正な対応等の観点で、リースの優位性は引き続き存在すると考えられる。

2　リース取引にみる設備ファイナンスの方向性

　リース取引会計基準の改正などをはじめとして、リース業界を取り巻く事業環境は大きく変化している。特にリース業界における主要な顧客基盤をなしている中小企業向けのビジネス領域には各金融機関が積極的な攻勢をかけており、さらには金融機関以外の業種との競争も激化している。その一方

で、貸出機会を増やしたい銀行などと事業領域を拡大したいリース会社の協働やアライアンスの構築が広がっていることも事実である。

　リース業界では、伝統的かつ従来型のファイナンス・リースへの過度な依存からの脱却が急速な勢いで進んでいる。たとえば、オペレーティング・リースなどの手法の拡充等リース事業そのものの強化に加え、従来事業との相乗効果を前提として新しい事業分野への進出やそのリソースの外部からの取込みを図ったり、さらには不動産ファイナンスやシンジケートローンなどの貸出事業をはじめとして、金融関連事業の多角化を進めたりしている。このようにリース会社は取扱商品や手法、資産構成、収益性などの観点から事業ポートフォリオの再構築を行っている。

　リース会社は事業の多角化を展開するうえで、多様化する顧客のニーズに対応しつつ、専門性の高いサービスを提供することがいっそう重要になってきている。根源的にリース会社は設備に係るファイナンスを専門分野としているため、ファイナンス・リースの提供を通じて培った設備の評価査定、資産管理、物件処分などで高いノウハウを有している。これらのノウハウを最大限に活用したのがオペレーティング・リースやストラクチャード・ファイナンスである。リース会社はこれらのノウハウや専門性に根ざした付加価値の高い設備ファイナンスの提供を強化し、収益機会の拡大を追求している。また、金融機関のほか他業種とも提携し、たとえば動産担保貸出案件においては、評価、資産管理、動産処分などのノウハウの提供を通じた協調案件の組成や動産担保保証などの事業も展開し始めている。このほか、設備機器に係る売買や役務提供などの設備ファイナンスに付帯した周辺事業も行っている。まさに、設備ファイナンスとそれに付帯するサービスの二つの機能をワン・ストップで余すところなく提供することによって事業を拡充しているのである。

　このように、設備ファイナンスは、与信供与における実効性のある信用補完機能と設備に付帯する各種サービス機能を有することで、従来型の貸出に比して高い付加価値を借手に提供し、ABFの一カテゴリーとして進化を遂

げている。

3 オペレーティング・リースへの展開

　オペレーティング・リースとは、ファイナンス・リース取引以外のリース取引である。実質的な定義としては、リース物件の所有権がユーザーに移転しないことが明らかで、「リース料総額の現在価値（リース料から金利等を控除した額）が物件購入価額の90％未満」かつ「解約不能リース期間が物件の耐用年数の75％未満」の要件を満たすリース取引が、オペレーティング・リース取引とされる。

　オペレーティング・リース取引では、リース会社はリース物件の市場価値に基づく残存価値を見込んでリース料を設定する。すなわち、リース料で物件購入価格と付随費用とを全額回収せず、物件をリース期間終了時に見積残存価額以上で第三者へ売却することにより費用の回収と売買益の確保とを予定しているリース取引である。残存価値は、対象設備の中古マーケットの有無や動向、担保適格性、当該設備と同等と判断される物件の実際の売買事例などから将来の市場価値や処分価格を想定して設定する。オペレーティング・リースにおいて借手はファイナンス・リースに比べて安いリース料総額で設備を使用した後に、リース期間の満了時点で当該設備の返却、二次リース、または公正市場価格による購入のいずれかを選択する。オペレーティング・リース取引の残存価格での清算条項にはオープン・エンド・リースとクローズド・エンド・リースの二つの清算方法がある。オープン・エンド・リースは、残存価格を借手に開示し、リース期間満了時の売却価格と残存価格の差額金は約定に定めた者に帰属するものである。クローズド・エンド・リースは、残存価格を借手に開示せず、リース会社が市場価格の変動に伴い発生しうる売却価格と残存価格との差額金および設備の陳腐化の危険負担を負うものである。

　リース会社は、対象資産を中古マーケット等で売却する場合に、残存価格

を上回る価格で売却できればキャピタル・ゲインを得ることになる。半面、リース満了時に残存価格を下回る価格でしか売却できないリスク、または売却自体を実現できないリスクを引き受けている。設備の価値を積極的に活用したオペレーティング・リースは貸手が借手の信用リスクと設備に係るリスク（「アセット」のリスク）の両者をとっている設備ファイナンス手法といえる。

　オペレーティング・リース取引では、リース会社が設備の「アセット」のリスクを引き受ける性質上、本章第3節2で述べたような担保適格性を有し、かつ将来の残存価値が比較的容易に推計できる物件が対象になる。具体的には工作機械、半導体製造設備、電子部品実装機、射出成形機、建設機械、フォークリフト、自動車、航空機などの汎用性の高い物件がオペレーティング・リース取引の主な対象になっている。

第5節 ベンダー・ファイナンス

　ベンダー・ファイナンスは、設備機器メーカーや当該設備機器のベンダー（vendor：売主）（以下、両者をあわせて「ベンダー等」という）が、その販売を実現するためのマーケティング・ツールとして購入者である顧客（販売先）へローンやリースなどの形態で与信供与を行うものである。また、ベンダー・ファイナンスにおいては保守などの事後のサポート、残価設定による買戻しサポートなどの付加価値をつけた各種のサービスの提供も行う。

　ベンダー・ファイナンスの提供を通じて、ベンダー等は第一に販売促進を実現し、さらには金融といった接点構築を通じて販売先との継続的な関係が維持され、その後の販売機会をも的確に捕捉することが可能になる。

　換言すれば、ベンダー等は、販売、保守などの事後サポートからリマーケティングまで、設備機器のライフ・サイクル全体を掌握し、コントロールすることができるのである。そのライフ・サイクル全体の掌握を通じてマーケティングないし販売関連情報を手中にすることで、あらゆる収益機会の捕捉ができるというメリットを享受することができる。

　ベンダー・ファイナンスを活用することにより、顧客に対する付加価値の提供、顧客からの直接的なマーケティング関連情報の入手、販売機会の拡充・捕捉を通じた収益増強が可能になり、競合他社との差別化を実現することができるのである。

　ベンダー・ファイナンスは、リース会社をはじめとする金融機関等がベンダー等と独自のファイナンス・プログラムを構築し、前述のような設備機器

の販売活動に付随した資金や付随するサービスの提供を行う。

　利用者であるベンダー等はそれぞれ独自の販売戦略を有し、達成すべき目的や目標もさまざまであるため、ファイナンス・プログラムもオーダーメード型の金融サービスとして組成されることになる。

　ベンダー・ファイナンスの特徴として、設備に対するファイナンスと売掛債権に関連するファイナンスの性質を兼ね備えていることがあげられる。

1　ベンダー・ファイナンスの資金提供主体

　ベンダー・ファイナンスで資金を提供する主体は、ベンダー等と関係を有している「販売金融会社」(キャプティブ・レッサー[2])、または金融機関やリース会社等の「第三者レッサー」(サード・パーティー・レッサー)である。

(1)　販売金融会社(キャプティブ・レッサー)

　販売金融会社は、一般的にベンダー等の傘下に位置する事業会社である。したがって、ベンダー等はさまざまな側面でその販売金融会社に影響を及ぼし、さらにはコントロールすることが可能になる。ベンダー等のグループ内でその販売を補完し、強化する事業と位置づけられているのが通常である。具体的な例としては、自動車、建設機械、情報機器、事務機器、電気機器等メーカー系の販売金融事業やファイナンス会社がこのカテゴリーに該当する。

(2)　第三者レッサー(サード・パーティー・レッサー)

　ベンダー等とは資本関係やグループ関係にない金融機関やリース会社をベンダー・ファイナンス・プログラムにおける第三者レッサーと呼ぶ。ベンダー等や第三者レッサーは、オーダーメード的に個々のニーズに応じたプログ

---

[2]　レッサーとはリース取引における貸手のことをいう。これに対して借手をレッシーという。

ラムを構築することを通じてさまざまな形態でのファイナンス・サービスの提供を可能としている。

2 ベンダー・ファイナンス・プログラムにおけるファイナンス提供の形態

上述のように、レッサーがベンダー等と、取り扱うベンダー・ファイナンスについて合意し、プログラム化したものを「ベンダー・ファイナンス・プログラム」という。同プログラムにはレッサーによるファイナンス提供形態に「直接的」なものと「間接的」なものとがある。

(1) 「直接的」なファイナンスの提供

「直接的」なファイナンスの提供とは、販売金融会社や第三者レッサーがベンダー・ファイナンス・プログラムにおける相手先、つまりレッシーへ直接ファイナンスを提供する形態である。ベンダー等は主に販売促進を目的としてプログラムを組成することになる。

ファイナンス手法はローンもしくはリースであり、レッサーが個別に設備機器を購入し、所有権を有し、さらには当該設備機器を使用する顧客に対してリースやローンの提供を行うものである。

一般的な実務プロセスは、ベンダー等が顧客から、利用を希望する設備機器に関するファイナンスの申込みを受け付け、レッサーであるリース会社等へ斡旋し、レッサーが当該設備機器を購入した後に、顧客へファイナンスの提供を直接行うという流れになる。

この「直接的」なファイナンス提供を行うベンダー・ファイナンス・プログラムの代表的なものとして、販売金融会社の販売金融事業や第三者レッサーであるリース会社による提携リース[3]、小口リース[4]などがある。

---

[3] リース会社とベンダーとが提携し、各種の業務について役割分担し効率的かつ効果的に業務を協働する。各種保証、事務代行アウトソーシング等、提携内容はさまざまである。

これらの場合、レッサーは設備機器の所有権を有する一方で、顧客に対する継続的管理義務を負うことになる。また一般的にレッサーによるリコース・ファイナンス[5]の提供であるため、レッサーが顧客である企業等の信用リスクをふまえて与信供与を行うことになる。

(2) 「間接的」なファイナンスの提供

　「間接的」なファイナンスの提供とは、金融機関やリース会社等の第三者レッサーがベンダー等へ資金を提供する形態である。ベンダー等は、主に資金の調達とその顧客および設備機器マーケットに対するコントロールの維持を目的としながらプログラムの組成を行う。

　一般的な実務プロセスは第三者レッサーがローンやリース等による設備機器取得のための資金をベンダー等に提供し、ベンダー等は供与された資金を利用することで、顧客へローン、リース、レンタル等のファイナンスおよびそれに付随するサービス提供を行うというものである。

　(1)の「直接的」なファイナンスの提供形態と異なるのは、第三者レッサーは資金を提供する対象は顧客ではなくベンダー等であり、顧客に対してはベンダー等が(1)におけるレッサーの立場となる点である。

　この「間接的」なファイナンス提供を行うベンダー・ファイナンス・プログラムの代表的なものとして、第三者レッサーからベンダー等に対する設備機器取得に関するバック・ファイナンスおよび転リース等がある。

　プログラムの内容は定型的なものでなく、ベンダー・ファイナンス・プログラムすべてにあてはまるように、ベンダー等と第三者レッサーとの間で、オーダーメード方式により個別に決定されていくことになる。所有権の帰属、管理義務の有無、リコースまたはノン・リコース等の信用リスクの所

---

[4] おおむね500万円以下の小口の物品についての簡便なリースの仕組み。ベンダーが顧客をリース会社に紹介し、リース会社が簡易審査を行った後に、ベンダーがリース会社を代行してリース契約の締結業務を行う。
[5] 企業や個人等の信用リスクを判断し、ファイナンスの提供を行うもの。

在、返済や回収の仕組み等に関して、その取扱いはプログラムにより千差万別となっている。

　設備機器の取得に係るバック・ファイナンスのようなローンを実行する場合、ベンダー等における債権や貸与資産のポートフォリオや、さらには個別案件における対象資産の現在価値を勘案しながら、ローンの金額を決定し、保全に関しては譲渡担保権を設定する。

　転リース等の一般的なリースの場合では、第三者レッサーが貸与資産の現在価値または個別の設備機器の購入額に基づき設備機器を取得し、ベンダー等を経由して顧客へ転リースすることになる。

　ベンダー等が顧客に対してレッサーの立場となるファイナンス手法であることから、一般的にはベンダーの信用力に大きく依存した取引形態といえる。

3　ベンダー・ファイナンスの信用補完機能の確保

　前述の直接的または間接的なファイナンスの提供形態のいずれの場合も、金融機関やリース会社などの第三者レッサーは投下した資金を分割して回収する機能を担っている。

　一般的に、第三者レッサーは、設備や売掛債権を担保にファイナンス・プログラムを組成する。設備ファイナンスを活用する場合は、設備の換価価値が信用を補完する一機能を担い、また、設備は所有されるか担保となることから、資金提供形態、所有権の帰属、管理義務の有無、リコースやノン・リコース等の信用リスクの所在、返済や回収の仕組みなどについて複合的に与信判断等を行う必要がある。さらに特徴的な検討分析事項として、対象設備機器の市場での位置づけ、市場における実勢価格の推移、同価格と設定残価との乖離の把握などが重要になる。

　また、前述のとおり、ベンダー・ファイナンスはベンダー等にとって設備機器の販売促進を目的とするものであるが、一方で無理な販売等が行われて

いないことが前提になる。これは、ベンダー等が販売に重点を置くあまりにベンダー・ファイナンスを通じて過度な販売を行った後に当該設備機器に対する需要が減退した場合、不良債権が通常以上に発生する可能性が大きくなるからである。さらに、設備や売掛債権を担保とするファイナンス・プログラムでかつベンダー等や販売金融会社を与信先とする場合、それら事業体自身の信用情報に加え、貸出資産の健全性、貸倒れ損失、保証残高や履行能力、顧客への貸出金利水準、設定残価水準、キャプティブ金融利用率、ベンダー等と販売金融会社の一体性、不可欠性、支援可能性を検証すべきである。

4　ベンダー・ファイナンスにみる設備ファイナンスの方向性

　ベンダー・ファイナンスはベンダー等の設備機器の販売活動に付随した資金提供手法として定着しており、ベンダー等にとっては販売促進と資金調達等に係る設備ファイナンスおよび売掛債権ファイナンスとして戦略的に活用されている。一方、第三者レッサーにとっては貸出先や貸出残高の拡大、ベンダー等との協働による特定マーケットでの収益機会の創出など重要なビジネスソースとなっている。異なる経営資源を有している二者が役割分担し協働して資源活用することで、最適なサービスとして提供されるのが特徴である。設備ファイナンスのさらなる進化とともにこのベンダー・ファイナンスを通じてさまざまな提携がなされ発展していくものと思われる。

第 10 章

大型設備・事業活用型

（ストラクチャード・ファイナンスの応用）

第1節　はじめに

　本章では、借手として大企業を想定し、ストラクチャード・ファイナンス（Structured Finance）の考え方やその応用（大型設備・事業活用型ファイナンス）について取り上げる。また、個別事業やプロジェクトに着目する事業活用型ファイナンスが大企業向け金融手法の選択肢として定着しつつあることの背景についても論及する。

　ストラクチャード・ファイナンスは、企業資産の一部を切り出して、企業全体（信用力）の価格算定とは異なる考え方で部分（資産）を値付けすることを基本（原型）とする。それに対してABFは、企業資産を法人としての「会社」とあくまで一体としてとらえることを前提としている。

　　　ABFは、企業の保有する資産をその企業の一部としながらも、その資産の信用力を見極めて適切に企業の総合的な信用力に反映させていく工夫をするということである。
　　　（本書第7章）

　しかしながら、ストラクチャード・ファイナンスとABFとは、企業の「全体と部分（資産）」の信用力の乖離に注目するという問題意識を共有しているだけなく、企業を取り囲んでいる商流や市場の視点で、資産や事業をダイレクトに評価（値付け）するというアプローチも共有しているのである。

　それでは、ストラクチャード・ファイナンスの特徴を浮き彫りにするため、一般的な設備ファイナンスについて述べる。

第2節

大型設備ファイナンスの特徴

　設備資金をファイナンスすることは運転資金をファイナンスすることに比べて貸手のリスクが大きい。仕入れと販売とのタイムラグが対象となる運転資金に対して、設備ファイナンスは毎年の収益から徐々に返済されるため、長期にわたる事業リスクをとらなければならないからである。さらに、「設備投資は企業成長の重要な源泉である」[1]と考えれば、個別事業という枠組みを超えて企業全体の将来性からとらえる視点も必要になる。

　そもそも設備は、金融資産や不動産と比べると、マーケットで売却することはむずかしい。流動性が低いので、貸手がいったんファイナンスすると、借手にモノを売却・換金させて返済を受けることも困難である。

　また設備は、金融資産と異なり、保有しているだけでは収益を生み出さない。不動産と比較しても、設備を稼働させるにはヒトやノウハウを投入しなければならない。モノとしての設備を理解するだけではなく、ヒト・ノウハウと一体となった事業の構成要素としてとらえなければ、貸手としての与信判断はできないのである。

　一方、借手の視点で考えても、大型設備への投資は企業や事業の「賭け」である。新製品をマーケットに投入するための新技術による設備投資は、事業部門の利益を積み立ててから行っていたのでは企業間競争に勝つことは望めない。企業が成長を続けるには「賭け」のタイミングで適切な資金調達が必要になる。

1　大村和夫『企業分析と投資価値評価』第3章を参考にしている。

第3節 コーポレート・ファイナンスにおける企業と事業

1　企業と事業部門のキャッシュフロー

　本章では、複数の製品を製造しているメーカーをモデルにしながら説明を進めていく。まず、設備ファイナンスについて、企業全体と事業部門のキャッシュフローに着目する。

　企業 A は、三つの異なる製品（たとえば液晶テレビ、エアコン、白物家電）を製造するメーカーを想定する。それぞれの製品製造を担当する事業部門を事業 X、事業 Y、事業 Z とする。いま、事業 X（液晶テレビ製造）で新製品の開発と製造のために設備ファイナンスを検討している。

　企業 A からアプローチされた金融機関は、事業 X（液晶テレビ製造）の設備投資を「資金使途」とし、「対象設備が、事業 X と企業 A 全体に対してどのような貢献をするか」という「投資の妥当性」を検証する。

　個別事業部門と企業全体のキャッシュフローに着目して、簡略に図式化したのが、図表10－1である。

　ファイナンス対象は事業 X の設備投資であるが、企業 A が調達資金を返すときは、事業 X と事業 Y と事業 Z を加えた企業 A 全体のキャッシュフローで返済する。言い換えれば、資金使途という検討の入口は事業単位であるが、返済原資という検討の出口は企業単位である。

　返済原資が企業単位であることから、ローン、ファイナンス・リース、社債などの企業のデット（負債）によるファイナンスは、コーポレート・ファ

イナンスとも呼ばれている。

2　企業と事業部門のオペレーション～株式会社の機関と経営者～

　企業全体と事業部門のキャッシュフローに続いて、オペレーション（経営・運営・マネジメント）の問題について述べる。

　先ほどの図表10-1を例に使うと、事業Xから事業Zまでの事業部門にはそれぞれの事業をオペレーションするオペレーター（運営者）が存在する。社内分社化をしている企業Aでは、事業部門Xは液晶テレビ製造カンパニーであり、オペレーターは同カンパニーの担当執行役員がイメージできる。

　一方、企業A全体をオペレーション（経営）しているのは、代表取締役社長をはじめとする経営者である。

　当然のことながら、前項のキャッシュフローと異なり、事業Xから事業Zの運営者の集合体が企業Aの経営者ではない。事業の運営者と企業の経

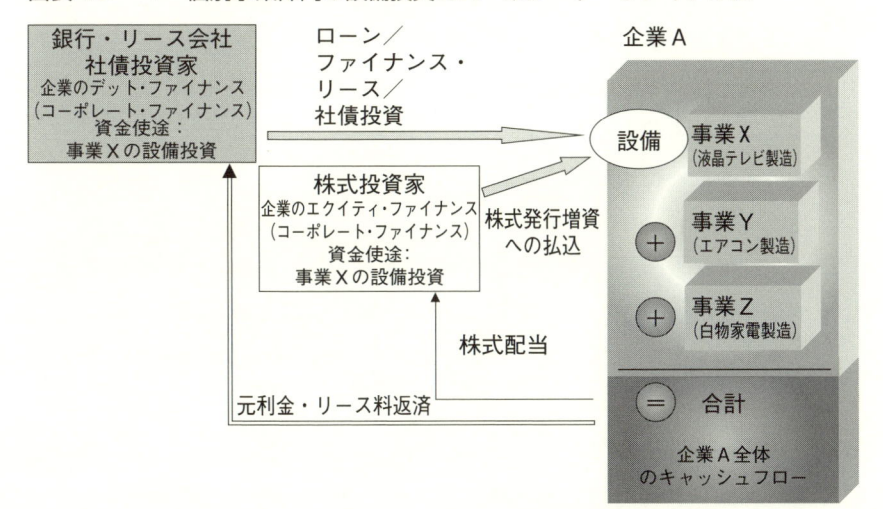

図表10-1　個別事業部門の設備投資とコーポレート・ファイナンス

第10章　大型設備・事業活用型

営者の関係を考える場合は、「株式会社の機関」に関するルール、会社法の枠組みを理解しなければならない。

　　会社は法人であるから、自ら意思を有し行為することはできない。そこで、一定の自然人または会議体のする意思決定や一定の自然人のする行為を会社の意思や行為とすることが必要になる。このような自然人または会議体を会社の「機関」と呼ぶ。
（神田秀樹『会社法入門』）

この「機関」は、株主総会、取締役、取締役会、代表取締役で構成されている。

　　株式会社の場合には、多数の株主が存在することを想定しているため、株主は会社の所有者であるといっても、株主自らが会社の経営に直接関与することは不可能であり、適切でもない。そこで、会社法は、株主自身は、定時または、臨時に株主総会を開いて、基本的な事項について会社の意思を決定し、これらの基本的事項以外の会社の経営に関する事項の決定と執行をさせるために取締役を選任することとしている。
　　典型的な株式会社では、取締役は全員で取締役会を構成し、取締役会は会社の業務執行（会社の事業の遂行）に関する意思決定をするとともに、代表取締役を選定して、代表取締役が業務を執行し、対外的には会社を代表する。もっとも、日常的な事項については取締役会から代表取締役に意思決定も委譲される。
（神田秀樹『会社法入門』）

　　近年は、「執行と経営」の分離による経営効率の向上等をめざして、執行役員という名称の者を置いて、取締役会の規模（人数）を縮小し、具体的な業務執行を執行役員（取締役ではない）に委譲する会社が増えつつある。
（前掲『会社法入門』）

本章で問題にしているような株式を上場している大企業では「所有と経

営」および「経営と執行」の分離度合いが最も進んでいる。つまり「基本的な事項だけは株主総会で決める。その他の事項のうちで重要な事項は取締役会で決める。決めたことを実行するのは代表取締役」であり、代表取締役は、執行役員にさらに権限委譲して実行させる。この代表取締役が企業Aの経営者であり、代表取締役が事業Xの業務執行（事業運営）を委譲する先が、事業部門Xの担当執行役員（運営者）である。

先ほどの図表10－1に戻ろう。設備投資資金を供給する金融機関や投資家は事業運営リスク（資金使途の対象である事業X、さらに事業Yと事業Z）および企業経営リスク（企業A全体）をとっているが、両リスクは独立したものではない。事業Xの運営は企業経営者から事業運営者への権限委譲が前提になっており、企業Aの意思決定の中枢はあくまで取締役会・取締役と代表取締役（経営者）に集中している。

さらに、企業の経営者、事業の運営者、また取締役会・取締役について、以下の「傾向」を考慮する必要がある。

企業Aの事業内容が専門化して組織が複雑になると、あるいは同時に外部環境の変化が激しくなると、多数の人で一つの企業として把握し、コントロールすることが困難になり、取締役会や取締役の影響力が低下し、経営者である代表取締役に意思決定が集中する傾向にあることである[2]。また、企業Aの経営レベルの判断と事業X（液晶テレビ製造事業）を運営するレベルの判断とが異質であることが、大企業では一層深刻である。そのなかで、事業運営レベルで完結しない意思決定を識別し、企業経営レベルの判断対象を特定する役割も、経営者（代表取締役）に集中している。

---

[2] 岩村充『企業金融講義』第3章第3節（株式会社の統治）および岩井克人『会社はこれからどうなるのか』第3章（会社の仕組み、コーポレートガバナンスの実際）を参考にしている。また、井上聡氏の指摘、「経営判断をする器としては、会社というビークルは非常によくできていると思います。所有と経営の分離をし、経営者がその時々の状況に応じて思いきり経営判断をしていくビークルとしては、信託より優れています」も示唆に富む（道垣内弘人ほか「＜パネルディスカッション＞新しい信託法と実務」ジュリスト1322号）。

そのような「求心力の働く構造」のなかで、意思決定と執行が的確に機能しないと、逆に分離する遠心力が働くことになる。この「集中（求心）と分離（遠心）傾向」の問題は、「代表取締役」と「取締役会・取締役」との間に現れるだけでなく、「代表取締役による企業経営」と「執行役員による事業運営」との間にも生ずる。
　次に指摘したいのは、デットとエクイティとの資金供給者の間で、オペレーション（経営・運営）リスクについて本質的な立場の違いがあることである。

　　……いったん資金を提供してしまった後は、株主の立場と外部債権者の立場は異なる。株主には株主総会という機関があるので、そこでの決定は経営陣を拘束する。また、株主総会が経営判断に介入しなくても、株主総会は企業の経営者を選べるから、彼らが株主に不利な決定を繰り返すようなら、経営陣を入れ替えるという手段もある。ところが、外部債権者には、そうした手段はない。
（岩村充『企業金融講義』）
　　一般に、企業のステークホルダーたちが企業経営者を信頼できないことから生じる企業経営上の非効率問題を「エージェンシー問題」といい、エージェンシー問題から生じる無駄あるいは非効率のことを「エージェンシー・コスト」という。……一般論としていえば、株主との間で生じるエージェンシー問題の解決は法制度の出番であることが多く、債権者との間で生じるエージェンシー問題の解決には契約が有効であることが多い。
（前掲『企業金融講義』）

　企業のエクイティ・ファイナンスの資金供給者である株式投資家は、企業経営や事業運営のオペレーショナルリスクが高いと考えれば、株式会社の機関を通して取締役を解任・交代させて、代表取締役をかえ、執行役員人事にも影響を与えることが可能である。その意味で能動的である。
　一方、企業のデット・ファイナンスの資金供給者である銀行やリース会社

は、オペレーターである経営者や事業運営者を交代させられない。経営者や事業部門の運営者に対して、ローン契約やリース契約内容の履行を求めることができるだけであり、企業と事業のオペレーションに対して、受動的である。

　資金供給者の側からの「企業全体（経営者）と事業部門（運営者）のキャッシュフローとオペレーション」、また「『株式会社の機関と経営者』への受動性と能動性」という視点は、次節以下で説明するストラクチャード・ファイナンスを理解するのに重要な切り口を提供する。

第4節 ストラクチャード・ファイナンスの考え方

1 ストラクチャード・ファイナンスにおける値付け

次に、ストラクチャード・ファイナンスの基本的な考え方について取り上げる。

間接金融であるローンやファイナンス・リースも直接金融である社債の発行も、「金融機関や資本市場」と「企業」とがいわばダイレクトに資金を販売し、購入する方法である。「金融機関や資本市場」が企業全体の信用リスクに対して値付けを行い、それに基づいて資金を販売する。資金を購入する借手の「企業」は、その値付けに応じた金利を支払っている。図表10-2の上段(コーポレート・ファイナンス)を参照願いたい。

これに対して、「資金の販売者」と「資金の購入者」との間に「SPC・仕組み」を介在させてファイナンスする方法として、証券化を代表とするストラクチャード・ファイナンスがある。これは、企業資産の一部を切り出して、企業全体(信用力)の価格算定とは異なる考え方で値付けする手法である。図表10-2の下段(ストラクチャード・ファイナンス)が示す考え方である。

2 ストラクチャード・ファイナンスにおける値付けの背景

上述の二つの値付けはそもそも異なる二つの価値があるから可能になる。

図表10－2　ストラクチャード・ファイナンスの基本

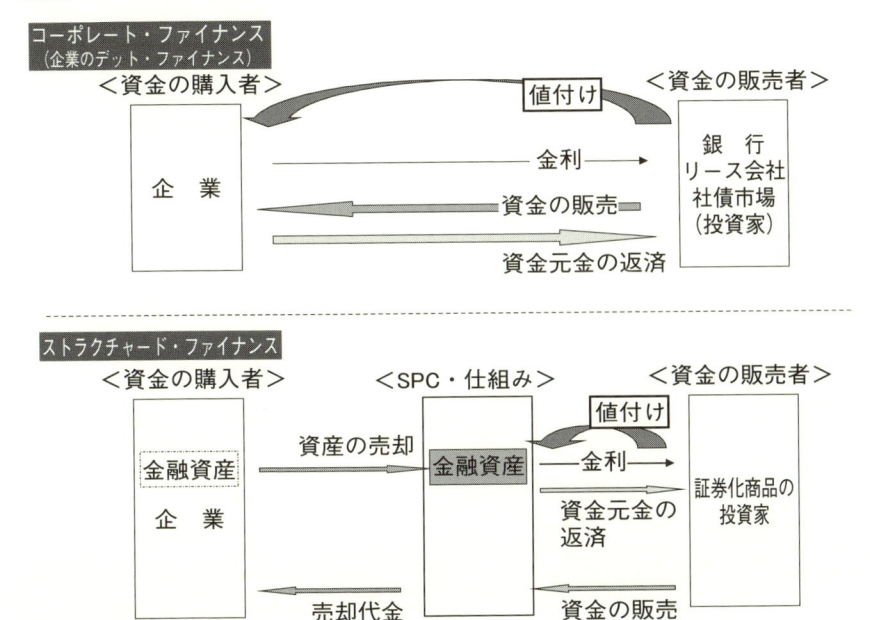

コーポレート・ファイナンス
（企業のデット・ファイナンス）

＜資金の購入者＞　　値付け　　＜資金の販売者＞

企　業　　　　金利　　　　　銀　行
　　　　　　　　　　　　　　リース会社
　　　　　資金の販売　　　　社債市場
　　　　　　　　　　　　　　（投資家）
　　　　　資金元金の返済

ストラクチャード・ファイナンス

＜資金の購入者＞　　　＜SPC・仕組み＞　　　＜資金の販売者＞

金融資産　　資産の売却　　金融資産　　値付け
企　業　　　　　　　　　　　　金利　　　　証券化商品の
　　　　　　　　　　　　　　資金元金の　　投資家
　　　　　　　　　　　　　　　返済
　　　　　売却代金　　　　　資金の販売

　株式会社である企業に対して二つの価値があることは、『会社はこれからどうなるのか』（岩井克人著）のなかで以下のように説明されている。

　　すなわち、株式会社とは、株主が法人としての会社を所有し、その法人としての会社が会社資産を所有するという、「二重の所有関係」によって構成されているのです。しかも、この二重の所有関係の中間項となっている法人としての会社は、ヒトの役割とモノの役割を同時にはたしていることを、ここで強調しておかなければなりません。
（岩井克人『会社はこれからどうなるのか』）

　株式会社が二重の所有関係によって成立しているということは、その二つの所有関係の客体として、株式会社のなかに二つの異なった性質をもつモノがあるということを意味します。……ひとつは、もちろん、会社資産です。そのなかには、機械や設備、建物や工場や土地などの有形資産、さらには特許やライセンスやブランドなどの無形の資

第10章　大型設備・事業活用型

産もふくまれます。もうひとつは、モノとしての会社です。すでに述べたように、モノとしての会社を細かく分割して、市場で売り買いしやすいようにしたものが、会社の株式にほかなりません。すなわち、会社の資産と会社の株式——これが株式会社のなかにある二種類のモノなのです。

　資本主義経済では、すべてのモノに価値がつきます。それゆえ、会社のなかに二種類のモノがあるということは、会社のなかに二つの異なった価値があるということを意味します。会社の資産価値と会社の株式価値です。

（前掲『会社はこれからどうなるのか』）

　『会社はこれからどうなるのか』の第二章に掲載されている図5を参考に「株式会社の二重の所有関係」と「資産価値と株式価値」とを図式化したのが図表10-3である。

　株式価値と資産価値とはヒトがモノを所有する関係を前提とする。株式と

図表10-3　株式会社の二重の所有関係／会社の資産価値と株式価値

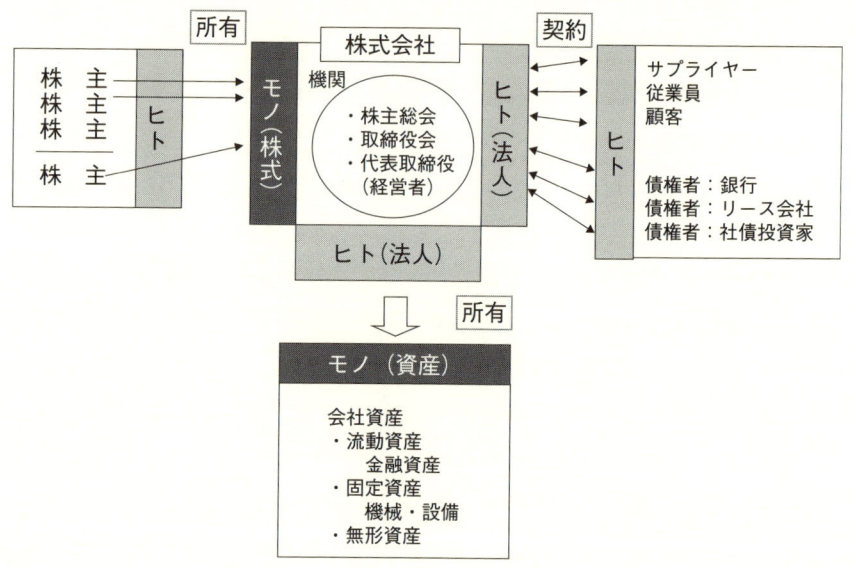

```
                所有        株式会社        契約
┌──────────┐    ┌──────┐           ┌──────────┐
│株 主     │   │モノ  │ 機関       │サプライヤー│
│株 主   ヒト│→ │(株式)│ ・株主総会 │従業員    │
│株 主     │    │      │ ・取締役会  ヒト │顧客     │
│株   主   │    │      │ ・代表取締役(法人)│         │
└──────────┘    │      │  (経営者)  │債権者：銀行│
                 └──────┘           │債権者：リース会社│
                    ↑                │債権者：社債投資家│
                 ヒト(法人)            └──────────┘
                    ↓ 所有
                 ┌──────┐
                 │モノ（資産）│
                 │会社資産　│
                 │・流動資産 │
                 │　金融資産 │
                 │・固定資産 │
                 │　機械・設備│
                 │・無形資産 │
                 └──────┘
```

いうモノは株主というヒトが所有し、資産というモノは会社（法人）というヒトが所有する。この二つのモノの「価値の乖離」をねらうのが会社買収ファンドの典型であるが、契約を前提とする債権者（負債の供給者）の立場でも「乖離」は裁定取引（アービトラージ）の機会になる[3]。

「全体（会社）の信用力」と「部分（個別資産）の信用力」との間に「乖離」があると、ストラクチャード・ファイナンスの手法（値付けと切り出し）が有効になるのである。

3　ストラクチャード・ファイナンスの発達

それでは、株式会社がヒトとして所有している資産を「SPC・仕組み」の介在によって切り出して直接に値付けをするとしたら、どのような資産がふさわしいか。当然のことながら、消極的なサービシング（金融資産の元利金回収代行等の管理業務）を行えばキャッシュフローを生み出す金融資産が最も取り組みやすい。

そのため、ストラクチャード・ファイナンスは、当初、米国において、自動車ローン、クレジットカード債権、住宅ローンのような金融資産を活用して発達してきた。このような発達の流れは、『金融アンバンドリング戦略』（大垣尚司著）において、以下のように簡明に説明されている。

　　……八〇年代の中頃に米国三大自動車会社の業績が急速に悪化し、そのファイナンス子会社が抱える巨額の自動車ローンの資金調達をCPや銀行借入で行うことが難しくなりました。そこで、窮余の一策として自動車ローンをSPC（special purpose company　特別目的会社）に譲渡して親会社の倒産リスクから隔離した上で、SPCにABS（asset backed securities　資産担保証券）という証券を発行させました。
　　SPCはほかに資産がないので、ABSは自動車ローンそのものを証

---

[3] 企業（総）価値は、株主資本と負債とを時価評価したものであり、株主（所有）と負債供給者（契約）とが評価した会社全体の資産価値と考えられる。

券に転換したのと同じことになります。そして、ローン債務者の貸し倒れが大数法則に従うことに注目して、信用リスクを統計的に処理し、効率的な信用補完を施してABSに高い格付けを取得して有利な資金調達を行いました。これを証券化といいます。

折しも銀行の自己資本比率規制が強化されたために、証券化の技術は、クレジットカード債権に代表される銀行資産のオフバランス化にも積極的に活用されるようになり、その発行残高は飛躍的に拡大します。

これとは別に八一年の金利自由化以降、住宅ローンの証券化商品も急速に拡大します。

……こうして、デリバティブと並ぶ金融技術革命のもうひとつの柱であるストラクチャード・ファイナンス（structured finance）の技術が確立しました。

（大垣尚司『金融アンバンドリング戦略』）

4 ストラクチャード・ファイナンスの原型〜金融資産〜

金融資産のストラクチャード・ファイナンスについて、「株式会社の機関と経営者」をふまえて、図表10-2を応用しながら簡略化したのが図表10-4である。

図表の左側（コーポレート・ファイナンス）では、「資金の購入者」が企業A、一方、「資金の販売者」が取引銀行、社債投資家、リース会社である。「資金の販売者」は、企業A全体の信用力に対して値付けをしている[4]。

図表の右側（ストラクチャード・ファイナンス）では、「資金の購入者」が

---

[4] 企業Aエクイティの評価として、株式時価総額（株価×発行済株式総数）が値付けされている。企業Aの成長サイクルと負債比率によって、エクイティとデットの評価は異なる方向にも変化する。

図表10-4　コーポレート・ファイナンスとストラクチャード・ファイナンス

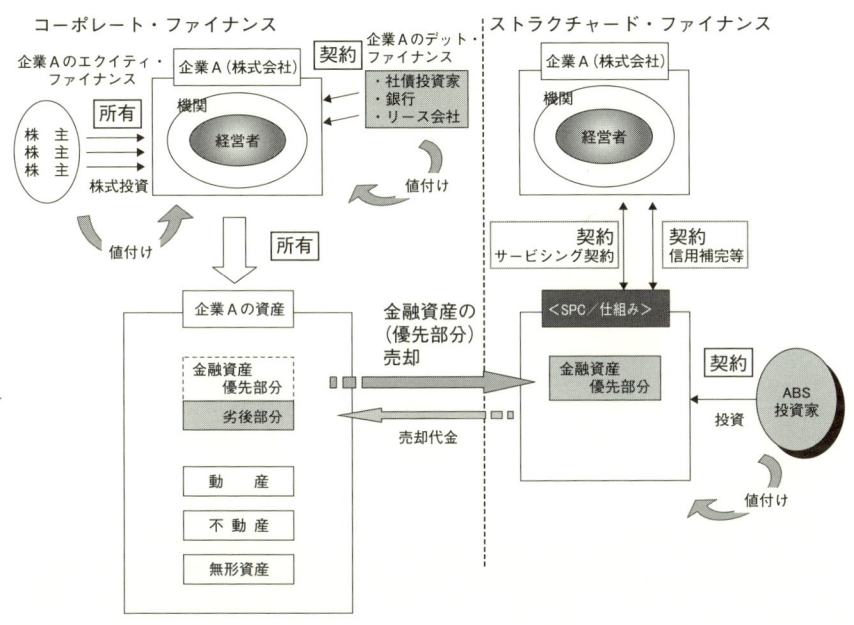

企業A、「資金の販売者」はABS投資家であり、両者の間に特別目的会社（SPC）という「仕組み」が介在している。企業Aが所有する金融資産を倒産隔離された「SPC・仕組み」に売却（真正譲渡）することで、オリジネーターである企業Aの信用リスクを排除する。ABS投資家は金融資産のキャッシュフローのみを返済原資として投資（ノン・リコース・キャッシュフロー・レンディング[5]）できるため、金融資産をダイレクトに値付けすることが可能になる。

　SPCは企業Aとの間でサービシング（金融資産の回収代行等のキャッシュフロー管理）や信用補完の契約を結んでいるだけで、両者の間に所有関係はない。ABS投資家は企業Aが契約を履行しなければ別の企業に代替することが可能である。

5　本章第5節2b参照。

それに対して、コーポレート・ファイナンスにおける銀行や社債投資家は株式会社の機関設計に基づく企業経営や事業運営のリスクをとっている。特に「経営リスク」、つまり「意思決定が集中する代表取締役（経営者）によるオペレーション」の影響が最も本質的であることは、すでに述べたとおりである。
　たとえば、事業環境の変化を理由に経営者が巨額の資金調達を推し進め、企業Aの事業を「液晶テレビ、エアコン、白物家電」から「液晶テレビ、ジェット機エンジン、半導体」など、開発リスクや設備投資の巨大な事業の束に転換することが考えられる。
　さらに極端な例では、買収ファンドがTOB（株式公開買付け）により株式の3分の2を押さえて株主総会で取締役を入れ替え、取締役会をコントロールする。さらに同ファンドが送り込んだ代表取締役が企業Aの3事業をすべてハイリスク・ハイリターン型に転換することも考えられる。このケースでは「二重の所有関係の中間項」である会社が支配株主の意のままになるモノになり、ヒトとしての機能を喪失してしまう。「所有と経営との結合」というかたちで「株式会社の所有構造変化リスク」（以下、株式所有構造変化リスク）が顕在化し、企業経営の質も一変するのである[6]。
　『企業金融講義』（岩村充著）では、この問題が以下のようにわかりやすく表現されている。

　　　　外部債権者の利益を視野の外においた企業の買収や合併あるいは事業再編成が急速に行われるとき、企業経営に対する直接の発言権を持たない外部債権者たちは、法律に基づく株主総会ではなく、契約によって自らの立場を守るほかはない。その具体的手法が証券化だったわけだ。

---

[6] 企業が、LBO（レバレッジドバイアウト）の標的になった場合などを想定して、「チェンジオブコントロール条項」（会社の支配・所有構成が変更になった場合に、投資家が発行体に対して社債を一定の価格で買い取ることが請求できるなど）を条件とする社債が、欧米ではすでに定着している。デットプロバイダー側の契約による対抗措置である。

投資家の立場からすれば、社債ではなく ABS を購入しておけば、元利払いの裏づけとなっている事業内容が勝手に変更されたり自己資本比率が低下させられたりする心配がなく、優良債券は優良債券なりに、そしてジャンク債はジャンク債なりに、投資採算やそのリスクについての見通しが立てられることになる。

　（岩村充『企業金融講義』）

　先ほど、「資金の購入者」と「資金の販売者」との間に「SPC・仕組み」を介在させる手法がストラクチャード・ファイナンスであると述べた。これは「企業A」と「投資家」とを視点に考えている。これに対して、「金融資産」および「投資家」に視点を移すと、ストラクチャード・ファイナンスは「株式会社の機関と経営者」の介在から開放する方法であることが理解できる[7]。

　ストラクチャード・ファイナンスの原型は、デット資金供給者が「企業経営リスク」「事業運営リスク」「株式所有構造変化リスク」を排除することで経営と事業遂行への受動性を徹底させ、「投資採算やそのリスクについての見通し」を比較的狭い範囲に固定しようとするファイナンス手法ということができる。

5　金融資産を対象としたストラクチャード・ファイナンスに関する補足

　ここで、図表10-4で、「SPC・仕組み」へ売却する金融資産を「優先部分売却」と表記していることを補足したい。企業がストラクチャード・ファイナンスを活用する動機のなかに対象資産のオフバランス化がある。

　本章で説明しているストラクチャーのなかでは、金融資産と動産（設備）を対象とする場合（金融資産について本章第4節、動産（設備）について本章第

---

[7]　コーポレート・ファイナンスのほうは、ヒト（株式会社）がモノ（資産）を所有しているため、「金融資産」と「投資家」との間に「株式会社の機関と経営者」が介在している。

5節参照）に、会計上、オフバランス化が実現される[8]。

しかしながら、金融資産と動産（設備）とでは会計上の考え方・アプローチが異なる。金融資産は「財務構成要素アプローチ」が認められ、動産は「リスク・経済価値アプローチ」が適用される[9]。

① 財務構成要素アプローチ

　　資産を構成する「将来のキャッシュの流入」「回収コスト」「信用リスク」「期限前償還リスク」等の財務構成要素に対する支配が移転した場合に、当該移転した財務構成要素の消滅を認識し、留保される財務構成要素の存続を認識するアプローチ

② リスク・経済価値アプローチ

　　資産を一体として、そのリスクと経済価値のほとんどすべてが第三者に移転した場合に当該資産の消滅を認識するアプローチ

財務構成要素アプローチを適用すれば、一つの金融資産を「優先的にキャッシュフローを受け取ることができる部分」と「劣後して受け取る部分」という二つの部分へと要素分解することができる。したがって、優先部分を「SPC・仕組み」に売却（譲渡）することで、同優先部分だけをオフバランス処理することが可能になるのである[10]。

8　本章第6節で述べる「事業」をストラクチャード・ファイナンスの対象とする場合、オフバランス化は困難である。
9　久禮義継『流動化・証券化の会計と税務』
10　「財務構成要素アプローチ」と「リスク・経済価値アプローチ」については、前掲『流動化・証券化の会計と税務』第1編第4章アセット・ベースト・ファイナンスにかかわる会計・税務　4．資産の消滅の認識を参照されたい。

第5節 ストラクチャード・ファイナンスの応用 1
—— 大型設備 ——

　ストラクチャード・ファイナンスの考え方をふまえ、大型設備・事業活用型ファイナンスについて取り上げる。
　最初に、大型設備ファイナンスの手法として、ストラクチャード・オペレーティング・リースを検討する。日本で最も普及しているリース形態はファイナンス・リースであり、コーポレート・ファイナンスの一種である。これに対して「アセット」の価値を活用するオペレーティング・リースをベースとしてストラクチャード・ファイナンスを応用したものが、ストラクチャード・オペレーティング・リースである。

1　オペレーティング・リースとコーポレート・ファイナンス

　ストラクチャード・オペレーティング・リースを解説するために、まずオペレーティング・リースの特徴について述べる。
　オペレーティング・リースは「企業のデット」と「設備（リース物件）のアセット価値（残価[11]）」とを組み合わせたファイナンス手法である。返済原資の観点でコーポレート・ファイナンスとオペレーティング・リースとを比較したものが、図表10-5である。また、企業Aの事業部門Xが設備の

11　残価とは残存価値（Residual Value）の略。

図表10-5 コーポレート・ファイナンスとオペレーティング・リース

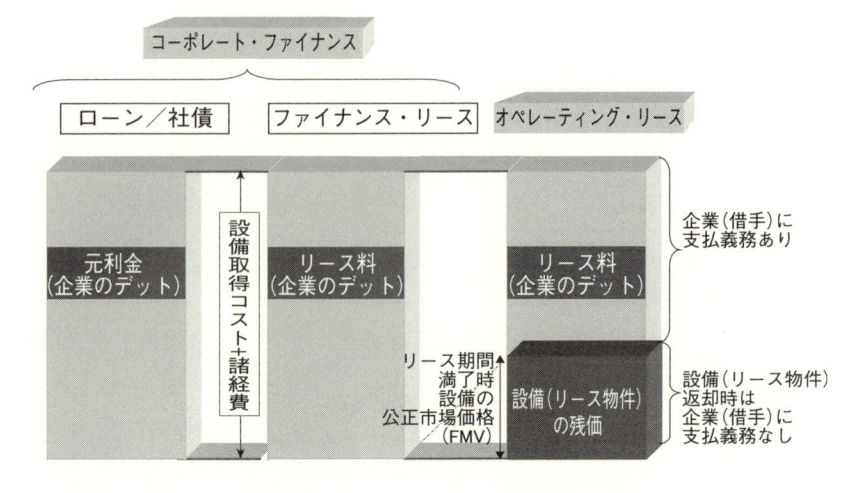

図表10-6 オペレーティング・リース

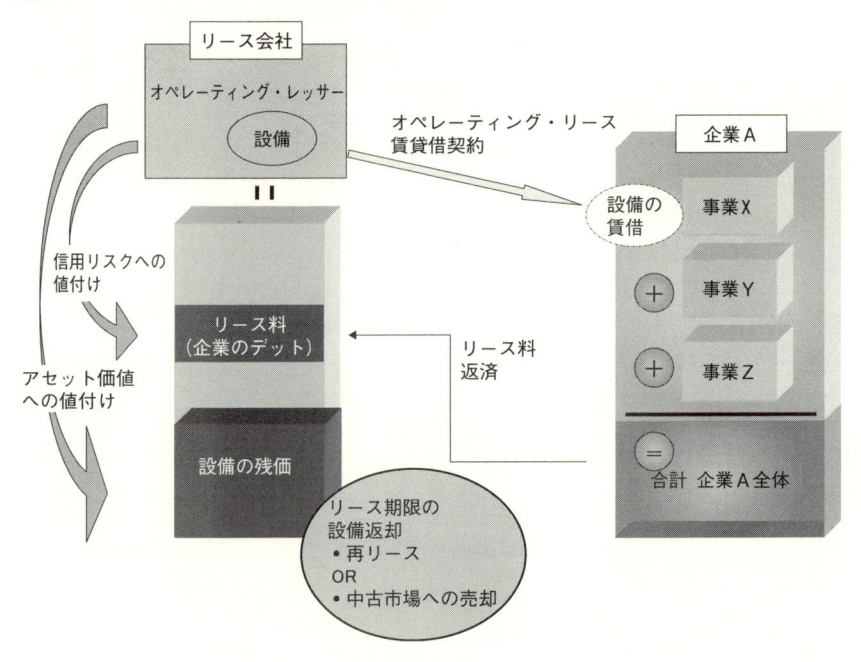

オペレーティング・リースを活用する場合を図表化したのが、図表10-6である。

オペレーティング・リースを行うリース会社（オペレーティング・レッサー）は設備を所有して企業Aに対して賃貸借する。このとき、オペレーティング・レッサーは、企業Aの信用力に対する値付けと設備のアセット価値（図表10-5、図表10-6の残価部分（企業（借手）に支払義務なし））に対する値付けという二つの値付けを行っている。

リース先進国である米国と比べると、日本では歴史的にオペレーティング・リースを活用できる設備の種類は限られていた。しかしながら、近年は、大規模な半導体製造工場の設備投資ファイナンスなど、幅広い種類の設備に活用される実績が積み上がっている。調達する資金が大規模になると前節で説明したストラクチャード・ファイナンスの手法がより有効になる。

2 ストラクチャード・オペレーティング・リース

「大型設備のオペレーティング・リース」への、ストラクチャード・ファイナンスの具体的応用[12]について述べる。組成の全体像は図表10-7に示したとおりである。50億〜1,000億円程度の大型設備ファイナンスに活用されるケースが多い手法である。

a ストラクチャー概要と流れ

① リース開始時、企業A（オリジネーター）は設備100億円をＳＰＣに売却する。
② SPCは対象設備の購入資金100億円を企業Aへ支払う。
　SPCは、同購入資金100億円のうち80億円を銀行からローンで借り入れ、20億円を匿名組合員（リース会社）から匿名組合出資を受ける

---

12 長谷川英司ほか『バランスシート効率化戦略』で詳説されている。

図表 10−7　ストラクチャード・オペレーティング・リース

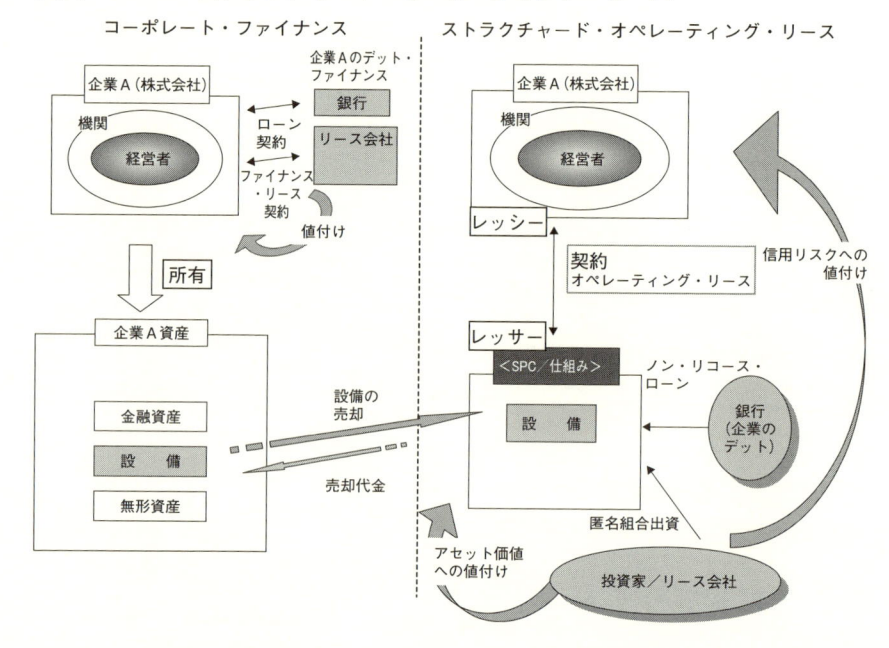

ことによって調達する（SPC の資本金（300万円程度）は、企業 A およ
び匿名組合員の両者に対して無関係の第三者（中間法人、ケイマン SPC 法
人等）が出資する）。

③　SPC と企業 A とはオペレーティング・リース契約を締結し、対象
設備を SPC から企業 A にリースバックする。

④　リース終了時、企業 A は、あらかじめリース契約に規定した指定
時期（リース満了日より 1〜2 年程度前に設定される）に対象設備の購
入選択権を有する。また、リース満了日にはリース物件を①返還、②
時価（公正市場価格）による購入、③再リースするオプションを所持
するケースが多い。

b　SPC の役割と銀行ローン

①　大量の資金を低利で調達するために、銀行ローンを活用する。

600　　第 3 編　ABL の展開

② SPCを活用して、レッサー（SPC）の倒産隔離を実現することで、企業A（レッシー）の信用リスクに依拠した資金調達（銀行ローン）を可能にする。

③ ノン・リコース・キャッシュフロー・レンディング……銀行がレッサー（SPC）と契約するノン・リコース・ローンは特定の資産（リース対象設備）を担保とし、特定のリース料のみを返済原資とするローンである（SPCに匿名組合出資するリース会社やSPCの資本金を負担する会社の一般財産へ遡及しない）。

④ 企業A（レッシー）サイドの観点では設備の平穏使用権をリース契約のなかで確保する（レッサー（SPC）の倒産隔離は設備の平穏使用権の前提である）。

図表10－4と図表10－7とを比較してほしい。金融資産のストラクチャード・ファイナンスでは倒産隔離の図られた「SPC」が金融資産を保有する。金融資産は保有することでキャッシュフローを生み出すので、ABS投資家は同資産だけを直接値付けできた。

設備のストラクチャード・ファイナンスでは、リース期間中、企業Aと「SPC」との間のリース契約が企業Aからのリース料キャッシュフローを生み出す。リース満期にレッサー（賃貸者）に返却可能な動産（設備）は、売却、あるいは再リース契約によってのみキャッシュフローをつくり出せる。銀行が投資家（リース会社）から独立して企業Aの信用リスクを値付けし、同時に、投資家（リース会社）が企業Aと銀行から独立して「設備の残価リスク」を値付けするために、「SPC」という仕組みを必要とするのである[13]。

---

[13] 資産（金融資産・設備）のストラクチャード・ファイナンスでは、「企業A」と「SPC」との間は、契約（サービシング、あるいはリース）関係があるのみである。

3　タックス・リース

次に、ストラクチャード・オペレーティング・リースと同じような構造をもちながら、資金調達コストをいっそう引き下げることを可能にするプロダクトとして、タックス・リースを説明する。

タックス・リースでは、課税所得を有する投資家がリース物件（設備）の税務上の所有者になり、借入金によって「濃縮化（レバレッジ効果）」された減価償却の効果を使って納税の繰延メリットを享受する。一方、投資家が納税繰延メリットの一部をリース料に還元するため、レッシーの調達コストを引き下げることが可能になる。投資家は、企業Ａの信用リスクと設備の残価リスクとをとりながら、納税繰延メリットを含めて総合的に値付けしているのである。

タックス・リースのストラクチャーと納税の繰延効果とを概念的に示した

図表10－8　タックス・リース（日本型オペレーティング・リース・JOL）

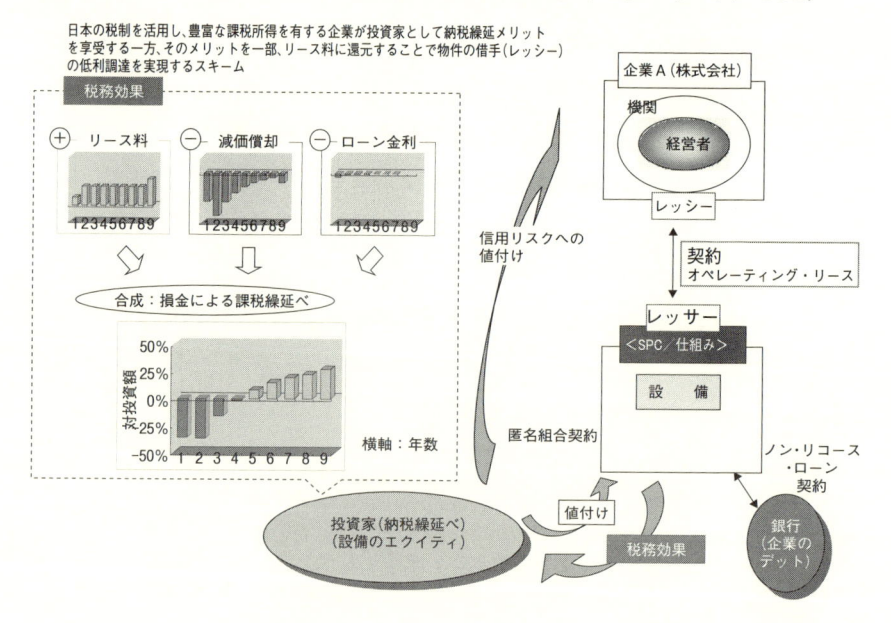

のが、図表10-8である。

　タックスリースは、ストラクチャード・オペレーティング・リース（図表10-7）と同様の構造であるが、納税繰延効果を活用することで、中小企業、特に収益性の高い企業群の投資家マーケットから継続的に大量の低利資金を調達することが可能になる。1980年代から20年以上にわたって、国内の航空会社や船会社を中心とした企業が新造の航空機や船舶の機材調達ファイナンスとしてタックス・リースを活用してきている。

　従来は、企業の信用リスクに依拠するファイナンス・リースをタックス・リースとして組成可能であったが、平成17年税制改正[14]により、オペレーティング・リースでなければタックス・リースとして組成することができないことになった。

　「企業の信用リスク」「設備のアセット価値（残価）リスク」、そして「税務効果」をバランスよく適切に投資家に説明しながら、いかにこのユニークな投資家マーケットを今後も維持していくかが業界関係者の課題になっている。

---

[14] 組合事業に係る収益を保証する契約が締結されていること等により実質的に組合事業が欠損にならないことが明らかな場合は、その法人組合員に帰属すべき組合損失の金額を損金の額に算入しない（租税特別措置法67条の12等参照）。

第6節 ストラクチャード・ファイナンスの応用2
―― 事業 ――

　本節では、ストラクチャード・ファイナンスの応用という視点で、プロジェクト・ファイナンスと事業流動化（WBS：Whole Business Securitization。特定事業ファイナンス）を検討する。資産ではなく事業を対象とするため、前節までの手法と異なる部分を含む。しかしながら、「全体（企業）」と「部分（事業）」との間の「価値（信用力の乖離）」が背景にあるという意味では、考え方は共通する。

1　プロジェクト・ファイナンス

　まず、プロジェクト・ファイナンスについて述べる。
　企業全体と事業部門に着目して図表10-1を応用すると、図表10-9のようになる。
　企業Aは既存事業Y（エアコン製造）、既存事業Z（白物家電製造）を有するメーカーとする。いま、企業Aが電力卸売事業（IPP（Independent Power Producer）事業）を新規事業Xとして立ち上げることを計画するとする。企業Aは、株式会社の株主有限責任性を活用して新規事業のリスクを限定するために、電力卸売事業（X）専用子会社を設立する。より現実的に表現すると、プロジェクト・ファイナンスにより新会社単独でデット資金調達が可能な場合に、同専用子会社を設立して新規事業を立ち上げる。
　図表10-9にあるように、新規事業X専用子会社のエクイティ部分はプ

ロジェクトのスポンサーとなる企業Aが提供し、デット部分の調達が「プロジェクト・ファイナンス」に相当する。企業Aにとって単一事業専用子会社を活用したノン・リコース・キャッシュフロー・ファイナンスである。

次に、図表10–10と図表10–4とを比較してほしい。

ストラクチャード・ファイナンス（図表10–4）では、「SPC・仕組み」と企業Aとの間は契約関係だけであったが、プロジェクト・ファイナンス（図表10–10）の場合は、切り出した新規事業Xと企業Aとの間は所有（100％出資子会社）と契約との二重関係である。

企業Aが事業X専用子会社の100％支配株主として経営と運営とを完全にコントロールすると同時に、同専用子会社へのサポート契約、たとえば建設工事の完成保証契約などを締結する。

この所有と契約との二重性があるがゆえに、たとえば『プロジェクト・ファイナンス』（小原克馬著）ではプロジェクト・ファイナンスは以下のように

図表10–9　プロジェクト・ファイナンス

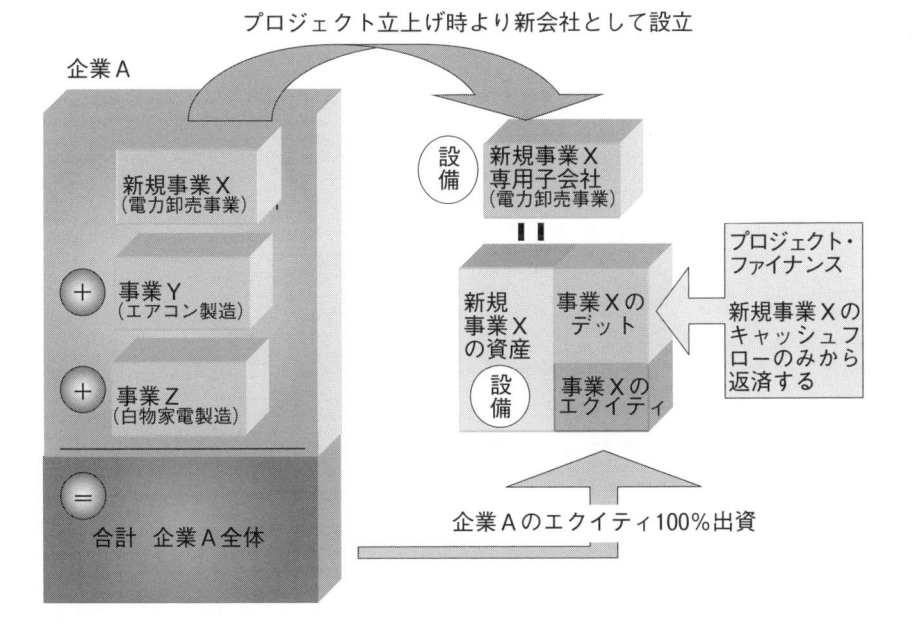

表現されるのである。

　プロジェクト・ファイナンスは、貸手とプロジェクトの事業主体（スポンサー）がプロジェクトのリスクをシェアする金融形態ですが、プロジェクトそのものの遂行についての責任は、あくまでもスポンサーにあります。
（小原克馬『プロジェクト・ファイナンス』）

　プロジェクト・ファイナンスは、スポンサーに対するノン／リミテッド・リコース性を基本的骨格としてもっています。しなしながら、このことは、けっしてプロジェクトにおけるスポンサーの重要性を軽くするものではありません。……スポンサーのプロジェクトをなし遂げる努力、責任に対する信頼が、その基礎となっているのです。プロジェクトの採算が悪化した際にプロジェクトから抜け出ることを戦略の一部として考えるようなスポンサーはそもそもプロジェクト・ファイナンスのパートナーとしての対象にはなりません。プロジェクト・ファイナンスは、スポンサーが出発点であり、また終着点でもあるのです。
（小原克馬『プロジェクト・ファイナンス』）

図表10－10　コーポレート・ファイナンスとプロジェクト・ファイナンス

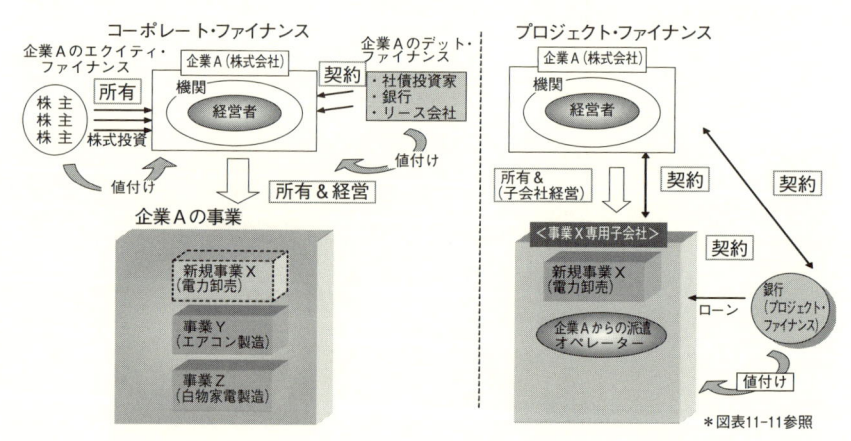

「プロジェクト（事業）そのものの遂行」に企業Aの関与を活用し、かつ限定するために「所有と契約との二重性」が利用される。

ストラクチャード・ファイナンスの原型が金融資産を対象にしていたことはすでに述べた。金融資産とは、たとえば自動車ローンという「契約の束」であった。

典型的なプロジェクト・ファイナンスでは、比較的少数の相手との長期的な「契約の束」によって原料仕入れや製品販売の取引価格と数量が固定、ないし安定している事業を対象として組成される。

図表10-11をご覧いただきたい。デット資金供給者（銀行）が企業Aによる単一事業Xの運営を前提に「長期契約の束（電力会社（販売先）および石油卸売会社（仕入先）との契約）」を裏付とする安定したキャッシュフローを値付けする構造を、単純化して示している（新規の事業を立ち上げる新会社が、親会社の保証もなく、単独で、デット資金調達が可能になる背景である）。

プロジェクト・ファイナンスは、資金供給者が「企業A全体の経営リスク」「事業Yと事業Zの運営リスク」「株式所有構造変化リスク」を排除し、仕入れと販売の長期契約を前提に新規の「事業X（運営リスク）」だけを切り

図表10-11　プロジェクト・ファイナンスの構造～電力卸売事業の事例～

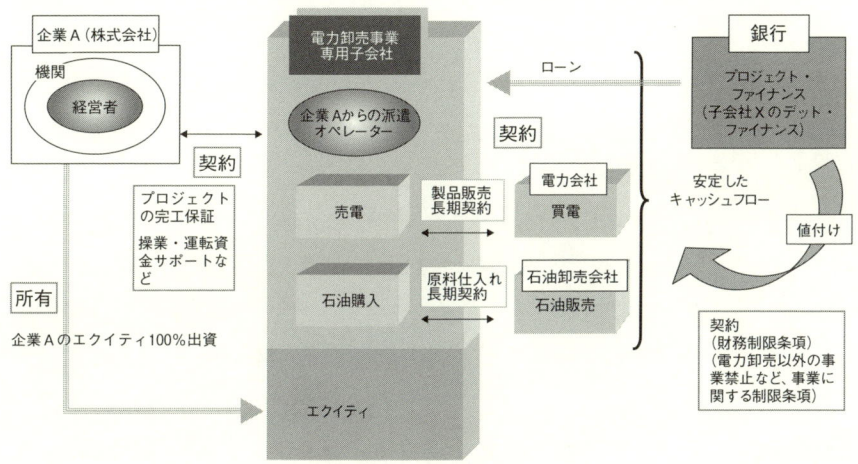

出してデット部分を値付けする金融手法である。

2　事業流動化（WBS・特定事業ファイナンス）

　前記1の企業Aの例でいえば、エアコン製造（事業Y）や白物家電製造（事業Z）のような事業では仕入先や販売ルートは多岐にわたる。また、技術革新や消費者の嗜好変化の影響も受ける。電力卸売事業のように、長期契約によって仕入れと販売の価格と数量を安定させることは不可能である。
　一方で、販売の長期契約がなくても、売上げが予測しやすくキャッシュフローが安定した事業もある。たとえば空港、有料道路、ゴルフ場、ボウリング場などの運営事業である。
　事業流動化はこのような事業を対象に開発されてきた。現在では、①参入障壁が高い、②売上げと費用の予測が相対的に容易で説明しやすい、③追加設備投資の予測が相対的に容易で説明しやすい、④事業を代替するオペレーターがみつけやすいなどの特徴をもつ事業に適用されてきている。
　事業流動化とコーポレート・ファイナンスを比較したのが図表10－12である（切り出される事業Xが有料道路事業、企業Aに残るのが事業Y（エアコン製造）と事業Z（白物家電製造）である）。
　事業流動化や事業証券化（WBS：Whole Business Securitization）は返済原資が個別事業に限定されるノン・リコース・キャッシュフロー・ファイナンスであり、その意味で図表10－10のプロジェクト・ファイナンスと図表10－12の事業流動化とは類似している。
　しかしながら、プロジェクト・ファイナンスが個別事業Xのデット・ファイナンス（図表10－9）であるのに対して、事業流動化は個別事業Xのデットとエクイティとの両者をファイナンスする。この点について、事業流動化の事例として少数派ではあるが、電力卸売事業（図表10－11）を応用して説明する。
　図表10－13をご覧いただきたい。電力卸売事業専用子会社Xの販売と仕

図表10－12　コーポレート・ファイナンスと事業流動化

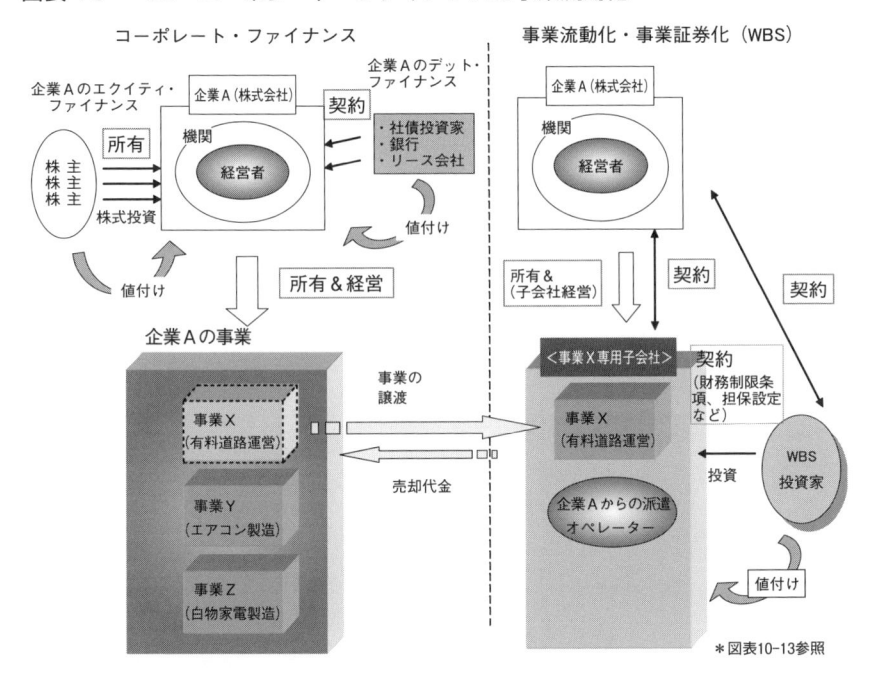

入れについて「長期契約の束」で固定されたキャッシュフローを対象にファイナンスするのがプロジェクト・ファイナンスであり、そこまでは図表10-11とまったく同じである。事業流動化が異なるのは「仕入れる石油」と「販売する電力」の価格と数量を変動するスポット市場に依存する部分」、換言すれば「オペレーションリスクが大きく、返済原資のキャッシュフローが未確定で不安定な部分」を、エクイティ性資金として外部調達しているところである[15]。このように、エクイティ性部分までも含めて全体を組成するのが「事業流動化（WBS・特定事業ファイナンス）」である。

15　この「オペレーションリスクが大きく、返済原資のキャッシュフローが不安定」な部分を含めて調達金額全体に対して優先劣後によるトランチングや信用補完を適用し、格付機関より格付を取得すれば、投資家層を一気に拡大できる。

専用子会社Ｘと企業Ａとの関係では、図表10－11と同じように企業Ａが子会社Ｘの普通株式100％を所有して経営と運営を完全にコントロールすると同時に、同子会社へのサポート契約を締結している。ただし、企業Ａが子会社Ｘへ投下する資金は、エクイティ性投資家からの資金調達分があることで、プロジェクト・ファイナンス（図表10－11）と比べて少なく抑えることが可能になる。

　事業流動化は、資金供給者が「企業Ａ全体の経営リスク」「事業Ｙと事業Ｚの運営リスク」「株式所有構造変化リスク」を排除し、既存の「事業Ｘ（運営リスク）」を切り出して、デットとエクイティをまとめて値付けする金融手法である。

　それでは、経営と運営というオペレーションからの開放を目指す「ストラクチャード・ファイナンスの考え方」（図表10－4）は、他のストラクチャーとの比較のなかでどのように反映されているだろうか。

図表10－13　電力卸売事業における事業流動化事例

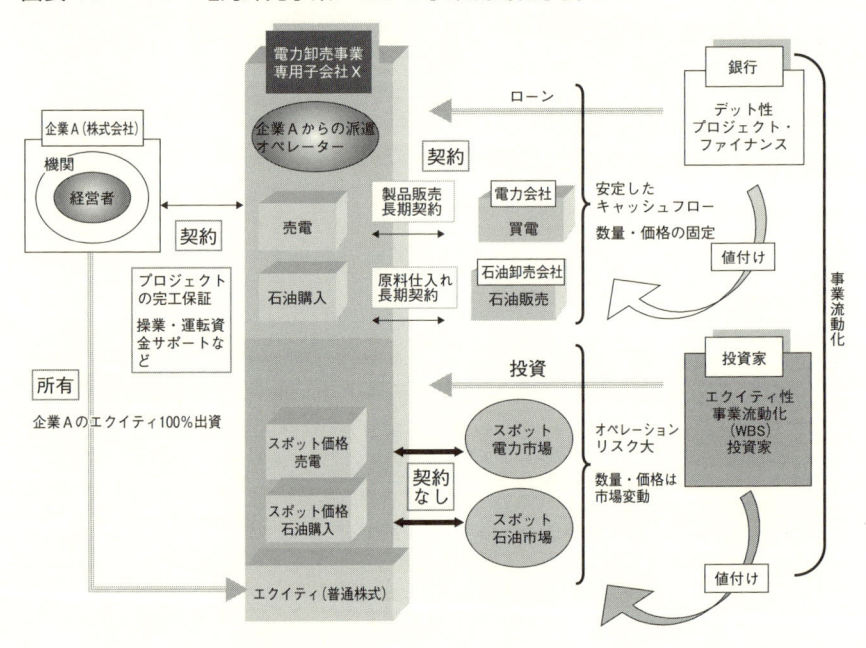

事業流動化は、事業のエクイティ性資金までもファイナンスするため、金融資産のストラクチャード・ファイナンスのみならずプロジェクト・ファイナンスと比較しても資金供給者の事業運営に対する受動性の徹底は弱く、ある程度の能動性が組み込まれることになる。
　具体例として、図表10－12の事業流動化では以下のような諸条件を、諸契約のなかに設定する。
　　◇事業X子会社の事業内容、将来の設備投資金額、そのタイミングなど、事業運営に一定の制限を加える。
　　◇事業X子会社に設定された財務制限条項上のコベナンツの数値を達成できない場合、WBS投資家が段階的に事業運営への介入や資産保全強化を開始できるようにする。
　　◇事業X子会社の事業運営が滞った場合、WBS投資家のコントロール下で代替のオペレーターが事業を継続できるようにする。
　　◇事業X子会社が破綻する可能性を、同子会社と親会社企業Aによる倒産の申立ての禁止、同子会社への独立取締役の配置、追加借入れの制限などによって低下させ、WBS投資家による事業運営可能な範囲を拡大する。
　特に、事業X専用子会社の業況が悪化した場合、企業Aとの関係を「所有と契約との二重性」から「実質的な契約のみの関係」、あるいは「独立し、隔離された状態」へ移行し、ファイナンス契約のデフォルトに至る前に投資家が段階的に事業運営へ介入できるようにする。財務や事業の制限条項を一定期間満たせない場合、企業Aの「所有と経営との結合」という構造、つまり「株式会社の機関設計・取締役会」自体を契約技術によって変形（たとえば投資家による独立取締役の派遣）させられるように組成している。事業流動化では、資金供給者の「事業遂行への受動性の徹底」は弱まるが、企業Aからの切り出し方は「ストラクチャード・ファイナンスの原型」へ接近しているのである。
　また、既存事業に着目する事業流動化は、格付によって値付けを可視化す

る「証券化の技術」との結付きは強い。信用補完の付与、優先・劣後のトランチングなどを組み合わせて、高格付を取得した証券化商品として販売し、企業Aの調達コストと比較して、有利なファイナンス条件を実現した実績が積み上がってきている。発行体企業の信用力を人為的に上回ることを目的とする低利ファイナンス手法として、事業流動化が定着しようとしているのである。

これは、全体（企業）と部分（事業）との「乖離」に着目すれば当然の流れである。

有料道路事業Xとエアコン製造事業Yのように、事業の質に「乖離」があれば、株式会社の機関内の「意思決定と執行における遠心力」[16]が働きやすく、値付けの対象になりやすい。また、事業の質に「乖離」がなくても「意思決定が集中する経営者のオペレーション」[17]に変化や限界が現れれば、企業と事業の関係が裁定取引の対象になりやすいのである。

16　本章第3節2
17　本章第3節2

第7節
ストラクチャード・ファイナンスの行き着く先

　本章では、ストラクチャード・ファイナンスの考え方やその応用について金融資産から設備、プロジェクト、事業までを対象とし、幅広く述べてきた。この考え方をさらに一歩進めると、会社と経営者から「会社全体」を開放しようとする発想に行き着く。開放するものだけを返済原資とするという意味で、わずかな自己資金と外部負債によって買収するLBO（レバレッジド・バイアウト）も、本章で検討してきたものと共通の内容を含んでいる。

　特許などの客観化された無形資産、あるいは客観化できないノウハウが蓄積された人的資産を開放するためのファイナンスも、新たなタイプのファンド組成などを通して試行錯誤が続いている。

　かつては、企業の将来に「賭け」る事業や設備へのファイナンスから運転資金を供給することまでを銀行が集中的に担ってきた。現在は、さまざまなタイプの金融機関やファンド、さらに事業法人が金融を仲介する状況になっている[18]。

　株式会社が所有し運営するもののなかで、どこに注目し、どのように評価するかはいっそう多様化し、それに応じて「開放」を試みる金融手法やプレーヤーがさらに豊富かつ多彩になっていくものと思われる。

18　高田創＝柴崎健『金融市場の勝者』の第3章を参考にしている。

資 料

ABLガイドライン

ABL ガイドライン

平成 20 年 5 月
経済産業省

<目次>
第1章　はじめに
第2章　ABL 実施上の留意点
1．借り手への説明
2．過剰な担保取得の回避
3．手数料等に関する留意点
第3章　担保物件の評価に関する留意点
1．適切な評価
2．評価の独立性
3．評価報酬の独立性
4．評価事業者（又は評価者）の利害関係の明示
5．評価の根拠の明示
6．評価に使用した情報の保存
7．評価に使用した情報の秘密保持
第4章　担保物件のモニタリングに関する留意点
1．適切なモニタリング
2．コベナンツに関する留意事項
3．モニタリングで得た情報の機密保持
4．信用悪化時等における法令等の遵守
第5章　担保物件の換価・処分に関する留意点
1．担保物件の処分実施の判断
2．換価処分の実施時における留意点
3．処分内容の説明
4．換価処分における公正な取引の推進
5．処分の独立性の確保
6．処分に関する情報の機密保持
7．処分物件に関する法令等の遵守
8．余剰（清算金）の返還

第1章　はじめに

　ABL（Asset Based Lending：動産・債権担保融資）は、企業が有する在庫や売掛債権、機械設備等の事業収益資産を活用した金融手法である。ABL は、不動産等の担保提供資産が少ない企業への融資、ライフサイクルに応じた企業への支援、内部留保が手薄な成長志向の企業への融資や、借り手と貸し手のリレーションの構築、或いは強化に役立つため、我が国の中堅・中小企業金融の円滑化、企業の潜在的な成長力の顕在化などに資するものと期待されており、不動産担保や個人保証に過度に依存しない新たな金融手法として、その普及を促すことが重要である。

　しかしながら ABL は、我が国では、その取り組みが始まって日が浅いことから、金融実務の慣行が定まっていない。しかも ABL は、通常の融資の審査に加え、担保物件の評価・管理・処分といった業務を伴い、貸し手だけではなく、こうした各業務を専門的に実施する事業者等との連携も含めた実務が必要となる場合が多い。加えて、ABL は、事業そのものに関わる資産を担保とする金融手法であるので、借り手が ABL という手法を十分理解することも重要である。こうした観点から、ABL に関与する事業者が、一定の共通した理解と連携の下で実務を積み重ねていくことが、ABL 市場の健全な発展のためにも重要と考えられる。

　もとより ABL は、民間の事業者が中心となって取り組むべき手法であり、与信リスクや法的リスクの判断、業務手順の設計等は、各事業者が自らの責任において実施すべきことはいうまでもないが、公正な取引を推進し、ABL を透明性の高い市場として発展させていくためには、ABL に関する一定の実務指針が必要であると考えられる。このため、ABL に携わる事業者が「共通認識に立てるインフラ」として活用し得る実務指針を、「ABL ガイドライン」として、以下のとおり取りまとめた。

　なお、本ガイドラインは、「主文」と「説明」により構成されているが、「主文」は、指針となるべき内容をできるだけ簡潔に表現することに努め、「説明」は、主文の意図するところの理解を深めるため、現状見られる事例、あるいは懸念される事態等を用いて具体的な内容を解説したものとなっている。したがって、文中使用した事例にかかる部分については、まだ多くの ABL 事例が積み上がっていない現状において、解り易さを優先して採用したものであり、今後、より適切な事例が起こりうることに留意する必要がある。

　ABL ガイドラインの目指すところは、第 1 に、ABL が借り手の重要な事業収益資産を担保として活用することに鑑みて、担保設定や換価市場における法令遵守や公正で秩序ある活動を推進することである。そして第 2 に、ABL が我が国経済の発展に寄与する可能性を踏まえて、ABL を活用しようとする借り手から見て透明で効率的な市場の早期発展を促進するための新たなレンディング・プラクティスの

確立を目指して、借り手、貸し手、専門事業者が協力・連携できる素地を培うことである。

このABLガイドラインが、ABLに取り組むすべての事業者にとって共通の理解を促進する糧となり、ABLが融資慣行における新たなスタンダードとしての地位を確立することに寄与するとともに、ひいては、ABL市場の早期発展に大きく資することを期待するものである。

第2章　ABL実施上の留意点

1．借り手への説明

> 貸し手は、ABLを実行する借り手に対して、その融資条件や譲渡担保契約の内容等、ABLに関する十分な事前説明を行う。

【説明】

　ABLは企業の事業そのものに着目し、動産や債権といった事業に基づくさまざまな資産の価値を見極めて行う融資である。ABLは、近年我が国でも広がりつつある手法であるが、多くの貸し手が一般的に用いている手法となるまでには至っていないため、現時点では確立されたレンディング・プラクティスというものはない。こうした状況を踏まえれば、ABLを利用しようとする借り手の知識は、貸し手以上に乏しいのが通常である。したがって、今後、ABL市場が健全に発展していくためには、貸し手がABLに取り組むにあたって、ABL利用者の保護という観点から、借り手に対し、一般的な融資に関する説明以外にもABLの特徴に関するABL固有の説明を十分に行い、借り手の理解と納得の確保に努める必要がある。

　なお、ABL固有の説明としては、融資条件や譲渡担保契約等としているが、具体的には以下のような内容が含まれる。

　例えば、融資条件に関する説明として想定されるものは、担保内容、担保の評価（評価会社採用の有無を含む）、モニタリングの内容、評価・モニタリングにかかる手数料発生の有無と借り手の協力の必要性、一定の融資（変動）枠の設定、一定の条件の下での代表者個人保証の免除等が挙げられる。

　また、譲渡担保契約の内容に関する説明としては、動産担保・債権担保の概念、動産・債権譲渡登記をはじめとする対抗要件の手法に関する一般的な説明や個別の契約条項、登記に係る諸費用の負担についての説明等が挙げられる。なお、動産・債権譲渡担保権については、抵当権のような後順位の担保設定の効力等は必ずしも明らかではないことから、貸し手は、既に複数の貸し手との取引がある借り手に対してABLを実施する場合には、借り手の知識、経験等を踏まえ、必要に応じて、

当該 ABL 案件が他の貸し手からの資金調達に影響を与え得ることを、借り手に説明することも考えられる。

２．過剰な担保取得の回避

> 貸し手は、ABL の実行に際し、債権保全に必要な限度を超えて、過剰な担保取得とならないよう配慮する。

【説明】
　ABL は、担保物件が特定の貸し手に集中（一本化）されやすいため、貸し手は、ABL の実行に際して、債権保全に必要な限度を超えて、過剰な担保を取得することとならないよう留意するとともに、担保取得が優越的な地位の濫用と誤認されないよう十分に配慮する必要がある。
　例えば、ABL に係る処分市場が未発達な中では、処分可能額の不確実性が大きいため、担保価値の判断についても貸し手によって大きく異なるケースが見込まれる。また、譲渡担保権についても後順位の設定の効力は必ずしも明らかではないため、より担保価値を高く評価した貸し手が現れた場合においては、これらの新たな貸し手からの資金調達の可能性が損なわれてしまうというような事態が起こる可能性も否定できない。
　したがって、貸し手としては、融資額と担保物件の評価に照らして合理的な担保の設定範囲に留意し、過剰な担保取得とならないよう、また優越的地位の濫用と誤認されないよう留意することが重要である。

３．手数料等に関する留意点

> 貸し手は、ABL の実行に際して借り手が負担するコストにつき、みなし利息に該当する可能性があることに留意する。

【説明】
　貸し手は、融資に関連した手数料等が利息の一部とみなされれば、当該手数料等を含めて、利息制限法や出資法の観点で問題となる可能性があることに留意する必要がある。

第3章　担保物件の評価に関する留意点

1．適切な評価

> 貸し手は、担保物件に関して適切な評価を行う。また、必要に応じて評価業務（全部または一部）を外部へ委託する場合においても同様である。

【説明】
　ABLに係る担保物件は、借り手の在庫、売掛金、設備等の資産であることから、借り手の業種・業態、企業規模等によって多種多様な内容に亘ることが想定されるが、貸し手としては、その評価を適切に行うことが必要である。
　なお、担保物件によっては、貸し手自らが評価を行う場合もあるが、貸し手の知識・経験等では評価ができない場合も多くあり、その場合、専門性を有する外部事業者を利用することが考えられる。この場合においても、最終的には評価の合理性は貸し手が説明責任を負うものであることから、当該外部事業者の評価の適切性についても留意する必要がある。
　また、貸し手は、借り手の与信枠、担保物件の内容又は経営規模の状況等に応じて、簡易な評価を採用する等、柔軟な対応を検討することも必要である。

2．評価の独立性

> 評価事業者（又は評価者）は、貸し手等、利害関係のある者の利益のために、自己の判断と異なる評価を行ってはならない。また、評価事業者（又は評価者）は、貸し手等、利害関係のある者から提供された情報を、そのまま根拠なく評価に用いてはならない。

【説明】
　評価事業者（又は評価者）の実務において、貸し手等、利害関係のある者の期待に添う評価をすることにより受託案件を増加させるといったモラルリスクが存在する。したがって、あらかじめ決められた評価の水準や方向性に沿った評価を行うことなど、自己の判断と異なる評価を行ってはならない。
　また、例えば、評価のためのインプット情報として、貸し手が借り手からインサイダーとして得ている情報を提供する場合が想定されるが、そうした情報は貸し手や借り手の利害等を反映したバイアスを持っている可能性がある。即ち、特に利害関係者から提供された情報をそのまま鵜呑みにして評価に用いた場合には、評価結果を歪める可能性があるので、評価事業者（又は評価者）は、これを根拠なく評価

に用いることは避けるべきである。

3．評価報酬の独立性

> 評価事業者（又は評価者）は、評価報酬を、コストに基づき合理的に見積もる。また、評価結果が貸し手等、利害関係のある者の期待に添うか否かによって、評価案件の報酬額を左右してはならない。更に、評価結果に連動した評価報酬の算定方法については、それによって評価が歪められる可能性のある場合においては採用しない。

【説明】
　評価報酬の算定については、コストに基づき合理的に見積もることを標準とすべきである。
　また、あらかじめ決められた評価の水準や方向性等、貸し手、利害関係のある者の期待に添う評価をするか否かによって評価報酬が左右されること等は、評価に対する信頼性が損なわれるため、あってはならない。
　更に、高めの評価をした方が評価報酬が増えるような場合も、評価において評価額を高めに算定する誘引が働き、評価結果が歪められる可能性がある。このような場合においては、評価報酬の算定方法について、評価額と単純に連動するような方法は避ける必要がある。

4．評価事業者（又は評価者）の利害関係の明示

> 評価事業者（又は評価者）は、評価の対象である物件や、借り手等当該 ABL 案件に係る関係者との間で利害関係を有している場合は、その旨と利害関係の内容を、事前に業務の委託者に通告するとともに、評価報告書等に明記する。

【説明】
　評価事業者（又は評価者）が評価対象物件や借り手等の当該 ABL 案件の関係者と利害関係を持っている場合は、評価結果に影響を及ぼす可能性が否定できない。他方で、現状では評価事業者（又は評価者）の数が限られていることや、貸し手自らが評価を行う場合も想定されること等を勘案すれば、利害関係があるというだけで、評価業務を受託することそのものを禁じるのは現実的ではない。このため、評価結果を利用する貸し手等評価業務の委託者の自己責任に基づく判断や、事後的な検証を有効なものとするため、評価事業者（又は評価者）は、業務の委託者に対し、当該利害関係の内容を事前に通告するとともに、評価報告書等に記載しておくことが必要である。

5．評価の根拠の明示

> 評価事業者（又は評価者）は、評価報告書において、評価結果だけではなく、使用した評価方法、前提条件、インプットされた情報の概要、及び必要に応じてその根拠を記載する。

【説明】
　評価結果をどのように活用して与信判断等に利用するかは、評価結果を利用する貸し手等の評価業務の委託者の自己責任においてなされなければならない。したがって、貸し手等の評価業務の委託者が評価結果の合理性等を判断するための十分な情報が、評価事業者（又は評価者）から提供される必要がある。

6．評価に使用した情報の保存

> 評価事業者（又は評価者）は、事後の説明責任を果たすため、評価に使用した情報を一定期間保存する。

【説明】
　評価結果に関しては、ABL案件を巡り法的な紛争が生じた場合や、監督官庁による検査が行われた場合等において、評価事業者（又は評価者）が評価報告書を提出した後であっても、当該評価結果に関する詳細な情報が必要になることが考えられる。
　このような場合、評価事業者（又は評価者）としては、説明責任を果たすため、また、自らを守るという観点からも、評価に使用した一定の詳細情報を一定期間保存し、必要に応じてその内容を貸し手等評価業務の委託者に開示できるよう準備しておくことが望ましい。なお、可能であるならば社内規定等で整備しておくことも検討すべきである。

7．評価に使用した情報の秘密保持

> 貸し手及び評価事業者（又は評価者）は、ABLの評価に際して借り手から入手した情報に関しては、厳格に管理し、第三者に漏れることがないようにする。

【説明】
　評価事業者（又は評価者）における評価実務においては、公開情報、独自のネットワークから入手した情報、借り手から入手した情報等、様々な情報が用いられる

と想定される。それらのうち、特に借り手から入手した情報に関しては、個別企業の事業内容や経営・財務状況にかかる機密情報に該当する場合が多くあることから、厳格に管理のうえ、当該案件の依頼目的にのみ利用し、借り手の了承が得られない限り、当該情報が第三者に漏れることのないようにすべきである。また、独自のネットワークから入手した情報等その他の情報に関しても、借り手の機密保持の観点から、同様に厳格な管理を行うべきである。

第4章　担保物件のモニタリングに関する留意点

1．適切なモニタリング

> 貸し手は、担保物件に関して適切なモニタリングを行う。また、必要に応じてモニタリング業務（全部または一部）を外部へ委託する場合においても同様である。

【説明】
　担保物件のモニタリングは、貸し手の債権管理・保全にとって重要な位置を占めることから、適切に行われることが必要である。また、モニタリングは、借り手の協力が無ければ成立しないことから、借り手に対しモニタリングの内容（範囲、詳細度、頻度等）について事前に十分説明し、その理解と納得を得ておく必要がある。他方、適切なモニタリングは、借り手の経営管理能力によっては経営改善を図れ、自らの事業価値を向上させる効果も期待できる。
　モニタリングの内容を検討するに際しては、例えば、借り手の内部統制の程度や信用リスク、当該担保価値への依存度を勘案するほか、流動資産の場合は、評価における掛け目を決める際に想定した担保価値の不確実性を考慮して判断すること等が考えられる。
　また、担保物件のモニタリングは、借り手にデータ作成や報告等の負担を求めることが多いことから、借り手に過度の負担とならないよう留意すべきであり、特に、借り手の与信枠、担保物件の内容又は経営規模の状況等によっては、簡易なモニタリングを採用する等、柔軟な対応を検討することも必要である。
　なお、モニタリングの内容や貸し手の体制等の事情によっては、その業務（全部または一部）を外部の専門事業者に委託することも考えられるが、この場合においても、自らが行うのと同様、適切に実施されるよう、専門事業者との緊密な連携を図ることが必要である。

2.コベナンツに関する留意事項

> 貸し手は、コベナンツ契約を締結する場合は、借り手にとって過度な義務を課すものとならないよう留意する。また、コベナンツ契約については、借り手に対して十分説明し、理解と納得を得る。

【説明】
　貸し手は、ABLの実行に際し、借り手との間で、コベナンツ契約の締結(又は融資契約書等におけるコベナンツ条項の設定)をすることが一般的であるが、その内容については、借り手の行為を一方的に制限するなど、借り手にとって過度な義務を課すものとならないよう留意すべきである。即ち、コベナンツの内容としては、借り手や担保物件の状況に応じて債権保全を図る必要がある一方で、借り手の実情に応じて、過度な負担とならないような内容及び程度のものに留める必要がある。
　また、当該コベナンツ契約の内容を借り手に対して十分説明し、その理解と納得を得ることに努め、優越的地位の濫用と誤認されないようにすることも必要である。
　なお、契約期間中においては、コベナンツの遵守状況を継続的にモニタリングすることも重要である。

3.モニタリングで得た情報の機密保持

> 貸し手及びモニタリング業務の委託を受けた外部専門事業者は、担保物件のモニタリングにより取得した情報に関しては、厳格に管理し、第三者に漏れることがないようにする。

【説明】
　モニタリングにより得られる情報は、借り手の内部情報であり、多くが機密に属するものである。このため、貸し手及びモニタリング業務の委託を受けた外部専門事業者は、当該情報を厳格に管理するとともに、モニタリングの目的外に使用することを含め、第三者に漏れることがないよう留意しなくてはならない。

4.信用悪化時等における法令等の遵守

> 貸し手及びモニタリング業務の委託を受けた外部専門事業者は、借り手の信用悪化時やコベナンツ抵触時等の対応に関して、法令等を遵守する。

【説明】
　ABLは、その手法の特性から、借り手の事業内容や財務内容に問題が発生したこと等による信用悪化時やコベナンツ事項への抵触時等において、借り手に対して一定の措置をとる場合が有り得、またその局面は、多様かつ複雑となることが多い。このため貸し手としては、そのような状況における対応方法等をあらかじめ十分に検討しておくとともに、それらの対応方法が法令等に反することがないよう、一段の留意が必要である。

第5章　担保物件の換価・処分に関する留意点

1．担保物件の処分実施の判断

> 貸し手は、担保物件の処分の実施に際しては、適切なモニタリング等を踏まえて合理的に判断し、また法令等を遵守する。

【説明】
　ABLは、借り手の事業収益資産を担保とすることから、担保物件の処分実施の時期によっては、事業そのものの停止や制限につながるケースがあり、一方で、借り手の経営状況によっては、事業継続を前提とした私的整理やM＆A等に取り組むケースもある。したがって、担保物件を処分する際の目的や時期については、慎重かつ合理的な判断が求められる。
　このため、例えば、担保物件の処分を検討するに当たっては、貸し手は適切なモニタリング等を踏まえ、借り手の協力の有無、担保物件の換価価値変動の予測、担保物件確保の確実性、利害関係人の動向等、必要な状況判断に基づき、処分実行の判断を行うことが求められる。加えて、当然ながら、各種の法令等にも基づき、適法に処分を実施することが必要である。

2．換価処分の実施時における留意点

> 担保物件の換価処分に際しては、貸し手及び処分事業者は、可能な限り、価格や時期など総合的に判断して、条件の良い換価処分となるよう努める。また、このために、有効かつ可能な状況では、借り手の協力も得られるよう努める。

【説明】
　担保物件の換価処分に際して、特に在庫等の動産を担保とする場合では、既存の商流における処分とそれ以外の状況での処分では、価格が大きく異なることがあ

る。このような場合において、貸し手及び貸し手が処分業務（全部または一部）を委託した場合の処分事業者は、協調・協力関係のもと、できうる限り、通常の商流や既存のブランド等を活用した処分方法をとること等により、より良い条件での換価処分となるよう配慮すべきである。また、借り手の協力を得た方が良い条件となる場合であって、借り手との関係で可能な状況では、借り手の協力を得ることが望ましい。

3．処分内容の説明

> 処分事業者は、貸し手に対して、適切な時期に処分内容を十分に説明する。また、可能な状況であれば、貸し手も借り手に対して説明を行う。

【説明】
　貸し手は、担保物件を合理的に処分するための事前の判断及び事後検証等の必要があり、貸し手が処分業務（全部または一部）を外部の事業者に委託した場合には当該処分事業者からの処分内容に関する十分な説明が不可欠である。この場合、処分事業者の説明内容としては、換価処分の方法（買取り、仲介、オークション等の別）、処分実施時期、処分先、取引の条件等が考えられ、またこれらは、可能な範囲で書面により明示されることが望ましい。
　また、ABL担保物件の処分は、借り手の事業停止や制限につながる場合があり、貸し手と借り手の利害関係が対立しやすい局面でもある。このため、換価処分を円滑に実施する必要からも、可能な状況であれば、貸し手が借り手に対して適切な時期に十分な説明を行うべきである。

4．換価処分における公正な取引の推進

> 処分事業者は、担保物件の換価処分について公正な取引を行い、取引価格を操作するような行為はしない。

【説明】
　担保物件の換価処分取引においては、その市場が未成熟であるものが多いこと等から、常に透明性が高いとは言い難い状況にある。このため、例えば、事前に連鎖的な取引を約束し、第一次の買取者が第二次以降の買取者からマージンを取るため買取り価格を操作することが容易な場合も想定される。このような行為は、貸し手、借り手双方に不利益を生じさせることはもちろん、市場の健全な発達を阻害する恐れがある。
　したがって、貸し手が処分業務（全部または一部）を外部の事業者に委託した場

合の当該処分事業者は、担保物件の換価処分取引においては常に公正な取引の維持に心がけ、実行するとともに、取引価格を操作するような行為を行ってはならない。

5．処分の独立性の確保

> 処分事業者は、ABL に係る評価やモニタリング等の業務を併せて行う場合には、原則として、評価額やモニタリング結果を前提とした換価処分は実施しない。

【説明】
　ABL は、評価、モニタリング、処分が一連の業務として構成されるが、貸し手がそれらの業務（全部または一部）を外部の事業者に委託する際において、例えば、評価業務と処分業務の両方を同一事業者が受託した場合には、当該事業者内部で利益相反が生じる可能性がある。（例えば、評価においては高い評価額が委託者から歓迎されるが、換価処分においては低い金額での換価の方が容易であることから、このような利益相反に対処するため、評価額を低めに設定して自らが買取り、実際には高値で換価して利益を確保する、といった行動を誘発する可能性がある。）
　このため、ABL に係る担保物件の評価やモニタリング等の業務を併せて行う処分事業者は、貸し手が処分すると判断した担保物件の換価処分の実施に際して、評価額やモニタリングの結果に左右されず、条件の良い換価処分を行う内部ルールの確立や業務の実施が求められる。
　なお、処分業務においては、いわゆる「買取保証」といった手法も存在するが、これに関しては、評価実施時点で、予め当該評価額をベースとした買取可能価格をコミットするに過ぎないので、そのことをもって評価額を前提とした換価処分に該当するものではないと考えられる。

6．処分に関する情報の機密保持

> 貸し手及び処分事業者は、借り手に対して無用な害を及ぼすことがないよう、担保物件の処分に関する情報の機密保持を厳守する。

【説明】
　担保物件の処分に関する情報は、借り手にとっては機密性の高い情報であり、また、それが第三者に漏れた場合には、借り手への風評を含め、無用の害を及ぼす可能性が高い。
　このため、貸し手及び貸し手が処分業務（全部または一部）を外部の事業者に委

託した場合の処分事業者は、法令に基づく命令など止むを得ない場合を除き、担保物件の処分に関する情報の機密保持に十分留意する必要がある。

7．処分物件に関する法令等の遵守

> 貸し手及び処分事業者は、処分物件の販売等に係る法令等の遵守を徹底する。

【説明】
　担保物件を処分する場合、物件によっては、その販売等に関し諸規制が存在する場合がある。具体的には、販売の許認可、輸出（又は先国での輸入）規制、廃棄物処理に関する規制、ブランド品等の場合の廉価販売制限等が想定されるが、貸し手及び貸し手が処分業務（全部または一部）を外部の事業者に委託した場合の処分事業者は、これらに十分に留意し、適法に処分する必要がある。

8．余剰（清算金）の返還

> 貸し手は、換価処分額から被担保債権額及び担保権の実行に要する費用の合算額を差し引いて余剰がある場合は、その余剰（清算金）を担保設定者に返還する。

【説明】
　担保物件の換価処分終了後の清算手続きについては、貸し手は、換価処分の結果、被担保債権額（融資額、利息、損害金等）及び担保権の実行に要する費用の合算額を上回る額（余剰（清算金））については、担保設定者に返還しなくてはならない。

あとがき

　日本で初めてABLを紹介した『アセット・ベースト・レンディング入門』（金融財政事情研究会）を執筆させていただいたのは平成17年1月末のことである。その年の10月に動産・債権譲渡登記制度が創設され、期を同じくして経済産業省がABL推進事業を実施するなど国も後押しを積極的に行ったことが契機になり、日本においてABLの取組みが始まった。ABLの揺籃期の幕開けである。揺籃期がスタートして先進的な金融機関を中心にABLの取扱いは着実に増加し、新聞報道等によれば平成18年8月末の時点で市場規模は500億円以上に達した。その後は地域金融機関も取組みを始め、平成19年7月に金融庁が公表した「地域密着型金融（平成15〜18年度 第2次アクションプログラム終了時まで）の進捗状況について」によれば、平成18年度に実行された全国566の地域金融機関によるABLを含む動産・債権譲渡担保融資は、件数ベースで約1万8,000件、金額ベースで2,000億円超に至り、日本のABLは順調に滑り出した。

　その一方で、揺籃期であるがゆえにABLがややもすると金融機関に目新しい貸出商品のように認識され、動産や債権など企業の重要な「アセット」（資産）をファイナンスに活用する意義がよく理解されずに運用されるケースが出てきたのもこの時期である。このままでは「アセット」活用の意義が理解されず、ABLが一過性のブームで終わってしまう……。そのような筆者の危惧が本書を執筆する大きなきっかけとなった。そして、本書は『アセット・ベースト・レンディング入門』の内容を掘り下げ、実践的なノウハウや知識を織り込んだ実務書として、ABLの理論や仕組みを体系化し、同時にABLの発展型としてのアセット・ベースト・ファイナンス（ABF）にも言及する書籍として企図された。執筆は、この企画趣旨に賛同する有志が集まり、平成18年9月に開始された。

　そして、執筆開始の翌年の平成19年、ABLを取り巻く環境が劇的に変化

することになる。まず、その2月に金融庁が金融検査マニュアルを改訂し、動産と債権とを一般担保として認める方針転換が行われ、4月から施行された。この改訂は金融機関に動産や債権を活用する大きなインセンティブとなり、まさにABLの揺籃期において最も大きな環境変化となった。さらに、同年5月には動産担保の公的保証に関する法案が成立、続く6月にはABL協会も創設された。そして、8月からは経済産業省による「動産・債権担保融資(ABL)の普及・インフラ構築に関する調査研究」事業の一環として、「ABLガイドライン」および「ABLテキスト」の策定が開始された。このような平成19年に入ってから起こった一連の環境変化は、日本の金融機関に対してABLの本格的な取組みを促すことになった。すなわち、日本のABLは平成19年4月より揺籃期から成長期へと移行を始めたといえる[1]。しかし、成長期への移行過程にあるとはいえ、ABLが定型化された貸出商品ではなく、「アセット」活用の意義をふまえた原点回帰の貸出手法であることが必ずしも十分理解されるには至っていない状況にある。したがって、本書を執筆するきっかけとなった筆者の危惧は、残念ながらまだ完全に払拭されてはいないのが実情である。よって、本書を世に出す意義は、執筆開始時から変わっておらず、むしろABLの取組みへの環境整備が進むなかでは、その意義はいっそう深まっていると筆者は確信している。

　また、ABLの取組みが進んだことで、日本の企業金融のなかでこのABLをどのように位置づけるべきかということも明らかになってきた。ABLがバブル経済の崩壊から不良債権処理を経て登場した背景には、企業金融における不動産担保への過度な依存から脱却し、「アセット」活用の意義を問い直す必然的な流れがあったといえるのではないだろうか。つまり、ABLの登場は日本の企業金融の歴史のなかで「アセット」活用の意義を再認識するターニングポイントとなったといえる。したがって、このような認識から、筆者はなんとしてもABLを一過性のブームに終わらせてはならないと考え

---

[1] 小野隆一「環境整備進み成長期に入ったABL」(週刊金融財政事情2007年6月11号40〜43頁参照)

ている。

　そして、日本のABLが発展していくために、いま何が求められているか。ABLが成長期へと展開していくなかで、揺籃期では従来の貸出であまり活用されなかった動産担保や債権担保に慣れることが主眼であったが、今後は金融機関が企業の保有する「アセット」の価値を見極め（評価）、その内容や数量の動きを把握し（管理）、そして、万が一に備え、それを換価して貸出の返済に充てる（処分）体制を構築することによって「アセット」活用の意義をしっかりと具現化することが求められているのである。

　さらに、金融機関がこのABLというファイナンス手法に取り組むなかで、借手となる企業が日々行っている商売の流れ、すなわち「商流」から発想することがより重要となっていく。たとえば、在庫や売掛金を単に企業のバランスシート上の数値としてみるのではなく、企業が事業活動を行うなかで日々変動する「モノ」や「カネ」として動態的にとらえ、その価値を見極める視点をもつということである。つまり、ABLの本質は、企業の「商流」から生まれる「モノ」や「カネ」の動きを把握し、その価値を見極めたうえでファイナンスに活用するということにあり、その意味で、ABLはまさに「商流」から発想するファイナンス手法なのである。したがって、金融機関は「金融」からの発想にとらわれることなく、「商流」から発想する視点を備えることが、これから成長期へと展開していくABLをより戦略的に活用するために不可欠であるといっても過言ではない。

　さらに、「商流」から発想する視点をもてば、企業の保有するさまざまな「アセット」の価値を活用したファイナンス手法であるABFへの展開が可能になる。すなわち、売掛金や在庫だけでなく、本書で解説したさまざまなタイプのABFへの複合的なアプローチが可能になるということである。これがまさにABLからその発展型としてのABFへの展開である。日本の企業金融においてABLがこれから迎える成長期のなかで大きく発展し、「商流」から発想するファイナンス手法のベースとして定着化すれば、その先の成熟期においてABFへと展開されていくことになるであろう。

日本の企業金融のあり方があらためて問われている今日、本書を世に出すことができることをとても光栄に思う。ABL、さらにはその発展型であるABFが日本の企業金融の主要な手法として定着化していくことで、企業の保有する優良な「アセット」が有効に活用され、企業金融が健全かつ前向きに発展することを願わずにはいられない。そして、ABLあるいはABFを通じ、さまざまなステージにある企業に必要な資金がタイムリーに供給されることでその成長が促され、日本経済を下支えしていくようになることを祈りつつ、筆を置くことにする。

小 野 隆 一

アセット・ベースト・レンディングの理論と実務

平成20年 7 月14日　第 1 刷発行

　　　　　　　　　編　者　トゥルーバ グループ
　　　　　　　　　　　　　ホールディングス株式会社
　　　　　　　　　発行者　倉　田　　　勲
　　　　　　　　　印刷所　文唱堂印刷株式会社

〒 160-8520　東京都新宿区南元町19
発 行 所　社団法人 金融財政事情研究会
編 集 部　TEL 03(3355)2251　FAX 03(3357)7416
販　売　株式会社きんざい
販売受付　TEL 03(3358)2891　FAX 03(3358)0037
　　　　　URL http://www.kinzai.or.jp/

・本書の内容の一部あるいは全部を無断で、複写・複製・転訳載および磁気または光記録媒体、コンピュータネットワーク上等へ入力することは、法律で認められた場合を除き、著作者および出版社の権利の侵害となります。
・落丁・乱丁本はお取替えいたします。定価はカバーに表示してあります。

ISBN978-4-322-11198-9

金融検査マニュアルハンドブックシリーズ

金融機関の経営管理（ガバナンス）態勢
中村裕昭［著］
A5判・272頁・定価3,570円（税込⑤）

金融機関の法令等遵守態勢
平成19年度版
金融機関コンプライアンス研究会［編］
A5判・372頁・定価2,300円（税込⑤）

金融機関の顧客保護等管理態勢
行方洋一［編著］　早坂文高・尾川宏豪［著］
A5判・376頁・定価4,830円（税込⑤）

金融機関の統合的リスク・自己資本管理態勢
池尾和人［監修］　藤井健司［著］
A5判・372頁・定価4,830円（税込⑤）

金融機関の信用リスク・資産査定管理態勢
検査マニュアル研究会［編］　平成19年度版
A5判・468頁・定価2,940円（税込⑤）

金融機関の市場リスク・流動性リスク管理態勢
栗谷修輔・栗林洋介・松平直之［著］
A5判・316頁・定価3,990円（税込⑤）

金融機関のオペレーショナル・リスク管理態勢
トーマツ コンサルティング株式会社 金融インダストリーグループ［編］
A5判・240頁・定価3,150円（税込⑤）